중국과 미국

패권의 딜레마

파니쥬books

중국과 미국

패권의 딜레마

해리 하딩 / 안 인 해 역

파니쥬books

중국과 미국 : 패권의 딜레마

차
례

한국어판 서문 / 11
역자 서문 / 23
추천사 / 27

제1장 개 관 ··· 31

1. 20년 간의 전개과정 / 37

2. 변화하는 환경 / 42

3. 본질적인 문제들 / 46

4. 변화하는 정치적 토대 / 50

5. 전망과 제언 / 55

제2장 돌 파 ··· 59

1. 적대감 / 61

2. 화 해 / 73

3. 복잡성 / 96

4. 비공식적 관계 / 107

5. 애매성 / 115

제 3 장 관계 정상화 ···································· 127

1. 계속되는 교착상태 / 129
2. 관계 정상화를 향한 진보 / 140
3. 미국 의회, 다시 타이완 편을 들다 / 150
4. 확대되는 전략적 관계 / 159
5. 경제적·문화적 유대관계의 증대 / 170
6. 미·중 밀월관계 / 179

제 4 장 소 원 기 ···································· 189

1. 레이건과 타이완 문제 / 191
2. 중국의 독자적 외교정책 / 207
3. 증대되는 고통 / 216
4. 각 성 / 225

제 5 장 화 해 기 ···································· 235

1. 궤도 복귀 / 191
2. 경제적·문화적 유대 / 207
3. 타이완 문제 / 260
4. 전략적 관계 / 271
5. 미국의 도취감 / 281

제6장 먹구름 ······· 289

1. 반소 명분의 퇴색 / 291
2. 전략적 쟁점에 대한 의견차이의 심화 / 299
3. 경제적·문화적 문제들 / 314
4. 인 권 / 326
5. 불길한 조짐들 / 338

제7장 위 기 ······· 353

1. 티엔안먼 위기 / 355
2. 부시 행정부의 대응 / 366
3. 미 의회의 대응 / 374
4. 중국의 대응 / 382
5. 상호 환멸 / 389

제8장 교착상태 ······· 399

1. 워싱턴의 연말 제안 / 404
2. 중국의 최혜국 대우를 둘러싼 1차 논쟁 / 417
3. 페르시아 만 위기 / 432
4. 중국의 최혜국 대우를 둘러싼 2차 논쟁 / 442
5. 부시의 두 번째 전략 / 449
6. 전반적 관계 / 454
7. 분위기 동향 / 464

제9장 전 망 ·· 475

   1. 전략적 제휴관계의 부활 / 483

   2. 중국의 분열 후 다원적 관계형성 / 486

   3. 중국의 개혁에 대한 새로운 제휴관계 형성 / 489

   4. 제2의 대립관계 형성 / 491

   5. 긴장 관계 / 505

   6. 결 론 / 509

제10장 미국의 대중국 정책 재구상 ···················· 513

   1. 안 보 / 521

   2. 교 역 / 526

   3. 인 권 / 532

   4. 타이완과 홍콩 문제 / 539

   5. 학술 · 문화 교류 / 544

   6. 전세계적 차원에서의 의제 / 549

   7. 중국과의 새로운 관계 / 554

부 록 1 / 561

부 록 2 / 573

부 록 3 / 578

부 록 4 / 581

한국어판 서문

*A Fragile Relationship: The United States and China since 1972*의 한
국어판 서문을 쓰게 되어 매우 기쁘다. 이 책 영문판의 주된 목적은
1972년 새로운 장을 열었던 닉슨 대통령의 중국 방문 시점으로부터 중국
의 최혜국 지위에 대하여 격렬한 논란이 벌어지는 1992년까지 결정적으
로 중요한 20년 동안의 중·미 관계사를 상세히 기술하는 데 있다. 이
서문을 통하여 나는 이 책의 기본논지를 요약하고 현재까지 전개된 새로
운 내용을 보완하며 미래에 대한 전망을 재검토하고자 한다. 덧붙여 나
는 한국의 독자들이 현대 중·미 관계사에 관심을 갖기를 희망하는 이유
를 설명하고자 한다.

중·미 관계의 과거

책의 제목이 함축하고 있듯이 이 책에서는 1972년과 1992년 사이 중·
미 관계의 동요와 취약성을 주요 주제로 다루고 있다. 서론에서 기술했
듯이 지난 25년간 양국관계는 진전과 정체, 위기와 강화, 도취와 각성
사이를 오락가락하는 패턴을 보여왔다.

  양국간의 이러한 취약한 관계의 가장 근본적인 요인은 양국간에는 공통 이해뿐만 아니라 상반된 이해가 복합적으로 혼재해 있다는 데 있다. 예를 들면, 중국과 미국은 생산과 무역의 패턴에서 대체적으로 보완적 성격을 지닌 거대한 경제력을 보유하고 있다. 그러나 양국은 쌍무적 무역과 투자에서 장벽을 설정하고 유지해 왔다. 비록 그러한 장벽이 지난 20여 년 간 실질적으로 감소되어 왔다고 하더라도 중·미 간 상업관계에는 주기적으로 심상치 않은 긴장감이 감돌곤 하였다.

  전략부문을 고려해 보자. 이 책에서 기술하고 있는 대부분의 기간 동안 중·미 양국은 동아시아에서 소련의 영향력을 봉쇄하는 데 공통의 이해를 공유하고 있었다. 그러나 동시에 타이완에 대한 첨예한 이해의 대립으로 인하여 양국관계는 손상을 입었다. 베이찡은 타이완과 본토의 통일을 주요 국가목표의 하나로 설정해 왔으며 이러한 목표를 달성하기 위하여 무력을 사용할 수 있는 권리는 유보해 왔다. 대조적으로 미국은 타이완과 그 국민들의 평화로운 장래에 깊은 관심을 가져왔으며, 타이완에 대한 안보공약을 유지해 왔다.

  최근 가장 근본적인 이해관계의 갈등을 겪고 있는 분야는 가치의 문제이다. 미국은 개인주의, 정치적 다원주의, 민주주의를 옹호한다. 그러나 많은 중국인들은 이러한 가치를 중국의 국력과 국내질서를 해치는 것으로 치부한다. 많은 중국인들이 계몽적이고 책임 있는 권위주의야말로 자국의 안정적인 근대화에 필수적이라고 여기는 데 반해, 대부분의 미국인들은 권위주의적 지배에는 수용할 수 없는 인권침해가 내포되어 있다고 간주한다.

  1970년대와 1980년대 초에 이르는 대부분의 기간 동안 양국은 미묘한 이해의 차이를 뛰어넘어 공통의 기반을 구축할 수 있었다. 소련으로부터 공통의 위협에 대처하고, 중국에서 광범위한 경제적·정치적 개혁이 이루어지고, 미국 내에서 자국의 전통적 가치에 대해 어느 정도 자기과신적 분위기가 사라짐에 따라 우호적으로 양국관계를 운용할 수 있는 환경이 조성되었다.

그러나 1980년대 중반 무렵 이러한 환경이 변화하기 시작했다. 미하일 고르바초프가 보다 온건한 대외정책을 추진함으로써 아시아를 괴롭혀온 2개의 냉전 — 미·소 간의 1차적 냉전과 모스크바와 베이찡 간의 2차적 냉전 — 이 종식되었다. 이로 인하여 미·중 관계의 전략적 기반이 많이 약화되었다. 미국의 대중국 무역수지가 흑자에서 적자로 돌아서고 곧이어 적자폭이 커짐에 따라 중국 시장에 대한 외국의 접근을 가로막는 장벽문제가 워싱턴에서 논쟁적 사안으로 점차적으로 부각되었다. 나아가, 중국의 민주화 가능성에 대하여 지나치게 낙관적이었던 미국인들이 1989년의 티엔안먼(天安門) 위기로 중국 정부의 밑바탕에 내재해 있는 권위주의적 속성을 알게 되었다는 사실이야말로 아마도 가장 중요한 의미를 부과할 수 있을 것이다.

티엔안먼 위기는 중·미 관계에서의 동요와 취약함을 악화시켜 온 또 다른 요인을 실증하는 것으로서, 양국의 상호관계에 영향을 끼쳐온 감정적 성향을 드러냈다. 혹자는 1989년의 12개월 동안에 중국에서 많은 것이 변화되지는 않았다고 주장할 수도 있었다. 부분적 정치자유화와 지속적인 권위주의적 지배, 심화되는 시장경제화와 산업부문에서의 지속적인 국가소유가 혼재된 상태로 남아 있었다.

그러나 중국에 대한 미국의 견해는 극적인 변화를 겪었다. 개혁이 이루어진 지난 10년 동안 미국 대중들 사이에는 중국에 대한 긍정적인 인상이 형성되었지만 티엔안먼에서의 유혈사태로 하룻밤 사이에 그러한 호감이 사라졌다. 미국이 자국의 근대화를 지원해주고 있다고 생각해 왔던 많은 중국인들이 이제는 미국이 자국을 불안정하게 만들고 심지어 분열시키려는 숨은 의도를 가지고 있다고 결론지었다. 다시 말하면, 각국의 분위기는 객관적인 상황 변화보다 우려스러울 정도로 심각하게 돌변해

버린 것이었다. 1989년 도취감에서 상호 각성으로의 극적인 변화는 중·미 관계사에서 유사하게 반복되어 온 시각의 전환을 되풀이하는 것에 지나지 않았다.

1995년의 중·미 관계

*A Fragile Relationship*의 영문판은 닉슨의 중국방문 20주년인 1992년 초에 완결되었다. 그러면 그 이후 어떠한 상황이 전개되었는가? 지난 3년의 기간에 중·미 유대관계는 더욱 더 동요를 겪었으며, 1993년과 1994년에는 붕괴의 지경에까지 이르게 되었다. 중·미 양국간에는 중국의 해외 무기판매, 중국 시장의 높은 장벽, 중국의 지적 소유권 위반, 중국의 세계무역기구(WTO) 가입 신청, 미국의 타이완에 대한 무기판매, 베이찡의 2000년 여름 올림픽 개최제안 문제 등을 둘러싸고 지속적으로 팽팽하게 대립해 왔다. 가장 첨예한 갈등을 불러일으킨 문제는 중국에서의 인권기록에 전반적인 '중대한 진전'이 없다면 1994년에 중국의 최혜국지위를 갱신하지 않겠다는 클린턴 행정부의 위협이었다.

그러나 미·중 관계가 극한 상태로까지 치닫는 긴장을 몰고 왔지만 아직까지 파국에 이른 것은 아니었다. 양국은 몇 가지 보다 논쟁적인 이슈들, 특히 무역과 비핵확산의 문제를 해결하거나 최소한 의제로 올릴 수는 있었다. 그리고 1994년에 미국은 중국의 최혜국 대우를 중지시키겠다는 위협을 철회하였고, 이에 따라 미국과 베이찡의 대립관계를 가까스로 피할 수 있게 되었다.

다시 한번 이러한 소동을 겪는 역사를 통하여 광범위한 문제에 대하여 양국간에는 갈등과 합의가 혼재해 있다는 사실이 드러났다. 경제, 전략, 문화와 같은 주요 의제가 여전히 중·미 관계를 특징지어 왔는데, 이들 각각의 영역에서는 지난 3년간 주목할 만한 중요한 진전이 있어 왔다.

경제영역에서 새로운 문제가 중·미 간에 대두되었다. 중국 시장에 대한 접근을 확대하는 것이 미국의 지속적 목표였지만 이제 미국은 중국의 사법체계를 통하여 지적 소유권의 보호를 확보하고 미국의 경제적 이해를 보호하는 데 더욱 관심을 갖게 되었다. 그리고 베이찡이 여전히 미국 내에서 보호주의가 끈질기게 부상하고 있다는 점을 주기적으로 불평하고 있었지만 베이찡의 주요 불만은 중국의 WTO 가입에 대하여 미국이 취하고 있는 강경한 자세를 겨냥하고 있었다. 미국에서는 중국의 양자간 무역흑자가 꾸준히 증가하는 것에 비례해서 이러한 문제의 중요성이 점차적으로 커지고 있었다.

비록 이러한 경제적 문제가 많은 갈등을 빚고 있었지만 사실 양국간 상업관계는 급속히 확대되고 있었다. 1993년 말 중국은 미국 전체무역과 해외직접투자에서 거의 4퍼센트를 점하고 있었고 이는 1980년보다 실질적으로 늘어난 것이다. 같은 해 말 미국은 중국의 전체 수출 가운데 거의 1/3을 수입하였고 중국이 유치한 해외투자 가운데에서는 거의 15퍼센트를 제공하였다. 그러므로 양국은 상대방에 대하여 파국으로 치달으면 매우 비싼 대가를 치러야 하는 경제적 이해관계를 가지고 있다.

안보영역에서 지난 3년간에 일어난 가장 커다란 변화라면 중국의 극적인 경제적 성장과 국가의 방위비 지출증가의 결과로 중국이 지역세력으로 급속히 부상하고 있다는 국제적 인식이 커지고 있다는 점이다. 국제관계에서 새로운 강력한 행위자의 출현은 특히 그러한 새로운 행위자가 중국과 같은 규모와 전략적 위치를 향유한다면 잠재적으로 항상 불안정한 상황을 불러 일으키게 된다. 일부 미국의 전략가들—정부 내에서 보다는 정부 외에서—이 중국의 부상을 미국의 이해에 위협이 되는 것으로 간주하기 시작하고 중국의 힘이 커가는 것을 봉쇄하거나 분쇄하려는 대안적 전략을 논의하기 시작했다는 것은 이해할 만하다. 마찬가지로 중국의 일부 전략가들이, 미국이 중국에 대하여 적대적인 정책을 취하고 있는 것은 아닌가, 또한 워싱턴이 다시 한번 베이찡의 주요 국제적 적성국이 되는 것은 아닌가, 하는 의문을 제기하는 것도 이해할 만하다.

동시에 타이완에서의 정치적 변화로 인하여 중·미 간에 전략적 불확실성이 가중되어 왔다. 타이완의 정치체제가 민주화됨에 따라 타이완 내에서 자결권, UN 회원국, 심지어 공식독립을 요구하는 목소리가 더욱 대담해지고 있다. 타이완의 민주화는 타이완의 국제경제에서의 실질적 역할과 결합되어 미국이 이러한 목소리에 더욱 동정적으로 귀를 기울이게 되었다. 워싱턴이 타이페이와의 관계를 서서히 격상시킴에 따라 중·미 간에는 새로운 긴장이 조성되고 있다. 이에 따라 중·미 관계의 중심에서 타이완 문제가 뒷전으로 밀려났던 1980년대 중반의 추세가 역전되고 있다.

그러나 중·미 관계의 전략적 차원에서조차도 긍정적 측면을 지니고 있다. 양국간에 논란을 완화시키고 양국을 결속시킬 공통의 적이 더 이상 존재하지 않는다고 하더라도 중국과 미국은 여전히 아시아·태평양 지역에서 평화로운 환경을 확보하고자 하는 주요한 공통의 이해를 향유하고 있다. 양국은 캄보디아 문제를 정치적으로 해결하는 데 공동의 보조를 취할 수 있었다. 보다 최근에 양국은 평양에 구사할 최상의 전술에 대해서는 때때로 이견을 보였지만 북한의 핵개발 위기문제를 다루는 데 협력할 수 있었다. 더욱이 양국은 국내 경제문제에 사로잡혀 있고, 동아시아의 나머지 국가들이 편가르기를 싫어한다는 것을 깨닫고 있기 때문에 새롭게 전략적 대립관계가 발생할 수 있는 상황을 피하고자 하였다. 갈등회피라는 목적을 공유한다고 해도 1970년대 소련을 봉쇄하고자 하는 공통의 목표에 비하여 비록 긴박성은 뒤떨어지지만 여전히 미·중 관계에서 일정 부분 안정성을 제공하는 기반이 되고 있다.

끝으로 1989년 이후 중국 내에서 공개적 시위가 일어나지 않았고 경제개혁이 재개되었다고 해서 미국인들의 기억에서 티엔안먼 위기의 생생한 이미지가 지워진 것은 아니다. 중국과 미국 간의 가치관의 차이를 반영하는 인권문제가 중·미 관계에서 난제 중의 하나로 남아 있다. 티엔안먼 위기로 미국 내의 인권단체 ― 정부 안팎 모두 ― 들은 중국에 더욱 집요하게 초점을 맞추게 되었다. 1989년의 사건으로 야기된 강한 감정적 요인이야말로 중국의 인권개선 문제가 해결되지 않는다면 중국의 최혜국 지위를 철회하겠다고 위협하는 결정을 클린턴 행정부가 1993년에 내리게 되는 동기가 되었다.

그러나 이 문제에서조차 동전의 앞뒷면과 같은 또 다른 측면이 있다. 부분적으로는 러시아, 크게는 유고슬라비아 연방에서 정치질서가 붕괴됨에 따라 일부 미국인들은 안정에 대한 공약에 더욱 공감하게 되었다. 중국 인권상황의 의미 있는 변화는 단기적인 미국의 외교나 경제적 압력보다는 중국에서의 장기적인 사회·경제적 변화의 결과로 이루어질 가능성이 클 것이라는 깨달음이 미국 내에서 커지고 있다. 일부에서는 또한 중국 정부가 느린 속도이기는 하지만 지방선거와 보다 영향력 있는 새로운 입법경험을 통하여 인민의 여론을 수용하는 책임 있는 정치체제를 만들려는 노력을 기울이고 있다고 인식하고 있다. 그리고 중국에서는 인권이 합법적인 국제적 관심사이고 어느 정도 인권에 대한 공통의 국제적 정의가 존재하며 더 이상 인권에 대한 국제적 대화를 회피할 수 없다는 깨달음이 나타나고 있는 것 같다.

점증하고 있는 경제적 의존성, 더욱 확대되고 있는 사회적 상호관계, 보다 향상된 공통의 이해에도 불구하고 오늘날 중·미 관계에서 나타나는 양국내의 감정적 돌변성은 1972년과 1992년 사이의 기간과 별반 차이가 없이 엄청난 것 같다. 양국에서의 여론은 상대방이 모욕을 가하면 쉽게 격분하는가 하면 관계개선의 징후만 보여도 흥분한다. 그리하여 분위기는 거의 안정적이지 못하다. 1989년의 비극적 사건에 낙담하였던 미국 기업들은 경제개혁이 재개되고 1992~1993년 사이 중국이 경제개혁을 재개하고 급속한 경제성장을 하게 되자 매우 낙관적으로 되었지만, 1994년 말에 돌출된 무역논쟁으로 다시금 환멸을 느끼게 되었다. 중국 분석가들의 감정도 미국과 유사한 경로를 밟고 있는데, 1989년의 중·미 관계의 붕괴에 대한 우려, 클린턴 행정부의 1994년 최혜국지위 연장결정에 대한 만족감 표시, 1995년 타이완 문제로 인한 양국관계의 긴장에 대한 새로운 우려에서 볼 수 있듯이 쉽게 변하고 있다.

중·미 관계의 장래

3년전 영문판을 완성하였을 때에 비해 내가 이 글을 쓰고 있는 지금 중국은 훨씬 더 덩 샤오핑 사후의 시기에 가까워지고 있다. 그럼에도 불구하고 9장에 있는 중·미 관계의 장래를 전망하는 다섯 가지의 시나리오는 여전히 가능성의 범주에 들 수 있다. 나는 중·미 간에 중기적으로 가장 가능성이 있는 결과는 안정적이지만 긴장된 관계, 그리고 보다 대립적인 관계라는 것을 계속하여 믿고 있다. 보다 장기적으로는 중국이 정치개혁을 재개한다면 중·미 간에 실질적 관계개선이 이루어질 가능성이 있다. 워싱턴과 베이찡 간에 새로운 전략적 제휴의 가능성과 중국이 분열될 가능성은 거의 요원하다.

만일 내가 오늘 이 책을 쓰게 된다면 나는 중·미 관계의 장래를 예측하는 방식을 통하여 양국의 국내 및 국제문제를 특징짓는 근원적 요소에 대한 우리의 이해를 연구하는 데 중점을 두게 될 것이다. 본질적으로 중국의 장래 전망에 대한 불일치는 서구 정치학계의 연구를 오랫동안 형성해온 자유주의자와 보수주의자, 이상주의자와 현실주의자 간의 장구한 논쟁을 반영하고 있다.

대부분의 전문가들은 지난 10년 동안을 거치면서 중국이 급속한 경제적 변화와 느린 정치개혁 간에 모순을 겪고 있다는 데 공감하고 있다.

그러나 중국의 국내상황으로 인한 것이건 혹은 미국과의 관계로 인한 것이건 이러한 모순의 결과에 대해서는 전문가들 간에 아무런 합의가 없다. 자유주의자들은 장기적으로 경제적 성공이 정치적 자유화와 민주화를 요구하는 보다 강력한 시민사회를 창출함으로써 정치개혁을 촉진하게 될 것이라고 주장하는 경향이 있다. 이에 따라 중국의 인권상황이 꾸준히 개선됨으로써 중·미 관계가 호전될 수 있다는 것이다.

대조적으로 보수주의자들은 보다 비관적인 경향을 보인다. 이들은 두 가지 가능성에 대하여 경고한다. 하나는 중국이 오랫동안 지속되어 온 경제적 역동성과 정치적 정체성 간의 모순을 해결하기보다는 억압적인 권위주의적 체제를 가지게 될 것이라는 것이고, 다른 하나는 모순의 결과 진보적 개혁보다는 차라리 점전적으로 정치적 부패가 발생할 가능성이 있다는 것이다. 억압이나 부패 어느 쪽의 발전가능성도 중·미 관계에 미치는 영향은 확실히 부정적이다.

대부분의 전문가들은 중국의 지구적 경제와의 통합 프로그램이 인상적인 경제성장률에 기여해 왔다는 데 동의할 것이다. 그러나 다시 한번 이러한 발전이 가지는 국제공동체에 대한 함의에는 이견을 보이고 있다. 이상주의자들은 세계 다른 부분과 경제가 통합되고 있는 중국으로서는 시장, 자본에 대한 접근과 해외로부터의 기술을 상실하지 않기 위하여 책임 있는 국제행위에 참여하게 될 것이라고 주장한다. 이들은 또한 중국 내에서 평화로운 국제환경에 이해관계를 가지고 있는 그룹과 지역이 베이징에 있는 정책결정 평의회에서 더 큰 목소리를 가질 수 있게 될 것이라는 점에서 덩 샤오핑 이후의 시기에 정치적 개혁의 재개를 통하여 이러한 경향이 강화될 것이라고 예견한다.

다른 한편 현실주의자는 중국의 급속한 현대화에 대하여 덜 낙관적이다. 이들은 새로운 주요 세력의 출현은 원래 주변을 불안정하게 만드는 요인이며, 그러한 세력이 성장하는 것이 국제경제적 상호의존의 결과이든 그렇지 않든 간에 마찬가지라고 주장한다. 이들은 또한 민주주의, 특히 새롭고 성숙되지 않은 민주주의가 해외에서 독단적인 행동을 유발시킬 수 있으며, 중국에서의 대중적 민족주의의 부상이 부정적인 국제적 결과를 초래할 수도 있다는 점을 지적한다.

요약하자면 중·미 관계와 중국 자체의 장래에 대한 전망의 불확실성의 대부분은 국내·국제 정치를 특징짓는 근본 요소에 대하여 우리들이 불완전하게 이해하고 있는 데에서 그 원인을 찾을 수 있다. 급속한 경제성장이 정치구조에 미치는 함의를 설명할 수 있는 강력한 이론이 결여되어 있다면, 중국에서의 정치적 안정의 전망에 대하여 확신할 수 없다고 해서 당황해 하지 말자. 경제적 상호의존이 지정학적 갈등을 위태롭게 할 것인지에 대한 논의가 국제관계 그 자체만큼이나 오래되었기 때문에 우리가 중국의 국제체제에서의 장래 역할에 대하여 확신할 수 없는 것 또한 놀라운 일이 아니다.

한국을 위한 함의

왜 한국의 독자들은 중·미 관계의 과거, 현재, 미래에 관심을 가져야 하는가? 이 질문에 대한 대답은 명백하다. 중국과 미국 간의 연계는 한반도를 둘러싸고 있는 주변 4각관계의 한 측면을 구성하고 있다. 한국인들은 중·미 관계의 전개가 자신들에게 영향을 미쳐온 방식을 이미 목격해왔다. 미국과 새롭게 출현한 중국 공산주의 정부가 1949년에 타협하지 못함으로써 한국전이 발발하고 중국이 개입하게 되는 하나의 요인이 되었다. 역으로 1970년대와 1980년대 중·미 관계의 개선으로 한·중 유대관계의 정상화를 위한 우호적인 환경이 조성되었다. 위에서 언급했듯이 오늘날 중국과 미국은 북한 핵개발문제를 매듭짓기 위하여 최소한 어느 정도는 협력할 수 있다. 앞으로도 중·미 관계의 장래가 한반도의 장래를 위한 중요한 환경요소로 남아 있게 될 것이다. 모든 한국인이 희망하고 많은 분석가들이 불가피하다고 믿듯이 한반도의 분단이 결국 종식된다면 통일한국은 어떠한 전략적 환경에 처하게 될 것인가? 중·미 관계가 기본적으로 견실하다면 한국은 양 강대국과 수월하게 긍정적인 관계를 유지할 수 있을 것이다. 반대로 중·미 관계가 심한 마찰을 일으킨다면 한국은 매우 고통스러운 선택을 해야만 할 것이다. 통일한국이 미국과 동맹관계를 유지한다면, 비록 가능성은 희박하지만, 중국이 통일을 강력하게 봉쇄하려고 시도할지도 모른다고 여겨질 수 있을 것이다. 중국이 한국으로 하여금 중국과 미국 중 한쪽을 선택하거나 중립을 지키도록 강요할 가능성은 훨씬 높은데 어느 쪽을 택하더라도 한국민과 정부로서는 썩 내키는 일은 아닐 것이다.

그렇다면, 한국은 중국과 미국과의 긍정적인 관계에 중대한 이해관계를 가지고 있다. 한국은 그러한 이해를 증진시키기 위해 무엇을 할 수 있을까? 중·미 양국과 역사적으로 밀접한 유대관계를 맺어 온 근대적이고 민주화된 아시아 민족으로서 한국은 양국간 조정자로서 기여할 수 있는 위치에 있다. 한국은 워싱턴과 베이징이 양자관계에서 부정적 측면뿐만 아니라 긍정적 측면을 상기하도록 촉구할 수 있다. 한국은 양국정부가 단기적인 발전에 과민반응을 보이지 말라고 주장할 수 있다. 한국은 중·미 간에 새로운 대립이 발생하여 어느 한 편에 서야 하는 것을 피하고 싶다는 점을 피력할 수 있다. 그리고 한국은 미국을 포함하여 세계경제의 여타 지역과 상호의존을 심화시키고 있는 중국과 경제적·상업적 유대관계를 발전시켜 나갈 수 있을 것이다.

분명히 중·미 관계의 장래는 주로 중국과 미국이 취하는 정책결정에 달려 있다. 그러나 한국은 역사적으로 맺어온 취약한 관계가 내구성을 증대시킬 수 있도록 지원하는 역할을 수행할 수 있을 것이다.

나의 책의 한국어판 발간을 주선하고 번역하는 데 모든 노력을 아끼지 않은 민족통일연구원의 안인해 박사에게 감사를 표하고 싶다. 안 박사는 현대 중국 문제를 전공하는 한국의 가장 훌륭한 젊은 학자 중의 한 사람이다. 더욱이 그는 현재 내가 학장으로 있는 조지 워싱턴 대학교의 국제문제 엘리엇 스쿨을 졸업하였다. 나는 그가 엘리엇 스쿨의 졸업생이라서 영광스럽게 생각하며, 이 책이 만들어질 수 있었던 모든 과정과 노력에 대해 감사를 표할 수 있게 되어 진정으로 기쁘게 생각한다.

Harry Harding

Washington D.C.

1995년 2월 21일

역자 서문

Harry Harding 교수의 저서인 *A Fragile Relationship: The United States and China since 1972* (The Brookings Institution, Washington DC, 1992)는 중국과 미국 관계에 대해서 미국에서 가장 널리 읽히고 있는 필독서 중의 하나이다. Harding 교수는 지난 20년 (1972~1992) 동안 중·미관계를 화해(和解)와 소원(疎遠)이라는 두 개의 축을 중심으로 예리하게 분석하고 있다. 역사적 사실을 지루하지 않게 풀어내는 유려한 문장으로 전문가뿐만 아니라 일반 독자들에게 도 이해하기 쉽게 집필된 책이다.

조지워싱턴대학에서 Harold Hinton 교수의 지도로 나는 박사학위 논문 '중국 엘리트정치: 경제개혁과 중·일 경제관계 1978~1989'(Elite Politics in China: Its Relationship to Economic Reform and Si-no-Japanese Economic Relations during 1978~1989)를 완성했다. 이 과정에서 지도교수와 더불어 내가 가장 많은 영향을 받은 학

자가 바로 Harry Harding 교수다(Harold Hinton & Harry Hard-
ing—Two HHs로 불렀다).

　1991년 귀국 후 학생들에게 가르칠 수 있는 중국 외교정책에 대한 교
과서를 찾다가 마침 이 책을 Harding 교수로부터 선물로 받았다. 나
는 단숨에 다 읽어보고 한국 독자들에게 소개하고 싶은 욕심이 생겼
다. 중국에 관한 세계적인 석학의 저서일 뿐만 아니라 내가 구상하고
있는 중국 관련의 저술 시리즈와 맥락을 같이 할 수 있어서 번역을 서
두르게 되었다. 이 책의 본래 제목은 〈취약한 관계: 중국과 미국〉이지
만 한국판에서 〈중국과 미국: 패권의 딜레마〉로 명명했다. 향후 중·
미관계는 취약하기도 하지만 중국의 부상으로 패권경쟁에 따른 딜레
마를 겪게 될 것을 예견한 제목이다.

　이 책을 번역하면서 1992년 한·중수교 이후의 〈중국과 미국 그리
고 한반도〉에 대해서 내 책을 직접 집필하기로 마음먹었다. 2020년에
이르러서야 나의 약속을 지킬 수 있게 되어 〈중국과 미국: 패권의 딜
레마〉 개정판과 함께 시리즈로 내놓게 되었다. 차후에 박사학위 논문
은 〈중국과 일본〉으로 발간할 예정이다. 통일연구원에서 연구보고서
〈탈냉전기 중·북한관계연구〉를 집필했는데 중국을 중심으로 미국,
일본, 한반도와의 역학관계를 연구하는 시리즈를 이어가고자 한다.

　중국에 대해 미국, 일본, 한반도, 그리고 세계와의 관계 속에서 상호
관계를 조망할 수 있다면, 이제까지 부분적으로만 인식할 수 있었던
중국 외교정책을 보다 넓은 시각에서 종합적으로 분석할 수 있는 안목
을 키울 수 있게 되기를 바란다.

　일반적으로 한국에서 중국을 연구한 서적을 찾아보면 중국의 시각
이나 다른 국가의 시각을 원용하여 양국 관계를 설명한 글이 대부분이
다. 중국, 혹은 미국에서, 또는 그 외의 국가에서 연구하고 있는 학자

가 중국 문제를 해석하는 관점과 한국의 시각에서 중국 문제를 해석하는 안목과 이해관계는 달라야 한다고 생각한다. 이러한 현실 인식을 기반으로 한국적 사고를 배양할 필요성을 제안하는 관점은 자연스럽다고 할 수 있다. 이에 앞서 외국 학자가 중국을 대하는 문제의식을 먼저 고찰해 보는 것이 중요한 의미가 있어서 Harding 교수의 번역서를 먼저 출간하게 되었다. 이를 기반으로 '남한의 이해'와 '북한의 이해'를 넘어 '한반도의 이해'를 내다보는 안목으로 다른 국가의 외교정책을 분석할 수 있는 사고력을 키울 수 있기를 바란다.

마지막으로 여러 동료, 전문가들의 도움이 없었더라면 이 책의 번역은 불가능했다고 생각한다. 우선 번역과정에서 바쁜 중에도 많은 자문과 도움을 아끼지 않은 통일연구원 중국 문제 전문가인 최춘흠 박사, 문흥호 박사, 오승렬 박사, 신상진 박사, 등 동료들에게 감사를 표하지 않을 수 없다. 그리고 편집과 교정과정에서 헌신적인 수고를 아끼지 않은 서울대학교 외교학과 장형원 조교와 대학원생들에게 감사의 뜻을 전하고 싶다. 또한 어려운 출판환경에도 불구하고 중국 관계 서적의 중요성을 인식하여 이 번역서의 수정판을 출판할 수 있게 해준 파니쥬books 민선기 대표에게 고마운 마음을 전한다.

庚子年 正月
一碧齊
安 仁 海

추 천 사

리차드 닉슨(Richard Nixon) 대통령에 의한 1972년 2월의 역사적 중국 방문으로 미·중 관계의 새로운 장이 열렸다. 1949년 중국 공산당 집권 이래 최초의 양국 고위급 접촉이 성사되어 대립적 관계가 협조적 관계로 전환될 수 있었다. 그 이후 20년 동안 미국과 중국은 관계개선과 교착상태, 위기국면과 유대강화 등의 순환적 상황을 경험하였다. 1989년 6월 비극적인 티엔안먼(天安門) 사태로 인한 양국간의 긴장상태는 미·중 관계를 파국으로 몰아간 가장 최근의 사례이다. 그러나 그 이전에도 양국은 1981~1982년 동안에 이루어진 미국의 대타이완 무기수출과 1970년 중반에 미·중 관계의 교착상태라는 위기국면에 직면했다. 역설적으로, 비록 현재 양국간의 정치적, 경제적, 문화적 유대는 20년 전보다 훨씬 더 광범위하다고는 하지만, 전반적 관계는 여전히 취약한 상태에 머물러 있다.

이 책은 이러한 험난한 시기의 미·중 관계에 대한 최초의 폭넓은 연구서적 중의 하나이다. 브루킹스 연구소의 외교정책 연구부의 선임연구원으로 재직중인 저자 해리 하딩은 1970년대 초 최초의 돌파시기부터 오늘의 교착상태에 이르기까지 미·중 관계를 시기순으로 다루고 있다. 이

책은 지난 수십 년 동안에 경험했던 냉전기 국제환경의 혁명적 변화, 중국 본토와 타이완 간의 획기적인 국내정세 발전, 미국의 경제·정치적 삶의 변혁 등이 미·중 관계에 기여할 수 있는 여건 조성에 별 도움이 되지 않았다는 것을 설명하고 있다. 또한 각각의 사회에 스며 있는 상대방에 대한 인식의 진화과정을 기술함으로써 타이완, 지역안보, 인권 등의 문제로 인하여 양국관계가 기대와 좌절로 분위기 전환이 거듭되는 과정에서 어떻게 악화되었는가를 설명한다.

향후 워싱턴과 베이찡(北京)의 관계에 대해 하딩은 1970년대의 전략적 제휴를 감안하지 않더라도 1980년대의 경제동반자 관계로의 복귀보다는 무역, 인권, 첨단무기 확산문제 등으로 인한 양국의 긴장관계가 지속, 또는 대립으로까지 치달을 것으로 믿고 있다. 그러나 중국과의 실무관계 유지의 중요성을 역설하며 1950년대나 1960년대의 적대·소원관계로의 복귀는 피해야 한다는 것이 그의 주장이다. 또한 미국과 중국은 '특수' 관계라는 낡은 꿈에서 깨어나 '정상적' 관계를 맺을 수 있도록 노력해야 한다고 그는 권유한다.

이 책의 초고는 1991년 봄, 브루킹스 연구소의 두 개 연구 그룹에 의해 감수되었다. 첫 그룹은 Doak Barnett, Mary Brown Bullock, Richard Bush, Ralph Clough, Thomas Fingar, Carol Lee Hamrin, John Holdridge, Arthur Hummel, Lonnie Keene, Richard Kessler, Paul Kreisberg, Thomas Robinson, Alan Romberg, Roger Sullivan, Robert Sutter, Kent Wiedemann, Eden Woon 등의 중국 문제에 관심을 갖고 있는 저명한 미국 학자 및 정책입안자들로 구성되었다. Alton Frye, Jim Hamilton, Jim Mann, Robert McNamara, Douglas Paal, Edward Ross, Harold Saunders, Daniel Southerland 등은 마지막 회의에 합류하였다. 두 번째 연구 그룹은 당시 미국에 체류중이던 미·중 관계를 전공한 중국 학자들로서 Ding Xinghao, Hao Yufan, He Di, Huan

Guocang, Jia Qingguo, Tong Yanqi, Wang Jisi, Zhai Zhihai, Zhu Hongqian 등으로 구성되었다. 필자는 바쁜 중에서도 초고에 대해 폭넓고 사려 깊은 코멘트를 아끼지 않은 동료들에게 감사하는 바이다.

또한 필자는 중국에서 개최된 학술회의에 초대해 준 여러 기관에 감사를 드린다. 그 회의의 토론과정에서 얻은 많은 식견은 이 책에 반영되었다. 특히 유익했던 회의들은 1988년 10월 베이찡에서 열린 태평양 포럼과 Beijing Institute of International Strategic Studies 공동주최 회의, 상하이에서 열린 1988년 11월 태평양 포럼과 China Association for Industrial Economics 공동주최 회의, 1990년 2월 베이찡에서 개최된 National Committee on U. S.-China Relations와 Chinese People's Institute of Foreign Affairs 주최공동 회의, 베이찡에서 개최된 National Bureau of Soviet and Asian Research 주최 회의 및 1991년 6월 베이찡 대학 주최 회의 등이었다.

필자는 또한 Asia Institute, Beijing Institute of International Strategic Studies, Center for International Studies under the State Council, Center for Peace and Development Studies, Chinese Academy of Social Sciences, China Institute for Contemporary International Relations, China Institute for International Studies, Foundation for International Strategic Studies, Fudan University, Institute of Global Concern, Institute for Peace and Development Studies, National Defense University, Peking University, Shanghai Academy of Social Sciences, Shanghai Institute of International Studies 등 중국측 연구기관이 제공한 친절한 환대와 협조에 고마움을 전하고 싶다.

마지막으로, 이 책의 완성을 위해 이루 헤아릴 수 없는 공헌을 한 브루킹스 연구소의 임직원에게 감사하는 바이다. Andrew C. Scobell과

Myles Nienstadt는 연구지원을 하였으며, Adam Winegard, David Fong, Frank Chong 등의 인턴들이 보조지원을 하였다. Susan E. Nichols, Yvonne Sabban, Margaret Huang, Deborah Turner는 기타 지원을 아끼지 않았다. Kathryn Breen, Annette Leak, Louise Skillings, Ann Ziegler는 완성본 원고를 타이핑해 주었다. Theresa B. Walker는 책을 편집하였으며, Donna Verdier, Yuko Iida Frost, Michael Levin은 사실적 내용을 확인해 주었다.

브루킹스 연구소는 재정적 지원을 제공한 Henry Luce 재단, John D. & Catherine T. MacArthur 재단, Andrew W. Mellon 재단, Rockefeller Brothers 재단 등에 감사하는 바이다.

이 책에 피력된 견해는 앞서 언급된 개인이나 그 어떤 기관, 수탁자, 관료 또는 브루킹스 연구소의 임직원의 견해가 아닌 필자의 것임은 주지하는 바이다.

1992년 1월, 워싱턴
Bruce K. MacLaury 소장

제 1 장

개 관

1972년 2월 17일 미국 37대 대통령 리차드 닉슨이 미 공군 1호기의 문에 모습을 드러낸 후 이동트랩을 통하여 베이찡 수도공항의 포장도로로 걸어 내려오기 시작하였다. 닉슨의 지시로 보좌관은 다른 수행원들이 너무 근접하여 따라오지 못하도록 비행기의 통로를 봉쇄하였다.[1] 중국 땅에 첫발을 내디딤으로써 미국 대통령은 자국이 선호하는 대로 세계적 차원에서 세력균형을 변화시켰고 베트남으로부터의 명예로운 미군 철수와 소련과의 데탕트의 가능성을 높이는 데 기여하였다. 닉슨은 그러한 성과가 다른 사람들과 공유되어서는 안 된다고 생각하고 있었다.

이동 트랩의 끝에서 닉슨을 영접하려고 기다린 사람은 1949년 중화인민공화국 수립 이래 총리로 재직하여 온 조우 언라이 (周恩來) 였다. 조우 언라이에게도 미국 대통령의 중국방문은 의미심장한 사건이었다. 중국 정부가 수립된 이래 미국은 공식적으로 그 존재를 인정하려 하지 않았다. 주기적인 대사급 접촉은 있어 왔지만 그 이상의 고위급 접촉은 없었

---

1) Henry Kissinger, *White House Years* (Little, Brown, 1979), pp. 1054~1055.

다. 미국은 중국과 모든 무역을 금지해 왔고 UN으로부터 중국을 배제시키려고 지속적으로 노력해 왔다. 미국 대통령의 중국방문은 미국으로서는 자국의 전략실패를 인정하는 것이었고, 조우 언라이와 그 정부, 그리고 중국 공산주의 운동으로서는 미국에 대한 설욕을 의미하는 것이었다.

공손한 중국인은 항상 박수갈채로 답한다는 것을 기억하고 있던 닉슨은 조우 언라이가 가벼이 박수 치고 있는 것을 보고는 비행기 승강대를 내려오면서 박수를 치기 시작했다. 그러다가 공항의 포장도로에서 그를 기다리고 있던 다른 중국 당국자 가운데 어느 누구도 박수를 치지 않는 것을 보고 닉슨은 박수를 그만두었다. 그리고 이동 트랩의 끝에 다다르기도 전에 조우 언라이를 향하여 손을 내밀었다. 바닥에 내려왔을 때 닉슨은 평상시보다 좀더 오래 조우 언라이의 손을 잡았다. 중국 총리와 악수하려는 의지를 분명하게 드러내 보임으로써 닉슨은 1954년 인도차이나에 관한 제네바회의에서 조우 언라이와의 악수를 거절했던 존 포스터 덜레스(John Foster Dulles)의 행동, 즉 부상당한 조우 언라이가 항상 분개감을 느꼈던 경멸적 행동에 대하여 보상하고자 하였다.[2]

첫 만남 당시 두 사람은 감사하는 마음을 느끼고 있었겠지만, 그 순간은 여전히 어색하였다. 키신저와 조우 언라이, 그리고 마오 쩌뚱(毛澤東) 간의 회담을 포함하여 미국 대통령의 중국방문을 위한 폭넓은 사전 실무작업에도 불구하고 미국인들은 중국에서 닉슨을 어떻게 받아들일 것인가에 대하여 거의 신뢰하지 못하였다. 키신저는 중국인들이 결국에는 대통령을 모욕하게 될지도 모른다고 초조해 하였다. 귀국 후 실시한 여론조사에 의하면 대다수 국민들은 닉슨이 방문국인 중국으로부터 업신여김을 당하거나 곤경에 처할지도 모른다고 우려하고 있었다.[3]

---

2) *Newsweek*, March 6, 1972, p. 15; Kissinger, *White House Years*, p. 1054; Richard Nixon, *RN: The Memoirs of Richard Nixon* (Grosset and Dunlap, 1978), pp. 559, 565.

3) Leonard A. Kusnitz, *Public Opinion and Foreign Policy; America's China Policy, 1949~1979* (Westport, Conn.: Greenwood Press, 1984), p. 138.

이러한 우려가 처음에 사실로 드러났다. 닉슨의 도착 환영행사는 황금시간대에 미국 텔레비전으로 생중계하기로 계획되어 있었다. 그렇지만 대통령을 환영하기 위해 운집해 있어야 할 중국 군중이 없자 미국 선발대는 당황하였다. 비록 평소보다 많은 의장대가 도열해 있었다고 하더라도 환영행사는 키신저의 표현대로 '궁색할 정도로 초라'하였다. 4) 공항으로부터 베이찡 중심가를 거쳐 디아오위타이(釣魚台) 영빈관까지 이르는 자동차 탑승행렬시에 보여준 중국인들의 반응 또한 미국인들을 실망시켰다. 중국인들은 대통령을 환영하기 위하여 군중을 모으지도 않았을 뿐만 아니라 호기심 있는 군중들이 자동차 행렬이 지나가는 연변에 접근하지도 못하도록 하였다. 닉슨의 참모들이 미국에 있는 텔레비전 시청자들에게 보여주고자 희망하였던 '사진촬영에 적합한 중국 군중'은 없었다. 5) 닉슨 대통령이 백악관에서 가져온 자동차 대신 붉은 기가 게양된 조우 언라이 총리의 리무진에 승차하도록 조치된 것을 알고 재무성 비밀 경호대는 실망하였다. 닉슨이 조우 언라이와 동승한다면 미국측 의도대로 미국차를 사용할 수 없었기 때문이었다. 6)

이 중요한 환영행사의 곳곳에서 배어나는 그러한 어색함은 1972년 당시 양국을 갈라놓고 있던 엄청난 간격을 반영하는 것이었다. 중국의 동쪽 변방에 미군이 주둔하고 있던 목적은 중국의 영향력을 봉쇄하는 것이었다. 중국과 미국의 군사당국자가 판문점의 군사정전위원회 회의에서 여전히 만나고 있다는 것은 양국이 20년 전 한반도에서 싸웠던 전쟁이 끝나지 않았다는 것을 의미하였다. 미국은 공산주의자들에 의하여 1949년 강제로 추방당한 이후 대륙을 회복하기 위한 요구를 주기적으로 제기하고 있는 타이완의 국민당 정부와 외교관계 및 안보조약을 유지하고 있었다. 또한 미군은 여전히 타이완에 주둔하고 있었는데 그 목적은 중국 공산주의자의 잠재적 침략을 저지하기 위해서였다. 남쪽 지역에서 미국

---

4) Kissinger, *White House Years*, p. 1055.

5) *Ibid.*

6) *Ibid.*

은 중국의 동맹국인 베트남과 전쟁을 치르고 있었다. 미 공군기가 중국군 집결지와 보급로에 폭탄을 투하하고 있었고 중국 대공포대는 미군기를 향하여 포격을 가하고 있었다.

역사와 문화의 격차 또한 양국을 소원하게 하고 있었다. 어떤 여타의 서구 국가 이상으로 미국은, 중국에서는 익숙하지 않은 개인의 자유, 정치적 다원주의, 그리고 경제적 기회의 개념을 구현한 나라였다. 중국은 인민들에게 전체주의, 금욕주의 그리고 지속적인 계급투쟁의 이념을 주입시키려는 이상주의적 성향의 문화대혁명의 만조기를 막 지나고 있었다. 중국인들은 여전히 19세기 서구 제국주의의 침탈을 기억하고 있었고 미국이 중국에서 경제·정치적 특권을 누린 주요 수혜국 중의 하나였다고 여기고 있었다. 많은 미국인들은 중국을 공격적이고 비합리적인 세력이며 세계 도처에서 혁명운동을 지원함으로써 소련보다 더 위험한 적이 되고 있다고 인식하였다.

상호 화해를 이룰 수 있는 묘책에 대해 어느 국가에서도 확고한 합의에 도달할 수 없었다. 중국의 지도부는 조만간 닥칠 마오 쩌뚱 이후의 승계문제로 엄청난 권력투쟁에 휩쓸려 가고 있었다. 두 주요 정치집단—하나는 주로 군장교로 구성되어 있고, 다른 하나는 급진적 시민지도자로 구성되어 있는—이 미국의 의도에 의문을 제기하고 진실성을 의심하면서 미국에 대한 어떠한 개방에도 반대하였다. 얼마 후 중국측 설명에 따르면 베이찡 공항에서 제한적으로 환영행사가 행해진 것은 중국 땅에서 '닉슨을 선전하는 것'이 잘못이라고 생각하는 일부 지도자들의 주장이 받아들여졌기 때문이었다. 7) 미국에서는 두 전직 행정관리가 국내적 반대, 특히 타이완과 강한 유대관계를 맺고 있는 보수적 반공주의자들의 반대

---

7) 중국측 설명에 의하면 이것은 문화부장에 의하여 조우 언라이에게 전달되었는데, 마오의 부인 지앙 칭(江靑)의 견해였다. Chen Dunde, *Mao Zedong he Nikesun: Zhongmei Jianjiao Jiemi* (Mao Zedung and Nixon: An expose of the establishment of diplomatic relations between China and the United States) (Hong Kong: Jinshi Press, 1980), p. 232 참조.

를 두려워하여 중국과 접촉을 확대하려는 제안들에 제동을 걸었다. 닉슨이 재임하기 2년 전인 1967년에 90퍼센트 이상의 미국인이 중국에 대하여 비우호적인 이미지를 가지고 있었고, 약 70퍼센트가 중국을 미국의 안보에 가장 위협적인 존재로 간주하고 있었다. [8]

그런데 양국간의 거리감과 닉슨 방문 첫 몇 시간 동안의 어색함에도 불구하고 대통령의 중국체류는 아주 부드럽게 진행되었다. 디아오위타이 영빈관에 도착한 몇 시간 후에 대통령은 마오 쩌뚱과의 회담에 초청되었고, 거기에서 마오 주석은 '우익을 좋아하며' 미국 보수주의자의 선도적 대표자들을 만나게 되어 기쁘다고 말하였다. [9] 놀랍게도 서로의 정치철학에 대해 공인된 반대자로서 국제적 명성을 가지고 있는 양 지도자는 그 이데올로기적 차이가 관계증진에 거의 장애가 되지 않는다는 것을 알게 되었다. 마오와 닉슨은 자신들의 공적인 입장이 무엇이든지 간에 현실정치의 수행자였고 또한 공동이해의 영역을 확인할 수만 있다면 타협하고자 하였던 것이다.

소련의 위협에 대한 우려는 양국을 결속시키는 공통의 이해였다. 소련은 브레즈네프 치하에서 재래식 무기와 핵무기를 망라하여 지속적인 군사력 확장을 도모하여 왔다. 그러한 군사력은 대부분 중·소 국경을 따라 배치되었고 중국의 안보에 직접적인 위협을 가하고 있었다. 동시에 베트남에서의 결말이 나지 않고 있는 전쟁 때문에 소련과의 경쟁 의지가 지속적으로 약화되고 있는 미국과의 세계적 균형에서 소련은 명백히 우월한 위치를 차지하고 있었다.

그러한 환경이 중·미 간 국교회복을 위한 강력한 동인이 되고 있었다. 양국이 취할 수 있는 최대한의 조치는 소련의 팽창에 대항하는 연합전선 하에서 전략적 입장을 조정하거나 군사적 자산의 일부를 공동으로 사용하는 것이었다. 최소한으로 취할 수 있는 조치는 중·미 적대관계를

---

8) Kusnitz, *Public Opinion and Foreign Policy*, p. 140, table 7; p. 117.
9) Nixon, *RN*, p. 562.

종식하는 것으로 미국이나 중국 어느 쪽도 두 개의 전선에서 전쟁을 치러야 할지도 모른다고 걱정할 필요가 없게 될 것이었다. 대신에 그러한 부담은 크렘린에 있는 그들의 적에게로 이전될 것이었다. 따라서 단지 베이찡 공항에서 악수함으로써 조우 언라이와 리차드 닉슨은 세계지정학의 외형을 근본적으로 변화시켰다. 전략적 견지에서도 닉슨이 후에 주장하였듯이 실로 그것은 '세계를 변화시킨 주간'이었다. 10)

소련의 팽창주의를 억제시키는 것만큼 두드러지지는 않는다 하더라도 두 번째 공통의 이해가 미국과 중국을 보다 밀접하게 결속시키고 있었다. 1950년 마오를 포함한 중국의 지도자들은 한국전쟁 발발 이후 중지되어 온 미국과의 경제적, 문화적 유대를 재개하는 데 좀더 관심을 가지게 되었다. 마오와 조우 언라이는 자신들의 승계자와는 달리 거창한 경제개혁 프로그램을 추진하거나 중국이 세계경제에 완전히 통합되었다고 간주하지는 않았다. 그러나 문화대혁명으로 초래된 고립을 종식시키고 중국의 경제적 근대화에 필요한 외국 기술을 도입하기 위해서는 다시 외부로 관심을 돌려야 한다고 결정하였다. 미국과의 관계개선은 첨단 미국 장비 도입을 위한 선결조건일 뿐만 아니라 서유럽에 있는 미국 동맹국들과 일본으로부터 유사한 기술 도입을 촉진시킬 수 있기 때문에 전략적 측면에서도 중요하였다.

다수 미국인들도 중국과 문화적·경제적 유대를 새롭게 맺게 될 경우 이점이 있다고 인식하고 있었다. 학자, 선교사와 일반 여행자들은 오랫동안 중국에 매력을 느껴 왔으며 중국에서 가르치고 공부하며 전도하고 여행할 기회를 갖고자 열망하였다. 미국 사업가들은 중·미 간 무역의 절정기였던 1946년 당시 미국 수출의 5퍼센트를 점하였던 중국 시장에 재접근함으로써 이득을 얻을 것이라고 생각하였다. 11) 비록 헨리 키신저

---

10) Nixon, *RN*, p. 580.

11) William Clarke and Martha Avery, "The Sino-American Relationship," in *China: A Reassessment of the Economy*, A compendium of papers submitted to the Joint Economic Committee, 94 Cong 1 sess (Washington: Government

제1장 개관 / 37

가 중국에 대한 문호개방을 계획하면서 이러한 점을 의식하지는 않았다고 하더라도, 이는 키신저와 닉슨이 구상하고 있던 미국의 대중 정책방향의 재설정에 대한 국내적 지지를 획득하는 데 도움을 주었다.

따라서 1972년 2월 공군 1호기의 이동 트랩 아래에서의 닉슨과 조우언라이의 만남에서는 양국간에 존재하고 있는 거대한 차이와 좀더 협력적인 관계증진으로 잠재적인 보상을 얻게 될 것이라는 인식이 동시에 반영되고 있었다. 이와 같이 양국간에는 공통적이면서도 경쟁적인 이해관계, 과거 적대감의 기억, 그리고 좀더 우호적인 미래에 대한 희망이 복합적으로 혼재되어 있어 새로운 관계설정을 시도하는 양국 지도자의 행보는 불투명하였다. 이러한 불안정한 토대 위에서 어떠한 관계가 구축될 것이며 그것은 얼마나 지속될 수 있을 것인가?

1. 20년간의 전개과정

지난 20년 동안 중·미 관계는 진전과 정체, 위기와 강화 사이를 오가는 특징을 보였다. 1971년과 1972년, 키신저와 닉슨의 방문은 중·미 관계를 적대관계에서 협력관계로 전환시키고, 1949년 이래 처음으로 고위급 접촉을 재개할 수 있도록 하는 최초의 돌파구가 되었다. 공식 외교관계가 없었고 마오 쩌뚱 말기의 상대적으로 폐쇄적인 중국의 속성 때문에 중·미 관계가 위협을 받고 있었다고는 하지만 이러한 기초 위에서 양국간 경제적·문화적 유대관계가 확대될 수 있었다. 무역이 급속도로 신장하였지만 미국의 대중국 직접투자는 여전히 불가능하였다. 단기적인 문화적·학술적 대표단의 교환은 빠르게 증가하였지만 학자, 언론인, 학생을 장기간 파견할 수 있는 수단은 여전히 없었다.

Printing Office, 1975), p. 505; Department of Committee, Bureau of the Census, *Historical Statistics of the United States, Colonial Times to 1937* (GPO, 1960), p. 537. 1970년대와 1980년대에 중·미 간 무역에서 괄목할 만한 성장이 있었다고 하더라도 그러한 비율은 다시는 달성될 수 없었다.

소련과의 데탕트를 추구하는 데 관심을 가지고 있던 닉슨과 포드 행정부는 중국과의 외교관계 정상화를 완결시킬 수 있는 역량이 결여되어 있었기 때문에 1970년대 중반기 중·미 관계에는 심각한 긴장감이 감돌고 있었다. 1975~1976년 중국 내에서 급진주의적 대내외 정책이 부활됨에 따라 중·미 관계에 긴장감이 조성되었고 마침 사인방은 마오 쩌뚱을 승계하려는 권력투쟁에서 보다 온건한 적을 제거하기 위하여 최후의 시도를 하고 있었다. 무역과 문화부문의 상호교류가 감소되었고 고위급 접촉에서 보다 논쟁적으로 부딪치게 되었다. 1976년 무렵에는 증진되고 있던 미·중 관계가 정체상태를 맞게 되었다.

1978년 양국간 공식 외교관계의 수립으로 악화일로를 치닫던 중·미 관계가 소생될 수 있었다. 베이찡과 워싱턴에 관계개선 협상을 담당할 유연성을 지닌 새로운 지도자가 출현함으로써 중·미 관계의 정상화는 가능하게 되었다. 미국에서 카터 행정부는 타이완과 공식관계를 종결하고 타이완으로부터 미군을 철수하고 타이완과의 상호방위조약을 종식할 충분한 정치적 자산을 가지고 있었으므로 공식관계 수립을 위한 중국의 조건에 대응할 수 있었다. 중국에서 덩 샤오핑(鄧小平)은 타이완에 대한 계속적인 미국의 무기판매를 포함하여 미국이 타이완과 광범위한 비공식적 관계를 지속하는 것을 용인할 수 있을 만큼 정치적 입지가 강화되어 있었다.

이러한 타협이 양국에서 비판을 불러일으켰다. 정상화의 조건은 의회의 대다수 의원으로부터 비난을 받았으며, 의회는 미국의 타이완에 대한 안보공약을 되풀이한 〈타이완 관계법〉에 새로운 조항을 첨부하였다. 반면 중국에서는 〈타이완 관계법〉에 대하여 중·미 정상화에 관한 합의를 배신한 것이라고 비난하였다. 이러한 비판에도 불구하고 카터와 덩 샤오핑이 주도한 협정은 유효한 채로 남아 있었다.

국교정상화가 완결되면서 중·미 관계는 진전과 교착의 제 2라운드에 접어들었다. 1978년과 1980년 사이에 문화, 경제, 전략적 유대가 꾸준한 돌파 — 중국 학생과 학자의 첫 물결, 양국간 첫 미국 입국의 직항로, 미국인의 첫 상업여행, 미국의 베이찡 상주 특파원의 첫 파견, 중국 내 미국과의 합작기업의 설립, 군사대표단의 교환 등—를 기록하고 있었다. 서로에게 접근하려는 양국 시민들의 열의와 예기치 않았던 중·미 관계 확대의 속도가 태평양 양측에 흥분과 신명을 자아냈다.

그리고 나서 각자 포옹에서 떨어졌을 때 각성의 시기가 왔다. 1980년 대통령 유세기간 동안 로날드 레이건은 타이완과의 관계에서 공식적인 성격을 회복하고자 하는 자신의 바람을 피력하였고 국교정상화의 시기에 카터 행정부가 취한 타이완 문제에 대한 양보에서 약간 이탈하고자 하였다. 중국은 미국에 대한 과도한 의존에서 탈피하기 위하여 보다 독립적인 대외정책을 추구하겠다고 선언하였다. 따라서 초기에 소련에 대항하여 미국과 공동전선을 펼치겠다고 암시하였던 것을 포기하였다. 중국에서 돌아온 미국의 언론인과 학생들은 중국이 문화대혁명의 수사학으로부터 발생한 이상주의적 기대에 따라 행동하지 않는 것에 놀랐다. 베이찡은 국내에서의 정치적 자유화를 제한하려는 노력의 일환으로 미국사회의 결점을 비판하였다.

이러한 상호 각성은 1981년과 1983년 사이 양국의 전반적 관계를 지속적으로 자극하고 있었는데, 중국의 대미 섬유수출에서의 동요, 미국의 대중국 기술이전의 제한, 타이완에 대한 미국의 최신예 제트기의 잠정적인 판매, 중국 테니스 스타 후 나(胡娜)의 망명, 1911년 혁명 직전에 남부중국의 후광 철도부설 재정을 충당하기 위하여 칭(淸) 왕조가 발행한 채권의 원리금을 상환하라는 미국 투자가들의 시도 등이 있었다. 수비학(數秘學, numerology)에 대한 중국의 강한 집착을 비웃으면서 미국의 전문가들은 이러한 외형적으로 작은 문제들에 대하여 'three T's'(섬유, 기술 그리고 타이완)와 'two Hu's'(후 나, 후 광)라는 익살스러운 이름을 붙였다. 이러한 문제들이 중·미 관계의 전반에 두루 영향을 미치고 있었는데, 이로 인하여 1978년 국교정상화 합의에 따라 생겨났던 호감이 많이 사라지게 되었다. 실제로 1981년과 1982년 일부 시기에는 중·미 관계가 흐트러지는 것 같았다.

다행히 중국과 미국의 최고위급 지도자들이 양국 관계가 심각하게 결렬되는 것을 방지하기 위하여 개입하였다. 1982년 양국은 미국의 타이완 무기판매의 수량에 대하여 상호 이해할 수 있는 수준에 도달하였다. 그리고 다음해 미국은 대중국 첨단기술 이전의 제한을 보다 완화하겠다고 선언하였다. 이 두 가지 문제가 부분적으로 해결되면서 워싱턴과 베이찡은 양자관계에서 다른 자극적인 문제들을 보다 유연하게 다루는 일이 쉬워졌다는 것을 깨닫게 되었다. 후 나 문제는 논외로 되었고, 후광의 문제가 해결되었으며, 새로운 섬유협정이 체결되었다. 중·미 간 유대관계의 회복이 1984년 초 넉 달 동안의 예외적인 양국정상의 교환방문 — 1월의 자오 즈양(趙紫陽)의 미국방문, 4월의 로날드 레이건의 중국여행 — 에서 상징적으로 나타났다.

1984년~1985년에 시작된 중국의 정치적·경제적 개혁의 심화는 중·미 관계에서의 또 다른 사이클의 출발이라고 할 수 있다. 중국에서의 보다 광범위한 개혁이 양국간 관계의 양적·질적 확대를 촉진시켰다. 다시 한번 처음의 흥분된 시리즈 — 중국 내에 최초의 전액 미국인 소유기업의 설립, 군사기술 공동생산에 관한 최초 합의, 미국 재단의 중국 내 사무소 첫 개설, 중국과 미국학자에 의한 최초의 공동연구 프로젝트—가 재현되었다. 전체적 분위기가 1980년대 초반보다 훨씬 더 호전되었다. 처음으로 중국 관리가 양국관계의 상태에 대하여 만족감을 표시하기 시작하였다. 일부 미국인들은 중국이 자본주의화를 시도하고 있고 더 나아가 민주주의화하기 위하여 노력하고 있다고 확신하였다. 인권에 대한 차이, 상업적 관계, 중국의 해외 무기판매에도 불구하고 보다 안정적이고 성숙된 중·미 관계에 대한 상호 인식은 1989년까지 지속되었다.

그리고 나서 티엔안먼 광장에서의 비극은 20년 전 양국간에 관계회복이 시작된 이래 중·미 간 유대관계에서 가장 심각한 위기상황으로 치닫게 하였다. 베이찡에서의 탄압에 공포를 느끼고 정치·경제적 개혁의 외형적 반전에 놀란 미국인들은 중국에 대한 외교·경제적 제재를 가하도록 요구하였다. 중국의 지도자들은 내정문제에 대한 간섭이라고 분개하면서 역제재로 응수하였다. 결과적으로 미·중 관계는 모든 분야— 미국의 대중 수출격감, 미국의 대중 투자감소, 중국방문 미국 여행자와 학자수의 격감, 양국간 군사적 유대의 중지, 베이찡과 워싱턴 간 공식접촉의 소원—에서 수난을 당하게 되었다.

이전의 두 사이클에서처럼 양국의 지도자들은 관계가 완전히 단절되는 것을 방지하기 위하여 노력하였다. 중국에서 덩 샤오핑과 외교부장은 서구와의 관계개선에서 탈피하여 사회주의권과 제3세계 중심으로 대외정책의 근본방향을 재설정하라는 요구를 뿌리쳤다. 미국에서 백악관과 국무성은 베이찡과 직접 접촉을 유지하고 중·미 관계에 끼칠 제재의 효과를 완화하며 중국에 대하여 무역상 최혜국 지위를 유지하려고 노력하였다. 그러나 양국에서의 여타 세력들은 이전의 관계유형을 지속하는 것이 바람직한지에 대하여 회의적이었다. 중국의 보수주의자들은 미국이 중국정부를 불안정 속으로 몰아넣고 중국 인민들에 대하여 사회주의에서 자본주의로의 평화적 이행을 획책하고 있다고 비난하였다. 소속정당을 초월하여 상당수의 미국 의회 의원들은 인권침해뿐만 아니라 중동지역에 대한 무기 판매와 대미 무역흑자를 응징하기 위하여 중국에 대한 보다 강력한 제재조치를 원하였다.

1972년 닉슨의 중국방문 20주년이 가까워질 무렵 중·미 관계는 외형적으로는 역설적 현상을 겪고 있었다. 한편으로 이들은 20년 전보다 훨씬 폭넓은 관계를 유지하고 있었다. 무역이 1972년 1억 달러에서 1990년 20억 달러로 20배 증가하였다. 닉슨과 조우 언라이가 만날 당시는 전무하였던 투자가 20억 달러 이상에 이르게 되었다. 10만 명의 중국 학생과 학자가 미국을 방문하기 위하여 비자를 받았으며 약 250만 명의 미국인이 여행자로서 중국을 방문하였다. 정부 대 정부 간 합의에 덧붙여서 상업채널을 통한 미국 군사장비의 판매가 도합 5억 달러 이상에 달하게 되었다.

한편으로 이러한 광범위한 관계가 여전히 고도로 취약한 상태에 처해 있었다. 양국에서 이러한 관계를 지지할 국내적 합의가 소멸되었다. 양국 사회 내 주요 인사들이 상대방을 의심과 당혹의 눈초리로 바라보고 있었다. 양국 정부는 인권에서부터 경제에 이르기까지 많은 문제에 대하여 서로 대립하고 있었다. 6월 4일 티엔안먼 사태 이후 전개되어온 위험 천만의 위기가 어느 정도 완화되었다고 하더라도 중·미 관계가 새로운 난관의 극복은 물론이고 완전한 화해에 도달하지는 못하였다. 실제로 그들의 관계가 더 이상 악화되지 않으리라는 신념은 양쪽 어디에서도 찾아볼 수 없었다.

2. 변화하는 환경

1970년대와 1980년대 중·미 관계의 부침(浮沈)의 요인은 대부분 국제·국내적 상황의 변화에서 찾을 수 있다. 처음에는 소련으로부터의 공동위협이 양국을 결속시켰다. 중·미 간 관계회복이 시작되었을 때 문화대혁명의 참화로 인하여 여전히 분열되어 있던 중국의 지도자들은 분쟁 중인 중·소 국경을 따라 소련이 군사력을 배치하는 것에 깊은 관심을 갖고 있었다. 1970년대 말 중국 안보에 대한 소련의 직접적 위협은 경감되었지만 중국의 지도자들은 여전히 모스크바가 아시아에서 중국의 영향력 봉쇄를 기본계획의 하나로 설정하고 있으며, 세계적 차원에서 우려스러울 정도로 지정학적 측면의 군사력 전진배치에 착수하고 있다고 믿고 있었다. 미국 또한 베트남 전에서 입은 국내적 상처를 치유하고 있는 동안 소련이 아시아, 중동, 아프리카, 라틴아메리카에서 얻게 될 전략적 이득에 대하여 우려하고 있었다. 이러한 공통의 이해관계를 바탕으로 양국은 모스크바에 대항할 공동의 장이 필요하였으므로 경제체계와 이데올로기에서의 명백한 차이를 개의치 않을 수 있었다.

그러나 1980년대 말에 이르러 중·미 관계에 관한 양국에서의 전략적 근거는 그다지 긴박하지 않았다. 유럽과 아시아에서 소련의 힘이 한계에 다다르고 소련이 점점 더 국내문제에 사로잡히게 됨에 따라 워싱턴이나 베이찡은 소련으로부터의 위협이 훨씬 줄어들었다고 인식하게 되었다. 결과적으로 양국은 크렘린 당국과 진지하게 긴장을 완화시킬 수 있었다. 미국은 소련과 재래식 무기와 핵무기 제한협정을 체결하였으며 광범위한 지역문제를 다루는 데 모스크바와 협력할 수 있게 되었다. 중국은 소련과 고위급 공식접촉을 재개하였으며, 쌍무적인 경제·문화적 유대를 확대하였고 모스크바와의 국경분쟁 해결에서 커다란 진전을 이루었다. 크렘린은 중·소 국경에 배치된 군대를 감축하고 아프가니스탄에서 군대를 철수하였으며 베트남이 캄보디아와 교섭으로 문제를 해결하도록 설득함으로써 중국과 관련된 모든 문제에 대한 소련의 입장을 표명하고자 하였다. 결과적으로 중국이나 미국 어느 쪽도 소련에 대항하기 위한 지정학적 입장강화를 위하여 절실하게 상대방이 필요하다고 더 이상 느끼지 않게 되었다.

얼마 동안 중·미 관계진전을 이루는 데 중국의 국내상황은 긍정적으로 작용하고 있었다. 덩 샤오핑의 지도하에 중국은 먼저 1970년대 말에는 시험적으로, 그리고 1980년대에는 정력적으로 경제·정치적 개혁 프로그램에 몰두하고 있었다. 마오 말기에 비해 당시 중국의 지도자들은 미국의 첨단기술, 수출시장, 금융자본 그리고 교육기회에 접근하는 것에 훨씬 더 큰 관심을 가지고 있었다. 개혁성향의 당·정 관료의 고문으로 봉사하고 있던 중국의 젊은 지성인들 중 일부는 미국을 정치·경제적 제도 재건의 모델로 간주하였다.

이러한 발전에 힘입어 미국은 중국을 1970년대보다는 좀더 매력적이라고 느끼게 되었다. 중국의 정치·경제적 개혁으로 미국의 대중국 무역과 투자를 위한 희망적인 환경이 조성되었다. 보다 많은 학술적·문화적 교류 기회가 제공되었으며 인권에 대한 잠재적 차이를 좁히게 되었다. 또한 미국적 가치로 중국을 전환시키고 중국의 경제·정치체계를 미국 노선으로 재편하려는 미국의 관심이 장기간에 걸쳐서 더욱 증폭되었다. 중국인들이 자국의 사회주의적 개혁을 증진시키기 위하여 미국과 제휴하고 있다고 생각한 반면, 미국인들은 중국이 정치·경제적 자유화를 추진하고 있는 것으로 인식하였다.

1989년 중반 중국에서의 정치적 위기는 이러한 중·미 관계의 구도를 극적으로 변화시켰다. 티엔안먼 광장에서 자유와 민주주의 여신상을 파괴하는 군대의 모습을 보고 미국인들은 중국이 미국적 가치를 채택하거나 미국의 제도를 모방할 것이라는 희망을 버리게 되었다. 결과적으로 중국을 휩쓴 억압의 파고로 인하여 중국의 지도자들이 정치·경제적 자유화를 위하여 노력하고 있다는 진보적 이미지가 퇴색하게 되었다. 불안정하고 비합법적인 정부의 출현으로 중국은 미국의 투자, 면학, 여행 대상으로는 그 매력을 잃어가고 있었다.

티엔안먼 위기는 또한 미국과의 광범위한 접촉이 국가전복을 초래할지도 모른다고 중국 보수주의자들이 오랜 기간 동안 가져왔던 두려움을 심화시키게 되었다. 중국의 보수주의자들은 좀더 진전된 민주주의를 요구하는 거대한 대중적 저항이 발생한 것이 서구에 대한 개방의 결과라고 인식하였다. 미국 언론의 비판, 미국 정부가 중국에 가한 제재, 중국에 대한 좀더 강력한 보복을 요구하는 미 의회의 압력으로 인하여 중국 보수주의자들은 미국이 중국 공산당의 전복을 목적으로 하는 '평화적 이행 전략'을 획책하고 있다고 확신하게 되었다.

1980년대 말과 1990년대 초 국제환경의 변화는 중국의 국내 위기가 중·미 관계에 미친 영향을 더욱 악화시키게 되었다. 동구에 이어 소련에서도 공산주의가 몰락하게 되자 미국은 베이찡이 진보적이라기보다는 다루기 힘든 정부라고 보다 강하게 인식하게 되었다. 한때 공산주의 세계에서 가장 급진적 개혁을 수행하고 있는 것으로 인식되었던 중국의 지도자들이 이제는 자유시장과 민주주의를 향한 불가피한 흐름에 역행하는 반동적인 '노인 정부'(gerontocrats)로 간주되었다.

이와 같은 상황 전개에 따라 중·미 관계의 미래에 대한 중국의 우려가 고조되었다. 1991년 초 이라크에 대한 미군의 놀라우리만치 손쉬운 승리와 동구에서의 소비에트 제국의 붕괴로 미국은 세계의 유일한 군사적 초강대국으로 남게 되었고 워싱턴에 중심을 둔 단극적 세계가 창출될 것 같았다. 유럽에서 공산주의가 붕괴되고 제3세계에서 민주주의가 외형적으로 확산되자 미국은 자국의 이데올로기적 가치에 대해 보다 확신을 가지게 되었다. 이에 따라 중국인들은 잔존하고 있는 몇 안 되는 공산주의 국가의 붕괴를 획책할 목적으로 워싱턴이 평화적 이행전략을 구사할 가능성이 커지고 있으며 중국이 곧바로 미국의 화평연변(和平演變) 전략의 대상이 될 것이라고 인식하게 되었다.

중국이 유일하게 안심할 수 있는 국제적 현상은 미국의 경제력이 전반적으로, 특히 일본과 독일의 경제력에 비하여 쇠퇴하고 있다는 것이다. 이러한 점진적 상황전개는 미국이 탈냉전기에 우세한 지위를 획득할 것이라는 중국인의 우려를 완화시키기는 하였지만 중·미 관계를 손상시킨 측면도 있었다. 티엔안먼 사건 이전에조차 국내의 예산적자로 베이찡에 경제적 지원을 제공하거나 중국에 수출하는 미국 기업에 금융지원을 할 수 있는 워싱턴의 능력은 제한되어 있었다. 더욱이 만성적 국제수지 적자에 시달려 온 미국민들은 쇄도하는 중국 수입품, 미국의 대중 수출에 대한 장벽, 급속히 늘어나는 중국의 대미 무역흑자를 용인하려고 하지 않았다.

1980년대 말 중·미 관계의 맥락에 비추어 볼 때 유일하게 긍정적인 상황전개는 타이완에서의 사건이었다. 신세대 정치지도자의 출현과 타이완화된 강력한 기업가 계층의 부상에 따른 지도력 변화로 본토에 대한 타이완의 태도에 변화가 일어났다. 장 징구오(蔣經國)와 리 덩후이(李登輝)와 같은 장 제스(蔣介石)의 계승자들은 기꺼이 타이완 해협을 가로지르는 문화·경제적 유대의 급속한 팽창을 용인하고자 하였다. 리 덩후이는 또한 베이찡과의 정치적 접촉에 대해 좀더 유연한 태도를 취하였고 민족통일에 대해 보다 현실적인 입장을 개진하였다. 그렇지만 여전히 본토로부터의 공식 독립을 주장하는 어떠한 논의도 금지되었다. 타이완과 본토와의 관계가 확대됨에 따라 미국은 1950년 이래 유례가 없을 정도로 타이완 문제에서 벗어날 수 있었다. 결과적으로 타이완 문제는 과거 어느 때보다 중·미 관계에서 중요성이 경감되었다.

그러나 이러한 환영할 만한 상황도 오래 지속되지는 않을 것이다. 타이완이 폭넓은 정치적 자유를 누리게 될수록 타이완의 공식적 독립논의를 반대하는 금기는 꾸준히 잠식되어 갈 것이다. 독립을 옹호하는 숫자가 타이완 인구에서 소수를 차지하고 있다고 하더라도 이들이 타이완의 정책에 대해 과거보다 목청을 돋우고 가시적인 역할을 하게 될 것이다. 게다가 소련의 붕괴로 세계의 여타 부분에서 자결권을 위한 요구가 정당화되고 있고 본토에서의 지속적인 억압과 불안정으로 재통일에 대한 호소력이 상실된다면 독립을 옹호하는 숫자는 증가하기 시작할지도 모른다. 타이완 독립운동의 운명이 무엇이든지 간에 유엔 재가입을 포함하여 국제공동체에서 타이완의 역할을 고양시키려는 요구는 이미 증가하기 시작하였고 미국 내에서 점진적으로 지원받을 수 있을 것이다. 이러한 상황전개로 인하여 베이찡과 타이완의 관계뿐만 아니라 중·미 관계에도 위기가 재현될 수 있을 것이다.

3. 본질적 문제들

이러한 변화하는 상황들은 양국이 주요 요인들—타이완, 인권, 전략적 관계, 경제·문화적 유대 등—을 다루는 방식에 영향을 끼쳐 왔다. 이러한 네 가지 요인이 20년간에 걸친 중·미 관계에 얽혀 있지만 그 특징과 논쟁점은 시기에 따라 변화를 거듭하여 왔다. 중·미 관계의 주요 장애가 점진적으로 타이완 문제에서 인권문제로 이동하면서 좀더 확대되고 민감해졌다. 양국 관계의 주요 토대는 전략적 관계로부터 긴박성은 떨어지지만 논란의 여지가 많은 경제문제로 이동하고 있었다. 중·미 관계를 둘러싼 상황이 비우호적 방향으로 전개되었듯이 양자관계에서의 다양한 주요 요인들도 조화를 이루지 못하고 많은 논쟁을 유발하게 되었다.

타이완에 대한 워싱턴과 베이찡 간의 지속적 논쟁은 양국간 시각에서의 근본적 차이를 반영하고 있다. 미국은 한국전쟁 이래 줄곧 타이완과

그 국민들의 평화로운 장래에 정당한 이해관계를 가지고 있다고 주장하
여 왔다. 이러한 이해를 바탕으로 1950년대와 1960년대에 미국은 타이페
이에 실질적인 경제원조를 제공하였고, 1955년에 타이완과 군사동맹을
맺었으며, 엄청난 양의 군사장비를 공급하였다. 대조적으로 중국은 타이
완의 장래문제는 어떠한 외국도 간섭할 권리가 없는 중국 내부문제라고
주장해 왔다. 따라서 1950년 이래 중국은 일관되게 미국이 타이완으로부
터 군대를 철수하고 베이찡에 있는 공산주의 정권을 유일한 합법정부로
인정하라고 요구해 왔다.

　1970년대 들어 중·미 간에 관계회복이 이루어짐에 따라 양측은 미묘
한 문제에 대해 어려운 양보를 하지 않으면 안 되었는데, 이러한 결정은
1978년 국교정상화에 관한 합의와 타이완에 대한 미국의 무기판매를 제
한하는 1982년의 공동선언에 반영되어 있다. 1982년 이후 타이완은 미·
중 관계에서 더 이상 첨예한 논쟁적 사안이 되지는 않았다. 한 가지 이
유는 앞에서도 언급하였듯이 타이완 해협을 가로질러 경제적·문화적 접
촉이 증가하고 있다는 점이다. 그러나 또 다른 이유는 베이찡과 워싱턴
이 타이완에 대한 상호이해와 각자의 유연성의 한계에 대하여 우호적 평
가를 내리고 있었다는 점이다. 1982년 이후 미국은 베이찡이 타이완 문
제에 관하여 양국간 양해사항의 위배로 간주하는 조치들인 타이완에 대
한 주요 신무기 판매나 타이완과의 공식관계 회복에 관하여 더 이상 언
급하지 않았다. 반대로 중국은 워싱턴이 즉각 거절할 것으로 예상되는
문제들인 〈타이완 관계법〉의 폐기, 타이완에 대한 무기판매의 급속한 감
축, 베이찡과 화해하도록 타이완에 압력을 행사할 것 등을 더 이상 강력
하게 요구하지 않았다.

　타이완 문제가 퇴조됨에 따라 인권이 중·미 관계의 가장 논쟁적 사안
이 되었다. 1980년대 중반까지 대부분의 미국인들은 중국 정치체제의 억
압적 모습에 거의 주의를 기울이지 않았다. 소련을 상대로 하는 동맹에
중국을 가입시키고자 하는 바람과 미국적 가치를 중국에 적용시키는 데
있어서의 확신감의 결여, 그리고 마오의 수사학을 액면 그대로 받아들이

려는 성향으로 인하여 1970년대 중반 중국의 인권문제에 대한 미국의 비판은 무디어지게 되었다. 마오 이후의 중국이 정치·경제적 개혁을 조화롭게 수행하고 있다고 확신하고 있었으므로 중·미 관계는 카터와 레이건 행정부 동안 대외정책 논의에서 너무나 중시되던 인권문제에서 벗어날 수 있었다.

아이러니컬하게도 제한적이긴 하지만 마오 이후 중국에서 발생하고 있던 바로 이러한 정치자유화의 과정으로 중국의 인권문제가 관심의 대상으로 부각되었다. 1980년대 중반 중국의 주요 도시에서 일어난 소수이지만 가시적인 반체제운동의 출현은 중국의 지성인들이 보다 정의롭고, 개방적이며 민주적인 사회를 건설하기를 원한다는 생생한 증거를 보여주는 것이었다. 1989년 봄 중국을 휩쓴 대대적인 반정부 시위는 상당수의 평범한 도시거주자들도 그러한 감정을 공유하고 있다는 것을 암시하고 있었다. 그리고 6월 4일 그러한 저항에 대한 폭력적 탄압과, 뒤이어 중국의 학자, 예술가, 작가 및 언론인에 대한 정치적 통제의 강화로 중·미 관계에서 인권문제가 핵심사안으로 대두되었다.

동시에 미국인들이 생각하는 인권의 개선이 많은 중국의 지도자들에게는 공산정권을 음해하려는 시도로 인식되었다. 베이찡의 관점에서 볼 때 이전에는 중국 내정문제에 대한 미국의 간섭이 주로 1950년대 티벳에서의 폭동 지원, 무엇보다도 타이완에 대한 안보공약과 같은 중국의 영토적 통합을 저해하는 방향에서 이루어졌다. 이제 미국의 간섭은 중국의 민족통치의 안정성을 해치는 방향에서 이루어지고 있는 듯이 여겨졌다. 시위에 대한 미국의 지원, 정치적 자유화에 대한 미국의 지지, 그리고 반대자의 탄압에 대한 미국의 제재가 중국에서 사회주의 체제를 전복하고 자본주의 질서로의 이행을 고취시키려는 조율된 미국 전략의 증거로 간주되었다.

중·미 관계에서 1989년 위기의 희생양 중의 하나는 양국간에 확대일로에 있던 군사적·전략적 유대였다. 소련의 팽창주의에 반대한다는 공통의 이해에도 불구하고 베이찡과 워싱턴은 1970년대와 1980년대 초에 전략적 관계 수립이 어렵다는 것을 깨닫게 되었다. 일부 정보의 공유와 캄보디아와 아프가니스탄과 같은 문제에 대한 양국의 대외정책의 조정이 일정 부분 이루어졌다. 그러나 베이찡은 타이완에 대한 양국의 견해차이가 해소될 때까지 미국 무기를 구입하거나 광범위한 군인사의 교환에 참여하는 것을 꺼리고 있었다. 이때 미국은 중국보다 월등히 앞서가고 있었지만 워싱턴조차도 첨단무기나 기술, 특히 아시아의 미국 동맹국들을 놀라게 할 품목들을 중국에 이전하는 데에는 주저하였다.

1982년 타이완에 대한 무기판매 협상의 성공적 종결로 중국과 미국간의 군사관계는 확대되기 시작하였다. 정보의 공유와 지역적·세계적 문제에 관한 협의가 지속되었다. 베이찡과 워싱턴은 프로그램을 발전시켰고 이를 바탕으로 미국은 대전차 미사일, 포탄, 대잠수함 어뢰, 제트기에 대한 첨단 전자공학을 포함하여 여러 가지 유형의 무기생산에서 중국을 지원하였다. 양국은 또한 실무자급의 기술 대표단뿐만 아니라 양국의 국방장관, 참모총장 그리고 군 지휘관을 포함한 군인사 교환의 야심찬 프로그램을 수행하였다.

비록 베이찡이 미국과 군인사를 기꺼이 교환하고 미국의 군사기술 도입을 열렬히 바란다고 할지라도 중국의 광범위한 대외정책을 미국의 대외정책과 조정할 준비가 되어 있지는 않았다. 1980년대 말 양국간의 견해차이가 여러 가지 세계적·지역적 문제에서 드러났는데 특히 중국의 대중동 무기판매, 핵무기 확산 금지협약의 명백한 위반, 캄보디아에서의 크메르루즈에 대한 지속적 지원에서 견해차이가 표출되었다. 미하일 고르바초프 치하에서 소련의 대외정책이 재설정됨에 따라 중국과 미국에 대한 소련의 위협이 감소하게 되자 이러한 상이한 시각이 양국간의 전체적인 전략적 관계에서 더욱 뚜렷이 나타나게 되었다. 1989년의 티엔안먼 위기로 미국이 고위 군인사의 교환과 군장비의 공동생산을 중지하게 될 무렵, 중·미 간의 전략적 관계에는 긍정적 요소보다 부정적 요소가 더 많아지게 되었다.

중·미 관계를 위한 전략적 근거가 서서히 사라지게 되자 태평양 양안의 분석가들은 관계발전을 위한 새로운 기반을 찾고자 하였다. 중국의 개혁 프로그램이 절정에 달했던 1980년대 중반, 양자간의 경제적, 교육적, 문화적 교환이 관계발전을 위한 기반으로서의 역할을 수행하는 듯이 보였다. 그리고 실제로 이 기간 동안 미·중 관계에서 이러한 측면들이 양적·질적으로 가장 급속히 성장하고 있었다. 미국의 대중 투자가 증가하였고 분야도 확대되었다. 양국간 무역이 확대되었고 그 구성도 더욱 복잡해졌다. 미국과 중국의 학자들이 인문학, 사회과학 그리고 자연과학의 주제들에 대하여 공동연구를 시작하였다.

그러나 이러한 연계의 모든 측면에서 상호모순성이 실질적으로 드러나게 되었다. 미국의 학계는 중국에서의 연구기회에 대한 장애, 특히 정치적으로 민감한 문제에 대한 장애에 부딪치게 되어 좌절하고 말았다. 중국 동료들은 많은 중국 학생과 학자들이 미국에서의 거주연장을 시도하고 또한 귀국한 이들조차 효과적으로 흡수하는 데 어려움을 겪게 되자 당황하게 되었다. 미국 사업가 공동체는 중국에서의 열악한 투자환경, 미국의 대중수출 장벽, 미국 시장에서의 중국 수입품의 범람 등에 대하여 불만을 터뜨렸다. 중국의 지도자들은 미국이 대중국 기술이전에 대하여 강력한 통제를 가하고 있고 미국 시장에 대한 중국 섬유류 수출을 제한하고 있다고 미국을 비판하였다. 결과적으로 경제·문화적 유대관계를 확대한다고 해서 보다 광범위한 중·미 관계를 유지할 수 있는 완벽하고도 안정적인 토대를 제공할 수 있을 것 같지는 않았다.

4. 변화하는 정치적 토대

중·미 관계를 위한 국내·국제적 상황이 변화하고 양국간의 상호작용이 확대되어 논쟁의 여지를 좀더 갖게 됨에 따라, 미·중 관계를 위한 정치적 기반 또한 이동하였다. 1972년으로부터 1980년대 중반까지 중국과 미국 사회의 더 많은 부문이 관계증진에 이해관계를 가지게 되고 이데올로기적 대립이 서서히 시들어감에 따라 양국 내에서 중·미 관계를 옹호하는 정치적 기반이 강화되는 경향이 있는 듯하였다. 그러나 1980년대 중반이 지나면서 그러한 우호적 추세는 역전되었다. 양국간 실질적 관계의 확대는 여러 가지 알력을 야기하였고 이데올로기에 기반을 둔 반대가 양국 사회에서 재연되기 시작하였다. 1990년대 초반에 이르러 관계진전을 위한 정치적 기반이 태평양 양쪽에서 완전히 파괴되었다고 할 수는 없다고 하더라도 심각하게 손상을 당하였다.

이데올로기적 고려가 40년 이상 양 사회에서 이중의식을 낳고 중·미 관계에 반대하는 일정한 양념으로 작용하였다. 많은 중국 공산주의 지도자들은 자본주의와 제국주의를 평생 혐오하였으며 미국이 전후 두 가지 죄악의 주요 구현체라고 생각하였다. 반대로 많은 미국인들은 어떠한 종류의 공산주의와도 양립할 수 없다는 것을 깨달았고 중국 공산주의가 소련보다 훨씬 더 잔인하다고 간주하였다. 이러한 사고를 바탕으로 1950년대와 1960년대에 걸쳐 상대방에 대한 각국의 정책은 중용을 취할 수가 없었다. 1972년 닉슨의 방문 이후조차도 중국의 보수주의자들은 마오에 이어 덩 샤오핑에게 미국과의 외교관계 수립에 까다로운 조건을 제기하도록 강요하였다. 리차드 닉슨, 제랄드 포드 그리고 지미 카터는 중·미 관계의 완전정상화가 이루어지면 타이완과의 공식관계가 필연적으로 타격을 받을 것이기 때문에 공화당의 보수진영으로부터 날카로운 비판에 직면하게 될 것이라는 점을 인정하였다.

1970년대 중반으로부터 1980년대 중반에 이르는 동안에는 중·미 관계에서 이러한 이데올로기적 장애가 수그러들고 있는 듯이 보였다. 소련으로부터의 위협에 직면하게 되자 양국 내 보수주의자들은 이데올로기적 차이를 논외로 하고 공동의 적에 대항하는 연합전선을 지지하게 되었다. 또 다른 동일한 비중을 지닌 중요 요인으로, 마오 쩌뚱 사후 중국에서의 극적인 변화가 양국 관계에 미치는 이데올로기의 영향을 감소시켰다. 마오의 사망, 4인방의 숙청, 그리고 덩 샤오핑의 부상으로 중국 내에서 이데올로기가 국가의 대내외 정책에 미치던 영향력이 꾸준히 약화되었다.

학술과 언론에 대한 통제가 완화되고 서구와 경제적 접촉을 증진시키려는 방향으로 중국 대외정책이 재설정됨에 따라 미국에 대한 보다 우호적인 이미지를 품게 되었다. 동시에 중국에서 정치·경제적 개혁이 착수됨으로써 미국 내 보수주의자들이 베이찡과의 우호적 관계를 구상하는 데 견지하였던 조건들이 완화될 수 있었다. 실제로 일부 미국의 보수주의자들은 중국이 맑스주의를 포기하고 자본주의를 포용하며 민주주의적 개혁을 채택하는 것도 가능하다고 믿게 되었다.

그러나 1980년대 말의 상황전개로 양국 관계에서 이데올로기적 요소가 재생되었다. 중국의 보수주의자들은 미국이 급증하는 경제적·문화적 진출을 통하여 자국의 내정문제에 간섭하고 있다고 인식하였다. 이들 중 일부는 미국이 이번에는 신앙적 가르침이라기보다는 세속 철학을 수출함으로써 자신의 이미지대로 중국을 다시 만들려고 기도하고 있다고 미국을 비난하였다. 도시의 많은 젊은 중국인들이 기울인 미국의 대중문화, 경제제도 및 정치이론에 대한 관심과 중국 지성인과 학생공동체 사이에서의 반체제 운동의 부상으로 말미암아 미국과의 관계증진이 중국 사회에서 불안정 요소가 되고 있다는 중국 보수주의자의 생각을 강화시키게 되었다.

유사한 방식으로 미국인들은 중국과 더 많이 접촉함에 따라 유보되어 있던 과거의 이데올로기적 조건들이 재점화되고 있다는 것을 깨닫게 되었다. 베이찡의 강압적인 출산통제 프로그램, 티벳에 대한 가혹한 통제, 그리고 반체제 지식인에 대한 주기적 탄압으로 자유주의자들과 보수주의자들은 중국의 인권문제에 대하여 한층 고조되고 있던 비판에 동참하게 되었다. 1989년의 티엔안먼 위기는 미국 사회 전역에 걸쳐 이러한 관심을 확산시켰고 민주주의를 옹호하는 비폭력적 학생운동의 탄압에 대한 반감을 고조시키게 되었다.

이데올로기적 고려와는 별도로 중국과 미국 간에 증대되고 있는 상호의존이 또한 양국 관계를 위한 정치적 기반에 복잡한 영향을 미치고 있었다. 쌍무적인 경제·군사적 유대가 확대되자 양국에서 다양한 집단과 많은 지역들이 미·중 관계 성립으로 직접적인 혜택을 받았으며 양국 관계에 안정적 요소로 작용하게 되었다. 보다 많은 외교관, 언론인 그리고 학자들이 중국에 주재하게 됨에 따라 비록 불완전하기는 하지만 중국의 이익, 속셈 그리고 전략에 대해 보다 잘 이해할 수 있게 되었다. 이와 마찬가지로 미국 대학과 재단으로부터의 재정지원과 더불어 미국에 보다 빈번하게 접근할 수 있게 되어 중국의 지도자들에게 미국에서의 상황전개에 대한 좀더 정확한 분석과 대미정책에 대한 좀더 사려 깊은 조언을 제공할 수 있는 중·미 전문가 공동체가 형성되는 데 도움을 주었다. 또한 양국간 공식·비공식적 대화를 위한 제도적 메커니즘의 발달로 서로를 좀더 잘 이해할 수 있게 되었다.

그러나 상호의존의 증대가 중·미 관계를 강화시킨 측면도 있는 반면, 약화시킨 측면도 있었다. 미국과 중국간 경제적·전략적·문화적 유대관계가 움트자 상호 보완적 관계에 그치지 않고 이해관계를 둘러싼 경쟁이 발생하게 되었으며 양국 내의 강력한 이익집단들이 우호적 관계를 맺고 있는 분야에 대해서도 도전하게 되었다. 예를 들어 미국 내에서 대중국 정책은 섬유산업(중국산 직물과 의복의 수입에 보다 까다로운 제한을 가하라는 주장), 조직화된 노동(중국의 작업조건을 미국 산업과의 불공정한 경쟁의 일종으로 간주), 생존권 로비운동(중국에서의 강압적인 유산과 다른 강제적인 출산통제 조치에 반대), 그리고 비확산 로비(핵무기 확산을 중지하겠다는 중국의 공약에 의문을 제기) 단체의 관심을 끌기 시작했다. 외국의 분석가들이 중국에서 무엇이 일어나고 있는지 확신할 수는 없었지만, 중국은 미국의 수입품에 대하여 보호주의를 추구하고 있었으며, 군부 내 일부 그룹은 중국의 대중동 무기판매에 대한 미국의 비판을 무시하고 있었고, 중국 내 일부 학술지도자층은 미국에서 연구와 훈련을 받고 돌아온 유망한 젊은 학자들로부터 위협을 느끼고 있었다.

처음에는 이러한 이데올로기적이고 실용적인 두 가지 고려사항이 상호작용을 일으키면서 미·중 관계가 강화되었다. 1970년대 말 이데올로기에 바탕을 둔 반대가 양국에서 쇠퇴하게 되었고, 1980년대 초에는 양국

간 관계증진을 원하는 단체와 지역이 더 많아지게 되면서 중·미 관계
증진을 위한 여건은 이전보다 더욱 성숙되고 안정되었다. 1984년이나
1988년 미국의 대통령 선거 유세에서 2차대전 이후 처음으로 중국문제가
주요 이슈로 등장하지 않았다. 또한 중국에서도 미국과의 전략적, 경제
적, 과학적 유대관계를 맺는 것이 이득이라고 여기는 지도자들이 국가를
통제하는 듯하였다.

그러나 1980년대 말에 접어들면서 상황이 역전되기 시작하였다. 이데
올로기에 기반을 둔 반대가 양국에서 재현되었고, 각 사회단체와 이익집
단이 양국관계의 특정 측면에 대해서 도전하기 시작하였다. 1989년 티엔
안먼 사건 이후 초래된 중·미 관계에서의 위기가 이전에 상대적인 소외
감 속에서 활동하고 있던 양국 내 다양한 반대세력들을 결집하여 강력한
연합을 형성하는 촉매작용을 하였다. 미국에서는 자유주의적 인권조직
그룹, 보수주의적 반공 지도자들, 그리고 망명중인 중국인 학생과 학자
들이 합심하여 베이찡에 대해 보다 심도 있는 제재를 가하라고 주장하고
있었다. 미국의 대중 무역적자와 중국의 대중동 무기판매에 대한 관심으
로 비확산을 옹호하는 로비 그룹, 보호주의를 주창하는 미국 산업, 그리
고 노동자 진영이 그러한 연합에 가세하였다. 미국의 대중국 제재는 미
국과 거리를 유지해야 한다고 오랫동안 주장하여 온 중국 내 보수주의자
들에게 강력한 공격수단이 되었으며 미국 수입품으로부터 보호받기를 원
하는 국가산업에 종사하는 이익집단에게 공통의 대의명분이 되었다.

그러나 티엔안먼 사건 이후 출현한 반대 연합세력도 양국 내에서 정책
결정을 완전히 통제하지는 못하였다. 중국에 대해 좀더 가혹한 제재를
가하자는 미국 내에서의 요구는 부시 행정부의 탄탄한 지원을 받고 있던
대외정책 전략가, 사업가 조직, 그리고 중국전문가들의 반대에 부딪히게
되었다. 미국에 대해 보다 적대적인 정책을 취하자는 중국 내의 요구는
미국과 이해관계를 발전시켜 온 다양한 군사, 상업, 학술분야에 종사하
는 이익집단으로부터 지지를 받고 있는 당의 중앙지도부에 의하여 거절
되었다. 양국 관계의 실질적 기반과 마찬가지로 미·중 관계의 정치적

기반도 1989년의 티엔안먼 위기로 인하여 심하게 약화되기는 하였지만 완전히 파괴되지는 않았다.

5. 전망과 제언

중·미 관계의 장래를 전망하기란 무척 어렵다. 과거 20년 동안 양국 관계를 형성하는 데 기여하였던 모든 상황이 유동적 상태에 있다. 소련의 붕괴와 더불어 국제체계의 주된 윤곽이 불확실한 상태에서 중국과 미국의 이해가 어느 정도 합치되고 있는지는 신중하게 검토할 필요가 있게 되었다. 중국은 고통스러운 사회적, 경제적, 정치적 문제들에 매달려 있는데 앞으로 10년의 기간 동안 새로운 개혁, 보다 강도 높은 탄압, 지속적 부패, 혹은 국민적 분열까지 겪을 가능성이 있다. 미국은 탈냉전기를 맞이하여 국민적 우선순위와 정책을 논의하고 있지만 아직 합치된 견해가 있는 것은 아니다. 그리고 타이완과 홍콩은 중국과의 미래관계에 대하여 국내적으로 소란스러운 논쟁에 휘말려 있다. 타이완은 보다 활동적인 국제적 역할과 공식적인 독립까지 주장할 가능성이 크며 홍콩은 자치에 대한 좀더 많은 보증과 민주주의로의 더 빠른 이행을 요구할 가능성이 크다.

따라서 1990년대에는 최소한 다섯 가지 가능한 시나리오가 있다.

(1) 소생하는 러시아나 부상하는 일본에 대항하여 중국과 미국 간에 새로운 전략적 일치점이 형성될 수 있는데, 양국은 다시 한 번 더 자국의 이해를 저해하는 공동위협에 대처하기 위하여 양자간의 경제적·이데올로기적 차이를 간과할 수 있을 것이다.

(2) 만약 베이찡 중앙정부가 붕괴되어 중국이 분열된다면 미국은 아마도 우호적 성향으로부터 소원한 성향에 이르기까지 다양한 성향을 보일 가능성이 있는 여러 개의 중국과 명시적 관계를 설정해야 할지도 모른다.

⑶ 만약 중국이 덩 샤오핑 이후 시기에 접어들었을 때 정치적·경제적 자유화가 소생된다면 미국과의 밀접한 경제적, 군사적, 문화적 유대관계 유지에 대하여 중국인이 새로운 이해관계를 갖게 되는 것은 물론 중국의 근대화와 개혁에 대하여 미국이 다시 지지하게 될 것이다.

⑷ 또 다른 가능성은 대립적인 관계로의 전락이다. 단기적으로 미국인들은 중국이 논란의 불씨를 안고 있는 양국문제를 개선할 의지가 없는 것에 대하여 더 이상 인내하지 못할 것이다. 장기적으로는 중국이 여전히 덩 샤오핑 이후에도 억압적 정부에 의해서 통치되거나, 베이찡과 홍콩 혹은 타이완과의 관계에서 위기가 발생하거나, 중국이 미국이나 그 동맹국의 이해에 배치되는 보다 적대적인 대외정책을 채택한다면 이러한 시나리오가 발생할 수 있다.

⑸ 마지막으로 현재의 추세가 지속될 수 있다. 이해가 수렴되거나 경쟁적으로 될 수도 있는 복합적인 혼성의 형태와 긴장감에 휩싸여 있지만 붕괴될 것 같지는 않는 모습을 보이게 될 것이다.

단기적으로는 마지막의 시나리오가 가능성이 있으며, 네 번째 시나리오가 유력하다. 중기적으로는 결코 확실하지 않다고 하더라도 세 번째 시나리오, 즉 개혁으로의 복귀가 보다 확률이 높을 것이다. 중·미 간의 전략적 연대감을 회복한다거나 지역정부로 중국이 분열될 것이라는 나머지 두 가지 전망은 현재로서는 개연성이 없지만 상상 불가능한 것은 아니다.

이러한 여건하에서 현명한 미국의 대중국 정책은 여러 가지 폭넓은 가정에 기반하여야 한다. 먼저 베이찡과의 적대적 관계로의 전락은 피하는 것이 바람직하다. 특히 방위예산을 삭감하고 있는 시점에서 타이완이든 다른 지역문제에 관한 것이든 중국과의 군사적 대결이 새롭게 대두된다면 너무나 많은 비용을 지불해야 할 것이다. 베이찡과 외교적으로 소원해지는 것은 중국과의 양자관계에 끼칠 손상뿐만 아니라, 아시아의 우방과 동맹국들이 베이찡과 워싱턴이 다시 적이 되는 것을 원하지 않고 있으므로 동맹국들과 미국과의 관계에 긴장이 초래될 수 있기 때문에 결코 바람직스럽지 않다. 명백하게 베이찡이 중요한 미국의 이해에 직접적으로 대립되는 정책을 취하거나 중국의 의도대로 홍콩이나 타이완과의 통일을 강요하기 위하여 무력사용을 결정한다면 적대적 관계는 피할 수 없을 것이다. 그러나 미국이 무역이나 인권에 관한 중국과의 인식차이로 베이찡과 외교적·경제적 관계의 붕괴로까지 치닫게 된다는 것은 어리석은 일이다.

덩 샤오핑 이후 1980년대 중반 양국관계에 만연해 있던 그릇된 도취감과 비현실적 기대감으로 특징지어지는 제2의 중·미 밀월관계가 도래할 것이라고 미국이 기대하는 것도 마찬가지로 현명하지 못하다. 확실히 미국은 중국에서 현존하는 고령층의 지도자들의 사망과 더불어 보다 젊고 실용적인 새로운 세대가 출현한 이후에 정치적·경제적 개혁이 재개되기를 희망할 수 있다. 그러나 개혁의 재개가 덩 샤오핑 사후 상상할 수 있는 유일한 시나리오는 아니다. 비록 개혁이 이루어진다고 하더라도 경제적·정치적 자유화의 과정은 지연되거나 어려워질 가능성이 있고 1989년에 중국을 휩쓸었던 위기에 비교될 수 있는 상황이 재현되어 중단될 가능성도 있다. 게다가 개혁이 성공한다고 하여도 항상 세계적·지역적 문제에서 중국과 미국의 의견이 일치할 것이라고 보장할 수는 없다. 실제로 성공적인 경제개혁이 현재의 양국간의 무역불균형을 소멸시키기보다는 악화시킬지도 모른다.

끝으로 중·미 관계는 너무나 중요하여 선의의 무관심 전략(a strategy of benign neglect)이 옳다고 할 수는 없을 것이다. 확실히 오늘날 중국은 전략적 삼각축을 조정하는 것이 미국의 세계외교 전략에서 결정적 요소였던 1970년대만큼이나 미국에 중요한 존재는 아니다. 그러나 중국은 아시아·태평양 지역에서의 세력균형 유지, 한반도에서의 안정보전, 지구환경보호, 개방적 국제경제의 고양, 대량살상무기 확산방지와 같이 미국이 관심을 가지고 있는 다양한 국제문제와 연관되어 있다. 이러한 모든 영역에서 중국은 문제를 더욱 악화시키거나 더욱 호전시킬 수도 있다. 더욱이 양국은 이미 능란하게 처리해야 할 필요가 있고 경제적·문화적 상호교류의 확대로 이익을 얻을 수 있는 광범위한 쌍무관계를 맺고 있다.

이러한 상황묘사가 암시하는 것은 과거 상당 기간 존재해 왔던 것 이상으로 중국과 보다 현실적이고 성숙된 관계를 맺을 필요성이 있다는 것이다. 미국의 지도자들은 중국과 공통되면서도 경쟁적인 이해관계를 동시에 공유하고 있다는 것을 인정해야 한다. 미국은 중국을 미국의 이해에 중요하다거나 미국의 이해타산에 무관한 존재로 인식하기보다는 전세계적인 영향력을 가진 주요 지역세력의 하나로 간주해야 한다. 또한 양국관계에서 미국의 이해가 걸린 의제를 수행하기 위해서는 긍정적이고 부정적인 인센티브를 동원해야 할 어려운 협상이 수반되어야만 한다는 점을 인정해야 한다. 이러한 관계는 사실상 정상적인 것으로 대부분의 국가가 상호관계를 가지는 유형이다. 그러나 두 국가의 경우에 그 정상적 상태는 이제까지 양국이 서로에 대해 '특수 관계'라고 여겨 왔던 부문에 대해 많은 시행착오를 거치면서 조정해야만 얻을 수 있는 것인지도 모른다.

제 2 장

돌 파

1972년 닉슨 대통령의 베이찡 방문으로 20년간 지속된 미국과 중국 간의 대결과 고립의 관계는 종결되었다. 1950년대에 양국은 엄격하게 양극화된 세계에서 서로 다른 진영에 속해 있었다. 미국은 공산주의의 확산을 막기 위해 창설된 자본주의 동맹국들 가운데 주도적 역할을 맡고 있었다. 반면, 중국은 공산주의 혁명에 성공하고 소련이 이끄는 반대진영에 속해 있으면서 자본주의에 대한 사회주의 승리 쟁취를 그 임무로 삼고 있었다.

중국과 미국의 관계는 이러한 이데올로기적 대립에 의해 심각하게 제한받고 있었다. 가장 우호적인 때조차도 외교적, 문화적, 경제적 접촉은 최소한으로 이루어지고 있었다. 무역과 투자는 금지되었고, 여행도 자유롭게 할 수 없었으며, 외교적인 접촉조차도 대사급 수준에서 간헐적으로 이루어졌다. 더욱이 미·중 간의 갈등은 종종 군사적 적대관계로 치달았다. 양국은 큰 희생을 치르고도 결론을 내지 못한 한국전쟁에 참전하였고, 타이완 해협에서는 주기적으로 위기를 겪었으며, 베트남에서는 격렬하게 대리전을 전개하였다. 워싱턴과 베이찡은 가끔 상대방에 대해 유화적인 태도를 취하기도 했지만, 어느 쪽도 양자관계의 개선에 열의가 있었던 것은 아니었다.

흥미로운 것은 1960년대 국제정치에서 가장 중요한 변화 중의 하나라고 할 수 있는 중·소 분쟁도 즉각적으로 미·중 관계를 가깝게 만들지는 못했다는 점이다. 처음에 중국은 소련이나 미국 모두를 자신들의 군사적 안보와 이데올로기적 통일성에 도전하는 세력으로 파악하였다. 더욱이 중국은 스스로가 이러한 두 초강대국에 동시에 맞설 수 있는 능력을 갖추었다고 믿고 있었다. 한편, 미국은 중국이 소련보다도 더 급진적인 이데올로기와 혁명적인 외교정책을 펴고 있으므로 미국의 이익에 보다 더 심각한 위협이 된다고 간주하였다. 미국은 1960년대 초반 중·소 분쟁이 발발했을 때에도 베이찡과 연합하여 모스크바에 대항하기보다는 소련과 동맹을 맺어 중국에 맞서려고 하였다.

그러나 소련의 위협으로 인해 중국과 미국은 서로를 호의적으로 생각하게 되었다. 양국 모두에게 1968년은 전환점이었다. 그 해 봄 소련의 체코 침공은 베이찡에 대한 군사적 공격가능성의 선례를 보여주었는데, 당시 중국은 문화대혁명으로 혼란을 겪고 있었던 시기였다. 같은 해 베트남에서의 하노이 대공세와 11월 존슨(Lyndon B. Johnson) 대통령의 대통령 선거 불출마 결정은 베트남에서의 미국의 전략적 위치가 매우 약화되었음을 보여 주는 것이었다. 서로의 약점을 인지한 미국과 중국은 소련을 자신들의 안보에 대한 더 큰 위협으로 간주하기 시작하였다. 따라서, 1969년에 닉슨과 마오 쩌뚱은 소련을 견제하기 위하여 미·중 화해의 가능성을 탐색하기 시작하였다.

1972년 닉슨의 성공적인 중국 방문에도 불구하고, 1970년대 양국의 국내문제는 관계 발전에 걸림돌이 되었다. 공화당 출신의 유약한 대통령들—재임 시기의 닉슨과 궐위 기간의 포드 대통령—은 중국과의 외교관계를 완전히 정상화하는 데 필수적이었던 타이완 문제에 대해 타협을 이끌어낼 능력이 부족하였다. 미국과의 외교관계가 완전히 정상화되지 않은 상황에서 베이찡은 정상적인 상호교류를 상당 부분 금지하였는데,

항공·해운 직항로 개설, 미국 언론인의 중국 상주, 단기의 집단방문을 제외한 학생·학자의 교환 등을 금지하였다. 한편, 마오 쩌뚱 시기에 중국의 국내외 무역정책은 곤경에 빠져 있었고, 중국은 해외투자, 무역, 문화교류 등에 대한 제한을 강화하였다.

더욱이 양국은 여전히 서로에게서 의심의 눈초리를 떼지 않고 있었다. 비록 미국이 중국과 공모하고 있었고 이러한 중국과의 관계를 소련이나 베트남에 대해 영향력을 발휘하는 데 이용하고자 했지만, 미국의 일반대중들은 여전히 중국을 불길한 공산주의 독재국가로 간주하였다. 많은 중국의 지도자들도, 소련의 위협을 견제하기 위해 미국을 이용하려 했지만, 여전히 미국을 불신하였다. 그것은 특히 미국이 타이완과의 외교적, 군사적 연계를 단절하지 않은 것에 기인하였다. 양국 정부 모두 상대방이 소련과의 데탕트를 위해 서로를 배신하지 않을 것이라는 전폭적인 확신을 가질 수가 없었다. 그러므로 닉슨의 중국방문으로 상징되는 돌파구에도 불구하고, 미·중 관계는 미묘하고도 잠정적인 상태로 남아 있었다.

1. 적 대 감

1949년 중화인민공화국이 창설됨으로써 절정에 달한 중국 공산주의 혁명이 성공하게 되자 미·중 관계에 틈이 생겨났고, 이 간극을 극복하는 데 20년이라는 기간이 소요되었다. 1) 많은 미국인에게 중국의 새 정부는

---

1) 1949년 이후 미·중 관계의 역사에 대한 많은 저작들 중에서 유용한 것으로는 다음과 같은 것들을 찾을 수 있었다. Gordon H. Chang, *Friends and Enemies: The United States, China, and the Soviet Union, 1948~1972* (Stanford University Press, 1990); Banning N. Garrett, "The Strategic Basis of Learning in U. S. Policy toward China, 1949~1968," in George W. Breslauer and Philip E. Tetlock, eds., *Learning in U.S. and Soviet Foreign Policy* (Westview Press, 1991), pp. 208~263; Nancy Bernkopf Tucker, *Patterns in the Dust: Chinese-American Relations and the Recognition Contro-*

위험스러울 정도로 급진적이고 무책임하게 보였으며, 따라서 전후 봉쇄 정책의 주요 대상으로 여겨졌다. 반제·민족주의적 정책에 기반하여 권력을 잡은 중국의 공산주의자들은 대부분 미국을 장 제스와 국민당에 경제·군사적 원조를 제공하였던 국가일 뿐만 아니라 2차대전의 결과로 주도적인 자본주의 국가로 부상하여 그들의 혁명 공고화를 저해하는 가장 위협적인 존재로 간주하고 있었다.

이처럼 완전히 다른 관점에서, 양국은 서로를 의심과 불안의 눈으로 바라보았다. 국무장관이었던 애치슨(Dean Acheson)을 비롯한 미국의 몇 몇 관료들은 "혼동을 가라앉히자"고 주장하였다. 그들의 관점에서 보면, 미국은 불가피해 보이는 타이완의 공산화를 묵인하는 것이 현명한 처사로 여겨졌다. 그렇다면 점잖은 휴지기를 보낸 후에, 워싱턴은 베이찡과의 외교관계를 재개할 수 있을 것이다. 비록 후에 유화정책이라 비난받았지만, 이 전략은 공산주의를 표방하는 중국과 친근하고 적극적인 관계 모색을 계획한 것은 아니었다. 심지어 베이찡과 공식적인 유대관계를 확립해야 한다고 주장하던 사람들도 그들이 냉정하고 당당한 자세를 지켜야 한다고 생각하고 있었다.

더욱이 애치슨조차도 국민당 정부가 타이완에 망명하여 존재하는 한, 인민공화국의 즉각적인 승인을 거론할 수는 없었다. 트루먼 정부는 마샬 플랜에 대한 국내의 지지를 획득할 필요가 있었는데, 이를 위해서는 유럽뿐만 아니라 아시아에서도 공산주의의 확산을 막기 위해 노력하고 있는 것처럼 보일 필요가 있었다. 그러므로 타이완에서 국민당의 중국 본

---

versy, 1949~1950(Columbia University Press, 1983); David Allan Mayers, Cracking the Monolith: U.S. Policy against the Sino-Soviet Alliance, 1949~ 1955 (Louisiana State University Press, 1986); Warren I. Cohen, "The United States and China since 1945," in Warren I. Cohen, ed., New Frontiers in American-East Asian Relations: Essays Presented to Dorothy Borg(Columbia University Press, 1983), pp. 129~167; Harry Harding and Yuan Ming, eds., Sino-American Relations, 1945~1955: A Joint Reassessment of a Critical Decade(Wilmington, Del.: SR Books, 1989).

토에 대한 저항이 점차적으로 사라져가는 것을 지연시켜야 했고 따라서
미국은 중국의 새 정부에 대해 냉정하고도 적대적인 정책을 취하였다.
미국은 중국 본토에 대한 경제원조를 보류하였으며, 전략물자 수출을 금
지하였고, 중국의 UN 가입을 반대하였다. 미국은 또 난징(南京)에 있던
대사관을 타이완으로 옮겼으며, 외교적 대화통로를 모색하려는 공산주의
자들의 노력을 무시해 버렸다.

이와 마찬가지로, 중국 공산당의 대미 정책도 이중적이었다. 한편으로
많은 새로운 공산당의 지도자들—특히 마오 쩌뚱과 조우 언라이—이 광
범위한 무역 관계를 형성하면서 동시에 소련을 견제하기 위해서 미국 및
다른 서방 국가들과의 관계 유지를 희망하였다. 다른 한편으로, 중국은
이데올로기와 전략상의 이유로 소련과 군사적, 경제적 동맹을 형성함으
로써 '한편에 기대기'로 결정하였다.

사실상 중국 공산당이 이러한 이중적인 정책을 취하게 된 것은 어느
정도 미국의 정책에서 기인하였다. 미국이 타이완의 국민당 정부와 외교
관계 유지를 고집하면서 새로운 공산주의 체제에 경제제재를 가하였기
때문에, 베이찡은 이러한 식으로 대응할 수밖에 없었던 것이다. 중국은
1949년~1950년 사이에 미국에 대해 몇 가지 적대적인 조치, 즉 선양(瀋
陽)의 미국 영사인 워드(Angus Ward)의 억류, 베이찡의 미국군 막사의
압류, 중국을 떠나려던 미국 외교관에 대한 가해, 중국에 있는 미국인
선교사의 체포 등과 같은 조치들을 취하였다.

일부 미국인들과 심지어 소수의 중국인들조차, 1949년에는 '잃어버린
기회'가 있었다고 주장한다. 그것은 미국측이 좀더 유연하고 현실주의적
이었다면 인민공화국과 미국 사이에 새롭게 형성된 적대적 관계를 피할
수도 있었다는 것이다. 그러나 학자들 사이에서는 태평양을 사이에 둔
양국간의 이데올로기와 외교정책의 차이가 너무나 커서 쉽게 화해할 수
없다는 견해가 점차 증대되어 갔다. 이러한 양자간의 이데올로기적인 선
입견, 중국의 소련과의 동맹, 미국과 타이완 간의 관계, 미국의 봉쇄정
책 등이 존재하는 한, 냉정하고 적절한 관계를 형성하기 위해서는 유연

성과 성숙함이 필요하였는데, 이것은 양국 모두에게 결여되어 있었다.

한국전쟁으로 인해, 시간이 지나가면 혼돈이 진정되리라는 희망은 사라져 버렸다. 비록 1950년 6월 한국전쟁이 베이찡이나 워싱턴의 결정에 의해 발발하게 된 것은 아니었지만, 미·중 관계는 전쟁의 주요한 희생양 중의 하나가 되었다. 1950년 8월 미국은 목표를 확대하여 북한을 해방시키기로 결정하였고, 그리하여 미군과 남한군이 38선을 넘어서 북으로 진격할 것을 명령하였다. 중국으로서는 중국 북동부 지역에 친미적인 비공산주의 체제가 성립하는 것은 용납할 수 없는 일이었으며, 베이찡은 이러한 미국의 결정을 2차대전 이후 아시아에서 떠오르기 시작한 모든 공산주의 정권을 무너뜨리려는 원대한 계획의 전조로 간주하였다. 따라서 중국은 미군이 압록강을 넘어오는 경우에는 중국이 개입하게 될 것이라고 위협하였다. 중국의 의도와 능력을 오판하여 워싱턴이 이 경고를 무시하자 마오 쩌뚱은 그의 군사 및 행정보좌관들이 주저하고 소련이 직접적인 군사원조를 꺼려했음에도 불구하고 군사적 개입을 결정하였다. 그 결과, 중국과 미국은 3년간 군사적으로 충돌하였고, 그 기간 동안 15만 명 가량의 중국군과 5만 명 가량의 미군이 희생되었다. [2]

한국전쟁으로 말미암아 미·중 간의 갈등은 심화되고 고착되었다. 전쟁의 발발과 더불어, 미국은 베이찡에 대한 제재를 보다 강화하였다. 미국은 자국 내의 중국 자산을 동결시켰으며, 대중국 무역금수조치를 취하였고, 미국 선박과 항공기의 중국 경유를 금지하였다. 미국은 또한 UN 총회에서 이전에 북한에게 했던 것과 마찬가지로, 중국을 침략자로 규정

---

2) 중국의 사상자 수는 다음에서 인용하였다. Xu Yan, *Diyici Jiaoliang*: *Kangmei Yuanchao Zhanzhengde Lishi Huigu yu Fansi* (The first test of strength: A review and reflection on the history of the war to resist America and aid Korea) (Peking: China Broadcast Publishing House, 1990), p. 322. 이 숫자는 사망자가 백만 이상이라는 미국측의 계산보다 상당히 적은 것이다. R. Ernest Dupuy and Trevor N. Dupuy, *The Encyclopedia of Military History: From 3500 B.C. to the Present*, 2d ed. (Harper and Row, 1986), pp. 1251~1252 참조. 이것은 또한 이 분쟁에서의 미국인 사망자 숫자에 관한 출처이다.

하는 데 성공하였다. 베이찡은 중국 내의 일부 미국 기업을 몰수하거나, 사업을 포기하도록 괴롭히고, 금융상의 요구들을 봉쇄함으로써 보복을 가하였다.

더욱이 한국전쟁으로 미국의 타이완 정책은 중대한 변화를 겪게 되었다. 1950년대 초에, 트루먼 행정부는 타이완을 중국의 일부로 규정하고 그것을 서태평양의 미국 방어지역에서 제외하였는데, 이것은 미 국무부가 타이완은 필연적으로 공산화될 것이며 미국은 그것을 막아야 할 하등의 이유가 없다고 내린 평가의 당연한 귀결이었다. 그러나 한국에서의 대립이 시작된 직후에, 미행정부는 국방부의 견해를 선호하는 방향으로 정책을 선회하였다. 펜타곤에서는 오래 전부터 타이완을 서태평양을 따라 이루어진 '섬들의 고리'의 핵심적인 지역으로 간주하였으며, 따라서 타이완의 공산화를 저지하고자 하였던 것이다.

그러므로 1950년 6월, 트루먼 대통령은 제7함대로 하여금 타이완 해협을 감시하도록 명령하였는데, 명목상으로는 한국전쟁이 남쪽으로 확대되는 것을 막기 위해서라고 하였지만, 실제로는 타이완의 안보에 대한 미국의 공약을 재확인한 것이었다. 타이완에 대한 군사적 지원으로서 미 해군함정의 순양이 재개되었으며, 1954년에 미국은 국민당 정부와 상호방위조약을 체결하였다. 1955년의 타이완 혁명은 비록 드러나지는 않았으나 타이완과 펑후 열도(澎湖列島)뿐만 아니라 국민당의 통제하에 있는 주요 도서들에까지 미국의 보호범위를 확장시키는 결과를 가져왔다. 그것은 미국이 장 제스와 밀약을 체결함으로써 보장되었다. 동시에 베이찡의 공산주의 정부가 타이완에 대하여 주권을 주장하는 것을 막기 위하여, 미국은 타이완의 법적 지위가 미결이라는 입장을 취하였다.

한국전쟁 이후, 미국은 서태평양에서 중국을 봉쇄하기 위한 전반적인 전략을 수립하기 시작하였다. 워싱턴의 정책입안자들은 1950년의 중국의 티벳 침공과 베트남의 공산혁명에 대한 지원, 한국전 참전, 그리고 동남아의 혁명적인 공산당과의 연계 등이야말로 중국의 궁극적인 목표가 아시아를 공산화하는 것임을 분명하게 입증하는 것이라고 생각하였다. 그

66

러므로 미국은 타이완과의 상호방위조약 이외에도 일본, 한국, 필리핀, 태국, 오스트레일리아, 뉴질랜드 등과 군사 동맹을 체결하였고 미군을 서태평양 지역에 배치시켰다. 이들 중 일부는, 형식적으로 일본의 군사적 위협이 부활되는 것을 막는다는 명분으로 정당화되었지만, 진정한 목표는 중국의 아시아에 대한 영향력 확장을 봉쇄하는 데 있었다.

흥미로운 것은, 미국의 대중국 정책이 중·소 관계가 지속되리라는 것을 염두에 두지 않고 이루어졌다는 점이다. 비록 중·소 간의 동맹조약이 1950년 2월에 만료되었고, 이로부터 8개월 후 중국의 한국전 참전으로 모스크바와 베이찡의 관계가 급격히 붕괴될 가능성도 거의 사라졌지만, 미국의 정책 결정자들은 지속적으로 중·소 간의 분열은 필연적이며 미국의 정책 목표는 중·소 분열을 촉진하는 것이라고 가정하였다. 많은 미국인들은 중국의 정치적 전통은 결국 맑스·레닌주의나 소련과의 동맹과 양립할 수는 없을 것이라고 확신하고 있었다. 그러므로 1950년 5월의 국가안보회의(NSC) 문서에서 명기되어 있듯이, 미국 정책은 중국을 봉쇄하는 것뿐만 아니라 중국을 소련과의 동맹관계로부터 격리시키고 "공격적 정책을 포기한 독립적인 중국의 발전을 지지하는 것"이었다.[3]

이러한 모든 평가는 베이찡과 "모스크바의 분열을 촉진하는 효과적인 정책이 무엇인가"라는 문제를 제기하도록 하였다. 일부의 미국 관료와 중국 전문가들은 외교관계 수립이나 금수조치의 완화와 같은 유화적인 정책으로 중국을 소련으로부터 유리시키는 전략을 주장하였다. 영국 역시 계속해서 미국에 대해 그러한 입장을 요구하고 있었고, 심지어는 아이젠하워 대통령조차도 가끔 이러한 정책을 시행하려고 하였다. 그러나 트루먼과 아이젠하워 행정부의 지배적 관점은 화해보다는 압력을 통해서 중국과 소련 사이를 떼어놓을 수 있으리라는 것이었다. 미국이 단호한 태도를 취할 때 중국은 소련에 경제적·군사안보적 지원을 요구할 것이고, 그렇게 되면 소련이 중국의 요구에 싫증을 내거나 아니면 중국이 소련의

3) Garrett, "The Strategic Basis of Learning," p. 215.

원조수준에 대해 불평하는 사태가 일어날 가능성이 매우 크다는 것이었다. 1952년에 덜레스는 다음과 같이 말하였다. "나의 느낌으로 중국과 소련을 격리시키는 가장 좋은 방법은 중국이 소련과 관계를 맺는 한 중국에 압력을 가하고, 중·소 관계가 발전하는 것을 막는 것이다."4)

미국의 '분할 정책'(wedge policy)에는 중국을 공산지배로부터 해방시키려는 노력은 포함되어 있지 않았다. 국무장관 덜레스가 1957년 미국의 정책목표는 중·소 동맹뿐만 아니라 중국 정부 자체를 전복하는 것이라고 규정하는 등, 아이젠하워 행정부는 가끔 해방의 수사를 사용하기도 하였다. 그리고 미국은 정기적으로 국민당이 본국을 침공하는 것을 도와준다고 약속하거나, 미얀마 북부에 잔존한 국민당 군에 물자를 공급한다거나, 티벳 출신의 반공 성향인 난민들을 훈련시키는 것 등 제한적으로만 그러한 노력을 기울였을 뿐이었다. 그러나 이러한 조치들 외에 아시아 대륙에서 군사적 분쟁을 재개하는 것에 대해서는 극도로 신중하였다. 타이완은 미국과 상호방위조약을 체결하는 대신에 그들이 중화인민공화국에 대해 군사작전을 전개할 때는 반드시 미국의 동의를 얻어야 한다는 조항을 수용했는데, 1962년에 국민당이 중국 본토에서 대약진 운동의 실패로 야기된 경제적 위기를 틈타 중국 해안지대를 공격하고자 미국의 동의를 얻으려 했을 때, 케네디 행정부는 그것을 즉각 거절하였다.5)

대신에, 미국의 주요 정책목표는 중화인민공화국을 계획적으로, 그리고 지속적으로 고립시키는 것이었다. 워싱턴에서는 베이찡과의 외교관계 수립과 중국의 UN 가입 지지, 그리고 중국 본토에 대한 금수조치의 완화 등을 거부하였을 뿐만 아니라, 미국의 동맹국에 대해서도 같은 대응조치를 취하도록 촉구하였다. 가장 유명한 미국의 중국 고립정책의 예는, 1954년 인도차이나에 대한 제네바 협상에서 덜레스가 조우 언라이와

---

4) Chang, *Friends and Enemies*, p. 85.

5) 미국이 타이완에 가한 규제의 구체적 내용은 Leonard H. D. Gordon, "United States Opposition to Use of Force in the Taiwan Strait, 1954~1962," *Journal of American History*, vol. 72(December 1985), pp. 637~660을 참조할 것.

의 악수를 거부한 것이었다. 흥미롭게도 덜레스의 누이인 엘리노어 덜레스(Eleanor Dulles)가 설명하기를, 덜레스는 조우 언라이의 존재를 인정하는 것이 곧 미국의 불인정 정책의 약화를 암시하는 것이며, 그리하여 유럽과 아시아의 동맹국들에게 '혼동'을 가져올까 봐 두려워했다는 것이다. 6)

비록 미국의 압력에 의한 것이라는 증거는 거의 없었지만, 1960년대 초에 중·소 관계가 정말로 붕괴되고 있다는 분명한 징후들이 나타나고 있었다. 그러나 미국은 가시적인 주요 목표가 있었으므로 여전히 베이찡과 화해하는 방향으로 움직이지는 않았다. 그 대신 초기의 기대와는 달리, 미국은 중국이 소련보다도 오히려 더 공격적이고 위험한 적이라고 결론지었다. 케네디 행정부와 존슨 행정부는 모두 소련과 연계되어 있다고 추정되는 중국의 핵 보유 능력을 겨냥하여 군사적인 행동을 시험적으로 고려하기 시작하였던 것이다. 7) 미국은 처음에, 모스크바에 대항하기 위해 중국과의 동맹을 형성하기보다는, 중국에 대항하여 소련과의 통일전선을 탐색하는 듯하였다.

1950년대와 1960년대의 미국의 적대적인 대중국 정책에 대하여 중국도 적대적 대미 정책으로 대응하였다. 중국 전략의 중요한 측면은 점증하고 있는 워싱턴과 타이완 간의 전략적인 연계를 와해시키고 워싱턴과 베이찡 간의 외교적 접촉을 강제할 수 있게 하기 위하여 국민당 휘하의 연안 도서들에 대해 군사적인 공격을 가하는 것이었다. 중국이 1954년~ 1955년에 쿼모이(Quemoy, 金門) 위기를 야기한 것은 미국의 타이완 안보에 대한 공약에 내재해 있는 위험성을 보여줌으로써 당시 협상의 마지

---

6) Chang, *Friends and Enemies*, p. 321, n. 41.

7) 이러한 계획은 Chang, *Friends and Enemies*, chap. 8에 서술되어 있다. 이 계획에 얼마나 많은 심각한 고려가 있었던가는 아직도 논쟁의 대상이다. 이 문제에 관련하여 장(Gordon Chang)에 대한 비판은 the review of *Friends and Enemies* by James C. Thomson, Jr., in *New York Times Book Review*, July 29, 1990, p. 25를 참조.

막 국면에 접어든 워싱턴과 타이완 간의 상호방위조약 체결을 억제하는 것이었다는 견해에 대해서 설득력 있는 많은 증거들이 있다. 8) 비록 그 목적을 이루지는 못했지만, 그러한 위기로 인해 미국은 1955년 제네바에서 중국과 대사급 수준의 접촉을 시도하였고, 이 접촉은 1957년 중단될 때까지 2년간 지속되었다. 1958년의 쿼모이와 마쯔(馬祖)의 위기 역시 연안 도서에서 타이완 국민당의 병력이 증가함에 따라 야기되는 중국 해안 지방의 안보에 대한 위협을 감소시키려는 것뿐만 아니라, 미국이 중국과 대사급 회담을 재개하고 미국으로 하여금 타이완에 대한 군사적 원조를 감소시키게 하려는 조치였다.

중국 전략의 두 번째 요소는 미국의 동맹국이 중국에 대해 좀더 유연한 태도를 취하도록 유도하여 미국의 봉쇄·고립정책을 약화시키는 것이었다. 예를 들어, 1954년~1955년의 베이찡의 연안 도서에 대한 공격으로부터 쿼모이와 마쯔를 보호하기 위하여 무력 행사를 주장한 미국과, 베이찡에 대해 보다 타협적인 정책을 취할 것을 주장한 영국 간에 긴장 관계가 형성되었다. 중국은 여러 차례 서구지향적인 제3세계 국가와 외교관계 및 경제적 유대관계를 맺고자 시도하였고(1950년대 중반), 미국과 밀접한 유대관계를 가지고 있는 제3세계 정부에 대항하는 민족해방운동과 공산주의 봉기에 물질적·정신적 원조를 제공하였으며(1950년대 후반과 1960년대 초반), 프랑스나 일본 등 미국의 동맹국과의 관계를 확대하였다(1960년대 초·중반). 비록 중국의 외교정책이 해외자본과 기술의 획득이나 국제공산주의 운동에서의 중국의 영향력 확대 등 여러 가지 목표를 추구하고자 수행되긴 했지만, 1949년에서 1969년까지 20년간 중국이 외교정책에서 일관되게 추진해 온 주요 목표는 동맹국들로부터 미국을 분리시킴으로써 미국의 국제적 지위를 약화시키는 것이었다.

---

8) Cohen, "The United States and China since 1945," pp. 149~152; Thomas E. Stolper, *China, Taiwan, and the Offshore Islands Together with an Implication for Outer Mongolia and Sino-Soviet Relations*(Armonk, N.Y.: M.E. Shape, 1985), pp. 37~41.

　마지막으로 중국은 중·소 동맹을 자국에게 유리한 방향으로 이용하려
고 노력하였다. 1950년대를 통하여 베이찡은 모스크바에 대해 원자폭탄
샘플을 포함하여 첨단군사기술을 요구하였고, 이리하여 중국은 미국의
공격을 저지할 수 있는 능력을 보유하게 되었다. 중국은 또한 1954년~
1955년과 1958년의 연안 도서에 대한 군사작전에서 소련의 지원을 요청
하였는데, 이는 1957년 가을, 소련의 인공위성 스푸트니크호 발사에 의
해 야기된 국제적 세력균형의 변화를 이용하려는 것이었다. 그러나 결국
에는 두 공산주의 강국간의 동맹은 긴장관계에 놓이게 되었다. 베이찡은
소련이 중국의 전략적인 정책을 소련의 이해에 귀속시키려는 것에 대해
분개하였으며, 소련은 중국이 정치, 경제, 이데올로기적으로 점차 독립
해 가는 것에 대해 불쾌하게 생각하였다. 그러나 중·소 간의 분열이 즉
각적으로 미국의 대중국 정책을 완화시키지 못했던 것처럼, 중국의 대미
정책이 곧 유화정책으로 전환되지도 않았다. 마오 쩌뚱은 미국의 자유주
의나 소련의 수정주의 모두 중국 혁명의 존속에 유해한 이데올로기적 위
협으로 간주하였다. 그러므로 1960년대를 통하여 중국은 미국과 소련 모
두에 대해 이중적으로 적대적인 입장(dual adversary posture)을 취하였는
데, 중국은 양대 초강대국에 동시에 저항할 수 있는 능력을 자국이 보유
하였다고 확신하고 있었다.

　비록 미국과 중국이 서로 적대시하는 태도를 취하고 있었지만 때때로
상대방에 대해 유화적인 태도를 보이기도 하였다. 예를 들면, 1950년대
중반 중국은 무역의 재개, 학생 및 언론인의 교환, 양국 외무장관의 회
담 등을 제의하기도 하였다. 그러나 아이젠하워 행정부는 여전히 중국
고립화 정책을 고집하고 있었으므로 이러한 제안을 거절하였다. 미국이
중국과의 대사급 회담에는 동의하였지만, 이를 외무장관 회담을 위한 예
비적 단계라기보다는 그 대체물로 생각하였다. 미국은 또한 꾸준히 대사
급의 협상을 통하여 중국의 타이완에 대한 무력사용을 철회하도록 압력
을 가하였는데, 중국은 이를 수용하려 하지 않았다. 그리고 워싱턴은 미
국의 언론인을 중국으로 보내는 것에 대해서는 수락하였으나, 중국의 언

론인을 미국에 받아들이는 것은 거부하였다. 이는 상호주의를 무시한 접근이었고, 따라서 베이찡은 이를 즉각적으로 거절하였다.

그러나 다른 영역에서 아이젠하워 행정부는 유연성을 보여 주었다. 워싱턴은 여러 차례 장 제스에게 쿼모이와 마쯔에서 군대를 철수하여 공격받을 위험성이 높은 수비대에서 경무장한 전초부대로 전환할 것을 촉구하였다. 아이젠하워 행정부는, 타이완과 중국 모두 UN에 가입하여 미국으로부터 외교적 승인을 받게 하자는 두 개의 중국에 대한 내부논쟁을 시작하였다. 그러나 중국과 타이완은 그러한 두 가지 제안을 받아들이지 않았는데, 중국의 분열을 제도화하여 두 개의 분리된 정치적 실체로 만들려는 시도로 간주하였기 때문이었다.

미국과 중국의 유화적인 태도가 소기의 결과를 얻어냈다고 말할 수는 없지만, 양국은 상호간에 제약을 가함으로써 양국간의 분쟁이 심화되는 것을 피할 수 있다는 것을 깨닫게 되었다. 정식 외교관계나 고위급 관료의 접촉은 피했지만 1955년~1957년 사이 제네바에서, 그리고 1958년 타이완 해협 위기 이후에, 양국 정부는 바르샤바에서 정기적인 대사급 회담을 가졌다. 비록 이 회담으로 1955년에 민간인의 본국 송환에 관한 협정 이외에 양국간의 다른 쟁점들과 관련해서는 별다른 진전이 이루어지지 않았지만, 정기적인 의사소통 통로가 마련되었다. 인도차이나에 대한 1954년의 제네바회담과 1960년대 초의 라오스에 관한 협상 등 다자간 회담에 공동 참여한 것도 유사한 외교적 접촉기회를 제공하였다.

부분적으로 이러한 대화들의 결과로서, 양측은 한국전과 같은 대규모의 군사적 충돌을 피할 수 있었다. 양국 사이에 주기적으로 위기가 조성되기는 하였으나 공공연한 무력 충돌은 없었다. 1954년~1955년과 1958년에 쿼모이와 마쯔 위기 역시 군사적 갈등 없이 끝낼 수 있었는데, 아이젠하워 대통령은 중국에 대해 핵무기를 사용하자는 안과 연안 도서의 맞은편에 있는 중국의 군사시설에 대한 타이완의 반격을 용인하자는 안을 모두 거절하였다. 앞서 밝힌 것처럼, 1961년~1962년 케네디 행정부는 국민당 군대가 본토에 대하여 어떠한 군사적 작전을 수행하는 것도 지지하지 않을 것임을 분명히 하였다. 그리고 베트남 전에서도 비록 미국이 베트남에서의 중국군 집결지와 미군 항공기에 대해 포격했던 중국군 대공포격대에 폭격을 가하기는 했지만, 양국은 군사적 개입 범위를 제한한다는 것에 묵시적으로 합의하였다. 미국이 중국 본토와 베트남 북부지방을 공격하지 않고 홍강의 제방을 폭격하지 않는 한, 중국은 전쟁에 개입하지 않으려고 했다. 9)

그러나 마지막으로 지적해야 할 것은 이와 같은 양국간의 유화적인 태도나 자제 분위기가 양국간의 적대관계를 제한적으로 조정한다는 것을 의미하는 것이지 본질적인 관계 변화를 의미하는 것은 아니라는 사실이다. 1960년대 초의 미국과 중국 간의 무역은, 양국의 인구가 도합 10억에 달하였음에도 불구하고, 연간 50만 달러에 불과하였다. 10) 투자나 문화교류, 그리고 학술교류는 전무하였다. 미국과 소련의 경우에는 냉전이 정점에 이르렀을 때조차도 공식적 외교관계를 유지하고 있었고, 제한적이나마 문화교류를 수행하였으며, 정상회담을 포함한 고위급 접촉을 유지하였다. 그러나 미국과 중국 사이에는 이러한 상호교류가 전혀 존재하지 않았다. 옥슨버그(Michel Oksenberg)가 생생하게 비교하였듯이, 1969년 4월 이전에 미국 정부로부터 중국 여행을 허가받은 숫자보다 달에 갔다온 미국인이 더 많을 정도로 미·중 간의 상호교류가 전무한 상태였다. 11) 바네트(Doak Barnett)는 당시의 미·중 관계를 다음과 같이 요약하고 있다. "어떠한 공식적인 외교관계도, 무역도, 합법적인 여행 왕래도, 그리고 양국의 평범한 시민들간의 실질적인 상호접촉도 없었다. …

---

9) Chang, *Friends and Enemies*, p. 272.

10) Nai-Ruenn Chen, "China's Foreign Trade, 1950~1974," in *China: A Reassessment of the Economy*, A compendium of papers submitted to the Joint Economic Committee, 94 Cong. 1 sess. (Washington: Governnment Printing Office, 1975), p. 649, table A. 6을 참조.

11) Michel Oksenberg, "The Strategies of Peking," *Foreign Affairs*, vol. 50 (October 1971), p. 18.

아마도 근대에 들어서 그토록 오래 지속된 평화 시기에 두 개의 주요 사
회가 그처럼 격리되었던 적은 없을 것이다. 만일 냉전이 평화로 간주될
수 있다면… 중국과 미국은 화해할 수 없는 적인 것처럼 상대방을 서로
적대시하였다. "12)

2. 화 해

상호대립에도 불구하고, 중국과 미국 간의 교착상태는 조금씩 변화하
기 시작하였다. 대약진 운동으로 초래된 심각한 국내 경제문제와 중·소
분쟁의 결과로 야기된 소련의 안보위협에 직면하여, 외교정책을 담당하
던 중국의 일부 고위관료들은 중국의 외교적 입장에 대한 전면적인 수정
을 고려하기 시작하였다. 그들은 중국의 주요 적대국들인 미국, 소련,
인도 등과의 긴장관계 완화와 해외의 공산주의 봉기와 민족해방 운동에
대한 중국의 지원을 줄여야 한다고 주장하였다. 당 지도부는 결국 이러
한 주장을 거부하고 미국과 소련에 대한 지속적인 적대관계 유지를 지지
하였는데, 이는 당시 마오 쩌뚱이 부활시키기 시작한 이데올로기적 근본
주의에 가장 부합하는 외교정책이었다. 그러나 미·중 관계 개선에 관한
안건은 또다시 당 고위급회의에 상정되었다.

한편, 미국에서는 미·중 관계에 대한 공개토론이 진행되고 있었다.
1958년의 타이완 해협의 위기 이후 점점 더 많은 수의 미국인들이 중국
과의 교류가 낮은 수준에 머물고 있는 반면, 긴장관계가 높은 수준에 다
다르고 있다는 점에 대해 문제를 제기하기 시작하였다. 1959년에 의회는
샌프란시스코의 여론조사 기관인 콘론사에게 미국의 대중국 정책을 평가
해 달라고 의뢰하였다. 그리고 콘론(Conlon) 리포트는 2단계 접근에 입

---

12) A. Doak Barnett, *China and the Major Powers in East Asia*(Brookings,
    1977), p. 178.

각하여 중국 고립화 정책을 포기하라고 제안하였다. 첫 번째 단계에서 중국과 미국은 비공식적인 문화교류를 확대하고 양국 관계의 장래에 대한 비공식적인 토론을 수행한다. 만일 그러한 토론이 성과가 있다면, 미국은 두 번째 단계로서 중국에 대한 무역제한을 완화하고, 중국의 UN 가입을 지지하며, 중국과의 공식적인 관계를 맺을 수 있을 것이라고 보고하였다. 13)

이 제안은 비록 즉각적으로 채택되지는 않았지만, 1949년 이래 미국의 대중국 정책을 가장 면밀하게 평가할 수 있는 발판을 마련하였다. 1960년대 초 미국의 베트남에 대한 개입이 고조됨에 따라 미상원의 대외관계위원회는 중·소 관계에 관한 일련의 연구집단들과 출판 활동을 후원하였는데, 이는 분명히 미국의 대중국 정책을 재고하도록 자극하기 위한 것이었다. 그리고 이러한 노력은 1966년 새로 창설된 미·중 관계위원회와 동년에 개최된 상하 양원의 청문회를 통해서 이루어졌다.

이와 같은 일련의 논쟁 과정을 거쳐 미국의 외교정책 연구자들과 아시아 전문가들 사이에는 대중국 정책에 관한 새로운 합의가 이루어지기 시작하였다. 거두절미하고 당시에 논의되었던 바에 의하면, 중국의 외교정책이 모험적이고 공격적이기보다는 훨씬 방어적이고 신중하다는 것이었다. 이러한 논의는 베이찡과의 긴장을 상당히 감소시킬 수 있는 기회가 되었다. 더욱이 월남전 개입으로 인해 증대된 중국의 전략적 위치를 고려한다면, 중국과의 화해는 그 방식에 따라서는 분명히 미국에게 이익이 될 수도 있었던 것이다. 비록 중국측의 공격적인 행동이나 혁명 지원 활동을 지속적으로 저지해야 함에도 불구하고, 미국은 더 이상 중국 고립화 정책을 추구하지 말아야 했다. 이러한 분석에 기반하여 제안된 정책은, 상원 외교위원회에서 바네트 의원이 "(중국에 대한) 봉쇄는 계속 유지하되 (중국에 대한) 고립화 정책을 추구하지 않는다"(containment but not isolation)라고 정리한 것에서 가장 잘 나타나 있다. 14)

---

13) Stanley D. Bachrack, *The Committee of One Million*: *"China Lobby" Politics, 1953~1971* (Columbia University Press, 1976), pp. 152, 155~158.

이러한 아이디어에 부응하여 케네디 행정부와 존슨 행정부는 제한된 범위 내에서 중국정책을 조정하기 시작하였고, 새로운 정책 제안이 정부 내에서 나돌기 시작하였다. 일부 관료들은 미국이 아시아의 공산주의 국가들과 외교관계를 수립할 의사가 있다는 것을 보여주기 위하여 몽고를 인정해야 한다고 제안하였고, 스티븐슨(Adlai Stevenson)은 중국과 타이완의 UN 동시가입에 대한 미국의 지지안을 제안하기도 하였다. 그리고 당시 홍콩의 총영사였던 그린(Mashall Green)은 미국이 무역과 여행의 제한을 완화해야 한다고 권고하기도 하였다.15) 그러나, 이러한 보다 급진적인 제안들은 결코 받아들여지지 않았는데, 부분적으로는 이러한 제안들의 적실성에 대한 정부 내 합의가 부재했던 데에서 기인한 것이었고, 부분적으로는 전문가들의 견해와는 달리 일반 여론이 보다 유화적인 대중국 정책을 지지하는 데에 시간이 걸렸기 때문이다.16)

대신에 미국은 1961년과 1966년 사이에 중국에 대해 사소한 조치들을 취했을 뿐이었다. 그것은 수도를 'Peiping'(北平)이 아닌 'Peking'(北京)으로 부른다거나, 여러 차례에 걸쳐서 중국에 대해 곡식과 약품에 대한 판매를 허용하고, 중국 언론인에게 1968년 선거를 취재하도록 초청하고, 과학교류를 제안하고, 미국인에게 중국의 간행물 구입을 허용하는 것 등

---

14) "Statement of A. Doak Barnett, Professor of Government and Acting Director of the East Asian Institute, Columbia University, on China and the West," in *U.S. Policy with Respect to Mainland China*, Hearings before the Senate Committee on Relations, 89 Cong. 2 sess. (GPO, 1966), p. 4.

15) Leonard A. Kusnitz, *Public Opinion and Foreign Policy: America's China Policy*, 1949~1979 (Westport, Conn.: Greenwood Press, 1948), pp. 95~130; Jaw-ling Joanne Chang, United States-China Normalization: An Evaluation of Foreign Policy Decision Making, Monograph Series in World Affairs (University of Denver, Graduate School of International Studies, 1986), p. 26.

16) 1960년대 초반에 일반 대중들은 베이징의 대미 정책에 격렬하게 반대하고 있었다. Kusnitz, *Public Opinion and Foreign Policy*, pp. 163~168 참조.

이었다. 또한, 미국의 관료들은 만일 베이찡이 그들의 언어와 행동을 자제하기만 한다면, 보다 전향적인 정책을 수행할 것이라고 약속하기 시작하였다. 과거 워싱턴에서는 중국 고립화 정책이 중국의 행동 변화를 초래할 것이라는 주장이 있었으나, 이제 존슨 행정부는 중국이 변화하면 미국은 중국 고립화 정책을 끝낼 것이라는 식으로 정책을 변경하였다.

예상했던 대로 이러한 미국의 제한적 제안들은 베이찡에 의해 거절되었다. 중국은 양자관계를 확대하려는 미국의 노력을 조롱하였으며, 중국의 변화를 희망하는 워싱턴의 견해 표명에 대해서 중국의 공산주의에서 자본주의로의 평화적 이행을 부추기려는 워싱턴의 계획이라고 비난하였다. 미국의 월남전 개입이 심화됨에 따라 중국이 하노이를 지원하거나 미국의 제안에 대해 중국이 거친 반응을 보였기 때문에, 미국은 중국에 대한 입장 변화를 추구하려는 노력을 점차 포기하였다.[17]

그러나 결국 국제적 상황 전개에 따라 베이찡은 미국에 대한 타협적인 정책을 재고하기 시작하였다. 브레즈네프 독트린의 발표와 함께 이루어진 1968년 8월 소련의 체코 침공은 크렘린이 주변 공산주의 국가의 사회주의를 보호하기 위해서 군사력을 사용할 준비가 되어 있음을 암시하는 것이었다. 중국이 문화대혁명 동안에 사회주의를 포기했다고 소련이 규정했던 것과 중·소 국경지대의 소련 군사력이 꾸준히 증가한 것, 특히 1969년에 국경지역에서 발생한 충돌로 인해 소련 병력이 급증한 사실은 소련이 중국에 대해 군사적 압력을 가할 수 있는 능력과 의사가 있음을 암시하는 것이었으며, 그 당시 중국은 문화대혁명의 혼돈 속에서 외부침공에 대해 매우 취약한 상태였다. 1968년 말의 발표 —소연방은 현재 "말로는 사회주의지만, 실제 행동은 제국주의이다"—에서 볼 수 있듯이 중국은 미국보다도 소련을 자국의 안보에 더 위협적인 존재로 인식하기 시

---

17) 역설적이지만 1960년대 중반에 미국 대중들은 베이찡과의 대립을 피하고자 중국에 대한 유연한 정책을 점점 지지하게 되었다. 1964년 중국의 첫 원자폭탄 폭발 실험과 베트남 개입에 대한 미국의 단계적 확대가 중요한 전환점이었다. Kusnitz, *Public Opinion and Foreign Policy*, pp. 163~168.

작하였다.

소련의 위협에 대처하기 위하여 중국은 중·소 국경지대를 따라 군사력을 강화하였다. 또한 중국은 1969년 가을에 베이찡 공항에서 개최된 조우 언라이와 코시긴(Aleksei Kosygin)의 회담을 시발로 국경지역 분쟁을 완화하기 위한 소련과의 협상을 재개하였다. 그러나, 이러한 단기적인 완화 조치보다는 미국과의 화해가 소련의 위협으로부터 중국의 안보를 확보하는 가장 효과적인 방법인 것처럼 여겨졌다. 그리하여 중국은 크렘린과 회담을 시작하는 한편, 또한 닉슨 행정부가 출범한 그해 초에 중단되었던 바르샤바에서의 미·중 대사급 회담 재개를 제안하였다. 베이찡에서도 미국과의 관계를 어느 정도 진전시켜야 될 것인가에 대해 결정하지 않은 상태였지만, 미국의 새 정부가 어떠한 태도를 취할지에 대해서는 관심을 표명하였다.

미국도 국제적인 상황 전개로 인해 중국과의 화해를 고려하게 되었다. 1969년 2월 백악관에서 집무를 시작한 닉슨은 미국의 월남전 개입을 종결할 것과 소련과의 데탕트를 진전시킬 것을 공약한 상태였다. [18] 중국과

---

18) 1968년 선거 이전까지 닉슨은 미국의 대중국 정책에 변화를 주고자 하는 희망을 갖고 있었다. 그는 1967년 가을에 *Foreign Affairs*지에서 중국을 '국제사회'로 편입하는 것이 대아시아 정책의 중요한 목표가 되어야 함을 주장함으로써 당시에 이루어지고 있던 합의를 승인했다. 그는 계속되는 중국의 고립은 단지 "베이찡으로 하여금 환상과 적개심을 품게 하여 이웃을 위협하게 만들 것임"을 경고했다. Richard M. Nixon, "Asia after Viet Nam," *Foreign Affairs*, vol. 46. (October 1967), p. 121. 이 글의 해석은 아직도 논쟁의 대상이다. 가쏘프 (Raymond Garthoff)의 해석에 따르면, 닉슨은 중국을 개방하려는 소임을 갖고 대통령에 취임했다는 것이다. Nixon, *RN: The Memoirs of Richard Nixon* (Grosset and Dunlap, 1978), pp. 544ff. ; Raymond L. Garthoff, *Détente and Confrontation: American-Soviet Relations from Nixon to Reagon* (Brookings, 1985), pp. 213~216 참조. 키신저는 닉슨의 발상이 적어도 단기적으로는 중국과의 진정한 데탕트를 이루려는 것보다 러시아와 베트남과의 관계에 있어서 우위를 점하기 위하여 미·중 관계가 진보했다는 인상을 심고자 하는 매우 전술적인 것이었다고 말했다. Henry Kissinger, *White House Years* (Little, Brown

의 관계개선은 이 두 가지 목표를 이루는 데 도움을 주었는데, 미·중 관계개선으로 베트남 정부는 주요 원조국 중의 하나인 중국의 공약과 신뢰성에 대해 의문을 가지게 되었고, 소연방 정부는 주된 두 적국인 미국과 중국이 화해할지도 모른다는 경각심을 가지게 되었던 것이다. 보다 장기적인 관점에서 닉슨은 필연적으로 관계를 발전시켜야 할 5대 강국 중의 하나로 중국이 부상했다는 견해를 갖고 있었다. 취임 1개월 후 닉슨은 국가안보 보좌관이었던 키신저에게 메모를 보내 중국과의 관계 개선 전망을 탐색하고 그것을 통하여 소련에 대하여 미국의 정책이 변화할 것이라는 인상을 주도록 하라고 지시하였다.

키신저는 중국을 약간 다른 관점에서 보았다. 그는 베이찡과의 관계개선이 미국에 이익이 될 것이라는 중국 전문가의 견해나 베이찡과의 관계개선이 베트남전의 종결에 도움을 줄 것이라는 닉슨의 확신에 동의하지 않았고, 오직 중·소 국경에서 전쟁가능성이 있다고 생각되는 경우에만 미·중 화해에 찬성할 것이라는 견해를 가지고 있었다. 키신저의 생각으로 이것은 도전이자 기회였다. 도전이란 측면에서, 미국은 국제적 세력균형을 깰 수도 있는 소련의 중국에 대한 군사적 행동을 저지할 필요가 있었다. 기회라는 측면에서는, 미국이 전략적 삼각관계에서 점차 주도적인 영향력을 발휘할 수 있는 위치를 점할 수도 있다는 것, 즉 미국은 소련이나 중국과 각각 관계를 유지하는 것보다 양국과 삼각구도를 형성하는 것이 보다 유리한 위치에 설 수 있다는 것이었다.

닉슨의 취임 직후, 미국과 중국은 결국 관계정상화를 위한 준비작업에 착수하였다.[19] 사실상 닉슨 행정부는 베이찡에 대해 이중적인 전략을 세

1979), pp. 167~171. 이러한 해석은 Allen S. Whiting, "Sino-American Detente," *China Quarterly*, no. 82 (June 1980), pp. 334~341에서도 차례로 공유되었다. 그러나 결국 중요한 것은 닉슨의 최초의 의도가 아니라 그가 실제 행했던 정책이다.

19) 닉슨의 집권초기 당시(1969~1972) 미·중 관계에 대한 설명은 주로 다음을 참고하였다. Kissinger, *White House Years*; Nixon, RN, pp. 544~580; Garrett,

웠다. 공식적으로 미국은 중국에게 꾸준히 일방적인 의사타진 조치를 취하였다. 아마도 중국은 이를 알아채고 이해득실을 계산하였을 것이나, 반드시 이에 대응할 필요성이 있었던 것은 아니었다. 한편, 비공식적으로 닉슨 행정부는 바르샤바에서의 대사급 회담뿐만 아니라 프랑스, 루마니아, 파키스탄 등을 통해 중국과의 의사교환 통로를 열었다.

이러한 통로들을 통하여, 미국은 중국에 대해 일련의 꾸준한 메시지를 보냈다. 첫째, 일방적인 의사타진 조치들을 통하여 미국은 더 이상 중국과의 적대적인 관계를 원하지 않는다는 것을 알려 주고자 하였다. 미국의 관료들은 본토를 지칭할 때는 '중화인민공화국'이라는 칭호를 사용하기 시작하였고,[20] 백악관은 중국에 대한 무역과 여행의 제한을 점차 완화하기 시작하였다. 아마도 가장 중요한 것은, 닉슨 행정부가 중국에 대한 보다 우호적인 태도 표명을 시사하는 일련의 조치를 취했다는 점이다. 미국은 타이완 해협에서 해군의 순양을 중지하였으며, 중국 영토에 대한 순찰비행 또한 중단하였다. 1970년대 초반에 미국은 군사 독트린을 수정하여 미국이 2와 1/2 전쟁이 아닌 1과 1/2 전쟁을 동시적으로 수행

"The Strategic Basis of Learning"; Garthoff, *Détente and Confrontation*; Marvin Kalb and Bernard Kalb, *Kissinger* (Little, Brown, 1974), chaps. 9 and 10; Jonathan D. Pollack, "The Opening to America, 1968~1982," in Roderick MacFarquhar and John K. Fairbank, eds., *The Cambridge History of China, vol. 15: The People's Republic, pt.2: Revolutions within the Chinese Revolution, 1966~1982* (Cambridge University Press, 1991), pp. 402~472; Whiting, "Sino-American Detente." 중국의 관점은 다음에서 발견된다. Xue Mouhong and Pei Jianzhang, eds., *Dangdai Zhongguo Waijiao* (Contemporary Chinese diplomacy) (Peking: Chinese Social Science Publishing House, 1987), pp. 217~225.

20) 무역의 영역에서 미국이 양보한 내용의 간단한 목록은 다음 책의 부록에서 찾을 수 있다. Martha Avery and William Clarke, "The Sino-American Commercial Relationship," in Joint Economic Committee, *Chinese Economy Post-Mao, vol. 1: Policy and Performance*, 95 Cong. 2 sess. (GPO, 1978), pp. 761~763.

할 수 있는 능력만을 보유하기로 하였다. 21) 그리고 소위 괌 독트린 혹은
닉슨 독트린은 미국이 베트남에서 병력을 철수할 뿐만 아니라, 앞으로는
미국이 더 이상 아시아의 군사 분쟁에서 베트남 전쟁처럼 깊게 관여하지
않겠다는 것을 의미하였다. 이러한 모든 조치들은 워싱턴이 베이찡에 대
해 미국이 더 이상 미국과 중국 간의 군사적 대립을 염두에 두지 않는다
는 암시를 내포하고 있었다. 22)

두번째로, 더욱 중요한 것은 미국이 중국의 안보를 위협하는 소련의
어떠한 군사적·외교적 행위에 대해서도 반대할 것이라는 메시지였다.
중국측 자료에 의하면, 1969년에 워싱턴에서 베이찡으로 보낸 첫 번째
메시지 가운데 하나는 아시아의 집단안보에 관한 소련의 최근 제안이 중
국을 고립화시키기 위한 것이라는 이유를 들어 미국이 소련의 제안을 거
절했다는 것이었다. 23) 더욱이 1969년 여름과 가을, 소련이 중국에 대한
군사적 공격개시 계획을 세우고 있을지도 모른다는 소문에 대하여, 미국
은 소련의 잠재 공격에 대항하여 중국의 안보를 지키는 것에 깊은 관심
을 가지고 있다는 것을 공식적으로 표명하기 시작하였다. 이는 중국의
핵 시설을 선제 공격할 경우에 제기될 국제적 반응을 미리 탐지하기 위
한 소련의 의도를 미국이 파악하고 있었음을 보여주는 것이었다. 그리고
미국은 몇 차례에 걸쳐서 중·소 전쟁에서의 중국의 패배를 미국이 묵과
하지 않을 것임을 공표하였다.

21) 사실 정책의 변화는 베이찡을 안심시키기보다는 오히려 혼란스럽게 했는데, 처
음에 중국은 이것이 소련과 대항할 자국의 능력을 미국이 축소시키려 한다는 달
갑지 않은 표시라고 생각하였다. 제2차 세계대전에서 미국이 더 이상 싸우고자
하지 않았던 대상이 소련이 아닌 중국이라는 것을 그들이 이해하게 된 것은 카
터 정부의 초기에 이르러서였다. Jimmy Carter, *Keeping Faith: Memoirs of a
President* (Bantam Books, 1982), pp. 192~193.
22) 중국이 호의적인 인상을 받았다는 근거에 대해서는, Seymour M. Hersh, *The
Price of Power: Kissinger in the Nixon White House* (Summit, 1983), p. 352
참조.
23) Xue and Pei, *Dangdai Zhongguo Waijiao*, p. 219.

세번째로, 미국은 미·중 회담의 확대를 제안하였다. 1969년 아시아의 집단안보체제에 대한 소련의 제안에 반대를 표명한 미국의 메시지에서 닉슨 행정부는 베이찡과의 접촉을 공개화할 것을 원한다는 내용을 담고 있었다. 24) 1969년 바르샤바의 미·중 대사급 회담에서 닉슨 행정부는 미·중 관계의 근본적인 진전에 관해 논의하기 위하여 미국이 고위급 특사를 베이찡으로 보내거나 아니면 중국의 고위급 대표를 워싱턴으로 초빙할 것을 제안하였다. 그리고 1970년 10월 《타임》지와의 인터뷰에서와 같이 보기에는 대통령이 무심코 한 말처럼 보이는 언급을 통해 자신이 직접 미·중 관계 진전을 위한 특사의 임무를 수행하는 것이 적절할지도 모른다고 암시하였다. 25)

닉슨이 취한 이중적인 전략은 상호 보완적이었다. 베이찡과의 사적인 접촉, 특히 중국으로 고위급 사절단을 보내겠다는 제안은 미국이 대중국 정책과 관련하여 부분적인 조정이 아니라 급격한 전환을 고려하고 있다는 자신의 의사를 전달하는 수단이 되었다. 미국 내 여론과 국제 여론에 대비하고, 중국에게 미국의 의도가 진실임을 확신시키기 위하여 일련의 공식적인 조치들을 취할 필요가 있었다. 이 두 가지 중에 어느 하나라도 결여되었다면 그 효과는 매우 미미하였을 것이다. 존슨 행정부 시절과 마찬가지로 미국이 중국 정책을 일방적으로 재규정하거나 중국측에 대해 부드러운 수사를 사용하는 것이 고작이었다면, 중국의 입장에서 볼 때는 단지 사소한 겉치레에 불과한 것으로 치부되었을 것이다. 역으로 공식적으로 추진되지 않은 사적 협상은 비록 성공한다 할지라도 미국 국내와 동맹국들 사이에서 큰 파장을 불러일으킬 위험성이 있었다. 비밀외교와 일방적 의사타진 조치를 적절하게 혼합함으로써 미국은 이전의 제안들에 결여되었던 진실성과 신뢰성을 증명할 수 있었던 것이다.

중국은 이러한 미국의 이중 전략에 대해 비공식적인 의사 전달과 공식

---

24) *Ibid.*
25) *Time,* October 5, 1970, p. 12.

적인 제스처를 혼합하여 중국의 입장을 표명하였다. 비공식적인 차원에서 중국은 수차에 걸쳐 만약 고위급회담이 미·중 관계의 '핵심적인 쟁점들'을 다룬다면 고위급 사절단 파견에 관한 제의를 수락할 것이라고 워싱턴측에 통지하였다. 공식적 의사 표시로는 1969년에 중국의 영해로 들어와서 중국에 의해 억류되어 있던 요트 조종사들을 풀어 준 것과 1958년 간첩혐의로 체포되어 있던 미국인 선교사 월시(James Walsh) 주교를 1970년에 석방한 것을 들 수 있다. 이러한 조치들에 대해 미국 정부는 정식으로 주목하였으나 여론의 관심을 끌지는 못했다.

중국은 또한 두 가지의 극적인 조치를 취하였다. 1970년 12월에 마오 쩌뚱은 서로 마음이 통하는 미국 언론인 스노우(Edgar Snow)를 만나서 '관광객 자격으로 방문하든지 아니면 대통령 자격으로 방문하든지' 닉슨이 중국에 온다면 환영할 것이라고 일러주었다. 26) 그리고 1971년 4월에 중국은 일본의 세계선수권대회에 참가한 미국의 탁구팀을 중국으로 초청하였으며, 그들에게 조우 언라이는 "양국 국민간의 우호적인 접촉의 첫 관문을 열었다"고 치하하였다. 27)

---

26) Edgar Snow, "A Conversation with Mao Tse-tung," *Life*, April 30, 1971, pp. 46~48. 흥미로운 것은 스노우와 마오 쩌뚱의 인터뷰가 미국에서 사실상 영향을 가지지 못했다는 점이다. 스노우는 공산주의자들에 대해 지나치게 동정적이라 판단되었고 따라서 그의 인터뷰는 워싱턴에서 아무도 관심을 갖지 않았다. 국무성은 스노우가 마오 쩌뚱을 만난 지 수 달이 지난 4월 초까지 그것을 보고하지 않았다. 또한 보고서는 마오 쩌뚱이 닉슨에게 중국을 방문해 달라고 초청한 것에 대해서는 언급하지 않았으며, 단지 스노우가 미·중 관계 발전의 전망이 그다지 좋지 못하다고 느꼈다는 것으로 결론을 맺고 있다. Kissinger, *White House Years*, p. 709; Whiting, "Sino-American Detente," pp. 338~339.

27) *Peking Review*, vol. 14(April 23, 1971), p. 5. 한 중국인의 설명에 따르면 베이찡은 토너먼트 결승 이후 몇몇 외국 팀을 중국에 초청할 것을 이미 결정했다고 한다. 중국 대표단은 미국 팀이 매우 우호적이며 그 지도자가 중국 방문에 관심을 표했다고 보고하였다. 중국 외교부와 국가체육교육·운동 위원회는 이러한 선택을 고려했으나 아직 시기상조라고 결론지었다. 더욱이 그들은 중국에 초대받는 첫번째 미국인들은 탁구선수들보다 훨씬 더 중요한 사람들이어야 한다고

　다양한 통로를 통하여 워싱턴과 베이찡을 오가는 메시지들은 점차 성과를 보이기 시작하였다. 1971년 4월 중국은 공식적으로 미국의 고위급 사절단에게 중국을 방문하도록 초청하였는데, 미국의 대표가 키신저이거나 로저스(William Rogers) 미 국무장관 또는 '대통령 자신'이어도 좋다고 암시하였다. 28) · 닉슨은 두 차례의 방문, 즉 공식적인 대통령의 베이찡 방이에 선행하여 의제 조정을 위한 사절단의 비밀 방문을 결정하였다. 첫 번째 임무를 수행하기 위한 여러 후보들 — 부시(George Bush), 록펠러(Nelson Rockefeller), 듀이(Thomas Dewey) 등 — 을 고려한 끝에 닉슨은 키신저를 보내기로 결정하였고, 29) 그 계획은 5월에 베이찡에 통고되었다. 6월 2일 중국이 미국의 밀사를 기꺼이 맞아들일 것이며, 마오 쩌뚱이 닉슨과의 회담을 보장할 것이라고 답하였을 때, 대통령은 아주 흥분하여 '매우 오래된 꾸르부아지에 브랜디' 병을 터뜨리며 "우리의 업적으로 더욱 평화로운 삶을 살게 될 세대들을 위하여" 건배를 했다고 한다. 30)

　결국 성공하기는 했지만, 미·중 관계의 화해는 양국 모두 자국 내의 정치적인 저항 — 중국에서는 직접적인 반대였고 미국에서는 보다 미묘한 의견 대립 — 을 야기하였고, 양국 정부는 이를 무마시켜야 했다. 중국에서는 당시에 마오 쩌뚱의 후계자로 추정되던 린 비아오(林彪)와 밀접한 관계를 맺고 있는 일부 군부지도자들이 1960년대 초반의 '이중 적대' 정

　생각했다. 조우 언라이는 그들의 보고서에 동의하고 마오 쩌뚱에게 참고용으로 제출했으나, 놀랍게도 마오 쩌뚱은 외교부장과 수상의 의견을 기각하고 그 팀을 초대하겠다고 결정했다. Qian Jiang, *"Bingbang Waijiao" Shomo* (The full story of "ping-pong diplomacy") (Peking: Dongfang Press, 1987), pp. 90~93, p. 113, p. 122.

28) Kissinger, *White House Years*, p. 714.

29) 닉슨은 1948년 선거에 낙선한 공화당 대통령 후보였던 듀이에게 특별히 관심이 많았으나, 키신저는 그에게 "듀이는 더 이상 쓸모가 없습니다. 그는 이미 몇 달 전에 죽었습니다"라고 말하였다. Kissinger, *White House Year*, pp. 715~717.

30) Nixon, *RN*, p. 552. 키신저는 축배가 아직 이르다고 했다. Kissinger, *White House Years*, p. 727.

책을 계속 유지할 것을 주장하였는데, 이는 부분적으로는 미국의 의도를 불신하였기 때문이었고 부분적으로는 미국과의 관계 화해가 중국에 대한 소련의 보복 압력을 자극할 수도 있다고 우려했기 때문이었다. 린 비아오와 그의 동료들은 중국의 정책위원회에서 미·중 간의 데탕트에 대해 분명히 반대했을 뿐만 아니라, 모든 기회를 이용하여 방해하려 하였다. 1970년 6월의 타이완해 협상의 미군 정찰비행에 대한 요격 미수사건은 워싱턴과의 화해에 대한 군부의 반대를 반영하는 것이며, 미·중 회담이 간헐적으로 중단된 것도 국내의 정치적 저항에 의해 야기된 것일 수 있다. 1970년 당 지도부회의 이후 린 비아오의 지위가 약화되고 마오 쩌뚱에 대한 군사 쿠데타를 모의했다고 의심받게 된 이후, 1971년 9월 린 비아오가 사망하게 되자 미·중 화해 분위기는 절정에 이르게 되었다.31)

　미국에서도 잠재적인 반대는 극복되어야만 했다. 보수파들, 특히 타이완과 밀접한 관련을 맺고 있던 사람들은 중국과의 화해를 매우 신중하게

---

31) 그 당시 미정부가 알 수 있었던 중국측 반대의 징후는 다음에 요약되어 있다. Kissinger, *White House Years*, pp. 768~770; Garthoff, *Détente and Confrontation*, pp. 235~236. 당시 중국에서의 논쟁을 개괄하고자 한다면 다음을 참조. Thomas M. Gottlieb, "Chinese Foreign Policy Factionalism and the Origins of the Strategic Triangle," R-1902-NA(Santa Monica: Rand Corporation, November 1977); John W. Garver, *China's Decision for Rapprochement with the United States, 1968~1971*(Westview Press, 1982). 미국과의 개방에 관한 다양한 의견에 대해서 중국측 자료에는 세부적 내용이 없다. 한 보고에 의하면 1971년 키신저의 방중이 발표되었을 때, 그것을 통고받지 못했던 알바니아는 베이찡에 편지하여 불평하였다. 린 비아오가 미·중 관계를 개선시키고자 하는 조우 언라이의 노력에 반대하는 것을 알았기 때문에, 중국 해군의 정치위원인 리쭈어펑(Li Zuopung)은 정치국 회의에서 알바니아의 항의를 긍정적으로 언급했다. 그러나 놀랍게도, 린 비아오와 그의 측근들은 지지하지 않았는데, 이는 그들이 마오 쩌뚱과 조우 언라이에 대해 공개적으로 저항하지는 않으리라는 것을 의미하였다. Chen Dunde, *Mao Zedong he Nikesun: Zhongmei Jianjiao Jiemi* (Mao Zedong and Nixon: An expose of the establishment of diplomatic relations between China and the United States)(Hong Kong: Jinshi Press, 1989), pp. 179~180.

진행하지 않는다면 이를 반대할 것 같았다. 여론은 여전히 중국에 대해
서 부정적이었으며, 대다수는 중국과의 외교 관계나 중국의 UN 가입을
반대하고 있었다. 32) 그러므로 닉슨과 키신저는 극도로 비밀리에 중국과
의 협상을 수행해야만 했으며, 가능한 마지막 순간까지도 미국의 동맹국
과 국무성, 심지어는 국무장관에게조차 대통령의 중국 방문 여부를 알리
지 않았다. 처음부터 키신저도 미국이 타이완을 소홀히 할 경우, 날카로
운 비판에 직면할 것을 알고 있었으며 이러한 인식이 닉슨의 중국 방문
막바지에 발표될 공동성명의 교섭에 임하는 키신저의 접근자세에 강한
영향을 미칠 수밖에 없었다.

　이러한 잠재적인 반대는 차치하고라도, 백악관은 행정부의 무지 및 닉
슨과 키신저가 국무성의 관료적 타성이라고 지칭하였던 문제와 맞서야만
했다. 대통령의 중국에 대한 의도를 알지 못했으므로, 국무장관 로저스
와 부통령 애그뉴(Spiro Agnew)를 포함하여 많은 관료들의 대중국 정책
에 대한 언급은 백악관이 중국에 보내고자 하는 메시지와 달랐다. 키신
저가 실패할 것이라고 예견하였음에도 불구하고, 미국 외교관들은 타이
완의 UN 회원국 보존을 위해 노력하였다. 33) 더욱이 국무성은 지속적으
로 베이찡과의 성급한 화해가 초래할 위험성에 대해 경고하였다. 소련
전문가들은 미·소 관계에 부정적인 영향을 미칠 것을 우려하였고, 반면
에 중국 전문가들은 타이완과 다른 지역 문제들에 대해 중국으로부터 상
당한 양보를 얻지 못한다면 대통령의 중국 방문은 미국의 항복으로 간주
될 것이라고 경고하였다. 34)

　타이완 문제는 실로 양국의 화해를 가로막는 가장 해결하기 어려운 장
애물이었다. 비록 키신저가 타이완 문제는 항상 소련과 관련하여 양국이

---

32) Chang, *United States-China Normalization*, p. 124, table 4; Kusnitz, *Public Opinion and Foreign Policy*, pp. 164~165, table 16.

33) Kissinger, *White House Years*, pp. 770~774.

34) 국방성 내 의견분포에 대한 요약에 대해서는 Chang, *United States-China Normalization*, pp. 107~108에 인용된 Harvey Feldnan의 분석을 참조.

공유하고 있는 전략적 이해에 종속되는 부차적 문제라고 언급하였음에도 불구하고, 베이찡과 워싱턴 사이에서 타이완 문제는 언제나 지난한 협상 과정을 필요로 하는 껄끄러운 문제였다. 닉슨 행정부 기간 동안의 미·중 협상에서 그 초기부터 베이찡측은 어떠한 고위급 회담이라도 양국관계에서 가장 중요하다고 여겨지는 쟁점, 즉 미국과 타이완 간의 지속적 관계유지 문제를 우선적으로 다루어야 한다고 주장하였다. 예를 들어, 1971년 초에 중국은 루마니아를 통해 보낸 메시지에서 다음과 같이 발표하였다.

> 양국 사이에는 하나의 두드러진 쟁점이 있습니다. 미국의 타이완 점령이 바로 그것입니다. … 만일 미국이 이 문제를 해결할 의사가 있고 이 문제 해결을 위한 제안을 제시한다면, 중화인민공화국은 미국의 특별 사절단 파견을 받아들일 준비가 되어 있습니다. 35)

이와 마찬가지로 닉슨의 중국 방문에 따른 공동성명에 관한 논의에서도 중국은 "관계정상화를 위한 사전준비로서 타이완 문제를 논의한다"는 취지로 공동성명을 작성해야 한다고 주장하였다. 36) 이에 대해 워싱턴은 이미 제시하였던 타협안, 즉 미국은 진심으로 타이완 문제를 논의할 준비가 되어 있지만 다른 국제적 문제들과 지역 문제들도 논의해야 한다는 타협안을 일관되게 견지하고 있었는데, 결국 중국은 이를 수용할 수밖에 없었다.

그러나 미국의 이러한 타협안에는 여전히 타이완 문제가 미해결 상태로 남아 있었다. 운이 좋게도 중국이 처음에는 지난 15년간 해 왔던 방식대로 '미국의 타이완 점령'을 종식시키기 위한 타이완 주둔 미군 철수 문제로 규정할 수 있었다. 한편 미국과 타이완 간의 외교 관계 종결 및 상호방위 조약의 폐지 등과 같은 중국의 다른 요구사항들은 협상의 후반

---

35) Nixon, *RN*, p. 547.
36) Kissinger, *White House Years*, pp. 751~753.

부로 연기되었다. 그러는 동안에 중국은 키신저가 지적했던 것처럼 '해결에 가장 적합한 방식'으로 문제를 제기하였는데, 타이완의 미군은 타이완의 안보나 서태평양에서의 미국의 전반적인 군사작전 전개에 있어서 본질적인 것이 아니기 때문이었다. 37) 그러므로 미국은 타이완 해협에서의 긴장이 감소하고 베트남 분쟁의 해결이 허용하는 한, 타이완에서의 미군 병력과 군사시설의 철수문제에 대해 논의할 것에 동의하였다. 여전히 어려운 협상들이 남아 있는 것이 사실이나, 이러한 기본적인 방식에 따라 닉슨 방문시의 의제에 동의할 수 있었으며, 상하이 공동성명에서 타이완 문제를 해결할 수 있는 기본적 틀이 마련될 수 있었다.

중국과 미국 사이의 화해는 1971년 7월에 키신저의 베이찡 비밀방문과 10월의 재방문, 그리고 이듬해 2월 닉슨의 공식방문에서 절정에 이르렀다. 7월의 키신저 방문에서 양측은 당시의 주요 국제문제를 중심으로 정세를 개관하고, 미국 외교정책의 윤곽을 가늠할 수 있었다. 키신저의 두번째 방문시 중국은 베트남에서 미군이 철수하고 아시아에서의 헤게모니적 역할을 수행하려는 어떠한 시도도 포기할 것을 희망한다고 밝혔다. 38) 이와 유사한 비중을 가진 문제로 중국은 아시아에서 소련의 팽창주의에 대해(그리고 어느 정도는 일본과 인도의 그러한 야심 또한) 우려하고 있으며

---

37) *Ibid.*, p. 727.

38) 베트남에서 미국인의 탈출을 돕기 위해서 베이찡은, 구엔 판 티우의 지도하에 있는 사이공 정부가 미국과의 협상 타결의 일부로서 해체되어야 한다는 이전의 요구를 포기할 것을 하노이에게 촉구했다. 또 중국은 그러한 협상이 이루어지지 않을 경우, 미국이 북베트남 지역에 대한 공습을 단계적으로 확대할 것이라고 경고했다. 그러나 베이찡이 베트남 분단의 영속화를 기도했다는 하노이의 비난을 입증할 증거는 없다. 오히려, 중국 지도자들은 미국의 직접적인 군사적 지원이 없다면 티우 정권이 결국 붕괴할 것이라고 추측했던 것처럼 보인다. John W. Garver, "Sino-Vietnamese Conflict and the Sino-American Rapprochement," *Political Science Quarterly*, vol. 96 (Fall 1981), pp. 445~464; Jonathan D. Pollack, *The Lessons of Coalition Politics: Sino-American Security Relation*, R-3133-AF (Santa Monica: Rand Corporation, February 1984), pp. 31~32.

이 지역에서의 세력균형을 위하여 미국이 중국과 협력하기를 희망한다는 것을 제기하였다. 반대로 미국측 방문자들은 아시아에서의 미국의 동맹망과 군사작전 및 군사시설이 그러한 역할수행에 필수적이며, 따라서 중국의 지원이 필요하다고 강조하였다. 키신저는 또한 소련의 극동에서의 군사작전에 대한 미국측의 정보를 제시하고 중국의 이해에 영향을 미칠지도 모르는 소련에 대한 미국측의 견해를 알려 주겠다고 약속함으로써 다양한 형태의 안보협력에 대해 분명한 암시를 주었다. 39)

중국측의 자료에 의하면, 조우 언라이와 키신저는 또한 1971년 7월의 회담에서 자신들의 타이완에 대한 입장을 다소 상세하게 제시하였다고 한다. 40) 조우 언라이는 미국에 대해 세 가지 요구—타이완이 중국의 일부임을 인정, 타이완으로부터의 미군 철수의 최종시한 결정, 상호방위조약의 폐지— 를 제시하였다. 그러나 외형상으로는 타이완과의 외교관계를 종결시킬 것을 요구하지는 않았다. 키신저는 첫 번째 요구에 대하여, 미국은 타이완이 중국에 속한다는 것을 인정하며 더 이상 타이완의 지위를 미결상태로 간주하지 않을 것이라고 대답하였다. 두 번째 요구에 대해서는 베트남전의 종결 즉시, 미국은 타이완으로부터 2/3의 병력을 철수할 것이며, 미ㆍ중 관계가 개선됨에 따라 잔여병력도 감축할 것이라고 대답하였다. 상호방위조약에 관해서 키신저는 단지 그 문제는 역사가 해결할 것이라고 언급하였다. 키신저는 닉슨이 재선될 때까지 미국이 베이찡을 중국의 유일한 합법적 정부로 인정할 수는 없지만, 타이완 대표가 추방되지 않는다면 중국의 UN 가입을 지원할 것이라고 표명하였다. 이러한 미국의 입장은 중국의 입장에서 볼 때에는 '심각한 결점'을 가진 것이었다 하더라도 여전히 미국이 미ㆍ중 관계 개선을 위해 첫발을 내딛을 준비가 되어 있다는 것을 내비치고 있었다. 41)

---

39) Garthoff, *Détente and Confrontation*, pp. 232~233.
40) 방중의 이러한 측면은 키신저의 회고록에 언급되어 있지 않다. 그러나 그것은
    Xue and Pei, *Dangdai Zhongguo Waijiao*, pp. 221~222에 논의되어 있다.
41) Xue and Pei, *Dangdai Zhongguo Waijiao*, p. 222.

키신저의 10월 방문 동안 양측은 각자의 정책과 입장들에 대한 이러한 일반적 논의들보다는 대통령 방문 이후의 공동성명의 원문에 대해 보다 상세한 협상을 갖고자 하였다. 처음에 키신저는 그 공동성명이 일반적 외교관행을 따르며, 따라서 합의된 부분은 강조하고 이견이 있는 부분은 얼버무릴 것으로 짐작하였다. 그러나 놀랍게도 조우 언라이는 그러한 문서가 대외적으로 별 신뢰성이 없을 것이며 중국 내의 회의주의자들을 설득시키기 힘들 것이라는 이유를 들어 이를 단호히 반대하였다. 대신에 중국측은 공동성명에 양국간의 '기본적 차이점들'을 인정하고 그 개요를 담자고 주장하였다. 조우 언라이가 제시한 초안은 어떤 미국 대통령이라도 조인에 동의할 수 없을 정도의 과격한 언어로 중국의 관점을 표현한 것이었다. 그러나 그것은 타협의 기초를 마련하였다. 키신저는 중국이 제안한 형식에 따를 공동성명 작성에 동의하였다. 그 작업은 광범위한 전세계적, 지역적 쟁점에 대한 양국의 상이한 입장을 동시에 요약하는 것이었다. 그러나 키신저는 일부 긍정적인 방문성과가 있었다고 말할 수 있도록, 합의영역을 포함시켜야 한다는 것과 상호 수용가능한 언어로 양측입장이 개진되어야 한다는 주장을 관철시키는 데 성공하였다. 42)

최종 공동성명은 1972년 2월 닉슨의 중국 방문시 상하이에서 발표되었는데, 아시아에서 소련의 팽창주의를 반대하고 양자간의 군사적 적대가능성을 감소시키며, 미·중 간의 경제 및 문화관계를 확대하는 것이 양국의 공통이해라는 점을 밝혔다. 또한 양국관계는 중국측의 평화공존 5원칙에 입각하여 수행되도록 하였는데, 양국의 주권과 영토적 통합에 대한 존중과 양국의 내정문제에 관한 불간섭 원칙을 포함하고 있었다. 양국은 또한 공식외교관계의 수립을 의미하는 관계 정상화를 촉진시키기로 합의하였는데, 닉슨은 사적인 자리에서 그의 재선기간 동안에 이루어지기를 희망한다고 말하였다. 43)

---

42) Kissinger, *White House Years*, pp. 780~783. 키신저는 그가 받아들일 수 없다고 본 많은 발언들이 결국 그 해 가을 UN 총회에서의 중국의 연설에 반영되었다고 심사가 뒤틀린 어조로 기록하고 있다. p. 786 참조.

타이완 문제에 관해서 양측은 키신저의 10월 방문시 채택된 기본틀에 따라 상당한 정도로 양보하였다. 미국은 타이완의 지위가 '미결 상태'라는 1950년 이래 유지해 온 입장을 묵시적으로 포기하였다. 대신에 비록 명시적으로 허용할 수는 없지만, 미국은 "오직 하나의 중국이 있을 뿐이며, 타이완은 중국의 일부분이다"라는 명제에 "이의를 제기하지 않을 것"이라고 하였다. 미국은 또한 '궁극적인 목표'가 타이완으로부터의 모든 미군 병력의 완전한 철수이며, 이러한 목표는 중국이 타이완 문제를 평화적으로 해결한다면 실현될 것이라는 점을 확인하였다. 44)

이러한 문제들 외에 닉슨은 중국 지도자들과의 사적인 대화에서 몇 가지 다른 제안을 하였다. 미국은 "타이완의 상황에 대한 어떠한 평화적인 해결"도 수락할 것이고, 미국은 타이완의 독립운동을 지원하지 않을 것이며, 타이완이 중국의 일부분이라는 점을 결국에는 인정할 것이고, 닉슨은 아마도 그의 재임기간 동안 "정상화를 추구하고 또 그것을 성취하기 위하여 노력할 것"을 약속하였다. 더욱이 워싱턴은 미군이 타이완에서 철수한 이후에 일본이 그 자리를 대체하지 않을 것임을 보장하기 위하여 노력하게 될 것이라는 점도 언급하였다. 45)

---

43) Kissinger, *White House Years*, p. 1073. 정상화의 시기에 대한 닉슨의 생각에 관해서는 *New York Times*, April 11, 1977, pp. 1, 5; *Washington Post*, December 17, 1978, pp. A1, A12를 참조.

44) 이러한 각 구절은 미묘하지만 의미심장하게 중국측이 선호하는 표현에서 벗어나는 것이었다. 베이찡은 미국이 타이완으로부터 모든 군사력을 철수시킬 것을 약속해 주길 희망했지만, 키신저는 이것을 꼭 이행해야 할 서약이기보다는 단지 추구해야 할 목표로 서술하자고 주장하였다. 중국은 또한 미국이 타이완은 중국의 한 지역이라는 것을 인정해주기를 희망했는데, 이는 원문에 비하면 훨씬 강경한 주장이었다. 상하이 공동성명의 이 부분에 관한 세밀한 재검토를 위해서는 Kissinger, *White House Years*, pp. 1077~1079를 참조.

45) 이러한 언질은 이후 카터 행정부에 의해 '닉슨의 다섯 가지 요점'이라 알려졌다. Zbigniew Brzezinski, *Power and Principle: Memoirs of the Nations Security Adviser 1977~1981* (Farrar, Straus, Giroux, 1983), p. 198. 이 책은 다섯 가지 요점의 내용을 개략적으로 밝히고 있으나 언제 그것이 중국에 전달되었던가

그러나 이러한 제안들이 베이찡을 재확신시켰음에 틀림없지만, 중국의 가장 중요한 요구에 대한 닉슨의 반응은 훨씬 미흡한 것이었다. 닉슨이 중국과의 관계정상화에 대한 자신의 의지를 표현했으나, 그 와중에도 타이완을 포기할 수는 없을 것이라고 말하였다. 이러한 공약은 그가 베이찡을 중국의 유일한 합법정부로 인정하려 하지 않는다는 것과 여전히 타이완과 어떠한 형태로든 외교관계를 유지하려는 희망을 암시하고 있었다. 더욱이 닉슨은 중국이 타이완 문제를 평화적으로 해결할 것을 보장할 때만이 타이완으로부터 모든 미군병력과 군사시설을 철수할 수 있을 것이라는 점을 지적하였다. 이러한 두 가지 쟁점—미국과 타이완 관계의 장래와 베이찡의 무력포기에 대한 워싱턴의 희망—은 이후 6년간 지속적으로 미·중 관계를 어렵게 만들었다.

상하이 공동성명의 원문에 대한 합의에는 중국의 양보도 필요하였다. 키신저는 중국이 원하는 대로 타이완 문제가 평화적으로 해결되기를 희망한다고 표현하기보다는 미국이 타이완의 평화적인 미래에 관심이 있다는 표현을 사용하자고 주장하였다. 그는 타이완으로부터의 미군병력과 군사시설의 철수를 그 지역에서의 긴장완화와 연관시킴으로써 베이찡이 타이완 해협에서의 긴장완화와 당시 진행 중이던 베트남에 대한 협상을 성공적으로 종결짓는 데 이해관계를 갖도록 하였다. 더욱이 미국은 상하이 공동성명에서 미국과 타이완 간의 상호방위조약의 종결에 대한 중국의 어떠한 요구도 제외시킬 수 있었으며, 대통령 방문이 끝나갈 무렵에 상하이에서 가졌던 기자회견에서 그 조약을 명시적으로 재확인하는 데에 중국측 동의를 얻을 수 있었다. [46]

는 말하지 않고 있다. 중국의 보고서는 닉슨이 중국을 방문할 당시 이러한 내용들이 제안되었지만 외교적으로 닉슨의 대일본 발언은 생략되었다고 밝히고 있다. Xue and Pei, *Dangdai Zhongguo Waijiao*, pp. 223~224를 참조.

[46] 이것은 로저스 국무장관과 그린 차관을 포함한 닉슨 대표단의 국무성 대표들의 압력에 기인하는 것이다. 그들은 상호방위조약의 공약을 되풀이하도록 상하이 공동성명의 원문을 정정하려고 마지막 순간까지 노력했으나 성공하지 못했다.

1972년 닉슨의 중국 방문이 미·중 관계에 가져다 준 추동력은 최소한 1년, 혹은 그보다 약간 더 지속될 수 있었다. 키신저가 1973년 2월 베이 찡을 방문했을 때, 미·중 관계의 이러한 국면은 정점에 이르렀다. 그때 워싱턴과 하노이는 베트남의 종전을 알리는 파리 조약에 서명하였다. 이로써 미·중 관계의 커다란 걸림돌 중의 하나가 제거되었다. 참으로 양국은 북베트남의 인도차이나에서의 헤게모니 장악을 원하지 않았기 때문에, 이 지역에 대한 중국과 미국의 이해관계가 최초로 일치하였던 것이다.

이러한 공동의 시각에 따라 아시아에서 가장 긴급한 쟁점들에 관한 양국 사이의 협력이 증가하였는데, 중국은 미국의 정책에 보조를 맞추어 그들의 정책을 재조정하였다. 특히 미·일 동맹이 종결된다면 일본의 핵무기 개발을 자극할지도 모른다고 경고한 이후에 베이찡은 오랫동안 지속하여 온 미·일 간의 상호방위조약에 대한 비판을 자제하였다. 중국은 한반도에서 안정과 평화가 유지되도록 지원하겠다고 명시적으로 제안하기 시작하였는데, 가령 1975년 사이공 함락 이후 김일성의 남한에 대한 공격기도를 좌절시키려고 노력하였다. 그리고 가장 중요한 것은 양국이 캄보디아 문제에 관한 정책 조정을 시작했다는 점인데, 론놀, 크메르 루주, 혹은 하노이를 지향하는 군대에 대한 대안으로 시하누크 주도의 중립 연정이 바람직하다는 데 의견일치를 보았다.[47]

사실상 1949년 이후 중국 지도자들은 처음으로 아시아에서 미군의 존재와 중국과 미국 간의 전략적 협력의 타당성에 대해 인정하게 되었다. 베트남의 종전으로 이 지역에서 미군이 급격히 철수하게 되면, 중국이

닉슨은 이에 대해 매우 격노해 로저스를 해임할 것을 고려하였다. Chang, *United States-China Normalization*, p. 101; Hersh, *The Price of Power*, pp. 497~499 참조.

47) 이 전략은 Oksenberg, "A Decade of Sino-American Relations," *Foreign Affairs*, vol. 61 (Fall 1982), pp. 178~179에 요약되어 있으며, Kissinger, *Years of Upheaval* (Little, Brown, 1982), pp. 59~60에 더욱 자세하게 나와 있다.

소련의 군사적 압력에 대해 취약해질 것이라는 점을 인정한 것이었다. 비록 조우언 라이가 후에 부정하였지만, 미국 하원의원인 보그스(Hale Boggs)와 포드는 조우 언라이가 안정된 세력균형의 유지를 위하여 미국이 아시아에서 병력을 유지해야 한다는 말을 그들에게 했다고 주장하였다.[48] 한 보고서에 의하면 1973년 11월 키신저의 방문기간 동안 중국은 미국으로부터의 무기구입의 가능성을 탐색하기 시작했다고 한다.[49] 같은 해에 UN 주재 중국 무관들은 신뢰하는 소수의 미국인 외교정책 전문가들과 그러한 가능성을 논의하기 시작하였다.[50]

양국은 또한 외교접촉을 확대하는 데에 놀라운 성과를 거두었다. 닉슨의 방문 이후 두 개의 대화채널이 수립되었다. 정상적인 외교 교류는 파리 주재 중국과 미국의 대사관을 통하여 수행되었고, 보다 민감한 문제는 CIA가 관리하는 뉴욕의 '안가'(安家)에서 키신저와 주 UN 중국 대사인 황 화(黃華)가 직접 맡아서 전달하였다. 이러한 성가신 절차는 바람직하지 않았으므로 키신저는 1973년 2월에 조우언 라이와 그 문제를 논의하였고, 무역관리소, 공사관, 혹은 연락사무소와 같은 공식 대표기구의 교환을 제안하였다.

중국은 이전부터 타이완이 대사관계를 맺고 있는 어떠한 국가와도 공식적 외교관계 수립을 거부해 왔기 때문에, 키신저는 조우 언라이가 공

---

48) *New York Times*, July 18, 1972, p. 3. 포드 대통령의 회고록은 아시아에 대한 어떤 언급도 하지 않지만, 조우 언라이가 미국의 군비감축의 가능성에 대해 맹렬히 비난했다는 사실은 여러 번 언급하고 있다. Gerald R. Ford, *A Time to Heal*(Harper and Row, 1979), pp. 97~98.

49) *Newsweek*, December 24, 1973, p. 7. 이 교섭은 실제로 있었다 하더라도, 키신저의 회고록에는 언급되어 있지 않다.

50) "Statement of Banning Garrett, Research Associate, Institute of International Studies, University of California at Berkeley," in *The United States and the People's Republic of China: Issues for the 1980's*, Hearings before the Subcommittee on Asian and Pacific Affairs of the House Committee on Foreign Affairs, 96 Cong. 2 sess. (GPO, 1980), pp. 96~108.

식 대표기구를 교환하자는 그의 제안을 수락하리라고는 기대하지 않았
다. 그러나 키신저는 그러한 제안과 함께 미·중 관계정상화에 관해 이
전보다 더 명시적인 시간표를 제시하였다. 닉슨 재임기간의 첫 2년간 미
국은 타이완으로부터 모든 잔여병력을 철수할 것이라고 키신저가 알려주
었다. 그리고 남은 2년 동안, 미국은 1972년 말의 중·일 관계 정상화와
같은 경로를 따라 미·중 관계정상화를 완성하게 될 것이었다. 일본은
타이완과의 외교관계를 종결하고, 단지 비공식적 유대관계만을 유지하고
있었는데, 따라서 '일본 방식'에 대한 키신저의 언급은 미국이 중국과의
외교관계 수립 이후에도 타이완과 공식관계를 유지하고자 했던 닉슨의
초기입장을 이제는 포기한다는 것을 의미하였다. 51)

　놀랍게도 조우 언라이는 기꺼이 그의 제안을 받아들였다. 사실상 조우
언라이는 무역대표부나 공사관에 대해서는 아무런 관심을 보이지 않았으
며 단지 양국이 연락사무소를 교환하자고 주장하였는데, 이는 전면적 외
교관계가 없는 상황에서 할 수 있는 최고 형태의 공식적 접촉이었다. 중
국은 매우 열성적이어서 바로 다음날에 그러한 교환에 대한 세부적 계획
을 제시할 수 있었다. 52)

　중국이 연락사무소 교환에 대해 매우 민첩하게 동의하였으므로 키신저
는 중국과 미국의 공식 외교관계가 수립될 시기에 대해서도 매우 낙관하

---

51) 이 보고는 Xue and Pei, *Dangdai Zhongguo Waijiao*, p. 225; Kissinger, *Years
of Upheaval*, pp. 44~71, 688에 나온다. 두 보고는 몇 가지 면에서 상이하다.
첫번째로 키신저는 베트남 전쟁이 끝날 무렵에 군사력을 타이완에서 철수시킬
수 있다는 사실을 조우 언라이에게 알려준 사실에 대해서는 동의하지만 이것이
곧 타이완에서 미군이 철수할 것임을 의미하지는 않았다고 말했다. 두번째로 키
신저는 조우 언라이가 "중국은 '현재로서는' 타이완을 무력으로 해방시킬 의도가
없음"을 자신에게 재확인했다고 말하지만 중국측 보고에는 이러한 언급이 없다
(*Years of Upheaval*, p. 47). 세번째, 중국측 보고는 키신저가 연락사무소의 교
환을 특별히 제안했다고 주장하지만, 키신저는 단지 무역사무소와 영사관 그리
고 연락사무소 등의 선택사항을 열거했다고 말한다.

52) Kissinger, *Years of Upheaval*, pp. 61~62.

고 있었다. 그는 미·중 관계의 정상화 이후에도 중국이 타이완과 미국의 공식관계가 지속되는 것을 수락하고, 타이완에 대한 미국의 방위공약의 지속을 허용할 수 있으리라는 희망을 갖기 시작하였다. 이러한 두 가지 양보는 닉슨 행정부가 타이완과의 공식 외교관계를 중단하는 것에 대한 여론의 지지를 확보하는 데에 도움을 줄 수 있을 것이었다. 그러므로 1973년 11월 중국 방문에서 키신저는 베이찡이 유화적인 태도를 보이기만 한다면 미국은 2년 전에 시작한(정상화) 과정을 가능한 한 빨리 완결하기 위하여 보다 노력할 것이라고 말하였다. 53)

키신저의 상대는 놀라우리만치 호의적이었다. 조우 언라이는 그에게 정상화는 단지 하나의 중국이라는 원칙에 대한 확인만으로도 이루어질 수 있을 것이며, 미국과 타이완의 상호방위조약이나 외교관계의 종결을 고집하지 않을 것이라고 말하였다. 마오 쩌뚱 역시 다소 완곡하게 소련 역시 발트 국가들의 워싱턴 주재 대표부를 허용하였다고 지적하였다. 그러므로 키신저는 중국이 "통일중국의 원칙과 현상유지에 대한 실제적인 조정을 결합시킨 제안을 간접적으로 수락하였다"고 결론지었다. 54) 중국을 떠난 직후 가진 기자들과의 인터뷰에서 키신저는 만일 미국이 중국 통일의 원칙을 수락한다면, 양측이 협상을 통하여 상호간의 차이점을 해결할 수 있을 때까지 미국은 타이완과의 공식관계를 유지할 수 있을 것이며, 가능하다면 상호방위조약까지도 유지할 수 있을 것이라는 희망을 표명하였다. 55) 정말로 중국이 그러한 조건하에서 관계를 정상화시킬 마음이 있었다면, 미국에게는 중요한 돌파구가 되었을 것이다.

---

53) *New York Times*, November 11, 1973, p. 1.
54) Kissinger, *Years of Upheaval*, p. 692. 흥미롭게도 이 중대한 방문은 중국측의 설명에는 빠져 있는데, 그들은 나중에 철회하게 될 주도권을 간접적으로 확인할 뿐이었다.
55) *New York Times*, November 17, 1973, p. 16, November 18, 1973, p. E4.

3. 복 잡 성

전망이 밝아 보였던 미·중 관계의 추동력은 불행하게도 1974년 초부터 쇠퇴하기 시작하였다.[56] 미국의 여론은 1972년 닉슨의 중국 방문에 대해 열광적인 반응을 보였으나, 이때부터는 중국에 대하여 재고하기 시작하였다. 대통령 방문의 결과로 중국에 대해 우호적인 사람의 비율은 1972년에 23퍼센트에서 49퍼센트로 급격하게 증가하였다. 그러나 몇 해가 채 가기도 전에 베이찡에 대한 호의는 사라지기 시작하여, 중국에 대해 우호적인 이미지를 가진 사람의 비율은 20퍼센트로 떨어졌으며, 비우호적인 생각을 가진 사람의 비율은 73퍼센트 — 이것은 닉슨의 중국 방문 직전의 중국에 대한 여론 분포와 거의 유사했다 — 로 증가하였다.

동시에 몇 가지 작은 사건으로 미국에 대한 중국의 여론도 악화되었다. 중국의 언론은 1940년대의 워싱턴의 국민당 정부와의 협력정책, 미국 내의 저명한 중국 전문가의 저서, 그리고 중국 방문 동안에 필라델피아 오케스트라에 의해 연주된 서양음악 등 미국적인 것에 대한 비판적인 기사들을 게재하기 시작하였다. 중국 정부는 미국의 해군 수비대가 베이찡의 연락사무소에 상주하는 것에 대해 항의하였으며, 중국으로 선적한 미국산 밀에서 검댕이 발견되었다고 주장하였다. 1975년에는 타이완에 대한 양국 견해의 차이로 말미암아 두 건의 문화교류가 취소되었다.

미·중 관계의 교착상태는 양국간 고위급 협상에도 반영되었다. 닉슨의 방문기간 동안 중국과 미국의 관료들은 한국전의 시기로까지 소급되는 지불요구에 대한 봉쇄와 동결자산의 문제를 논의하기 시작하였는데, 이 문제의 해결은 미·중 경제관계의 정상화에 특히 중요하였다. 1974년 4월 덩 샤오핑은 유엔에서 연설하기 위하여 뉴욕을 방문하였을 때, 양측

---

56) *New York Times*, March 22, 1974, p. 3, March 31, 1974, p. E5; *Newsweek*, October 14, 1974, pp. 21~22.

은 이 문제의 해결에 대한 대강의 합의에 이르렀다. 그러나 이 논의는 곧 교착상태에 빠졌는데, 이는 중국측에서 합의사항을 마무리하고 수행하기 위한 정치적 결단을 주저했기 때문이었다. 비록 키신저가 매년 두 번씩 중국을 방문하였지만, 1973년 12월 이후 그의 방문은 말 그대로 냉랭했거나 아니면 일시적인 현상유지의 행위였다는 점을 알게 되었다. 57)

1974년 11월에는 양국의 화해관계를 회복하고자 워싱턴과 베이찡은 미국의 신임 대통령 포드가 이듬해 말엽 중국을 방문하기로 합의하였다. 중국은 분명히 미국의 신행정부가 정치적으로 약화되었던 닉슨이 할 수 없었던 베이찡에 대한 새로운 주도권을 행사할 수 있으리라는 희망을 가졌다. 58) 그러나 결국에 1975년 12월의 방문은 별 성과 없이 실망만 자아냈다. 방문 기간은 7일에서 4일로 줄어들었고, 포드는 자신의 여행에 더 큰 성과를 얻기 위하여 인도네시아와 필리핀을 경유하였다. 비록 미국이 회담에 진전이 있었다는 인상을 주기 위해 회담 말엽 공동선언문 발표를 원하였지만, 중국은 정상화에 대한 아무런 구체적 진전이 이루어지지 않았다는 이유로 이를 거절하였다. 미국 관료들은 포드의 중국측과의 교류가 유용한 것이었다고 강력하게 주장하였지만, 이들 중 일부는 실제로 현실은 달랐다는 것을 인정하였다. "나는 그것이 매우 유용했다고 생각한다. 그러나 왜 그렇게 생각했는지는 밝힐 수 없다"59)고 한 관료는 말하였다. 한편 중국측에서는 이듬해 2월 닉슨의 중국 방문을 요청하였는데, 닉슨이 교착상태를 타개하도록 포드 행정부에 압력을 가할 수 있을 것으로 생각했기 때문이었다. 60)

---

57) Kissinger, *Years of Upheaval*, p. 698.

58) 이 분석에 대해서는 *New York Times*, December 2, 1974, p. 2 참조.

59) *New York Times*, December 5, 1975, p. 18. 포드는 마오 쩌뚱이 미국에게 "태평양 연안의 강자로 남아 있을 것"과 "어느 곳에서든지 소련에 도전하라"고 부추기며 미·소의 데탕트에 대해 수 차례 반대를 표명했다고 회상한다. Ford, *A Time to Heal*, p. 336.

60) 1976년 2월의 닉슨의 방문에 대한 개관은 *New York Times*, February 28,

1973년 이후 미·중 관계가 정체된 이유는 무엇인가? 소련에 대한 전략의 차이, 타이완 문제에 대한 상호 수용 가능한 해결책의 발견 실패, 그리고 양국 정부 내의 국내정치적 어려움의 증가 등 세 가지 요인이 결합되어, 양국 관계를 화해분위기로 이끌려는 추동력이 약화되었다. 61)

비록 1970년대 중반에 이르러 워싱턴과 베이찡 양측은 소련의 팽창주의에 대해 우려하고 있었지만, 모스크바에 대한 양국 정책의 차이는 점점 더 커졌다. 본질적으로 중국은 모스크바와 대치하기 위하여 미국과 제휴하기를 원하였지만, 미국은 미·소 데탕트를 증진시키기 위하여 중국과의 제휴를 원하였다. 조우 언라이와 마오 쩌뚱은 봉쇄해야만 할 군사적 도발에만 오직 관심이 있는 세력으로 소련을 인식한 반면, 키신저와 닉슨은 모스크바를 어느 정도는 화해가 가능한 다소 복잡한 국제정치 행위자로 보고 있었다.

이러한 관점의 차이는 처음에는 드러나지 않았으나 곧 미·중 관계에

1976, p. 3에 나와 있다.

61) 이러한 고려들의 상대적 비중은, 특히 처음의 두 가지 요소는 즉시 미국 분석가들 사이에서 약간의 논쟁거리가 되었다. 다수의 민주당원들과 중국 전문가들은 미국이 타이완과의 관계를 재정립함과 동시에 베이찡과 공식적인 외교관계를 확립할 적당한 방식을 찾을 수 없었기 때문이라고 주장했다. 반면에 키신저는 타이완이 1969년부터 1972년까지의 미·중 관계의 근본적인 돌파구에 대한 중요한 장애물로 작용한 것은 아니라고 파악한 것처럼, 1970년대 중반의 교착상태에 타이완 문제가 크게 작용했다고는 생각하지 않았다. 그 당시 그와 그의 참모들은 미국의 타이완 정책에 대해 중국이 아무런 불만도 나타내지 않았다고 주장했다. 1974년에 미국의 한 관료는 "만일 어떤 문제가 있었을지라도, 그들은 우리에게 아무런 말도 하지 않았다"고 말하였다(Maynard Parker, "Rising Suspicion in Peking," *Newsweek*, October 14, 1974, p. 21. *New York Times*, September 5, 1974, p. 3, December 2, 1974, p. 2). 실제로 1975년 말까지 키신저는 타이완 문제는 단지 미·중 관계를 가속화시키거나 냉각시키기 위해 중국에 의해 조작되는 일종의 원자로 제어봉이며, 중국의 그러한 결정은 지정학적 고려에 바탕을 두고 있다는 견해를 표명하였다(*New York Times*, October 20, 1975, pp. 1, 12). 좀더 이성적으로 본다면, 아마 두 가지 문제가 모두 중국 지도자들에게 진정한 관심사라는 점을 알 수 있을 것이다.

혼동을 초래하였다. 중국은 모스크바와의 화해 증진이 미국의 관심사라고 생각하였고, 일단 데탕트가 성공하면 미국은 중국을 포기하고 소련이 중국을 봉쇄하기 위하여 모든 역량을 동원하는 것을 허용할지도 모른다고 우려하고 있었다. 그러므로 중국 지도자들은 이러한 미국의 전략은 모스크바와 합의에 도달하기 위해 중국의 어깨에 기대고자 하는 전략이라고 통렬하게 비판하였다. 그러므로 70년대를 통하여 중국은 미국의 대소교섭에 대하여 회의적이었다. 키신저는 다음과 같이 말하였다. "우리가 소련과 협상하는 동기가 무엇이든 간에, 또 우리측이 그 동기를 아무리 그럴듯하게 설명한다 할지라도, 중국이 미·소 간의 대립을 지연시키는 것에서 얻을 수 있는 것은 거의 없을 것이다."[62]

미국은 상반된 우려를 하고 있었다. 베이찡은 미·소 데탕트를 위하여 자신들이 미국에 의해 희생될지도 모른다고 근심한 반면, 워싱턴에서는 중국으로 인해 중·소 대립에 휘말려들까 봐 걱정하였다. 닉슨 행정부의 초기부터 키신저는 소련의 공격으로부터 중국의 독립과 영토 보전을 보장하는 것이 미국의 지정학적 이해라고 확신하고 있었다. 동시에 미국은 베이찡에서 선호하는 완강한 대결정책에 말려드는 것을 원하지 않았다. 베이찡과 달리 키신저는 동맹국이나 자국민이 미국 정부가 대립을 자초했다고 인식하게 되는 것을 감당할 수 없을 것이라는 점을 지적하였다. 결과적으로 "중국은 소련의 직접적인 압력에 대항하여 미국의 지원에 의존할 수는 있겠지만, 중국이 소련과의 불필요한 대결에 미국을 끌어들이도록 허용해서는 안 되는 것이다."[63]

처음에 키신저는 신중한 외교를 펼친다면 이러한 딜레마를 잘 해결할 수 있으리라고 믿었다. 1973년 2월 중국방문 이후 닉슨에게 보고한 것처럼, "소련과 중국에 동시적으로 용의주도하게 주의를 기울인다면, 우리는 계속 마오타이 주와 보드카를 동시에 마실 수 있을 것이다."[64] 그러

---

62) Kissinger, *Years of Upheaval*, p. 51.

63) *Ibid.*, pp. 49, 54.

64) *Ibid.*, p. 70.

100

나 시간이 지남에 따라 중국과 미국의 시각 차이는 지나치게 커져 버렸는데, 특히 미국이 유럽에서의 데탕트 조건을 놓고 소련과 협상하려고 했기 때문이었다. 베이찡은 1975년의 헬싱키 협약을 1970년의 뮈니히 협정으로 간주하였는데, 이는 소련에게 유럽 이외의 지역에서 군사력을 증대하고 영향력을 확대할 수 있는 더 큰 기회를 제공한다는 것을 의미하였다. 마찬가지로 1976년 초반의 존넨펠트(Sonnenfeldt) 독트린의 발표를 통해서 미국은 동유럽에서의 현상유지 정책을 수용하였는데, 베이찡은 미국이 서부전선에 대한 소련의 이해에 부합되게 정책을 조정하려 한다고 확신하게 되었다.[65] 중국에 매우 근접해 있는 캄보디아에서 미국이 론놀 정부가 붕괴하는 것을 막지 못하고 크메르 루주가 들어서게 되자, 시아누크 주도의 중립정부를 발전시키려는 중국과 미국의 노력이 실패했다는 점에서 중국은 매우 당혹스러워하였다. 이러한 모든 상황은 미국이 유약하여 소련과의 유화에만 열중하고 중국에 대한 전략적 공약을 수행할 수 없다는 것을 보여주었다.

유일하게 남은 문제는 한 국가가 자국의 대소정책을 상대국의 대소정책과 양립하는 방향으로 전환할 수 있느냐 하는 것이었다. 1974년~1975년 사이 중국은 분쟁지역으로부터 상호병력을 철수하자는 베이찡의 제안을 크렘린이 받아들일 준비가 되어 있는지 알아보기 위하여 국경문제에 대한 모스크바의 태도를 탐색하고 있었다.[66] 브레즈네프가 중국의 의중

65) Radio Peking Domestic Service, August 5, 1975, in Foreign Broadcast Information Service, *Daily Report: China*(이하 FIBS, *China*), August 6, 1975, pp. A1~A2. 조넨펠트 독트린(Sonnenfeldt Doctrine)에 대한 중국의 반응에 대해서는 *New York Times*, April 21, 1976, p. 10 참조.

66) 중국측에 의하면, 이것은 1969년에 조우 언라이가 베이찡 공항에서 코시긴을 만났을 때 제의한 것이다. 그러나 소련은 그 제의를 받아들이지 않았다. Harry Harding, "The domestic Politics of China's Global Posture, 1973~1978," in Thomas Fingar and the Stanford Journal of International Studies, eds., *China's Quest for Independence: Policy Evolution in the 1970s*(Westview Press, 1980), p. 103.

을 거절하고 무시해 버리자 베이찡에서는 보다 타협적인 대소 정책을 취해 봐야 별로 얻을 것이 없다는 결론을 내리게 되었다. 실제로 중국의 이런 발의에 대해서 베이찡의 좌파 지도자들은 항복문서를 작성하는 것이며 '민족적 배신행위'라고 비난하였다. 67) 역으로 포드 행정부 내에서 키신저 국무장관과 슐레진저 국방장관 사이의 논쟁으로 잠시 동안이나마 베이찡은 미국의 데탕트 정책이 바뀔 수도 있으리라는 희망을 갖게 되었다. 그러나 1975년 슐레진저가 해임됨으로써 대소 화해의 옹호자들이 계속해서 워싱턴을 좌지우지하고 있음을 알 수 있었다. 68) 이런 식으로 양국은 소련에 대해 상이하게 접근—미국은 데탕트를, 중국은 대립을—하였고, 전반적인 외교정책의 차이는 점차 커지게 되었다.

1970년대 중반을 통하여 미·중 간의 관계 발전을 가로막은 두 번째 쟁점은 타이완 문제였다. 타이완과 공식적인 관계를 유지하면서 베이찡과 정상화를 이루겠다는 키신저의 희망은 결코 실현되지 않았다. 우선 많은 중국 관료들은 미국이 베이찡과 외교관계를 수립하는 방향으로 나아가기보다는 타이완과의 관계를 더욱 밀착하는 방향으로 후퇴하고 있음을 인지하고, 이 문제에 대한 미국의 진실성을 의심하기 시작하였다. 베이찡의 입장에서는 타이완으로부터의 미군 철수 속도가 더딘 것, 신임주 타이완 대사의 임명, 타이완이 미국 내에 더 많은 영사관을 설립할 수 있게 된 점, 타이완 내의 새로운 미국 무역센터의 설립, 그리고 타이완에 대한 미국의 지속적인 무기판매 프로그램 등은 미국이 궁극적으로 타이완과의 관계 단절을 주저하고 있다는 증거로 보였다. 69) 1974년 가을에 한 중국 외교관은 다음과 같이 불평하였다. "우리는 당신들의 국무성

---

67) 좀더 깊은 논의는 Harding, "The Domestic Politics of China's Global Posture," pp. 93~146을 참조.

68) 이러한 발전에 대한 중국의 반응에 대해서는 *New York Times*, November 9, 1975, p. 1을 참조.

69) William Shawcross, "Cynicism after a Fleeting Affair," *Far Eastern Economic Review*, May 13, 1974, pp. 30~32.

이 타이완으로부터 철수하는 문제에 대하여 진실성을 가지고 있는지 모르겠다."[70] 이러한 인식들로 인해 1973년 조우 언라이와 마오 쩌뚱이 키신저에게 제시한 유화적인 방식을 추구하는 것은 더욱 어렵게 되었다. 더욱이 1974년~1975년 동안에 조우 언라이는 마오 쩌뚱의 아내인 지앙칭(江靑)이 이끄는 중국지도부 내부의 보수파로부터 지속적으로 비판을 받았다. 보수파가 우려하는 것은 조우 언라이가 문화대혁명 기간에 숙청된 보다 온건한 관료들을 체계적으로 복귀시키고 있으며, 대내외 문제에 대하여 보다 실용적인 노선으로 회귀하려고 시도하고 있다는 것이었다. 이러한 전략에 대응하여 보수파는 조우 언라이가 문화대혁명 이전의 현상유지 상태로 복귀하려 한다고 비난하였다. 비록 보수파의 공격이 그의 개인적인 인사정책과 교육정책에 집중되었지만, 경제, 외교정책에 대한 비판도 매우 중요했으며, 타이완 문제에 대해 미국에 조금이라도 양보했다면 그것은 보수파에게 공격을 가속화할 강력한 구실을 제공하게 되었을 것이다.

건강의 악화와 함께 이러한 공격까지 받게 되자, 조우 언라이는 중국의 외교정책을 새로운 방향으로 움직일 수 있는 능력에 점차 한계를 느끼게 되었다. 중국 외교정책에 관한 권위는 가장 강력하면서도 논란의 여지가 있는 관료에게 있었으며 1970년대 중반에 다시 재기한 덩 샤오핑으로 이동하기 시작하였다. 그러나 덩 샤오핑은 미국에 대한 항복이라는 비난에 조우 언라이보다도 훨씬 취약하였으므로, 1973년 마오 쩌뚱과 조우 언라이가 미국에 제시한 듯한 타이완에 대한 타협을 결코 인정하지 않을 것이라는 점을 분명히 밝혔다. 1974년 11월, 키신저는 덩 샤오핑에게 타협 가능성을 타진하고자 하였으나 헛된 것이었다. 키신저는 미국이 일본 방식을 기계적으로 채택할 수 없을 것이며, 워싱턴에서는 베이찡과 외교관계를 수립한 이후에도 타이완에 연락사무소를 유지하고 싶다고 전하였다. 더욱이 키신저는 덩 샤오핑에게 만일 미국이 타이완과의 방위관

---

70) *Newsweek*, October 14, 1974, p. 21.

계를 종결한다면, 중국은 오직 평화적 수단을 통하여 타이완과의 통일을 추구하겠다고 서약해야 한다는 말을 잊지 않았다.71)

덩 샤오핑은 이 제안을 초기에 일본 방식을 수용할 의사가 있다고 밝힌 미국의 입장에서 심각하게 후퇴한 것으로 규정하면서 단호하게 거절하였다. 이른바 덩 샤오핑이 말한 '배후의 연락사무소'의 설치는 일본 방식의 일부라기보다는 중국이 결코 받아들일 수 없는 "하나의 중국, 하나의 타이완" 정책을 오히려 상징화하는 것이었다. 1975년 중반 키신저에게 처음으로, 그 다음으로 미국 신문편집자 대표에게, 덩 샤오핑은 더욱 완강한 중국의 신정책을 제시하였다. 그는 미국이 베이찡과 외교관계를 맺고자 한다면 세 가지 조건─타이완과의 외교 관계 단절, 타이완과의 상호방위조약 폐지, 타이완으로부터의 병력 완전 철수─을 충족시켜야 한다고 선언하였다. 중국이 인내심을 가지고 기다릴 수는 있겠지만, 정상화는 결코 다른 조건으로는 성취될 수 없을 것이라고 덩 샤오핑은 선언하였다.72)

타이완과의 방위조약이나 공식적인 관계를 유지하려는 희망이 사라졌으므로, 포드 행정부는 이제 타이완과의 미래 관계가 이른바 일본방식에

71) Xui and Pei, *Dangdai Zhongguo Waijiao*, p. 226. 다른 증거들에 의하면 닉슨 행정부의 마지막 몇 달 동안 상호방위조약을 대체할 수 있는 '적당한 대안'을 모색하기 위한 계획들이 준비되고 있었는데, 그것은 미국이 타이완의 안보에 대한 공약이나 중국의 물리력 행사 금지 요구 등을 되풀이함으로써 타이완 해협이 모든 국가들이 이용가능한 국제적인 통로가 되도록 하고, 미국의 타이완에 대한 무기수출을 지속하는 것이었다. 이것이 아마도 키신저가 덩 샤오핑에 대해서 주도권을 행사할 수 있었던 배경이었을 것이다. 이에 관해서는 닉슨 행정부에서 국무성 타이완 담당관이었던 Eugene K. Lawdon의 논문, "Taiwan: We Forgot Who Held the Trump Cards," in *Washington Post*, December 29, 1978, p. A15 참조.

72) 1974년 11월의 키신저에 대한 덩 샤오핑의 반응에 대해서는 Xue and Pei, *Dangdai Zhongguo Waijiao*, p. 226을 참조. 덩 샤오핑은 미국 신문편집인협회에서 행한 그의 발언이 인용되는 것을 허락하지 않으려 했다. 그러나 그의 발언 내용은 회의에 참석한 편집인들 중 한 사람의 메모에 기록되어 있다.

의해 수행되어야 할 것이라는 점을 이해하게 되었으며, 이에 따른다면 미국은 타이완과의 외교적 유대관계나 어떤 다른 공식 관계가 배제된, 비공식적 관계만을 유지할 수 있을 것이었다. 그러나 미국측에서도 국내 정치적 요인이 작용하였다. 즉 포드는 레이건(Ronald Reagan)을 상대로 재지명 운동을 해야 할 처지에 놓이게 되었다. 베트남이 붕괴한 직후 미국 여론이 베이찡과의 외교관계 확대를 위하여 타이완과의 관계단절을 대부분 반대하고 있었던 당시로서는 포드 행정부가 타이완과의 관계를 '포기'할 것이라고 암시한다면 대권에 도전하는 레이건에게 엄청난 이득을 주게 될 것이었다. 73) 더욱이 미국과의 관계를 유지하는 것 외에는 별다른 대안이 없다고 여겨지는 상황에서 중국은 소련의 팽창주의에 대해 점점 더 날카롭게 공격을 가하고 있었으므로, 워싱턴에서는 베이찡과 타이완 문제에 관해 타협해야 할 이유가 점차 줄어들고 있었다. 포드가 그의 회고록에 쓴 것처럼, 덩 샤오핑이 소련에 대해 몰두함으로써 미국인들은 타이완 문제를 서둘러서 해결할 필요가 없을 것이라는 인상을 강하게 받았다. 74)

그러므로 1975년 11월 중국 방문기간 동안 포드는 (중국인에게) "그의 재임(再任) 기간 초기에 정상화 문제를 해결하기 위해 노력하겠다"는 것을 암시할 수 있을 뿐이었다. 그때, 포드는 타이완의 평화로운 장래에 대하여 믿을 만한 보장을 한다면, 일본 방식을 수락할 수 있을 것이라고 덧붙였다. 또다시 중국의 지도자들은 유화적이지 않다는 것이 입증되었는데, 자신들이 제시한 세 가지 조건을 미국측이 모두 충족시켜야 할 것이라는 점을 되풀이하면서, 타이완의 평화로운 미래에 대해 어떠한 공약도 거부하였던 것이다. 75)

---

73) 1975년의 갤럽 여론조사에 의하면 10퍼센트만이 그러한 조건으로 중국과의 관계 정상화를 지지했고 70퍼센트는 반대했다고 한다. Chang, *United States-China Normalization*, p. 124.

74) Ford, *A Time to Heal*, p. 337.

75) Oksenberg, "A Decade of Sino-American Relations," p. 180에서 인용했다.

미·중 관계가 정체되고 있으면서도 외교적 유대관계 설정을 위해 베이찡이 제시한 조건들의 수락을 주저하고 있다는 것을 알아차린 일부의 미국인들은 대안으로서 미·중 간의 전략관계 확대를 주장하기 시작하였다. 무관의 교환, 합동훈련의 수행, 긴급사태에 대비한 합동계획의 제안, 미국의 대중무기 판매 등과 같은 방법을 통하여 미국의 대중국 군사 지원을 지지하는 글이 1975년 *Foreign Policy*에 게재되는 등, 이 시기 중국군 관료와 미국인 전문가 사이의 논쟁이 공개적으로 이루어졌다.[76] 이러한 제안은 미·중 관계의 추동력을 회복하는 수단일 뿐만 아니라, 미국의 대소전략 지위를 강화하고 향후 베이찡에서의 정치적 승계과정에서 온건파 지도자들이 득세할 수 있는 가능성을 높여주는 것으로도 간주되었다.

중국과의 전략적 관계는 미국의 보수파 저명인사들로부터 지지를 받기 시작하였다. 국방장관인 슐레진저는 1974년 후반부터 1975년 11월 해임 시기까지 이러한 제안을 연구하도록 장려하였으며, 후에는 자신이 이를 '포기하지 않을 것'이라고 공개적으로 말하였다.[77] 태프트(Robert Taft, 오하이오 주, 공화당) 상원의원은 1976년 초에 중·소가 제휴하는 것을 막기 위하여 미국이 중국에 지대공 미사일, 대전차 무기, F-5, 그리고 심지어 F-16을 제공하자고 제안하였다.[78] 심지어 레이건도 타이완에 대한

Chang, *United States-China Normalization*, pp. 88~89; Cyrus Vance, *Hard Choices: Critical Years in America's Foreign Policy*(Simon and Schuster, 1983), p. 82 참조. 중국측 설명도 사실상 동일하나, 포드가 그 동안 타이완에 파견된 미군의 수를 반으로 줄일 것을 약속했다고 덧붙이고 있다. Xue and Pei, *Dangdai Zhongguo Waijiao*, p. 226.

76) Michael Pillsbury, "U. S. -Chinese Military Ties?," *Foreign Policy*, no. 20 (Fall 1975), pp. 50~64.

77) *New York Times*, April 12, 1976, p. 10. 그 문제에 대한 당시의 논의에 대해서는 *New York Times*, October 4, 1975, p. 3을 참조. 분석을 위해서는 Garrett, "The Strategic Basis of Learning," esp. pp. 228ff를 참조.

78) *New York Times*, January 1, 1976, p. 16.

'우리들의 공약을 존중'하자고 주장한 글에서, 중국과의 상업적인 관계를 증진시키고 정보공유를 확대해 나가는 것을 지지하였다.[79]

이러한 제안은 중국 내부의 정치적 불안의 조짐이 가중됨에 따라 더욱 긴급한 성격을 띠게 되었다. 1976년 초에 조우 언라이가 사망하였으며 마오 쩌뚱의 건강 또한 분명히 악화되었다. 권력승계의 시기가 다가옴에 따라 보수파 지도자들이 복귀하기 시작하였다. 지앙 칭(江靑)과 그녀의 참모들은 1975년 말엽 문화대혁명의 '판결을 뒤집고' 중국을 자본주의로 회귀시키려고 시도하고 있다고 덩 샤오핑을 강하게 공격하였다. 1976년 4월 천안문 광장을 휩쓴 거대한 대중 시위는 명목상으로는 조우 언라이를 추모하는 것이었으나 실질적으로는 문화대혁명 10년간의 '봉건적 파시즘'을 규탄하는 것이었고, 보수파는 자신들이 필요로 하던 구실을 얻었다. 덩 샤오핑은 공산당 내의 지도적 위치에서 숙청당하였으며, 보수파는 임박해 있는 권력승계의 결과에 강력한 영향력을 미칠 수 있는 지위를 획득한 것처럼 보였다. 이러한 맥락에서 중국과 보다 밀착된 전략적 관계를 옹호하는 주장이 제기되었고, 마오 쩌뚱 이후 중국에서 급진주의의 부상을 막기 위해 미·중 관계를 강화하는 방법을 모색하는 것은 매우 바람직하게 여겨졌다.

결국 포드 행정부는 자국이나 자신들의 동맹국을 통한 대중국 무기판매를 금지하기로 하였다. 중국과 전략관계를 확대하자는 미 정부 내의 견해는 미·소 데탕트에 미칠 영향을 우려하는 소련 전문가와 전략적 관계가 진전된다 하더라도 베이찡과 전면적 외교관계가 수립되지 못한 것을 보상하지는 못할 것이라고 믿고 있는 중국전문가의 반대에 직면하게 되었다. 더욱이 중국도 최소한 관계정상화 이전에는 미국산 무기를 구입하거나 미국과 다른 방위계획을 맺는 데 관심이 없다고 주장하기 시작하였다. 예를 들어, 중국은 영국으로부터 해리어 전투기, 프랑스로부터 미라쥬 제트기의 구입가능성을 계속 타진하면서도, 미국의 대중국 무기판

---

79) *New York Times*, July 28, 1976, p. 29.

매의사를 탐색하는 것은 1974년에 중단하였다. 80)

그러나 워싱턴은 중국과의 전략적 관계를 강화하기 위한 다른 조치를 취하였다. 포드 행정부는 중국에 대해 소련에게 제공한 기술만을 판매한다고 하며 여전히 공정한 정책을 추구하고 있다고 주장하였다. 그러나 실제로는 1976년 워싱턴은 모스크바에는 판매하지 않았을 석유탐사와 지진 연구용 고급컴퓨터를 베이찡에서 구입하는 것을 허용하였다. 동시에 미국은 1975년 영국제 Spey 제트 엔진의 이전을 포함하여 판매할 생각이 없었던 이중목적의 첨단기술까지 중국에 판매하도록 동맹국들을 부추겼다. 81) 기술이전을 차치하고라도, 미국은 또한 대중국 안보공약을 되풀이하였다. 예를 들면, 9월 9일 마오 쩌뚱의 사망 직후 워싱턴은 공공연하게 중국에 대한 어떠한 "공격이나 압력"에 대해서도 반대한다고 되풀이하였으며, 정치적 승계로 인해 야기될지도 모르는 불안정을 이용하려는 소련의 시도를 사전에 봉쇄하고자 했다.

4. 비공식적 관계

상하이 공동성명은 양국간에 공식관계의 궁극적인 정상화뿐만 아니라, 이 과정에서 비공식적인 문화적, 경제적 유대를 증진시킨다고 공언하고 있다. 양국 정부는 양자 무역과 또한 과학, 기술, 문화, 스포츠, 언론 등과 같은 분야에서 '민간 접촉'의 발전을 촉진시키기로 합의하였다.

그러한 목적을 위하여 양국 정부는 상호 적대시기에 만들어진 경제적, 문화적 교류 장벽을 계속해서 점진적으로 철폐하였다. 양국은 무역계좌

---

80) Beaning N. Garrett, "The China Card," Ph. D. diss., Brandeis University, 1983, pp. 49~50; *New York Times*, April 26, 1976, p. 3.

81) 이 정책에 대해서는 *New York Times*, April, 25, 1976, pp. 1, 4를 참조. 미국 정부에서 일어난 논쟁에 대해서는 *Washington Post*, October 29, 1976, p. A13 을 참조.

를 결제하는 데 제3국의 통화가 아닌 미국의 달러를 사용하기로 합의하였다. [82] 1972년 봄부터 중국 관료들은 미국 사업가들이 광동 지방에서 연 2회 열리는 외국상인과 중국 국영수출입회사 대표자 간의 회합인 광동무역박람회에 참여하는 것을 허용하였다. 미국은 대중국 기술판매에 대한 통제를 완화하였는데, 베이찡을 범주 Z(전면적 금수조치)에서 범주 Y(소련에 판매되는 만큼의 기술을 중국에도 허용)로 이전하였다. [83] 사안별 접근방식으로 워싱턴은 1972년 닉슨 방문시 텔레비전 생중계용 지상 위성중계탑, 중국의 국내, 국제항공 서비스를 근대화하기 위한 보잉 707기, 지질학적 탐사를 위한 첨단 사이버 컴퓨터 등 모스크바에는 판매하지 않은 장비의 베이찡 수출을 허용하였다. [84]

또한 양국간의 문화교류를 수행하고 경제관계를 촉진할 수 있는 가장 적절하고 편리한 하부구조도 형성되기 시작하였다. 1966년에 미국의 대중국 정책을 재평가하고 중국 문제에 관한 대중교육을 장려하기 위해 설립된 미·중 관계위원회는 1972년의 중국 탁구 대표팀의 미국 방문에 대한 책임을 맡았으며, 곧 중국에 미국의 대표단을 보내고, 중국의 대표단을 맞아들이는 주요 통로가 되었다. 1966년 대중국 학술교류위원회가 미국 학술평의회, 사회과학연구평의회, 그리고 연방학술원 등에 의해 조직되었는데, 1973년 6월에는 중국 과학기술협회와 인문과학, 사회과학, 그리고 자연과학 분야에서 학술대표단을 교류하기로 합의하였다. [85] 같은 해 중국에서의 사업에 관심이 있는 일단의 미국기업들은 미·중 연방무역위원회를 조직하였는데, 미국 기업에게 중국에서의 상업전망에 대한 정보를 제공하고 사업환경의 개선을 위해 양국 정부를 상대로 로비를 수행하였다. [86] 이러한 조치들로 인하여 1971년과 1977년 사이에 양국간의

82) 미국의 결정에 대해서는 New York Times, May 8, 1971, p.8을 참조.

83) New York Times, February 15, 1972, pp.1, 6.

84) New York Times, July 6, 1972, pp.1, 53.

85) New York Times, August 27, 1974, p.13.

86) New York Times, March 27, 1973, pp.1, 61

학술적, 문화적 교류는 점차 확대될 수 있었다. 87) 베이찡에서는 다양한 미국 대표단을 중국으로 초빙하였다. 이러한 방문객들의 정치적 스펙트럼을 살펴보면, 그 한쪽 끝에 과격한 흑인들로 구성된 흑표범당으로부터, 아시아관련학자위원회, 미·중 민간친선협회, 그리고 다른 동호조직들이 있었다. 그러나 다른 한편으로는 중국이 초청한 대표단에 80명의 하원의원들, 젊은 정치인들, 신문편집인들, 국제기구의 관료들, 과학자, 학자, 그리고 대학총장들도 포함되어 있었다. 88) 양국은 무역대표단, 예술공연단, 언론인, 스포츠 팀 등도 교환하였다. 그리고 중국 정부는 〈사운드 오브 뮤직〉, 〈도라, 도라, 도라〉와 같은 미국 영화들도 수입하여 선별된 관중들에게 상영하였다. 89)

이러한 미국의 방문객들을 초빙하는 패턴은 미국의 탁구 대표팀이 중국을 방문하였던 1971년에 결정되었다. 특히 전문가들의 교류에 역점을 두었다. 미국 학자들은 중국 학자들과 만났으며, 미국의 음악가들은 공연을 하였고, 미국의 운동선수들은 중국 팀과의 시합에 참가하였다. 더욱이 미국 방문객들은 자금성과 만리장성과 같은 사적과 명승지를 관광하였고, 중국의 가장 우수한 병원, 학교, 공장, 그리고 인민공사를 시찰할 수 있었다. 이들은 1949년 이후 중국이 성취한 업적과 문화대혁명 기간 동안 겪은 변화를 설명하기 위해 일련의 과장된 통계를 대서특필한 공식 브리핑('간략한 소개'라는 의미의 중국 용어를 영어로 번역한 것)을 받았다. 대부분의 대표단은 베이찡과 각 성의 수도에서 중국의 정치지도자들과 만날 수 있었는데, 고위급인 경우에는 조우 언라이를 만날 수 있었

---

87) 개략적인 내용으로는 Douglas P. Murray, "Exchanges with the People's Republic of China: Symbols and Substance," *Annals*, vol. 424 (March 1976), pp. 29~42 참조.

88) 중국을 방문한 의원의 수는 Robert G. Sutter, *The China Quandary: Domestic Determinants of U.S. China Policy, 1972~1982* (Westieew Press, 1983), p. 22. 및 표 9 in Chang, *United States-China Normalization*, pp. 140~141 참조.

89) *New York Times*, March, 23, 1973, p. 10.

다. 미국은 다소 비공식적인 접촉이기는 하지만 중국 손님에 대해 유사한 프로그램으로 답례하였다. 예를 들어, 미·중 관계 연방위원회에서는 종종 중국 방문객들이 미국인 가정에서 식사를 하거나 숙박하도록 배려하였는데, 이들이 일반 대중의 수준에서 미국 사회에 대한 첫인상을 얻도록 하기 위한 것이었다.

그러나 몇 달이 지나지 않아, 이러한 문화적, 학술적 교류의 한계는 분명해졌다. 우선 중국인들은 대표단을 미국으로 파견하기보다는 미국인의 중국 방문을 훨씬 더 선호하는 것 같았다. 예를 들어, 1972년 말까지 1,500~3,000명의 미국인들이 중국을 방문했으나, 이듬해 중반까지도 단지 300명의 중국인들이 미국을 방문했을 뿐이었다. 90) 미국의 교환 프로그램 담당자는 중국 내에서 아직 문화대혁명이 진행 중이었으므로 중국 당국은 다수의 중국 시민이 미국의 생활을 경험하는 것을 원하지 않는다고 추정했다. 더욱이 양국 사이의 직항로가 부재한 상황에서 중국 대표단은 미국으로 가기 위해 제3국의 항공로를 이용하면서 부족한 외화를 지출해야만 했다. 이러한 불균형은 70년대 내내 지속되었다. 1977년 말경에 15,000명의 미국인이 중국을 방문하였고, 1,000명의 중국인이 미국을 방문하였다. 91)

베이찡측은 또한 추진하기로 했던 문화, 학술 교류에 대해서도 엄격히 제한하였다. 미국의 신문기자들은 중국에 단기 체류로 머물 수 있었고, 중국의 기자들도 일상적인 관광 차원에서 미국을 방문할 수 있었다. 그러나 중국은 미국의 신문사가 베이찡에 상주사무소를 설립하는 것은 허용하지 않았으며, 신화통신사에 의존하거나 전통적으로 유리한 위치에 있는 홍콩에서 중국을 취재하도록 하였다. 마찬가지로 중국은 미국 학생과 학자가 중국에서 장기 연구 프로젝트를 수행하는 것을 금지하였으며, 또한 자국 학생을 미국으로 파견하지도 않았다. 대신에 학술대표단의 교환

90) *New York Times*, January 22, 1973, p. 1; August 6, 1973, p. 7. 이 비율은 곧 15:1로 커질 것이다. Sutter, *China Quandary*, p. 21을 참조.

91) Sutter, *China Quandary*, p. 21.

으로 양자간 학술관계를 제한하였다. 중국은 미국인의 개별적인 중국 방문을 허용하지 않았고, 방문 희망자는 미·중 민간친선협회나, 중국 국제여행사의 지원을 받는 단체에 합류할 것을 요구하였다. 이러한 제한조치들은 한편으로 방문객을 받아들일 수 있는 중국의 물리적 능력에 한계가 있다는 것을 반영하는 것이었으며, 다른 한편으로는 정상화가 이루어질 때까지는 미국과 유대관계를 제한한다는 베이찡의 결정에 따른 것이었다. 중국과 미국 사이의 문화, 학술 유대관계는 정치적 요인에 의해서도 방해받았다. 문화, 교육 분야에서 막강한 지위를 점유하고 있던 급진적 중국 지도자들은 제한된 인원이라고 할지라도 예술공연단이나 대표단의 교환으로 서구문화가 중국으로 유입되는 것을 꺼렸다. 1973년 필라델피아 오케스트라의 방문 후 이듬해 초 이들이 연주한 많은 곡들이 부르주아적이어서 수용할 수 없다고 비판한 일련의 글들이 발표되었고, 이로 인해 교류에 어려움을 겪게 되었다. 중국의 외무관료들은 문화교류의 과정에 타이완 문제와 같은 정치적 이슈를 개재시키곤 하였다. 국민예술화랑은 1974년 중국에서 고고학 전시회를 개최하였는데 중국의 관료들이 타이완, 남한, 남아프리카, 및 이스라엘 언론인들의 입국을 불허하여 언론시사회는 취소되어 버렸다.[92] 1975년에는 두 건의 고급 교류 프로그램이 취소되었다. 중국 예술공연단의 미국 방문은 공연 프로그램에서 타이완 해방에 관한 노래의 삭제 요구를 거부하여 취소되었다. 그리고 미국인 주관자가 산 환과 푸에르토리코의 시장을 단체에서 제외해 달라는 중국측의 요구를 거절함으로써 미국 시장단의 중국 방문은 취소되었다. 본질적으로 두 번째 사건은 첫 번째 사건에 대한 보복이었다. 만일 미국이 타이완의 주권에 대한 중국의 요구를 수락하지 않는다면, 중국도 푸에르토리코의 주권에 대한 미국의 요구를 인정하지 않는다는 것이었다.[93]

---

92) *New York Times*, December 11, 1974, pp. 1, 5.
93) 예술공연단의 방문취소에 대해서는 *New York Times*, March 28, 1975, p. 16을 참조. 두 사건에 대한 중국의 견해에 대해서는 *Peking Review*, vol. 18(April 11, 1975), pp. 10, 21과 vol. 18(September 26, 1975), p. 27을 참조.

112

심지어 학술적인 교류조차 정치적 고려로 인하여 제한받았다. 베이찡에서는 하버드의 중국 연구 프로그램의 소장인 패어뱅크(John King Fair-bank) 교수가 쓴 서평을 보고 홧김에 하버드 대학의 대표단 방문을 취소하였다. 중국에 대해 매우 비우호적이라는 이유로 예일 대학 대표단에서 세 학자를 제외시키라고 압력을 가하기도 하였다. 중국은 또한 같은 이유에서 프린스턴 대학 소속 학자의 방문을 다른 대표단으로 교체하려 했으나, 미국이 그들의 방문을 취소하겠다고 위협하자 수그러들었다. [94]

미·중 경제관계는 1970년대 초에는 빠른 속도로 발전하였으나, 중반경에는 급속하게 쇠퇴하였다. 중국의 미국산 밀과 다른 농산물 수입의 급격한 증가 등으로, 1971년에는 500만 달러에 불과하였던 양자무역은 1972년에는 9,000만 달러로 증가하였다. 중국이 농산물뿐만 아니라, 기계류(보잉 항공기, M. W. 켈로그 비료설비, 석유생산 및 탐색장비 등)를 구입함에 따라, 무역은 다음 두 해 동안 또다시 열 배 가량 증가하여 1973년에는 8억 달러로, 그리고 1974년에는 9억 달러 이상으로 증가하였다. 그러나 중국이 1972년과 1974년 사이에 14억 달러의 적자누적을 기록하였기 때문에 급격한 증가는 지속될 수 없었다. 그리하여 베이찡은 다음 3년간 미국으로부터 특히 농산물의 수입을 삭감하였다. [95] 미국의 중국으로부터 수입은 점진적으로 증가하고 있었으나, 양자 무역은 1975년에 4억 6,200만 달러로 떨어졌고, 1976년과 1977년에는 연간 3억 5,000만 달러의 수준에 머물렀다(〈표 A-2〉~〈표 A-4〉 참조).

1970년대 미·중 무역의 역동성은 중국의 막대한 적자발생과 이를 줄이려는 베이찡의 노력으로 많은 부분이 설명될 수 있겠지만, 상호간 전반적 상업관계는 양측의 정치적, 제도적 제약에 의해서도 영향을 받았

94) Jerome Alan Cohen, "U. S. - China Relations," *New York Times*, December 18, 1974, p. 45.

95) 중국의 경비절약에 대한 노력에는 미국산 옥수수와 콩에 대한 일부 구입계약을 취소한 것도 포함된다. *New York Times*, January 26, 1975, section 3, p. 30; January 28, 1975, pp. 1, 54; Februrary 28, 1975, pp. 43, 47 참조.

다. 미국의 자본과 재화의 중국 유입은 1950년대 초반에 소련과의 단절 이후 처음 제정되었으며 이제 새삼 강조되는 중국 대외경제정책에 대한 규제에 의해서 제약받고 있었다. 중국은 장기해외차관, 중국 기업에 대한 외국인 경영, 혹은 외국 기업과의 합작회사를 허용하지 않았다. 96) 중국 석유에 대한 탐색, 생산, 그리고 수출까지도 직접적으로 관장하기를 희망하고 있었던 미국 석유회사는 이러한 거부로 인하여 당혹스러워 하였다. 97)

중국 상품의 미국으로의 유입 또한 제한되었다. 한국전쟁 이래 봉쇄되었던 지불 요구와 동결자산의 문제를 해결하지 못했으므로 중국은 미국에서 무역박람회를 개최할 수 없었는데, 베이찡을 상대로 명백한 청구권을 가지고 있는 미국인은 미국 땅에 하적되는 중국 정부 소유의 어떠한 상품이라도 압류할 수 있었기 때문이었다. 중국에게 최혜국 대우를 부여하는 무역협정이 없었으므로 중국은 1930년의 스무트-홀리 관세법 (Smoot-Hawley Tariff Act)에 따른 높은 관세를 감수해야만 했다. 중국 해외무역회사가 1973년에 상품 가격을 급격히 인상하여 문제가 더욱 악화되었는데, 독특한 예술품과 공예품은 1,000퍼센트를, 그리고 다른 상품 또한 세계시장 수준 이상으로 인상하였다. 98)

더욱이 학술적, 문화적 교류와 마찬가지로 미·중 상업관계도 중국지도부 내에서 논쟁의 대상이 되었다. 1970년대 중반에 마오 쩌뚱과 조우 언라이의 건강이 악화됨에 따라 권력승계를 둘러싼 암투는 치열해졌다. 이러한 투쟁의 과정에서 지양 칭이 이끄는 보수파는 싹트기 시작한 중국과 서방의 경제관계를 비판하였는데, 이로부터 야기될 무역적자에 대해 경고했을 뿐만 아니라 자본주의 국가와의 상업적 유대관계 확대를 선호

---

96) Xinhua, July 9, 1974, in FBIS, *China*, July 9, 1974, pp. A1~A3에 인용된 대외무역장관인 Li Qiang의 *China's Foreign Trade* 내의 글을 참조.

97) *New York Times*, January 5, 1975, section 3, p. 3; Novemver 28, 1975, pp. 1, 63을 참조.

98) *New York Times*, May 7, 1973, pp. 61, 63.

하는 사람은 불필요하게 서방의 자본과 기술에 종속되는 것에 대해 책임
을 져야 할 것이라고 비난하였다. 예를 들어, 1974년 3월에 해외수입에
대한 '지칠 줄 모르는 욕구'를 비난하는 글을 필두로, 몇 달 후에는 외국
기술에 대한 '맹목적 경배'를 공격하는 에세이들이 잇따라 발표되었다. 99)

중국의 지도자들이 1975년에 5차 5개년 계획을 준비하는 과정에서 논
쟁은 더욱 가열되었다. 덩 샤오핑이 이끄는 보다 실용주의적인 관료들은
중국과 서방의 무역을 더욱 확대하자고 제안하였는데, 가능하다면 중국
의 석유산업에 대한 해외투자를 제한적이나마 받아들이자고 하였다. 반
면에 보수파들은 그러한 제안을 '외국 것에 대한 맹종', '해외 부르주아
권위'에 대한 숭배, 그리고 '항복과 민족적 배신' 등으로 매도하였다. 100)
특히 1976년 1월 조우 언라이가 사망한 직후, 이러한 비난에 대해 온건
파가 취약하던 상황이었으므로 덩 샤오핑은 4월에 숙청되었고 1975년과
1976년 동안 미국산 상품의 수입 제한이 강화되었다. 101) 더욱이 타이완
과 사업을 하면서 1976년 창설된 미·타이완 경제위원회에 가담하고 있
던 미국 기업들은 베이찡으로부터 보복적 조치의 표적이 바로 자신들이
라는 것을 알게 되었다. 102)

결국 1972년과 1977년 사이의 중국과 미국 간의 비공식적 관계는 성급
하면서도 다소 혼란스러운 방식으로 전개되었다. 워싱턴과 베이찡 사이

---

99) *China News Summary*, no. 511 (April 4, 1974) ; no. 537 (October 2, 1974).

100) Hongqi, no. 5 (1976), in *Peking Review*, vol. 19 (June 11, 1976), pp. 8~
12; Hongqi, no. 7 (1976), in *Peking Review*, vol. 19 (August 27, 1976),
pp. 6~9.

101) Ann Fenwick, "Chinese Foreign Trade Policy and the Campaign against
Deng Xiaoping," in Fingar and Stanford Journal, China's Quest for
Independence, pp. 199~224; Kent Morrison, "Domestic Politics and Indus-
trialization in China: The Foreign Trade Factor," *Asian Survey*, vol. 18 (July
1978), pp. 687~705.

102) *Wall Street Journal*, January 25, 1977, p. 15; *New York Times*, March 28,
1977, pp. 43, 48.

의 전면적 외교관계가 없다는 사실은 양국간의 경제적, 문화적 관계의
발전에 가장 큰 장애물 중의 하나로 작용하였다. 이러한 관계 없이 중국
에 대해 최혜국 대우를 부여하는 것은 비록 불가능하지는 않더라도 극도
로 어려운 일이었다. 더욱이 중국 정부는 공식적 외교관계 없이는 미국
기업계에 도움을 줄 공사관의 개설이나 언론사의 베이찡 지국 개설, 양
국 사이의 직항로나 해로의 설립, 혹은 학자와 학생의 장기체류 교환 등
을 허용하지 않겠다는 것을 분명히 밝혔다.

중국의 정치·경제 체제의 성격 또한 중국과 미국의 상호 비공식 교류
를 저해하였다. 1976년 9월의 마오 쩌뚱의 사망까지, 그리고 그로부터
적어도 12개월 후까지, 중국은 경제에 대한 강력한 행정통제, 학술·문
화생활에 대한 가혹한 통제, 그리고 외부세계와의 상호작용에 대한 엄격
한 제한 등을 의미하는 문화대혁명의 엄격한 이데올로기적 전제하에 통
치되고 있다. 이러한 교의적 전제와 행정적 제한으로 말미암아 미국 기
업은 중앙집권화된 대외무역기구를 통하여 중국측과 거래해야만 했으며,
미국인들은 대중투자나 대부를 연장할 수도 없었고, 개별적으로 중국을
여행하지도 못하였으며, 또한 미·중 간의 문화 및 학술교류 프로그램에
소란스러운 정치적 고려가 주기적으로 개입되었다.

5. 애 매 성

1970년대 중반의 중국에 대한 미국 여론이 순진하고 도취감에 빠진 상
태였다고 당시와 그 후 수년 동안 몇몇의 미국인 전문가들은 묘사하였
다. 1973년 6월의 《논평》지에서 존슨(Sheila Jonson)은 인민공화국을 여
행했던 다수의 미국인들이 '애정을 가지고 중국에' 갔으며, 거기에서 듣
게 되는 공식노선을 '훈련된 물개처럼 민첩하게' 그대로 추종했다고 비판
하였다.[103] 1980년대 초반에 중국에서 현지조사를 수행하다가 쫓겨난 미
국인인 모셔(Steven Mosher)는 1970년대를 얼빠진 도취의 시대로 묘사하

면서, 그것이 이른바 혁명적 사회주의 패러다임에 대한 좌파 학자들의 집착 및 베이찡에 대한 개방을 합리화하려는 닉슨 행정부의 노력과 연결된다고 주장하였다. 104)

부분적으로는 모셔에 의해 확인된 것처럼, 1970년대 초반과 중반에 실제로 미국이 중국에 도취된 것이 사실이었다. 초기에 중국을 방문한 다수의 미국인들은 짧은 여행을 마치고 돌아와서 그 나라에 대한 찬사를 늘어 놓았는데, 일찍이 필자는 그것을 "공산치하의 중국과 중국 인민들의 목적, 계획, 그리고 성취에 대한 진정한 치하"라고 표현한 바 있다. 105) 중국은 모든 인민에게 기본적인 생활조건을 제공하는 평등주의 사회, 정치에 대한 민중들의 직접적 개입을 보장하는 인민주의(populist) 사회, 그리고 이상주의적 가치를 추구하는 미덕에 넘치는 사회로 묘사되었다. 《뉴욕 타임스》의 레스톤(James Reston)은 대중동원을 위한 중국의 노력을 '서구가 길에다 내다버린 다양한 낡은 믿음'에 의해 지도되는 '하나의 거대한 공동의 헛간 짓기'에 비유하였다. 106) 레스톤의 동료인 타핑(Seymour Topping)은 상하이와 베이찡 백화점의 서비스는 "미국의 많은 상점에서보다 … 분명히 더 빠르고 효율적이었다"고 보고하였다. 107) 록펠러(David Rockefeller)는 중국의 '경제적·사회적 진보', '효율적이고 헌신적인 행정', 그리고 '높은 사기와 의지의 사회'에 깊은 인상을 받았다고

---

103) Sheila K. Johnson, "To China, with Love," *Commentary*, June 1973, p. 42.

104) Steven W. Mosher, *China Misperceived: American Illusions and Chinese Reality* (Basic Books, 1990), chaps. 6, 7.

105) Harry Harding, "From China, with Disdain: New Trends in the Study of China," *Asian Survey*, vol. 22 (October 1982), p. 936.

106) James Reston, "China is Building a New Nation," in Frank Ching, ed., *The New York Times Report from Red China* (Avon Books, 1971), p. 246; Reston, "New China: 'A Sink of Morality'," in Ching, *Report from Red China*, p. 239.

107) Seymour Topping, "Stores Give Customers a Better Deal," in Ching, *Report from Red China*, p. 195.

말하였다. 108)

비록 보다 분석적인 관점에서이기는 하지만 미국 학술계의 많은 인사들은 중국에 대해 같은 견해를 표현하였다. 마오 쩌뚱은 근대화의 과정에 내재하는 가장 중요한 딜레마와 싸우는 투사로 묘사되었다. 이러한 해석에 따르면, 문화대혁명은 경제적, 정치적 발전에 필수적인 제도들에 대한 비합리적 공격이 아니라 "관료제와 산업화가 반드시 생활수준의 향상으로 이끄는 것은 아니다" 109) 라는 마오 쩌뚱의 생각을 반영하는 것이었다. 홍위병 운동의 폭력은 축소되거나, 아니면 유감스럽지만 운동의 성취에 불가피한 부산물로 합리화되었다. 실제로 문화대혁명의 주요한 단점은 단지 야심찬 목적들을 모두 성취하지 못했다는 점이었다. 한 정치학자는 이렇게 지적하였다. "마오 쩌뚱의 공격은 중국 사회로부터 개인주의, 이기주의, 그리고 엘리트 주의를 완전히 제거하는 데 성공하지 못하였다", "그러나 마오 쩌뚱이 그것을 시도했다고 하여 비난받아야 하는가?"110) 어떤 미국인 중국전문가는 중국의 '발전 경험'이 매우 성공적이어서 다른 개발국가에서뿐만 아니라 심지어 미국과 다른 서방사회에서도 유용한 참고가 될 수 있을 것이라고 제안하였다. 111)

---

108) David Rockefeller, "From a China Traveler," *New York Times*, August 10, 1973, p. 31. 그러나 록펠러(Rockefeller)는 이러한 성취들이 "문화적 지적 관점에서의 … 가격상승"을 포함했다는 것을 인정했다.

109) Michel Oksenberg, "Comments," in Ping-ti Ho and Tang Tsou, eds., *China in Crisis*, vol. 1: *China's Heritage and the Communist Political System*, bk. 2 (University of Chicago Press, 1968), p. 493. Richard Baum with Louise B. Bennett, eds., *China in Ferment: Perspectives on the Cultural Revolution* (Prentice-Hall, 1971); Victor Nee and James Peck, eds., *China's Uninterrupted Revolution: From 1840 to the Present* (Pantheon, 1975); *John G, Gurley, China's Economy and the Maoist Strategy* (New York: Monthly Review Press, 1976).

110) Richard Baum, "The Cultural Revolution in Retrospest," in Baum with Bennett, *China in Ferment*, p. 177.

111) 그 제안은 Michel Oksenberg, ed., *China's Developmental Experience*

이 두 그룹―단기방문자와 학술전문가―의 중국에 대한 호의적인 평가는 모두 비슷한 기원에 바탕하고 있는 것으로 보인다. 중국의 문화대혁명은 보다 온건한 미국의 문화대혁명과 조화를 이루고 있었다. 최소한 인종 문제와 경제 문제, 그리고 베트남 전에 대한 광범위한 환멸감으로 말미암아 미국의 자유주의적 지식인과 작가들이 서구의 가치로 중국을 판단하려 하지는 않았다. 자신들이 속해 있는 사회의 단점으로 인해서 미국인들은 명목적이나마 평등주의, 인민주의, 이타주의, 그리고 조화를 추구하는 중국 정부를 우호적으로 생각하게 되었다. 더욱이 주도면밀하게 계획된 단기간의 여행으로 중국을 방문한 미국인들은 중국의 특징이라고 할 수 있는 가난과 억압을 제대로 보지 못할 수밖에 없었으며, 중국의 경제적, 사회적 성과의 가장 유리한 측면만을 보게 되었다. 결과적으로 티엔안먼 사태 이후 미국인에게 너무나 잘 알려지게 된 중국의 인권탄압 문제는 1970년대 중반의 학술적 분석과 언론보도에서 거의 무시되었다.

다른 미국인 그룹이 중국을 긍정적으로 평가하는 것은 다소 다른 이유 때문이었다. 키신저와 같은 몇몇 정부 관료들은 조우 언라이에게 완전히 매료당하여 그를 한 사람의 완전한 외교관으로뿐만 아니라 "내가 만난 가장 인상적인 두세 사람 중의 하나이다. … 세련되고, 무한히 참을성 있고, 비범할 정도로 지적이며, 섬세하고 … 빛나는 개성과 탁월한 인식을 소유한 사람이었다"112)고 묘사했다. 몇몇 기업관리자는 잠재적인 중국 시장의 규모에 기가 질렸으며, 몬산토(Monsanto)의 한 대변인은 1971년에 다음과 같이 지적하였다. "저 사람들 각자가 단지 하루에 한 알의 아스피린만 먹어도, 그것은 엄청난 양이다."113) 항상 새로운 영감의 원천을 찾는

(Praeger, 1973)의 전제였다. 1970년대의 문화대혁명에 대한 미국의 견해에 대한 평가는 Harry Harding, "Reappraising the Cultural Revolution," *Wilson Quarterly*, vol. 4(Autumn 1980), pp. 132~141을 참조.

112) Kissinger, *White House Years*, pp. 745, 746.
113) *Time*, April 26, 1971, p. 88.

패션계에서는 전통적 스타일과 프롤레타리아 복장의 결합이 매혹적이라는 것을 알게 되었는데, 마오 쩌뚱의 상의와 중국식의 헤어스타일이 1970년대 중반에 잠시 유행하였다. 114)

비록 1970년대 중반 중국에 대한 우호적 논평의 예를 찾을 수 있고, 미국학계에서 그들의 정치, 경제, 제도에 대한 무비판적 승인이 팽배했다고 하더라도, '심취' 그리고 '도취'가 제시하는 것보다는 중국 전반에 대한 보다 균형 잡힌 평가의 증거도 많이 있다. 분명히 미국에서는 중국에 대해 매우 복잡하면서도 균형감각을 가진 평가가 있었다. 실질적으로 언론으로부터 기업계 및 학계에 이르기까지 미국 사회의 모든 부분에서 중국에 대한 찬사만큼이나 비판 또한 적지 않았다.

예를 들어, 특히 언론은 1972년 닉슨의 방문에 높은 점수를 주지 않았는데 미국이 중국의 모든 요구를 수락하였음에도 불구하고, 무역과 문화교류의 확대에 대한 애매한 약속을 제외하면 그 대가로 받은 것은 거의 없다고 불평하였다. 심지어 《뉴욕 타임스》조차도 중국 방문으로 미국의 공식대표기구를 베이찡에 개설하지 못하였으며, 양국간의 주요한 쟁점 중 어떤 것도 해결하지 못했다는 이유로 "외교의 스펙트럼에서 최하의 것"이라고 평하였다. 115) 한 지방신문의 표제는 더욱 거칠게 비판하였다. "그들은 타이완을 얻었지만, 우리는 단지 계란말이를 얻었을 뿐이다."116)

1975년 포드가 중국을 방문하여 빈손으로 돌아왔을 때, 비판은 더욱 날카로워졌다. 많은 사람들은 주기적인 키신저의 중국 방문과 두 차례에 걸친 대통령의 방문에 화답하여 이제는 중국이 고위급 지도자를 미국으로 보내야 할 시점이라고 불평하였다. 《뉴욕 포스트》의 한 칼럼니스트의

---

114) 예를 들면, "The Chinese Look: Mao la Mode," *Time*, July 21, 1975, pp. 50~51을 참조.

115) *New York Times*, March 1, 1972, p. 38; C. L. Sulzberger, "Judging the Peking Picnic," *New York Times*, March 3, 1972, p. 39.

116) 닉슨의 방문에 대한 언론의 반응에 대해서는, Kissinger, *White House Years*, pp. 1091~1092.

말을 빌면, 중국에서 대통령을 접대하는 파티를 야간 위성중계로 보고 있노라면 야릇한 분노를 느낀다는 것이다. "우리는 '여기에도' 많은 문제들이 산적해 있는데 그는 왜 '저기까지' 가 있는가?"117)

언론이 불쾌하게 여기는 이유 중의 하나는 닉슨의 방문시 취재에 대한 통제였을 것이다. 이러한 통제는 1975년 포드의 방문 때에는 더욱 신랄한 비난을 불러일으켰다. 다른 단기 여행자들도 똑같이 혐오한 바와 마찬가지로, 1976년 가을 《로스앤젤레스 타임스》지는 "여기 저기 산재한 중국의 비밀주의, 엄격하게 계획되고 일반인들에 대한 접근이 허용되지 않는 여행으로 좌절감을 맛봐야 했던" 사람들의 불평을 일면 기사로 실었다. 118)

1970년대 중반에 이르면 기업계 역시 중국에 대해 더욱 편견에 찬 현실주의적 관점을 갖게 되었다. 1976년과 1977년 미·중 무역의 급격한 감소로 인하여 잠시나마 가졌던, 특히 미국산 소비재를 판매할 수 있는 거대한 중국 시장에 대한 기대는 깨어져 버렸다. 미국 상인들은 점차 중국 관료제의 비밀주의, 비효율성, 그리고 경직성뿐만 아니라 다수 중국 수출품들의 높은 비용, 낮은 이용성, 형편없는 품질, 그리고 유행에 뒤떨어지는 디자인에 실망하였다. 특히 미국 석유산업의 경우에는 끝없이 이어지는 기술 세미나에 분노를 느끼게 되었는데, 이것을 통하여 중국 관료와 기술자들은 유용한 미국의 자료를 얻었지만 상대적으로 주문은 적었고 직접투자의 기회도 없었다. 더욱이 중국에서 사업을 한다는 신기함이 사라지면서, 미국 기업인들은 점차 기자와의 익명의 인터뷰를 통해 자신들의 견해를 밝히고자 하였다. 119)

미국의 행정, 입법분야의 관료들은 1970년대의 중국에 대해 비관적이

---

117) Harriet Van Horne, "Tourism of Diplomacy?" *New York Post*, December 3, 1975, p. 42.

118) "Euphoria Has Faded for Some Visitors to China," *Los Angeles Times*, October 9, 1976, pp. 1, 26.

119) 예를 들면, *New York Times*, October 31, 1973, pp. 61, 71 참조.

지는 않더라도 균형 잡힌 관점을 취하려는 경향이 있었다. 조우 언라이에 대해서 가졌던 깊은 개인적 존경심에도 불구하고, 키신저는 동시에 중국과 미국 간의 시각차이 ― 특히 소련 문제에 대한 ― 를 인정하였고 그 결과 미·중 관계가 종종 어려움에 빠질 것이라는 점을 예견하였다. 분명히 그는 "만일 우리의 관계가 악화된다면, 중국은 화해하기 힘든 적이 될 것"이라고 경고하였다. 120) 국무성 관료들은 베트남전이나 한반도에서의 상황, 그리고 국제경제적 쟁점들에 대해 양국이 상이한 이해를 가지고 있다는 점을 인정하였으며, 그러한 기초 위에 미·중 관계의 장래에 대해 온건한 예측을 하였다. 비록 중국을 방문하였던 많은 수의 의원들이 중국의 정치 및 경제 상황에 대하여 긍정적으로 평가하였지만, 일부 의원들은 중국이 가난을 극복할 수 있는 범위에 대하여 의심하였고 정치적 자유와 정신적 가치를 위한 비용에 대하여 회의를 표현하였다. 121)

심지어 학계에서도 중국에 대한 분석은 처음에 드러났던 것보다 다소 복잡해졌다. 초기의 중국에 대한 중국전문가들의 긍정적 평가는 대부분 젊은 세대들 사이에서 이루어졌는데, 노장학자들의 부정적 관점을 공격하는 데에서 그들의 정체성을 찾았다. 이와 대조적으로 다른 학자들은 덜 감정적이면서 보다 균형 잡힌 시각을 견지하였는데, 적어도 이들 중의 두 명은 중국의 반체제인사에 대한 탄압을 강도 높게 서술하였다. 122) 국제

---

120) Kissinger, *White House Years*, p. 754.

121) 이 기간 동안의 의회보고서는 Sutter, *China Quandary*, pp. 22~34에서 조사되었다.

122) Peter R. Moody, *Opposition and Dissent in Contemporary China* (Stanford: Hoover Institution Press, 1977); Susan L. Shirk, "Human Rights: What about China?" *Foreign Policy*, no. 29 (Winter 1977~78), pp. 109~127. 지난 50년 동안 3,400만 내지 6,400만의 죽음은 공산혁명 때문이었다고 평가했던 Richard L. Walker, *The Human Cost of Communism in China* (1971)를 상기해야 한다. *The Human Cost of Communism in China*, Study Thomas J. Dodd 상원의원의 요청에 의해 작성되었다. Senate Judiciary Committee (GPO, 1971), p. 16.

문제와 비교공산주의를 연구하는 일반학자들은 중국을 전공하는 그들의 동료들보다도 중국의 발전에 대해 회의적인 시각으로 접근하였다.[123] 그리고 중국에 대해 부정적 견해를 갖고 있는 사람들은 중국에 대해 찬미하는 언론기사나 여행보고서들에 대해 즉각적인 날카로운 비평을 쏟아붓곤 하였다.[124]

여론조사에서도 중국에 대한 미국인의 도취 같은 것은 찾아볼 수 없었다. 분명히 미국인들은 닉슨의 중국 방문을 환영하였으나, 아마도 그것은 과거 아시아에서 미국의 주요한 적국과의 긴장을 완화하는 방법이라는 의미에서 했을 것이다. 해리스 조사에 의하면, 닉슨의 중국 방문 직후 압도적인 다수가(73%) 대통령의 중국 방문을 지지하였던 반면, 그로부터 2년 후 타이완 정부가 위탁한 갤럽 조사는 훨씬 낮은 지지율(45%)을 보여주었다.[125] 그러나 중국에 대한 미국의 태도는 매우 이중적이었다. 비록 중국을 '상당히 우호적으로', 혹은 '매우 우호적으로' 보는 미국인의 비율이 1967년의 5퍼센트에서 닉슨의 중국 방문 직후인 1973년에는 49퍼센트로 증가하였지만, 1976년에는 20퍼센트로 다시 떨어졌다(〈표 A-1〉 참조). 분명히 1976년에는 다수의 미국인(45%)이 여전히 중국을 '매우 비우호적'으로 보았다.[126]

이러한 숫자는 현대 미·중 관계사를 통하여 반복적인 패턴으로 나타

---

123) 예를 들면 Donald S. Zagoria, "China by Daylight," *Dissent*, vol. 22 (Spring 1975), pp. 135~47; Edward N, Luttwak, "Seeing China Plain," *Commentary*, December 1976, pp. 27~33을 참조.

124) Johnson, "To China, with Love," passim; Stanley Karnow, "China through Rose-Tinted Glasses," *Atlantic*, October 1973, pp. 73~76.

125) *Newsweek*, March 6, 1972, p. 15; A Gallup Study of Public Attitudes toward Nations of the World: The Findings for Nationalist China (Princeton, N. J.: Gallup Organization, 1974).

126) Kusnitz, *Public Opinion and Foreign Policy*, p. 146, table 7; The Gallup Opinion Index, *Political, Social, and Economic Trends*, *Report no.* 136 (November 1976), p. 11.

난다. 미국 대중이 중국 사회에 대해 우호적으로 평가해야만 베이찡 정부와 정상적인 관계로 작동할 수 있도록 지지한다는 것은 아니었다. 이러한 숫자는 또한 닉슨의 방문이 중국에 대한 긍정적 감정을 자아냈지만, 매우 단기적이었음을 보여준다. 중국과 미국의 이데올로기적 가치와 경제체제 그리고 정치제도들의 차이는 너무 컸으므로 미국은 인민공화국에 대해 우호적 인상을 가질 수 없었다. 1970년대 중반에도 미국 내에 중국이 보다 자유주의적인 서구의 가치를 받아들이기 위하여 말기의 마오 쩌둥 주의의 혁명적 가치들을 포기할 것이라는 견해가 공감을 불러일으켰던 것은 아니었다. 미국과 중국 사이의 거대한 구조적 차이가 1970년대 중반의 비공식적인 경제적, 문화적 관계의 발전을 저해했듯이, 미국사회의 일부 영역에 존재하고 있던 심취와 도취가 미국 전역으로 널리 퍼지는 것 또한 가로막았던 것이다. 한편, 이 시기의 미국에 대한 중국의 태도도 이중적이었다. 앞서 기술했듯이, 린 비아오와 연관된 군사지도자들과 지앙 칭과 연관된 보수주의자들을 포함하여 중국 공산당의 몇몇 파벌들은 어떠한 제국주의 국가도 중국이 믿을 수 있는 전략적 상대가 될 수 없다는 이유로 미국과의 어떠한 화해에도 격렬히 반대하였다. 분명히 1970년대 중반을 통하여 보수주의자들은 중국의 안보에 대한 위협으로서 소련과 미국을 동일시하는 경향이 있었다. 그들은 워싱턴과의 원칙에서 벗어난 타협 대신에 제3세계와의 동맹을 통하여 소련의 공격을 저지해야 한다고 권고하였다. "우리에게는 '백인 친구들', '키가 큰 친구들', 그리고 '부유한 친구들'은 없다." 1975년 3월 지앙 칭은 미국에 대한 비공개회의에서 중국이 외교의 강조점을 '흑인 친구들', '작은 친구들', 그리고 '가난한 친구들'에게 두어야 한다"[127]는 것을 명심해야 한다고 했다. 동시에 보수파들은 서방과의 무역을 증진하자는 제안을 비판하면서, 자본주의 경제와의 상호의존은 반드시 정치적 종속과 경제적 위기를 초래할 것이라는 점을 직접적으로 혹은 역사적인 비유를 통하여 경고하였

---

127) "Chiang Ch'ing's Speech to Foreign Affairs Cadres"(March 1975), *Chinese Law and Government*, vol. 9(Spring~Summer 1976), p. 53.

다.[128]

　모든 중국 지도자들이 이러한 극단적 분석을 받아들인 것은 아니었다. 그러나 미국과의 보다 밀접하고 광범위한 관계를 옹호하는 사람들조차 그러한 견해를 매우 애매한 언어로만 이야기하였다. 미국은 지속적으로 중국의 외교정책상 적대적인 양대 제국주의 국가 중의 하나로 묘사되었다. 소련과 미국이 격렬하게 '헤게모니를 위한 투쟁'을 벌이고 있었으므로 어느 하나에 대항하여 다른 하나와의 동맹을 구상하는 것은 불가능하였다. 동시에 1970년대 초반에 소련이 더욱 공격적이고 위협적인 초강대국으로 간주되고 있던 점으로 미루어 볼 때 중국은 모스크바에 대항하여 워싱턴과 제휴해야 할 것으로 판단하였다. 그러나 이러한 통일전선이 중국 외교정책에서의 일과적 국면 이상의 것이라는 견해는 아직 찾아볼 수 없었다. 중국은 보다 강한 제국주의 국가에 대항하여 쇠퇴기에 있는 제국주의 세력과 제휴하는 것을 정당화하기 위해서 2차대전 시기에 일본에 대항하여 국민당과의 통일전선을 주장했던 마오 쩌뚱의 글을 인용하였다. 그러나 1977년에는 레닌의 구절을 인용하면서 미국을 "일시적이고 동요하는, 불안정하고 믿을 수 없는 그리고 조건적인" 전략적 상대로 묘사하였다.[129]

　이와 같이 미국에 대한 매우 애매모호한 이미지가 대중매체와 교육체계를 통하여 중국 인민에게 전달되었다. 비록 1970년대 초반처럼(특히 1972년과 1973년) 미국 내의 발전상이 매우 중립적으로 보도된 시기도 있었지만, 1970년대 대부분 기간에 미국 사회는 여전히 중국의 언론에서 양극화되고, 억압적이며, 그리고 인종을 차별하는 사회이며, 정치경제적으로 소수 자본주의 엘리트에 의해 지배되는 사회로 그려졌다. 이러한

---

128) Fenwick, "Chinese Foreign Trade Policy," pp. 204ff 참조.

129) Hua Kuo-feng, "Political Report to the Eleventh National Congress of the Communist Party of China"(August 1977), in *The Eleventh National Congress of the Communist Party of China(Documents)* (Peking: Foreign Languages Press, 1977), p. 61.

이미지는 중국 대학 강의용 교재 내용에 있는 보다 분석적인 용어에서도 마찬가지로 나타났다. 이러한 메시지가 일반인에게 전달되는 방법은 1971년 7월 키신저의 방문 직후 공장 홍보국에 의해 씌어진 것으로 여겨지는 시안(西安)의 공장 게시판에 붙여진 두 편의 시를 보면 짐작할 수 있다. 그 중 한 편은 "세계질서를 불태울 혁명의 불꽃을 일으키자"는 주장으로 시작되는데, "(미국)경제는 하루하루 쇠퇴하고 있다"고 지적하고, "중국 방문이야말로 눈꺼풀을 태우는 불꽃으로부터 짧은 유예를 얻기 위한 유일한 방법이다"라고 결론을 맺고 있다. 다른 한 편은 닉슨이 재선의 승리에 몰두하며 "표를 모을 수 있는 핵심적 방법은 중국을 방문하는 것"이라는 점을 깨달았다고 말하였다. 그리하여 이 시는 닉슨이 베이징에 올 것을 예견하고 있었다. "색칠한 가면을 쓰고, 미인으로 가장되어 … 그러나 악마의 가면을 벗기는 베이징의 거울은 진정으로 용서하지 않을 것이다. 그의 진정한 이미지가 드러날 것이며, 그의 위대한 명분이 실패하리라는 두려움이 싹튼다."[130]

이 시기에는 어느 정도 독자적인 중국의 여론이 조성되었는데, 미국은 중국의 파트너로서는 믿을 수 없는 위험한 상대라는 것이었다. 1970년대 중반에 광동(廣東)과 후지엔(福建) 지방에서 홍콩으로 탈출한 중국 난민과의 인터뷰에 의하면 이상하지만 매우 널리 알려진 소문이 있었는데, 이에 따르면 닉슨―혹은 그의 수행원 중의 한 관료나 기자―은 중국 방문시, 아홉 마리의 용이 그려진 귀중한 컵을 훔쳤다는 것이다. 비록 소문의 세부적 내용은 지방마다 달랐지만, 그들 대부분은 중국 지도자들이 마술사를 보내어 모조품을 진품과 바꿔서 그 보물을 찾아오도록 하였다는 내용으로 끝난다. 당시에는 또한 중국을 방문한 미국인이 음식을, 심지어는 아기 기저귀까지 훔쳤다는 소문도 나돌았다. 미국이 중국의 근대화를 도울 수 있는 우호적이고 번영하는 국가로 여겨지던 그 이후와는 대조적으로 1970년대에 미국은 중국으로부터 신뢰를 받을 수 없는 위험

---

130) 이 시들은 Ross Terrill, *The Future of China after Mao* (Delta, 1978), pp. 296, 297에 인용되어 있다.

하고 간교한 나라로 비쳐졌다. 131) 비록 양국 사이의 공식적 관계에서 어떤 돌파구가 있었다고 하더라도, 서로에 대한 인식상의 돌파구는 여전히 존재하지 않았다.

---

131) Ivan D. London and Miriam B. London, "Rumor as a Footnote to Chinese National Character," *Psychological Reports*, vol. 37(1975), pp. 343~349. 론던 부부는 그 소문이 전국적으로 퍼지게 하기 위해서 아마도 그것이 중앙 기관에 의해 조작되어서 전파되었을 것이라고 주장하였다. 그러나 그 소문이 저절로 전파되었다는 것도 똑같이 타당성이 있다.

제 3 장
관계 정상화

미·중 관계는 1976년 9월 마오 쩌뚱의 사망과 그 해 11월 지미 카터의 대통령 당선으로 다시 한 해 동안 정체되고 말았다. 양국의 새 지도자들은 다른 시급한 문제들에 몰두하였던 것이다. 중국의 경우, 마오 쩌뚱의 권력승계 문제는 그의 명목상의 승계자인 화 구어펑(華國鋒)과 그의 선배이면서도 경쟁자인 덩 샤오핑 간에 치열한 권력투쟁을 야기시킴으로써 대미 관계개선의 주도권 장악을 방해하였다. 미국의 경우, 카터 행정부는 중동의 평화모색과 캐나다 운하의 장래에 관한 협정체결 등과 같은 정치적 대가를 치러야 할지도 모르는 다른 외교정책상의 쟁점들과 비교해서 미·중 관계의 중요성을 고려해야만 했다. 게다가 양국 정부는 상호간의 외교관계 확립을 위해 지불해야 하는 대가를 결정하기도 전에 소련과 자국과의 관계개선을 먼저 탐색하고자 했다. 양국은 비록 1977년 상호 관계정상화를 위한 여러 조건을 시험적으로 검토하였지만 실질적 진전을 이룩하지는 못했다.

1978년 중반에 이르러서야 미·중 관계는 70년대 초에 사라져 버렸던 활력을 조금씩 되찾게 되었다. 점진적으로 덩 샤오핑이 화 구어펑보다 우위를 확립하고, 경제개발이라는 보다 실용적인 프로그램에 대한 지원을 확보할 수 있게 됨에 따라, 미국과의 관계정상화를 모색하기 위한 행동 반경을 넓힐 수 있었다. 동시에 지속적으로 유지된 강경한 소련의 외교정책으로 인해 오히려 미·중 관계는 새로운 활로를 찾을 수 있게 되었다. 마오 쩌둥 사후 중국 지도부에 대한 크렘린 당국의 실질적 양보 거부, 소련의 아프가니스탄 개입, 대폭적인 전략무기 감축제의 거부, 캄보디아에 대한 베트남의 야심 등에 직면하여 베이찡과 워싱턴은 소련의 팽창주의에 대항하는 국제적 동맹의 동반자로서 서로를 다시 바라보게 되었다.

미·중 관계를 둘러싼 주변환경의 이와 같은 변화는 점진적으로 양국을 좀더 긴밀한 관계로 나아가게 하였다. 카터 미 대통령의 안보담당보좌관인 브레진스키(Zbigniew Brzezinski)는 1978년 5월 베이찡 방문시 중국 지도자들에게 미국은 가능한 빠른 시일 내에 중국과의 관계를 정상화하기로 "결정했다"고 통보한 바 있다.[1] 6개월간의 집중적인 협상 후 양국은 외교관계 수립을 위한 협정에 합의하였으며, 이 협정에 따라 미국은 타이완과의 공식적인 관계를 종결하였고, 타이완과의 상호방위조약에 따라 타이완에 주둔한 미군 철수를 감행하였다.

미·중 관계정상화의 조건은 미국 의회 내에서 격렬한 논쟁을 야기시켰다. 여론조사에 의하면 일반 대중은 중국과의 외교관계 수립에는 찬성하지만 타이완과 미국 간의 관계단절이라는 대가를 치러서는 안 된다는 입장을 지속적으로 보이고 있었다.[2] 더욱이 미 의회 의원들은 카터 행정

---

1) Zbigniew Brzezinski, *Power and Principle: Memoirs of the National Security Adviser 1977~1981*(Farrar, Straus, Giroux, 1983), 6장.

2) 만약 베이찡과의 외교관계 수립과 타이페이와 기존의 외교적 유대의 유지 사이에 택일하라고 한다면, 일반 여론은 1977년에는 5 대 1의 비율로, 그리고 1978년에는 3 대 1의 비율로 타이완을 선택했을 것이다. Leonard A. Kusnitz, *Public Opinion and Foreign Policy: America's China Policy, 1949~1979*(Westport, Conn. : Greenwood Press, 1984), pp. 143~144. 또한 William Watts, Ralph N. Clough, & Robert B. Oxnam, *The United States*

부가 베이찡으로부터 타이완에 대해 무력을 행사하지 않겠다는 서약을 받아내지도 못했으며, 미국의 타이완 안보에 대한 공약을 적절하게 재확인하지도 못했다고 지적했다. 그 결과 미 의회는 〈타이완 관계법〉에 타이완에 대한 계속적인 무기판매, 그리고 타이완의 평화로운 장래에 대한 미국의 지속적인 관심 등을 언급한 일련의 성명서를 첨가하였다. 베이찡은 이러한 조항이 원래의 정상화 협정에 위반되는 것으로 간주하였다.

미국·타이완 관계에 대한 지속적인 논쟁에도 불구하고, 베이찡과 위싱턴 간의 외교관계 수립으로 미·중 간의 유대는 빠르게 발전되었다. 1979년 1월 덩 샤오핑은 국빈자격으로 미국을 방문함으로써 중국 공산당 지도자 중 미국을 방문한 최초의 고위 지도자가 되었다. 양국은 군인사의 교환, 정보의 공유, 정책의 조정 등을 포함한 군사적, 정치적 관계 발전에 관한 탐색을 시작하였으나, 미국제 무기의 대중국 판매는 갑자기 중단되었다. 또한 양국 관계의 정상화는 초기의 예상을 훨씬 넘어서는 빠른 속도로 중국과 미국 간의 경제적, 문화적 유대의 확대를 촉진시켰다. 이러한 관계진전에 따라 양국에서 처음으로 도취감의 징후들이 나타났으며, 관계개선에 대한 기대가 성취되기 어려울 정도로까지 커지게 되었다.

1. 계속되는 교착상태

1977년에 워싱턴과 베이찡에서는 새로운 지도자들이 정치권력을 장악하였다. 지미 카터가 제랄드 포드에 이어 1977년 1월 미국 대통령이 되었으며, 그는 워터게이트 사건으로 인한 기나긴 국가적 고통을 종결시켰다. 공화당의 보수파 진영으로부터 자신의 대통령 후보 지명에 대한 도

---

and China: American Perceptions and Future Alternatives (Washington: Potomac Associates, 1977), pp. 31~33 참조.

전에 직면한 포드 전 대통령은 1976년 그가 대통령에 재선되었더라면 중국과의 외교관계 수립과정을 완결시키려고 시도할 수는 있었겠지만, 베이찡과의 외교관계 수립에 결코 높은 우선순위를 부여할 수 없었다. 카터 대통령은 이제 국내외 정책에 대한 새로운 주도권을 취할 수 있는 권한을 위임받았으며, 미·중 관계의 정상화를 완결시키는 것이 그가 당면한 목표 중 하나가 되었다.

중국에서는 1976년 9월 마오 쩌뚱의 사망 이후 즉시 그의 미망인인 지앙 칭과 연루된 보수파 지도자들이 체포되었다. 4인방의 숙청으로 미국과의 화해를 마지막까지 반대하던 사람들이 정치국에서 제거되었던 것이다. 마오 쩌뚱의 형식상 승계자인 화 구어펑은 중국 공산당 내 보수파와 온건파 간의 타협의 결과 1976년 봄에 후계자로 지명된, 비교적 평범한 지방관료 출신이었다. 그러나 1977년 중반에 복직된 덩 샤오핑은 곧 화 구어펑의 지도력에 도전하였다. 정치적 재등장 이후 불과 몇 달 만에 덩 샤오핑은 중국 외교정책에 대한 통제력을 실질적으로 다시 장악할 수 있었다.

비록 형식상으로는 미·중 관계의 개선에 관여하고 있었지만, 양국의 새로운 지도자들은 우선 자국과 소련 간의 유대관계의 개선가능성을 모색하고자 했다. 중국은 정치적으로 중·소 분쟁의 소용돌이가 지나갔다는 판단에 따라 모스크바가 베이찡측에 많은 양보를 할 용의가 있는지를 알아보기 위하여, 마오 쩌뚱 사후 소련의 대중 정책을 점검하였다. 그리하여 1977년 가을에 어느 분석가의 지적처럼, 베이찡은 소련과의 '100일간의 해빙기'라 불리는 시기에 들어섰다. 중국은 모스크바에 새로운 대사를 파견하여 지난 18개월간 공석이었던 자리를 메우게 했을 뿐만 아니라 소련과의 국경분쟁 문제에 매우 진지한 자세로 임하여 1977년 10월에 하천 운행협정을 체결하기에 이르렀다. 그리고 베이찡은 11월 소련 대사관에서 소련의 혁명기념일 행사에 중국 외교부장을 참석시켰는데, 지난 10년간 소련이 주최한 행사에 참석한 중국의 대표들 중 최고위급 관료에 해당하는 것이었다. 이와 같은 주도적 조치가 중국측의 중대한 양보를

의미하는 것은 아니었지만, 소련의 적극적 반응을 유도할 수 있는지를
알아보기 위한 의도에서 취해졌다고 볼 수 있다.[3]

　같은 기간 내에 워싱턴의 카터 행정부도 미·소 관계의 잠재적 개선
방안을 강구하고 있었다. 신임 국무장관인 밴스(Cyrus Vance)는 특히 모
스크바와의 화해분위기를 되살려 야심적인 전략무기제한협정(SALT)을
체결하는 데에 관심을 쏟고 있었다. 밴스 국무장관은 진취적 미국인들이
중국과의 관계정상화를 시도한다면, 특히 그 시도가 반소동맹적 의미를
지닌다면, 위의 목표에 반대되는 방향으로 진행되는 것을 두려워하고 있
었다. 그리하여 밴스 국무장관이 주도한 전략은 두 개의 공산주의 거대
국가에 대해 균등한 접근방법을 채택하는 것으로써, 미·중 관계와 미·
소 관계개선을 병행시켜 나가는 것이었다. 비록 카터 행정부는 미·중
관계정상화를 개인적으로 약속하였지만, 이와 같은 병행 전략에 따라 다
른 쟁점들보다 낮은 우선순위를 부여하고 있었다.[4] 미국의 대중국 정책
은 새로운 행정부가 출범하기 2주 전인 1977년 1월 5일에 처음 개최된
비공식 국가안보회의(NSC)가 작성한 대통령 검토 메모(PRMs)에서 우선
적으로 언급된 주제는 아니었다. 실제로 중국 문제는 그 회의에서 토의
조차 되지 않았던 것이다.[5]

　그렇지만 취임 직후 카터 행정부는 베이찡과의 외교관계 수립을 포함
해서 대중국 정책에 대한 내부적 평가작업을 시작하였다. 이 문제의 공
식적 검토는 4월 초에 위임되어 그 다음달에 종결되었다. PRM-24로 알

---

3) Thomas M. Gottlieb, "The Hundred-Day Thaw in China's Soviet Policy,"
　　Contemporary China, vol. 3 (Summer 1979), pp. 3~14 참조.

4) 그 당시의 토론내용에 대해서는, *New York Times*, 1977년 4월 11일자, pp. 1, 5
　　와 Stanley Karnow, "Our Next Move on China," *New York Times Magazine*,
　　1977년 8월 14일자, p. 38 참조. 이를 회고하는 분석에 대해서는 Brzezinski,
　　Power and Principle, pp. 48~57과 Cyrus R. Vance, *Hard Choices: Critical
　　Years in America's Foreign Policy*(Simon and Schuster, 1938), pp. 76~78 참
　　조.

5) Brzezinski, *Power and Principle*, pp. 51~52, 197.

려진 결과보고서에서는 전반적인 미·중 관계, 미국의 타이완 정책, 베이찡과의 전략적 유대 등에 대하여 대통령이 취해야 할 선택사항들이 검토되었다.[6]

우선 PRM-24에는 1970년대 중반 이래 미국 내에서 크게 문제시되었던 대중국 정책에 대한 심도 깊은 논쟁이 서술되어 있었다.[7] 본질적으로 다음 세 가지 중요한 쟁점들이 그 논쟁의 초점이었다.

첫째, 베이찡과 정식 외교관계가 수립되어야 할 긴급성의 문제이다. 미국의 일부 분석가들은 1974년 이후 미·중 관계가 정체된 채 교착상태에 이르게 된 원인을 미국이 양국 관계정상화 과정을 완결시키지 못한 때문으로 돌렸다. 만약 미국이 상하이 공동성명에 명시된 대로 중국에 대한 공식적 승인 서약을 이행하지 않는다면, 베이찡은 양국간의 경제

---

6) 미·중 관계의 정상화 과정에 대한 이러한 토론은 미국측의 주요 참가자 중 4명의 회고록에서 근거하고 있다 : Brzezinski, *Power and Principle*; Jimmy Carter, *Keeping Faith: Memoirs of a President*(Bantam Books, 1982) ; Michel Oksenberg, "A Decade of Sino-American Relations," *Foreign Affairs*, vol. 61, (Fall 1982), pp. 175~195; Vance, *Hard Choices*. 그것은 또한 다음과 같은 이차적 분석에 기초하고 있다 : Raymond L. Garthoff, *Détente and Confrontation: American-Soviet Relations from Nixon to Reagan*(Brookings, 1985) ; Banning N. Garrett, "The Strategic Basis of Learning in U. S. Policy toward China, 1949~1968", in George W. Breslauer and Philip E. Tetlock, eds. , *Learning in U.S. and Soviet Foreign Policy Decision Making*(Westview Press, 1991), pp. 208~263; Jaw-ling Joanne Chang, *United States-China Normalization: An Evaluation of Foreign Policy Decision Making*, Monograph Series in World Affairs(University of Denver, Graduate School of International Studies, 1986) ; Yufan Hao, *Solving the Dilemma in China Policy, 1978~1979: A Case Study of Normalization of U.S.-China relations and the Taiwan Relations Act*, Ph. D. diss. , Johns Hopkins University, School of Advanced International Studies, 1989.

7) 이 논쟁을 가장 잘 개관하고 있는 것은 Robert G. Sutter, *The China Quandary: Domestic Determinants of U.S. China Policy, 1972~1982*(Westview Press, 1983), 3장이다. 또한 Chang, *United States-China Normalization* 참조.

적, 문화적 유대 관계에 가혹한 제한을 가하거나 심지어 소련과의 화해를 추구할지도 모른다고 경고하였다. 또 다른 분석가들에 따르면, 중국은 조속한 대미 외교관계 수립보다는 소련의 팽창주의에 대항하기 위한 미국과의 지속적인 협력 유지에 보다 높은 우선순위를 부여하고 있다고 주장하였다. 만약 중국이 미국의 정책에 불만을 가졌다면, 미국의 베이찡과의 관계정상화 실패가 그 원인이 아니라 워싱턴이 추구하는 모스크바와의 순진한 데탕트 모색에 기인한다는 것이다.

PRM-24는 첫번째 입장을 분명하게 지지하였으며, 미·중 관계의 정상화를 완결짓는 것이 어느 정도 시급하다고 결론지었다. PRM-24의 작성자들이 내린 결론에 의하면, 만약 미국이 베이찡과 공식적 외교관계를 확대하지 않는다면, 중국과 미국 간의 문화적, 경제적 유대가 정체될 것이고, 미국의 신뢰성에 대한 중국의 확신이 점차 사라지게 될 것이며, 중국은 소련과의 긴장을 감소시키는 방향으로 자국의 외교정책을 재정립하게 될 것으로 지적했다. 반대로 PRM-24는 미·중 관계의 개선이 소련으로 하여금 미국의 이익에 좀더 순응하는 방향으로 행동하도록 압력을 증대시킬 것으로 예측하였다.[8]

두번째 쟁점은 워싱턴이 베이찡과 관계를 정상화하는 데 따르는 조건들, 특히 베이찡이 1975년에 요구한 정상화를 위한 세 가지 조건들, 즉 타이완과의 공식관계 종식, 미·타이완 상호방위조약 폐기, 타이완 내 잔여 미군병력 철수 등을 받아들일 것인가에 관한 것이었다. 미국 내 일부 전문가들은 중국의 조건이 확고부동하며 미국이 이를 수용할 수 있을 것으로 믿었다. 다른 전문가들은 중국의 조건이 변경될 것 같지 않다는 점에는 동의하였지만 미국이 몇 가지 다른 수단들, 예를 들면 타이완의 안보상의 이해관계에 대하여 일방적인 성명을 발표하거나, 미국제 무기를 계속 타이완에 판매하거나, 또는 베이찡으로부터 확실한 무력행사 포기를 얻어내는 것 등을 통해서 타이완의 평화로운 미래를 보장할 것을

---

8) PRM-24 중 이 부분은 Oksenberg, "A Decade of Sino-American Relations," pp. 181~182에 요약되어 있다.

제안하였다. 그렇지만 일부 다른 인사들은 타이완과의 상호방위조약을 유지하거나, 미국의 공식 대표부를 타이완에 상주시키거나, 또는 이 양자를 모두 실행함으로써 중국의 조건 중 일부를 거부하자고 주장하였다.

결국 PRM-24는 베이찡이 1975년에 제시한 정상화를 위한 세 가지 조건 내에서 미국이 행동해야 한다고 결론지었다. 특히 이 조건들의 표현 방식이 매우 강력한 어조를 띠고 있다는 점을 고려할 때, 중국의 지도자들이 종전의 입장 중에 그 어떠한 것도 포기할 만큼 국내적으로 정치적 융통성을 지닌 것 같지는 않았다. 더욱이 카터 행정부는 닉슨 및 포드 대통령 재임기간 중에 이루어진 미·중 간 협상기록을 상세히 검토한 결과, 미국이 중국의 세 가지 조건 모두를, 적어도 묵시적으로는 이미 받아들인 것으로 결론지었다.[9] 상하이 공동성명에서 미국은 타이완으로부터 미군 병력 및 장비철수를 약속하였다. 포드 전 대통령은 미·중 관계정상화 이후에 타이완과는 단지 비공식적인 관계만을 유지할 것이라고 천명하였다. 그리고 키신저 전 국무장관은 미국이 타이완과 공식적 외교관계가 없는 상황하에서는 상호방위조약이 유지될 수 없다고 결론지었다. PRM-24는 미 행정부가 취한 이러한 대중국 공약을 위반한다면 미·중 관계정상화를 이룩할 수 없다고 주장하였다.

또한 카터 행정부는 중국이 내세운 각각의 조건에 대하여 미국이 합리적인 보상을 요구할 수 있다고 결론지었다. PRM-24에는 아마도 보상과 연계할 수 있는 선택항목들이 구분되어 있으며, 당시 워싱턴에서는 이러한 모든 사항들을 고려하고 있었다.[10] 예를 들면, 미국은 타이완에 지속적으로 무기를 판매하거나 또는 타이완의 평화적 미래에 대한 관심을 언급한 성명서를 발표할 수 있었다. 그리고 중국이 타이완의 장래와 관련

9) Oksenberg, "A Decade of Sino-American Relations," p. 181.

10) *San Francisco Sunday Examiner and Chronicle*, 1977년 6월 27일자, p. A3 및 Robert L. Downen, *The Taiwan Pawn in the China Game: Congress to the Rescue*(Georgetown University, Center for Strategic and International Studies, 1972), p. 22.

하여 무력 사용의 포기, 또는 평화적 의도 성명 발표 등과 같은 선언을
발표하도록 촉구할 수도 있었다. 이는 중국이 타이완 섬의 '해방'이라는
호전적인 목표를 계속 추구하기보다는 무력사용 위협을 중단시키거나 타
이완과의 '통일'에 대하여 대화하도록 유도한다는 의미를 내포하고 있었
다. 워싱턴은 또한 타이완과의 즉각적 방위조약 폐지를 거부할 수 있으
며, 대신 1년 정도의 통고기간 이후에 방위조약을 종료해야 한다고 주장
하였다.

카터 대통령은 정상화 문제에 대한 이러한 접근을 받아들여, PRM-24
의 종결 직후인 1977년 중반 타이완에 대한 방위용 무기의 계속적 판매,
타이완과의 광범위한 비공식적 관계 유지, 그리고 타이완 분쟁의 평화적
해결에 지속적 관심 표명 — 중국도 명백하게 알 수 있을 정도로 — 등의
성명을 포함하여, 미국이 최소한의 정상화 조건을 확정했다는 점을 표명
하였다.11) 그러나 이러한 각 조건들에 대한 상세한 내용은 베이찡과 협
상하여야 했다. 또한 카터 행정부는 중국의 융통성 여부를 진단하고 미
국의 정치인들에게 정상화의 매력적 측면을 강조하고자 자국의 협상 입
장에 다른 조건들을 첨부하였다.

PRM-24에서 강조된 세번째 쟁점은 대중국 무기판매가 바람직한가라는
점이었다. 제 2장에서 언급한 바대로, 일부 미국의 분석가들과 관료들은
1970년대 중반까지는 정상화가 이루어지지 않고 있는 상황에서 미·중
관계의 결렬을 방지하고 소련의 전략적 위상과 비교하여 양국의 전략적
위상을 강화하기 위해서 중국과 보다 광범위한 안보관계 유지가 필요하다
고 주장하기 시작하였다. 더 나아가서 일부에서는 양국간에 정보의 공유,
군사 대표단의 교환, 중국에 대한 첨단기술의 제공 등을 주장하기도 하였
다. 이와 대조적으로 중국과 그러한 전략적 관계수립 계획들이 시기상조
라는 주장도 대두되었다. 베이찡과의 광범위한 군사적 유대는 양국간에
건전하고도 공식적인 민간차원의 관계가 발전되기 이전에는 적절하지 않

11) Carter, *Keeping Faith*, pp. 190~191 및 Oksenberg, "A Decade of Sino-American Relations," pp. 181~182.

다고 지적하며, 전략적 측면에서 볼 때 중국으로 치우치게 되면 소련이 화해보다는 오히려 공격적 반응을 보일 수도 있다고 경고하였다.

중국과 미국의 전략적 관계에 대한 이러한 견해는 포괄적으로 카터 행정부의 정책에 반영되었다. 카터 행정부 출범 이후 브레진스키는 중국과의 군사적 관계에서 오는 전략적 이득에 대해 커다란 관심을 보였으며, 가까운 시일 내에 외교관계 정상화 수립으로 대체될 수 있을 것으로 보았다. 심지어 브레진스키와 브라운(Harold Brown) 국방장관은 완전한 외교적 유대관계가 확립되기 이전이라도, 기술이전에 대한 제한완화, 무관의 교환, 그리고 유럽의 대중국 무기판매에 대한 미국의 지원 등과 미·중 간 '안보유대 강화'라고 명명된 추가사항을 지지하였다.12) 이와 대조적으로 밴스 국무장관은 베이찡과의 동맹이 미·소 데탕트에 미칠지도 모르는 결과에 대한 우려 때문에 베이찡과의 제휴에 가장 회의적인 반응을 보였다.13)

PRM-24는 좀더 신중하고도 회의적인 입장을 채택하였다. CIA 및 국방성에서 파견된 관료들을 포함하여, 이를 초안 잡은 실무진 내 소수 그룹은 중국과의 안보협력 프로그램이 외교적, 군사적 이익을 보장할 수 있을 것으로 믿었다. 그러나 국무성의 중국 및 소련 부서의 핵심책임자들을 포함한 대부분의 실무진들은 이득보다 위험부담이 더 크다고 결론지었다. 이 보고서는 중국에 대한 군사기술 판매가 소련으로 하여금 "미국에 대한 소련의 정책을 근본적으로 재평가하게 만들고", "심지어 전략무기제한협상(SALT)과 같은 미·소 간의 주요한 문제들에 대해 강경한 입장을 취하도록 만들며", 그리고 "중국과의 대치상태가 더욱 심화될 수밖에 없을 것"이라고 경고하였다.14) 결국 카터 대통령은 무기판매에 대

---

12) Vance, *Hard Choices*, p. 78.

13) *Ibid.*, pp. 76~78.

14) PRM-24에서 인용한 부분은 *New York Times*, June 24, 1977, pp. A1, A3에서 뽑아낸 것으로, 중국과의 군사적 협력에 대한 카터 행정부 내 논쟁을 설명한 것이다.

해서는 밴스 국무장관과 국무성의 입장을 지지하여, 베이찡에 대한 미국
의 무기 판매에 불리한 결정을 내렸다. 그러나 미·중 관계의 다른 측면
들, 즉 중국에 대한 미국의 첨단기술 이전에 관한 워싱턴의 정책과 유럽
의 베이찡에 대한 무기판매에 관한 미국의 태도 등은 미결정 상태로 남
게 되었다. 15)

PRM-24가 완결되고 검토되면서, 미국이 취할 다음 단계는 정상화 조
건에 대해 중국과 협상을 개시하는 것이었다. 밴스 국무장관은 1977년 8
월 베이찡 방문을 계획하고 있었는데, 시작단계에서 카터 대통령은 "협상
에서 미국이 취할 수 있는 모든 가능한 사항을 다 펼쳐보일 것"을 지시하
였으며, 양국간 외교관계 수립 공표를 위한 공동성명문의 초안 작성을
지시하였다. 그러나 마지막 순간에 카터 대통령과 밴스 국무장관은 이를
재고하게 되었다. 이러한 조건으로 미·중 정상화가 이루어질 경우 파나
마 운하의 장래에 대한 조약 비준시에 상원의 필요한 지지를 부분적이나
마 잃게 될지도 모른다는 걱정을 하고 있었다. 16)

그리하여 밴스가 베이찡을 향해 떠나기 전날, 좀더 신중한 방향으로
그의 방문 목적을 제한하기로 하였다. 정상화 조건에 대해 베이찡과 공
식적 협상을 개시하는 목적보다는, 미국이 정상화 조건을 수락하는 대가
로 중국이 어떠한 양보를 할 수 있는지를 알아보기 위하여 중국측 입장
을 탐색하는 것이었다. 17) 부분적으로는 중국측의 의도를 시험하고, 부분
적으로는 논의의 속도를 늦추는 방법으로서, 밴스 국무장관이 나중에 자
신의 회고록에서 미국이 양보할 수 있는 '최대한도'라고 기술하였던 것들
을 제시해 보라는 지시사항이 있었다. 밴스는 중국인들에게 타이완에 대
한 외교적 승인 철회 이후에 타이완에서 미국의 이익을 대변하는 비공식
적 기관에 미국 정부관료들을 임명할 의도가 있음을 알려주었다. 또한

---

15) Vance, *Hard Choices*, p. 113.

16) Vance, *Ibid.*, p. 79. 밴스 방문을 계획한 구상에 대해서는 Oksenberg, "A Decade of Sino-American Relations," p. 182 참조.

17) *New York Times*, september 27, 1977, p. 7.

명백한 무력 포기를 천명하지는 않을지라도, 적어도 평화적 통일을 선호한다는 선언과 '무력해방에 관하여 새로운 언급'을 중지함으로써 베이찡이 타이완의 평화적 미래에 대하여 기꺼이 약속할 수 있는지를 탐색하고자 하였다. 18)

비록 밴스 국무장관은 이러한 야심적인 미국의 협상안에 베이찡이 거절하리라고 예상은 했지만, 19) 카터 행정부는 중국측의 격렬한 반발에 미처 대비하지 못했다. 정상화 이후에도 미국 정부의 관료들을 타이완에 남아 있도록 하자는 밴스 국무장관의 제안에서 중국인들은, 미국이 당시 베이찡 주재 미국 연락사무소와 동일한 수준으로, 덩 샤오핑에 의하면, 표시가 없거나 국기를 문 안쪽에 게양한 하나의 대사관으로 간주할 수 있는 공식 연락사무소를 타이완 내에 설립하려는 미국의 의도라고 파악하였다. 20) 이러한 미국의 의도는 1975년 12월 중국 방문시 제럴드 포드 전 미국 대통령이 미·타이완 관계는 완전히 비공식적인 것으로 남아 있어야 한다는 제안을 받아들였을 때의 입장에서 상당히 후퇴한 것이며, 키신저가 1974년 11월에 처음으로 제시했을 때 덩 샤오핑이 거절한 바 있는 안건으로 후퇴한 것이었다. 특히, 중국 지도자들을 가장 자극했던 것은 중국 지도자들이 밴스 미 국무장관과 타이완 문제에 관해 토의할 때 "융통성을 보였다"는 미국 언론의 보도였다. 아직 권력을 완전히 장악하지 못한 상황에 있었던 덩 샤오핑은 타이완 문제에 대한 자신의 접근이 단호한 것이 아니라든가, 원칙적으로 지켜지지 않을 수도 있다는 융통성을 발휘할 수 있는 여유가 없었다. 그리하여 덩 샤오핑은 밴스의 방

---

18) 밴스의 방문에 대해서는, Vance, *Hard Choices,* pp. 79~83; Oksenberg, "A Decade of Sino-American Relations," p. 182; Xue Mouhong and Pei Jianzhang, eds., *Dungdai Zhongguo Waijiao*(Contemporary Chinese diplomacy)(Peking: Chinese Social Science Publishing House, 1987), pp. 227~228.

19) Vance, *Hard Choices,* p. 79.

20) *New York Times,* September 7, 1977, pp. A1, A2; Vance, *Hard Choices,* p. 82.

문에 대하여 실망하게 되었고, 이후 미국측 방문자들에게 이러한 미국의
제안이 미·중 관계를 한 단계 후퇴시키는 것이었다고 지적하였다.

또한 밴스의 중국 방문이 특히 중국측의 신경을 거슬렸던 것은, 밴스
국무장관의 소련과의 화해 공약이었다. 그 당시 미국의 모스크바 정책은
또 다른 대통령 검토메모 'PRM-10'을 토대로 미국이 소련과의 경쟁에서
장기간에 걸친 경제적, 기술적 우위를 누려 왔다고 결론짓고 있었다. 이
는 워싱턴이 양국간에 단기적으로 초래될지도 모르는 군사적 불균형에
대하여 과도하게 우려할 필요가 없다는 것을 의미하였다. 게다가 중국은
PRM-24에서 미국이 베이찡에 대해 무기 판매를 하지 말도록 권고하였으
며, 미국이 중국과의 전략적 관계를 위하여 소련과의 관계 개선 전망을
희생시키지 말도록 충고했다는 것을 인지하고 있었다. 21)

밴스의 방문으로 인해 중국인들이 크게 실망하였으며 심지어 화가 났
음을 감지한 미국은 정상화에 대한 고려를 당분간 연기하였다. 카터와
밴스는 이 쟁점을 당분간은 유보시키기로 결정함에 따라, 이 문제는 연
초의 상태로 되돌려졌다. 다시 한번 미 행정부는 파나마 운하 조약,
SALT, 중동문제, 에너지 정책, 그리고 '과중한 국내 의사일정'을 포함한
다른 쟁점들과 비교할 때 대중국 정책에 대해서는 우선 순위를 낮게 부
여하였다. 카터 대통령은 조속히 처리해야 할 다른 많은 정책이 산적해
있기 때문에 "중국 문제를 추진할 시간이 우리에게는 많지 않았고", "게
다가 논쟁을 유발할 수 있는 쟁점에 몰두할 적당한 시기가 아니었다"라고
회고하였다. 22) 1978년 2월경 일부에서는 카터 대통령의 첫 임기 동안에

---

21) 밴스 방문의 실패와 관련된 이들 이슈의 중요성에 관해서는 Garrett, "The
   Strategic Basis of Learning," pp. 208~263 참조. 특별히 PRM-10 또는
   PRM-24을 참조하지도 않고, Oksenberg는 "카터 행정부가 미국의 전반적 외교
   정책의 확고함에 대해서 중국의 관심을 불러일으키기 위해서 한 일이 거의 없지
   만", 그 대신 "미 행정부가 소련의 전세계적 구상에 대해서 망각하고 있다"는 인
   상을 주고 있다는 점을 인정하였다. Oksenberg, "A Decade of Sino-American
   Relations," p. 183.

22) Carter, *Keeping Faith*, pp. 192~193.

는 미·중 정상화가 달성될 수 없을 것으로 전망하였다. 23)

2. 관계 정상화를 향한 진전

소련의 정책이 지속적으로 경직되어 가는 징후를 보임에 따라 미·중 양국은 보다 밀착하게 되었다. 모스크바가 전략무기제한협정(SALT)에 따른 전략무기의 대규모 감축을 구체적으로 실행하기를 꺼려하고, 서부 아프리카에서 소련과 쿠바의 활동이 지속되며, 특히 1978년 초 크렘린이 이디오피아에 개입하게 되자 카터 행정부는 당황하게 되었다. 이 같은 소련의 결정이 재래식 및 핵 전력의 계속적인 증강과 겹쳐지자 카터 대 통령은 미·소 데탕트의 재개를 주장하는 밴스의 정책으로부터 탈피하여 브레진스키가 주장하는 강력한 봉쇄전략으로 기울어지게 되었다. 이러한 추세는 1978년 3월 웨이크 포리스트 대학에서 카터 대통령이 행한 연설 에 반영되었는데, 카터는 '군사력을 사용하여…지역갈등에 개입하려는 소련측의 불길한 성향을' 비난하였으며, 소련의 군사력 증강에 대해 전력 증강으로 대응하겠다는 결심을 발표하였다. 또한 카터는 3개월 후 애나 폴리스에 위치한 해군사관학교에서 거행된 졸업식에서의 축하연설에서 이 점을 명백히 언급하였다. 위 연설을 통해 카터는 소련이 "봉쇄 또는 협 력의 두 가지 중 하나를 선택할 수밖에 없게 되었으며, 미국은 각각의 선 택에 적절하게 대응할 준비가 되어 있다"고 크렘린에게 경고하였다. 24)

베이찡도 소련의 외교정책에 대하여 점차 실망하게 되었다. 1978년 봄 중국 지도자들은 전년도 가을의 '100일간의 해빙기'에 대한 크렘린의 반 응에 대하여 크게 실망하였다. 중국의 제안에 대하여 모스크바는 고위급 수준의 협상을 제안하고, 무력사용 포기와 평화공존 원칙하에 양국간 관

---

23) *Oakland Tribune*, 1978년 February 5, 1978, p. 1.

24) Garthoff, *Détente and Confrontation*, pp. 593, 602.

계를 유지해나가는 데 동의한다는 내용의 공동선언 발표를 제의하였다. 그러나 모스크바는 중국이 커다란 관심을 보이는 쟁점들에 대해서는 어떠한 실질적 양보도 하지 않았다. 그리하여 카터 행정부가 웨이크 포리스트에서 소련에 대한 확고한 노선을 공표한 시기와 거의 동시에, 베이찡은 중·소 및 중·몽고 국경으로부터 소련군의 감축과 분쟁지역으로부터 상호철수 등을 포함하는 구체적인 선의의 제스처를 소련에 요구하기 시작하였다. 소련의 반응은— 레오니드 브레즈네프 서기장이 직접 극동에서의 대규모 군사기동훈련에 참관한 것을 포함하여 — 이러한 중국의 새로운 요구사항 중 어떠한 사안에 대해서도 대처할 준비가 되어 있지 않다는 것을 암시하고 있었다.[25]

중국은 또한 베트남이 동남아에서 주도권을 행사하는 것이 달갑지 않았다. 하노이는 마침내 1975년 베트남의 남쪽지역을 통치하게 되면서부터 캄보디아에 대한 관심을 표명하기 시작하였다. 동시에 하노이는 미국과 10년에 걸친 전쟁으로 인한 경제복구와 인도차이나 지역에서의 영향력 확보를 재정적으로 뒷받침하기 위하여, 중국에게 보다 많은 경제원조를 요청하였다. 베이찡은 자국 내 경제발전 계획 추진에 몰두하고자 중국의 남쪽 국경지역에서 패권적 지위를 추구하고 있는 것으로 보이는 하노이 정권 지원을 꺼리고 베트남의 요청을 거절하였다.

이에 따라 중국과 베트남 간의 동맹관계는 느슨해지기 시작하였다. 이후 양국은 급격히 상대방 공격 및 반격을 되풀이하고, 서로 상대편이 압력에 굴복하기를 원하였다. 베트남 정부는 자국의 영토 내에 거주하는

---

[25] 중국의 새로운 입장은 2월 전국인민회의에 제출된 화 구어펑의 보고에 분명히 드러났다. Hua Guofeng, "Unite and Strive to Build a Modern, Powerful Socialist Country," February 26, 1978, in *Documents of the First Session of the Fifth National People's Congress of the People's Republic of China* (Peking : Foreign Languages Press, 1978), pp. 112~113 참조. 중국의 입장에 대한 분석에 대해서는 *New York Times*, March 21, 1978, p. 7; *Washington Post*, March 21, 1978, p. A18 참조. 그 후 그 결과로서 전개되었던 소련의 군사 기동훈련에 대해서는 *Washington Post*, April 6, 1978, p. A9 참조.

중국 민족들을 추방하였다. 중국은 베트남 내 자국 영사관을 폐쇄하고, 경제 및 기술 고문단들을 철수시켰으며, 베트남에 대한 원조계획을 중단하였다. 하노이는 소련과의 관계를 강화하기 시작하여, 1977년 11월에는 모스크바와 실질적인 군사동맹 관계에 접어들었으며, 동유럽 경제상호원조회의(COMECON)에 가입하였으며, 소련에 베트남 영토 내 군사기지 설치권한을 부여하였다. 1978년 중국과 베트남 간에 국경충돌이 발발하였으며, 그해 12월 덩 샤오핑은 동남아를 여행하면서 하노이와의 임박한 대결을 염두에 두고 동남아 각국의 외교적 지원을 얻어내고자 하였다.[26]

중국과 미국은 나름내로의 과정을 겪으면서 소련과의 조속한 화해 가능성에 대하여 의문을 갖게 되었다. 크렘린과의 화해 전망이 희미해짐에 따라 양국은 다시 상대편을 모스크바에 대항하는 국제적인 전략적 협력관계 구축에 필요한 하나의 동반자로 직시하고, 미·중 관계의 정상화를 가장 시급한 과제로 인식하기 시작하였다. 백악관의 몇몇 관료들에 의해 고무된 중국 대사관측은 브레진스키와의 접촉을 강화해 나갔으며, 그가 소련에 대한 중국의 입장을 밴스 국무장관보다 더 잘 이해하고 있으며, 미·중 관계의 정상화를 이룩하기 위해 더욱 노력하고 있는 것으로 파악하였다. 1977년~1978년 사이의 겨울에 베이찡은 브레진스키의 중국 공식 방문을 요청하였다. 1978년 3월 카터 대통령은 국무성의 반대에도 불구하고 브레진스키로부터 많은 압력을 받게 되자, 그의 안보담당 보좌관인 브레진스키의 중국측 초청제안을 수락하였다.[27]

브레진스키는 자신을 영접하는 중국 지도자들에게, 미국은 베이찡과의 공식 외교관계 수립을 가속적으로 추진할 뿐만 아니라 중국이 제시한 세

---

26) 중국과 베트남 간의 관계악화에 대해서는 Robert S. Ross, *The Indochina Tangle: China's Vietnam Policy, 1975~1979*(Coloumbia University press, 1988) 참조. 덩 샤오핑의 동남아시아 순방에 관해서는 *New York Times*, November 6, 1978, pp. 1, 12 참조.

27) Oksenberg, "A Decade of Sino-American Relations," pp. 183~184; Brzezinski, *Power and Principle*, pp. 202~206.

가지 정상화 조건을 수락한다는 '결정'을 전달하라는 지시를 받았다.[28] 또한 브레진스키는 SALT 협상이 종결될 때까지 미국이 중국과의 외교관계 수립을 연기하기보다는 소련과의 SALT 협정 진행과 동시에 베이찡과 정상화 협정을 진행할 준비가 되어 있다고 통보하였다.[29]

카터 행정부는 중국측 조건에 따라 베이찡과 외교 관계를 수립하는 대가로 중국측의 양보사항을 요구해야 한다는 결론을 확고히 하고 있었다. 카터 대통령은 미국의 몇 가지 조건을 최종 결정지었다. 즉, 미국은 타이완에 방어용 군사장비를 지속적으로 제공하고, 타이완 문제의 평화적 해결을 요구하는 성명을 공표하며, 중국은 이러한 성명에 대하여 이의를 제기하지 않을 것에 동의하고, 미국은 타이완과 광범위한 비공식적 관계를 유지하며, 워싱턴은 타이완과의 방위조약을 즉각 폐기하기보다는 1년 간의 통고기간을 거친 후에 동 조약을 종료시키며, 미국과 타이완 간의 다른 모든 조약들은 계속 유효할 것이라는 조건 등이다.[30] 이러한 조건 중 일부는 브레진스키가 중국에 전달하였지만, 다른 조건들은 협상에 커다란 계기가 마련될 때까지 보류되었다.

미국측의 이러한 새로운 협상 방침은 다음 몇 가지 점에서 밴스의 중국 방문시 언급되었던 입장으로부터 후퇴한 것이었다. 카터 대통령은 밴스가 다시 제기하였던 초기의 제안, 즉 정상화 이후에도 일부 미 정부관료들을 계속 타이완 내에 주재시켜야 한다는 주장을 포기하였다. 그 대

---

28) 브레진스키에게 전달된 카터 대통령의 지시 서한은 Brzezinski, *Power and Principle*, pp. 551~555에 '부록 1'로 재수록되어 있다. 또한 Brzezinski, *Power and Principle*, pp. 207~208 참조.

29) Oksenberg, "A Decade of Sino-American Relations," p. 185.

30) 이러한 미국의 요구사항은 Carter, *Keeping Faith*, pp. 190~191에 그 내용이 수록되어 있다. 밴스의 말에 의하면, 이러한 조건들은 브레진스키와 브라운이 주장하였던 것으로써, 5월 10일에 대통령에게 보내는 메모에서 그가 권고하였던 사항들에 기반한 것이었다. Vance, *Hard Choices*, pp. 115~116. 브레진스키의 방문에 대한 중국측의 의견은 미국측 의견과 사소한 세부사항에 있어서만 차이가 났다. 이에 대해서는 Xue and Pei, *Dangdai Zhongguo Waijiao*, p. 228 참조.

신 타이완에 대한 미국의 이익은 1972년 일본이 세웠던 것과 비교될 수 있는 완전히 비공식적인 기구가 대변한다는 것이었다. 미국은 또한 베이찡의 무력사용 포기 약속을 더 이상 강요하지 않았으며, 이 서약은 미국이 1950년대와 1960년대에 대사급 협상을 통해 중국으로부터 얻어내려고 시도하였으나 실패하였다. 또한 미국은 타이완에 대한 평화적 의도를 성명으로 발표하려는 것조차 중지하였는데, 한때 베이찡은 이 성명의 대가로 미국에게 타이완에 대한 무기판매 중단을 분명하게 요구하기도 했다. 미 행정부는 타이완에 미국 무기를 공급하는 것이 중국이 타이완과의 우호친선 성명을 발표하는 것보다도 타이완의 안보를 가장 확고하게 보장하는 것이라고 여겼다. 31)

브레진스키의 중국 방문은 미·중 간 관계정상화 논의를 다시 재개하는 것 외에도, 미국이 베이찡과의 유대관계에 커다란 전략적 가치를 부여하고 있다는 점을 중국에게 재확인시키고자 하는 의도를 지녔다. 카터는 브레진스키에게 그의 중국 방문이 모스크바와의 협상에서 일시적 이득을 얻기 위한 전술적 편의에서 비롯된 것이 아니라, '근본적이며 지속적인… 중국과의 협력관계 유지에 미국의 전략적 이익'이 있다는 것을 중국 지도자들에게 알려주도록 지시하였다. 카터는 또한 브레진스키에게 미·중 양국이 '같은 입장을 보이는' 쟁점들에 대하여 베이찡과 '정치적 협력'의 가능성을 증대시키는 업무를 맡겼다. 브레진스키는 공식 석상에서 축배를 들면서 중국 지도자들에게 이 같은 메시지를 전달하였으며, 안정적이고 강력한 중국의 존재에 대한 미국의 관심 표명과 더불어 공동의 위협에 직면한 시점에서 중국의 협력을 요청하였다. 브레진스키는 관광 등 잠시 휴식하는 동안 같은 사항을 보다 생생하고도 부드러운 분위기 속에서 전달하면서, 그를 영접하는 중국 지도자들에게 만리장성까지 달리기 시합을 신청하였다. "꼭대기에 오른 마지막 사람이 이디오피아의

31) Brzezinski, *Power and Principle*, pp. 218~219. 그러나 워싱턴은 중국에게 '타이완의 해방'이라는 전통적이며 호전적인 표현의 사용 대신, 타이완과 본토 대륙의 '통일'이라는 회유적인 용어로서 언급할 것을 계속 요구하였다.

러시아인들과 싸우기로 합시다."[32]

브레진스키의 방문으로 미·중 간에 우호적인 분위기가 크게 고조되었음에도 불구하고, 워싱턴은 중국과 어려운 협상을 진행시켜 나가야 한다는 점을 절실히 인식하고 있었다. 카터 행정부는 미·중 간 협정이 미국 내에서 정치적 지지를 얻기 위해서는 미·중 관계의 정상화 앞에 가로 놓여 있는 조건들을 해소하는 것이 필수적이라고 확신하게 되었다. 또한 이전에 밴스가 타이완에 미국 관료들을 주재시키자고 제안했던 당시와는 달리, 그러한 조건들이 이전의 협상 기록들과 보조를 같이하고 있다는 것을 납득하고 있었다. 그러나 이러한 조건들 중 일부, 특히 미국 무기를 타이완에 계속 판매한다면 중국이 받아들이기 어려울 것이라는 점이 인정되었다.

이 같은 딜레마를 해결하기 위하여, 미국은 중국과 외교관계 수립을 위한 세 가지 전략을 고안해냈으며, 이들 전략은 베이찡과 각각 개별적인 별도의 협상 채널 속에서 실행되었다.[33] 첫째, 정상화 논의는 베이찡에서 미국 연락사무소의 대표 우드코크(Leonard Woodcock)와 중국 외교부장 황화(黃華) 간에 진행되었다. 이러한 협상방식은 '왕복 외교'의 일종으로서 워싱턴으로부터 파견된 특사가 협상하는 것보다는 이러한 방식으로 협상을 진행하는 것이 비교적 압력을 줄일 수 있고 보다 신중할 수 있다는 판단하에 전개되었다.[34] 미국은 정상화 이후 타이완과 비공식적 관

---

32) Brzezinski, *Power and Principle*, p. 551; *Time*, 1978년 6월 5일자, p. 19. 브레진스키의 기억에 의하면, 패자는 러시아 인들과 싸우는 것이 아니라 쿠바 인들과 싸우는 것이었다(Brzezinski, *Power and Principle*, p. 210). 중국인은 이에 같은 반응을 보였다. 브레진스키는 만리장성에서 우연히 만난 중국 선원그룹과 사진을 찍기 위한 포즈를 취할 때, 그들이 한 사람의 '제국주의자'와 포즈를 취하고 있는 것을 아느냐고 물어 보았다. 선원들은 브레진스키의 자기변명을 부인하면서, 그들은 "북극곰을 길들이는 사람(*the polar-bear tamer*)과 사진을 찍고 있는 중"이라고 대답하였다. *Time*, June 5, 1978, p. 19.

33) 이러한 전략은 Oksenberg, "A Decade of Sino-American Relations," p. 186에서 확인되고 있다.

계의 유지 등과 같이 합의에 이르기 쉬운 몇몇 쟁점들을 우선 처리하며, 미국이 무기를 타이완에 계속 판매하거나 타이완의 평화적 장래에 대한 미국의 이해관계를 성명으로 발표하는 것 등과 같은 몇몇 어려운 문제들은 연기하기로 결정하였다. 이러한 협상전술은 성공적인 협상 기록을 만들어내고 협상에 활력을 불어넣으며, 협상의 성패가 걸려 있는 보다 어려운 쟁점들의 해결을 촉진시키기 위해 양국 협상자간에 상호 신뢰감을 조성하자는 것이었다. 35)

미국측 두 번째 전략은 주로 브레진스키가 워싱턴 주재 중국 연락사무소의 최고대표자인 차이 쩌민(祭澤民)과 한 쉬(韓敍)와의 교섭을 통해 진행되었다. 좀더 자세한 내용은 아래에서 논의되겠지만, 이것은 미국과 중국의 외교적, 군사적, 기술적 협력을 증대시킨 다양한 일방적 제스처들과 관련이 있다. 그 목표는 비록 PRM-24를 검토한 후 대통령이 제시한 한계 내에서 취해지는 것이지만, 미국이 중국과의 장기간에 걸친 전략적 동반자 관계를 진정으로 바라고 있다는 점을 중국이 확신하도록 하는 것이었다. 그러한 미국의 이니셔티브 실행으로 베이찡이 융통성을 가지고 기꺼이 동참하겠다는 태세를 보이면서 타이완 문제 해결에 응하도록 고무시킬 수 있을 것으로 기대하고 있었다.

마지막으로 세 번째 의견교환 통로는 국무성의 동아시아 및 태평양 담당 차관보인 홀브루크(Richard Holbrooke)와 중국 연락사무소의 대표 차이 쩌민의 대리인인 한 쉬 간에 연결되었으며, 이 통로를 통해 미국은 양국간의 쟁점사항에 대하여, 특히 타이완 문제에 대한 중국측의 항의를 접수하였다. 이 같은 협상 채널이 유지되는 목적은 다른 논쟁적 쟁점들

---

34) Vance, *Hard Choices*, p. 117.

35) 그 전략의 이러한 측면은 Oksenberg, "A Decade of Sino-American Relations," pp. 185~186에서뿐만 아니라 Carter, *Keeping Faith*, pp. 197~199에 서술되어 있다. 브레진스키는 그러한 협상 방법상의 술수를 반대하였는데, 왜냐하면 그는 그것이 협상 초기에 협상에 임하는 미국의 입장 전부를 가장 잘 드러내게 될 것이라고 느꼈기 때문이다(Brzezinski, *Power and Principle*, p. 224).

이 베이찡에서 우드코크와 황 화 사이에 진행되고 있는 토의를 복잡하게 만드는 것을 방지하기 위한 것이었다. 동시에 미국은 포드 전 행정부가 의도하지 않은 사태의 결과로 중국측의 불쾌감을 야기시킬지도 모르는, 타이완에 관련된 어떠한 이니셔티브도 피하고자 주의를 기울였다. 그리하여 카터 행정부는 워싱턴 주재 타이완 대사가 미국의 고위 관료들과 접촉하는 것을 허락하지 않았으며, 타이완이 개량된 F-4 전폭기나 F-5G, F-16 전투기, 또는 F-18 전투기 중 어느 한 기종이라도 구입하겠다는 요청을 거절하였다. 36)

카터 행정부의 예측대로, 마침내 미·중 관계정상화 이후에도 미국은 타이완에 무기판매를 계속할 의도가 있으며, 타이완의 평화적 미래에 대한 일방적인 성명을 발표할 계획이며, 정상화 이후 1년 동안은 타이완과의 상호방위조약이 유효할 것이라는 점을 통보한 9월에 이르러 협상은 가장 미묘한 상황으로 접어들었다. 미국은 화가 난 중국인들을 달래기 위해 협상에서 신선한 당근과 새로운 채찍 정책을 도입하였다. 즉, 외교 관계 수립 직후 화 구어펑 또는 덩 샤오핑이 미국을 방문하도록 초청하는 것이었으며, SALT 조약이 거의 완결됨에 따라 미·소 정상회담이 임박하다는 것을 베이찡에 통보하였다. 그 메시지는 다음과 같이 분명하였다. 즉, 만약 중국이 미국의 협상 조건을 수락하다면, 미·소 정상회담이 개최되기 이전에 미·중 정상회담이 개최될 수 있다는 것이다. 그러나 협상이 지연된다면, 미·중 관계가 확고하게 결합되기 전에 미·소 관계에 돌파구가 마련될 것이라는 점이었다. 37)

또한 다른 요인들로 인하여 중국 지도자들이 보다 융통성 있는 태도를

---

36) James C. H. Shen, *The U.S. and Free China: How the U.S. Sold Out It's Ally* (Acropolis Books, 1983), p. 218. Jonathan D. Pollack, *The Lessons of Coalition Politics: Sino-American Security Relations*, R-3133-AF (Santa Monica: Rand Corporation, February 1984), pp. 34~35. 또한 *New York Times*, July 1, 1978, p. 2, November 7, 1978, p. 9 참조.

37) Carter, *Keeping Faith*, p. 198.

취하는 것이 용이해졌다. 베트남의 캄보디아에 대한 의도가 증대하는 징후를 보였으며, 특히 그해 11월에 소련과 베트남이 동맹조약을 체결함에 따라, 미국과의 전략적 동맹관계 확보에 대한 베이찡의 관심이 고조되었다. 동시에 덩 샤오핑은 꾸준히 베이찡에서 정치권력을 공고히 하고—11월과 12월에 개최된 주요 당내 회의에서 그의 권력장악이 확인되었다— 있었으며, 그리하여 12월 워싱턴에서 미·중 간 협상을 직접 담당하게 되었을 때 덩 샤오핑은 필요한 양보를 결정할 수 있는 행동 입지를 넓힐 수 있었다.

1978년 말까지 정상화 과정을 종결짓기 위해서 마치 워싱턴이 베이찡 측의 세 가지 조건을 초기에 수락하였던 것처럼, 마침내 중국은 미국이 제시했던 가장 민감한 조건들을 전부 수락하였다. 그러나 중국은 미국과 다르게 최종 결론을 내리면서 이들 조건들을 받아들였다. 워싱턴이 타이완에 방위조약의 종료를 통보한 이후의 1년 동안에도 미국과 타이완 간 방위조약이 유효할 것이라는 점에 덩 샤오핑은 동의하면서도, 미국이 그 기간 동안 타이완에 어떠한 무기도 판매해서는 안 된다는 주장을 관철시켰다. 38) 또한 워싱턴이 타이완의 평화적인 미래를 기대한다는 내용의 성명을 일방적으로 발표하는 것을 비록 중국이 묵인하였지만, 미국측 협상자들에게 중국은 미국의 선언을 공개적으로 반박하지도 않을 것이며, 또한 이를 지지하지도 않을 것이라고 반복해서 경고하였다. 아마도 가장 중요한 점은, 베이찡이 타이완에 대한 미국의 계속적인 무기판매 계획을 승인하지는 않았지만, 이 문제가 정상화의 완결에 방해 요소가 되지 않도록 결정하였다는 것이다. 요컨대 이 문제를 일시적으로 보류하였지만 나중에 제기할 수 있는 권한을 남겨 두자는 것이었다.

미·중 관계정상화 협정은 미국에서는 12월 15일 저녁에, 중국에서는 다음날 오전에 마무리되었으며, 세 개의 성명서 형태로 이루어졌다(부록 C 참조). 양국은 공동성명문에서 1979년 1월 1일부로 외교관계를 수립하

---

38) Oksenberg, "A Decade of Sino-American Relations," pp. 187~188.

며, 그 해 3월 초에 대사들을 교환한다는 내용을 공표하였다. 상하이 공동성명문에서보다 명백한 표현을 통해 미국은 타이완이 중국의 일부분이라는 중국측 입장을 인정하였다. 미국이 타이완에 주둔 중인 군대를 4개월 이내에 철수하며, 그 해 말경에는 상호방위조약을 종료하며, 타이완과는 '공식적인 정부대표가 없고 외교관계도 없는' 관계를 유지한다는 내용이 공식선언과 언론의 브리핑을 통해서 미국의 일방적 성명형태로 공표되었다.[39] 그러나 미국의 성명은 타이완 문제의 평화적 해결에 대한 미국의 지속적인 관심을 재확인하며, 미국이 덩 샤오핑에게 약속한 1년간의 유예기간을 거친 후 타이완에 제한된 규모의 방어용 무기를 판매하겠다는 의도를 포함하고 있었다. 이에 대한 반응으로서, 중국은 공식선언과 언론에의 브리핑을 통해 발표된 일방적 성명에서 미국의 타이완에 대한 계속적인 무기판매를 중국이 반대한다는 입장을 표명하였으며, 타이완을 대륙과 통일시키는 방법은 '전적으로 중국의 내정문제'라는 점을 반복적으로 주장하였다.[40]

정상화 협정의 한 가지 다른 국면이라면 중국이 자발적으로 1970년대 초반의 화해관계 이래 처음으로 자국의 고위관료를 미국으로 파견한 점이었다. 정상화 협정이 체결된 지 한달 후에 덩 샤오핑은 의기양양하게 워싱턴을 방문하였다.[41] 덩 샤오핑은 백악관과 국회의사당에서의 회합 이외에도, 워싱턴의 카네기 센타에서 공연된 축제행사의 주빈으로 초대되어, 존덴버에서 할렘 글로베트로터스에 이르는 연주자들의 공연을 관람하였다. 애틀랜타에서 덩 샤오핑은 포드 자동차공장을 견학하였으며,

---

39) 1978년 12월 15일, 백악관에 의하여 배포된 간략한 배경 설명.

40) 이것은 부록 C의 중국 정부의 성명문에서 인용한 것이다. 당 총서기 화 구어펑의 기자회견 내용은 1978년 12월 16일자 新華社 통신에 보도되었으며, FBIS, *China*, December 18, 1978, pp. A4~A8에 실렸다.

41) 덩 샤오핑의 방문에 관한 내용은 Orville Schell, "Watch Out for the Foreign Guests!", *China Encounters the West*(Pantheon, 1980)에 연대기순으로 매우 잘 정리되어 있다.

그곳에서 그는 멋진 노란색 4도어 승용차인 엘티디 옆에서 포즈를 취하기도 하였다. 그리고 휴스턴에서 그는 로데오와 바베큐 행사에 참석하였으며, 그곳에서 소형 역마차를 타고 경기장 주변을 유람하는 도중 창문 밖으로 테 넓은 모자를 흔들기도 하였다. 그의 방문으로 양국간 영사관계가 수립되었으며, 양국간 과학·문화 교류를 확대하기 위한 협정 체결이 급증하였다. 그러나 덩 샤오핑이 남긴 주요 메시지 — 공식석상에서는 완화된 용어들을 썼으나, 비공식적 모임에서는 노골적인 용어로 표현하였다 — 는 소련의 팽창정책을 봉쇄하기 위해서 미국이 중국과 협력하도록 고무하는 것이었으며, 그 첫단계로서 베트남의 캄보디아 개입에 관해 중국이 '하나의 본보기를 보여주기 위하여' 베트남에 대한 몇 가지 군사적 행동을 실행으로 옮길 수도 있다는 점을 경고하고 있었다.

3. 미국 의회, 다시 타이완 편을 들다

6개월간에 걸친 미·중 간 협상 끝에 미·타이완 관계에 대한 복잡한 타협안이 마련되었다. 1975년 베이찡은 세 가지 정상화 조건을 제시하였으며, 이들 조건의 양보만은 계속 거부하였다. 1978년 정상화 협상이 진행중일 때, 미국은 중국의 세 가지 조건을 수락하는 대신 몇 가지 반대조건을 제시하였다. 결국, 베이찡은 미국의 주장에 양보하였으나 그것을 완전히 받아들인 것은 아니었다. 그 결과는 공동성명문, 어느 한쪽의 일방적 성명 발표, 그리고 미해결 쟁점들이 뒤엉킨 상태가 되어버렸는데, 양국간의 외교관계 수립은 가능하였지만 타이완 문제를 완전히 해결하지는 못하였다.

미·타이완 관계의 위상문제는 이러한 흥정의 한 가지 대상이었다. 미국은 타이완과의 외교관계 종결에 동의하였으며, 타이완에 공식기관을 유지시키겠다는 어떠한 희망도 포기하였다. 미국은 타이완 주재 대사관을 대체하기 위하여, 정부부서에서 일시적으로 은퇴한 관리들이 업무를 담당하는 비공식적인 '미국 재대협회 대북판사처'를 창립하였다. 그리고 북미사무협조위원회로 알려진 유사한 조직이 미국 내에서 타이완의 이익을 대변할 수 있게 되었다. 또한 워싱턴은 타이완과의 조약이 일시적으로 유효하지만, 일단 만기가 되면 비공식적인 협정으로 대체시키는 데에 동의하였다. 그 대가로 베이찡은 미국이 타이완과 비공식적이지만 광범위한 경제적, 문화적, 과학적 관계를 지속하는 것을 인정하였다.

미국과 타이완 간 방위협정 문제에 관해서는 좀더 복잡한 타협이 이루어졌다. 미국은 타이완과의 상호방위조약을 종결시키는 데 동의하였지만, 그 조약이 즉시 폐기되어야 한다는 중국의 요구를 받아들이는 것보다는 1년간의 통고기간을 주면서 그렇게 실행할 것을 주장하였다. 또한 미국은 타이완의 평화적 미래에 대한 미국의 이해관계를 반복하여 언급하는 일방적인 성명을 발표하였으며, 타이완 문제가 평화적으로 해결되기를 기대한다는 내용의 선언문을 공표하였다. 워싱턴의 요청에 따라 중국은 미국의 그러한 성명에 반박하는 것을 삼가하였다. 더욱이 베이찡은 타이완의 해방문제를 언급하지 않는 대신, 국가의 평화적 통일을 언급하였다. 또한 중국은 타이완 앞바다에 대한 대규모의 상징적인 포격을 중지시켰으며, 자국의 일부 공군 및 지상군을 타이완 해협으로부터 멀리 이전시켰다.

중국 지도자들은 여전히 타이완의 평화적 미래에 대한 미국의 이해관계를 결코 인정하지 않았으며, 타이완 문제의 평화적 해결에 대한 미국의 기대가 결국에는 충족될 것이라는 점을 미국에게 확실히 약속하지도 않았다. 실제로 베이찡은 정상화 시기에 발표된 일방적인 성명문을 통해 국가를 통일시키기 위해 사용될 방법들은 내정문제라고 계속 주장하였다. 게다가 비록 덩 샤오핑이 미국 방문시 평화적 통일을 선호한다고 표명하였지만, 베이찡이 타이완에 대해서 무력을 행사하게 될지도 모르는 두 가지 상황을 확인시켰다. 즉 국민당이 중국 대륙과 협상하기를 계속 거부하거나, 또는 소련이 타이완에 군사적으로 주둔하는 경우에 해당되었다.[42] 그리고 덩 샤오핑은 미국이 타이완에 계속적으로 무기를 판매함으로써 타이완이 베이찡과의 협상을 거부하는 경향이 강화될지도 모르며, 그리하여 무력 행사가 가능하게 될지도 모른다고 경고하였다.

마지막으로 미국은 1979년 4월 말경에 타이완 내에 잔류하고 있던 군사력을 철수시키는 데 동의하였다. 그러나 타이완의 군사안보에 대한 이해관계를 다르게 상징화시키는 방안으로, 미국은 타이완에 무기 및 기타 방어용 기술을 계속 판매할 것을 주장하였다. 베이찡을 달래기 위해서, 미국은 정상화에 관한 공동성명문 또는 이것과 동시에 발표된 일방적인 성명문의 어디에도 무기판매에 대한 공식적 공약을 명시하겠다고 주장하지 않았다. 그대신 협정에 대한 배경을 설명하기 위해 가졌던 언론 브리핑에서 미국은 이러한 의도를 밝혔다.

워싱턴은 타이완에 대한 무기판매에 일정한 한도를 설정하였다. 이로써 타이완에 적당한 정도의 방어용 무기만을 제공하게 될 것이라는 점을 중국에게 확인시키고자 하였다. 이는 타이완 해협에서의 긴장이 감소됨에 따라 타이완에 대한 무기판매가 줄어들 것이며, 만약 타이완 문제가 평화적으로 해결된다면 무기판매는 종결될 것이라는 점을 암시하였다. 5월에 브레진스키가 중국인들에게 알려주었듯이, 미국은 타이완으로의 무기 판매가 '역사적 과도기'에 계속되는 것으로 계획하고 있으며, 그 시기는 아마 타이완과 베이찡이 차이를 해소할 때까지라는 의미로 해석하기를 바랐다. 그러한 과도기 동안에 미국의 무기판매의 규모와 수준은 타이완에 대한 베이찡의 정책과 연계되는 것이었다. 카터 행정부는 마치 닉슨 전 행정부가 상하이 공동성명문에서 타이완 내 미국의 군사적 주둔이라는 문제를 언급하였던 것과 거의 같은 방식으로, 타이완에 대한 무기판매 문제를 취급하였다. 43)

비록 중화인민공화국과의 정식 외교관계 수립이 미국 내에서 광범위하게 환영받았지만, 협정의 특정 조건들로 말미암아 의회 내에서 심각한

---

42) Carter, *Keeping Faith*, p. 209.

43) Brzezinski, *Power and Principle*, p. 214; Oksenberg, "A Decade of Sino-American Relations," p. 188.

비난이 야기되었다. 44) 특히 보수적인 공화당 의원들의 반발은 통렬하였다. 배리 골드워터는 이 협정을 비겁한 것으로 치부하였으며, 공화당 전국위원회 위원장인 빌 브록은 이 협정이 불명예스러운 것이라고 언급하였으며, 제시 헬름즈는 카터 행정부가 "타이완을 강 건너편에 팔아버리기로 작정했다"고 비난하였다. 심지어 중국과의 관계를 발전시키는 데 깊이 관여하였던 공화당 행정부 출신 관리들조차도 이러한 비난에 동조하거나 대통령을 지지하는 데에 미온적이었다. 닉슨 전 대통령은 카터가 결정할 때에 자신은 관여하지 않았다고 이야기할 뿐이었다. 포드 전 대통령은 자신이 통보받았던 협정의 일부에 대해서는 지지를 유보하였으며, 그가 승인할 수 없었던 다른 밀약이 추진되었음을 암시하였다. 1970년대 중반 베이찡 주재 미국 연락사무소의 대표였던 조지 부시는 타이완에 관한 미국의 양보가 "평화의 전망을 어둡게 하였다"고 말하였다. 45) 의회 일부 지도자들은 정상화 조건에 관해 카터 행정부가 미리 자신들과 상의하지 않았다고 분노하였다. 1978년 여름 이후 워싱턴은 베이찡과 적극적인 정상화 협상에 들어갔으며, 타이완과의 상호방위조약의 폐기는 중국과 외교 관계를 수립하기 위하여 미국이 치러야만 하는 하나의 대가라는 점이 언론 보도에 의하여 명확해졌다. 그리하여 배리 골드워터는 상원이 이 조

---

44) 〈타이완 관계법〉의 초안을 다시 개정할 때, 이 법에 대한 의회의 반응에 대해서는 Hao, *Solving the Dilemma*, pp. 270~274; Louis W. Koenig, James C. Hsiung, and King-yuh Chang, eds., *Congress, the Presidency, and the Taiwan Relations Act* (Praeger, 1985); Ramon H. Myers, ed., *A Unique Relationships: The United States and the Republic of China under the Taiwan Relations Act* (Hoover Institution Press, 1989); Downen, *The Taiwan Pawn*; Jacob K. Javits, "Congress and the Foreign Relations: The Taiwan relations Act," *Foreign Affairs*, vol. 60 (Fall 1981), pp. 54~62; Lester L. Wolff and David L. Simon, eds., *Legislative History of the Taiwan Relations Act: An Analytic Compilation with Documents on Subsequent Development* (Jamaica, N.Y.: American Association for Chinese Studies, 1982) 참조.

45) Hao, *Solving the Dilemma*, pp. 303~322.

약의 폐기에 관하여 조언하며 동의할 수 있는 기회를 가질 수 있도록 요구하는 결의안을 동시에 제출하였다. 골드워터의 결의안은 표결에 붙여지지는 않았으나, 로버트 돌과 리차드 스톤 상원의원들은 조약의 지위에 어떠한 변화가 초래되기 이전에 대통령이 의회와 상의할 것을 요청하는 초당파적인 개정안을 제출하였다. 상원에서 만장일치로 통과된 이 개정안은 〈연례 안보지원 위임법안〉에 첨부되어, 대통령이 법률로 서명 날인하였다.

밴스는 홀부르크와 워런 크리스토퍼 국무차관과 함께 의회의 요청을 받아들이라고 제안하였다. 그러나 브레진스키와 그의 중국담당 보좌관 마이클 옥슨버그는 이에 동의하지 않았다. 46) 옥슨버그는 의회가 이미 미국측 입장의 광범위한 매개변수들을 알고 있으며, 더 이상의 어떠한 상의도 미국 내 많은 반대를 초래하여 행정부가 협상을 성공적으로 체결할 수 없게끔 할 것이라고 주장하였다. 게다가 옥슨버그는 미국측의 정상화 조건을 공개적으로 밝히는 것은 중국에게 단지 점진적으로 미국의 협상 입장을 드러낸다는 카터 행정부의 협상전략에 혼선을 초래할 것이라고 경고하였다. 47)

카터는 이러한 논쟁의 양측 입장을 청취한 후, 의회와 상의하지 않는 것이 최선이라는 결론을 내렸다. "나는 과도한 기대를 짊어지게 되는 것을 피하고, (미국 내) 타이완 지지자들의 반대를 야기시키지 않기 위해서는 이번 협상이 비밀리에 체결되어야만 한다고 결심하였다". 48)

---

46) Vance, *Hard Choices*, p. 118.

47) Michel Oksenberg, "Congress, Executive-Lagislative Relations, and American China Policy," in Edmund S. Muskie, Kenneth Rush, and Kenneth W. Thompson, eds., *The President, the Congress, and the Foreign Policy* (University Press of America, 1986), pp. 207~230. 그러나 자콥 상원의원은 나중에, "결정이 이루어지는 방식과 시기에 대해서 또는 양해되는 내용에 관해서도 효과적인 협의가 이루어지지 않았다"라고 주장하였다. Javits, "Congress and Foreign Relations," p. 55.

48) Carter, *Keeping Faith*, p. 197; Hao, *Solving the Dilemma*, pp. 301~302.

카터 행정부는 중국과의 관계정상화가 기정사실로 드러날 경우, 의회가 이를 뒤집을 수 없으며 결국에는 여론도 지지하게 될 것으로 예측하였다. 그러나 의회 내 많은 의원들이 토의를 요청한 자신들의 요구가 거절되었다고 인식하게 되었고, 이것은 자신들을 경시한 대통령에 대한 즉각적이거나 자동적인 지지를 꺼리게 되는 것을 의미하였다.

의회의 불만은 의회 내 많은 의원들이 정상화 협정조건에 대하여 불쾌하게 생각했기 때문에 더욱 격화되었다. 일부 의원들은 미국이 영사관이나 연락사무소 등 타이완 내 일부 공식대표기관을 유지해야 한다는 제안이 1977년 8월 밴스의 베이찡 방문시 중국에 의해 거절당했지만, 미국이 이를 계속 주장해야 한다고 믿었다. 다른 의원들은 중국이 타이완에 대해 무력을 사용하지 않겠다는 성명을 발표하는 것을 비록 20년이 넘도록 거부해 왔지만, 이를 베이찡이 구속력 있는 공약으로 발표하도록 미국이 요구해야 한다고 주장하였다. 여전히 또 다른 의원들은 심지어 중국이 타이완 문제의 평화적 해결을 선호한다는 것을 명확하게 발표하지 않았음에 주목하였다. 데일 범퍼스 상원의원(민주당, 아칸소 주)이 언급한 대로, "대통령이 협상 테이블에 얼마나 많은 것을 남겨 두었는지는 의문사항이었다."[49]

아마도 가장 중요한 것은, 백악관이 미·타이완 방위협정을 반복적으로 언급하는 방식에 대하여 의회가 만족하지 않았다는 점이다. 처음에 행정부는 두 가지 종류의 법률을 의회에 제출하기로 계획하였다. 하나는 타이완 내에 미국 기관을 창설하여 타이완과 비공식적 관계를 지속하기 위한 법률적 틀을 제공하기 위한 법안이며, 다른 하나는 타이완의 평화적 미래에 대한 미국의 지속적 이해관계를 나타내는 결의안이었다. 그러나 결국 백악관은 〈타이완 권한 부여법〉(the Taiwan Enabling Act)으로 알려진[50] 첫 번째 법안만 제출하였는데, 이것은 "미국이 타이완 문제의

---

49) Hao, *Solving the Dilemma*, p. 312.

50) 더욱이 미 행정부가 중국과의 협상의 세부사항을 비밀로 유지하려는 시도의 일환으로, 타이완 권한부여법(the Taiwan Enabling Act)의 초안 작성은 12월 15

평화적 해결에 지속적 관심을 가지며, 타이완 문제가 중국인들 스스로에 의해 평화적으로 해결되기를 기대한다"라는 대통령의 일방적인 성명문에서 단독으로 타이완에 대한 나머지 안보공약을 구체화하는 것이었다. 타이완 권한 부여법안의 초안에서는 타이완에 대한 미국의 지속적인 무기 판매에 관한 어떠한 구체적 메커니즘이나 규정도 마련되지 못했다.[51]

미 의회 의원들은 중국과의 관계정상화 조건들을 거부하거나 수정하는 등의 두 가지 가능성을 조사하였다. 골드워터는 상원의 동의 없이 행정부가 타이완과의 상호방위조약을 종료시키는 권한에 이의를 제기하는 소송을 미국 특별법원에 제기하였다. 1심재판에서 승리한 골드워터의 소송은 항소심에서 뒤집혀졌다.[52] 보다 성공적인 접근방안은 타이완의 안보에 대해 미국이 명확하게 관여할 수 있도록 〈타이완 권한 부여법안〉을 개정하는 것이었다. 백악관이 처음에는 이러한 생각에 반대하였지만, 결국에는 의회가 몇 가지 조치를 실행하는 것이 불가피해졌다고 인식하게 되면서 법률에 적당한 변화를 가져와야 한다는 것에 동의하게 되었다.

〈타이완 권한 부여법안〉 — 곧 의회에 의해 〈타이완 관계법〉으로 명칭이 바뀌어졌다— 은 두 가지 쟁점에 초점을 맞추었다. 첫째, 몇몇 의원들은 장차 미·타이완 간 관계를 승격시킬 수 있는 수정안을 제출하였다.[53] 타이완 주재 미국 기관을 공식적인 연락사무소로 전환시키고자 하

일 이전에는 시작되지 않았다. Harvey Feldman, "A New Kind of Relationship: Ten Years of the Taiwan Relations Act," in Myers, *A Unique Relationship*, p. 27; Oksenberg, "Congress, Executive-Legislative Relations, and American China Policy," pp. 215~219 참조.

51) 부록 C 참조. 카터 행정부의 몇몇 관료들은 대통령이 제안한 것은 무엇이든지 의회가 널리 알릴 것이라는 점을 알고 있었기 때문에 백악관이 타이완의 장래에 관한 의회 결의안의 본문을 제출하지 않았다고 언급하였다. Oksenberg, "Congress, Executive-Legislative Relations, and American China Policy," p. 217 참조.

52) *New York Times*, October 18, 1979, p. A1, A6; December 1, 1979, pp. 1, 26; December 1, 1979, p. A13.

는 고든 험프리(공화당, 뉴햄프셔 주) 상원의원과 댄 퀘일(공화당, 인디애나 주) 하원의원이 제출한 수정안을 포함하여, 미·타이완 간 공식적인 유대관계를 규정하거나 또는 이를 암시하는 어떠한 제안에 대해서도 미 행정부는 반대하는 데 성공하였다. 그러나 백악관은 해외민간투자협회가 타이완에서 계속 활동하는 것을 허용한 다른 수정안을 수락하였으며, 타이완에 대한 핵기술 이전을 허가하였고, 타이완 주재 미국 기관의 영사 기능 담당이 가능해졌으며, 그리고 북미사무협조위원회(CCNAA)는 이전에 타이완에서 미국 영사관으로 사용하였던 많은 사무실들을 소유할 수 있는 권한을 위임받게 되었다.

둘째, 의회는 대통령의 일방적인 12월 15일 성명문 속에 포함된 내용보다도 확고하고 명확한 형태의 미국과 타이완 간 방위협정 체결을 희망하였다. 행정부는 〈타이완 관계법〉에 상호방위조약이라는 용어를 많이 집어넣자고 주장하는 자콥 자비츠(공화당, 뉴욕 주) 상원의원의 표현, 또는 타이완에 대한 공격을 미국의 안보상 이익에 '위협'이 되는 것으로 묘사한 찰스 퍼씨(공화당, 일리노이 주) 상원의원과 퀘일 하원의원의 표현 등과 같이 베이찡을 너무 자극할 우려가 있는 일부 표현들이 삽입되는 것을 저지하였다. 그 대신 백악관은 미국의 중화인민공화국 승인이 타이완의 평화적 미래에 대한 기대에 기반하고 있으며, 타이완에 대해 어떠한 무력 또는 강제력의 행사도 서태평양의 평화와 안보에 위협이 되며 미국의 '중대한 관심사항'이 된다는 점을 약간 완화된 형태의 성명으로 발표하는 것을 인정하였다. 또한 미국은 타이완의 충분한 자체방어능력의 보유를 보장하기 위해 '타이완에 방어용 무기를 제공할 것'이며, 그리고 미국은 타이완의 안보를 위협하는 어떠한 무력 또는 강제력의 사용에도 저항할 수 있는 능력을 유지하게 될 것이라는 점이 하나의 용어로 표현되었다.[54]

---

53) 이러한 수정안의 일부는 워싱턴 주재 타이완 대사관의 대표들에 의해 암시되었다. Feldman, "A New Kind of Relationship," p. 32.

54) *Ibid.*, p. 28.

〈타이완 관계법〉의 최종안은 행정부가 제출한 초안을 너무 많이 수정한 것이어서, 카터 대통령의 보좌관들은 중국측이 이를 받아들이지 않을 것이라는 점을 내세워 이 법안에 대해 대통령의 거부권 행사를 촉구하였다.[55] 그러나 의회 양원 모두에서의 표 차이가 너무나 커서 — 하원에서는 339대 50, 상원에서는 85대 4로 수정된 초안이 통과 — 만약 카터가 거부권을 행사하였더라도 의회가 쉽게 반대하였을 것이었다. 카터는 〈타이완 관계법〉에 서명하기로 결정한 것과 동시에 중국측에게 대통령이 이 법을 해석하고 실행하는 데에 상당한 재량권을 가지고 있으며, 베이찡과 함께 작성하였던 관계정상화 결정과 완전히 일치되는 한도 내에서만 행동할 것이라는 점을 언급하면서 안심시켰다.[56] 비록 중국이 이 법을 비난하며 덩 샤오핑이 미국인 방문객 중 한 그룹에게 법 통과가 정상화 협정을 '무효화시키는' 행위라고 불평하였지만, 미국이 어떠한 보복적 행동도 취하지 않을 것이라고 카터가 보증함으로써 충분히 진정될 수 있었다.[57]

정상화 협정에 대한 반응을 검토하면서, 카터는 "전국적인 차원에서 그리고 의회에서 일어나리라고 예상하였던 가장 심각한 반대는 현실로 나타나지 않았다"고 안도하였다.[58] 사실 여론과 의회로부터 광범위한 비판이 일었다. 비록 일부 여론이 대통령의 결정을 지지하였지만, 여론조사 결과에 의하면 타이완과의 외교관계를 종결지으며 방위조약을 폐기하는 것은 보류되어야 한다는 의견이 심각하게 대두되었다.[59] 의회도 중국

---

55) *Ibid.*, pp. 30~31.

56) 대통령에게 이러한 재량권을 부여하기 위하여 〈타이완 관계법〉이 기안되는 방식에 관해서는, Myers, *A Unique Relationship*, pp. 79~118 참조.

57) 중국측의 반응에 관해서는 Xue and Pei, *Dangdai Zhongguo Waijiao*, pp. 232~234. 중국은 〈타이완 관계법〉(TRA)이 결국에는 상호방위조약을 지속시키고 미·타이완간의 공식 관계를 회복시키며, 그리하여 정상화 협정의 원칙들에 위배되는 것이라고 비난하였다.

58) Carter, *Keeping Faith*, p. 200.

59) Kusnitz, *Public Opinion and the Foreign Policy*, pp. 145~146.

과의 외교관계 수립과정에서 타이완에 취했던 행정부의 태도에 대해서
의문을 날카롭게 제기하였다.

〈타이완 관계법〉의 수정으로 이 문제는 일시적으로 해결되었으나 영속
적인 해결책이 아니었다. 미국의 몇몇 지도자들, 특히 로날드 레이건은
나중에 타이완과 미국간의 공식적인 관계 일부를 회복할 수 있는지 조사
해 보고자 하였다. 일부 중국 지도자들은 〈타이완 관계법〉이나 타이완에
대한 미국의 무기판매정책을 거부하였으며, 미국이 이 법을 폐지하고 타
이완에 대한 미국 무기공급의 신속한 감소를 요구하고자 하였다. 1978년
의 정상화 협정의 조건에 대해 태평양의 양쪽에 도사리고 있던 불만으로
인하여 미·중 관계는 3년도 채 못가서 새로운 위기를 맞이하게 되었다.

4. 확대되는 전략적 관계

1960년대 말 미·중 화해가 시작될 때부터 양국은 소련의 군사력 증대
에 균형을 맞추며 소련의 팽창주의를 저지하는 전략적 협력관계 구축에
관심을 가졌다. 1970년대의 미·중 관계가 타이완 문제에 대한 양국간의
이견을 해소하기 위한 노력으로 묘사될 수 있는 것과 마찬가지로, 또한
이 시기의 미·중 관계는 양국간에 상호 받아들일 수 있는 안보협력계획
을 추진하기 위한 공동 모색으로 서술될 수 있다. 시간이 흐르면서 그러
한 협력관계는 보다 광범위해지고 명확해졌다.

앞에서 언급하였듯이, 닉슨 행정부 시기의 미·중 간 전략적 협력은
대체적으로 소련의 공격에 대하여 중국의 안보를 미국이 지원한다는 내
용을 성명으로 발표하는 양상을, 그리고 한국, 일본, 인도차이나에 대한
미국의 지역정책에 대하여 중국이 협력한다는 양상을 취하였다. 양측은
또한 구체적인 군사적 관계의 가능성을 상세히 검토하기 시작하였다. 키
신저는 1971년 두 차례 중국 방문시 인공위성에서 찍은 사진과 통신도청
에서 얻은 몇 가지 정보를 포함하여 매우 중요한 군사정보를 중국 지도

자들에게 알려주었다. 60) 중국이 즉시 이에 보답하지는 않았지만, 미국이 자발적으로 무기를 베이찡에 판매하려는지, 또는 서유럽 동맹국들이 그와 같이 하도록 허락할 것인지의 여부를 타진하기 시작했다.

미국과 중국이 타이완 문제에 대하여 진전을 이루지 못하던 중, 포드 행정부 시기에는 미·중 관계의 활력을 불어넣기 위한 방안으로 좀더 광범위한 전략적 협력의 가능성이 진지하게 고려되었다. 결국, 미국은 중국에 미국 무기를 판매하지도 않으며 다른 동맹국의 무기판매도 찬성하지 않기로 결정하였다. 중국은 양국간의 외교관계가 정상화되기 전에는 미국과의 군사적 관계를 발전시키는 데 동의하지 않기로 결정하였다. 그러나 미국제 고급 컴퓨터의 베이찡 판매가 점차 개별적으로 허가되는 것을 기반으로 하여, 미국의 수출통제가 완화되고 미국과 유럽으로부터 첨단 민간기술의 이전이 계속되었다.

제임스 슐레진저가 포드 전임 대통령의 국방장관 재직시 추진했던 것처럼, 브레진스키는 소련에 대항하는 미국의 전략적 위상을 공고히 하고 미·중 관계정상화의 완결 이전에 미·중 관계를 강화하는 방안의 하나로 중국과 안보관계를 발전시키는 데 깊은 관심을 보였다. 1977년 6월 PRM-24에서 카터 대통령은 자신에게 제출된 분석 보고서를 바탕으로 중국에 대한 미국의 무기판매 반대를 결정하였다. 그러나 1978년 초 카터는 브레진스키에게 베이찡과 미국간의 전략적 유대를 격상시키기 위해 그 권한을 위임하였는데, 이는 부분적으로 정상화 협상시기 동안 중국측의 융통성을 불러일으키기 위한 복잡한 전략의 일환이었으며, 또한 소련의 지속적 팽창주의에 대한 불쾌감을 알리기 위한 하나의 방법이었다. 브레진스키는 1978년 5월 베이찡 방문시 미국 정책의 새로운 분위기를 중국 지도자들에게 전달하였다. 61)

---

60) Garthoff, *Détente and Confrontation*, pp. 232~233.

61) 1978년 미·중 간의 전략적 관계를 가장 포괄적으로 분석한 것은 Garthoff, *Détente and Confrontation*, pp. 701~706에 설명되어 있다. 또한 Garrett, "The Strategic Basis of Learning" 및 Pollack, *Lessons of Coalition Politics* 참조. 그

중국과 전략적 협력관계를 맺고자 하는 미국의 의지는 증대되어 1978
년에 이르러 세 가지 형태로 전개되었다. 첫째, 미국은 중국의 안보상
이해관계를 지지한다는 공개성명을 계속 발표하였다. 브레진스키는 베이
찡 방문시 '안전하고 강력한 중국'이라는 용어에 동의하였는데, 이 표현
은 중국이 중·소 전쟁에서 패배하는 것을 원하지 않는다는 닉슨의 표현
보다도 상당히 진전된 것이었다. 또한 당시 협상 중이었던 중·일 간 우
호조약에 아시아에서 패권을 확립하려는 어떠한 국가의 노력에도 반대한
다는 조항을 삽입시키고자 하는 중국의 입장에 대해 미국이 지지를 표명
함으로써 중국인들을 안심시키고자 하였다. 그리고 브레진스키는 워싱턴
으로 돌아오는 길에 도쿄에 들러 똑같은 메시지를 직접 일본 정부에 전
달하였다. 그것이 대소 관계에 미칠 충격을 우려한 도쿄는 그러한 용어
의 삽입에 대하여 반대하고 있었다. 그렇지만 이 문제에 대하여 베이찡
과 워싱턴 양쪽으로부터 동등한 압력을 받게 되자, 일본의 지도자들은
이에 굴복하는 수밖에 별다른 대안이 없다고 결론지었다.

둘째, 미국은 베이찡에 대한 첨단기술의 수출제한 조치를 계속 완화시
켜 나갔다. 미국은 밴스의 반대를 극복하고 베이찡에 미국의 적외선 공
중지질조사장비 판매를 허가하였으며, 중국과의 광범위한 과학·기술 교
류계획에 관한 협상을 시작하여 중국에 선진 민간기술과 이중목적을 지
닌 기술을 기꺼이 이전하려는 의사를 표시했다. 워싱턴은 또한 중국에
대한 프랑스의 핵 원자로 판매를 승인하였는데, 그 원자로 대부분의 성
분은 미국에서 제조된 것이었다. 여전히 미국의 첨단 기술 이전 중 상당
히 많은 부분은 하나하나 개별적 허가를 받아 이루어졌다. 그렇지만 미
국 정부 내 소련 전문가들의 반대, 특히 밴스 국무장관의 반대에 부딪히
게 되자 소련이 향유하였던 것보다 베이찡이 미국 기술에 더 많이 접근
할 수 있도록 배려한 포괄적 정책은 채택되지 못했다. 62)

리고 *New York Times*, May 28, 1978, pp. 1, 6 참조.

62) 이들 이슈들은 공산주의 국가로의 기술이전에 대한 PRM-31을 기안하는 과정에
서 논의되었다. *New York Times*, January 4, 1978, p. A7, January 9, 1978,

162

마지막으로, 비록 미국의 무기판매 금지가 유효한 상태였지만, 1978년 5월 브레진스키의 베이찡 방문시 동 대표단에 미 국방성 대표가 포함된 것은 미국이 중국과 다른 형태의 안보협정을 체결할 준비가 되어 있다는 것을 암시하고 있었다. 브레진스키는 미·소 간 전략적 균형을 분석한 PRM-10에 관하여, 그리고 카터 행정부의 대소정책에 대하여 언급하였다. 또한 그는 모스크바와의 임박한 SALT 협정의 개요를 설명하였으며, 중국인들이 세계 안보문제들에 관해 NATO의 입장을 들을 수 있도록 자리를 마련하였다.[63] 또한 양국의 향후 군사정보 공유에 대한 가능성을 토의했을 것이다. 그리고 1978년 중반 워싱턴은 서유럽의 대중국 무기판매를 더 이상 반대하지 않는다고 공표하였다.[64]

1978년 말경에 미·중 관계의 정상화가 가시화되자, 베이찡은 미국의 이러한 이니셔티브에 적극적인 반응을 보이기 시작했다. 미국으로 떠나기 전날 밤, 덩 샤오핑은 중국을 방문한 미국 언론인들에게, "만약 우리가 북극곰에게 고삐 달기를 원한다면, 현실적으로 우리가 할 수 있는 유일한 방법은 단결하는 것이다"라고 설파하였으며, 그는 소련에 대항하는 중국의 '통일전선'에 미국을 포함시킬 의도가 있다고 확인하였다.[65] 덩 샤오핑은 미국 여행기간 내내, 비록 미국과의 공식적 동맹관계에 대한 어떠한 희망도 부정하였지만, 소련의 팽창을 견제하기 위하여 미국과 전략적 협력관계를 맺고 싶다는 소망을, 그리고 워싱턴이 모스크바의 야심을 좀더 봉쇄해주었으면 하는 희망을 공개적으로 때로는 솔직하게 계속해서 이야기하였다.[66]

덩 샤오핑은 자신이 마음속에 간직하고 있는 자세한 사항의 일부를 밝

pp. A1, A5 참조. 이 이슈에 대해 밴스가 회상한 내용에 관해서는 Vance, *Hard Choices*, pp. 114, 117 참조.

63) Brzezinski, *Power and Principle*, pp. 203, 206.
64) *New York Times*, June 25, 1978, pp. 1, 7, November 8, 1978, p. A3.
65) *Time*, February 5, 1978, p. 34.
66) Brzezinski, *Power and Principle*, p. 406; Carter, *Keeping Faith*, pp. 204~205.

히기를 주저하지 않았다. 워싱턴에 머무르는 동안, 그는 자신을 맞이하는 미국 지도자들에게 캄보디아에 개입한 '베트남에 따끔한 교훈을 주기 위하여' 중국의 베트남 공격 계획을 통보하였으며, 워싱턴이 중국을 도덕적으로 지원해줄 것을 요청하였다. 67) 그리고 덩 샤오핑은 베이찡으로 돌아온 후, 미국 상원 외교위원회가 파견한 대표단들과 함께 미국과의 안보관계 발전을 위한 세 가지 옵션에 대하여 논의하였는데, 여기에는 미국 해군의 중국 항구 방문, 중국의 미국 무기 구입, 그리고 모스크바가 미·소 간 군비통제협정을 준수하고 있는지의 여부를 검증하기 위하여 중국 영토 내에 미국의 감시시설 설치 등이 포함되었다. 68)

그러나 현실적으로 그 해 나머지 기간 동안 미·중 양국은 보다 적극적인 안보협력 관계를 추구하지는 않았다. 미국은 점잖게도 중국의 베트남 침공에 자국을 관여시키지 않았다. 덩 샤오핑으로부터 베이찡의 의도를 통고받은 후, 카터 대통령은 직접적인 군사적 대결이 하노이의 입장을 옹호하는 국제적 공감대가 형성될 것을 우려하면서, 자신은 베트남을 고립시키기보다는 외교적 조치를 선호한다고 응답하였다. 카터는 이 점을 구두로 언급한 후에, 다시 중국의 자제를 촉구하는 내용의 자필 메시지를 덩 샤오핑에게 전달하였다. 69) 중국이 미국의 충고를 무시하자, 미국은 어떻게 대응할 것인가를 결정해야만 했다. 밴스는 베이찡에 대한 일부 응징적 형태의 대응에 찬성하였으며, 구체적으로는 재무장관 마이클 블루멘탈의 방문 계획의 취소를 권고하였다. 결국 카터는 베트남으로부터 중국군이 그리고 캄보디아로부터 베트남 군이 철수할 것을 요구하며, 소련에 대해서는 개입하지 말 것을 경고하는 좀더 온건한 접근방법

---

67) 이 문제에 대하여 덩 샤오핑이 카터에게 이야기한 내용은 Brzezinski, *Power and Principle*, pp. 408~414에 서술되어 있다.

68) Pollack, *Lessons of Coalition Politics*, pp. 41~44. 중국이 미국 무기를 구입하는 데 관심을 가졌음을 증명해 보이는 기사는 *New York Times*, March 8, 1979, p. A5

69) Carter, *Keeping Faith*, pp. 206~209.

164

을 채택하였다. 브레진스키가 미국의 입장이 "중국을 지지하는 쪽으로 약간 기울어지고 있다"고 서술한 것은 정확하였지만, 그것은 덩 샤오핑이 요청한 명확한 도덕적 지원은 거의 아니었다.[70]

중국도 미국과의 군사적 유대를 발전시키는 것에 대하여 재고하기 시작하였다. 덩 샤오핑이 미국 상원 외교위원회 대표단에게 미국 해군의 중국 항구방문의 가능성을 언급한 직후, 브레진스키는 차이 쩌민 대사와 이 문제를 논의하였다. 그러나 당황한 차이 쩌민은 브레진스키의 제안을 거절하였다. 차이 쩌민은 중국 정부가 〈타이완 관계법〉의 내용에 대하여 분노하고 있으며, 그런 상황에서는 미국과 광범위한 안보협정을 체결할 준비가 되어 있지 않았다고 설명하였다. 또 다른 이유는 베트남에 가한 중국의 응징적 토벌에 대한 미국의 반응에 중국이 실망하였기 때문일 것이다. 미국이 기꺼이 중국의 조치를 승인하려고 하지 않는다면, 미국의 대소련 견제방안 계획에 중국이 왜 동의해야만 하는가?

더욱이 중국은 1979년에 미·중 관계정상화가 중·소 관계에 추가적인 외교적 수단을 부여하기 위한 것인지를 알아보고자 시도하였다. 그 해 봄, 베이징이 1980년에 만료되는 모스크바와의 1950년 동맹을 갱신하지 않겠다고 발표하면서, 중국 지도자들은 또한 중·소 관계 개선을 위한 협상 재개를 제안하였다. 협상 안건에 대한 오랜 논쟁을 거쳐, 마침내 중·소 양국은 10월에 모스크바에서 대화를 시작하였다. 모스크바가 꺼리는 구체적인 우호의 제스처들—예를 들면 캄보디아로부터 베트남의 철수 및 중·소 국경지대 근처에 있는 군사력의 감축 등—을 중국이 주장하였기 때문에 양국간의 협상은 거의 성과를 거두지 못했다. 그러나 이러한 협상에 대한 전망이 알려지기 전까지 중국은 미국과의 군사적 유대를 급속히 추구해 나가지 않는 방안을 택하였다.[71]

---

70) Brzezinski, *Power and Principle*, p. 413.
71) 중국 전문가들은 1979년 베이징측 제안의 중요성에 대하여 의견이 분열되었다. 일부 전문가들은 그것들을 중국이 베트남과 전쟁을 함으로써 그리고 1950년의 중·소 동맹을 폐기함으로써 불가피하게 야기된 긴장을 완화시키기 위하여 전술

그리하여 베이찡과 워싱턴 간의 전략적 관계는 1979년 내내 대체적으로 유보되는 형태를 보였다. 미국의 월터 먼데일 부통령이 그 해 여름 중국을 방문하였을 때, 양국은 해롤드 브라운 국방장관의 1980년 1월 베이찡 방문에 동의하였다. 그러나 부통령은 양국간에 더 이상의 실질적인 군사적 관계는 없을 것이라고 확인하였다. 비록 국방성의 몇몇 관리들이 중국과 광범위한 군사협력 계획을 역설하였지만, 중국에 대한 무기판매 금지는 그 해 계속 유지되었으며, 브라운의 방문에 관한 대통령의 지시사항이 적힌 12월의 초안 역시 중국에 대한 어떠한 무기판매도 어떠한 '군사적 관계'도 없을 것이라고 되풀이하였다.[72]

그러나 1979년 말 소련의 아프가니스탄 침공은 미·중 간의 전략적 관계에 새로운 활력을 다시 불어넣었다. 브라운의 방문시 지침사항이 중국과 좀더 광범한 전략적 관계를 제안하는 것으로 마지막 순간에 변경되었다. 중국 지도자들이 적어도 〈타이완 관계법〉이 카터 행정부에 의해 해석되는 동안은 참을 만하다고 결론을 내린 후, 브라운의 방문으로 양국 간의 좀더 광범위하며 고차원의 가시적인 군사적 유대가 시작되었다.

첫째, 브라운의 방문으로 미·중 간 군사대표단의 정기적 교류가 시작되었다. 고위급 국방관료의 교환 방문에 관한 협정이 체결되었는데, 브라운의 방문에 이어서 1980년 말, 윌리엄 페리 국방차관이 중국을 방문하였으며, 그 답례로 중국 부수상 겸 비아오(耿彪, 공산당의 중앙군사위원회 총서기 겸직)와 류 화칭(劉華淸) 부참모장이 개별적으로 1980년 5, 6월

적으로 고안된 하나의 계획으로 간주한다. 이들 분석가들은 중·소 관계에 어떠한 돌파구도 예상되지 않는다고 생각한다. 반면 다른 전문가들은 중국측의 이니셔티브가 진정으로 모스크바와의 유대를 개선하기를 희망하는 조치의 일부라고 주장한다. 그러나 양측 전문가들 모두 소련이 적극적 반응을 보이는 데 실패함으로써 협정이 정체될 상황에 처했다는 점에 동의한다.

72) *New York Times*, October 4, 1979, pp. A1, A8; *New York Times*, January 4, 1980, p. A2; *New York Times*, January 21, 1980, P. A23에 William Safire가 쓴 "The Chinese Morsel"이라는 칼럼; *Aviation Week and Space Technology*, April 14, 1980, p. 15 참조. 또한 Vance, *Hard Choices*, p. 390 참조.

에 미국을 방문하였다. 게다가 보건과 병참 관련 실무 군사대표단의 교류, 미·중 간 국립 국방대학 간의 제도적 교류, 그리고 양국 대사관에 무관 파견 등을 통해 양국 군 사이에 더욱 확대된 의견교류 채널이 생겨나게 되었다.

또한 이 시기에 미국과 중국은 좀더 적극적인 정보 교류 프로그램을 시작하였다. 브라운 방문시 국방성 부차관보인 모튼 아브라모비츠는 중국 지도자들에게 중·소 국경지대에 설치된 소련의 군사시설물에 대한 인공위성 사진을 포함하여, 극동지역 내 소련군의 배치에 관해 최고 기밀에 속하는 사항들을 설명하였다. 그 해 이후 1979년 4월 덩 샤오핑이 제안한 바에 따라, 양국은 소련의 핵 및 미사일 실험을 감시하기 위하여 이란 왕정 전복 이후 폐쇄되었던 이란 내 군사시설 등을 대체하는 두 곳의 군사기지를 중국 영토 내에 설치하였다. 73)

중국에 대한 미국의 기술이전도 자유화되었다. 74) 소련의 아프가니스탄 침공의 또 다른 직접적인 결과로서, 브라운은 1980년 1월 베이찡 방문시 미국이 랜드새트 탐사위성으로부터 데이터를 수신할 수 있는 지상기지, 수송기, 군사용 헬기, 그리고 통신장비 등을 포함하여 치명적이지 않은 군사 장비를 중국군에 판매할 의사가 있다고 공표하였다. 이들 품목의 허가는 기술품목별로 개별적으로 승인될 수 있었는데, 이 기술 품목들은 전투부대나 무기를 뒷받침하기 위해서 쓰이는 장비가 아니라 다른 우호적 국가들에서도 사용되는 것으로 중국의 화학, 방사능, 생물학, 핵무기, 그리고 미사일 프로그램 등에는 하등 도움이 되지 않는 것들이었다. 75)

---

73) *Washington Post*, June 25, 1989, pp. A1, A24.

74) 미국의 중국에 대한 군사적 공급관계에 관한 논의는 Pollack, *Lessons of Coalition Politics*, pp. 59~72에 의존하였다.

75) 리차드 홀브루크 국무성 동아시아 태평양담당 차관보의 진술, in *The United States and the People's Republic of China: Issues for 1980's*, Hearing before the Subcommittee on Asian and Pacific Affairs of the House Committee on

1980년 중반 워싱턴은 소련과 같은 수출통제국가 범주에서 중국을 제외시켰으며, 베이찡을 독자적인 범주(P 범주)로 분류하였다. 이러한 조치는 즉각적 효과를 가져오지는 못했는데, 그 이유는 새로운 분류 그룹에서의 제한 수준과 허가 절차는 옛 분류 그룹에서와 똑같았기 때문이었다. 그러나 그러한 결정으로 미국이 중국을 소련과는 다르게 취급하는 것이 행정적으로 가능하게 되었다.76) 같은 해 9월 연구 및 공학담당 국방차관인 윌리엄 페리는 중국 지도자들에게 미국이 이중목적을 지닌 기술 및 치명적 군사 장비들을 제외한 400개 품목에 대한 수출허가 승인 결정을 통보하였으며, 중국의 민간 및 군사적 기술 능력에 대한 공동평가에 미국이 기꺼이 참여하겠다는 의사를 표명하였다. 그 대가로 베이찡은 미국에 중국의 희귀 광물들의 판매증대 방안을 제의하였다.

그러나 중국은 아직도 베이찡에 대한 미국의 무기 판매가 계속 금지되고 있다는 사실에 실망하였다. 1980년 5월 말 워싱턴을 향해 베이찡을 출발하기 전, 부총리 겅 비아오는 미국이 전략적으로 중요하다고 여기는 이집트, 사우디아라비아, 그리고 기타 우호적이지만 동맹을 맺지 않은 국가들과 같이, 중국도 미국의 무기구입 허가를 희망한다고 언급하였다.77) 또한 겅 비아오는 호크 지대공 미사일과 토우 대전차 미사일 등과 같은 몇몇 치명적 무기를 포함하여, 50개가 넘는 첨단 군사기술 목록을 작성하여 가지고 갔다. 중국측의 재정적 한계를 고려하여 이 장비들 중 어느 것에 대해서도 반드시 주문하려는 의도를 가진 것은 아니었으나 앞으로 미국이 이에 어떻게 대처하려는가를 알아보고자 하였다. 그러나 그는 미국

Foreign Affairs, 96 cong. 2 sess. (Washington: Government Printing Office, 1980), p. 3.

76) Vladimir N. Pregelj, "Normalization of U. S. Commercial Relations with the People's Republic of China: United States Statutory and Regulatory Aspects," in *China under the Four Modernization, pt.2: Selected Papers Submitted to the Joint Economic Committee*, 97 Cong. 2 sess. (GPO, 1982), p. 162.

77) Pollack, *Lessons of Coalition Politics*, pp. 63~64.

168

이 중국에 치명적 장비를 판매할 의사가 결코 없음을 다시 통고받았다.

마지막으로, 미국과 중국은 1980년에 양국의 안보정책 조정방안에 대하여 논의하였다. 양국은 핵심적인 지역분쟁에 대하여 나란히, 또는 보조적인 행동을 취하는 것이 바람직하다는 점에 동의하였다. 양국은 프놈펜의 친베트남적 정권이 유엔 의석을 차지하는 것을 공동으로 저지하였으며, 베트남의 개입에 대한 캄보디아의 저항을 지원하는 방안에 대하여 토의하였다. 양국은 또한 소련의 아프가니스탄 개입을 반대하는 데 동의하였으며, 아프가니스탄 반군에게 중국의 무기와 장비를 전달하는 데 드는 비용의 일부를 미국이 베이찡에게 상환해주기로 하였다.[78] 그러나 미국의 일부 방안들은 베이찡이 받아들이기에는 너무나도 큰 차이가 났다. 양국의 수도간에 핫라인을 설치하자는 제안은 거절되었는데, 이는 명백하게 중국이 그러한 통신채널을 협조관계라기보다는 적대관계를 상징하는 것으로 간주하였기 때문이다. 또한 베이찡은 미국 비행기들이 중국 영공을 경유하여 파키스탄으로 향하는 군사보급품들을 공수하도록 허락해 달라는 제안을 거절하였다.[79]

중국의 외교정책 목표와 전략들이 광범위하게 미국의 이해와 부합되는 징조들이 증가하고 있었다. 베이찡은 신국제 경제질서가 요구된다는 이전의 주장들을 평가하고, 오히려 제3세계는 서방세계에 보다 나은 무역 및 투자조건을 요청하는 것에 신경쓰기보다는 소련의 팽창주의에 대항하는 것에 보다 신경을 곤두세워야 한다고 주장하였다. 중국은 제3세계의 혁명적 공산당들과의 유대를 종결시키거나 또는 최소한 약화시켰으며, 심지어 서방세계와 긴밀하게 협력하고 있는 제3세계 정권들과도 기꺼이 자발적으로 우호관계를 형성하려 하였다. 소련의 패권주의를 봉쇄하기 위한 전략의 일부로 정당화되는 한 중국은 미국 군사력의 해외주둔을 지지한다고 표명하였다. 쟁점별―NATO의 통합에서부터 동남아시아 국가

78) *Washington Post*, June 25, 1989, pp. A1, A24.
79) Pollack, *Lessons of Coalition Politics*, p. 55.

연합의 강화에 이르기까지—로 베이찡의 입장은 미국의 입장과 점차 닮아갔다. 80)

이러한 방식으로, 미국과 중국 간의 전략적 관계는 1970년대 말에 현저한 돌파구를 마련하였으며, 이것은 양국간 외교관계의 정상화, 그리고 소련과 그 동맹국들의 계속된 팽창주의의 결과라고 볼 수 있다. 그러나 양국은 여전히 그들의 전략적 이해관계에 대해 약간은 상이한 정의를 내리고 있었다. 양국은 각각 자국의 실행조치에 대해 상대편의 지지를 획득하기 위해 노력하였지만, 상대편의 이니셔티브를 인정하는 것은 꺼려하였다. 그리하여, 핫라인, 항공기의 영공통과권, 그리고 군함의 항구방문 등 미국의 제안을 중국이 거절하였는데 중국은 이러한 조치들을 주권침해나 또는 베이찡의 행동의 자유를 손상하는 것처럼 여기고 있었기 때문이었다. 그 결과 역으로 중국의 베트남 침공에 대해 미국은 단지 미온적인 지지만을 보냈는데, 워싱턴이 소련의 보복 가능성을 우려했기 때문이었다. 그리고 중국은 미국이 제공하는 것보다도 항상 더 많은 첨단 군사기술의 구입을 승인받고자 노력하였다. 비록 전략적 협력을 위한 공통의 틀을 찾는 작업에 많은 진전이 이루어졌지만 카터 행정부 말기에도 그 과정은 아직 완결되지 않았다.

---

80) 세부사항에 대해서는, Harry Harding, "China and the Third World: From Revolution to Containment," in Richard H. Solomon, ed., *The China Factor: Sino-American Relations and the Global Scene* (Prentice-Hall, 1981), pp. 257~ 295 및 Harry Harding, "China's Changing Roles in the Contemporary World," in Harry Harding, ed., *China's Foreign Relations in the 1980s* (Yale University Press, 1984), pp. 177~223 참조.

5. 경제적·문화적 유대관계의 증대

관계정상화 이후 2년 동안에 미·중 간 경제적, 문화적 유대관계는 급속하고도 극적으로 증대되었다. 공식 외교관계의 수립으로 양국간 무역 및 학술교류에 대한 장애가 제거되었으며, 양자적 관계를 새롭게 촉진시키는 하부구조가 형성되었다. 그리고 이러한 제도적 변화로 민간관계의 전체 영역이 질적 및 양적으로 확장될 수 있었다.

2장에서 언급하였듯이, 한국전쟁으로 인해 미·중 양국 관계에 법적, 제도적 장벽이 많이 쌓여 있었다. 이러한 제한 가운데 일부, 특히 경제관계에서의 제한은 1970년대 초 화해시기에 제거될 수 있었다. 그러나 미·중 관계의 제도적 측면에서의 완전한 정상화는 1979년의 외교관계가 수립되기까지 기다려야만 했다. 법률적 관점에서 볼 때, 양국간의 일반적 교류의 다양한 측면들─영사 보호, 최혜국 대우 지위, 경제 지원 및 기타─은 공식적인 외교적 유대가 필요했다. 마찬가지로 주목할 것은 워싱턴이 정상화 과정을 완결지을 때까지 베이찡은 학생, 학자 및 언론인들의 장기적 교류 등과 같은 특정 종류의 관계를 삼가하겠다고 주장하였다는 점이다.

1979년 초에 외교관계가 수립되자, 양국은 냉전과 관련되었던 규제 법률과 기구들을 대부분 폐지할 수 있었다. 1979년 5월에 이르러 한국전쟁 이래 봉쇄된 청구물과 동결된 자산에 관한 쟁점들이 미국에 상대적으로 유리한 조건으로 해결되었다.[81] 그 후에 워싱턴은 중국이 상환가능한 기

---

81) 미국은 총 8,050만 달러에 달하는 중국측 자산 전부에 대해 동결조치를 해제한 반면, 중국은 총 1억 9,700만 달러에 달하는 미국측의 금융적 청구물 중 약 41 퍼센트에 달하는 8,050만 달러를 지불하는 데에 동의하였다. 이 쟁점의 배경에 관해서는 Richard T. Devane, "The United States and China: Claims and Assets," *Asian Survey*, vol. 18 (December 1978), pp. 1267~1279 참조. 최종 협정과 그것의 실행에 관해서는, Natalie G. Lichtenstein, "Unfrozen Assets:

술원조 프로그램, 해외민간투자사(OPIC)의 투자보증, 그리고 수출입 은
행의 무역신용 등에 적합한 자격을 갖추었다는 보증을 해주었다. 미국은
1979년과 1980년 사이에 여러 차례에 걸쳐 첨단기술의 대중국 수출제한
조치들을 완화시켰다.

아마도 가장 주목할 것은 카터 행정부가 1980년 중반 중국에 최혜국
대우의 적용을 확대하는 무역협정에 서명하기로 결정하였다는 점이다.
최혜국 대우가 없다면, 미국에 대한 중국의 수출은 1930년의 〈스무트-홀
리법〉에 의하여 높은 관세를 부과받게 되었을 것이다. 비록 중국이 1970
년대에 미국에 판매한 많은 상품들이 특별히 불리하게 처리되지는 않았
지만, 경공업 제품의 수출 — 중국 공업에서 잠재력과 상대적 이점을 지
닌 분야 — 은 상당한 정도로 제한을 받았다.[82] 그리하여 중국에 대한 최
혜국 대우 부여는 양국간 상업관계 확장에 필수적이었다. 중국에 최혜국
대우의 적용을 확대한 것은 정치적, 법적 숙고 끝에 나온 것이었다. 정치
적으로는 아직 소련에도 부여하지 않았던 상업상 혜택을 중국에 제공한
다는 점을 미국이 결정하는 것이었다. 법적으로 볼 때, '비시장 경제'에
대한 최혜국대우 부여는 1974년의 무역법에 관한 〈잭슨-배닉 수정안〉에
저촉을 받는 사안인데, 동 수정안은 논란의 대상이 되는 정부에 대해서
자국 시민들에게 이민의 자유를 제공하거나 또는 최혜국 대우의 적용확
대가 해당 국가가 그렇게 하도록 고무시킨다는 점을 대통령이 보증하도
록 규정짓고 있다. 정치적 문제는 소련의 아프가니스탄 침공으로 해결되
었으며, 법적 문제는 덩 샤오핑이 농담으로 이민의 자유에 따른 실행조치

The 1979 Claims Settlement between the United States and China," in *China under the Four Modernization*, pp. 36~28 참조.

82) Philip T. Lincoln, Jr., and James A. Kilpatrick, "The Impact of Most-Favored-Nation Tariff Treatment on U.S. Imports from the People's Republic of China," in Joint Economic Committee, *Chinese Economy Post-Mao: A Compendium of Papers*, vol. 1: *Policy and Performance*, 95 cong. 2 sess. (GPO, 1978), pp. 812~839.

172

를 과시하기 위해 필요하다면 천만 명에 달하는 많은 중국인들을 미국에 이주시키겠다고 제의함으로써 적어도 당분간은 해결될 수 있었다.[83]

이와 같은 시기에 베이찡은 미국의 학자들, 언론가들, 사업가들의 장기적 중국 방문이 실행될 수 있도록 개방하였다. 사상 처음으로 중국은 국내에서 일상적인 상업상의 여행이 발전할 수 있도록 지원하였다. 중국은 또한 1978년 가을에 학생과 학자들이 장기간에 걸친 학습과 연구과정을 이수할 수 있도록 미국에 파견하기 시작하였다. 일반적으로 말하자면, 중국은 마오 쩌뚱 시대에는 감히 실행할 수 없었던 방식으로 미국을 포함한 세계의 다른 국가들과 경제적 상호교류를 시작하였다. 중국은 외국 은행 및 정부, 그리고 국제기구들이 제공하는 장기 차관을 받아들였고, 제도적 절차를 통해서 범위를 확대시키고자 하는 외국의 직접투자를 허가하였으며, 남부 해안가에 네 개의 경제특구를 설립하였고, 그리고 중국 내 도시 및 성(省)들이 직접 수출입에 관여하는 것을 허용하기 위해 자국의 대외무역체제를 지방으로 분권화시켰다.[84] 이러한 모든 결정들로 인해 미국의 기업들이 중국 내에서 상업활동을 운용할 수 있는 기회가 확대되었다.

과거의 제한조치들을 축소하는 것 이외에도 미·중 관계를 적극적으로 촉진시킬 수 있는 새로운 하부구조가 형성되는 것이 필요하였다. 양국간에는 정상화 이후 2년 동안 급속하고도 실질적인 진전이 이루어졌다. 1980년 말경에 양국은 무역, 무역전람회, 우편 서비스, 상업적 항공연계, 선적 서비스, 영사문제 등에 관한 양자간 협정을 체결하였다. 중국 직물의 미국 판매를 규정하는 협정이 서명되었으며, 미국 곡물의 중국 수출에 관한 협정이 거의 완결되어 갔다. 쌍무적인 공동경제위원회가 양국간 경제관계를 법률적으로 뒷받침하기 위하여 감독하였다.[85]

83) 이 쟁점에 관해 덩 샤오핑이 카터와 교환한 의견의 내용은 Carter, *Keeping Faith*, p. 209와 Brzezinski, *Power and Principles*, p. 407에 기록되어 있다.
84) 이러한 개혁에 관해서는 Harry Harding, *China's Second Revolution: Reform after Mao*(Brookings, 1987)의 6장에서 분석되고 있다.

중국과 미국은 양국간에 과학 및 기술 교류를 증대시키기 위한 제도적 틀을 만들기 위하여 특별한 관심을 쏟았다. 1978년의 정상화 이후 행해진 협상시기 동안에 미ㆍ중 관계의 활력을 유지하기 위한 카터 행정부의 노력의 일환으로, 대통령 과학보좌관인 프랑크 프레스가 이끄는 대규모의 과학기술 대표단이 베이찡에 파견되었다. 백악관이 설명한 바에 의하면, 이전까지 외국에 파견된 과학기술 문제에 관한 대표단 중 최고위급인 동 대표단은 중국과 최초로 학생 및 교환교수의 교류 협정을 체결하였다. 1979년 덩 샤오핑의 미국 방문시 양국은 과학기술 협력에 관해 더욱 진전된 협정에 서명하였다. 동 협정하에서 14개나 되는 프로그램들이 1980년 말에 승인되었으며, 과학기술 협력에 관한 공식적인 쌍무위원회가 감독하였다.

양국 정부가 추진한 하부구조의 형성은 지방 정부와 민간 분야에서도 반복적으로 촉진되었다. 1980년 말, 중국의 15개 성 및 자치도시들이 이에 상응하는 미국 내 기관들과 교류협력 프로그램을 시작하였으며, 16개 미국 신문사들이 베이찡에 지부를 설치하였으며, 미국의 80개 법인들이 중국에 대표사무소를 개설하였다. 더욱이 많은 미국 대학들이 중국 내 똑같은 숫자의 대학들과 교류 프로그램을 추진하기 시작하였다. 초기에 미국 대학들은 최초의 중국 학생들 및 학자들의 유치를 촉진시키기 위하여 정상적인 입학 조건 및 절차를 적용시키지 않았다. 그러나 1981년 12월 교육시험서비스센터(ETS)는 중국 내 TOEFL과 GRE를 관리하기 위한 조치를 취하였고 중국에서 오는 학생들과 학자들을 평가하는 정상적인 코스가 설립되었다.

카터의 대통령 재직시기 동안에는 중국과의 문화적, 경제적 관계를 위한 정상적인 제도적 틀을 완결지을 수 없었다. 중국에 대한 최혜국 대우 지위의 부여는 잭슨-배닉 수정안의 조건하에서는 매년 갱신작업을 거쳐야 했으며 중국의 이민정책에 의하여 좌우되었다.[86] 중국은 관세 및 무

---

85) Patricia A. Haas, "The United States-China Joint Economic Committee," in *China under the Four Modernizations*, pp. 368~381.

역에 관한 일반협정(GATT)의 회원국이 아니었으므로 개발도상국을 위한
일반특혜체제(GSP) 하에 미국이 낮은 관세를 적용할 수 있는 대상이 아니
었다. 비록 중국이 미국의 수출통제규정에서 별도의 범주로 분류되었지
만, 중국에 대한 첨단기술의 판매는 여전히 길고도 거추장스러운 검토를
거쳐서 결정되었다. 그리고 양국은 여전히 미국의 핵발전 장비의 수출
허가 문제, 직접 투자 증대 문제, 그리고 미국의 지적 소유권 보호 협정
에 관한 협상 등이 난관에 처해 있었다.

그럼에도 불구하고 양국 관계의 진전은 예상했던 것보다도 훨씬 빨랐
다. 카터 행정부의 초반기에 중국 문제를 책임졌던 옥슨버그 국가안보회
의 보좌관은 1982년에 저술한 글에서, 정상화 이후 8개월 만인 1979년 8
월에 먼데일이 중국 방문기간 중 체결한 협정은 "본질적으로 1979년 1월
에 양측이 제시하여 완결된 사항인데 양측이 아마도 18개월이 소요될 것
으로 예상한 안건을 완결지었다"고 서술하였다. 87)

이와 같이 하부구조 형성이 촉진됨에 따라 놀랄만한 빠른 속도로 진행
된 것은 몇 가지 요인이 작용한 결과로 볼 수 있다. 전반적으로 그것은
카터 행정부의 신중한 전략의 결과였다. 즉, 가능한 한 다차원적이고도
광범위한 기반을 위하여 양국간의 접촉 대상을 확대함으로써 미·중 관
계를 제도화 및 안정화시킨다는 것이었다. 88) 이러한 전략은 뒤이어 '여

---

86) 그러나 1980년대에 있어서 이러한 검토는 일상적인 것이었다. 비록 중국에 최혜
  국대우를 확대하는 쌍무무역협정이 1979년 의회 청문회에서 섬유산업, 신흥성
  장산업, AFL-CIO 및 인권기관들의 대표들에 의하여 반대되었지만, 사건의 발
  발 이전까지는 중국에 최혜국대우를 지속하는 것에 대하여 어떠한 반대도 없었
  다.

87) Oksenberg, "A Decade of Sino-American Relations," p. 190.

88) 미첼 옥센버그가 1979년 6월에 그 전략을 설명한 바와 같이, 그 목적은 "법적 권
  한을 위임받았으며 그렇게 실행하도록 예산을 사용하는 대부분의 정부기관들이
  중국 내 그들의 상대측 기관들과의 프로그램을 주도하도록 할 것"이었다. "A
  Conversation with Michel Oksenberg," *Rackham Reports*, vol. 5(June 1979),
  p. 1. 또한 Oksenberg, "The Dynamics of the Sino-American Relationships,"

행주도형 외교'(*trip-driven diplomacy*)로 발전되었는데 즉, 새로운 쌍무협
정에 서명하거나 또는 아직 완결되지 않은 쌍무협정에 대한 협상을 진행
시키기 위하여 중국과 미국의 관료들이 태평양을 건너 지속적으로 상대
방을 방문하게 되었다. 1979년 한해에도 미국측 방문객 중에는 재무성
장관 마이클 블루멘탈, 상무성 장관 쥬니다 크레프스, 보건·교육·복지
성 장관 조셉 칼리파노, 그리고 부통령 월터 먼데일 등이 포함되었다.
그리고 중국측에서는 팡 이 과학기술담당 부수상, 캉 시엔 경제담당 부
수상, 그리고 리 치앙 대외무역장관 등이 포함되었다. 이들의 상호교환
방문으로 당시 그 윤곽이 드러나는 미·중 관계를 보다 확실히 다지는
기회가 되었다.

이러한 전략의 일환으로 카터 행정부는 밴스 국무장관이 주장해 온 중
국과 소련에 대한 정책을 거부하고, 아직 모스크바에 준 적이 없는 혜택
을 베이찡에 부여하고자 하였다. 그 예로 1978년에 미국은 소련에 적용
했던 것처럼, 중국과의 학술교류 프로그램에 있어 양적인 면에서의 호혜
성을 주장하지도 않았으며, 전국적으로 단일한 기구를 통해 학술적 교류
를 주선하는 관례를 관철시키지 않기로 결정하였다. 그 대신 미국은 개
별적으로 미국 내 대학, 기관 및 교류기구가 중국 내 이에 상응하는 기관
과 직접 교류하는 것을 허용하였으며, 이에 따라 미국 내에서 공부하는
중국인들의 숫자가 중국 내에서 훈련 및 연구를 담당하는 미국인의 숫자
보다 훨씬 많아지게 되었다. 중국에 대한 최혜국 대우의 확대 결정으로
베이찡은 수출입 은행으로부터 차관을 받을 수 있으며 OPIC의 보증을
받을 수 있는 자격을 갖추게 되었다. 또한 미국이 별도의 수출통제 범주
속에 중국을 분류한 것도 중국에 유리한 방향으로 치우친 결정이었다.

관계정상화의 진전 속도는 중국이 경제적 현대화를 추구하며, 좀더 점
진적인 정치적 완화 과정의 서두로서 외부세계에 중국 경제를 개방한다
는 동시적으로 내려진 결정을 반영하고 있었다. 1978년 12월의 중앙위원

---

in Solomon, *The China Factor*, pp. 48~80.

회 3차 전체회의에서 중국 공산당은 당의 중점적 과업을 계급투쟁에서 현대화로 전환하기로 결정하였으며, 이후의 경제발전은 과거의 대중동원 캠페인보다는 좀더 합리적인 공업정책, 농업개혁, 그리고 기술 및 과학 향상을 통하여 이룩되어야 한다는 점을 분명히 하였다. 그러한 정책 결정이 없었더라면, 중국은 미국과의 과학, 기술 및 학술 유대관계를 급속히 확대하는 데에 그렇게까지 적극적으로 동의하지 않았을 것이며, 아마도 양국은 무역과 금융문제에 대한 복잡한 협정을 그렇게 신속하게 해결하려고 하지도 않았을 것이다. 실제로 미국 관료들은 전체회의 후 단 일주일 만에 워싱턴을 방문한 덩 샤오핑이 방문기간 중 체결하려고 준비해 온 쌍무협정의 숫자에, 그리고 미국과의 관계를 확대하려는 그의 열정 등에 놀랐다고 밝혔다. 89)

일단 양국 정부가 문화적, 과학적, 상업적 유대를 가속화시키로 결정한 이상, 양국은 정상화 이전에 준비해 온 예비적 작업에 의존할 수 있었다. 앞에서 언급한 대로, 한국전쟁의 결과로 봉쇄된 미국의 청구물 및 동결된 중국의 자산에 대한 협상이 닉슨 행정부 시기 동안에 전개되었다. 본질적 문제의 대부분이 해결되었으며, 최종적 협정은 완전한 외교관계가 수립될 때까지 지연되었다. 다른 쌍무협정들―무역, 운송, 영사관계에 관한 협정을 포함―에 관한 협상은 정상화 논의의 일환으로 1978년에 전개되었다. 90) 당시 양측이 협상을 진전시킬 의사가 있었으므로, 이러한 협정 초안은 쉽게 서명, 비준 및 실행될 수 있었다.

1979년과 1980년 미·중 관계가 질적 및 양적으로 상당히 확대되었으며 과거에 시행했던 제한조치는 철폐되었고 하부기구들의 형성은 촉진되었다. 양국간 쌍무적 무역관계는 1978년의 11억 달러에서 1979년에는 23억 달러로 두 배로 늘어났으며, 다음해인 1980년에는 49억 달러로 또다시 두배로 증가하였다(〈표 A-2〉 참조). 이 수치는 미·중 간 교역이 1980

---

89) *Wall Street Journal*, February 9, 1979, p. 12.
90) Carter, *Keeping Faith*, pp. 198~199.

년에는 25억 달러에 달할 것이라는 정상화 바로 직후에 전망한 최초의 예상을 훨씬 능가하는 것이었다. 91) 당시 미국은 주로 곡물, 비료, 화학 제품들을 중국에 판매하였으며, 중국으로부터는 농산품, 석유, 직물 등을 구입하고 있었다. 그러나 투자는 매우 적었는데, 그 이유는 외국투자를 위한 중국의 법적 구성이 불완전한 형태로 잔존하였으며, 여전히 중국 경제가 주로 중앙에서 계획되었으며, 그리고 중국의 정책이 공동합작 회사 설립을 여전히 선호하였지만, 미국 투자자들이 그 제도적 형태를 특별히 환영하지는 않았기 때문이었다.

양국 관계의 발전 추세는 학술 및 문화 분야에 있어 보다 신속하게 이루어졌다. 미국의 비자 발행 숫자로 판단해 보면, 장기간 여행을 위해 미국에 입국한 중국의 학생 및 학자들의 숫자는 1978년에 500명에서 1980년에는 4,300명으로 증가하였으며, 이들의 누적된 총수는 대략 7,000명에 달하였다(〈표 A-5〉 참조). 1980년 말경에 매달 130~140명 정도의 중국 대표단이 미국을 방문함으로써 그 해 총 1,000여 명이 미국을 방문하였다. 중국을 방문한 미국 학생 및 학자들의 숫자는 이보다는 적어서 아마도 1980년 말경까지 총 550명에 달하였다. 휴가 중에 중국을 방문하려는 욕구는 거의 억누를 수 없는 것처럼 보여졌으며, 드디어 미국 관광객의 숫자는 1978년의 1만 명에서 1980년에는 10만 명이 넘을 정도로 증가하였다(〈표 A-6〉 참조).

때때로 양국간 문화적 유대는 이상한 형태로 형성되기도 하였다. 중국의 텔레비전 방송국과 영화관들은 〈아틀란타에서 온 사람〉이라는 공상과학 텔레비전 프로, 그리고 B급 영화인 〈호송부대〉등 미국 TV 프로그램과 영화들을 잡다하게 선정하여 방영하기 시작하였는데, 이들 프로들은 작품의 예술적 가치에 비하여 훨씬 싼 가격에 구입한 것들이었다. 그러나 중국의 문화부는 미국의 영화축제 주최측이 선정하였던 좀더 수준 높은 영화는 대부분 정치적 이유를 내세워 거절하였다. 92) 1979년 코메디언

---

91) 그 평가는 미·중 무역위원회에 의해 이루어졌다. *San Francisco Chronicle*, December 21, 1978, p. 21 참조.

밥 호프가 미국 독립기념일을 축하하기 위하여 베이찡에 미국 연예인단을 이끌고 갔다. 그러나 밥 호프가 구사한 조크는 문화 및 언어 장벽을 뛰어넘는 데 실패하였으며, 중국 청중들은 여자 연예인 중의 한 사람이 입었던 노출이 심한 의상에 충격을 받았다. 93)

사업계도 상식적으로 이와 비슷한 실수로부터 벗어난 것은 아니었다. 1980년 뉴욕 블루밍데일의 플랙십 상점에서는 중국식과 유사한 양식으로 디자인된 미국 상품들과 함께 중국 상품들이 8개 층에 30개나 되는 별도의 가게 내 전시장에 대규모로 진열되었다. '인민의 가게'는 '진짜 노동자' 모양을 본뜬 옷을 보여주었으며, 미용실은 중국 여성의 머리를 담은 머리 스타일을 선보였고, 가구점은 '만약 중국 내에 있다면 비슷하게 보였을 중국식 식당 다락' 양식의 모델 방으로 꾸며졌다. 94) 그 가게는 미국인들이 중국에 매혹된 것을 드러내는 것이었지만, 그 방식에 있어서는 베이찡보다는 맨하탄의 분위기를 반영하고 있었다.

---

92) 〈아틀란타에서 온 사람〉의 통속성에 대해서는 *New York Times*, January 28, 1980, p. A10 참조. 영화 행사제에 관해서는 *New York Times*, July 7, 1980 p. A3 참조.

93) 호프가 조크의 대상으로 삼은 것은 캘리포니아 주지사 제리 브라운으로부터 라쿠엘 웰취에까지 이르렀다. 운이 나빴던 중국인 통역관은 여러 번 청중들에게 그 자신이 호프가 조크한 내용의 일부를 이해할 수 없다고 고백하였으며, 한번은 호프에게 "빌리 그레이엄이 누구입니까?"라고 물어보기도 하였다. 호프의 방문에 관해서는 *Washington Post*, July 5, 1979, p. B12와 *New York Times*, July 5, 1979, p. A8 참조.

94) Randall E. Stross, *Bulls in the China Shop and Other Sino-American Business Encounters* (Pantheon, 1990), pp. 50~52에서 서술된 것을 참조.

6. 미·중 밀월관계

양국간 외교관계의 수립과 문화적, 경제적 유대가 급속히 진전됨으로써 태평양을 사이에 둔 양측의 분위기에 괄목할 만한 변화가 일어났다. 양국의 태도가 완전한 일치감을 느끼는 것은 아니었지만 1970년대에 그랬던 것보다는 더 들뜬 태도였다. 마이클 옥슨버그가 설명하였듯이, "국교 회복 과정은 불가피하게 공공대중의 도취감을 자아냈으며, 경제적, 문화적, 학술적 분야에서 앞으로의 가능성에 대한 냉정한 분석보다는 보다 감정적으로 야기된 지나친 기대감이 양측 모두에서 커져 갔다."[95]

미국측에서 의기양양해하는 분위기는 일반 공공분야에서뿐만 아니라 정부 내에서도 상당히 만연하고 있었다. 카터는 브레진스키가 "중국에 너무 압도당해서" 그가 분명히 "유혹당했다"고 묘사하였으며, 브레진스키는 덩 샤오핑이 방문하러 왔을 때 그 자신이 "백악관에 있으면서 이에 필적할 만한 흥분감을 상기할 수 없었다"고 인정하였다.[96] 그러나 카터도 이러한 도취감으로부터 예외적인 존재는 아니었다. 이 사건 이후 3년 후에 출간된 자신의 회고록에서, 카터는 덩 샤오핑의 방문을 "나의 대통령 재임시절 중 가장 즐거웠던 경험 중의 하나"로 묘사하였으며, 덩 샤오핑이 케네디 센타에서 그를 위해 공연한 미국 어린이들을 팔로 껴안는 것을 본 청중들이 기뻐 울먹였다고 회고하였다. 그는 덩 샤오핑을 비롯한 중국 지도자들과의 토론 후 "일부에서 왜 중국인들이 세상에서 가장 문명화된 사람들이라고 이야기하는지" 그 이유를 알게 되었다고 덧붙였다.[97] 1979년 여름, 중국 방문을 마치면서 월터 먼데일은 양국 관계가 미국과 유럽동맹국들 간의 관계에 비견할 만한 '성숙함과 직접성'을 갖추었다고 공표하였다.[98]

---

95) Oksenberg, "A Decade of Sino-American Relations," p. 189.

96) Carter, *Keeping Faith*, p. 196; Brzezinski, *Power and Principle*, p. 406.

97) Carter, *Keeping Faith*, pp. 202, 208, 211.

180

심지어 좀더 심각하고 덜 형식적인 순간에도 미국 관료들은 전대미문의 용어로 정상화의 이익을 언급하였다. 미 행정부의 대변인은 미국이 전략적으로 헤아릴 수 없을 만큼의 이득을 얻게 되었다고 주장하였다. 즉, 소련에 대항하여 대등한 공동행동을 펼칠 수 있게 되었으며, 미·일 관계에서 하나의 심각한 잠재적인 자극 요소가 제거되었다는 것이다. 20세기에 들어와 처음으로 미국은 대아시아 정책 수립시에 중국과 일본을 사이에 두고 더 이상 선택을 강요받지 않아도 되었다.

사업계도 1970년대 초의 일시적인 화해 시기에 그랬던 것처럼, 미국이 중국을 외교적으로 승인하고 최혜국 대우 결정으로 창출될 새로운 기회에 대한 기대감으로 흥분하고 있었다. 심지어 미·중 관계정상화 이전에도 중국에서 외국 기술 및 장비의 대규모 수입을 위한 노력의 일환으로 중국이 미국과의 경제적 유대 확대에 관심을 가지고 있다는 징후가 분명히 나타났다. 보잉사(1978년에 747-SPs 세 대를 판매)로부터 유에스 스틸사까지, 그리고 코카콜라 회사(1978년에 독점적인 콜라 판매권을 획득)로부터 맥도날드 햄버거 회사에 이르기까지 중국과의 협상이 진행되었으며, 이러한 의도가 담긴 문서들에 서명하였다. 99)

정상화는 흥미만을 증대시켰다. 일요일에 나오는 《샌프란시스코 앤드 크로니클》지의 표지 기사는 베이찡과의 관계정상화가 공표된 다음날, 중국을 "(미국인) 사업가들에게는 거대하며 즙이 많고 새로운 오얏나무"로서 탐날 만한 것이라고 묘사하였다. 후속 기사에서 미·중 무역연방위원회 위원장인 크리스토퍼 필립스는 중국과의 상업적 유대에 관한 잠재력이 '무제한적인' 것처럼 보인다고 언급한 것으로 인용되었다. 100) 비록 좀더 신중할 것을 주장하는 일부 의견이 대두되었지만, 신중론자들은 미·중 간 교역이 심지어 낙관론자들이 희망했던 것보다도 훨씬 빠르게 증대되

98) *New York Times*, September 1, 1979, p. 5.
99) 보잉사와 코카콜라사의 중국과의 거래에 관해서는 *New York Times*, December 20, 1978, pp. D1, D12 및 December 25, 1978, A1, D12 참조.
100) *San Francisco Sunday Examiner and Chronicle*, December 17, 1978, p. C13.

고 있다는 기본 사실을 알게되자 곧 침묵하고 말았다. 101)

중국에 대한 일반 국민의 분위기도 또한 변하고 있었다. 미·중 관계 정상화 바로 직후인 1979년 2월에 실시된 여론조사에 의하면 여전히 미국 국민의 거의 절반(44%)이 중국에 대한 태도에 있어서 중립적이었고, 그 나머지는 긍정적인 견해를 가진 사람들과 좀더 부정적인 태도를 지닌 사람들로 나뉘어졌다. 102) 그러나 몇 달도 못 가서 어느 여론조사 전문가가 '여론의 굉장한 이동'이라고 불렀던 현상이 발생하였다. 그 해 말경의 한 여론조사에 의하면, 미국 일반 국민의 65퍼센트가 중국에 대해 전적으로 우호적인 인상을 가졌으며, 단지 35퍼센트만이 비우호적이라는 것이 드러났다. 그것은 정상화가 가져온 흥분감에 대한 단지 일시적인 반응은 아니었다. 1980년에도 대략 비슷한 여론 조사결과가 나왔다. 즉 일반국민의 70퍼센트가 중국에 대하여 우호적인 이미지를 가졌으며, 26퍼센트가 비우호적인 인상을 가졌다. 사실상 일반 국민의 45퍼센트가 이제는 소련의 공격에 대항하여 중국 방위를 지지하였으며, 이는 중국 본토의 습격으로부터 타이완 방위를 지지하는 비율과 거의 같았다. 103)

그러나 이러한 도취감 속에서도 중국에 대하여 주저하고 있는 모습을 보여주는 것이 태반이었다. 예를 들면 미국 경제의 일부 분야는 중국과의 급속한 사업확대 전망에 도취되지 않았다. 그 한 가지로, AFL-CIO의 관료들은 "낮은 임금을 받는 수억 명의 중국 노동자들이 세계에서 가장 최고의 기계로 완전히 장착된 새로운 공장에서 일하면서 수십억 달러에 달하는 소비재를 부지런히 생산할 것이며, 이 제품들은 미국으로 선적되어 체계적으로 미국인들의 직업을 파괴할 것"이라는 악몽에 이미 사로 잡혀 있었다. 104) 이러한 우려는 미·중 섬유협정에 관한 힘든 협상에 반영

---

101) 정상화 이후에 표현된 좀더 신중한 견해의 전형적 예에 대해서는, *New York Times*, December 19, 1978, pp. D1, D17.

102) *New York Times*, February 1, 1979, p. 10.

103) William Watts, *Americans Look at Asia: A Need for Understanding* (Washington: Potomac Associates, November 1980), pp. 7, 48.

되어, 1980년 7월 협상이 마침내 성공적으로 타결되기 전에 두 번이나 결렬되었다. 105) 의회는 타이완과 미국 간의 단교에 따라, 타이완의 안보와 안전이 심각하게 손상되었으며, 미국이 베이찡과의 군사적 관계를 너무 빠르게 진전시켜 나가고 있다고 우려하였다. 106)

또한 일반 대중의 중국에 대한 인식은 아직도 이중적인 측면이 매우 많이 남아 있었다. 중국이 전반적으로 높은 평가를 받고 있음에도 불구하고, 중국 내 인권상황에 대하여 미국 일반 국민의 60퍼센트가 여전히 어느 정도는 바람직하지 못하거나 또는 매우 바람직하지 못한 것으로 여겼으며, 단지 31퍼센트 정도만 긍정적 반응을 보였다. 중국을 특별히 신뢰할 수 있는 국가로 간주한 미국인들은 거의 없었다. 여전히 마오 쩌뚱 이후의 중국의 변화 ― 4인방의 숙청, 덩 샤오핑의 부각, 경제적 현대화에 대한 강조, 그리고 외부세계에 대한 개방의 징후들 ― 는 점차적으로 중국이 좀더 자유스럽고, 역동적이며, 그리고 우호적으로 나갈 수 있을

---

104) *San Francisco Sunday Examiner and Chronicle*, March 18, 1979, p. A19.

105) *New York Times*, March 31, 1979, pp. D1, D11; *Wall Street Journal*, May 15, 1980, p. 34; *Wall Street Journal*, July 25, 1980, p. 17.

106) 이것들은 1980년에 개최된 일련의 의회청문회와 워크숍에 반영되었다. 타이완 문제에 대해서는 Senate Committee on Foreign Relations, *Implementation of the Taiwan Relations Act: The First Year*, 96 Cong. 2 sess. (GPO, 1980); *Implementation of the Taiwan Relations Act*, the Hearings before the Subcommittee on Asian and Pacific Affairs of the House Committee on Foreign Affairs, 96 Cong. 2 sess. (GPO, 1981); Senate Committee on Foreign Relations, *Taiwan: One Year after United States-China Normalization*, report of a workshop sponsored by the Committee and the Congressional Research Service, 96 Cong. 2 sess. (GPO, 1980) 참조. 군사적 관계에 대해서는 *The United States and the People's Republic of China*; 약간 이후의 Senate Committee on Foreign Relations, *The Implications of U.S.-China Military Cooperation*, report of a workshop sponsored by the Committee and the Congressional Research Service, 97 Cong. 1 sess. (GPO, 1981). 또한 David M. Lampton, "Misreading China," *Foreign Policy*, no. 45 (Winter 1981~1982), pp. 103~114 참조.

것이라는 희망을 키워갈 수 있게 하는 것 같았다. 휴스턴에서 덩 샤오핑을 위해 베풀어진 야외 파티석상에서 한 텍사스 사람은 "나는 이처럼 한 번 불면 날아갈 것 같은 사람이 정말로 공산주의자라고는 결코 생각하지 않는다"107) 라고 이야기할 정도였다.

이 시기의 중국측 태도는 필연적으로 훨씬 인상적으로 비쳤으나, 그것은 비슷한 방향을 가리키고 있었다. 중국 지도자들은 여전히 미국의 정책, 특히 1979년 초 중국의 베트남 공격에 대한 카터 행정부의 미온적 반응과 타이완의 평화스러운 장래에 대한 미국의 지속적인 이해관계 등에 대하여 많은 유보사항을 달았다. 중국은 〈타이완 관계법〉을 신랄하게 비난하였으며, 미국의 정책을 완전히 평가할 수 있을 때까지 초기에는 일부 무역 및 상업협정의 서명을 지연하는 것 같았다.

그러나 이 모든 것을 고려하여 중국은 미·중 관계의 업적을 열렬한 용어로 그 성격을 규정지었다. 덩 샤오핑은 1979년 2월 미국을 떠나면서, "양국간의 밀월관계가 계속될 것이다"라는 확신을 밝혔다.108) 중국 대사 차이 쩌민은 열광적으로 그 해 9월이 미·중 관계에 대한 '어마어마한 전망'을 보여주었다고 언급하기도 했다. 그리고 경 비아오는 1980년 6월 양국이 지난 10년간 논의해 온 핵심적인 전략적 쟁점에 대하여 '일치된 견해'를 갖게 되었다고 지적하였다.109)

중국 언론에 실린 미국 관련기사는 보다 균형적이며 긍정적으로 바뀌었다. 여전히 미국 내의 범죄, 빈곤, 인종차별, 도덕적 타락 등에 대한 기사가 실렸으며, 기사들은 공개된 언론 및 내부 유통경로 등을 통해 유

107) Watts, *Americans Look at Asia*, p. 36; Schell, "Watch Out for the Foreign Guests!," pp. 118~119.

108) *Time*, February 12, 1979, p. 16.

109) Chai Zemin, address at the 13th Annual National Committee Member's Meetings, September 17, 1979, New York. *Renmin Ribao*, June 18, 1980, in FBIS, *China*, June 18, 1980, p. B3. 또한 Li Xiannian도 똑같은 견해를 표명하였다(*Xinhua*, April 27, 1980, in FBIS, *China*, April 28, 1980, p. B3).

포되었다. 110) 그러나 미·중 관계가 개선됨에 따라 그 분위기가 변하게
되었다. 1978년 가을에 중국 일간 신문들을 훑어보던 한 미국인은 당시
미국에 관한 긍정적 기사가 많이 실렸음을 주목하게 되었으며, 그 기사
가운데에는 디즈니랜드에 대한 상세히 설명과 미국 텔레비전 뉴스의 신
속성에 대하여 높이 평가하는 부분들이 포함되어 있었다. 111) 1979년 1월
덩 샤오핑의 미국 방문시 동행하였던 언론인들은 미국에 대해 긍정적인
또 다른 부분을 다음과 같이 소개하였다. 즉 미국 노동자들의 근면성,
미국 상점과 식당 내 서비스의 탁월성, 미국 기술 수준의 발전성, 그리
고 보통 미국 가정의 풍족성 등을 거론하였다. 112) 덩 샤오핑의 방문에
대한 텔레비전의 취재 보도, 그리고 일반 중국인들에게 접근가능한 미국
영화들의 수적 증대는 필연적으로 부유하고 발전된 사회로서 미국에 대
한 강력하고도 생생한 인상을 중국인들에게 전달하였다.

일반 대중 수준에서도, 미국에 대한 도취 분위기를 암시하는 증거들을
찾아 볼 수 있다. 1978년 베이찡의 민주의 벽에 게시된 몇몇 대자보는
미국의 인권 존중과 민주주의의 전개에 대해 찬사를 보내고 있었다. 정
상화가 발표되기 몇 주 전, 베이찡에 거주하는 한 젊은 여성은 반대파의
모든 항의를 무시하면서, 한 미국 방문객에게 미국에서 컬러 텔레비전
수상기를 거의 보편적으로 보유하고 있다는 것은 "미국 내에서는 모든 것
이 괜찮다"는 것을 입증하는 것이라고 이야기 하면서, "우리가 따라잡기
위해서는 중국이 당신들로부터 배워야 한다"라는 의중을 분명히 밝혔다.

양국의 상호 외교관계 수립 발표는 이와 같이 기쁨에 들떠 있는 감정
을 고조시켰다. 당시 도시에 사는 중국인의 태도에 대한 보도에 따르면,
"정상화가 임박한 시점에 중국을 휩쓴 이상할 정도의 들떠 있는 분위기가
존재했다." 많은 중국인들은 미국이 마침내 중국을 하나의 대등한 상대로
결정했다고 믿었다. 특히 중국 청년들은 돈을 벌기 위해 미국으로 여행

---

110) 그 예로서 *Washington Post*, March 31, 1980, p. A4 참조.

111) *San Francisco Chronicle*, Nonember 11, 1978, p. 10.

112) 그 예로, *Beijing Review*, January 26, 1979, pp. 9~22 참조.

할 수 있는 가능성을 알게 되자 흥분하였으며, 수천 명의 대학생들은 미국에서 교육받을 수 있는 가능성을 찾아보기 시작하였다. 113) 사실상 미국에 대한 찬사가 널리 펴져 있음을 가장 확실하게 보여주는 것으로는 미국을 맹목적으로 숭배한 사람들에 대한 중국 언론의 비판 기사에서 엿볼 수 있다. 114)

일반 중국인들의 분위기는 아마도 1979년 2월 《뉴욕 타임스》에 발송된 두 통의 편지 속에 가장 잘 요약되어 있다고 보는데, 이 편지들은 미·중 관계정상화를 환영하며 미국의 도움을 요청하는 것이었다. 이들 편지 가운데 하나를 소개하면 다음과 같다.

> 저는 우리 양국 인민들간의 전통적 우호관계가 오늘부터 강철처럼 확고하며 해와 달처럼 영원히 지속되어 여러 세대에 걸쳐 계속될 것을 희망합니다. 저희 국가에 있는 모든 것은 당신 국가의 것보다 너무나 뒤져 있습니다 … (그러나) 귀국으로부터의 발전된 기술과 자본의 도움을 받는다면, 저는 우리가 (현대화라는) 우리의 목표를 실현시킬 수 있다고 확신합니다 … 위대하고 명예로운 미국 인민 여러분, 부디 관광, 방문, 또는 가르침을 주기 위해) 저희 나라에 오시기 바랍니다. 저희는 여러분을 결코 잊지 않을 것이며, 우리가 귀국을 생각할 때마다 존경스러움을 느낍니다. 115)

이처럼 태평양을 사이로 두고 들뜬 분위기는 양국의 문화 속에 깊이 뿌리박혀 있는 정서를 바탕에 두고 있었다. 미국인들에게 미·중 관계정상화는 마이클 헌트가 하나의 '특수관계'의 신화라고 지칭하였던 것을 다시

---

113) Ralph N. Clough, *Chinese Elites: World View and Perceptions of the U.S.,* Research report R-15-82 (Washington: International Communication Agency, August 1982), p. 22.

114) Xinhua, April 20, 1980, in FBIS, *China*, April 22, 1980, p. B1; Xinhua, April 5, 1980, in FBIS, *China*, April 7, 1980, p. L9.

115) *New York Times*, February 20, 1979, pp. A14.

상기시켰다. 116) 이것은 미국 자체가 특별한 국가이며 다른 국가들보다 더욱 고결하고, 자유와 민주주의의 이상에 관여하였으며, 다른 나라들에 이러한 가치를 전달할 권리와 책임을 지니고 있다는 확신을 깊이 깔고 있었다. 헌트의 표현에 의하면 미국 외교정책의 이러한 이상주의적 경향은 "세계가 경외심을 갖고 지켜보는 가운데 미국은 자신의 이미지에 맞도록 다른 나라들을 개조할 수 있을 것이다"라는 확신을 담고 있었다. 117)

이러한 일반적인 목적은 중국에서 특별한 반향을 불러일으키고자 하는 경향이 있었다. 미국인들은 중국이 18세기 말부터 찬란한 과거를 가졌지만 현재는 비참한 처지에 처했으며 나라를 구할 수 있는 새로운 사상, 가치, 제도들을 해외에서 찾고 있다는 점을 알게 되었다. 만약 미국이 헌신적인 선생님이었다면 중국은 열심히 노력하는 학생으로 널리 간주되었을 것이다. 중국과의 특별한 관계는 이타주의적인 미국의 도움을 바탕으로 중국이 충분히 감사하는 마음으로 보답한다면 우호관계의 황금시대를 기대할 수 있었다. 118)

반대로 중국 지도자들과 일반 도시인들은 30년이 지난 후에 미국이 중국을 승인한 것은 중국의 중요성과 중국 혁명의 정당성을 옹호하는 것으로 받아들였다. 《인민일보》가 1978년 12월 16일에 미·중 관계의 정상화를 공표하는 호외발행을 허락받았다는 사실, 이를 알리는 공보 벽지가 중국에서 전통적으로 행복을 상징하는 색깔인 붉은 잉크로 완전히 인쇄되었다는 사실은 중국 지도자들이 미국과의 새로운 관계에 부여한 중요성과 환영하는 흥분 분위기를 나타낸다. 많은 미국인들처럼 중국인들은 오랜 역사적 비극은 마침내 끝났으며 오래 끌었던 어리석음도 바로 고쳐졌다고 느꼈다.

---

116) Michael H. Hunt, *The Making of a Special Relationship*: *The United States and China to 1914*(Columbia University Press, 1983) 및 Michael H. Hunt, *Ideology and U.S. Foreign Policy*(Yale University Press, 1987) 참조.

117) Hunt, *Ideology and U.S.Foreign Policy*, p. 42.

118) *Ibid.*, p. 299,

중국의 개조에 대한 미국의 열광은 미국에 대한 중국의 끊이지 않는 찬사와 병행되어 나타났다. 중국의 지식인들은 19세기 말 이후부터 미국에 대해 기술적으로 좀더 발전된 사회로서뿐만 아니라 정치적으로도 비교적 미덕을 지닌 사회로 파악하였다. 미국 혁명은 많은 중국인들에게 하나의 모델이 되어왔는데, 중국인들은 미국 혁명을 '정직하고 도덕적으로 올바른 사람들이 억압받는 사람들을 자유와 독립으로 이끌어 나가는' 하나의 과정으로 인식하였다. 또한 중국의 지식인들은 미국 혁명을 추종하기를 희망하는 하나의 길잡이로 삼았다.[119] 합리성과 반응성을 강조하는 미국의 정치는 '과학'과 '민주주의'에 대한 중국의 열망을 구체화한 것처럼 보였다. 일반 중국인들에게 샌프란시스코에 대한 중국식 명칭인 진산(金山)이 의미하는 것처럼 미국은 상상할 수 없을 정도로 번영된 나라로 해외에 나간 중국인들이 공부를 하거나 돈을 벌 수 있는 기회를 상대적으로 풍부하게 제공해주는 나라로 여겨졌다. 마오 쩌둥 시대의 수십 년 동안에 외쳐댄 반미구호도 미국에 대한 이러한 호의적인 이미지를 근절시키지는 못하였다.

양국이 지닌 이미지들이 상호작용을 하게 되어 그것들이 중국의 미국에 대한 찬사와 정교하게 부합되었을 뿐만 아니라, 미국 사회의 미덕에 대한 미국인들의 확신과 부합되었기 때문에 엄청난 영향력을 지니게 되었다. 그러나 이러한 이미지가 만들어낸 양국 관계는 또한 깨어지기 쉬운 것이었다. 지난 200년에 걸친 미·중 간의 역사를 보면 특히 미국이 중국의 내정에 간섭하거나, 중국의 조건에 적합하지 않는 발전 모델을 수출하거나, 또는 중국을 종속적 상대로 취급하는 것처럼 보이게 되면 중국은 미국에 대해 분노하고 신랄한 태도를 보여 왔다. 마찬가지로, 특히 중국이 미국의 이익에 위배되는 외교정책 방향을 채택하거나, 미국식 가치와 제도들을 채택하지 않았거나, 또는 미국의 지원에 대하여 크게

---

119) Tu Wei-ming, "Chinese Perceptions of America," in Michel Okesenberg and Robert B. Oxnam, eds., *Dragon and Eagel: United States-China Relations: Past and Future*(Basic Books), p. 93.

고마워하지 않는 것처럼 보일 때, 중국에 대한 미국의 태도가 급속하게 환멸과 업신여김으로 돌변했던 점을 알고 있다.

그리하여 태평양을 사이에 두고 양국의 소수 전문가들은 미·중 간의 우의가 일시적인 것이 될 수도 있다고 경고하였다. 덩 샤오핑이 미국을 떠날 때, 미국의 중국학회 회장인 존 페어뱅크는 덩 샤오핑의 거의 도취된 감정이 조만간 기분잡친 모습으로 변할 수 있다고 경고하였다. 페어뱅크는 중국이 권위주의 체제로 남아 있다는 사실을 미국이 알게 되었을 때에는 "그들의 생기 넘치는 모습이 곧 환멸감으로 바뀌게 될 수 있다"고 주의를 환기시켰다. 120) 그리고 1980년 1월 미국 브라운 국방장관의 중국 방문시 동행하였던 미국의 중국전문가들 중의 어느 한 사람에게 중국의 한 지식인은 미·중 관계의 잠재력이 과대평가되어서는 안 된다는 점을 암시하였다. 그는 말하기를, "당신네 미국인들은 매우 매력적인데, (왜냐하면) 당신들은 오래 기억하지 못하기 때문이다. 우리는 과거에 우리와 미국 사이에 있었던 일들을 그렇게 빨리, 또는 쉽게 잊을 수가 없다."121) 당시 그러한 언급은 미·중 간에 활발하게 주류를 이루는 분위기에 동의하지 않으려는 심술궂은 시도로 보였다. 그러나 돌이켜보면, 앞으로 전개될 미·중 관계에 대한 명백하고도 선견지명이 있는 예측이었던 것 같다.

---

120) *Time*, 1979년 February 12, 1979, p.16.
121) *New York Times*, January 8, 1980, p.A3.

제 4 장

소 원 기

정상화 이후 처음 2년간 미·중 관계는 빠른 속도로 진전되었으나, 1980년대 초에 이르러 그 추진력을 잃어 버리는 상황에 빠졌다. 워싱턴과 베이찡은 미국의 대 타이완 무기판매에 관한 계속된 논쟁으로 인하여 관계가 소원해져 버렸다. 중국은 몇 년 동안 강한 어조로 미국의 외교정책에 대해 비판하였고 워싱턴과의 군사협력을 중단하였다. 양국은 중국 테니스 스타의 미국 망명으로부터 청조가 발행한 철도 공채와 관련한 소송에 이르기까지 아주 사소한 문제들을 놓고 논쟁을 계속하였다. 무역량은 1970년대 후반 이후 처음으로 하락하였으며 미국의 대중국 투자가 감소하였다.

이러한 미·중 관계의 하향세는 세 가지 요인에 의해 이루어졌다. 첫째, 레이건 신행정부는 워싱턴과 타이페이 간의 공식적 접촉을 회복하고 미국의 무기판매 증가를 통해 타이완과의 관계개선을 분명하게 공약하였다. 중국의 지도자들은 레이건의 당선을 위험신호로 여겼다. 레이건은 선거 캠페인 연설에서 타이완과의 외교적, 군사적 관계를 회복하기 위해 국민당원(타이완)으로부터 미국을 점차 멀리하게 하는 전임자들의 전략을 뒤바꿀 것이라고 제안하였다. 중국의 지도자들은 이러한 미국 정책의 일관성 결여를 받아들일 수 없었다.

베이찡은 레이건 행정부 초기 미국의 다른 대외정책들에 대해서도 염려하였다. 중국 지도자들은 이전에 닉슨, 포드, 카터 행정부가 소련의 팽창주의에 대하여 명확한 입장을 취하도록 부추겼음에도 불구하고, 레이건 대통령이 실제로 대소 강경정책을 밀고 나가자 불안해 하기 시작하였다. 군비 증강과 소련에 대한 적대적 태도 등과 같은 정책 때문에 중국인들은 불안하게 되었던 것이다. 또한, 미국이 제3세계의 경제문제에 대해 무관심하고 개발도상국에 대한 내정간섭 경향이 나타나자 중국은 당황하게 되었다. 미국의 외교정책에 대한 불만족스러움이 증가하였기 때문에 베이찡은 국제적인 사건에 대하여 더욱 독립적인 입장을 표방하였고, 1972년 이후 중국 외교의 가장 큰 특징이었던 대미 관계강화 노선을 포기하게 되었다. 이러한 중국의 미국에 대한 태도변화는 역으로 미국이(대중 관계악화로 인해) 비록 소련과 화해하는 방향으로 나아갈 정도는 아니라 하더라도 중국이 더 이상 믿을 만한 동반자가 아니라는 사실을 인식하게 하였다.

끝으로 1970년대에, 특히 양국관계 정상화 이후 양국간에 경제적·문화적 관계가 급속한 진전을 이루었지만, 양국관계가 소원국면으로 접어들게 되면서 점점 고통이 증대되기 시작하였다. 중국과 미국의 상호관계가 미미할 때에는 쉽게 무시되었던 양국 사이의 고유한 이념적, 구조적 차이는 양국이 더욱 폭넓은 관계로 발전됨에 따라 점점 분명해졌다. 게다가 미·중 경제관계는 양국 경제의 경기후퇴로 인해 영향받게 되었다. 이러한 전개과정을 겪으며 미국이 첨단 기술을 수출하고, 중국 수출품을 흡수하며, 중국의 현대화에 대한 재정 지원에는 한계가 있다는 점을 중국이 인식하게 되었다. 미국 역시 당초 예상하였던 제한 없는 사업 기회와 학문적 기회를 중국이 제공하지 않는다는 사실을 점차 이해하게 되었다.

양국관계 정상화 기간 동안 발전된 미·중 관계에 대한 비현실적인 기대를 감안한다면, 이러한 양국관계 발전이 양국의 분위기에 중요한 영향을 미쳤다는 사실은 필연적 현상이었다. 중국의 발전모델에 매력을 느꼈던 미국인들이었지만 이제는 중국 사회와 정치를 더욱 회의적으로 보기 시작하였다. 미국의 정치 지도자들과 기업 간부들은 미·중 관계에서 희망과 동시에 한계를 알게 되었다. 태평양을 건너서, 중국이 미국에 대해 품은 환멸의 감정은 더욱 강렬한 것이었다. 중국의 지도자들은 비록 일반 대중의 여론은 아니더라도, 미국이 실행하지 못할 약속을 남발하고, 이전의 협정들을 쉽게 포기하며, 중국에 대해 불공평하게 대하는 불성실하고 생색내기 좋아하는 협력자로 보기 시작하였다. 결국 미국과 중국은 쌍방간에 양국관계 정상화 직후 나타났던 낙관적 분위기에서 깨어나게 되었던 것이다.

1. 레이건과 타이완 문제

1980년 로널드 레이건이 미국 대통령으로 당선되자 미·중 관계의 안정성과 연속성에 중요한 도전이 제기되었다. 물론 레이건도 대 중국 관계에 있어서 경제적, 군사전략적 관계 강화에 반대한 것은 아니었다. 많은 보수주의자들과 마찬가지로 레이건은 중국을 소련에 대한 대항세력으로 간주하였다. 실제로 1976년 제랄드 포드와의 공화당 대통령 후보 지명 선거운동에서 레이건은 포드 행정부가 미·중 관계침체에 대해 책임을 져야 한다고 비판하였다. 레이건은 만약 미국이 베이찡과의 취약한 관계를 강화시키는 방향으로 나아가지 않는다면 모택동 사망 이후에 친소련 세력이 권력을 잡게 될 것이라고 우려하였다. 이러한 결과를 막기 위해 레이건은 중국과의 경제협력 확대와 전략상의 정보공유를 제안하였다. 레이건이 심려했던 바는 아마도 포드 대통령이 중국과 화해 분위기를 유지하였다는 점이 아니라 베이찡에 대해 무관심했다는 점이었을 것이다. [1]

그럼에도 불구하고, 레이건은 미·중 관계의 강화가 미국·타이완 관계의 희생을 정당화시킬 수 있다고 생각하지 않았다. 1976년에 레이건은 중국에 대해 부당한 양보를 하지 않고서도 베이찡과 워싱턴 간의 관계 강화가 가능하다고 주장하였고 특히 미국·타이완 관계를 단절하는 것에 대해 경고하였다. 1978년 12월, 카터 행정부가 미국·타이완 관계를 단절할 준비가 되어 있다고 발표했을 때, 레이건은 이러한 정책에 대해 비판하는 측에 가담하였다. 그는 카터 대통령이 베이찡에 "굴복했다"고 비난하였으며, "현재 미국·타이완 관계단절이 그렇게 절박한 사안인가?"라는 의문을 제기하였다. 2)

1980년 대통령 선거기간 동안 레이건과 그의 참모들은 만약 레이건이 대통령으로 당선된다면 타이완과의 관계에 중요한 변화를 줄 계획을 세우고 있다고 시사하였다. 그 해 봄, 레이건은 자금조달자원 행사에서, 미·중 관계정상화 이후 타이완에서 미국의 이익을 대표하고 있는 비공식 단체인 미국 연구소에 공식 지위를 부여할 것이라고 말하였다. 5월에는 "미·중 관계정상화 이전 베이찡에 공식적인 연락사무소가 있었던 것과 마찬가지로 베이찡과 공식적 외교관계를 유지하면서도 타이완에 공식적 연락사무소를 설치하지 못할 이유가 없다"고 하면서, 따라서 타이완은 미국과 정부 간 관계를 가질 수 있다고 말하였다. 1980년 공화당 전당대회에서 미·중 관계의 '평화적 (조정)노력'을 요구하면서 이와 동시에 "오랜 협력국이자 우방인 타이완에 대한 카터 행정부의 처분을 유감스럽게 여긴다"고 발표하였다. 3)

중국은 즉시 레이건의 발표에 항의하여 미국과 타이완의 공식적 관계 회복이 미·중 관계정상화에 대한 협정을 위반하는 것이라고 경고하였

---

1) Ronald Reagan, "Expanding Our Ties with China," *New York Times*, July 28, 1976, p. 31.
2) Reagan, "Expanding Our Ties"; *New York Times*, December 17, 1978, pp. 1 ~18.
3) *Washington Post*, April 24, 1980, pp. A1~A2; *New York Times*, *August 25*, 1980, p. A18; *New York Times*, July 13, 1980, p. A14.

다. 중국의 격렬한 항의와 미국 기자들의 날카로운 질문에 직면하여, 레이건의 선거운동 참모들은 기존입장을 철회하기 시작하였다. 레이건의 외교정책 참모였던 리차드 알렌은 기자들에게 레이건이 대통령에 당선될 경우, 타이완에 대해 어떠한 정책을 취할지에 대한 과장보도를 삼가해 달라고 주문하였으며, 레이건은 중국과의 관계에서 어떠한 변화도 원하지 않는다고 말하였다. 또한 레이건의 선거본부는 중국의 우려를 무마하기 위해서 부통령 후보인 조지 부시를 베이찡에 파견하였다. 거기에서 베이찡 주재 연락사무소의 전 책임자(부시)는 중국 지도자들에게 최근 중화민국에 대한 레이건의 발언들이 통상관례에서 벗어난 것이며 레이건은 베이찡과의 관계를 전복시키려고 하지 않았다는 것을 주지시켰다. "레이건 주지사가 만약 대통령에 당선된다면 중국과의 관계를 되돌려 놓지 않을 것이며, 두 개의 중국정책을 취하지는 않을 것이다"라고 부시는 발표하였다. 4)

불행하게도, 레이건 자신은 부통령 후보자와 선거운동 참모들이 (대외적으로) 전달하려는 메시지를 받아들이는 것 같지 않았다. 심지어 부시가 중국을 달래려고 노력하는 중에도 레이건은 다시 타이완과의 공식 관계를 재수립할 것이라고 천명하였다. 보도에 의하면, 당시 베이찡에 있던 부시는 레이건의 성명을 듣고 "얼굴을 찡그리고 이마에 손을 대면서 레이건의 발언에 대해 논평을 거부하였다"고 한다. 5) 그러나 레이건의 발언은 중국을 달래고 그들의 신뢰를 회복하려는 부시의 노력을 헛되이 만들어 버렸다. 결국 중국 언론들은 부시가 레이건의 의도를 우려하는 중국 정부를 무마시킬 수 없었다고 하면서 부시의 임무가 실패했다고 기술하였다. 6)

부시가 베이찡에서 돌아온 후에 레이건은 이전에 발표한 성명으로 야

---

4) *Wall Street Jounal*, July 23, 1980, p. 26; *Washington Post*, August 24, 1980, pp. A1~A3; *New York Times*, August 23, 1980, p. A9.

5) *Washington Post*, August 24, 1980, pp. A1~A3.

6) *Renmin Ribao*, August 24, 1980, p. 6, in FBIS, *China*, August 26, 1980, pp. B1~B2.

기된 혼선을 불식시키고자 그의 중국정책에 관한 보다 포괄적인 성명을
발표하기에 이르렀다. 여기서 레이건은 최초로 카터 행정부가 "닉슨 대통
령과 포드 대통령이 확고하게 반대했던 바를 양보"하였으며 이러한 양보
는 "필요하지도 않으며 국익에 합치되지도 않는다"고 명백히 비난하였다.
레이건은 자신이 대통령이 되면 "이전에 베이찡에 있던 사무소와 동일한
지위를 가진 연락사무소를 타이완에 설치하겠다"고 주장하였다. 7)

　그러나 레이건은 이러한 조치들이 더 이상 가능하지 않다고 인식하게
되면서, 그가 만약 대통령으로 당선되면 타이완 문제를 다시 쟁점화시키
겠다고 하던 초기 입장에서 한 발짝 물러서게 되었다. 연초에 공언하였
던, 타이완에 미국 연락사무소를 개설할 것이라는 입장에서 양보하여,
이제는 "카터 대통령과는 달리 의회에서 입법화된 타이완과의 현 관계가
공식적 관계가 아니라고 가장하지는 않을 것이다"라고만 간단히 언급하
였다. 레이건이 제안한 구체적 변화는 단지, 미국 관료들이 사무실에 타
이완의 대표들을 들여보내지 않는 등의 "타이완 문제와 관련하여 중국 친
구들에게 품위를 떨어뜨리거나 부적절하다고 여겨지는… 사소한 실제행
동을 그만두게 하는 것뿐이었다." 결국 레이건의 발언은 《뉴욕 타임스》
지의 보도에 의하면, "자신이 선거운동 중에 말한 것보다 부시가 중국 지
도자들에게 말했다고 알려진 것에 더욱 가깝게 따른다"는 것이었다. 8)

　따라서 결국 타이완과 공식적인 관계 정상화를 추구할 가능성은 사라
졌다. 물론 타이완의 국민당 간부와 지방정부 관료 두 사람을 레이건 대
통령의 취임식 행사에 참석하도록 초대하였으나, 이러한 초대조차도 베
이찡의 반대 이후에 취소되었다. 미국과 타이완 대표들의 접촉에 대한
제한은 얼마간 느슨해졌다. 국무성 직원들을 제외하고 중간 간부 관료들
의 타이완 방문이 허락되었다. 그와 반대의 경우에도 마찬가지로 워싱턴
에 있는 타이완의 대표부 즉, 북미사무협조위원회의 중간간부급 직원들

---

7) 공동성명 내용의 요약은 *New York Times*, August 26, 1980, p. B7을 참조.

8) *New York Times*, August 26, 1980, pp. B7~A1.

은 국무성을 제외하고 미국 관료들을 방문하는 것이 허용되었다. 그러나 신임 국무장관 알렉산더 헤이그는 "타이완인과 별로 중요하지 않은 담소를 나눔으로써 개인적으로 이념적 측면에서의 즐거움을 얻는 대신에 중화인민공화국을 잃는, 사리에 맞지 않는 행위를 해서는 안된다"고 하여 이러한 변화에 한계가 있음을 분명히 하였다. 9) 레이건이 한때 간단하게 예상했던 미국·타이완 관계의 광범위한 향상은 이루어지지 않았다.

더욱이 새로운 레이건 행정부는, 내심 타이완을 동정하고 있음에도 불구하고, 베이찡에 대한 호의를 나타내려고 애썼다. 취임 이후 2개월이 지난 1981년 3월에 레이건은 개인 자격으로 베이찡을 방문하는 제럴드 포드 전 대통령을 통해 중국 지도자들에게 개인 서신을 보내 중국과 안정적이고 우호적인 관계를 유지하고 싶다는 희망을 강조하였다. 또한 레이건은 백악관 집무실에서 차이 쩌민 중국 대사와 회담을 가졌다. 그 회담은 새 행정부가 미·중 관계에 부여하는 중요성을 부각시키기 위해서 마련된 것이었다. 헤이그 국무장관은 1981년 6월 베이찡 방문을 계획하였으며, 이 때 미국은 중국측에 미국이 중국을 적국으로 대하기보다는 미국과 이익을 공유할 수 있는 우호적인 개발도상국으로 여기고 있고, 그렇기 때문에 백악관은 미·중 경제협력을 저해하는 모든 법적 장애를 제거하기 위한 입법을 모색하고 있다는 사실을 전달하였다. 10)

레이건 행정부가 더 이상 타이완과의 공식관계를 추구하지 않겠다는 결정을 내리고 중국과 우호적 관계를 유지할 것이라고 선언하였음에도 불구하고, 새로운 미국 행정부에 대한 베이찡의 인식은 개선되지 않았

---

9) Alexander M. Haig, Jr., *Caveat: Realism, Reagan, and Foreign Policy* (Macmillan, 1984), P. 200. 또한 다음 책을 참조. Harvey Feldman, "A New Kind of Relationship: Ten Years of the Taiwan Relations Act," in Ramon H. Myers, ed., *A Unique Relationship: The United States and the Republic of China under the Taiwan Relations Act* (Stanford: Hoover Institution Press, 1989), pp. 25~48.

10) *New York Times*, June 17, 1981, pp. A1, A16.

다, 중국의 지도자들과 분석가들은 타이완에 대한 미국의 무기판매와 같은 또 다른 쟁점에 주목하기 시작하였던 것이다.

이미 3장에서 살펴보았듯이, 미·중 관계가 정상화된 이후 워싱턴에서 타이완에 방어 무기를 판매하려고 하자 베이찡은 계속적으로 항의하였다. 지미 카터 대통령은 1977년 6월 초, 중국이 타이완에 대한 무력 사용을 포기하지 않은 상태에서 타이완에 대한 무기판매는 미·중 관계 정상화를 위한 필요조건이 된다고 결정하였음에도 불구하고, 이러한 결정은 같은 해 9월까지 워싱턴의 중국 대표부에 전달되지 않았다. 중국은 계속되는 대 타이완 무기판매가 중국의 주권을 침해하는 행위로 이를 절대 받아들일 수 없다면서 신속하게 대응하였다. 그렇지만 덩 샤오핑은 미국과의 협정을 결말 짓고 싶었고, 당시 베트남과 전쟁을 치를 가능성이 있었기 때문에 그는 미국의 조건을 받아들일 수밖에 없었다. 그러나 중국은 여전히 미국의 정책에 만족하지도 않았고 따르려 하지도 않았다. 대신에 중국은 타이완에 판매된 미국 무기의 유입을 감시할 수 있는 권리를 확보했으며 나중에 이 문제를 다시 다룰 수 있게 되었다.

1981년 초, 카터 행정부가 사퇴할 때까지 중국은 점점 더 우려할 만한 상황에 직면하게 되었다. 1979년과 1980년 동안 타이완에 대한 미국 무기판매는 복잡한 양상을 띠고 있었다. 카터 행정부는 타이완측이 새로이 F-4s, F-16s, F-18s, 하푼 함대함 미사일, 스탠다드 대공 미사일 등과 같은 최첨단 무기판매를 요구하자 이를 거절하였다. 그러나 카터 행정부는 1980년 6월 미국의 항공기 제작 회사인 노드럽사와 맥도널-더글라스사가 타이완이 요구한 전투기보다는 성능이 뒤떨어지나 타이완이 보유하고 있는 F-5Es보다는 성능이 향상된 전투기인 FX의 계약건에 대해 타이완과 협상하는 것을 승인하였다. 더욱이 증명할 수는 없지만, 미국이 동맹국들에게 타이완에 대한 무기판매를 장려한다는 보고가 있었다. 1980년 말 네덜란드는 미국으로부터 공식적으로 요청받았다는 소문이 무성한 가운데, 물론 나중에 미국은 그러한 사실이 없다고 부인하였지만, 타이완에 잠수함 두 척을 건조·판매하는 것에 동의하였다. 11)

타이완에 대한 미국의 무기판매는 판매량의 측면으로도 베이찡의 입장
에서 보면 바람직하지 못하였다. 카터 행정부가 타이완과의 상호방위조
약이 만료되는 1979년 무기이전 시기를 12개월간 유예시키겠다고 천명하
였음에도 불구하고, 타이완으로의 무기유입은 줄지 않고 계속되었다. 대
외군사무기판매(FMS: foreign military sales) 체계하에서 이루어진 새로운
계약의 평가액은 1980 회계연도에 약간 감소하였다. 그러나 실제로 미국
의 대 타이완 무기판매는 상업 거래가 지속되고 기왕의 FMS 계약이 완
료됨에 따라 1978 회계연도에 2억 8백만 달러에서 1980 회계연도에 2억
6천 7백만 달러로 증가하였다.

베이찡은 이러한 상황전개에 대해 매우 실망하였다. 미국은 타이완에
대해 상당한 양의 군사무기들을 제공하였고 보다 성능이 향상된 전투기
판매를 고려하고 있었다. 중국은 비록 미국과 타이완 간의 상호방위조약
이 종료되었음에도 불구하고, 미국이 〈타이완 관계법〉을 빌미로 계속적
으로 타이완의 안보문제에 관여할 것으로 여기고 있었다. 결국, 미국이
중국 정부가 지속적으로 원해 왔던 대로 타이완에 대한 외교적 승인 철
회를 실행하였다고 해서 미국과 타이완 간에 신뢰 위기가 조성된 것은
아니었다. 중국의 지도자들은 타이완의 장 징구오(蔣經國) 총통이 노쇠
해짐에 따라 (부각되고 있는) 타이완의 차세대 지도자들이 중국 본토와
타이완의 평화적 통일을 더욱 받아들이지 않으려고 한다는 사실에 점차
관심을 가지게 되었다. 그래서 중국 지도자들은 1981년 가을까지 이 문
제에 대한 미국의 정책을 뒤바꾸기 위한 노력을 경주하기로 결정하였다.
중국의 목적은 단순히 타이완에 대한 FX 판매를 막는 것이 아니라 장차
모든 미국의 대 타이완 무기판매에 대해 더욱 제한적인 새 규정을 마련
하는 것이었다.

중국은 1981년 10월 멕시코 칸쿤(Cancun)에서 열린 북·남정상회담에

---

11) 소문에 대해서는 다음을 참조. Xinhua, January 27, 1981, in FBIS, *China*,
January 28, 1981, p. B1. 그 사실에 대한 부정은 다음을 참조. *Wall Street
Journal*, January 19, 1981, p. 22.

서 레이건 대통령과 자오 즈양 수상이 만났을 때 처음으로 새로운 요구
사항을 제기하였다. 중국과의 외교관계 수립에 대한 협상이 진행되는 동
안 카터 행정부는 베이찡측에 미국의 대 타이완 무기판매의 "양과 질은
타이완 문제에 대한 베이찡의 입장과 연계되어 있다"는 암시를 주었고 이
는 타이완 해협에서 긴장이 완화되면 미국의 무기판매가 줄어든다는 것
을 의미하였다.12) 이제 중국측은 이러한 상호 연계사항에 대해 문제를
제기한 것이었다. 자오 즈양 수상은 지난 9월 30일 예 지아닝(葉 劍英)
이 처음으로 공표한 바 있는, 중화인민공화국의 주권하에 타이완을 두되
실질적 자율성을 보장한다는 내용을 담은 '타이완과 중국본토의 평화적
통일을 위한 새로운 아홉 가지 계획'을 발표하였다. 이러한 새로운 제안
의 맥락 속에서, 중국측은 레이건 대통령에게 외국인이 계속해서 타이완
에 무기를 판매할 필요도 없고 권리도 없다는 것과13) 미국은 타이완에
대한 무기판매를 줄여야 한다는 사실을 전달하고자 하였던 것이다.

중국측은 즉시 미국측에 그들이 원하는 바를 정확하게 알려주었다. 처
음에는 멕시코의 칸쿤 회담에서, 후에는 워싱턴 회담에서, 중국의 외교
부장 황화는 미국이 타이완에 대한 무기판매에서 질적으로나 양적으로
카터 행정부 기간의 수준을 넘지 않을 것, 타이완에 대한 무기판매를 점
차 줄일 것, 그리고 타이완에 대한 무기판매를 완전히 금지하기 위한 계
획서를 작성할 것 등을 요청하였다. 이밖에도 중국측은 미국이 타이완에
무기를 판매하고자 할 때에는 이를 미리 중국에 고지해야 한다는 요구를
덧붙였다. 그렇지 않으면 베이찡은 미국에 있는 대표부를 연락사무소로
축소하거나 완전히 철수할 것이라고 중국 언론을 통해 흘렸다.14)

---

12) Michel Oksenberg, "A Decade of Sino-American Relations," *Foreign Affairs*,
  vol. 61(Fall 1982), p. 188.

13) Xue Mouhong and Pei Jianzhang, eds., *Dangdai Zhongguo Waijiao*
  (Contemporary Chinese Diplomacy)(Peking, Chinese Social Science
  Publishing House, 1987), p. 236.

14) Haig, *Caveat*, p. 210; Xue and Pei, *Dangdai Zhongguo Waijiao*, p. 236;

중국은 이러한 중국의 요구에 접하여 미국이 중국이 통일될 때까지 타이완에 무기를 계속 판매할 것이라는 사실을 재천명하는 반응을 보일 것이라고 판단하였다. 다만 미국이 타이완에 대한 무기판매를 신중하고 제한적이며 선택적인 방식으로 수행할 것과 무기판매의 양과 질이 카터 대통령 시기의 수준을 초과하지 않을 것이라고 예상하였다. 그러나 미국은 그와 같은 무기판매 축소를 명확하게 약속하지 않았으며, 특정 시기 이내에 타이완에 대한 무기판매를 종료한다는 점에 확실하게 동의하지 않았다. 워싱턴은 앞으로 타이완에 대한 무기판매 문제를 계속 논의할 것에 합의하였고 협상이 진행 중일 때에는 신중하게 처신할 것을 약속하였으나, 동시에 미국은 '해야만 하는 일'(타이완에 대한 무기판매)을 계속하고자 하였다. 15)

미·중 관계 정상화에 관한 협상보다 더 길게 지속된 미국의 대 타이완 무기판매 문제에 대한 협상은 1981년 겨울, 미국의 주중대사인 아서 험멜 2세와 중국의 외교부부장인 장 원진(張文津)과 한 쉬(韓敍)의 주도하에 베이찡에서 개최되었다. 16) 미국은 여러 수단을 통해 호의적인 협상 분위기를 조성하려고 노력하였다. 미국은 1972년 닉슨의 중국 방문 10주년 기념식에 자오 즈양을 초대하였으며, 여기서 미국의 타이완에 대한 무기판매 논쟁을 해결하기 위한 공동성명에 서명하도록 하였다. 헤이그

Martin L. Lasater, *The Taiwan Issue in Sino-American Strategic Relation* (Westview Press, 1984), p. 182; *Ta Kung Pao*, December 31, 1981, p. 2, & *Hsin Wan Pao*, December 31, 1981, p. 2, in FBIS, *China*, December 31, 1981, pp. W2~W4.

15) Xue and Pei, *Dangdai Zhongguo Waijiao*, p. 236.

16) 협상에 대해서는 다음을 참조. Haig, *Caveat*, pp. 211~15; Xue and Pei, *Dangdai Zhongguo Waijiao*, pp. 236~37; Jaw-ling Joanne Chang, "Negotiation of the 17 August 1982 U.S. - PRC Arms Communiqué: Beijings Negotiating Tactics," *China Quarterly*, no. 125 (March 1991), pp. 33~54; Brewer S. Stone and Frederick L. Holbon, "Dealing with China: Negotiating Normalization," unpublished manuscript, August 1988.

국무장관이 이미 중국에 사적으로 알린 내용이 공식적으로 발표되었다. 그 내용을 보면, 행정부가 양국의 경제관계에 대한 법적 제한조치들을 수정하거나 폐지할 것을 의회에 요청하였다는 것이다. 그리고 중국의 입장에서 가장 중요한 사안으로, 미국은 타이완에 FX기의 어떤 형도 팔지 않을 것을 결정하였고 타이완과 노드럽사가 F-5E기를 공동제작한다는 협정을 갱신만 할 것이라고 1월에 공표하였다.

이러한 회유적인 제스처에도 불구하고, 협상 자체는 난항을 겪었다. 미국의 입장은 헤이그 국무장관이 1981년 11월 26일 대통령에게 제출한 각서에 잘 나타나 있다. 여기에서 헤이그 국무장관은 미국이 중국의 요구 중 몇 가지를 충족시킬 수 있다고 밝혔다. 이 각서에 의하면, 미국은 타이완에 대한 무기판매를 양적으로나 질적인 측면에서 카터 대통령 시기의 수준을 넘지 않을 것에 동의할 수 있으며, 무기판매를 점차 축소하는 것을 약속할 수 있다고 하였다. 그리고 이 각서는 중국의 통일을 위한 아홉 가지 계획들을 "결과적으로는 타이완 문제가 평화롭게 해결될 수 있음을 시사하는 건설적이고 희망적인 신호"로 보았다.[17] 그러나 이 각서는 타이완에 대한 미국의 무기판매를 종식시키는 명확한 날짜를 기입하는 데에는 동의하지 않았다. 더욱이 헤이그 국무장관이 제출한 이 각서는 미국이 타이완에 대한 무기판매를 제한하는 대신 중국으로부터 두 가지 언명을 받아내야 한다고 제안하였다. 그 내용은 타이완에 대한 미국의 무기판매 축소를 정당화하기 위해 타이완에 대한 무력 사용을 포기할 것과 보다 광범위한 전략적 구도에서 미국이 양보한 것(타이완에 대한 무기판매 축소)에 대한 보상의 의미에서 중국이 소련의 팽창정책에 대한 반대입장을 재천명한다는 것이다.

중국은 이러한 미국의 입장을 처음에는 받아들일 수 없었다. 중국은 계속해서 미국이 타이완에 대한 무기판매 종결 계획서를 작성해야 한다고 요구해 왔다. 또한 중국측은 미국이 타이완에 대한 미국의 무기판매

---

17) Chang, "Negotiation," p. 42.

가 중국의 주권을 침해하는 행위임을 인정하도록 압력을 가하였다. 이러한 양보를 얻어내는 대가로 베이찡은 무기판매 프로그램이 '역사적으로 내려온' 문제이며 미국에게 이 문제를 풀기 위해 필요한 시간을 부여할 준비가 되어 있다고 인정하였다. 그러나 중국은 타이완에 대한 미국의 무기판매 감소라는 사안과 타이완 문제의 평화적 해결이라는 사안을 서로 연계시키는 것을 받아들이지 않았다.[18) 또한 30여 년 간 지속적으로 고수해 왔던 입장, 즉 타이완에 무력을 사용하지 않겠다는 약속을 미국측에 하지 않는다는 입장을 바꾸는 데에 동의하지 않았다.

따라서 협상은 교착상태에 빠질 수밖에 없었다. 중국측은 타이완에 대한 미국의 무기판매 축소를 타이완 문제의 평화적 해결을 위한 조건으로 이용하는 것에 거부반응을 보였고, 미국도 무기이전 프로그램의 종료 시한을 결정하는 것에 반대하였다. 결국 이 난국은 미국의 두 가지 제안으로 타결되었다. 첫째, 미국은 최후통첩에 해당하는 것을 중국측에 제시하였다. 여기에서 미국은 만약 협상이 성공하지 못한다면 미·중 관계에 위기가 조성된다는 점을 언급하면서 베이찡측이 조만간에 대 타이완 무기판매에 관한 여러 가지 결정을 내려야 한다고 촉구하였다. 더욱이 이러한 위기가 발생하는 경우, 미·중 관계가 전면적으로 악화될 것이며, 그 피해는 베이찡이 희생시킨다고 선택한 분야에만 국한되지는 않을 것이라는 점을 중국 지도자들에게 경고하였다. 이러한 메시지를 베이찡에 전달하는 데에서 특히 중요했던 것은 1982년 5월 부시 부통령의 중국 방문인데, 이 때 부시는 미국이 타이완에 대한 무기판매를 종식시키기 위한 계획서 작성을 결코 받아들이지 않을 것이라고 하였다.

한편, 미국의 두 번째 제안은 더욱 화해적인 요소를 담고 있었다. 부시는 중국 방문시 중국 지도자들에게 미국이 타이완에 대한 무기판매 종료시한 결정에는 동의할 수 없지만 이는 반드시 영구적으로 타이완에 무기를 판매하려는 것을 의미하는 것은 아니라고 말하였다. 6월에 국무성

18) *Renmin Ribao*, December 31, 1981, P.6, in FBIS, *China*, December 31, 1981, pp. B1~B3; Lasater, *The Taiwan Issue*, pp. 199~92.

은 이러한 일반적인 입장을 더욱 구체적인 언어로 표명하였다. 미국은 장기적인 대 타이완 무기판매 정책을 추진하고 있는 것은 아니며 명백하게 밝힐 수는 없으나 언젠가는 더 이상 필요하지 않게 된다면 무기판매를 중지할 것이라고 시사하였다.

이에 따라 1982년 8월 17일 발표된 최종 협정에는 양측 모두 양보한 부분이 포함되어 있다(《부록 D》 참조). 미국은 중국이 처음부터 제기하였던 요구들을 대부분 수용하였다. 타이완에 대한 무기판매는 "질적으로나 양적으로 양국 외교관계 수립 이래 최근의 공급수준을 초과하지 않을 것"이라고 하였다. 미국은 타이완에 대한 무기판매를 점차 감축해 나가며 장기적인 대 타이완 무기판매 계획을 수행하지 않을 것이라고 천명하였다. 그러나 워싱턴은 여전히 무기판매 중단을 위한 계획서는 물론, 무기판매를 종결할 것이라고 명확하게 언급하는 것조차 거부하였다. 대신에 이 성명은 미국의 대 타이완 무기판매 문제에 대한 중국의 입장을 인정하였을 뿐이고 후일 이 문제에 대한 '최종적 화해'와 '최종적 해결'을 모색할 것이라고 모호하게 언급하였다.

미국이 대 타이완 무기판매 종결시한을 명확히 삽입할 것을 촉구한 중국의 요구를 받아들이지 않았기 때문에, "미국이 타이완과의 군사관계를 약화시키는 것에 동의하였기 때문에 초래될 수 있는 충격을 완화시키기를 요망한다"는 성명을 베이찡으로부터 얻어낼 수 없게 되었다. 따라서 공동성명에는 '침략과 팽창'에 공동으로 반대한다는 간단한 지칭이 있을 뿐 소련에 대한 언급이 빠져 있다. 베이찡은 중국의 '평화적 통일을 위한 기본 정책'을 발표했으나 타이완에 대한 무력사용을 포기하는 것이나, 또는 타이완에 대한 무력사용 포기를 미국의 무기판매 삭감과 연계시키는 것을 거부하였다. 공동성명과 함께 발표된 미국의 독자 성명에서 미국은 타이완의 평화적 미래에 이해관계를 가지고 있음을 재천명하면서 중국이 평화통일을 추구한다는 '기본 정책'을 계속 유지하는 것을 조건부로 타이완에 대한 무기판매를 감축하는 것이 미국에게 남은 과제라고 발표하였다(《부록 D》 참조).

8월 17일 미·중 공동성명에 대한 타이완 정부와 미의회 보수주의자들의 반응을 좋게 만들기 위해서 레이건 행정부는 일방적인 해석을 통해서 성명을 정당화시키려 하였다. 워싱턴은 미·중 공동성명이 마무리되기 이전인 7월 14일에 비공식적으로 타이완을 안도시키기 위한 6개 조항을 제시하였다. 19) 이 여섯 개 조항에서 미국은 타이완에 대한 무기판매 종료 시한을 결정하는 데 동의하지 않고, 〈타이완 관계법〉을 개정하지 않으며, 타이완에 대한 무기이전을 결정하기 전에 베이찡과 미리 협의하지 않겠다고 타이완에게 약속하였다. 또한 워싱턴은 타이완과 중국 간의 협상 중재자로 나서거나 또는 타이완에게 중국과 협상하도록 압력을 넣지 않겠다고 약속하였다. 그리고 이 여섯 개 조항에서 미국은 타이완이 중화인민공화국의 주권하에 있음을 공식적으로 인정하지 않을 것도 암시하였다.

8월의 공동성명 발표에 이어 나온 부속 성명에서 레이건 행정부는 앞으로의 대 타이완 무기판매에 대한 제한을 해석하는 방식을 분명하게 규정지었다. 우선, 인플레이션을 고려하여 카터 행정부 당시 최고수준이었던 1979년의 무기판매 수준을 1982년 달러로 환산하여 다시 계산하였다. 이러한 방식을 통해 무기판매의 상한선을 끌어올렸고 앞으로의 무기 삭감 하한선을 5억 6,500만 달러에서 8억 1,300만 달러로 상향조정하였다. 백악관은 인플레이션을 감안하는 이와 같은 조정이 앞으로도 계속될 것이라고 암시하였다. 더욱이 행정관료들은 미국의 대 타이완 무기판매에 대한 질적인 제한은 절대적 관점에서보다는 상대적 관점에서 해석될 것

---

19) 이 사실과 6개 조항의 내용은 8월 17일 공동성명의 발표 이후에 대만 정부가 발표한 성명에 포함되어 있다. 대만 정부가 발표한 성명의 원문은 부록 D에 있다. 6개 조항의 내용은 8월 17일 미상원 외교관계위원회에서 행한 증언에서 확인되었다. 다음을 참조. "Statement of Hon. John H. Holdridge, Assistant Seceretary, Bureau of East Asian and Pacific Affairs, Department of State," in U.S.Policy Toward China and Taiwan, Hearing before the Senate Committee on Foreign Relations, 97 Cong. 2 sess. (Washington: Government Printing Office, 1982), pp. 13~14, 16~17.

이라고 사적으로 통보하였다. 즉, 무기가 노후화되어 폐기되거나 미국에서 생산이 중단된다면 미국은 타이완에게 더욱 성능이 향상된 군사무기를 팔려고 할 것이다. 미국과 타이완 간에 이루어진 F-5E의 공동생산에 대한 협정 갱신에 이은 채퍼럴 미사일스탠다드 , 미사일스패로우 미사일의 판매는 타이완이 아직도 미국으로부터 첨단무기체제를 받아들이고 있다는 것을 의미한다. 20)

끝으로, 그리고 가장 중요한 사항은 미 행정부가 8월의 미·중 공동성명이 '무기판매'— 즉, 실제 무기의 이전— 에만 적용된다고 밝혔을 뿐 타이완에 대한 방어무기 생산기술 공급에 대해서는 아무런 언급이 없었다는 점이다. 이로써 타이완이 광범위한 범위의 무기체제, 특히 공중전의 우위와 타이완 해협의 해상로 방어와 관련된 무기체제를 자급할 수 있도록 미국이 지원할 것임이 분명해졌다.

1978년 미·중 관계정상화 협정과 마찬가지로, 1982년의 대 타이완 무기판매에 관한 미·중 공동성명도 의회에서 회의적 반응과 반대를 불러일으켰다. 많은 수의 의원들이 민주당 존 글렌 상원의원의 의견에 공감했는데, 그는 1982년의 미·중 공동성명의 내용이 베이찡의 의견과 상관없이 타이완에 대한 무기판매 수준을 독립적으로 결정한다고 규정한 "〈타이완 관계법〉의 정신과 목적에 위배된다"고 주장하였다. 글렌 상원의원은 베이찡의 해석에 따르면, 미국이 결국 '언제' 중지할 것인가라는 질문만을 남긴 채 타이완에 대한 모든 무기판매 중지에 동의하였다는 사실을 우려하였다. 21)

그러나 의회의 비판은 백악관이 입장을 분명히 정리하면서 점차 사라졌다. 레이건 행정부는 회의론자들에게 1982년의 공동성명이 〈타이완 관

20) Lasater, *The Taiwan Issue*, pp. 203~05, 215~17.

21) *U.S. Policy toward China and Taiwan*, pp. 3~4. 의회의 관심사항에 대한 다른 언급은 다음에서 발견할 수 있다. *China-Taiwan: United States Policy*, Hearing before the House Committee on Foreign Affairs, 97 Cong. 2 sess. (GOP, 1982).

계법〉과 모순되지 않는다는 것을 확신시킬 수 있었다. 〈타이완 관계법〉
은 미국이 타이완에게 자국을 충분히 방어할 수 있을 정도의 무기를 제
공하도록 규정하고 있으나, 중국 본토의 위협이 줄어들게 됨에 따라 이
러한 필요성은 감소하게 되었다. 의회도 1982년의 공동성명이 법적으로
구속력 있는 협정이 아니라 상황이 허락하면 쉽게 개정될 수 있는 정책
을 천명한 것이라고 확인하였다. 따라서 중국의 정책이 변화하고 중국이
타이완에 무력을 행사할 것이라고 위협하는 상황이 전개된다면, 미국은
1982년 공동성명에서 제시한 정책을 포기하고 타이완에 대한 무기판매를
증대시키게 될 것이다.[22]

1982년 8월 공동성명이 미국의 대 타이완 무기판매 문제를 둘러싼 당
면 위기를 완화시켰음에도 불구하고, 이 분쟁으로 인해 냉각된 미·중
관계가 즉각 회복되지는 못하였다. 그 이유 중의 하나는 이 분쟁에서 양
국이 근본적 차이점을 숨기고 얼버무렸기 때문이다. 중국은 미국이 비교
적 단기간 내에 타이완에 대한 무기판매를 완전히 중지한다는 것에 동의
했다고 주장하였으나, 미국은 이러한 사실을 부인하였다.[23] 미국은 중국
이 평화적 수단으로 타이완 문제를 해결한다는 '일관되고 장기적인' 정책
을 발표했고, 미국의 대 타이완 무기판매 축소는 "중국이 평화적 정책을
지속한다는 조건을 전제로 한다"고 주장하였다. 그러나 중국은 평화적 수

---

22) 특히 다음을 참조. "Statement of Hon. John H. Holdridge," p. 13; "Statement of Davis R. Robinson, Legal Adviser, Department of States," in *Taiwan Communiqué and Seperation of Powers*, Hearing before the Subcommittee on Separation of Powers of the Senate Committee on the Judiciary, 97 cong. 2 sess. (GOP, 1982), p. 95.

23) 이 해석은 공동성명이 발표되기 직전 8월 17일에 덩 샤오핑이 험멜 미국 대사에게 전달하였다. Xue and Pei, *Dangdai Zhongguo Waijiao*, pp. 238~239. 이 내용은 또한 "최종적 해결이란 미국이 타이완에 대한 무기판매를 일정 기간 후에 완전히 중지한다는 것을 의미한다"고 발표한 8월 17일 중국의 성명에 포함되어 있다. 부록 D를 참조할 것. 이에 대한 미국의 거부는 타이완에 전달된 6개 조항에 포함되어 있다.

단을 통해 통일을 추구한다는 약속을 한 적이 없으며, 중국의 평화적인 정책을 조건부로 미국이 타이완에 대한 무기판매를 감축한다는 발상을 인정하려고 하지 않았다. 24)

더욱이 중국은 미국이 1981년 9월 31일 발표한 아홉 개 조항에 포함되어 있는 대로 중국 본토와 타이완의 통일을 위한 중국의 계획을 승인할 것으로 기대하였다. 그러나 중국은 또다시 실망할 수밖에 없었다. 헤이그 국무장관은 공식적으로 베이찡의 제안을 '보다 주목할 만한' 것으로 평가하였고, 비공식적으로는 백악관이 타이완 문제에 대한 평화적 해결을 지원할 것과 중국이 발표한 9개 조항을 승인하는 대통령 성명을 발표할 것을 권고하였다. 그러나 6월에 헤이그가 사임할 때까지 레이건 행정부는 근본문제 해결을 위한 노력을 더 이상 하지 않았다. 1982년 공동성명이 중국의 보다 유연한 정책에 대한 미국의 '긍정적 평가'에도 불구하고, 이와 동시에 미국이 타이완에 제시한 '6개 조항'에서는 미국이 타이완에 대해 협상에 임하도록 압력을 넣을 수 없다고 지적하고 있다. 나아가 의회 증언에서 미 행정부는 9개 조항의 근본적 내용보다는 9개 조항이 표명하고 있는 '평화적 접근방식'을 높게 평가한다고 말하면서 중국이 발표한 9개 조항을 명백하게 승인하는 입장에서 더욱 후퇴하였다. 25)

따라서 1978년 외교관계 수립에 관한 협정과는 달리, 미국의 대 타이완 무기판매에 관한 공동성명은 미·중 관계에 있어서 낙관적 분위기 조성에 실패한 것은 물론이고 미·중 관계를 호전시킬 수 있는 추진력을 부여하지도 미·중 친선관계를 촉진시키지도 못하였다. 중국은 미국이 할 수 있는 양보를 모두 했다는 사실을 알았으면서도 협정사항에 만족하지 않았다. 게다가 레이건 행정부의 전반적 외교 정책상의 불일치와 양국의 경제적·문화적 유대 문제와 같은 다른 문제점들이 미해결로 남아

---

24) "Statement of Hon. John Holdridge," p. 13. 중국의 거부는 험멜 미국 대사에게 한 덩 샤오핑의 발언에 포함되어 있다. Xue and Pei, *Dangdai Zhongguo Waijiao*, pp. 238~39.

25) *U.S. Policy toward China and Taiwan*, pp. 32~33.

있었다.

2. 중국의 독자적 외교정책

레이건 행정부는 아이러니컬하게도 1981년 초 타이완과의 관계를 격상시키려고 할 때조차도 베이찡과의 군사전략적 관계를 확대할 것을 검토하고 있었다. 물론 레이건 행정부 내 모든 관료들이 이와 같은 생각에 집착한 것은 아니었다. 예를 들어 캐스퍼 와인버거 국방장관은 중국과의 군사전략적 협력에 의존하기보다는 소련에 대해 독자적으로 군사적 대처를 해야 한다는 입장이었다. 그러나 헤이그 국무장관은 더욱 우호적으로 접근하고자 하였다. 헤이그가 나중에 회상한 바로는, 중국이 동·서 분쟁과 남·북 분쟁의 중심축에 위치하고 있기 때문에 1980년대 초 미국에게 중국은 세계에서 가장 중요한 나라일 수밖에 없었다는 것이다.[26] 심지어 마이클 디버와 같은 친타이완 계열의 관료들도 베이찡과의 군사전략적 협력에 긍정적인 반응을 보였는데, 이를 통해 미국이 소련에 대한 힘의 균형을 이루고 미국·타이완 간의 긴밀한 관계형성을 중국으로부터 인정받기 위해서였다.[27]

따라서 1981년 6월 헤이그 국무장관이 베이찡 방문시 주요 임무 중의 하나는 미·중 간 긴밀한 군사전략적 관계구축을 제안하는 것이었다. 헤이그 국무장관은 미국이 중국에 대해 최초로 개별 건수별로 상업무기 판매를 고려할 것이라면서 나중에는 이러한 상업무기 판매가 지난해 워싱턴에서 껑 비아오(耿飈)가 제안한 52개의 목록대상 중에서 30개를 포함

---

26) Haig, *Caveat*, p. 194.

27) 언급한 바와 같이 1976년 레이건은 마오 쩌뚱 사후에 소련과의 화해를 막기 위해 중국과 밀접한 전략적 관계를 맺으려 하였다. 그러나 레이건은 베이찡에 대한 무기판매에 대해 "각별한 주의를 가지고 취급하여야 한다"고 말하였다. Reagan, "Expanding Our Ties."

할 것이라고 통고하였다.[28] 헤이그 국무장관은 중국의 참모차장인 리우화칭 (劉 華淸)을 초청하여 미국 방문길에 중국이 얻고자 하는 시설과 기술을 토의할 수 있게 하였다.

또한 헤이그 국무장관은 중국 지도자들에게 미국은 수출 통제를 더욱 완화할 것임을 통보하였다. 1980년 카터 행정부가 중국을 독립된 행정 범주로 분류하였음에도 불구하고, 중국은 소련에게 부과하고 있는 제한조치를 받아야 했다. 레이건 행정부가 들어서면서 미국의 대 소련 수출 시 허가하고 있는 것보다 곱절 이상 첨단화된 기술을 중국이 구매할 수 있도록 배려하고자 하였다. 헤이그 국무장관은 중국 지도자들이 미국과의 관계에서 얻어진 결과에 실망하였고, 그 이유 중의 하나는 카터 행정부가 중국에 대한 첨단 기술 이전을 주저했기 때문이라고 믿었다. 이러한 헤이그 국무장관의 권고를 수용하여 레이건 행정부는 중국에 대한 무관심을 개선하고자 하였다.

이러한 정책 결정에 대해 보다 광범위한 미국 내 여론지지를 확보하기 위해 레이건 행정부는 중국이 이미 미국과의 안보협력에 참여하고 있다고 강조하기 시작하였다. 처음에는 언론에 정보를 유출시키는 방법으로 워싱턴은 1980년 중국 서부에 소련의 미사일 실험을 관찰하기 위한 시설이 존재하고 있다고 공개하였다. 그리고 베이찡이 미국에 회귀 금속 수출을 빠르게 증가시키고 있다는 사실이 공개적으로 보도되었다.[29] 이러한 일련의 보도가 시사하는 메시지는 분명하였다. 즉, 미·중 간의 군사 전략적 관계는 상호 유익하고 중국이 협조적으로 동참한다면 군사 무기 수출과 민간 기술 수출에 대한 미국의 통제를 완화시키도록 만든다는 것이다.

---

28) Jonathan D. Pollack, *The Lesson of Coalition Politics*: *Sino-American Security Relations*, R-3133-AF (Santa Monica: Rand Corporation, February 1984), p. 91.

29) *Washington Post*, June 25, 1989, p. A24; Pollack, *Lessons of Coalition Politics*, P. 88, n. 49.

아마도 헤이그 국무장관으로서는 매우 놀라운 일이었겠지만, 베이찡은 이러한 미국의 새로운 제안에 대해 별로 적극적으로 반응하지 않았다. 리우 화칭의 워싱턴 방문은 연기되었고 다른 고위급 군사 교류는 중지되었으며 중국은 미국이 판매하겠다고 제안한 무기들에 대한 구매에 흥미를 보이지 않았다. 어느 정도는 예산부족으로 인해 중국 지도자들이 값비싼 외국무기의 구입을 받아들일 수 없었고, 특히 경제긴축 시기에는 더욱 그러하였다. 게다가 워싱턴은 베이찡이 희망하는 바인 생산기술 이전이 아니라 완제품 무기판매를 제안한 것이다. 그리고 미국이 판매가능하다고 제안한 무기에는 여전히 중대한 제한 사항이 따랐다. 즉, 미국은 첨단기술 상태하에서 5년 이상 지난 것, 중국의 개발능력에 도움이 되지 않는 것, 합쳐서 1억 달러의 가치가 되지 않는 것 등에 한해 판매하겠다는 것이었다. 30)

타이완에 대한 미국의 무기판매 논쟁이 제기된 것은 중국이 미국과의 군사전략적 협력관계를 확대하는 데 주저하게 만든 보다 중요한 요인이 되었다. 베이찡은 중국에 대한 미국의 무기판매 제안을 미국이 타이완에 대한 무기판매를 승인받기 위한 시도로 파악하였다. 헤이그 국무장관이 베이찡에 도착하여 새로운 미국 정책을 발표하기도 전에, 중국인들은 이런 식의 흥정을 받아들일 수 없다고 경고하였다. 중국 외교부 대변인이 언급하기를, "우리는 미국이 타이완에 대한 무기판매를 통해 내정 간섭하는 것을 수용하느니 차라리 미국으로부터 어떠한 무기공급도 받지 않을 것이다."31) 그리고 미국과 군사교류와 무기구입을 계속하지 않는 이

---

30) 두 가지 제한 중의 하나는 Roger W. Sullivan의 글에서 나왔다, "U. S. Millitary Sales to China: How Long Will the Window Shopping Last?" in *China Business Review*, vol. 13 (March~April 1986), pp. 6~9. 나머지 것은 John H. Holdridge, "U. S. Relation with China," *Current Policy*, no. 297 (Department of State, July 1981), p. 3를 참조.

31) Xinhua, June 10, 1981, in FBIS, *China*, June 10, 1981, p. B1. 또한 참조. Xinhua, June 12, 1981, in FBIS, *China*, p. B1.

유를 설명하면서 중국은 타이완에 대한 무기판매 문제가 해결될 때까지는 미국과의 군사전략적 협력을 자제할 것이라고 분명히 말하였다.[32]

마지막으로, 그 당시 전반적 국제정세의 흐름 역시 중국과 미국의 군사관계 진전에 방해가 되었다. 1970년대에 중국의 분석가들은 소련이 육상으로는 아프리카, 중동, 동남아시아로 진출하려 하고 해상으로는 서태평양과 인도양으로 팽창하려 하는 등 전세계적으로 전략적 공세를 취하고 있다고 보았다. 그러나 1980년대 초에 베이찡의 전략가들은 상황이 변했다고 결론을 내렸다. 당시 소련은 병을 앓고 있는 레오니드 브레즈네프의 지도하에 승리하기 힘든 아프카니스탄 전쟁의 수렁에 빠져 있었다. 그리고 소련은 캄보디아에 대한 베트남의 간섭과 앙골라에 대한 쿠바의 개입을 지원함으로써 계속 경직되어온 소련 경제의 부담을 덜 수가 없었다. 더구나 모스크바의 (이러한 팽창) 정책은 소련의 팽창을 염려하는 국가들간에 국제적 협력을 모색하도록 하는 계기가 되었으며 이는 몇몇 예외를 제외하고 소련과 아시아 인접국 간의 관계가 쇠퇴하게 되었다는 의미를 지니고 있었다.

중국이 이전에는 미국과 소련 간의 군사전략적 균형이 소련에 기울어져 있다고 믿었으나 이제는 점차적으로, 그러나 결정적으로 미국 쪽으로 기울어지게 되었다. 중국의 분석가들은 소련의 쇠퇴와 미국의 재건이 복합적으로 맞물려 세계전략 환경을 결정적으로 그리고 지속적으로 변화시켰다고 결론지었다. 그들은 소련을 더 이상 공격적이라고 간주하지 않았다. 그 대신에 장차 장기간에 걸쳐 양대 초강대국이 상대적으로 평형을 유지할 것이고 양국의 경쟁이 상당히 안정적인 교착상태를 이룰 것이라고 판단하게 된 것이다.[33]

---

32) Pollack, *Lesson of Coalition Politics*, pp. 91~92.

33) 전세계적 세력균형에 대한 중국의 인식변화를 조사하고 싶다면 다음을 참조할 것. Banning Garrett and Bonnie Glaser, "Chinese Estimates of the U. S. -Soviet Balance of Power," Occasional Paper, no. 33 (Washington: Woodrow Wilson International Center for Scholars, 1988).

이러한 맥락에서 중국의 분석가들은 중국에 대한 소련의 태도가 변화했다는 것에 특별한 의미를 부여하였다. 1982년 3월 질병으로 죽음을 앞둔 브레즈네프는 그의 마지막 외교적 제안 중의 하나로 중국과의 긴장완화를 희망한다는 뜻을 전달하였다. 타슈켄트의 연설에서 브레즈네프는 사실상 브레즈네프 독트린이 중국에 적용되지 않는다고 천명하였다. 문화대혁명 이후 최초로 소련 지도자가 중국을 사회주의 국가로 인정했으며, 따라서 중국에서 사회주의를 재건하기 위해 모스크바가 간섭할 필요성이 없어졌다고 인정하였다. 이러한 기초 위에서 브레즈네프는 소련이 중국의 안보에 어떠한 위협도 가하지 않을 것이라는 점을 중국지도자들에게 확신시키고자 하였다. 또한 소련이 타이완 문제에 대한 중화인민공화국의 입장을 계속 지지해왔고 반면에 미국은 타이완 문제에 대한 중국의 주장을 명확하게 받아들인 적이 없다는 것을 브레즈네프는 중국에게 상기시켰다. 브레즈네프는 소련의 아프카니스탄 침공 이후 중지되었던 소련과 중국 간의 협상 재개를 제안하였다. 한편, 이와 동시에 양국관계가 오랜동안 소원해졌기 때문에 끊어졌던 경제적, 외교적, 과학적, 문화적 유대관계의 재개를 제안하였다. [34]

중국의 시각에서 보면, 소련의 상대적 하락은 미국의 재건과 병행하여 일어나는 현상이었다. 미국에서는 악의 제국인 소련을 봉쇄하자는 논의가 데땅뜨 논의를 거의 완전히 대체해서 나타났다. 미국은 한국전쟁 이후 막대한 군비 증강에 매진하였는데, 유럽과 제3세계에서 잠재적인 소련의 위협에 대처하기 위해 재래식 무기와 핵무기를 증강시켰다. 미국은 레이건 독트린를 통해서 공산주의 체제 아래에 놓인 개발도상국에 대한 직접적 도전을 선언하였고, 니카라과에서 콘트라반군을 지원하기 시작하였다. 레이건 행정부는 1981년 폴란드에서 계엄령이 선포되자 이에 강력하게 대응함으로써 동유럽 공산주의 국가의 민주화를 지원하겠다는 의지를 표명하였다. [35]

---

34) 브레즈네프의 연설 원문은 모스크바 국영 텔레비전방송국에 있다. March 24, 1982, in FBIS, *Daily Report: Soviet Union*, March 25, 1982, pp. R1~R7.

212

오랫동안 소련의 팽창에 대해 미국이 적극적으로 대처할 것을 요구해 왔으나, 베이찡은 미국의 정책들에 대해 실망스러움을 느낄 뿐이었다. 중국의 분석가들은 미국이 개발도상국의 경제적 요구를 무시하는 반면 제3세계에서 과도한 간섭주의 정책을 펴고 있다고 비난하였다. 동유럽 의 민주화에 대한 미국의 원조는 중국 내에서 경각심을 불러일으켰는데, 대부분의 중국 지도자들은 중국 내의 최근 상황이 폴란드의 상황과 유사 하게 전개되고 있다고 보았던 것이다. 중국은 미국의 군비증강이 중국의 이익에 중대한 침해가 될지도 모른다는 이유로 이를 환영하지 않았다. 예를 들면, 미국의 전략방어계획(strategic defense initiative: SDI)은 중국 이 보유한 핵 억지력을 약화시키는 반면, 미국이 일본의 방위비 지출을 장려하는 것은 중국이 아직도 전통적인 적대국으로 보고 있는 국가의 재 무장을 촉진하는 것으로 인식되었다.

미국이 보다 확고한 군사전략적 측면에서 소련의 팽창정책을 봉쇄한다 는 책무를 다할 것이라는 사실을 베이찡이 확신할 수 있게 된다면, 미· 중 관계는 강화될 수 있을 것이라고 일부 미국인들은 가정해 왔다. 그리 고 사실상, 미국 보수주의자들에게는 반갑게도 중화인민공화국 국제문제 연구소 소장인 후안 시앙(宦鄉)이 1983년 미국의 군비증강이 "소련을 제 동할 것"이라는 점을 솔직하게 인정하였다.[36] 그러나, 중국인들은 미국 의 예상과는 반대되는 결론을 내렸다. 힘의 균형이 소련에서 미국으로 이동하고 있기 때문에 중국은 더욱 독자적인 입장을 선택하였던 것이었 다. 점증하는 소련의 위협에 균형을 맞추기 위한 방편으로 중국이 미국 쪽으로 기울어질 필요가 없어졌기 때문이다. 그 대신에 중국은 미국의

---

35) 레이건의 초기 대외정책을 개관하려면 다음을 참조. Coral Bell, *The Reagan Paradox: U.S. Foreign Policy in the 1980s* (Rutgers University Press, 1989); Kenneth A. Oye, Robert J. Lieber, and Donald Rothchild, eds., *Eagle Resurgent: The Reagan Era in American Foreign Policy* (Little Brown, 1987).

36) *Der Spiegel*, December 26, 1983; in FBIS, *China*, December 29, 1983, pp. A6~A13.

제안들에 찬성이나 비판하는 식으로 더욱 선택적인 행동을 할 수 있게 되었다. 중국이 독자적 입장을 취함에 따라 타이완 문제와 같은 사안을 다루는 데에 있어서 미국에 대해 영향력을 발휘할 수 있게 되었고, 따라서 베이찡이 소련의 팽창에 대한 미·중 제휴관계를 유지하기 위해 베이찡이 미국·타이완 관계밀착을 인정할 것이라고 워싱턴은 안이하게 생각할 수 없게 되었다. 더구나, 미국이 소련에 대해 더욱 강경한 대응책을 택함에 따라 중국의 독자성이 확대될 수 있고, 이로 인해 중국은 자국의 이해관계가 없는 지역에서 미·소 분쟁에 휘말리지 않을 수 있었다.

중국은 독자적 정책을 수행함으로써 다른 잠재적 이익도 얻을 수 있었다. 미국과 거리를 두고 중국은 중·소 관계개선을 보장하면서 소련으로부터 중대한 양보를 얻어낼 수 있는가를 타진하고 타슈켄트에서 브레즈네프가 제시한 제안을 검토할 수 있게 되었다. 이와 동시에 중국 지도자들은 경제적·정치적 개혁이 진행되고 있는 동유럽의 경험을 바탕으로 직접적인 지식의 습득에 점차 흥미를 갖게 되었다. 루마니아나 유고슬라비아와 같은 유럽 공산국가들은 소련의 뜻을 거스르고 중국과 긴밀한 관계를 유지할 준비가 되어 있었으나, 대부분의 다른 국가들은 모스크바의 승인없이 베이찡과의 관계를 확대할 수 없었다.

따라서, 1982년 늦은 여름과 초가을 사이에 중국 지도자들은 국제적 입지상의 중대한 변화를 발표하였다.[37) 그들은 타슈켄트에서 브레즈네프가 제시한 제안을 의심과 흥미가 복합된 감정으로 대응하였다. 중국공산당 총서기인 후 야오방(湖 耀邦)은 9월에 제 12 차 전국 당대표 대회에서 행한 연설에서 중국은 소련의 진정한 의도가 무엇인지 파악하기 위해 "말 보다는 행동"을 통해 알아보겠다고 언급하였다. 후 야오방은 중·소 관계개선을 가로막는 가장 중요한 걸림돌로 간주되는 3가지 문제를 제시하였

---

37) 이 선언적인 변화는 중요 인사의 교체와 병행되었는데, 외교부장 황 화가 우슈 에치안으로 교체되었고 두 명의 외교부부장인 푸 쇼우창과 장 원진이 해임되었다. 중국의 한 소식통은 해임된 이 세 사람들이 너무 친미적 경향을 가진 것으로 간주되었다고 말하였다.

는데, 몽고 내부와 중·소 국경을 따라 대규모의 소련군이 주둔한 것, 베트남의 침략과 캄보디아 점령에 대해 모스크바가 지원한 것, 소련이 무력으로 아프카니스탄 문제에 개입한 것 등이다. 결국, 이 3가지 걸림 돌의 제거가 중·소 관계개선을 위한 전제조건임을 암시한 것이다. 그러나, 후 야오방은 소련을 포함하여 모든 공산국가와 "평화 공존" 정책을 추구할 것임을 약속하였다.[38] 그리고, 10월에 베이찡은 소련의 아프카니스탄 침공 이후 중단되었던 중·소 관계정상화에 관한 협상재개 용의를 표명하였다.

나아가 베이찡은 "독자적 외교 정책"을 위해 미국과의 제휴도 포기하고 있다고 발표하였다. 이것은 후 야오방이 제12차 전국인민대표자회의에서 설명했듯이 중국이 "그 어떤 강대국이나 강국 집단과 결탁하지 않을 것"을 의미하고 이후로는 각 쟁점에 따라 대외 정책을 결정하겠다는 의지를 표명한 것이었다. 한 중국 신문이 논평한 것과 같이, 중국은,

> 그 누가 패권을 추구하고 어느 곳에서 추구하든지 간에 철저히 패권에 반대한다… 아프카니스탄과 캄푸치아 반도 문제에서는 중국과 미국은 소련과 베트남에 반대한다… 반면에 중국과 소련은 이스라엘의 침략과 남아프리카공화국의 인종차별정책을 지원하고 있는 미국에 반대한다. 이는 상황에 따라 중국이 미국과 동맹할 수도 있고 소련과 결탁할 수도 있다는 것을 의미하지 않는다. 그 대신에 이것은 중국이 모든 초강대국에 독립적이라는 사실을 증명하는 것이다.[39]

중국의 새로운 국제적 입장은 베이찡이 거부하는 미국의 대외정책을 더욱 솔직하고 강도높게 비판하는 것이었다. 미국은 또다시 "패권적인"

---

38) Hu Yaobang, "Creat a New Situation in All Fields of Socialist Modernization," in The Twelfth National Congress of the CPC (September 1982) (Peking: Foreign Languages Press, 1982), pp. 58~64.

39) Liaowang, October 20, 1982, Quoted in Xinhua, October 20, 1982, in FBIS, China, October 21, 1982, pp. A1~A2.

국가로 묘사되었고, 특히 중미와 중동 지역에서 보이는 미국의 야심은 이제 아프리카, 아프카니스탄, 캄보디아에서 나타나는 소련의 패권주의의 경우와 함께 나란히 거론되었다. 중국 정부가 베트남과 쿠바를 소련과 연계된 지역 패권주의 국가로 보았듯이, 중국의 분석가들은 이스라엘과 남아프리카를 미국의 도움을 받는 지역 패권주의 국가로 묘사하였다. 특히 개발도상국의 경제적 요구에는 무관심하고 내정에는 간섭하고자 하는 미국의 제3세계에 대한 정책은 점차 중국의 격렬한 비판의 대상이 되었다. 40)

레이건 행정부는 이러한 상황전개에 관심을 쏟으면서 조용히 주시하고 있었다. 개인적으로는 많은 미국 관료들이 중·소 협상의 재개를 환영하였는데, 왜냐하면 베이찡과 모스크바의 긴장완화가 주요 국제분쟁, 특히 캄보디아와 한국의 분쟁조정을 촉진할 수 있을 것으로 믿었기 때문이었다. 더구나 미국의 정책결정자들은 모스크바와의 관계개선을 위해 중국이 제시한 조건, 특히 아프카니스탄에서의 소련군 철수와 캄보디아에서의 베트남군 철수는 미·소 관계개선을 또한 진전시킬 수 있다는 점을 지적하였다. 그러나, 중국의 새로운 국제적 입장이 여전히 반미 성향을 내포하고 있었기 때문에 미국 내에서 이를 비난하는 의견들이 제기되었다. 1982년 겨울에 국무성 차관보인 존 홀드리지는 "솔직하게 표현하자면, 우리는 미국을 '패권주의자'라고 언급한 중국에 항의를 제기하고, 전 세계 모든 병폐의 원인으로서 미국을 소련과 함께 취급하지 않기를 중국에 바란다"라고 말하였다. 41) 뿐만 아니라 베이찡이 미국의 이익을 희생

40) 이 기간중 중국의 대외정책 변화를 살펴보려면 Carol Lee Hamrin, "Emergence of an 'Independent' Chinese Foreign Policy and Shift in Sino-U. S. Relation," in James C. Hsiung, ed., U.S.- Asian Relations: The National Security Paradox (Praeger, 1983), pp. 63~84; A. Doak Barnett, U.S.Arms Sales: The China-Taiwan Tangle (Brookings, 1982), pp. 38~49.

41) John H. Holdridge, "Assessment of U. S. Relations with China," Current Policy, no. 444 (Department of State, December 1982), p. 3.

시키고 소련과의 화해를 검토할 수도 있다는 사실에 대한 우려가 제기되었다.

3. 증대되는 고통

타이완 문제가 1980년대 초반에 미국과 중국을 분열시키는 주요 쟁점이었지만, 이밖에도 다른 쌍무적 문제 또한 양국관계를 악화시켰다. 이기간 동안 미·중 간의 문화·경제 관계에서 봉착한 난관들은 서로의 고통을 증대시켰는데, 특히 두 국가가 경제적 곤란을 겪고 있을 때, 상이한 두 사회 사이에서 학문적·상업적 관계를 확대한다는 것이 얼마나 어려운가를 반영하고 있었다.

미·중 관계정상화 이후 몇 개월간 빠르게 확대된 학문 교류는 곧 장애물을 만나게 되었다. 미·중 간 학술교류에 참여한 미국인들은 주로 중국을 연구하는 사회과학자나 인문과학자들이었다. 1949년부터 1971년까지는 중국을 연구하는 미국학자들의 중국 본토 입국이 거부되었고, 그 후에도 짧은 기간 동안 체류할 수 있는 파견 대표단만이 방문할 수 있었다. 이러한 단기 방문을 통해서 단지 중국 학문에 대한 간단한 조사와 중국의 최근 발전에 대한 제한된 시각만을 가질 수 있었다. 이제 미·중 관계 정상화로 중국 내에서 장기간 연구할 수 있는 길을 열었고, 미국의 중국학 학자들은 대부분 이런 기회를 갖고자 원하였다.

그러나, 현실은 실망스러운 것이었다. 특히 내부 연구시설이 문제였다. 중국의 도서관과 문서 보관소의 운영은 문화대혁명 동안 완전히 엉망이 되었고, 자료들과 목록들이 물리적으로 손상을 입었다. 이러한 시설을 생산적으로 이용하는 것은 최적의 조건이 보장된다고 하더라도 쉽지 않은 일이었다. 그러나, 중국 관료들이 학술자료들을 외국인에게 제공하지 않았기 때문에 문제는 더욱 복잡해졌다. 중국 마을에 대한 지역연구는 지나칠 정도로 예민한 사안으로 받아들여졌고 계획을 실행하기에

는 너무나 어려운 작업으로 비춰졌다. 미국 학자들이 중국에 대한 지역
연구를 처음으로 지원하자 중국은 "형편이 되지 않는다"는 이유로 거부하
였다. 심지어는 중국 학자들이 문서보관소와 도서관을 이용하지 못하는
경우도 많았으나, 미국인들은 이들 시설에 대한 이용 허가를 요구하였
다. 그리고, 미국인들을 가장 실망시킨 것은 아마도 대다수 학술연구가
중 국내에서, 즉 대외비 내부자료로 출판되었지만 이러한 출판물들이 중
국인에게 폭넓게 읽혀질 뿐 외국인에게는 공개되지 않는다는 점이었다.

이러한 난점들 때문에 미국 학자들은 곧 좌절하게 되었으나, 그렇다고
해서 이러한 문제점들을 해결할 수 있는 능력이 있는 것도 아니었다. 미
국과 소련 간의 학술 교류는 철저하게 호혜주의의 기초 위에서 이루어졌
다. 이 기간 동안 소련과의 모든 학술교류는 미국의 한 연구소를 통해
이루어졌는데, 이 연구소는 소련 학자가 미국을 방문한 수만큼 미국 학
자가 소련에 방문할 수 있도록 허가했고 미국에 대해 상대적으로 우호적
이지 않은 연구소에서 온 소련 학자들에 대해서는 비자발급를 거부하였
다. 반면에, 중국과의 학술교류를 계획하면서 미국은 소련전문가의 충고
에도 불구하고 소련과의 학술 교류 때와 마찬가지로 하나의 연구소를 통
해 학술교류를 추진하지는 않았다.[42)

이렇게 중국과의 학술교류에 있어서는 보다 유연한 방식을 취함에 따
라 상당한 이점을 얻을 수 있었다. 우선 미국이 중국에 보내는 인원보다
많은 수의 중국인들을 미국에 수용할 수 있는 장점이 있었다. 이런 방법
으로 미국 대학들은 재능 있는 많은 중국 학생들을 미국 내 대학원 과정

---

42) 흥미롭게도 미국은 미국 대학에서 중국인들의 입학신청을 장려하기 위해 비정부
　　조직인 정보교환기관을 설립할 것을 제안했다. 1978년에는 중국인들은 이를 거
　　절하였다. 그들은 아마도 미국에 학생과 학자들의 파견을 제약하는 단일 미국
　　조직을 통한 업무 진행을 거부하였기 때문에 미국의 제안을 거절한 것으로 보인
　　다. 이에 대해서는 다음을 참조. Linda A. Reed, *Education in the People's*
　　Republic of China and U.S.-China Educational Exchanges (Washington:
　　National Association for Foreign Student Affairs, 1988), p. 93.

218

에 끌어들일 수 있었고, 중국 내 연구단체와 개별 학자와도 유대관계를 맺을 수 있었다. 그러나, 인원수에 있어서 호혜성 원칙이 무너지면서 미국이 양국간의 학술 교류에서 호혜성 원칙을 유지하고자 하는 능력도 감소되었다. 중국에 미국 학자들을 파견하는 주요 조직인 대중국 학술교류위원회는 중국 학자들을 미국에 초청하는 일의 일부만을 담당하였기 때문에 양국간의 학술교류에 조건을 제시한 중국 연구소에 효과적으로 대처할 수 없었다. 미국인들은 더욱 개방된 연구환경을 요구하였으나 그렇다고 해서 중국에 대해 압력을 가하지는 않았다.

미국의 학술행정관이 중국 담당관에게 미국 학자들이 보다 많은 연구기회를 가질 수 있도록 요구하게 되었고, 몇몇 미국 학자들은 직접 실행에 옮김으로써 중국 정부당국과 마찰을 일으키게 되었다. 스탠포드에서 인류학 박사과정에 있는 스티븐 모셔는 지방관료에게 뇌물을 제공하고 외국인에게 공식적으로 접근이 금지된 지역을 여행하는 등 부적절한 행동을 하였기 때문에 중국 정부에 의해 고발되었다. 중국 정부는 모셔를 구속시켰고 중국에서 추방하면서 그 사건이 종결되었다고 발표하였다. 그러나, 1981년 모셔가 중국 정부가 산아제한계획을 강압적으로 시행하는 것을 비판하는 글을 발표하기 시작하자, 중국은 미국의 연구단체들이 그를 징계하지 않는다면 미국과의 학술교류를 철회하겠다고 위협하였다. 결국, 스탠포드 대학은 모셔가 중국에 체류하고 있는 동안 고의적 실수를 하였기 때문에 인류학 박사과정으로부터 퇴학조치한다고 결정했는데, 미국의 보수주의자들은 중국의 압력에 굴복한 결정이라고 강력하게 비판하였다. 43)

---

43) 중국이 가한 위협에 대해서는 다음을 참조할 것. *New York Times*, June 18, 1983, p. 22; *New York Times*, September 17, 1984, p. B10. 스탠포드 대학의 결정에 대해서는 다음을 참조할 것. *Campus Report*, March 2, 1983, pp. 1, 6 and March 9, 1983, pp. 1, 14. 스탠포드 대학이 "유쾌하지 못한 진실을 말하였다는 이유로 그러한 발언을 학자를 비난하고 있으며 중국 정부를 달래기 위해 Mosher를 징계하였다"는 사실을 논의하면서, 그 추방에 대해 처음으로

그러나, 모셔의 사례 이외에도 이와 유사한 경우들은 많았다. 1982년에 덴버대학의 대학원생인 리사 위츠셔도 구속되었다가 중국에서 추방되었다. 위츠셔는 교환학생이 아니라 영어선생 자격으로 중국에 갔다. 베이징에 있는 외국어 연구소에서 그녀는 중국의 집단농장에 대한 연구를 하고자 했고, 그녀를 가르쳤고 그녀와 결혼할 학생으로부터 비공개의 "내부적인" 경제통계와 농업통계를 입수하였다.[44] 중국 정부는 위츠셔가 공식적 지위에 부적합한 행동을 하였다는 이유로 그녀를 기소하였다. 그러나, 모셔의 경우와는 달리 중국은 미국측에 위츠셔의 처벌을 주장하지 않았다. 왜냐하면, 모셔와는 달리 위츠셔는 양국간의 공식적 교환 프로그램에 의해 중국을 방문한 것이 아니라 개인자격으로 중국에 왔었기 때문이었다.

모셔와 위츠셔 사건의 파장으로 미국 학생과 학자들의 후원자였던 중국 사회과학원은 차후 3년간 중국에서 미국인이 연구하는 것을 중지시켰다. 이러한 금지령은 개인면담, 도서관에서의 자료조사에는 영향을 미치지 않았으며, 역사문서보관소에서의 작업이나 특정 사건에 대한 연구에는 그대로 적용되지 않았다. 그러나, 이 금지령은 인류학, 사회학, 정치학의 지역연구 등과 같은 분야에서 미국인들의 연구활동을 저해하였다. 더욱 중요한 사실은 중국이 많은 미국 학자들이 원했던 바인 중국 내에서의 미국 사회과학연구를 촉진시키려는 움직임에는 더 이상 협조적인 태도를 보이지 않았다는 점이다.

중국측의 시각에서 보자면, 그동안 이루어진 학술·문화교류에 대한 불만은 거의 없었다. 미국에서 연구하는 중국 학자들은 대부분 공학분야와 과학분야에 종사하는 교환학자들이었다. 후일 문제가 되었던 중국 학자와 학생들의 "두뇌유출"은 아직 뚜렷하게 드러나지 않았는데, 이는 대부분의 중국 학자들이 미국에서 이제 막 연구계획을 세우고 있었기 때문

___

비난한 것 중에 하나가 다음에 실려 있다. *Wall Street Journal*, March 2, 1983, p. 24.

44) *New York Times*, June 6, 1982, p. 15; July 31, 1982, p. 2.

220

이었다. 따라서, 중국의 교환학자들이 미국적 가치에 의해 어느 정도 영향을 받고 있는지에 대해서는 아직 별 관심을 쏟지 않았다.

그러나, 중국인들을 괴롭히는 사소한 문제들은 있었다. 중국에서 연구를 제한하는 것에 대한 미국인들의 불평에 대응하기 위해, 중국 관료들은 중국 학자들 역시 미국이나 미국의 동맹국 국적을 필요로 하는 미국 내 첨단과학연구소나 학술회의에 참여할 수 없게 되어 있다는 사실을 지적하였다. 중국에서 열릴 미국 미술작품전시회는 중국 정부가 프란츠 클라인과 헬렌 프랑켄탈러와 같은 미술가가 그린 13개의 추상화 작품을 포함시키기를 거부하여 전시회 개최가 위협을 받았다. 45) 그리고 중국 관료들은 베이찡 주재 미국 특파원들이 중국에 대해 불리한 기사를 송고하는 것에 대해 비판하기 시작하였다. 46)

1980년대 초에 문화교류 프로그램에서 나타난 가장 큰 쟁점은 1982년 7월 시합이 끝난 후에 미국에 망명을 요청한 중국의 테니스 스타인 19살의 후 나에 관한 것이었다. 후 나는 자신이 중국에 송환된다면 자신이 원하는 것 이상으로 정치에 깊이 개입하도록 강요받게 될 것이라고 말하였다. 중국은 후 나의 나이가 아직 어리기 때문에 아직 독립적이고 완숙한 결정을 내릴 수 없다고 반박했고, 후 나의 변호사가 타이완의 기부금을 통해 돈을 받았다는 점을 지적하였다. 또한 중국은 미국 정부가 나이 어린 소녀를 가족에게 돌려보낼 도덕적 의무를 가지고 있다고 주장했고, 그녀가 집으로 돌아온다면 처벌하거나 처형하지 않을 것이라고 약속하였다. 수차례의 논의 끝에 레이건 행정부는 1983년 4월 후 나를 미국에 남을 수 있도록 하였을 뿐만 아니라 피신처를 제공하겠다고 결정하였다. 중국 정부는 이에 대한 보복조치로서 그 해 실행하기로 계획되어 있던

<hr>

45) *New York Times*, September 2, 1981, pp. A1, C27.
46) 예를 들면, 중국의 노동 캠프에 대한 기사를 썼다는 이유로 《워싱턴포스트》지의 기자 Michael Weisskopf가 "책임 있는 태도"를 결여했다고 제소한 것을 참조할 것. Agence France Presse, September 21, 1981; in FBIS, *China*, September 21, 1981, p. B1.

19개의 문화·스포츠 교류 프로그램을 모두 취소하였다. 47)

또한, 양국간의 학술교류는 다른 측면에서 관계진전의 저해요인이 된 양국의 국내경기 침체로 인해 위축되었다. 미국을 방문하기 위해 비자를 발급받은 중국 학생과 학자들의 수는 1979년 1,330명에서 1981년 5,407명으로 급증하였다가 1982년 4,480명, 1983년 4,331명으로 조금씩 감소되었다(표 A-5). 그 주요 원인은 베이찡의 경제긴축 프로그램에 의해 부과된 재정적 압박 때문이라 보여진다. 중국 정부가 프로그램에 쓰는 비용은 1979년 4백만 달러에서 1982년 7백만 달러로 빠르게 증가하였다. 48) 중국이 막대한 재정적자에 시달리고 있고 외환보유고의 유출을 막으려 했기 때문에 학생들과 학자들의 미국연수를 감소하는 것은 불기피한 조치였다. 그러나, 모셔, 위츠셔, 후 나 등에 대한 논쟁은 아마도 이에 결정적으로 기여하는 역할을 했을 것이다.

양국의 경제관계도 점차 논쟁적으로 되었다. 1980년대 초에 제기된 주요 문제는 섬유에 관한 것이었다. 미국 섬유산업이 값싼 노동력을 가진 국가들, 특히 아시아 국가들로부터의 수입제한을 주장하여 왔기 때문에, 섬유는 미국에서 가장 보호장벽이 높은 분야 중의 하나였다. 미국은 다자간 섬유협정에 근거하여 섬유할당량을 무역상대국에 부과함으로써 자국의 섬유산업을 보호하고자 하였다. 그리고, 섬유는 중국이 미국 시장에서 경쟁력 있는 수출품으로 생산할 수 있는 분야이기도 하였다. 다른 원료의 공급은 부족하였고, 중공업은 해외에서 시장성이 없었으며, 경공업은 외국시장을 위한 생산시설이 마련되어 있지 않은 상태였다. 그래

47) 후 나 사건의 경우에는 다음을 참조. New York Times, August 4, 1982, pp. A1, A4; New York Times, March 21, 1983, p. A2; New York Times, March 31, 1983, p. A9; and New York Times, April 5, 1983, pp. A1, A10. 중국의 보복에 대해서는 다음을 참조. New York Times, April 8, 1983, pp. A1, A8.

48) Leo A. Orleans, Chinese Students in America: Politics, Issues, and Numbers (National Academy Press, 1988), p. 91, table 5-4.

서, 중국의 미국에 대한 섬유수출은 1978년에서 1982년 사이에 7배나 증가했으며, 원사나 직물보다는 완제품의 수출이 가장 크게 성장하였다(표 A-3).

이러한 섬유류 수입의 확대는 양국 사이에 분쟁을 야기시켰다. 1982년 말에 실효된 제1차 미·중 섬유협정에서는 6개의 수입품에서 연간 3~4 퍼센트의 증가를 허용하였다. 그해 10월 협상이 시작되었을 때, 수입품의 급증뿐만 아니라 미국 국내 경제침체와도 싸우고 있었던 미국 섬유업계는 그 증가율을 1퍼센트로 낮추려 했고 협정의 범위를 더욱 확장하여 보다 많은 섬유품목을 포함시키려고 하였다. 미국 정부는 베이찡에 연간 1.5퍼센트에서 2퍼센트의 증가를 받아들이도록 압력을 넣었으나 중국협상대표는 연간 6퍼센트의 증가율을 주장하였다. 양자의 입장 차이를 좁힐 수가 없어 협상은 교착상태에 빠졌다.

1983년 1월 새 협정으로 대체되기 이전에 기존 협정이 만료되자, 미국은 1979년과 1980년 기간 동안 집행된 협상에서 그러했던 것처럼 중국의 수입품들에 대해 일방적으로 제한을 가하였다. 반면에, 중국은 미국산 면화, 콩, 화학섬유의 수입을 중지하고 미국산 곡물의 수입을 줄임으로써 미국의 제재조치에 보복하였다.[49] 중국인들은 미국이 대소련 곡물수출금지령을 내린 것을 보고 미국 농민들이 자유무역을 위한 강력한 압력단체라는 것을 인식하게 되었다. 따라서, 베이찡은 중국의 섬유수출업자를 위해 더욱 많은 쿼터를 얻으려 했고, 미국과의 곡물협정을 위반함으로써 미국 농민들의 압력을 동원하려고 했다.

중국산 섬유수입에 대한 분쟁은 다른 산업분야에도 영향을 미쳤다. 일부 미국 기업들은 중국 섬유수출업자들이 미국에서 공정가격 이하로 생산품을 판매하고 증가된 관세와 수입제한을 통해 보상받으려 한다고 제소하면서 국제무역위원회에 탄원서를 제출하였다. 미국 기업들은 문제가 되고 있는 모든 소송에서 승소하지는 못하였다. 미국 기업에 직접적인

---

49) *Wall Street Journal*, January 14, 1983, p. 5; *Wall Street Journal*, January 20, 1983, p. 29.

물질적 피해를 주지 않았다는 이유로 맨틀, 부엌용품, 식탁용품 등에 대한 소장은 기각되었다. 그러나, 이 소송들은 미국 산업체들이 중국산 수입품을 제한하기 위해 가능한 법률조항을 모두 이용하겠다는 의미를 내포하고 있었다. 50)

미국의 대중국 수출품에 대한 제한도 논쟁점이 되었다. 1970년대에 그러했듯이 중국은 미국산 곡물, 면화, 인조섬유를 계속해서 수입하고 있었으나 이제는 미국의 선진기술을 습득하는 데 주로 관심을 보였다. 미국 대학에 중국 학생이나 학자들을 파견하는 것과 마찬가지로, 미국의 첨단장비 구입은 문화대혁명기간과 서구로부터 상대적으로 고립되었던 기간으로 인해 초래된 기술상의 후진성을 신속하게 극복할 수 있는 방법으로 간주되었던 것이다.

미국의 대중국 기술수출은 수출통제 조치에 의거해서 방해를 받았는데, 이러한 수출통제는 미국 정부에 의해 일방적으로 부여된 수출통제와 파리에 소재한 수출통제조정위원회에 의해서 집단적으로 규율되는 수출통제 등에 기인하였다. 51) 이러한 수출통제는 미국과 중국이 서로 화해하는 경우에만 완화되었다. 그러나, 그 과정은 매우 복잡한 것이었다. 국방성이 현안으로 상정된 국가안보문제를 판단하는 책임을 지고 있기 때문에 상무성에 의해 승인된 수출허가 신청에 제동을 걸 수 있었다. 중국 정부와 미국 수출업자들은 모두 백악관이 베이찡에 약속했던 첨단 컴퓨터와 지구관측위성용 착륙장치와 같은 장치의 수출을 국방성이 방해하고 있다는 사실에 대해 불평하였고 이에 따른 수출인가가 지연되는 것을 곱게 보지 않았다.

끝으로, 미·중 무역이 부분적으로 상대방에 대한 관료주의적 제한으

---

50) John J. Sullivan, "U. S. Trade Laws Hinder the Development of U. S. -PRC Trade," *Columbia Journal of Transnational Law*, vol. 22 (Winter 1983), pp. 135 ~74.

51) 아이슬랜드를 제외한 NATO회원국들과 일본으로 구성된 대공산권 수출조정위원회는 중국, 소련, 기타 공산국가들 등에 대한 기술이전 문제를 심의하였다.

로부터 벗어나게 되자 동시적으로 양국은 거시경제적 문제에 휩쓸리게
되었다. 1980년대 초는 양국이 모두 경제적으로 어려운 시기였다. 중국
에서는 70년대 말 과도한 투자계획으로 인해 수입이 급증하였는데, 1978
년 109억 달러에서 1980년 200억 달러로 늘어났다. 서구에서는 중국의
대외적인 대약진이라고 묘사된 이러한 수입급증으로 인해 중국은 1978년
에서 1980년까지 51억 달러의 누적 적자와 함께 1950년대 이래 최초로
심각한 무역수지 적자를 기록하였다. 외채증가에 경계심을 갖게 된 중국
지도부는 수입을 강력하게 단속하여, 1981년에는 10퍼센트 정도 증가했
던 수입이 1982년에는 하락하였고 1983년에는 상대적으로 정체되었다.

중국에 대한 미국의 수출에도 베이찡의 긴축정책에 의해 엄청난 여파
가 미쳤다. 전반적으로 1981년 36억 달러에 달하던 미국의 대중국 선적
이 1982년에는 29억 달러로 떨어졌고 1983년에는 22억 달러로 낮아졌다
(표 A-4). 가장 큰 하락세를 기록한 것은 중국이 중공업 부문에서 수입
하던 원료였는데, 1980년에서 1983년 사이에 거의 2/3 정도 하락하였다.
섬유 분쟁에 대응하여 중국의 농업생산물과 곡물수입 감소도 효력을 발
휘하였는데, 1980년 15억불에 달한 미국산 농산물 수입이 1983년에는 5
억 4천 7백만 달러로 격감되었다(표 A-4).

1980년대 초에 있었던 미국의 격심한 경기침체 역시 미국의 대중국 수
입에 부정적 영향을 미쳤다. 전반적으로 미국의 수입은 1981년 2천 7백
3십억 달러에서 1982년에는 2천 5백 5십억 달러로 하락하였다가 1983년
에 다시 2천 7백억 달러로 증가하였다. 중국도 이러한 전반적 추세에서
예외가 될 수는 없었기 때문에 대미 수출이 1982년 23억 달러에서 1983
년 22억 달러로 하락하였다. 중국의 대미 수출분야 중 에너지분야와 원
료분야가 많이 하락하였고 반면에 중국산 의류와 가전제품의 판매는 계
속 상승하였다(표 A-3).

중국 수입의 급격한 하락세와 중국 수출의 적정한 하락세, 이 두 가지
경향의 최종 결과로 미국과 중국 쌍방간의 상호 무역량은 1981년 55억
달러에서 1982년 52억 달러로 하락하였다가 1983년에는 44억 달러로 떨

어졌는데, 이는 1970년대 중반 이래 처음 있는 일이었다. (표 A-2) 더욱
이, 중국의 수입이 수출보다 빠르게 하락하는 것과 같은 불균등한 하락
으로 인해 1970년대 미·중 관계화해 이후 미국이 누렸던 대중국 무역흑
자는 사라지게 되었다. 이후 몇 년 동안 미·중 무역규모는 성장하였으
나 미·중 간 무역수지는 균형을 이루었다. 그러나, 1980년대 말까지 미
국은 중국과의 무역에 있어서 상당한 규모에 이르러 골치거리가 될 정도
로 심각한 무역적자를 내기 시작하였다.

4. 각 성

1980년대 초에 형성된 미·중 간의 긴장관계는 각각 상대방에 대한 양
국의 인식에 중대한 변화가 일어났기 때문에 발생한 것이었다. 이러한
인식변화로 인해 1979년에서 1980년사이의 낙관적 분위기는 환상으로부
터 깨어나자는 분위기로 대치되었는데, 어떤 부분에서는 상대방에 대한
혐오감을 불러일으키기도 하였다.

특히, 많은 중국인들은 미국과의 새로운 관계에서 얻을 수 있는 반사
이익에 높은 기대를 걸고 있었다. 1981년 중반에 실시된 미국에 대한 중
국 도시인의 태도를 조사한 최초의 체계적 평가에 따르면, 미·중 관계
의 전망을 긍정적으로 보는 낙관주의가 너무나도 확산되어 있었기 때문
에 중국인들의 기대가 무너질 가망성도 상당히 크다고 결론을 내렸다.[52]
그리고, 사실상 1982년 말까지 중국측의 높은 기대가 충족되지 않았다는
사실이 점차 분명해졌다. 쌍방간의 상호 무역량은 1979년과 1981년 사이
에 증가하였으나 점차 성장을 멈추었으며 결국 하락하기 시작하였다. 미
국의 대중국 투자도 더 이상 기대할 수 없게 되었다. 미국은 더 이상 중

---

52) Ralph N. Clough, *Chinese Elites: World View and Perceptions of the U.S.*,
   Research Report R-15-82 (Washington: International Communication
   Agency, August 1982), p. 20.

국에 경제적 원조를 제공하지 않았고 1979년에 약속한 미합중국 수출입
은행의 20억 달러 신용대출도 거의 지불하지 않았다. 미국은 여전히 중
국에 대한 기술이전을 엄격하게 제한하였으며 중국의 수출은 미국 내에
서 강력한 보호주의적 감정을 불러 일으켰다. 1982년 10월 중국의 외교
부장 황 화는 중국 경제의 현대화를 돕겠다는 미국의 반복된 약속을 "비
는 오지 않고 천둥소리만 요란한 형국"에 비유하였다. 53)

더구나, 미국이 타이완에 대해 지속적으로 관심을 표명하자 베이찡은
당황하게 되었다. 〈타이완 관계법〉에서부터 1982년 8월 공동성명에 이르
기까지—비록 미국이 베이찡의 입장을 고려하여 양보한다 하더라도— 미
국은 베이찡의 시각에서 보자면 매우 당황스러울 정도로 타이완에 대해
"옛 우방"으로 취급하는 입장을 유지하고 있었다. 미국은 타이완의 평화
적 미래에 대해 계속적인 관심을 표명하였다. 그리고 미국은 타이완에
대해 무기판매와 첨단기술판매를 계속하였으며, 타이완과 활발한 통상관
계와·문화적 관계를 유지하였다. 미국은 타이완 문제 해결을 원한다고
표방했지만, 베이찡의 협상 입장을 인정하거나 타이완으로 하여금 중국
본토와 협상하도록 압력을 가하는 것은 거부하였다. 결과적으로 타이완
에서는 워싱턴과의 외교관계가 상실되고 안보조약이 파기되었음에도 불
구하고, 중국 본토와의 경제적·문화적 교류를 확대하거나 혹은 통일에
대한 논의를 재개하자는 베이찡의 제안을 받아들일 준비가 되어 있다는
그 어떠한 징표도 감지되지 않았다.

베이찡의 미국에 대한 실망은 미국의 정치구조, 특히 정부의 3권분립
과 연방정부와 지방정부 간의 권력분립을 이해하지 못했기 때문에 더욱
악화되었다. 베이찡이 미·중 관계를 괴롭히는 행위라고 치부하였던 것
들이 연방정부 이외의 곳에서 발생하였다. 예를 들면, 1982년에 몇몇 주
정부와 지방정부가 국경일에 한해서 타이완을 중화민국으로 예우할 것을
결정하자 베이찡은 격렬하게 항의하였다. 54) 그리고, 미 의회는 간헐적으

---

53) *Xinhua*, October 7, 1982 ; in FBIS, *China*, October 8, 1982, pp. B1~B3.

로 중국 정부가 받아들일 수 없는 타이완에 대한 결정을 고려하기도 하고 가끔 이를 채택하기도 하였다. 그리고, 북알라바마의 연방법원은 1982년에 중국 정부가 청조말 상하디-광조우 후광철도 건설자금을 융통하기 위해 발행한 공채에 대해 보상할 책임이 있다고 판결하였다.[55]

중국 지도자들은 이러한 사건들 각각에 대해 레이건 행정부를 직간접적으로 비난하였다. 적어도 베이찡에서는 미국의 어떤 정부 부처가 중국에 대해 공격적 행위를 한다면 백악관이 지시를 내려 이러한 사건이 발생하지 않도록 할 수 있다고 확신하는 것 같았다. 연방법원이 후광 철도 공채 재판에서 베이찡에게 유리한 판결을 하지 않은 것이나 지방정부가 타이완의 국경일을 기념하지 못하도록 명령하지 않은 것은 베이찡의 입장에서 볼 때 중국의 이익을 지지하기는 커녕 교묘하게 거부하는 행위로 여겨졌다. 설상가상으로, 일부 중국 지도자들은 이러한 일련의 사건들을 백악관이 베이찡을 당황케 하기 위해 교묘하게 조종한 것이라고 의심하였다. 미·중 관계의 모든 측면이 중앙정부의 지시에 의해서 이루어지는 국가에서 살고 있기 때문에 중국 지도자들은 미국 정치체계를 형성하고 있는 상이한 조직원리를 이해하기가 힘들었다.

이런 문제들이 축적됨에 따라 중국인들은 미국이 과연 성실하게 베이찡과의 관계에 임하고 있는지를 의심하기 시작하였다. 여러 가지 쟁점들이 제기되면서 미국이 중국에 대한 의무를 다하지 않는다는 사실이 확인되었다. 우선, 중국은 레이건 행정부의 타이완에 대한 초기 정책이 미·중 관계정상화 협정을 위반한 것으로 보았다. 그리고, 기술이전에 대한 통제를 완화하는데 실패하고 중국에 재정원조를 제공하지 못한 것을 미국지도자들이 이전에 중국지도자들에게 제시하였던 약속을 제대로 지키

---

54) *Xinhua*, October 22, 1982 ; in FBIS, *China*, October 25, 1982, p. B1.
55) 결국, 중국 정부가 법률고문을 고용한 후에 순회법원은 자신의 결정을 바꾸어 중화인민공화국은 채권보유자에게 돈을 지불할 의무가 없다고 판결하였다. 이 판결은 1986년 7월 순회재판소에서 확인되었다. 1987년 3월 연방대법원은 더이상의 상소를 거부하였다.

지 않은 것으로 간주하였다. 중국에 대한 무기판매 제안도 성실하게 이행할 의사가 불분명했기 때문에 "공허한 정치적 제스처"로 여겨졌다. 이에 대해 한 중국 평론가는 미국이 중국에게 "진짜 첨단무기"를 결코 팔지 않을 것이라고 비난하였다. 56)

따라서, 중국 지도부는 미국의 배신에 대해 계속적으로 비난하기 시작하였다. 1982년 10월 덩 샤오핑은 레이건이 타이완정책에 있어서 "너무나 많은 싸구려 속임수"를 사용하였기 때문에 미국의 대 타이완 무기판매 제한을 어떻게 이해할 것인가에 대해 협상할 필요가 있을 정도라고 설명하였다. 1년 후에 후 야오방은 1981년부터 1983년 사이에 미·중 관계가 악화된 것은 미국 정부가 "조그만 속임수"를 썼기 때문에 초래된 결과라고 비난함으로써 이와 비슷한 입장을 보였다. 57) 이러한 관점에서, 1982년과 1983년에 있었던 조그만 쟁점들을 요란하게 떠든 것 — 누군가가 "3개의 T"와 "2개의 Hu"58) 라고 명한 것 — 은 중국이 미국의 성실성과 수행력을 면밀하게 조사하기 위한 것이라고 해석될 수 있다. 실제로 만약 미국이 후 나 문제에서 중국의 압력에 굴복했다면 어떤 일이 일어났겠는가라는 질문에 대해 한 중국 논평자는 베이징은 중국에 대한 미국의 태도를 시험하기 위해 "다른 쟁점을 제기했을 것"이라고 솔직하게 대답하였다.

또한 중국은 1981년과 1982년의 미·중 관계를 돌이켜 볼 때, 중국이 받아들일 수 없을 정도로 불평등하고 위계적이라고 비난하였다. 중국이 두려워했던 바인 미국의 국력회복으로 인해, 워싱턴의 많은 사람들은 미국이 중국을 필요로 하는 것보다 중국이 미국을 더욱 필요로 한다고 생

---

56) *Banyuetan*, no. 16 (August 25, 1981), pp. 52~54, in FBIS, *China*, September 11, 1981, pp. B1~B2.

57) *Kyodo*, October 24, 1982, in FBIS, *China*, October 25, 1982, p. B1; *Xinhua*, October 9, 1983, in FBIS, *China*, October 11, 1983, p. A3.

58) 1장에서 언급한 것과 같이, "세 개의 T"는 섬유(textile), 기술(technology), 대만(Taiwan)을 가리키고 "두 개의 Hu"는 테니스 스타 후 나(Hu Na)와 후광(Huguang) 철도공채를 말한다.

각하게 되었고, 베이찡이 타이완에 대한 미국의 무기판매, 제3세계에 대한 미국의 개입, 중국 이익에 반대되는 미국의 기타 대외정책 등을 받아들여야 한다고 결론짓게 되었다. 59) 그 당시에 한 중국 학자는 그의 조국이 미국의 "피보호자"나 "동생"으로 취급되기를 원하지는 않는다고 개인의사를 표명하였다. 덩 샤오핑도 1981년 8월 홍콩의 방문객들에게 말할 때 이와 비슷한 점을 보다 퉁명스럽게 지적하였다.

> 미국은 중국이 미국의 호의를 바라고 있다고 생각한다. 사실, 중국은 그 어떤 국가의 호의도 바라지 않는다… 중국은 미·중 관계가 퇴보하기보다는 발전하기를 바란다… (그러나,) 만약 최악의 사태가 발생하고 미·중 관계가 1972년 이전으로 퇴보한다고 해도, 중국은 무너지지 않을 것이다… 중국 인민들은… 결코 굴복하거나 도움을 구걸하지 않을 것이다… 중국과 미국은 동등한 입장에서 협력하여야 한다. 만약 미국이 공정하게 행동하지 않고 중국에게 미국의 의지에 따라 행동하도록 강요한다면, 중국은 이에 동의하지 않을 것이다. 60)

중국은 미국과의 여러 쌍무적 관계에서 불평등하다는 증거를 발견하게 되었다. 중국의 제3세계 정책을 미국이 지지할 것으로 기대하였지만, 오히려 미국은 1979년 중국이 베트남에 침공한 것을 승인하지 않았다는 것이다. 워싱턴은 미·중 군사동맹의 모양새를 갖추기 위해 중국에 대한 무기판매를 실행하려고 했지만, 그러나 중국이 원하는 생산기술을 이전하려고 하지 않았다. 양국간의 무역분쟁도 불균등한 양국관계를 암시하는 것으로 해석되었다. 즉 "미국은 자국과의 무역을 상대국에게 은혜를 베푸는 구세주로 여겼다. 나는 나의 조국에 수입된 당신의 상품에 제한을 가할 수 있지만, 나의 상품은 당신 시장에 방해 없이 들어가야 한다."61)

---

59) *Bayuetan*, no. 3(February 10, 1981), pp. 16~17, in FBIS, *China*, March 12, 1981, pp. B1~B2.

60) *Ming Pao*, August 25, 1981, Quoted in Pollack, *Lesson of Coalition Politics*, p. 89.

어떤 중국인들은 미국의 불성실과 오만에 대한 예를 들고 나서 중국이 미국에 대한 정책을 근본적으로 바꾸어야 한다고 경고하였다. 심지어 1982년 타이완에 대한 미국의 무기판매에 대한 공동성명을 발표한 직후 중국의 외교부장은 미국이 중국을 우방으로 여기는지 아니면 잠재적 적으로 보는지 확실하게 알 수 없다고 불평하면서 중국의 대외정책이 변화할 것임을 시사하였다. 1983년 6월말에 중국의 한 미국전문가는 "누적된 문제들로 인하여… 중국 지도자들은 누적된 문제들을 전부 풀어버려야 할 가치가 있는가 아니면 미국을 고려의 대상에서 제외하고 우리의 대외정책을 개편하는 것이 낫지 않겠는가라는 질문을 던지고 있다"라고 지적하였다. 62)

많은 미국인들 역시 중국과의 새로운 관계에 큰 기대를 걸고 있었는데, 중국과의 경제·군사 유대확대로부터 얻을 수 있는 이익뿐만 아니라 공산당에 의해 수립된 경제적·정치적 체제에 대해서도 기대를 걸었다. 1982년까지 이 모든 측면에서 재평가가 이루어졌으며, 그 결과는 중국 내 미국의 기업활동에 대한 전망이 평가절하되었고, 미국의 세계전략에서 차지하는 중국의 위치가 격하되었으며, 공산주의 통치하에 있는 중국사회를 높게 평가하지 않았다.

경제적으로는, 중국 내에서의 기업활동이 어렵고 양국간의 무역관계가 하향세를 보이자 1978~1979년에 양국의 관계정상화 이후 급속하게 확대된 상업관계에 대한 낙관주의는 점차 사라지게 되었다. 한 비공식적 여론 조사에 따르면, 중국에서 무역과 투자에 참여했던 미국 기업의 1/3 미만만이 원활한 기업활동을 벌이고 있었고 거의 반 정도는 중국에서의 기업활동이 "실망스러운 결과"를 가져올 뿐이라는 점을 인정하였다. 그 누구도 중국에 들인 노력을 중지하려 들지 않았고, 이들 대부분이 중국

61) *Wen Wei Po,* December 20, 1983, p. 3, in FBIS, *China,* December 27, 1983, p. W2.

62) *Xinhua,* October 7, 1982, in FBIS, *China,* October 8, 1982, pp. B1~B3; *San Francisco Chronicile,* June 1, 1983, p. C3.

이 다른 새로운 시장에 필적한다고 느끼고 있었다. 그러나, 중국에서 돈을 벌기 위해서는 오랜 시간이 필요하다는 현실인식이 더욱 증대되었다. 한 응답자가 대답한 바와 같이, 중국의 잠재력은 "굉장하다", 그러나 중국은 또한 "너무 느리게 움직이고 예측할 수가 없다."[63]

군사전략적으로도, 역시 중국에 대한 재평가가 있었다. 주지하다시피, 소련과의 긴장완화에 대한 베이찡의 관심은 워싱턴에 경각심을 불러 일으키지 못하였다. 그러나, 중국의 독립적 대외정책 선언, 미국과 소련이 패권을 지향한다는 점에서는 동일하다고 보는 새로운 추세, 그리고 미국과의 군사적 협력에 대한 망설임 등으로 인해 소련에 대항하는 미·중 제휴의 전망을 재고하게 만들었다. 더구나, 1982년 6월 헤이그 국무장관의 사임은 레이건 행정부에서 중국과의 우호적 군사전략관계를 가장 적극적으로 지지한 사람 중의 하나가 제거되었다는 것을 의미하였다.

헤이그의 후임자인 조지 슐츠(George P. Shultz)는 미국의 대외정책에서 중국이 차지하는 역할에 대해 상당히 다른 시각을 가지고 있었다. 1983년 초 슐츠가 행한 미국의 대중국 정책에 대한 여론조사에 따라, 미국은 중국의 비중을 하향조정해야 한다고 결론을 지었다. 다양한 양국간의 쟁점들에 대한 중국의 요구사항들은 과도해 보였고, 그 요구를 충족시켜 줌으로써 얻을 수 있는 이익은 매우 적을 것이며, 그 요구를 거부했을 때 발생하는 위험부담도 낮다는 것이다. 무엇보다도, 미국의 국력이 증대하고 있고 일본과 동남아시아의 동맹국과의 협력관계가 개선되고 있기 때문에 1970년대와 같이 미국의 대아시아 정책이 중국에만 압도적으로 집중될 필요가 없다는 점이 지적되었다.[64] 따라서, 1983년 2월 슐

63) Henry J. Groen, "U. S. Firms in the PRC Trade (The Sweet and Sour China Market)," in *China under the Four Modernization*, pt. 2: *Selected Papers Submitted to the Joint Economic Committee*, 97 Cong. 2 sess. (GOP, 1982), pp. 331, 334.

64) *New York Times*, February 9, 1983, p. 6; Robert Sutter, "The Taiwan Relations Act and the Unite States' China policy," in Myers, *A Unique*

츠 국무장관의 첫 번째 중국방문 직전에 미 행정부 관료들은 중국이 전 세계적인 초강대국이 되려면 아직도 10여 년을 더 기다려야 하고 미국은 베이찡과의 관계를 유지하기 위해 "막대한 비용을 지불할" 준비가 되어 있지 않다고 천명하였다. 그 다음달 미국의 대아시아 정책에 관한 연설에서 슐츠 국무장관은 일본을 가장 강조하였고 미·중 관계는 불가피하게 "실패와 난제들"로 점철될 것이라고 경고하였다. 그 뜻은 분명하였다. 1970년대 초의 미·중 화해 이래 그 어느 때보다도 미국의 전략에서 중국이 차지하는 비중이 낮다는 것이다. 65)

이 기간 동안 중국 사회에 대한 미국 국민들의 태도도 바뀌고 있었다. 가장 중요한 변화는 중화인민공화국에서 초기에 상주하였던 기자, 사업가, 학자들이 내린 중국에 대한 재평가이다. 이전에 미국인들에게는 2~3주 정도 되는 단기간의 중국방문만이 가능하였다. 조심스럽게 작성된 여행일정계획서와 성실한 대접으로 중국을 방문한 사람들은 중국의 공산정부와 그 행태에 대해 호의적인 인식을 가질 수 있었다. 그러나, 미·중 관계정상화 이후 미국인들은 처음으로 장기체류할 수 있게 되었다. 이렇게 장기체류하는 사람들의 중국에 대한 기술(記述)이나 중국을 판단할 때 사용한 기준은 1970년대 중국에 대한 낙관적 분위기와는 사뭇 달랐다. 66)

Relationship, pp. 331, 334.

65) *New York Times,* February 2, 1983, P. A3; Paul Wolfowitz, "Developing an Enduring Relation With China," *Current Policy,* no. 460 (Department of State, February 1983). 슐츠의 성명에서도 중국에 대한 평가절하가 암시되고 있다 : George Shultz, "The U. S. and East Asia: A Partnership for the Future," *Current Policy,* no. 459 (Department of State, March 1983). 이러한 변화에 대한 최근의 분석은 다음을 참조. Richard Nations, "A Tilt toward Tokyo," *Far Eastern Economic Review,* April 21, 1983.

66) 이에 대한 충분한 논의를 위해서는 다음을 참조할 것. Harry Harding, "From China, with Disdain: New Trends in the Study of China," *Asian Survey,* vol. 22 (October 1982), pp. 934~958; "A Romance Turns Sour," *Asiaweek,*

중국에 대한 재평가가 모든 분야에 걸쳐서 이루어졌다. 1970년대에 중국은 평등하고, 기본적 생활수준이 보장되어 있으며, 일반 사람들이 정책결정에 직접 참여할 수 있는 평등주의적이고 인민주의적인 사회로 묘사되었다. 일반 중국인들은 건전한 사회의 공동목표를 위해 헌신하는 이기심이 없는 남녀로 보여졌다. 그러나, 미국인들이 중국을 좀더 많이 알게 됨에 따라 현실은 매우 다르다는 점을 인식하게 되었다. 미국인들은 중국의 일부는 가난에 찌들어 있고, 엘리트와 일반 인민 사이의 생활수준 격차가 대단히 크며, 위계적이고 둔감한 당관료제가 중국을 통치하고 있다는 사실들을 알게 되었다. 일반 중국인들을 사회심리학적으로 분석해 보더라도 헌신적이고 이기심이 없는 사람들이 아니라 소외되고 냉소적인 존재로 파악되었다.

이러한 재평가는 부분적으로 장기체류를 통해 중국의 결점을 분명히 볼 수 있었던 미국인들에 의해서 이루어진 것이다. 또한, 이러한 재평가는 역설적으로 1970년대 말과 1980년대 초에 중국이 개혁을 시작했다는 점을 반영하는 것이다. 이는 문화대혁명 말기에 비해 중국 정부가 과거의 결점을 인정하려 했고, 일반 중국인들이 불만과 불평을 표현할 수 있을 정도로 자유로워졌음을 의미하였다. 중국이 점차 전체주의적 정치구조에서 권위주의적 정치구조로 바뀌어 감에 따라 자국의 결점을 정당화하는 능력은 떨어지게 되었고 결점의 선명도는 높아만 갔다.

더욱이 중국에 대한 재평가는 이전과는 다른 평가기준에 의해 이루어졌다. 1970년대에 어떤 미국인들은 중국 문화가 다른 정치적·사회적 가치를 품고 있고 미국의 규범을 중국에 적용할 수 있는지에 대해 의구심을 가지고 있었기 때문에 서구의 기준을 중국에 적용시키려 하지 않았다. 그러나, 1980년대에 미국인들은 미국의 가치가 보편적이라는 새로운 신념을 얻게 되었다. 중국에 사는 많은 미국인들은 일반 중국인들도 일반미국인이 원하는 안정된 생활수준과 정치적 권리를 추구한다는 점을

April 1, 1983, pp. 40~44.

확신하게 되었다.

상이한 연구에서 도출된 상이한 결과로 인해 이러한 중국에 대한 새롭고도 유리하지 않은 묘사가 미국 여론에 어떠한 영향을 미쳤는가를 평가하기가 어렵게 되었다. 1980년대 초에 어떤 여론조사는 중국에 대한 여론의 태도가 거의 변하지 않았다고 발표하였다. 예를 들어, 시카고 대외관계에 관한 위원회를 위해 행해진 한 여론조사는 1978년과 1982년 사이에 중국에 대한 미국 대중의 평가는 상당한 연속성을 보여준다. 0도(매우 적대적)에서부터 100도(매우 호의적)까지의 범위를 가진 '호감 온도계'로 판단한다면, 1978년에 중국은 44도의 평가를 받았다. 1982년에는 거의 타이완과 인도와 비슷한 수준인 47도로 약간 상승하였다.[67]

그러나, 다른 조사들은 중국에 대한 재평가가 여론 동향에 일시적이기는 하지만 막대한 영향을 미치게 될 것이라고 주장하였다. 갤럽조사에 의하면 중국에 대해 호의적인 인상을 가지고 있는 미국인의 비율이 1980년 70퍼센트에서 1983년 43퍼센트로 떨어졌고, 반면에 중국에 대해 호의적이지 않은 인상을 가진 미국인의 비율은 1980년 26퍼센트에서 1983년 52퍼센트로 상승하였다. 이러한 중국에 대한 태도변화는 매우 유동적이었는데, 1980년대 중반에 이루어진 중국의 정치·경제적 개혁으로 인해 중국에 대한 미국의 인식은 1985년에 이르러 미·중 관계정상화 직후 수준으로 회복되었다(표 A-1). 그러나, 양국의 관계정상화 이후 나타났던 중국에 대한 미국의 호의적 평가는 매우 불안정한 것이었고, 일반 여론도 중화인민공화국의 급변하는 경제 및 정치적 배경에 따라 유동적인 상태로 남아 있었다.

---

67) John E. Rielly, ed., *American Public Opinion and U.S. Foreign Policy* (Chicago Council on Foreign Relations, 1987), p. 18, table III-3.

```
┌─────────────────────────────────┐
│             제 5 장              │
├─────────────────────────────────┤
│            화 해 기              │
└─────────────────────────────────┘
```

　1982년 타이완에 대한 미국의 무기판매 문제에 관한 협상결과가 성공적이었다고 해서 이러한 결과가 곧바로 베이찡과 워싱턴 간의 관계화해로 나타나지는 않았다. 앞장에서 서술한 바와 같이, 중국 정부는 양국이 동의한 협상결과에 전적으로 만족하지 않았다. 8월 17일 공동성명에서 미국 정부는 타이완에 인도하는 무기의 양을 점차적으로 줄여 나가겠다고 약속하였다. 그러나, 중국측에서 보면 실망스럽게도, 미국 정부는 타이완에 대한 무기판매가 중국 정부의 주권을 침해하는 것이라는 사실에 대해 명확하게 인정하거나 혹은 무기판매 종료를 위한 일정표를 제시하기를 거부하였다. 또한, 중국 정부의 통일방안을 명백하게 인정하지도 않았다.

　따라서, 1983년 초 슐츠 국무장관이 중국을 방문했을 때 양국은 상대방에 대해 신중하게 대응하고자 하였다. 슐츠 국무장관은 미국을 떠나기 전날에 가진 기자회견에서 미국 정부는 중국과의 관계를 유지하기 위해 주도적인 조치를 취하지는 않을 것임을 시사했다. 이전까지 중국을 방문했던 미국의 고위층 인사들과는 달리 슐츠 국무장관은 중국측에 양보조치—국무성의 한 관료는 이를 '선물 보따리'라고 표현하였다—를 제시하지 않았다. 중국측은 여전히 타이완에 대한 미국의 의도를 의심스러워하고 있었으며, 만약 미국측이 대타이완 무기판매 감소를 보장하는 약속을 하지 않는다면 앞으로 미·중 관계가 난항을 겪게 될 것이라고 경고했다. [1] 한달 후, 자오 즈양 총리는 백악관 대변인 토마스 오닐에게 슐츠 국무장관이 중국을 방문하였음에도 불구하고 미·중 관계가 여전히 만족스럽지 못하며 미·중 관계를 진전시킬 수 있는 근본적인 전기가 마련되지 않았다고 말했다. [2]

그렇지만 같은 해 가을에 이르러 양국은 상호관계에 있어 마찰을 빚어오던 몇몇 문제들에 대해 충분한 토의를 개진할 수 있었다. 1983년 중반, 중국 정부는 후광철도 공채를 보유한 미국인들이 제출한 지급배상청구에 대해 새로이 효과적으로 대처할 것이고 중국 정부의 의견에 반하는 미국 연방법원의 판결에 대한 항소를 결정하였다. 1983년 8월 미국과 중국은 1년여 동안 격렬하게 논쟁을 벌여 왔던 섬유문제에 대한 새로운 협정을 체결하였다. 그리고, 슐츠 국무장관이 중국측에 호의적인 새로운 제스처를 취하지 않겠다는 입장을 표명하였음에도 불구하고, 양국정부는 첨예하게 대립하였던 쟁점들에 대해 조금씩 양보하기 시작하였다. 미국은 중국에 대한 첨단기술 이전문제에 대해 이전까지 취해 왔던 강력한 통제를 조금씩 완화해 나가겠다는 입장을 보였으며, 중국은 미국과의 교류를 재개하겠다는 입장을 취했다.

이러한 문제점들이 해결되어 감에 따라 미·중 관계의 방향이 서서히

---

1) 슐츠의 방문에 대해서는 다음을 참조. *Wall Street Journal*, February 7, 1983, p. 23; *New York Times*, February 8, 1983, p. A15; Robert Manning, "A Strategic Soft-sell," *Far Eastern Economic Review*, February 17, 1983, pp. 9 ~10; Xue Mouhong and Pei Jianzhong, eds., *Dangdai Zhongguo Waijiao* (Contemporary Chinese diplomacy) (Peking: Chinese Social Science Publishing House, 1987), p. 343.

2) *New York Times*, March 30, 1983, p. A2

바뀌기 시작하였다. 9월에 홍콩에서 간행되는 한 공산주의 계열의 신문은 미·중 관계가 현재 간조기에 있고 점진적으로 개선되어 가는 조짐을 보이고 있다고 보도하였다. 한 달 후 중국 공산당 서기장 후 야오방은 양국관계가 '그리 나쁘지 않은 상태'에 있다고 언급하였는데, 이는 중국이 레이건 행정부가 등장한 이래3) 최초로 자오 즈양 총리가 이전에 오닐 백악관 대변인에게 말한 내용과는 상반되는 입장변화를 표명한 것이었다.

양국간의 화해는 이듬해 1월과 4월 자오 즈양 총리와 레이건 대통령의 상호방문이라는 전례 없는 행사를 통해 더욱 굳어졌다. 두 차례에 걸친 회담을 통해 양국 정상은 쌍무적 관계를 발전시키는 것이 상호간의 공동이익에 기여한다는 점을 재확인하였다. 양국 정부는 쟁점이 되어 왔던 문제들—타이완 문제, 섬유문제, 기술이전 문제 등—은 제쳐 놓고, 이전까지 상대방에 대해 요구만 내세우거나 의무 이행을 주장하기만 하던 상호대립적 관계에서 양국관계를 확대하고 강화시킬 방도를 모색하는 협력적 관계로 전환할 것을 합의하였다. 이러한 기반 위에서 양국간의 경제적, 문화적, 군사적 유대관계는 급속히 신장되었다. 동시에 양국간의 협력관계를 추진하기 위한 새로운 메카니즘들이 나타나기 시작하여 바야흐로 미·중 관계는 보다 폭넓고 복합적인 관계로 진전되기 시작하였다.

1980년대 중반 미·중 관계에서 양적, 질적 변화가 일어나게 된 것은 다음과 같은 세 가지 요소가 주된 원인으로 작용하였다고 볼 수 있다. 첫번째 요인이자 가장 중요한 것으로는 중국이 80년대 초기의 긴축경제에서 회복되면서 정치지도자들이 새로운 경제개혁을 추구하고 경제발전을 가속화하였다는 것이다. 미국은 중국의 거대한 수출시장이자 중국에 자본투자와 첨단기술 이전을 제공할 수 있는 국가로 간주되었기 때문에 중국 지도자들은 중국의 장기적인 경제발전 계획을 수행하기 위해서는 미국과의 관계개선과 공고화가 필수적이라고 생각하였다.4) 게다가 중국

---

3) *Wen Wei Po*, September 2, 1983, p. 2, in FBIS, *China*, September 2, 1983, pp. W1~W2; Xinhua, October 9, 1983, in FBIS, *China*, October 11, 1983, p. A3.

은 서유럽과 아시아에 있는 미국의 동맹국으로부터 자본 투자와 기술 이전을 성취하기 위해서 미국과 우호적이고 안정적인 관계를 구축하는 것이 필요하였다.

이와 유사하게 중국의 급속한 경제성장과 개혁재개는 중국에 대한 미국의 인식을 변화시켰다. 미국측 입장에서 보면, 중국은 이제 좀더 매력적인 동반자로 여겨진 것이다. 미국의 무역상들은 빠르게 성장하고 있는 중국 시장에 보다 많은 물건을 팔 수 있었고, 미국의 기업가들은 시장 메카니즘을 도입하고자 하는 중국에 보다 많은 자본을 투자할 수 있게 되었다. 그리고, 미국의 정치 지도자들과 일반 국민들은 경제적·정치적 자유화를 추구하는 중국에 대해 이전보다 더 호감을 가지고 관심을 보이기 시작하였다. 중국이 개혁 재추진이라는 새로운 정책목표를 추구하기 위해 미국을 중요시하게 되었다면, 바로 이러한 요인들로 인해 미국은 중국에 대해 좀더 협력적인 자세를 취할 수 있었다.

두번째 요인으로는, 중국이 1983년과 1984년에 타이완과의 통일문제에 대한 기존 입장을 수정함으로써 미·중 관계에서 걸림돌로 작용해 온 타이완 문제에 대한 이견을 해소할 수 있었다는 점을 들 수 있다. 통일문제에 대한 중국 정부의 기본 입장과 전략은 미국과 타이완 간의 정치적·군사적 유대관계를 약화시켜 타이완의 사기를 꺾고 타이완 정부로 하여금 통일 협상 테이블에 나올 수밖에 없도록 강제하는 것이었다. 실제로 중국 정부는 미국이 타이완과의 외교관계를 단절하고 타이완에 대한 무기판매를 줄이겠다고 약속하도록 설득하는 데 성공하였지만, 타이완을 협상 테이블로 이끌어 내는 데에는 실패하였다. 그리하여 중국 정부는 통일전략을 다소 수정하여 좀더 융통성 있는 전략을 채택하였는데, 이러한 통일방안과 새로운 경제개혁 조치가 중국 본토와 타이완 간의 좀더 많은 교류를 이끌어낼 수 있는 유인으로 작용할 것으로 기대하였다.

---

4) 이는 1985년 말, 북경에서 개최된 대외 정책 회의에서 이끌어진 결론이라고 한다. 여기에 대해서는 *Wen Wei Po*, December 20, 1985, p. 2, in FBIS, *China*, December 20, 1985, pp. W1~W2를 참조할 것.

또한, 중국 정부는 홍콩 반환에 관한 영국과의 교섭이 성공적으로 마무리된 점도 타이완으로 하여금 중국 본토와의 긴장관계를 완화시킬 것을 검토하도록 만들 수 있으리라고 기대하였다.

이러한 새로운 전략은 서서히 효력을 발휘하였다. 점차적으로 성장하는 중국 경제와 교역관계를 맺고 싶어하는 타이완의 기업가들과 중국 본토의 친척들과 교류하기를 요구하는 일반 시민들의 압력으로 타이완 정부는 그 동안 규제해 왔던 중국 본토와의 경제적·문화적 교류에 대한 제한을 점차적으로 완화시켰다. 그리고, 중국 본토와 타이완 간의 교류가 확대되면서 타이완 문제에서 미국이 차지하는 비중이 감소되었다. 1987년과 1988년에 이르러 미국은 더 이상 중국·타이완 관계를 중재하는 역할이나 또는 중국·타이완 관계에 결정적인 영향을 미칠 수 있는 행위자로서의 역할을 수행할 수 없게 되었다. 결국 이러한 일련의 현상들은 타이완 문제가 미·중 관계발전을 방해할 정도로 큰 중요성을 가지지 못하게 되었음을 의미하였다.

세번째로, 미·중 간의 전략적 관계를 부활시키는 데는 다른 여러 요인들도 작용하였다는 점을 지적할 수 있다. 우선 중국은 브레즈네프 이후 전개된 소련의 대외정책에 대해 실망했다. 안드로포프나 체르넨코 모두 중국에 대한 실질적인 양보조치를 취하거나 또는 제3국과 관련된 쟁점들에 대한 토의를 거부하였던 브레즈네프의 정책을 탈피하려는 조짐을 보이지 않았다. 게다가 미국과 중국이 타이완 문제에 대해 효과적으로 대처하게 됨에 따라 미·중 간 군사적 관계확대에 대해 최대 걸림돌이 제거되어 버린 상태였다. 비록 미국과의 확고한 제휴관계 혹은 '포괄적인 전략적 관계'라는 표현을 삼가하고 있었지만, 중국은 타이완에 대한 미국의 무기판매 문제를 둘러싼 논쟁이 벌어진 기간 동안 중단되었던 미국과의 군사교류를 재개하고자 하였다. 또한 양국은 최초로 공동합의 하에 중국의 방어무기 체계 추진 및 제조에 있어 미국이 지원하는 프로그램을 입안하였다.

그러나, 이와 동시에 미국 내 일부 관찰자들이 중국의 개혁전망을 과

장하기 시작하면서 미국 내에서 중국에 대한 비현실적 낙관주의가 싹트
기 시작하였다. 중국의 경제 재구조화가 부분적으로는 중앙통제식 메카
니즘을 시장 메카니즘으로 대체하고 국가소유의 기업활동을 사적 기업
활동으로 대체하는 것에 다름아니다라는 식으로 인식하게 되었다. 마오
쩌뚱 사후 전개된 개혁정책이 성공적으로 진행되자 많은 미국인들은 이
러한 중국의 변화가 거역할 수 없는 대세라고 과대평가하였고 복잡하게
뒤얽힌 중국의 경제·사회적 문제들을 간과하게 되었다. 따라서, 전반적
으로 미국과 중국과의 관계는 취약한 기초 위에 형성된 것이라 볼 수 있
는데, 즉 미국은 중국과의 관계에 있어서 중국이 레닌주의적 제도를 버
리고 자본주의와 민주주의를 수용하는 최초의 공산주의 국가가 될 것이
라고 가정하였던 것이다.

1. 궤도 복귀

1983년 중국과 미국은 지난 2년간 양국관계를 위태롭게 만들었던 대부
분의 문제들을 신속하게 처리하였다.[5] 경제개혁과 발전계획을 미국이
지원해주기를 원하는 중국은 양국관계에서 가장 논쟁적이었던 문제들을
해결하기 위해 필요한 양보조치를 취할 의사가 있음을 보여주었다. 또
한, 미국도 중국과의 관계를 안정화시키기 위해서 기술이전 문제에 대한
중대한 양보를 할 용의를 표명하였다.

미국의 말콤 볼드리지 통상장관은 5월에 베이찡을 방문하여 중국 지도
자들에게 미국이 중국의 대미 수출에 대한 규제완화 조치들을 시행할 것
이라고 통고하였다. 중국은 1980년에 '독립범주'(separate category) (P) 로
분류되었는데 이제는 이 범주로부터 대다수 미국의 우방들과 동맹국이

5) 이 기간의 미·중 관계에 대한 참고 자료로는 Robert A. Manning, "China:
   Reagan's Chance Hit," *Foreign Policy*, no. 54 (Spring 1984), pp. 83~101를
   참조.

분류되어 있는 '자유범주'(liberal category) (V) 로 재분류된다는 것이었다. 이러한 조치는 다음 두 가지 측면에서 대단히 중요하다. 실제적으로 이 것은 중국에 대한 첨단기술이전의 촉진을 약속하는 것으로, 중국에 이전 될 기술수준이 소련에 허용된 수준과 더 이상 연계되지 않을 것임을 의 미한다. 그러나, 이러한 새로운 정책의 상징적 의미는 더욱 중요하다. 즉, 그것은 미국이 처음으로 중국을 잠재적 적대국가가 아니라 우방국으 로 인식하였다는 것을 의미하고 있었다.[6] 중국의 지도자들은 이 문제에 대해 항상 민감하게 반응해 왔었기 때문에 미국의 이러한 입장변화를 중 대하고도 가장 환영할 만한 양보조처라고 평가하였다.

 이로부터 석 달이 경과한 후, 양국은 1983년의 시작과 함께 만료된 섬 유협정을 대체하는 새로운 협정을 체결하였다. 이 새로운 협정은 쌍방간 의 중요한 양보 내용을 담고 있다. 협정에 명기된 연 3퍼센트 성장률은 중국 정부가 목표로 설정한 6퍼센트의 절반밖에 되지 않았다. 게다가 새 로운 협정안은 이전의 협정보다 훨씬 포괄적이어서 규제대상을 이전의 14개 분야에서 34개 분야로 확대하였다. 한편 쿼터량은 미국측 협상 대 표들이 요구한 연간 1.5~2퍼센트의 성장률보다 훨씬 높은 것이었다. 이 러한 타협사항을 논의하는 과정에서 중국측은 그해 초 미국산 면화, 화 학섬유, 콩, 곡물 등의 수입에 부과한 규제를 철폐하였다.[7]

 양국은 또한 후광철도 공채문제를 해결하기 위해 새롭고 현실적인 방 법으로 접근해 나갔다. 과거에 중국 정부는 주권면책 원칙에 기반해서 이는 미국 법정에서 다룰 수 있는 문제가 아니라고 주장해 왔다. 이러한 논거를 바탕으로 중국 정부는 재판에 나갈 변호인단을 선임하지도 않았 고 재판정에서 미국측 공채 투자가들의 불만에 답변하기 위해 출두하지 도 않았으며, 단지 판결이 중국측에 유리하도록 미 연방정부의 실무부서 가 보장할 것을 요구하기만 하였다. 그러나, 1983년 중반 중국 정부는

 6) Baldrige 방문에 관해서는 *Wall Street Journal*, May 26, 1983, p. 30을 참조.
 7) *Wall Street Journal*, August 1, 1983, p. 3; *Wall Street Journal*, September 7, 1983, p. 34.

보다 적절한 행동을 취하기 시작했다. 여전히 주권면책 특권을 주장하면서도 중국 정부는 지역연방법원에 의해 내려진 첫 판결에 대해 상소하기 위해 결국 변호인단을 선임하였다. 이에 따라 법무성은 중국 정부의 입장을 옹호하는, 즉 중국 정부는 칭 왕조의 재정적 의무의 계승자로 간주되어서는 안 된다는 법정 참고인 소견서를 재판부에 제시하였다.[8] 결국, 지역연방법원은 첫 판결을 뒤집고 중국 정부는 미국측 채권자들에게 배상금을 지불할 필요가 없다고 판결하였다. 이러한 결정은 이후 순회법정에서 재확인되었고 대법원에서 소송이 기각됨으로써 확정되었다.

타이완에 대한 미국의 무기판매에 관한 협정과 중국의 대미 섬유류 수출에 관한 협정이 체결되면서, 그리고 후꽝 철도 공채에 관한 소송이 진행되면서 중국 정부는 1981년에 중단되었던 미국과의 군사적 교류재개를 준비하고 있었다. 1983년 여름, 중국 지도자들은 2월에 슐츠 국무장관이 중국을 방문하였을 때 논의되었으나 중국 정부가 최종적으로 승낙하지 않은 캐스퍼 와인버거 국방장관의 중국방문에 동의하였다. 이 중국방문에서 와인버거 국방장관은 미국 정부가 중국에 판매하기 위해 준비하였던 무기 목록에 더 많은 항목을 추가하였으며, 중국 정부가 미국이 판매한 무기를 제3국에 인도하지 않겠다는 사실을 확실하게 보증한다면 더 많은 종류의 무기들이 중국에 판매될 수도 있다고 제시하였다. 이에 대한 대가로, 중국 정부는 양국의 고위급 장교와 실무급 군사 파견단의 교환재개에 동의하였고 군사기술 이전 프로그램에 대한 진지한 논의를 시작하였다.[9]

이러한 관계 발전으로 1984년 초에 이루어진 양국 정상 회담의 교환 개최가 가능하였다. 1984년 1월의 미국 방문에서 중국의 자오 즈양 총리

---

8) 중국의 변호인단 문제에 대해서는 *Wall Street Journal*, August 8, 1983, p. 22를 참조.

9) Jonathan D. Pollack, *The Lessons of Coalition Politics: Sino-American Security Relations*, R-3133-AF (Santa Monica: Rand Corporation, February 1984), pp. 117~118

는 〈타이완 관계법〉을 포함하여 미국이 타이완 안보에 간여하는 것은 중국에 대한 내정간섭이라고 비난하였다. 그러나, 자오 즈양 총리는 현실적으로 미국 의회가 타이완관계법을 폐지하지는 않을 것이며 미국과 타이완의 친선관계를 인정할 수밖에 없다고 판단하였다. 따라서, 자오 즈양 총리는 타이완 문제에 관하여 미국의 양보를 추가로 요구하는 대신 단지 미국이 타이완 문제에 관련된 몇몇 공동성명의 내용을 일관성 있게 실행할 것만을 촉구하는 다분히 유화적 제스처를 취하였다.10) 중국의 외교부장 우 슈에치안(吳學謙)이 3월에 중국의 입법기구(전국인민대표자대회)에 보고한 바와 같이, 자오 즈양 총리는 또한 미국측에 중국과 타이완의 평화통일을 방해하는 새로운 장애물을 만들지 않을 것을 요구하였다고 한다.11)

유사한 맥락에서 자오 즈양 총리는 제3세계 문제를 포함하여 미·중 간에 이견을 보이는 몇몇 문제들과 중국의 독자적인 외교정책 노선이 '미국과 중국 간의 전략적 동반자 관계'를 저해하고 있다는 사실을 시인하였다.12) 그러나, 또한 자오는 중국이 미국과 소련 사이에서 등거리 외교정책을 수행하고 있다거나 국제문제에 대한 미국과 소련의 정책을 동등하게 인식하고 있다는 것을 불식시키기 위해 노력하였다. 그는 중국과 미국은 부차적 문제에 대해서만 이견을 보이고 있고, 주요 국제문제에 있어서는 양국이 이해관계를 같이 하고 있다는 점을 암시하였다. 그리고 중국이 미국과의 전략적 동반자 관계를 거부한다고 해서 양국의 이해가 일치하는 문제에 대해 협력하거나, 군사 교류를 계속하거나 혹은 중국에 대한 미국의 무기판매 계획을 확대하는 것에 방해되지는 않는다고 역설

---

10) *Beijing Review*, January 23, 1984, pp. 18~22 ; 자오 즈양의 미국방문에 관해서는 다음을 참조 : *Beijing Review*, January 23, 1984, pp. 22~23; *New York Times*, January 19, 1984, p. A17; *Washington Post*, January 18, 1984, pp. A1, A24; Xue and Pei, *Dangdai Zhongguo Waijiao*, p. 344.

11) Xinhua, March 8, 1984, in FBIS, *China*, March 8, 1984, pp. K3~K4.

12) *Beijing Review*, January 23, 1984, pp. 18~22.

하였다.

끝으로, 방미 기간 동안 자오 즈양 총리는 미국과의 경제관계를 확대하는 데 중국이 지대한 관심을 가지고 있다고 강조하였다. 중국이 외부세계와 경제적·과학기술적 접촉의 확대를 원하고 있고, 앞으로 국제사회를 향해 문호를 확대해 나갈 것이며, 이러한 문호확대 정책을 결코 중단하지 않을 것임을 미국측에 확신시키고자 하였다. 미국 기업들이 중국에 더 많이 투자해주기를 바라며, 중국에 대한 투자를 통해 최소의 위험부담으로 합당한 이익취득을 보장하였다. 자오 즈양 총리는 중국을 경제원조를 부여하기에 부적절한 국가로 간주하는 관계법령들을 폐지하고자 하는 레이건 행정부의 제안을 미 의회가 수용해야 한다고 요구하였다. 또한, 자오 즈양 총리는 백악관 환영만찬에서 축배를 선창하면서 행한 인사말에서 중국은 핵무기의 확산을 우려하며 다른 나라들의 핵무기 개발에 대해 어떠한 도움도 주지 않을 것이라는 점을 천명함으로써 당시 미·중 간에 협상이 진행되고 있던 미국 원자력 발전장비의 중국 수출허용을 골자로 하는 원자력 협력협정이 체결되기를 기대하였다. 이러한 자오 즈양 총리의 언급들이 시사하는 바를 우 슈에치안 외교부장이 전국인민대표자회의에서 행한 보고를 통해 유추해 보자면, 중국과 미국의 경제적 관계는 그 잠재력이 대단하나 실행되고 있는 부분은 거의 없다는 것이다. [13]

1984년 4월에 이루어진 레이건 대통령의 중국방문은, 1975년 포드 대통령의 중국방문 이후 처음으로 이루어진 국가원수의 중국방문이자 또한 레이건 대통령의 첫 공산국가 방문이었다. 이는 미국과 중국이 서로 이견을 가지고 있음에도 불구하고 서로 협력할 용의가 있음을 나타내 보이기 위해 추진된 것이었다. [14] 인민대회당과 상하이에 있는 후단(復旦) 대

---

13) 자오 즈양의 발언에 대해서는 *Renmin Ribao*, January 4, 1984, in FBIS, *China*, January 4, 1984, pp. A1~A4; *Beijing Review*, January 23, 1984, pp. 18~22를 참조.

14) 《워싱턴 포스트》지는 사설에서 '로널드 레이건의 중국 방문 — 그의 첫 공산국

학에서의 연설에서 레이건은 미국인들이 신뢰, 자유, 민주주의, 개인주의를 중요시한다는 점을 강조하면서 중국과 미국 간에 가치체계가 서로 다르다는 사실을 반복해서 역설하였다. 또한 "이러한 차이를 인식하지 못하는 것은 매우 바보스러운 것이며, 단지 친선을 위해 진실을 감추는 것은 아무런 의미가 없는 것이다"라고 말했다. 15)

그러나, 레이건은 이러한 차이가 미·중 관계를 항상 삐걱거리게 만드는 것은 아니라고 주장하였다. 우선 그는 미·중 간에 상호협력 기반을 만들 수 있는 공동이해 사항을 지적하였다. 양국은 오랫동안 '군사적 팽창주의'를 비난해 왔으며, 중국은 최근 핵확산금지 원칙을 지지함으로써 미국측과 같은 입장을 취하게 되었다. 양국은 교역확대, 미국의 투자, 미국의 기술이전, 과학 및 경영 전문가의 교환 등을 통해 상호이익을 얻을 수 있다. 이러한 공동 이해 사항은 중국과 미국이 이념적, 제도적 차이에도 '압도'되지 않고 서로 협력할 수 있게 하는 데 밑거름이 되는 것이다. 뿐만 아니라 중국은 경제·정치적 개혁을 통해 서서히 미국과의 격차를 줄여 나가고 있다. 이상의 언급과 함께 레이건은 자오 즈양의 "사고를 자유롭게 하자,""중국 대륙을 휩쓰는 긍정적 변화인 생산력 향상을 위한 유인체계와 혁신의 신선한 바람"을 인용하면서, 중국과 미국은 유사한 방향으로 발전해 가고 있음을 강조하였다. 16)

가 방문— 광경은 지상의 여덟 번째 불가사의이다'라고 논평하였다 (*Washington Post*, April 25, 1984, p. A20).

15) Xinhua, April 30, 1984, in FBIS, *China*, May 1, 1984, pp. B1~B3; *Public Papers of the Presidents of the United States: Ronald Reagan*, 1984, bk. I.: January 1 to June 29, 1984 (Washington: Government Printing Office, 1986), pp. 603~607

16) *Public Papers of the Presidents*, 1984, pp. 579~584.

2. 경제적·문화적 유대

1980년대 중반은 중국에서 사실상 경제 재구조화-특히, 도시 지역에서-가 강력하게 시도된 시기였다. 17) 1983년과 84년에 단편적으로 시도된 일련의 개혁정책들은 1984과 1985년 시기에 두 가지 일괄 계획안으로 성문화되었는데, 1984년 10월에 채택된 도시경제개혁 개요와 1985년 9월에 도입된 제 7 차 5개년 계획(1986~1990)의 기초안이 그것이다. 18) 이러한 조치들을 통해 국내경제, 대외경제 관계, 정치생활 전반에 걸쳐 완전히 새로운 변화가 초래되었다.

국내 경제개혁은 중앙계획체제를 대폭적으로 완화하고 이에 상응하여 재화와 서비스의 생산 및 분배에 있어서 물질적 유인과 시장력의 역할을 증대시키는 것을 의미한다. 우선 가격문제에 있어서, 국가경제의 핵심적 생산물에 대해서는 가격을 조정하고 중요하지 않은 생산물은 가격 자율화를 허용하는 행정 조치를 취함으로써 가격 체계는 느린 속도이기는 하지만 점차 합리화되어 갔다. 중앙경제계획 담당기관이 직접 할당하는 생산물의 수가 급격하게 감소하였다. 공장들은 자체적으로 이익의 많은 부분을 보유할 수 있도록 허용되었고 투자와 생산에 있어서 상당한 자율성을 부여받았다. 공장 노동자들은, 적어도 이론적으로는, 생산성에 맞게 고정된 급료와 보너스를 받았다. 공장 관료인들에게 게으른 노동자들을

---

17) Hary Harding, *China's Second Revolution: Reform after Mao* (Brookings, 1987) ; Carol Lee Hamrin, *China and the Challenge of the Future: Changing Political Patterns* (Westview Press, 1990) 을 참조.

18) "경제 구조 개혁에 관한 중국 공산당 중앙위원회의 결정"에 대해서는 FBIS, *China*, October 22, 1984, pp. K1~K19를 참조. "국가 경제와 사회 발전의 제 7차 5개년 계획에 관한 중국 공산당 중앙위원회의 제안"에 대해서는 *Uphold Reform and Strive for the Realization of Socialist Modernization—Documents of the CPC National Conference* (Beijing: Foreign Language Press, 1985), pp. 11~62를 참조.

해고할 권한이 부여되었으며, 자신의 일에 불만족스러운 노동자들에게는 다른 직장을 구할 수 있는 기회가 더 많이 주어졌다. 지방정부는 관할 지역 내의 농장, 공장, 상점들로부터 거두어들이는 세입의 상당 부분을 보유할 수 있게 되었다.

1980년대 중반의 경제적 개혁조치들은 또한 중국의 소유체계에 중대한 변화를 가져왔다. 국가는 생산수단에 대한 통제를 완화하여 농업의 탈집단화, 도시와 지방에서 개인소유나 집단소유의 기업 등장, 소규모 국영 공장의 민영화를 허용하였다. 사적 부문과 공공부문이 국가부문보다 훨씬 빠르게 성장함에 따라, 시간이 지나면서 중국 경제가 실질적으로 재구성되는 결과가 나타났다. 개혁 조치가 시행되기 전인 1978년에는 국가 부문이 산업생산에 있어서 81퍼센트, 유통부문에 있어서 91퍼센트를 점유하고 있었다. 10년도 채 지나지 않은 1987년에는 이 비율이 각각 60퍼센트, 40퍼센트로 하락하였다. [19]

개혁은 국내경제를 새로이 조정하는 동시에 또한 중국을 외국에 개방하도록 하였다. 수입과 수출 부문에서 국가가 독점적으로 차지하던 역할이 감소하였고, 수출품을 생산하는 공장들이 외국의 고객들과 직접 접촉할 수 있는 기회가 늘어났다. 지방정부와 기업들은 외국과의 교역에서 획득한 외환의 일부를 보유할 수도 있게 되었다. 1979년 창설된 4대 경제특구와 함께 하이난 섬(海南島)을 따라 위치한 14개의 해안도시들도 외국투자가들에게 세금을 감면해주는 등과 같은 특혜를 제공할 수 있도록 하는 조치가 1984년 시행되었다. 지역마다 정도의 차이가 있기는 하지만, 각 지방정부들에게 중앙정부의 사전 승인 없이도 외국의 투자제안을 수용할 수 있는 자율권이 주어졌다.

마지막으로, 정치체제 개혁부문에서도 경제구조 개혁에는 비록 미치지

---

19) Harding, *China's Second Revolution*, p. 129, table 5-2; Guojia Tongjiji (State Statistical Bureau), *Zhongguo Tongji Zhaiyao*, 1988 (A statistical survey of China, 1988) (Peking: Chinese Statistical Publishing House, 1988), pp. 36, 78.

못했지만 몇몇 제한된 정치 자유화 조치가 취해졌다. 대학과 예술계에 대한 정치적 통제가 완전히 완화된 것은 아니지만 점차 완화되고 있어서 학문과 문화 분야에서 자유롭고 창의적인 사고가 가능하게 되었다. 공안 기구들이 강화되기는 했지만 주민위원회, 대중조직, 정치학습조직, 하부 당 위원회 등 사회통제 기구들은 전반적으로 약화되고 제기능을 잃어 갔다. 정치적·문화적 의사표현에서 이데올로기가 차지하는 비중은 급격히 감소되었고 정치·경제에 대한 외국의 새로운 사고들이 중국 전역에서 빠른 속도로 확산되었다. 대중 차원에서의 경선, 보다 자유로운 언론보도, 공공 서비스의 개혁, 전문가들의 국가정책결정 참여 확대 등에 대한 시범적 시행을 포함하여 보다 합리적인 정치체제 형성을 위한 실험적인 조치들이 시도되었다.

효율성과 개방성을 향한 이러한 조치들은 1980년대 초반의 경제활동 위축시기와 달리 광범위한 경제 활성화를 불러일으켰고, 이는 또한 중국인들과 외국인들 모두에게 환영받았다. 1983년부터 1987년까지 중국의 국민총생산(GNP)의 증가율은 연평균 10퍼센트에 이르렀으며, 동 기간에 무역량 증가율은 연평균 15.8퍼센트에 달했다.[20] 미·중 간의 교역도 급신장세를 보여 1983년 44억 달러이던 무역 총량이 1988년에는 거의 3배 이상인 135억 달러로 급등했다. 이러한 성장의 결과로, 비록 1988년에 미·중 교역량이 미국의 직거래 무역량에서 차지하는 비중이 1.7퍼센트에 불과하였지만, 중국은 당당히 미국의 14번째 무역 파트너로 부상했다.[21] 미국은 중국 대외 교역량의 10~13퍼센트를 차지하여 홍콩과 일본 다음으로 제3의 무역 상대국이 되었다(표 A-2 참조).

또한, 미국의 중국에 대한 대외 투자도 급속하게 증가하였다. 1983년

---

20) 저자의 계산은 세계은행의 자료에 기반하고 있다. 이에 대해서는 World Table 1991(Johns Hopkins University Press, 1991), pp. 184 ~ 85; International Monetary Fund, International Financial Statistics Yearbook 1991(IMF, 1991), pp. 121, 125를 참조.

21) 랭킹 순위에 관해서는 상무성과 ITA 중국, 홍콩 사무소의 자료를 이용하였다.

말의 미국의 대중국 투자는 1,800만 달러 정도에 불과하였다. 그러나, 1984년에는 2억 8,000만 달러, 1986년에는 약 10억 달러, 1988년 말엽에는 약 15억 달러로 급증하였다(표 A-7). 1986년 중반까지 약 250여 개의 미국 기업들이 중국에 지사를 설립하였고 이와 거의 비슷한 숫자의 투자계획들을 추진하고 있는 것으로 드러났다.[22] 1988년 현재 외국의 대중국 투자 누적액의 약 10퍼센트를 미국이 차지하고 있으며 이는 홍콩 다음으로 많은 양이다.

미국의 대외정책 변화 또한 미·중 간의 경제적 관계를 자극하는 요소로서 특히 첨단기술 수출에 관한 통제정책의 조정 및 자유화가 중요하였다.[23] 중국 1983년 무역대상국 분류에서 P범주에서 V범주로 재분류되면서, 곧이어 중국에 대한 수출허가 제도가 3단계 시스템으로 바뀌었다. 미국의 안보이익에 명백한 위협을 가할 수도 있는 첨단무기 체계에 직접 응용 가능한 기초과학 기술을 포함하여, 적색영역으로 구분된 품목들에는 수출허가 신청이 '거부될 추정근거가 강한' 품목들이 해당되었다. 황색 영역으로 분류되는 품목들은 미국의 국가안보에 직접적으로 영향을 미칠 가능성이 확인되지 않는 한 정부부처간 심사를 거쳐 수출허가가 인정되었다. 그러나, 75퍼센트에 이르는 대부분의 품목들은 상무성의 검사만 거치면 수출이 가능한 녹색영역으로 분류되었다. 몇몇 경우에 있어서 중국의 최종 소비자 신원에 대한 보증이 이루어져야 하는 번거로운 예가

---

22) 대표사무소의 수에 대해서는 Winston Lord, "Sino-American Relations: No Time for Complacency"를 참조. 투자계획 수에 대해서는 Sun Haishun, "Direct Investment in China," in *Ten Years of Sino-U.S. Relations*, ed. Institute of American Studies, CASS, and Chinese Association for American Studies (Nanjing: Yilin Press, 1990), p. 336, table 1 참조.

23) 이후에 나오는 미국 기술이전 정책에 관해서는, 미 하원 외교위원회 국제경제정책 소위원회의 청문회 자료를 참조할 것. *Controls on Exports to the People's Republic of China* (98 Cong. 1sess. (GPO, 1985))를 보거나 Madelyn Ross, "China and the United States Export Controls System," *Columbia Journal of World Business*, vol. 21 (Spring 1986), pp. 27~33을 참조.

있기는 하지만, 대부분의 경우에 일상적 확인 절차만을 거치기만 하면 수출 허가가 인정되었다.

또한, 다른 방식으로 중국에 대한 첨단기술 이전을 촉진하는 새로운 체계가 도입되었다. 국가안전보장회의(NSC) 산하에 있는 정부부처간 실무그룹들은 각 수출 영역의 품목분류가 적절한가에 대해 일년에 대략 4번 검토하고 있는데, 기술이 발전할수록 더욱 많은 품목들이 녹색영역으로 분류되고, 따라서 이러한 기술들의 중국 수출이 확대될 것이다. 더욱이 미국은 녹색영역으로 분류된 품목들이 대공산권 수출통제조정위원회(COCOM)의 심의를 받을 필요가 없다고 제안하였는데, 이는 이들 품목들에 대한 수출허가심사 기간을 1개월 내지 2개월 가량 단축시키는 일종의 면제조치였다. 이러한 조치는 1985년 말 본격적으로 시행되었다.

그러나, 중국에 대한 기술이전의 자유화는 중국 관료들이 희망한 바와 같이 광범위하게 이루어지지도 않았고, 또한 미국측 계획자들이 의도한 바와 같이 효과적이지도 않았다. 미 국방성은 녹색영역에 속한 기술들에 대해서도 심사할 권한을 주장하였다. 또한, 정부부처간 실무그룹들은 매 분기마다 실시하는 심사에서 실제적으로 녹색영역을 확장하고자 하는 의도를 거의 보이지 않았다. 그리고, 수출 통제 절차는 여전히 수출품목들의 일괄적 심사를 가능케 하는 대중국 수출품분류 허가제도의 정착을 가로막고 있었고, 따라서 수출상들은 중국에 수출하는 기술품목들에 대해 각 품목별로 개별적인 수출허가 심사절차를 밟을 수밖에 없었다. 뿐만 아니라 수출가능 품목에 관한 영역을 구분하는 기준이 모호하였기 때문에 수출상들은 판매계약을 할 수 있는지 여부를 확인하기 위해, 확실한 수출 주문서를 받기 이전에 사전수출 허가심사를 신청하는 번거로운 절차를 거쳐야만 했다. 그리하여, 상무성의 수출허가 심사국에는 언제나 서류작업이 폭주하였다.

이러한 잔존 문제들에도 불구하고, 중국에 대한 기술이전 통제를 자유화하는 조치들은 미국의 대중국 수출에 지대한 영향을 미쳤다. 1983년 6억 5,000만 달러로 중국에 대한 총수출량의 30퍼센트를 차지하던 첨단기술 판매량은 1985년에 17억 달러로 증가하여 총수출량의 45퍼센트를 점유하였다. 그러나, 이후 미국의 수출허가제도의 복잡성과 1987년과 1988년 중국의 대중동 무기판매를 둘러싼 미국과의 마찰로 인하여 미국이 중국에 대한 수출통제 자유화 조치들을 일시적으로 유보하면서, 중국에 대한 수출 성장률은 지체되었다. 1988년 중국에 대한 미국의 첨단기술 판매는 여전히 17억 달러에 이르렀으나 대중국 총수출량에서 차지하는 비중이 약 1/3로 떨어졌다. 24)

1980년대 말 미국과 중국 간의 쌍무적 의제에서 가장 중요한 것 중의 하나는 양국간의 경제적 유대관계 확대방안 문제였다. 당시 미국은 중국과의 교역에서 미국이 차지하는 지분이 작고 정체되었으며 중국 시장의 상당 부분을 일본에게 빼앗기고 있다고 여겼다. 미국의 중국 현대화 지원을 바라는 중국측 관료들과, 중국 시장에서의 점유율을 높이기를 원하는 미국측 관료들은 미국의 중국에 대한 무역량 증대와 투자확장이라는 이해관계를 공유하고 있었다.

이러한 양국간의 경제적 유대관계를 강화하기 위한 시도가 정부의 안팎에서 추진되었다. 1986년 양국 정부는 양국 기업들을 이중과세로부터 면제시키기 위한 쌍무적 과세조약을 승인하였다. 25) 이 쌍무조약에서 양국 관료들은 정당한 대우보장, 분쟁중재 방안, 중국 내 미국 자산몰수 포기 등을 제시함으로써 중국에 대한 미국의 투자를 촉진시키고자 하였다. 양국 정부는 또한 중국의 관세 및 무역에 관한 일반협정(GATT) 가입 문제에 대해서도 장기간에 걸친 협상을 벌였다. 중국이 GATT에 가입한다는 것은 무역 자유화에 관한 다자간 협상에 중국이 그 일원으로 참가하게 된다는 뜻일 뿐만 아니라, 일반특혜관세제도(GSP)를 통해 미국의 특혜 관세 대우를 받는 개발도상국에 포함된다는 의미를 지닌 것이기

---

24) "U.S. Export Controls and China," *Gist* (Department of State, March 1989).

25) "Benefits of the Bilateral Tax Treaty," sidebar to Andrew Ness and Stephanie J. Mitchell, "Taxing US Offices in China," *China Business Review*, vol. 13 (September~October 1986), p. 38.

도 하다.[26] 미국 국제개발국의 관료들은 경제개혁과 확대된 수출촉진활동에 필요한 기술적인 도움에 초점을 맞추면서 중국에 대한 원조 프로그램 제공을 고려하기 시작하였다.

미 의회 또한 특히 첨단기술에 있어서 미·중 교역을 확장하기 위한 방도를 찾는 데 많은 관심을 기울였다. 1983년 7월에 미국의 대중국 수출을 가로막는 장애물들을 제거하고 보다 안정적인 교역환경을 강구하기 위한 미·중 교역에 관한 특별 소위원회가 하원에 설치되었다. 미국의 기술평가국은 최초로 중국에 대한 기술이전 문제에 있어서 미국의 안보이익을 지키기 위한 기술이전 통제정책이 미국의 경제적 이익에 부합되지 않을 수도 있다는 보고서를 제출하였다.[27] 상원에 설치된 대중국 교역문제 협의를 위한 소위원회의 일부 의원들은 중국이 준시장경제체제로 가고 있는 만큼 중국에 대해 반덤핑 법안의 적용을 완화해 줄 것을 제안하기도 하였다.[28]

정부 외곽에서는, 미·중 연방무역협의회의 후신인 미·중 상공협의회, 미·중 관계위원회, 대중국 공정무역위원회 등도 미국과 중국 간의 무역을 활성화하기 위한 방안들을 제안하였다.[29] 여기에서 제시된 미·중 무역 활성화 방안들은 대중국 수출기금 확대, 잭슨·배닉 수정안의 장기간 유보에서부터 중국의 대공산권 수출통제조정위원회(COCOM)의

---

26) *Far Eastern Economic Review*, March 10, 1988, p. 78.

27) Office of Technology Assessment, *Technology Transfer to China*, OTAISC-340 (GPO, 1987).

28) 여기에 대해서는 1988년의 무역법(Trade Act)을 볼 것. 또는 *Congressional Quarterly Almanac*, vol. 44(Washington: Congressional Quarterly, Inc, 1989), pp. 209~212를 참조.

29) Nicholas R. Lardy, *Economic Policy toward China in the Post-Reagan Era*, China Policy Series, no. 1(New York: National Committee on U. S.-China Relations, January 1989) 혹은 "Council Recommendations to the Bush Administration," *China Business Review*, vol. 16(January~February 1989), pp. 6~8 혹은 *Wall Street Journal*, April 9, 1987, p. 64 참조.

수출 규제 대상에서의 제외, 대중국 기술수출 허용권 부여에 이르기까지 매우 다양하였다. 헤리티지 재단의 한 연구원은 중국 연안의 경제특구들 및 자유 무역항들과 자유무역협정 체결을 제안하기도 하였다.30)

이와 유사한 양상이 문화적·학문적 영역에서도 나타났다. 1983년 테니스 스타 후 나 사건으로 중지되었던 공식적 문화교류가 1984년 레이건의 중국 방문 때 체결된 협정을 통해 재개되었다. 양국간의 과학 및 기술협력에 관한 의정서 체결 건수도 늘어나기 시작했다. 그리고, 1988년 초 양국 정부는 영어 지도를 위해 중국에 약 100여 명에 달하는 미국 평화봉사단을 파견하는 데 합의하였다.31) 이미 중국에서는 약 4,000여 명의 미국인 영어교사들이 영어를 가르치고 있었다.32)

그러나, 이러한 공식적 합의와 협정은 같은 기간에 이루어진 양국간의 문화·학술 교류의 일부분에 지나지 않는다. 1980년대 중반에 걸쳐 중국 정부의 자유화 조치로 인해 미국인이 중국의 학술기관에서 일할 수 있게 되고 중국인들이 자유롭게 해외에 여행할 수 있게 됨에 따라 양국 국민들간의 상호이동은 계속적으로 증가하였다. 해마다 중국 학생과 학자들에게 발행되는 새로운 비자의 숫자도 1983년 4,300에서 1988년 14,000으로 급격하게 증가하였는데, 해외 연구를 위해 정부가 후원하는 중국 학생들 중에서 거의 절반이 미국으로 향하였다(표 A-5). 1988년까지 미국에서 수학한 중국 유학생은 40,000명에 이르렀으며 이들은 미국의 대학 내에서 가장 대규모의 유학생 집단이었다. 중국을 찾는 미국 유학생들의 수는 그리 크게 늘어나지 않았지만 1980년대 초에 550명 정도에서

---

30) Andrew B. Brick, "The Bush Administration and U. S. -China Trade," Asian Studies Center Backgrounder, no. 89(Washington: Heritage Foundation, March 1989), pp. 3, 11.

31) *Washington Post*, March 10, 1988, p. A41.

32) Linda A. Reed, *Education in the People's Republic of China and U.S.-China Educational Exchanges* (Washington: National Association for Foreign Student Affairs, 1988), p. 100.

1987~1988년에는 1,300여 명으로 증가하였다.[33]

관광객들과 다른 단기 방문객들의 수도 비약적으로 늘어났다. 미국을 방문한 중국인들의 수는 — 대개가 정부 대표들이지만 개인적으로 방문하는 사람들의 수도 늘고 있다 — 1980년 10,000명에서 1988년에는 50,000명으로 늘어났다.[34] 사업 혹은 관광을 위해 중국을 찾은 미국인들의 수도 1980년 100,000명에서 1988년에는 300,000명으로 증가하였다(표 A-6).

중국과 미국 간의 경제·문화적 관계발전은 중국에 대한 미국의 광범위하고 공식적인 재정지원에 의해 추진되었던 것은 아니다. 미국의 국제개발국(AID)이 입안한 공식적인 쌍무원조 계획은 **일단** 1985년까지는 중국이 미국의 협력지원 대상에서 제외되는 공산주**의** 국가군에 포함되어 있었기 때문에, 그리고 그 이후에는 미국의 정치적·재정적 압박 때문에 제한되었다. 그러나, 미국 정부는 비록 제한적이기는 하지만 수출입은행을 통한 무역 재정공급(1988년까지 3억 4,900만 달러), 해외 민간 투자 회사를 통한 투자 보증(1988년까지 9,550만 달러), 상무성의 교역 발전 프로그램을 통한 교역촉진 활동(1988 회계년도 말기까지 2,260만 달러) 등의 경로를 통해 재정지원을 하였다.[35] 또한 미국 정부는 세계은행에 대한 기여금이라는 명목을 통해 간접적으로 14억 달러의 차관을 중국측에 빌려

---

33) Leo A. Orleans, *Chinese Students in America: Policies, Issues, and Numbers* (National Academy Press, 1988), p.80, table 4-2; *Washington Post*, May 2, 1989, p.A3.

34) Winston Lord, "A Stroll through Tiananmen Square: Tradition, Transition, and the Future in Sino-American Relations," 공동체 클럽 모임에서의 연설, 1988년 12월 2일, p.4.

35) 이러한 3가지 프로그램을 통해 미국이 중국측에 대부한 4억 6,700만 달러는 일본이 1979년부터 1988년 사이 중국측에 대부한 33억 달러와 비교해 볼 수 있다. 일본측 대부내용 자료에 대해서는 OECD의 1979~1982, 1981~1984, 1984~1987, 1985~1988년 기간 동안의 *Geographical Distribution of Financial Flows to Developing Countries*를 참조.

주기도 하였다.36) 그리고, 1987년 말까지 27개의 의정서 및 협정을 통해 시행된 500개의 과학·기술 협력에 관한 공동 프로젝트들은 연간 1,000만 달러 내지 2,000만 달러 이상에 이르렀다.37)

미국 민간단체들도 중국에 추가로 재정지원을 제공하였다. 1980년대 중반까지 미국의 재단, 기업, 대학들은 중국의 공식적 후원을 받는 유학생들과 학자들에게 부여하는 연구지원비의 2/3 정도를 제공하였는데, 그 액수는 일년에 8,000만 달러에 이르렀다.38) 미국인들은 중국 정부가 미국에 유학하는 중국 학생들과 학자들에게 최소한의 지원만을 하고 이들이 미국에 도착하자마자 미국에서 연구지원비를 받고자 기대한다고 불평하였다. 그럼에도 불구하고 미국 민간단체들은 중국인들에게 연구지원비를 제공하였으며, 이 연구지원비 지출은 사실상 중국의 현대화와 개혁에 대한 재정지원의 성격을 띠고 있는 것이었다.

이러한 양적 조치들이 중요하기는 하지만, 이것이 곧 중국과 미국 간의 경제적·문화적 관계에서 발생하는 질적 변화를 반영하는 것은 아니다. 양국간의 유대관계는 1970년대와 1980년대 초기보다 훨씬 활성화되었다. 중국과의 교역은 더 이상 중앙정부의 대외무역조직을 통해서만 배타적으로 이루어지지 않았으며, 지방 무역회사들과의 교역 및 중국 기업들과의 직접 교역 또한 제한적이기는 하지만 점차 확대되어갔다. 1979년의 외국기업과의 합작투자를 통한 기업설립 법안에서 잘 나타나듯이, 중국은 외국기업과 반반씩 공동 합작투자함으로써 중국에 대한 해외 직접투자가 활성화될 것이라고 기대하였다. 그러나, 이후 외국 투자가들이

---

36) 세계은행은 1979년부터 1988년까지 중국에 71억 달러를 대부하였는데, 이 중 약 20퍼센트를 미국이 제공하였다. 이에 대해서는 *World Bank Annual Report* (Washington: World Bank) 각 연도판을 참조.

37) Toufiq A. Siddiqi, Jin Xiaoming, and Shi Minghao, "Joint Study of US-China Government S&T Protocols," *China Exchange News*, vol. 16(March 1988), pp. 21~25.

38) Orleans, *Chinese Students in America*, p. 91, table 5-4.

반반씩 공동 합작하는 투자 방법에 별로 매력을 느끼지 않는다는 것을 알게 된 중국 관료들은 좀더 융통성 있는 방법을 강구하여 계약제 공동 합작, 외국 기업의 완전한 기업 소유, 그리고 이와 다른 보다 혁신적인 외자 유치방안들을 도입하였다.

다수의 미국 합작회사들은 중국의 대중문화에 충격을 주기 시작하였다. 처음에 중국을 방문한 외국 관광객들에게만 판매되던 코카 콜라, 펩시 콜라가 중국 시장을 석권하면서 순식간에 중국 젊은이들이 가장 선호하는 음료가 되었다. 베이찡의 티엔안먼 광장에서 처음 개점했던 켄터키 프라이드 치킨은 곧 중국 전역으로 체인점을 확장해 갔으며 중국 젊은이들의 만남의 장소가 되었다. 미국의 베아트리체 식품, 존슨 왁스사, 프록터와 갬블사 등과 같은 소비재 제조업체들도 중국 시장에 점포들을 신속하게 설립하기 시작하였다.

이와 비슷한 과정이 문화적·학문적 영역에서도 일어났다. 앞의 3장에서 언급했듯이, 미·중 관계정상화 이후 이전에 문화·학술 관계를 통제해왔던 제한된 수의 국가 조직들을 보완하기 위해 유관단체들간에 많은 공식적 관계가 이루어졌다. 그래서, 미국 내에서 대중국 학술교류위원회의 역할은 중국정부와 미국 정부가 체결한 과학 및 기술 협력에 관한 의정서를 통해서뿐만 아니라 대학과 대학 간의 직접교류 증대를 통해서도 보완되었다. 문화적 영역에서는, 미·중관계위원회를 통해 조직된 상호교류 이외에 미국과 중국 간의 각각 주정부, 전문협회, 도시 간을 서로 연계시키는 연결망이 확대됨으로써 상호교류의 폭이 넓어져 갔다.

1980년대 중반에는 이렇게 확장된 연결망도 지나치게 제한적이라는 인식이 일었다. 미국으로 건너오는 많은 중국인 학생들과 학자들은 공식적 교류 프로그램의 일환으로 방문하는 것이 아니라 개인 자격으로 방문하는 것이었다. 예를 들자면, 1984년에서 1988년까지 미국행 비자를 신청한 56,000명의 중국인 학생들과 학자들 중에서 약 36퍼센트인 20,000여 명이 개인적 후원을 받고 미국을 방문하는 케이스였다.[39] 점점 더 많은 미국 학자들이 중국의 동료학자들과 함께 중국에서 연구작업을 진행하게 되었으며, 조직된 관광단의 일원으로서가 아니라 개별 관광객으로 중국을 방문하는 미국인들이 점점 늘어났다.

1949년 이래 최초로 미국 재단 및 교류단체들이 중국 현지에 사무소를 설립하기 시작하였다. 대중국 학술교류위원회는 중국을 방문한 미국 학자들의 연구를 돕고, 중국과의 교류 프로그램들을 실행하겠다는 의사를 중국측에 확실하게 전달하기 위해 1985년 베이찡에 사무실을 열었다. 이로부터 3년 후에 포드 재단은 사무실을 개설하여 법, 경제, 국제관계 연구 등의 분야에 대한 중국연구 및 훈련과정과 경제발전에 관한 프로그램 제작을 지원하기 시작하였다. 1986년, 헝가리 태생의 미국 대부호인 조지 소로즈(George Soros)는 중국경제체제개혁연구소와 협조하여 중국개혁·개방기금을 설립하였다. 이 기금은 뉴욕과 베이찡에 사무실을 두고 중국 학자의 해외 연수 지원, 중국의 정치·경제적 문제에 관한 학술회의 개최경비 지원, 문화 및 사회과학 연구보조금 지원 등을 주 사업 내용으로 하였다. 또한 소로즈는 젊은 중국 사회과학자들이 학문적 문제와 정책적 쟁점에 관한 견해를 교환할 수 있는 장을 마련하기 위해 ─ 뉴욕에서 편집되었으나 중국에서도 결국 출간된 ─ 《중국의 지성》이라는 잡지를 창간하기도 하였다.

미국인들은 중국 학생들 및 전문가들을 미국에서뿐만 아니라 중국 내에서도 지도하였다. 미 상무성은 뉴욕주립대학에서 공식적으로 학위를 인정해 주는 경영관료교육센터를 1980년 댈리언에 설립하여 운영하고 있다. 난징대학과 함께 존스 홉킨스 대학은, 중국 학생들에게는 영어로 강의하는 미국인 전문가를 통해 미국에 관하여 알 수 있는 기회를 부여하고 미국 학생들에게는 중국인 교수를 통해 중국어로 중국의 역사, 문화, 당면 문제들을 배울 수 있는 기회를 제공하기 위해 미국 및 중국 연구를 위한 공동연구 센터를 설립하였다. 포드 재단도 중국에서 1학기 내지 2학기 정도의 법학과 경제학 강좌를 열어 미국인과 중국인 교수진들이 강

---

39) Orleans, *Chinese Students in America*, p. 88, table 5-1 ; 1988 회계연도에 대해서는 Visa Office, Department of State, Washington 참조.

의하도록 하였다. 그 외에도 수천 명의 미국인들이 중국 교육기관에서 중국 정부에 의해 고용되거나 혹은 미국 정부의 풀브라이트 프로그램에 의한 지원을 얻어 강의를 하고 있다.

경제·문화적 상호작용의 다양화가 계속됨에 따라 이러한 양상은 양쪽 사회에 좀더 깊게 뿌리내리게 되었다. 미국에서 공부하는 중국 학생들과 학자들 중에 일부는 강의실과 도서관에서 뛰쳐나와 다른 부가적인 일들을 하기 시작하였다. 예를 들자면, 그들은 미 의회 의사당에서 인턴으로 일하거나, 미국 은행 및 법률회사에 고용되기도 하고, 최소한 백악관 옆의 구 행정부 건물에서 피자 배달원으로 일하기도 하였던 것이다. 다른 중국인들은 중국 무역회사의 지사 설립을 위해 미국으로 오기도 하고, 직접 투자를 위해 미국에 오기도 한다. 1987년까지 미국에 중국인이 직접 투자한 자본은 삼림, 철강, 컴퓨터, 식당, 부동산 등의 분야에서 약 5,800만 달러에 이른다.[40]

미국인들도 역시 중국에서 새로운 역할을 하기 시작하였다. 정치적 환경이 보다 온화해지고, 문화대혁명의 폐허로부터 대학들과 연구소들이 되살아나면서 공동 학문 연구를 위한 새로운 기회들이 생겨나기 시작했다. 그러나, 여전히 미국인들이 지방 문서보관소나 고고학 유적지에서 연구하기는 힘들었고 인류학적 현지연구를 수행하는 것 또한 제한되어 있었다. 하지만, 국립 문서보관소나 도서관에 대한 접근은 점차 개선되었고, 중국 정부는 미국 학자들의 현지연구를 위해 산뚱성(山東省)의 한 현(縣)을 개방하였으며, 중국의 지방 정부 및 대학과 개인적으로 접촉관계를 가지고 있는 미국 학자는 제한적이기는 하나 나름대로 독자적인 현지연구를 수행할 수 있었다.

이와 마찬가지로 중요한 것은, 미국 학자들과 중국 학자들 간의 공조관계가 증가하였다는 점이다. 양국 학자들간의 학술회의가 개최되는 빈도수가 매우 잦아졌고, 이러한 회합에서 진행되는 토론도 보다 심도 있

---

40) 미국에 대한 중국의 직접투자량은 상무성 무역투자분석국의 자료에서 추계한 것이다.

고 개방적인 방향으로 전개되었다. 일부 학술회의에 제출된 논문들은 책으로 출간되었는데, 때로는 영어판과 중국어판으로 동시에 출판되기도 하였다. 양국 학자들이 책을 출간하기 이전에 서로 초고를 돌려 보고 그 내용을 수정해 주기도 하는 일들이 점차 가능해졌다. 그리고, 양국 학자들이 공동 연구 가능성을 모색하기 시작한 결과 같은 의제를 가지고 공동 작업하고 그 결과물을 공동으로 발표하는 사례가 늘어나기도 했다.

미국 문화는 교육 기관뿐만 아니라 대중 매체를 통해서도 중국 내부에 깊숙히 침투해 들어갔다. 미국 제작자들이 사전 제작하여 로널드 레이건에 의해 소개된 프로그램들에 포함된 미국 대중음악들이 중국의 방송을 탔다.[41] 미키 마우스, 도널드 덕, '헌터'와 같은 모험 오락물들, 중국계 미국인 저널리스트 유에사이 칸이 제작한 다큐멘타리 등이 중국 텔레비전 방송에서 가장 인기 있는 프로그램들 중의 하나가 되었고 직간접적으로 미국의 가치와 제도를 중국 사람들에게 전달하는 역할을 했다. 수천 명의 중국인들은 '미국의 소리'를 매일 들으면서 어떤 사람은 영어를 연습하고, 어떤 사람은 미국에서 일어나고 있는 일들에 대해 듣고, 어떤 사람은 중국에서 일어난 일을 바라보는 외부의 시각을 파악하고자 하였다. 로버트 러들럼, 다니엘 스틸, 시드니 셸던 등과 같은 미국의 현대 작가들의 소설이 중국에서도 선풍적 인기를 끌었다. 시드니 셸던의 《내일이 오면》은 중국에서 50만 부가 팔려 나갔으며, 톈진(天津)의 한 라디오 방송은 연속극으로 제작하기도 하였다.[42]

전통적으로 개방적 사회인 미국의 시각에서 보면, 중국과의 관계가 보다 다양해지고 상대방 사회에 대한 침투가 심화되는 것은 미·중 관계

---

41) 중국 국영 라디오 방송의 운영 책임자는 로널드 레이건에 의해 소개된 방송 프로그램에 대해 '레이건 동무는 우리 방송 프로그램에 대단히 신경을 써 우리 인민들에게 친근한 인상을 남기기 위해 최선을 다했다'라고 묘사했다(《코리아 헤럴드》, 1988년 4월 21일자, p. 9).

42) Shi Xianrong, "American Literature in China during the Last Decade," in *Ten Years of Sino-U.S. Relations*, p. 424.

정상화 과정에서 나타나는 자연스럽고 불가피한 결과였다. 그러나, 중국으로서는 이러한 관계에 친숙하지 않았고 광범위하게 환영할 만한 것은 아니었다. 중국의 보수적인 지도자들은 미국 문화의 중국침투가 인민들, 그 중에서도 특히 젊은 층의, 중국 공산당이 선포한 가치체계에 대한 추종을 약화시키는 '사상적 공해'의 근원이라고 생각하였다. 비록 미·중 간의 경제적·문화적 유대관계 확대가 어떤 측면에서는 양국결속을 강화시키기도 했지만, 다른 측면에서 항상 마찰의 소지를 지니고 있는 것이기도 했다.

3. 타이완 문제

1982년 8월 타이완에 대한 미국의 무기판매 문제에 관한 미·중 협정 체결에도 불구하고, 타이완 문제는 여전히 미·중 관계를 위협하는 긴장 요소로 남아 있었다. 수년 동안 중국 관료들은 가끔은 퉁명스러운 어조로 타이완 문제가 미·중 관계의 우호적인 발전을 저해하는 장애물이라고 말해 왔다. 43) 중국은 미국에게 통일 문제에 대한 중국측의 주장을 지지하거나, 혹은 적어도 타이완측에 압력을 가하여 중국과의 경제·상업·문화 교류 확대에 합의하도록 요구해왔다. 44) 그리고 중국의 미국 전문가들은 양측의 시각 차이가 타이완 문제에 관한 '잠재적 위기'를 불러일으키고 있다고 경고하였다. 45) 그러나, 점차 양국 정부는 타이완 문제

---

43) 1985년 10월 조지 부시 미대통령이 중국을 방문하였을 때, 자오 즈양의 타이완 문제에 대한 언급은 '무례하다고 여겨질 수도 있을 정도로 솔직하였다'고 한다 (*Wen Wei Po*, October 16, 1985, pp. 1~2, in FBIS, *China*, October 16, 1985, pp. W1~W2).

44) 예를 들어, 이러한 메시지는 1985년 초, 대처 영국 총리를 통해 레이건 대통령에게 전달되었다.

45) Zi Zhongyun and Zhung Qubing, "Opportunity and Potential Crisis," in

에 대해서 신랄한 표현을 자제하고 보다 절제된 태도로 임하기 시작하였다. 1988년에 이르러 타이완 문제는 더 이상 미·중 관계를 규정하는 중요한 사안으로 작용할 수 없었고, 양국 정부는 타이완 문제를 다루는 적절한 방법을 운용하여 온 것처럼 보였다.

이러한 상황이 전개될 수 있었던 가장 주된 배경은 타이완과 중국 간의 관계 변화이다. 1980년대 초반에 중국 정부는 타이완이 아직 받아들일 여지는 별로 없었지만 중국과 타이완 사이에 보다 완화된 정치적 분위기를 형성할 수 있는 보다 유연한 통일 정책을 공표하였다. 타이완 정부는 점차 중국측의 입장을 수용하고 중국 본토와의 비공식적이고 간접적인 경제·문화 교류정책을 추진해 나가기 시작하였는데, 이러한 변화로 인해 중국과 타이완은 상호 대립관계 완화에 보다 큰 비중을 두게 되었다. 이러한 양측의 정책변화는 1949년 이후 타이완 해협을 사이에 두고 상존해 오던 긴장관계를 최저수위로 하락시켰고, 양측이 이전보다 간접적인 대화를 확대, 추진함에 따라 미국은 이제 타이완 문제에서 어느 정도 손을 떼어도 무방하게 되었다.

중국의 보다 유연한 정책은 1981년 9월 30일 예 지아닝에 의해 공표된 9개 조항 계획에서 처음으로 명확하게 표명되었으며, 이는 다음달 미·중 정상회담에서 자오 즈양이 레이건에게 전달하는 것으로 구체화되었다.46) 중국 정부의 이 제안은 중국과 타이완 간에 경제적, 문화적 교류의 시작과 중국 공산당 및 타이완 국민당 간의 협상 개시를 촉구하는 내용을 담고 있었다. 장기적 안목에서, 예 지아닝은 타이완이 중국의 주권하에 있음을 인정하고, 그 대신 타이완은 독자적인 군사력을 보유하고, 현재의 경제·사회 체제를 계속 유지하며, 베이찡의 중앙정부를 위해 타이완 대표부를 파견하는 형태의 해결책을 제시하였다.

중국 정부는 타이완에 대한 침략이나 봉쇄 위협을 타이완에 영향력을

행사할 수 있는 주요 수단으로 간주하면서 타이완에 대한 무력 사용 포기를 거절하였음에도 불구하고, 타이완측에게 평화적 제스처를 취하기 위해 노력하였다. 1982년 8월, 타이완에 대한 미국의 무기수출 문제에 관한 공동성명에서 중국은 "평화적 통일을 추구"하기 위한 "기본 정책"을 재확인하였다. 그리고, 비공식적으로 중국 정부대변인은 중국이 타이완에 대한 무력사용을 행사해야겠다고 느끼게 되는 상황을 한정시켜 구체적으로 명시하였는데, 여기에는 타이완이 일방적으로 독립을 선언하는 경우, 타이완이 중국과 비우호적인 국가(처음에는 소련을 지칭하는 것이었으나 이후 점차 일본을 지칭)와 전략적 제휴관계를 맺는 것, 타이완의 정치적 상황이 심각하게 불안정하게 되는 경우, 타이완이 중국과의 협상을 지연하면서 거부하는 경우 등이 포함되어 있다. 이렇게 구체적으로 명시함으로써, 중국 정부는 이에 해당하지 않는 상황에서는 타이완에 대해 무력을 사용하지 않을 것이라고 암시한 것이다. [47]

중국 정부의 9개 조항 계획은 1983년 한 중국계 미국인 학자와의 회담에서 덩 샤오핑이 한 말들에 구체적으로 잘 나타나고 있다. 여기에서 타이완은 자율성과 독자적 정치·경제적 제도를 가진 중국의 특별 행정지역으로 설정되어 있고, 베이찡의 중앙정부는 국제적 차원에서 타이완을 대표하고 타이완의 안보를 보장하는 권위를 보유한다. 그러나, 덩 샤오핑의 '1국가, 2체제' 개념에서 타이완은 국내문제를 독자적으로 처리하고 독립적인 군사력과 사법권한을 가지는 존재이다. 타이완은 대표를 파견

---

47) Lester L. Wolff and David L. Simon, eds., *Legislative History of the Taiwan Relations Act: An Analytic Compilation with Documents on Subsequent Developments* (Jamaica, N.Y.: American Association for Chinese Studies, 1982), p. 312; *Far Eastern Economic Review*, July 24, 1986, pp. 23~25; AFP, July 20, 1981, in FBIS, *China*, July 21, 1981, p. G3; AFP, June 14, 1988, in FBIS, *China*, June 14, 1988, p. 60. 이 문제에 관한 중국 지도자들의 발언은 타이완 정부가 간행한 "타이완에 대한 공산주의자들의 공격에 대한 연구"에 집약되어 있다. "A Study of a Possible Communist Attack on Taiwan," 3d ed. (Taiwan: Government Information Office, March 1990)

하여 베이찡의 중앙정부에 참여할 수 있지만, 베이찡의 중앙정부는 타이완에 군대나 관료들을 파견할 수 없다. 또한 덩 샤오핑은, 타이완을 중국의 주 정부 정도로 간주하는 중국측의 요구를 타이완이 받아들이지 않을 것이 명백하기 때문에 타이완과 중국 사이의 정부간 협상이 성사되기 어려울 것이라는 사실을 인정하였다. 이러한 문제점에서 탈피하기 위해서 덩 샤오핑은 양국의 최대 정당인 공산당과 국민당이 동등한 입장에서 통일 문제를 토론하자고 제안하였다.[48]

이러한 중국의 입장은 1984년 9월 홍콩의 반환을 둘러싼 중국과 영국의 협상에서도 나타나고 있다. 이 협정에서 양측은, 1997년에 홍콩이 중국의 특별 행정구역으로 편입될 것이나 외교와 국방을 제외하고는 모든 영역에서 상당한 자율성을 보장받을 것이라고 천명하였다. 홍콩은 독자적인 경제·사회 체제를 유지하고, 국제경제기구에서 대표성을 향유할 것이며, 법률·사법 체계를 계속 유지하고, 독자적으로 선출한 입법기구와 최고행정기구를 보유할 수 있다는 보장을 받았다. 비록 영국과 중국 간의 협정이 홍콩 조차 만료에 의해 발생하는 문제들을 해결하기 위해 체결된 것이기는 하지만, 중국이 이를 중국과 타이완의 통일을 위한 모델로 간주하고 있음은 명백하다.[49]

중국이 제안한 9개 조항 계획은 중국과 타이완 간의 정치적 교착 상태를 해결할 수 있는 돌파구로서 기능하지는 못했다. 타이완의 정부관료들은 등소평의 '1국가, 2체제' 개념을 거부하면서 중국과 타이완 간의 통일 문제가 중국 공산당이 제시한 제안에 의해서가 아니라, 국민당의 공식적 이념인 삼민주의와 중화민국의 헌법에 기반하여 이루어질 수 있다고 주장하였다. 그들은 또한 협상하자는 덩 샤오핑의 제안을 거부하면서, 결코 '접촉·협상·타협'의 수순을 따르지는 않을 것이라고 못박았다.

---

48) Deng Xiaoping, "A Concept for the Peaceful Reunification of the Chinese Mainland and Taiwan"(June 26, 1983), Deng Xiaoping, *Build Socialism with Chinese Characteristics* (Beijing: Foreign Language Press, 1985), pp. 18~20.

49) *New York Times*, September 20, 1984, pp. A1, A10.

그러나, 타이완 정부도 보다 유연한 입장을 표방하며 급격히 확대되고 있는 중국과의 비공식적 문화·경제 교류를 묵인하는 태도를 취하였다. 이러한 방식으로 1980년대 타이완의 주요한 두 지도자인 장 징구오 총통과 리 덩후이 총통은 중국과의 교류에서 이익을 취하고자 하는 정치·경제 부문의 신진 엘리트 세대의 압력에 대응하고자 하였다. 타이완의 많은 젊은 경제 엘리트들은 중국 대륙을 매력적인 수출시장으로, 또는 잠재적인 투자대상으로 간주하고 있었다. 젊은 정치 지도자들은 타이완의 안보가 국방력 강화나 미국과의 관계 심화를 통해서가 아니라 중국과의 점진적 긴장 완화를 통해서 보다 효과적으로 보장될 수 있다고 확신하였다. 한편, 연로한 많은 국민당 관료들은 중국 본토와의 접촉을 통해 공산주의자들이 타이완을 전복하거나 타이완에 영향력을 행사할 수 있게 된다는 점을 들어 중국과의 접촉을 우려하였다. 그러나, 그들도 내심으로는 죽기 전에 고향 땅을 밟아 보고 중국 본토의 친척들과 만나 볼 수 있는 기회를 가지고 싶어했다.

그리하여, 중국과의 비공식적 문화·경제 접촉을 제한하는 조치들이 점차적으로 완화되기 시작하였다. 홍콩을 통한 중국과의 간접 무역량은 1980년에 3억 2,000만 달러, 1985년에 11억 달러, 1988년에 27억 달러로 급신장하였다(표 A-8). 홍콩주재 타이완 지사를 통한 타이완의 대중국 투자도 1988년 4억 5,000만 달러에 이르렀다(표 A-9). 중국과 타이완 간의 경제관계는 대부분 타이완의 상품과 자본이 중국으로 유입되는 형태를 취했지만, 부분적으로 원료와 농산물을 중심으로 중국 상품이 타이완으로 수출되기도 하였다. 1984년에, 타이완 정부는 타이완이 '중국 타이페이'(Chinese Taipei)라는 명칭으로 참가한다는 조건하에 타이완과 중국이 모두 LA올림픽에 참가하는 계획에 동의하였다. 그리고, 2년 후 타이완 정부는 타이완 학자들이 중국측 대표와 함께 제3국, 특히 미국이나 일본에서 열리는 학술회의에 참가하는 것을 승인하기도 하였다.

그러던 중, 1986년에 홍콩으로 향하던 타이완의 중화민국항공 소속 화물기가 기장에 의해서 공중납치되어 착륙하는 돌발적 사건이 발생하였다. 그 기장은 중국 본토에 있는 그의 연로한 아버지를 만나보기 위해 범행을 저질렀다고 밝혔다. 이 사건은 피납된 비행기를 타이완에 인도하기 위하여 양측 항공사 대표들이 어쩔 수 없이 협상에 임하도록 한 측면 이외에, 중국 본토의 친척들과 상봉하고자 하는 많은 타이완 사람들의 잠재적 욕구를 분출시키는 계기로 작용하였다. 이러한 요구들에 부응하여 1987년, 타이완 정부가 친척 상봉을 위한 중국 방문을 허가함에 따라 그해 말까지 275,000명, 1988년에는 450,000명의 타이완 사람들이 중국을 방문하였다(표 A-9). 비록 처음에는 인도주의적 목적에 한정하여 중국 방문이 허용되었지만, 이후 경제적, 문화적, 학문적 분야 등 다양한 목적을 위한 중국 방문이 실제적으로 가능하게 되었다. 1988년까지, 타이완의 스포츠 팀 또한 1984년 올림픽과 동일한 계획에 의거하여 국제 스포츠 연맹이 주관하는 경기에 참가하기 위해 중국을 방문하였다.

그러나, 이러한 중국과 타이완 간의 관계 발전이 미·중 관계에서 타이완 문제가 가지는 민감한 의미를 완전히 탈각시킨 것은 아니었다. 미국과 타이완 간의 군사 관계는 여전히 중국에게 신경 쓰이는 문제였다. 미국은 아직도 많은 양의 무기를 타이완에 판매하고 있었다. 미국 정부가 가장 일반적으로 많이 사용하는 지표(상업적 의미의 수출에 의한 인도량과 해외무기판매 계약량의 합계)에 의하면, 타이완에 대한 무기판매는 1983년에 7억 8,300만 달러에서 1988년에 7억 달러로 일년에 약 2,000만 달러씩 하락하였다. 그러나, 다른 지표(상업적 의미의 수출에 의한 인도량과 해외무기판매 프로그램에 의한 실제 인도량의 합계)는 타이완에 대한 무기판매가 1983년 4억 7,300만 달러에서 1988년 6억 8,300만 달러로 늘어나 실제로는 증가하였음을 보여주고 있다(표 A-10).

더욱이 미·중 공동성명에서 시사하였던 바와 같이, 미국은 기왕에 타이완에 제공하였던 것보다 성능이 개량된 무기를 판매할 수 있는 권한을 보유하고 있었는데, 특히 원래의 무기가 더 이상 생산되지 않을 때에는 개량형으로 대체하여 인도할 수 있었다. 예를 들어, 1983년의 스탠다드 대공 미사일, 1984년의 C-130 수송기, 1985년의 채퍼럴 지대공 미사일

등은 폐기된 구형 무기를 대체한 것이었다. 무엇보다도 가장 중요한 것
은, 미국이 타이완측에 기술이전 프로그램을 제공한 결과 타이완이 자체
적으로 첨단무기를 생산할 수 있게 되었다는 점이다. 타이완이 자체 생
산할 수 있는 첨단무기에는 노후된 F-104기와 F-5E기를 대체할 IDF
(Indigenous Defence Fighter) 전투기와, 타이완 해협의 영공을 지키고 타
이완의 해안선을 보호하며 타이완에 대한 수륙 양면 공격에 대항할 수
있는 프리깃함, 탱크, 지대공 미사일, 공대공 미사일, 함대지 미사일 등
이 있다.

중국측 분석가들과 관료들은 이러한 상황 전개에 대해 항의하였다. 비
록 1982년 협정 이래로 워싱턴이 타이완에 대한 무기판매를 일년에
2,000만 달러씩 축소한다 하더라도 타이완에 대한 무기판매가 완전히 종
료되기 위해서는 40년이 걸린다고 주장하였다. 1984년 4월 레이건 대통
령의 중국 방문 기간 동안 중국 외교부장 우 슈에치안은 슐츠 미국무장
관에게 타이완에 대한 미국의 무기판매 감소량을 일년에 2,000만 달러에
서 1억 달러로 늘려줄 것을 요구하였다. 50) 처음에는 언론의 논평을 통
해, 그리고는 중국을 방문한 미국 학자와의 인터뷰에서, 최종적으로는
공식적 미국 방문 기간 동안에 중국 관료들은 미국의 타이완에 대한 무
기생산기술 이전을 강력하게 비판하였다. 51) 이에 대해 미국 정부는 1982
년의 공동성명에서 타이완에 대한 무기판매에 관하여 구체적인 감축 일
정표를 제시한 적이 없으며, 그리고 이 공동성명에서 무기 문제만을 다
루고 있을 뿐 무기생산기술 문제는 다루고 있지 않다고 반박하였다. 52)

---

50) 미하원 외교위원회 아시아·태평양 소위원회와 국제경제정책·무역 소위원회에
    서 증언한 미 국무부 아시아·태평양 담당 차관보 폴 월포위츠의 '중국과의 지속
    적 관계 발전'에 관한 증언을 참조. (98 Cong. 2 sess. (GPO, 1984), pp. 187~
    192, 230~231.

51) *Liaowang* (overseas edition), no. 30 (July 28, 1986), pp. 22~23, in FBIS,
    China, August 1, 1986, pp. B2~B4; *Washington Post*, April 25, 1986, pp.
    A32~A33.

52) *Far Eastern Economic Review*, August 28, 1986, p. 26.

중국 관료들은 또한 타이완이 독립을 추구하고 있다고 간주하게 하는 일련의 행동들과, 이러한 타이완의 독립 경향이 미국의 승인을 얻게 될 가능성에 대해 깊은 관심을 가지고 우려를 표명하였다. 타이완에서 정치적 활동의 자유가 증대되고 특히 1986년에 야당의 합법화가 도입되면서, 타이완 문제는 타이완인 스스로가 결정을 내려야 한다는 목소리가 강하게 제기되기 시작하였다. 이러한 요구가 가지는 의미와 그것이 얼마나 큰 반향을 불러 일으켰는지는 쉽게 판단하기 힘들다. 많은 사람들에게 타이완의 자결을 위한 요구는 타이완이 중국 본토로부터 완전히 독립한 새로운 주권독립국가로의 전환을 요구하는 것이라기보다는 타이완에 보다 대표성을 띤 정부 보장을 요구하는 것으로 인식되었다. 여론 조사에 따르면, 타이완이 만약 공식적으로 독립을 선언한다면 이것이 하나의 중국 원칙에서 벗어나거나 또는 중국이 군사적으로 타이완을 공략할 가능성이 없더라도 이에 상관없이 단지 타이완인들의 15~20퍼센트만이 타이완 독립을 지지할 것으로 나타났다. 타이완의 자결에 대한 지지를 표방하는 미 의회의 결의, 가령 1983년 펠(Claiborne Pell) 상원의원의 제안에 의해 이루어진 결정은 미국이 타이완의 독립에 대한 요구를 지지할 것이라는 점을 표명하고 있다.[53] 1988년 말에 중국 내 미국 전문가들은, 중국이 평화통일정책을 수행하고자 하는 반면에 미국은 '통일'은 별로 강조하지 않고 '평화'를 보다 강조하는 것으로 보인다고 우려하였다.[54]

한편, 국민당 또한 타이완의 경제력 성장에 걸맞는 국제적인 위상을 확보하여야 한다는 타이완 내부의 점증하는 압력에 직면해 있었다. 이러

53) 그 결정은 상원 외교 위원회에서 채택되었으나, 본 회의에 회부되지는 못했다. 중국측의 논평에 대해서는 *Remnin Ribao*, November 14, 1983, in FBIS, *China*, November 14, 1983, pp. B1~B2; Xinhua, November 16, 1983, in FBIS, *China*, November 17, 1983, p. B1; Xinhua, November 18, 1983, in FBIS, *China*, November 18, 1983, pp. B1~B2; Xinhua, November 18, 1983, in FBIS, *China*, November 21, 1983, p. B1.

54) *Remnin Ribao*, December 30, 1988, p. 7, in FBIS, *China*, January 10, 1989, pp. 6~12

한 요구에 부응하여 국민당은 이른바 유연외교정책이라는 것을 공표하였는데, 이는 타이완과 중국을 동시에 승인하는 국가들과 가능한 한 공식적 외교관계를 수립하고, 유럽과 아시아의 공산주의 국가들과 비공식적 경제·상업관계를 수립하며, 외교관계를 정식으로 수립하지 못한 국가들과 비공식적인 유대관계를 강화하고, '중국, 타이뻬이'(中國, 臺北) 또는 '타이뻬이, 중국'(臺北, 中國)이라는 명칭으로 국제기구에 재가입한다는 것을 주요 내용으로 하고 있다. 이러한 유연외교정책은 타이완의 집권 국민당으로부터 제기되었다는 점에서 '타이완의 자결 요구'보다 훨씬 중국 정부를 놀라게 하였다. 따라서, 중국 전문가들은 1988년 초 장 징구오 총통의 사후 사실상 타이완의 국가 원수로 인식되고 있는 리 덩후이 총통이 이른바 '국민당 지도하에서 독립'을 추진하고 있는 것이 아닌가하는 점에 대해 깊은 관심을 표명하였다.

이 대목에서 미국의 의도에 대한 중국 정부의 우려가 드러난다. 물론 미국 정부가 타이완과의 외교관계 재수립을 고려하고 있다는 사실에 대한 물증은 거의 없었다. 그러나, 많은 미국인들이 주요 국제기구에서 타이완의 회원국으로서의 지위 유지나 재가입을 희망하고 있다는 사실을 나타내는 징표들은 몇몇 부문에서 이미 나타나고 있었다. 1983년 미 의회는 타이완이 아시아개발은행의 회원 지위를 획득하는 것에 대해 찬성하는 결의안을 채택하였으며, 레이건 행정부는 아시아개발은행의 다른 회원국들에게 만약 타이완이 회원 자격을 얻지 못한다면 미국의 지원을 줄이겠다고 통고하였다. 이어 미국 내에서는 타이완의 GATT 가입이 적합한가라는 문제가 토의되기 시작하였다.[55] 또한 해외시장 확대와 미국

---

55) 타이완을 '중화민국(Republic of China)'이라 칭한 결의안은 1983년 11월 승인된 1984년 추가지출법안 속에 포함되었다. 이에 대한 중국의 항의에 대해서는 Xinhua, November 25, 1983, in FBIS, *China*, p. B1을 참조. 중국은 레이건 정부가 그 결의안이 레이건 행정부의 입장을 반영하고 있지 않으며, 그 법안에 대한 대통령의 서명도 미국의 정책변화를 의미하는 것이 아니라는 미국의 통보를 받고 만족하였다고 한다(Xinhua, December 6, 1983, in FBIS, *China*,

의 지적 재산권 보호 문제 등과 같은 사안들이 미국의 아시아 정책에서 중요한 부분을 차지하게 되면서 미국과 타이완의 통상 마찰이 증가하자, 미국은 타이완과의 접촉수준 향상을 심각하게 고려하게 되었다. 한 보도에 의하면, 부시 행정부는 출범 직후 경제 문제에 대한 미국의 관심 정도를 타이완 지도자들에게 확실하게 이해시키기 위해서, 타이완과 내각 차원의 토의를 진행시킬 것을 신중하게 검토하였다고도 한다.

이러한 문제들에도 불구하고, 1980년대 말 미·중 관계에서 타이완 문제가 차지하는 비중은 대단히 약화되었다. 중국과 타이완 간의 경제·문화 교류 확대는 그것이 지니는 통일 지향적 성격 때문에 '타이완의 독립'에 관한 중국인들의 우려를 불식시키는 역할을 하였다. 이는 또한 타이완에 대한 미국의 무기생산기술 이전에서 드러났듯이 타이완의 안보 문제에 미국이 계속적으로 개입하는 것이 아닌가라는 중국측의 우려를 줄이는 데에도 기여하였다. 그리고, 1984년 레이건 대통령의 중국 방문에서 그러했듯이, 중국측이 타이완과의 민간 교류를 확대하기 위해 미국에게 압력을 가할 필요도 없게 되었다. 더구나, 타이완내에서 리 덩후이 총통이 권력을 강화하고 '하나의 중국' 정책을 추진하면서 타이완의 독립 요구가 더 이상 어느 한계를 넘어서지 않게 되었고, 타이완의 정치 체제가 기본적으로 안정화되었다는 점에서 또한 중국 정부는 대체적으로 만족하였다.

한편, 1980년대 중반 미국이 정책을 재조정함에 따라 중국정부는 타이완 문제에 대한 미국의 입장을 보다 만족스럽게 생각하게 되었다. 1983년 2월 중국 방문기간 동안 슐츠 미국무장관은 "상호 신뢰를 재구축"하기 위한 노력의 일환으로, 8월 17일 공동성명과 타이완 문제에 관한 그 밖의 공동성명들에서 천명하였던 "정책들을 성실하게 이행하겠다"고 중국측에 약속하였다.[56] 1985년 10월에 와인버거 미 국방장관은 미 공보부가

December 6, 1983, pp. B1~B2).

56) 폴 월포위츠의 "중국과의 지속적 관계발전" 증언에서 인용한 것이다. (*Current Polocy*, no. 460)

제공한 텔레비전 인터뷰에서 중국과 타이완이 양측 모두에게 이롭고 양측 모두에게 수용 가능한 협정을 체결할 것을 촉구하였다. 57) 1987년 3월 중국 방문에서 슐츠 미 국무장관은 "중국과 타이완 간의 긴장 해소에 도움이 되는 간접 무역과 민간 교류 증대와 같은 상황 전개를 미국은 환영한다"고 말했다. 또한 미국이 "타이완 문제를 평화적으로 해결하기 위한 지속적이고 점진적인 과정"을 지지한다고 덧붙이고, "이러한 상황 전개가 계속될 수 있는 환경을 조성하는 것"이 바로 미국의 정책이라고 밝혔다. 58) 그렇다고 해서, 미국 정부가 중국과 타이완 간의 직접적인 체신, 운송, 상업관계를 지지하거나 또는 중국의 '1국가 2체제' 원칙을 인정하는 것은 아니었다. 미국 정부는 단지 중국과 타이완 간의 점증하는 접촉을 인정한다는 것과 양국 모두 납득할 수 있는 평화적인 해결에 깊은 관심을 가지고 있다는 것을 표현하고자 하였던 것이었다.

여하튼 이러한 언급들은 미국이 중국과 타이완 간의 평화 통일을 지지할 준비가 되어 있다는 점을 중국 지도자들에게 확신시켰다. 그리하여, 이제 미국과 중국 간에 여전히 합의가 이루어지지 않고 있는 타이완 문제들, 즉 타이완에 대한 미국의 무기판매 문제, 미 의회의 타이완의 자결 지지 문제, 국제기구에서 타이완의 보다 능동적인 역할에 대한 미국의 인정 문제 등이 해결될 수 있는 보다 우호적인 분위기가 조성되었다. 실제로 한 중국 학자는 1980년대 중반에 제출한 내부 정책보고서에서, 타이완에 대한 미국의 무기판매가 계속되어 국민당이 타이완의 방위 능력을 확신한다면 타이완은 중국 공산당과의 협상에 나설 것이고, 반면에

---

57) *Chung-kuo shih-pao*, October 21, 1985, p. 2, in FBIS, *China*, October 25, 1985, pp. V1~V3.

58) 환영 연회장에서 행해진 이러한 언급들에 대해서는 Beijing Domestic Service, March 5, 1987, in FBIS, *China*, March 6, 1987, p. B1을 참조. 비슷한 내용을 1988년 초 중국 외교부장 우 슈에치안과의 만남에서 레이건 대통령이 또한 언급하였다. 이에 대해서는 Radio Beijing, March 9, 1988, in FBIS, *China*, March 9, 1988, p. 4.

타이완에 대한 미국의 무기판매 중단은 타이완에 대한 미국의 영향력을
감소시키는 결과를 초래하여 결국 타이완의 독립을 주장하는 움직임이
다시 강화되는 악영향을 끼칠 것이라고 전제하면서, 미국의 타이완에 대
한 무기판매 지속이 오히려 바람직한 결과를 가져올 수 있다는 점을 인
정해야 한다는 견해를 개인적으로 피력한 적이 있었다.

요컨대, 미국 정책의 일관성에 대한 중국의 신뢰와 타이완과의 경제·
문화교류를 확대하고자 하는 중국측의 기대가 커질수록, 중국은 타이완
과 미국 사이에 여전히 지속되고 있는 유대관계를 보다 냉정하게 바라보
게 되었다. 1989년까지 타이완 문제는 더 이상 미·중 관계를 저해하는
당면한 장애물로 간주되지 않았다. 1989년 중국을 방문한 부시 대통령이
언급한 대로, 이제 양국은 "타이완 문제에 대해 감정적 입장을 버리고 보
다 건설적으로 논의할 수 있는 길을 찾게 되었다."[59] 한때 미·중 관계
에서 주된 걸림돌로 작용해 오던 문제가 이제는 양국이 논쟁적인 문제를
성공적으로 대처할 수 있다는 사실을 보여줄 수 있는 상징으로 남게 되
었다.

4. 전략적 관계

타이완 문제를 둘러싼 중국과 미국의 입장이 상호타협으로 조정됨에
따라 양국간에 새로운 군사전략적 관계가 재개될 가능성이 열리게 되었
다. 1983년 9월, 와인버거 미 국방장관의 중국 방문은 2년간의 양국관계
불화 이후 양국간의 군사전략적 협력이 다시 재개되었음을 보여주는 것
이었다. 1983년에서 1987년까지 4년 동안 미·중 간의 전략적 관계는 중
국과의 군사적 유대관계에 직접 참여한 미국 관료가 묘사한 대로 "꾸준한

---

59) *Renmin Ribao*, February 26, 1989, p. 1, in FBIS, *China*, February 27, 1989, p. 11.

발전"을 이룩하였다. 60)

1980년대 중반에 미국의 관료들은 여러 가지 동기에서 중국과의 군사적 관계를 확대해야 할 필요성을 느끼고 있었다. 우선, 미국과 느슨하게 제휴하고 있는 강력한 중국은 소련에 대한 주요한 견제자로 간주되었기 때문이다. 중국 정부가 NATO의 방어 대비, 서태평양에 배치된 미국의 군사력, 미·일 상호안보조약 강화 등을 지지한다는 것은 서방측의 전반적인 방어 태세를 강화시키는 데 기여하는 것이다. 또한 미국과 중국 간의 전략적 협력은, 특히 양국이 협력하여 아프카니스탄과 캄보디아의 저항세력을 지원하였다면, 아프카니스탄에서 소련군의 철수와 캄보디아에서 베트남의 철수를 촉진시킬 수 있었을지도 모르는 일이다.

더구나 미·중 간의 군사협력은 소련이 만일 다른 곳에서 군사적 공격을 감행할 경우 중·소 국경을 따라 또 하나의 전선이 형성될지도 모른다는 가능성을 염두에 두지 않을 수 없게 만들었다. 이는 중국이 미국의 전선확대 전략, 즉 소련이 한 전장(아마도 중부 유럽이나 중동 지역)에서 전쟁을 일으킨다면 소련의 군사력을 분산시키기 위해 그 전쟁을 다른 전장(아마도 동북아 지역)으로도 확대시켜야 한다는 전략에서 주요한 역할을 하게 되었음을 의미한다. 1984년 초에 미국의 한 국방성 관료가 언급한 것처럼, "장기적이고 안정적인 미·중 간의 전략적 관계가 존재한다면 소련은 중국이 중립을 지키고 따라서 소련의 아시아 전력을 다른 곳에서 자유롭게 사용할 수 있다고 자신할 수 없기 때문에, 미·중 간의 전략적 관계는 그 자체로 억지 효과를 발휘할 수 있다."61)

이와 더불어, 미국은 중국과 전략적 관계를 유지하는 것이 중국과의

60) Eden Y. Woon, "Chinese Arms Sales and U. S. -China Military Relations," *Asian Survey*, vol. 29(June 1989), pp. 601~618.
61) 1984년 2월 10일, 루이스 앤드 클락 주립 단과대에서 행한 제임스 마틴의 "United States Defence Policy for East Asia and the Pacific and the Strategic Importance of China" 강연을 참조. 참고로, 마틴은 미 국무부 동아시아 태평양 담당 차관보실에서 자문역을 맡고 있다.

전반적인 유대관계를 강화시킬 수 있는 중요한 방안이라고 간주하였다. 1970년대 말의 경우와 마찬가지로, 중국 정치에 있어서 군은 장차 중국의 국내정책과 대외정책을 결정하는 과정에서 대단히 중요한 역할을 수행할 것으로 인식되었다. 이러한 이유 때문에 미국이 중국측에 군사전략·전술지침, 군사운영 실무, 무기 및 무기생산 기술을 제공함으로써 미·중 군사관계를 돈독하게 하는 것은 오히려 미국에게 바람직할 수도 있었다. 더구나, 많은 미국의 관료들은 중국과 민간부문뿐만 아니라 군사부문을 포함하는 "포괄적" 관계를 수립하는 것이 미·중 관계가 비군사적인 부문에만 한정되는 것보다 훨씬 안정적이라고 주장해 왔다. 실제로 미국의 군사기술에 대한 중국의 접근을 봉쇄하는 것은 미국이 여전히 중국을 잠재적 적국으로 취급하고 있다는 증거로 해석될 가능성이 충분히 있었다. 그리고, 이는 역으로 만약 중국이 미국을 적국으로 취급하는 식으로 대응하는 경우 "그것 봐라, 중국은 여전히 우리를 적국으로 대하고 있지 않은가?"라는 식의 '자기 완결적 예언'으로 전락할 가능성도 있었다.[62]

중국이 미국과 전략적 관계를 맺게 된 동기가 무엇인가는 이 기간 동안에는 구체적으로 드러나지 않았다. 이 문제에 관한 중국 정부의 공식 성명은 대부분 중국이 미국과의 "포괄적인 안보관계"라고 자오 즈양이 일컫는 관계에 참여하지 않은 이유에 초점을 맞추고 있었다. 중국 지도자들은 미국과 준동맹관계(quasi-alliance)를 형성하면 중국이 미·소 대결 관계에 휘말리게 될지도 모른다는 사실을 우려하였다. 또한 중·미 간의 준동맹관계 형성은 중국의 미국에 대한 의존을 심화시키고, 따라서 타이완 문제 등과 같이 양측의 이해 관계가 대립하는 문제들에 있어서 중국이 영향력을 발휘할 수 없게 만드는 위험성을 초래할 가능성도 있었다. 그리고, 중·미 간의 준군사동맹 형성은 소련을 소외시킴으로써 중·소 간의 긴장 관계가 완화될 가능성이 희박해진다. 중국의 입장에서 보면, 미국과의 동맹 형성으로 인해 적어도 이제까지 중국이 양대 초강대국과 전

---

62) Martin, " United States Defence Policy, " p. 6.

략적으로 제휴하지 않은 채 제3세계 내에서 주요한 독자세력으로 자신의 위치를 굳혀 온 것을 희생해야 하는 위험부담을 안게 될 수도 있었다.

그러나, 중국 지도자들은 미국과의 포괄적인 안보협력관계 형성 거부가 곧 제한된 범위의 군사협력관계까지 배제시키는 것은 아니라고 지적했다. 우선, 미국과의 전략적 협의를 통해 중국이 주요 이해관계를 가지고 있는 지역에서 양국이 소련의 팽창 견제를 위한 공동보조를 취할 수 있다. 군사요원의 교환을 통해서 미국의 군사지침, 군사조직, 군사기술 등에 대한 중국측의 이해도를 증대시킬 수도 있다. 그리고, 아마도 가장 중요한 방법으로, 미국의 전자장비와 무기체계를 구매함으로써 중국군의 현대화를 촉진하는 데 도움을 줄 수 있을 것이다. 비록 무기구매와 관련하여 어떠한 협정에 도달하지 못할지라도, 무기구매에 관한 협상 자체가 중국군 고위장교들에게 미국의 첨단 군사기술에 대한 중요한 정보를 전달해 주는 역할을 할 수 있을 것이다.

1980년대 중반에 중국이 미국과의 군사적 유대관계 부활에 관심을 보였던 것은 중국이 당시 중·소 관계에 실망하였기 때문이기도 하다. 1982년 8월 브레즈네프의 타슈켄트 연설 이후, 중국은 중·소 관계의 완전한 정상화를 위해서 중·소 유대관계를 방해하는 '3대 장애물', 즉 중·소 국경에 대한 소련군의 대규모 배치, 아프카니스탄에 대한 소련의 개입, 인도차이나 반도에서 베트남에 대한 소련의 지원 등을 제거해야 한다고 주장하였다. 중국은 〔미·중 간의 전략적인 제휴로〕 국제적 세력 균형이 미국측에 유리해짐에 따라 소련이 중국과의 관계 개선을 통해 전략적 이익을 얻기 위해서 3대 장애물에 대한 양보조치를 취하게 될 것이라고 기대하였다. 그러나, 예전과 다름없이 소련측의 반응은 실망스러운 것이었다. 브레즈네프의 후계자인 안드로포프와 체르넨코는 불가침 조약, 비핵지대화, 상호군축협정 체결 등을 포함하여 중·소 국경을 따라 쌍방간에 상호신뢰를 구축할 수 있는 조치에 대해 협상할 용의가 있다고 시사하였다. 그러나, 브레즈네프와 같이 그들 역시 소련과 중국 이외의 제3국이 관련된 문제들에 대해서는 논의하지 않겠다는 원칙을 들어 아프

카니스탄이나 캄보디아의 상황, 또는 몽고 내 소련군 주둔 문제 등에 대해 토의하기를 거부하였다. 63)

더구나, 1980년대 중반 중국에 대한 소련의 위협은 오히려 강화된 측면도 있었다. 우선, 중국 내 대부분 지역이 극동지역에 배치한 소련의 SS-20 핵미사일의 사정권 안에 들어가 있었다. 그리고, 중국은 소련이 캄란만에 배치한 Tu-16 폭격기를 중국의 해운업, 중국의 남지나해에서의 지위, 남지나해의 중국 군사시설 등에 대한 명백한 위협으로 간주하였다. 64) 또한 소련의 지원을 받는 베트남의 캄보디아 개입은 여전히 단계적으로 강화되고 있었다. 1983~1984년, 1984~1985년의 겨울 건조기를 틈탄 베트남의 대공세는 태국의 반발을 불러일으켜 캄보디아의 국경과 인접한 태국의 국경지역에서 베트남군과 태국군 간의 충돌이 발생하기도 하였다. 중국은 태국에 대한 군사적 지원을 약속하고 베트남에게는 보복하겠다고 위협하였는데 이로 인해 중국과 베트남의 접경지대에서 소규모 전투가 발생하기도 하였다. 결과적으로 볼 때, 1982년에 중국이 천명한 독자적 외교정책노선이 소련이나 베트남으로부터 유화적 반응을 불러일으켰다는 증거는 거의 없는 것으로 보인다.

이와 같은 판단에 기초하여, 1980년대 중반의 미·중 안보 관계는 4가지 차원에서 진전되었다. 첫번째 차원은 양국 고위급 군장교들과 고위급 민간관료 간의 협상진행이다. 예전에도 국방장관의 상호 교류-1980년 브라운 미 국방장관의 중국 방문과 동년 중국 국방부장 겅 비아오(耿飚)의 미국 방문, 1983년 와인버거 미 국방장관의 중국 방문 등-는 있었으나, 활발하고 심도 있는 협의가 진행된 것은 1983년 이후의 일이다. 쟝아이핑(張愛萍) 중국 국방부장과 양 샹쿤(揚尙昆) 중국 공산당 중앙군사

63) 안드로포프의 입장에 대해서는 *Far Eastern Economic Review*, March 3, 1983, pp. 10~11를, 체르넨코의 입장에 대해서는 *New York Times*, March 27, 1984, p. A12; *Wall Street Journal*, May 10, 1984, p. 39를 참조.

64) *New York Times*, October 7, 1983, p. A3; *Far Eastern Economic Review*, June 14, 1984, p. 46.

위원회 부위원장이 와인버거 장관의 중국 방문에 보답하여 미국을 방문하였다. 이와 더불어 양국의 군참모장들, 주요 현역 군지휘관들, 내무관료들의 상호방문도 이루어졌다. 베이찡과 워싱턴에서 열리는 미 국무장관과 중국 외교부장 간의 정례적 협의와 더불어 뉴욕에서 UN 총회에 따른 연례적 회합이 보완적으로 열리게 되었는데, 역시 확대된 전략적 대화의 일환으로 이루어진 것이었다.

이러한 협의들의 결과를 평가하기는 매우 어렵다. 양측은 캄보디아 및 아프카니스탄 문제를 검토하였고 그리하여 이들 지역에서 베트남군과 소련군이 철수할 것을 요구하기 위해서 모든 외교적 수단을 동원하기로 합의하였다. 미국이 1983년을 전후하여 무자헤딘(mujaheddin)에게 공급할 무기를 중국으로부터 구매하기 시작한 것과 더불어, 중국과 미국은 아프카니스탄 반군 세력에 대한 군사적 지원을 위해 서로간의 정책을 조정하기로 결정하였다.[65] 양국은 UN에서 협력하여 시아누크 공이 이끄는 반베트남 동맹이 캄보디아의 UN회원국 지위를 이어받게 하기 위해 노력하였다. 중국과 미국은 또한 한반도 문제를 논의하면서, 베이찡에서 미국과 북한 대사관 간에 하위 수준의 외교적 접촉이 시작될 수 있도록 중국이 주선하기로 합의하였다.

중거리핵미사일(INF)에 관한 교섭은 더욱 구체적인 성과를 거두었다. 이 문제에 관한 소련과의 협상 초기에 미국은 유럽에서 중거리핵미사일을 완전히 철수하지만 아시아에는 일부를 잔류시킨다는 협상안을 가지고 있었던 것으로 보인다. 중국과 일본은 이러한 미국의 입장에 대해 반대하였고, 미국이 유럽과 아시아에서 미ㆍ소 양국 모두가 중거리핵탄두를 폐기해야 한다는 안(double-zero formula)을 취할 것을 요구하였다. 그리하여 1987년 말에 미국과 소련은 유럽과 아시아 양 지역에서 모든 중거리핵탄두를 폐기하기로 한다는 INF조약을 체결하였다.

두번째, 중국과 미국은 소련의 군사력에 대한 정보를 지속적으로 교

---

65) *Washington Post*, June 25, 1989, pp. A1, A24.

환, 공유하기 시작했다. 앞에서도 살펴보았듯이, 1980년에 소련의 미사
일 실험을 탐지하기 위한 전자감시 스테이션 2기가 중국 서부 지방에 건
설되었다. 이후 1984년과 1987년 사이에 소련의 지하 핵실험을 탐지하기
위한 지진탐지 스테이션 9기가 추가로 설치되어 여기에서 나오는 정보는
양국 정부가 공유하였다. 66) 또한 중국은 훈련 목적으로 다수의 중국제
F-7 전투기를 미국측에 인도하였다. F-7기는 본래 MIG-21기를 본딴 모
델이었기 때문에, 미국 공군이 소련 항공기의 설계와 성능을 파악하는
데 상당한 도움을 주었다. 67)

미・중 전략협력관계의 세번째 차원은 실무적 차원의 교류 확대를 들
수 있다. 68) 양국의 국방대학은 각자가 보유하고 있는 전문가들, 학자들,
도서관 자료들을 상호교환하는 프로그램들과 주요 국제문제들을 토론하
기 위해 쌍방간에 협의회를 주최하고 방문단을 파견하는 프로그램들을
수립하였다. 중국과 미국은 병참, 인적 자원, 군의료 등 전문화된 군사
분야에 있어서도 대표단 교환을 추진해 나갔다. 미국 해군은 1986년과
1989년 각각 1회씩 중국의 군항을 방문했으며, 이에 답하여 중국 해군에
서는 1989년에 훈련함 한 척을 하와이에 출항시켰다. 비록 중국은 미국
과의 합동 군사훈련과 같은 공동 군사작전 수행에는 동의하지 않았지만,
1986년 1월 공해상에서 각 해군 함정들이 서로 사열하면서 지나가자는
미국측의 제안을 받아들였고, 중국 해군 장교들은 1989년 2월 공해상에

---

66) *Washington Post*, June 25, 1989, pp. A1, A24. 좀더 일반적인 입장에서는
   Far Eastern Economic Review, November 17, 1983, p. 15를 참조.

67) Zhang Jingyi, "The Security Factor in Sino-U.S. Relations: Review and
   Outlook," in *Ten Years of Sino-U.S. Relations*, p. 74; *New York Times*, July
   3, 1984, p. A6.

68) 1983년 와인버거 미 국방장관이 처음 제안하였을 때, 이 계획은 미국측이 중국
   군사력 현대화에 도움을 주기 위한 일련의 '훈련사절(training missions)'로 간주
   되었다. 그러나, 중국측은 온정주의적 의미를 지닌 '훈련사절'이라는 말이 마음
   에 들지 않았고, 그리하여 그 말은 이후 '군사교류'로 재정의되었다. 중국측의
   의도에 대해서는 *New York Times*, September 30, 1983, p. A3 참조.

서 작전중이던 미 항공모함 니미츠 호(USS Nimitz)를 방문하였다. [69]

이러한 실무적 차원의 교환은 대부분 원만하게 성사되었으나 군항 개방에 관해서는 힘든 협상과정이 필요하였다. 다른 국가들처럼 중국으로서도 핵무기로 무장한 미국의 함정들이 자국의 항구를 경유하는 것이 그리 반가운 일은 아니었다. 그러나, 미국 정부는 자국의 특정 함정이 핵장치를 탑재하고 있는지에 대해서 긍정도 하지 않고 부인도 하지 않는 정책을 계속 고수하였다. 따라서, 미국측이 핵무기 탑재 여부를 명확히 하지 않은 채 재래식 동력으로 운행하는 함정들로 이루어진 소함대 파견을 제안함에 따라, 양국은 1985년 초에 미국 함정의 중국 군항 방문 문제에 관하여 합의할 수 있었다. 이로부터 몇 개월이 지난 후에 중국 공산당 후야오방 총서기장은 호주와 뉴질랜드 방문 직전에 가진 기자회견에서 핵추진(nuclear-powered) 함정과 핵무장(nuclear-armed) 함정의 차이를 명확하게 구분하지 못하고 미국이 핵무장한 함정들을 파견하지 않는 데 동의했다고 발표하였다. [70] 미국 정부는 이러한 후 야오방의 발표를 부인했고, 그래서 미국의 소함대 파견은 1986년 11월까지 연기되었다.

끝으로, 미·중 간의 군사협력에서 가장 논란이 많았던 부문은 중국에 대한 미국의 무기판매 프로그램이었다. 1984년 이전까지 양국은 이 문제를 놓고 결론이 나지 않는 토론을 벌였는데, 이는 중국이 미국으로부터 구매하고자 하는 무기가 많았던 반면에 미국은 이보다 적게 판매하고자 하였기 때문이었다. 가장 핵심적으로, 중국은 미국측의 수출인가가 떨어질 수 있는 무기와 군사기술이 무엇인지를 미리 알려주기를 원했던 반면에, 미국은 중국측이 구매하고자 하는 바를 알려주면 이후에 심사과정을 거쳐 판매를 승인하겠다는 입장을 고수하였으므로 양국간의 이견은 쉽게

---

69) *Far Eastern Economic Review*, May 22, 1986, p. 32 및 *Far Eastern Economic Review*, March 23, 1989, p. 9 를 참조.

70) *Zhongguo xinwen she*, April 10, 1985, in FBIS, *China*, April 11, 1985, p. E2. 특히 이는 핵추진 및 핵무장 함정의 자국 내 항구 정박을 꺼려하는 뉴질랜드의 민감한 반응을 불러 일으켰다.

좁혀지지 않았다.[71] 게다가, 중국은 미국으로부터 무기생산기술을 인도 받아 자체생산시설로 생산할 수 있도록 하는 방안을 제시하였으나, 미국 은 완제품을 수출해 생산기술의 확산을 최소화하고 판매이윤을 극대화하 고자 하였다. 양국이 추구하는 이익과 시각 면에서 그 차이점이 너무나 도 분명하였기 때문에 무기판매에 관한 초기 협상은 양국 모두에게 실망 과 환멸만을 남겼다. 그 결과, 중국측은 미국이 결코 무기판매를 하지 않을 것이라는 결론에 도달했고, 미국측도 중국이 결코 구매하지 않을 것이라고 생각하게 되었다. 따라서, 무기판매는 실제로 거의 이루어지지 않았다.

1983년 와인버거 미 국방장관의 중국 방문 시, 양국은 보다 새롭고 생 산적인 접근방법에 도달할 수 있었다. 이전의 중국측 요구에 기초하여 미국이 중국측에 인도할 준비가 되어 있는 무기의 종류를 고려한 후에, 와인버거 미 국방장관은 양국의 군사협력 활동에 적합한 군사작전의 주 요 유형들을 선별해 보자고 제안했다. 1985년 말까지 양측은 대전차전 투, 야포와 야포 방어, 대공 방어, 대잠수함 전투 등 4개 군사분야에 관 한 합의를 이끌어 냈다. 모두 방어적 측면을 지니는 이 4개의 분야들에 한정하여 무기판매 문제가 논의될 수 있게 되었다.[72] 이와 반대로, 미국 은 다른 6개의 군사분야, 즉 핵무기 및 그 운반체계, 전자전, 함정의 대 잠수함 전투, 첩보, 동력추진장치, 제공권 등에 대해서는 중국과 협력하 지 않을 것임을 분명히 밝혔다.

1984년 중반, 미국이 중국에 대해 대외군사판매(FMS) 프로그램을 적 용할 수 있게 되자 중국 정부는 미국 정부를 통해 공식적인 재정조달을 받아 미국 무기를 구매할 수 있게 되었다. 이후 몇 해 동안 미국과 중국 은 무기판매와 기술이전에 관한 몇 가지 협정을 맺었다. 우선 양국은 대 전차 전투분야에서, 비록 구형이기는 하지만, 토우(TOW) 유선조종미사

---

71) *New York Times*, October 11, 1983, p. A11.
72) 중·미 관계에 관한 헤리티지 재단의 아시아문제 중앙 세미나에서 발표된, 1986 년 1월 28일, Edward Ross의 논문 "U. S. -China Military Relations"를 참조.

일을 공동생산하는 데 합의하였다. 야포와 야포방어분야에서는 대야포 (*counterbattery*) 레이더의 수출과 대구경 야포의 신관 및 기폭장치 생산에 미국이 지원하기로 합의하였다. 중국의 대잠수함 능력을 강화하기 위해서 양국은 함정에서 발사하는 대잠수함 어뢰의 공동생산에 합의하였다. 양국은 50대의 F-8 중국 전투기에 첨단 항공전자공학 시스템을 장착하기 위한 공동노력을 기울여 중국의 대공방어 능력을 현대화하기로 하였다. 이러한 네 분야의 프로그램으로 인해 중국에 대한 미국의 무기인도액은 1984 회계연도의 800만 달러에서 1989 회계연도에는 1억 620만 달러로 급신장하였다(표 A-11).

이러한 모든 프로젝트 중에서 가장 규모가 크고 논쟁의 소지가 많았던 것은 "평화 진주"(Peace Pearl)로 알려진 중국 요격기 개선계획이었다. 이 계획에 대한 미국 내 반대론자들은 아무리 발달된 미국 장치들을 장착할지라도 중국 항공기들이 여전히 소련 전투기의 상대가 되지 못할 것이라고 비판하였다. 동시에 또 다른 반대론자들은 만약 미국측이 중국에 제공한 항공전자공학 시스템을 타이완에 제공하지 않는다면 타이완을 누르고 중국 전투기가 타이완 해협의 제공권을 장악하게 될 것이라고 경고하였다.73) 이에 대해 레이건 행정부는 F-8에 대한 항공전자공학 시스템의 설계, 제조, 장착 과정은 6년이 소요되는 것이기 때문에 그 기간 동안 타이완도 자신들의 항공기를 유사한 전자장치로 재무장할 수 있다고 논평하였다. 또한 미국 정부는 타이완에 이른바 IDF라는 새로운 전투기 개발을 지원하기 위한 프로그램의 세부사항을 일부 공개함으로써 반대론자들의 불만을 무마시키고자 하였다.74) 결국 미 행정부의 우세로 미 의회는 중국에 대한 항공전자기술 판매를 불허하는 법안을 통과시키는 데 실패하였다.75)

---

73) A. J. Gregor, *Arming the Dragon, U.S. Security Ties with the People's Republic of China* (Washington: Ethics and Public Policy Center, 1987), pp. 100~102 가 그 대표적 예이다.

74) *Aviation Week and Space Technology*, March 31, 1986, p. 31.

양국 사이의 전략적 관계가 확대되어 감에 따라, 미 정부 안팎의 분석가들은 중국과의 군사협력을 위한 새로운 길을 모색하기 시작하였다. 블라디보스톡 부근 중국의 군사기지내 미전술공군부대 배치, 공동조기경보체제 및 대공방어체제의 개발, 아프카니스탄 반군 지원을 위한 미 공군기들의 중국 영공 통과, 파키스탄행 미 공군기의 중국 군사기지내 중간급유 등에 대한 협정들이 고려되었다. 그러나, 이러한 사안들의 대부분은 중국 정부에 공식적으로 제출할 제안이라기보다는 한번 검토해 보고 토론해 볼만한 시안으로 머물렀다. 만약 미국이 이러한 내용들을 중국정부측에 전달하였더라면, 이러한 조치가 중국을 지나치게 미국에 얽매이게 하고 소련과의 관계개선을 방해할 수 있다고 우려하는 중국 외교부의 항의에 직면하게 되었을 것이다. 그러나, 이러한 제안들은 1980년대 중반의 분위기, 즉 당시 미·중 관계는 아직도 그 잠재성을 완전히 현실화하지 못하고 있고 앞으로 더욱 심화될 양국간 협력관계 가능성을 반영하고 있기 때문에 매우 중요한 시사점을 던지고 있다.

5. 미국의 도취감

사실, 1980년대 중반을 거치며 중국에 대한 미국의 낙관주의는 그 정점에 달했다. 중국에 대한 일반 대중들의 태도도 1978년 미·중 관계 정상화 이후 호의적인 방향으로 돌아섰으며 지속적으로 향상되어 왔다. 1980년대 중반에 실시된 갤럽의 여론조사에 따르면, 미국 국민들 가운데 약 70퍼센트가 중국에 대해 호의적인 반응을 보였다고 하는데, 미·중 관계 정상화 직전에는 중국에 대한 호감을 표시한 미 국민이 21퍼센트에 불과하였다(표 A-1). 1986년의 또 다른 여론조사에 의하면, 1977년에 미

---

75) 헤리티지 재단의 라사터에 의해 제안된 그 법안은 상원의 헬름스(Jesse Helms) 의원과 골드워터(Barry Goldwater) 의원의 지지를 받았으며 하원에서는 크레인(Philip Crane) 의원과 실잰더(Mark Siljander) 의원이 이 법안을 지지하였다.

국인들 중에서 약 1/3만이 중국을 '좋아한다'고 한 반면에 1986년에는 미
국인들 중에서 약 2/3가 중국을 '좋아한다'고 답하였다고 한다. 한편, 대
외관계에 대해 4년마다 시카고 협의회가 실시하는 여론조사는 미국인들
이 중국에 대해 느끼는 "온기"가 1978년에는 44도, 1982년에는 47도였다
가 지속적으로 상승하여 1986년에는 53도로 최고치를 기록하였다. 76)

이러한 여론조사가 많은 새로운 사실을 제시해 주지만, 중국에 대한
우호적 감정이 확산되고 있다는 사실에 대한 가장 명확한 증거는 중국에
대한 미국 언론의 보도태도와, 미국 정치지도자들의 간헐적 발언내용에
서 찾아볼 수 있다. 1980년대 중반에 걸쳐 미국 언론들은 중국 경제개혁
의 비약적 발전을 열심히 보도하였고, 중국의 정치·사회적 통제가 완화
되고 있다는 징표 등을 일일이 부각시켜 보도하였다. 결론은 중국과의
경제관계가 개선될 전망이라는 것뿐만 아니라 중국 자체가 자본주의와
민주주의를 확대하는 방향으로 급속하게 전환되고 있다는 것이다. 1980
년대 초에 그렇게도 널리 만연하고 있던 중국에 대한 환멸은 이제 중국
의 정치·경제개혁에 대한 호의적인 언론보도로 인해 깨끗이 사라지게
되었다.

이러한 중국에 대한 최초의 긍정적 재평가 중의 하나는 1984년 4월 레
이건 대통령의 중국 방문을 배경으로 씌어진 중국의 국내 발전에 대한
신문기사 내용들에서 잘 알 수 있다. 《월 스트리트 저널》은 덩 샤오핑을
'중국의 뒤떨어진 경제를 현대화'하기 위해 고군분투하는 지도자로 묘사
했으며, '깜짝 놀랄 만한 변화'를 예상치 못할 정도로 신속하게 이루어 낸
인물로 극찬했다. 《뉴욕 타임스》는 레이건이 "1972년 닉슨 대통령과
1975년 포드 대통령이 방문한 스파르타식의 마오주의자들의 병영국가와
는 전적으로 다른 국가"를 보게 될 것이라고 덧붙였다. 《타임》지는 중국

---

76) R. G. Niemi, J. Mueller, T. W. Smith, *Trends in Public Opinion: A Compendium of Survey Data* (Greenwood Press, 1989), p. 66, table 2. 20, J. E. Rielly, ed. , *American Public Opinion and U.S. Foreign Policy* (Chicago Council on Foreign Relations, 1987), p. 18, 표 3-2.

이 이미 "자존과 번영을 향하여 엄청난 여정을" 거쳤으며, 덩 샤오핑은
"중국의 대전환이 거의 눈앞에 다가왔다"라고 말했다는 보도기사를 내보
냈다.[77]

　1984년과 1985년의 중국에서 일어난 일련의 극적인 국내 발전상황은
미국인에게 비친 우호적인 중국의 이미지를 더욱 강화시켰다. 미국인들
은 1984년 10월에 중국 공산당 중앙위원회에서 채택된 도시개혁 계획을
중국이 자유시장, 물질적 인센티브 부여, 사적 소유권 등을 수용하는 급
진적인 전환을 보이는 징표로 해석하였다. 《월 스트리트 저널》은 이 계
획을 "다섯 단어로 정리, 요약할 수 있다 : 아무것도 보여진 것이 아직 없
다. 그것은 때로는 마치 로널드 레이건의 선거운동연설처럼 들릴 정도로
자유시장, 수요-공급, 반(反)복지정책, 작은 정부 등과 같은 수사로 치
장되어 있다"고 논평하였다. 이와 같은 기사들은 한결같이 중국의 경제개
혁이 험난한 과정을 겪을 것이며, 중국의 지도자들은 여전히 개혁에 이
데올로기적 제한을 가하고 있다는 점을 인정하고 있다. 그러나, 또한 그
러한 이데올로기적 제한이 곧 포기될 수밖에 없는 낡은 시대의 유물이라
는 점을 암시하는 것도 잊지 않았다. 《월 스트리트 저널》은 "현재 중국
에서 가장 흔하게 들리는 논의는 '중국은 사회주의 국가이다. 따라서 중
국이 행하는 모든 것은 사회주의적이다'라는 것이다"라는 점을 독자들에
게 상기시켰다. 몇 주 후에 《비즈니스 위크》지는 중국의 경제개혁을 표
지기사로 다루면서 미국인들은 "중국에서 자본주의가 부활"하는 모습을
목격하고 있다고 결론지었다.[78]

　1984년 말 《런민르바오》(人民日報)는 사설을 통해 이데올로기가 더 이
상 중국의 현존하는 문제들을 해결해 줄 수 없다는 점을 강조하며 경제
발전과 경제개혁에 대한 보다 실용적 접근이 요구된다고 주장하였다. 비

77) *Wall Street Journal*, April 23, 1984, pp. 1, 20; *New York Times*, April 24, 1984, p. A6.
78) *Wall Street Journal*, October 25, 1984, pp. 1, 29; *Business Week*, January 14, 1985, pp. 53~59; *New York Times*, October 21, 1984, pp. 1, 14.

록 며칠 후 그 사설은 이데올로기가 중국의 '모든' 현안 문제를 해결해 줄 수 없다고만 언급함으로써 원래의 사설 내용을 정정하였지만, 원래의 사설 내용은 이미 미국인들이 가지고 있는 중국에 대한 시각에 상당한 충격을 주고 난 뒤였다. 《뉴욕 타임스》에 기고한 글에서 새파이어는 1984년에서 "가장 큰 사건"은 중국 공산당이 "맑시즘을 포기"하고 "자본주의를 수용"하게 된 것이라고 썼다. 《월 스트리트 저널》은 중국의 경우를 "맑시즘 정부가 맑시즘을 직접 폐기한 대표적 예"라고 언급하면서, 그러나 중국인들과 같이 "실용적 민족"이 "인민위원은 옷을 줄 수 없다는 사실을 최초로 공공연하게 이야기한 것은 그리 놀랄 만한 일이 아니다"라고 논평하였다. 《포춘》지는 "맑스 이후의 중국: 기업 활동을 개방할 것인가?"라는 제하의 기사에서 중국은 마오 쩌뚱 이후 시대로 이미 접어들었을 뿐만 아니라 또한 맑스 이후의 새로운 시대로 향하고 있다고 보도하였다. 79)

1985년 중국의 부패와 매춘 부활에 관한 기사뿐만 아니라 미녀 선발대회, 록 음악, 디스코텍, 화장, 패션, 골프 코스 등에 관한 기사들은 중국이 전면적인 변화를 겪고 있다는 인상을 더욱 강하게 심어주었다. 신(新)5개년 계획(1986~1990)에 포함된 7월의 새로운 경제개혁안은 또 다른 흥분을 야기시켰다. 확실히, 《타임》지가 주장하듯이, 경제분야에 대한 행정통제의 약화는 "부패와 대규모 사기와 상당한 불안정" 등과 같은 문제점을 불러일으키고 있었다. 더구나 경제개혁은 "중국이 전력을 기울여서 자본주의를 포용하자"는 것을 의미하지는 않았다. 그러나, 전반적으로 중국의 미래에 대한 평가는 미국 언론들이 1985년, 덩 샤오핑을 1977년 복권 이후 다시 한번 올해의 인물로 선정할 정도로 낙관적이었다. 80)

---

79) William Safire, "Greatest Leap Forward," *New York Times*, December 10, 1984, p. A23; *Wall Street Journal*, December 10, 1984, p. 31, Louis Kraar, "China after Marx: Open for Business," *Fortune*, February 18, 1985, pp. 28~33.

80) *Time*, September 23, 1985, p. 44; *Time*, January 6, 1986, p. 24~41;

역설적으로, 중국에서 경제긴축과 정치결속 강화가 간헐적으로 반복되는 것은 중국의 개혁이 거스를 수 없는 대세라는 인식을 강화하는 데 기여하였다. 1981~1982년의 낮은 경제 성장률과 1983~1984년의 '사상적 오염'을 제거하자는 운동 등은 미국인들에게 일말의 불안감을 던져 주었다. 그러나, 경제긴축 시기에 취해진 일련의 조치들이 정치·경제적 자유화로 이어지면서, 중국의 개혁은 상승하는 추세에 있으며 이를 거스르는 부분은 사소하거나 일시적이므로 주요한 흐름은 계속적으로 진전되고 있다는 결론이 얻어졌다. 1985년 8월 《뉴욕 타임스》지의 중국발 기사에서 루이스(Anthony Lewis)는 "(중국의 개혁은) 어디에서 멈출 것인가? 어떻게 멈출 수 있는가?"라고 쓰고 있다. [81]

중국 내 극적인 상황전개는 중국의 오랜 역사적 지위와 깊은 정서적 공명에 대한 미국의 관심을 불러일으켰다. 1980년대 중반 중국이 정치·경제적 개혁에 박차를 가하고 있을 때 미국 내에서는 중국이 자유를 위해 공산주의를 포기할지도 모른다는 의견이 강하게 일었다. 탈혁명 사회(postrevolutionary society)로서, 미국은 전통적으로 자신의 제도와 이상을 전파하고자 하였고, 때로는 중국을 변화시켜야 할 대상으로 간주해 왔다. 따라서, 이러한 경향은 중국 지도자들이 명시적으로 공언하고 있지는 않지만 맑시즘을 포기하고 자유시장, 민영기업 촉진, 민주주의 배양 등을 수용하고 있다고 결론지으면서 중국이 추진하고 있는 개혁을 지나치게 과대평가하는 양상을 띠고 있었다.

레이건 대통령은 이러한 결론을 밝힌 최초의 고위인사들 중의 하나로, 1984년 5월 초 중국 방문을 마치고 귀국하는 길에 이러한 견해를 피력했다. 앵커리지와 알래스카를 경유하여 워싱턴으로 돌아오면서 레이건 대통령은 다른 국가들이 "미국의 정부형태"를 따르도록 강제할 필요성을 부인하면서도, "이른바 공산주의 중국"에서도 정치적 자유화가 이미 진행되

Time, January 1, 1979, p. 12

81) *New York Times*, August 29, 1985, p. A23.

기 시작하였다고 시사하였다. 레이건은 시장과 사적 소유권의 촉진이 "이미 중국 경제를 번성하게 만들고 있었다"고 지적하면서, 중국에서 이러한 경제개혁이 중대한 정치적 결과를 초래하고 있으며 경제개혁은 "보다 정의로운 사회를 향한 길을 열고 있다"고 언급하였다. 베이찡을 떠나는 날 아침, 노동절 행사를 위해 티엔안먼 광장에 걸린 맑스와 엥겔스 초상화에 대해 어떻게 생각하느냐고 묻는 질문에 대해, 스픽스(Larry Speaks) 백악관 대변인은 우스갯소리로 레이건 대통령이 "그들을 스미스 형제(Smith Brothers)라고 생각했다"라고 말했다. 82) 이러한 일련의 언급을 종합해 보면, 레이건 대통령은 중국이 미국의 가치들을 수용하기 시작하고 있으며 그들이 맑시즘과 공산주의에 대해 호소하는 것은 진부한 표현에 지나지 않는다고 생각하였음을 알 수 있다.

미국 내에 중국에 대한 낙관주의가 형성된 데에는 미국의 학자들과 전문가들에게 전적으로 책임이 있는 것은 아니다. 그들은 많은 다른 미국인들처럼 중국의 변화 잠재성에 대해 흥분하기도 하였으나, 또한 중국 지도자들의 제한된 비전, 개혁에 대한 당관료와 정부관료의 저항, 정치·경제적 자유화가 불러일으키고 있는 다양한 모순과 문제점 등을 감안하여 중국의 개혁을 평가절하하는 경향을 보였다. 예를 들면, 미시간 대학의 중국 문제 전문가인 마이클 옥슨버그와 케네스 리버탈은 1986년의 한 저서에서 현재 고려되고 있는 정치·경제 개혁이 순조롭게 완수되고 있는 것으로 규정하면서도, 성공적 개혁의 가능성은 35~40퍼센트 정도밖에 되지 않는다고 전망하였다. 83) 또한 펜실베니아 주립대학의 비교사회주의 경제체제 전문가인 프리빌라(Jan Prybyla)는 이데올로기적 선입견, 정치적 저항, 경제적 모순 등이 중국의 개혁 프로그램을 위협할 수 있다고 경고하였다. 84)

---

82) *Washington Post*, May 2, 1984, pp. A1, A8. 수염달린 스미스 형제는 1950년대 유행하던 감기약 선전 모델로 맑스 및 엥겔스와 상당히 닮았다.

83) Michel Oksenberg and Kenneth Liberthal, "Forecasting China's Future," *The National Interest*, no. 5(Fall 1986), pp. 18~27.

이와는 달리, 미국의 보수적 지식인들과 논평가들은 중국 내부의 상황 전개에 비추어 볼 때 중국이 공산주의에 대한 불만과 시장경제에 대한 신뢰를 가지고 있음을 반증하는 것이며 중국이 의심할 여지없이 자본주의의 길을 걷고 있다고 확신하였다. 학계의 자유주의적 중국 전문가들에게는 해당되지 않지만, 《새파이어》나 《월 스트리트 저널》의 편집인들 같은 경우에는 중국이 이미 맑시즘을 거부하고 자본주의를 포용하고 있다고 결론짓고 있다. "신뢰할 만한 중국 학자들"이 가지고 있는 "환상"을 폭로하기 위해 쓴 논문에서, 한 비평가는 비록 의도한 바는 아니었지만, 실제 문제점은 다른 곳에 있다는 주장을 개진하였다. "조지 오웰이 예언한 해인 1984년 공산주의에 대해 토론하는 보수적 국제회의에 초청받은 한 망명 중국인 학자는 그 자리에서 자신의 존재가 허수아비와 같다는 것을 간파했다. 참석자들에게 중국의 공산주의 문제는 이미 결론이 난 것이었다. 중국은 자본주의로 나아가고 있는 국가였으며 더 이상 서방에게 위협적인 존재가 아닌 것으로 간주되고 있었던 것이다."[85] 중국이 자본주의를 위해 공산주의를 포기했다는 견해는 사실 하나의 신화에 가깝다. 그 신화는 보수주의자들의 환상이지 결코 자유주의자들의 환상은 아니다.

---

84) Jan S. Prybyla, "The Chinese Economy: Adjustment of the System or Systemic Reform?" *Asian Survey*, vol. 25 (May 1985), pp. 553~586; Jan S. Prybyla, "China's Economic Experiment: From Mao to Market," *Problems of Communism*, vol. 35 (January~February 1986), pp. 21~38.

85) Miriam London, "China: The Romance of Realpolitik," *Freedom at Issue*, no. 110 (September~October 1989), p. 11.

제 6 장

먹 구 름

1980년대 초반의 상호환멸에서 벗어나 미·중 관계가 다시 회복되기 시작했지만, 국제영역에서 일어난 새로운 변화로 인하여 양국관계는 또 다른 문제에 직면하게 되었다. 미하일 고르바초프의 등장과 함께 소련의 대중국 및 대미 정책이 급격하게 변화하기 시작한 것이다. 비록 베이찡과 워싱턴에서 환영받기는 했지만, 소련의 "신사고"(new thinking) 외교 정책은 중국과 미국 사이에 형성된 전략적 관계의 추동력을 상당 부분 소멸시켜 버리는 결과를 가져왔다. 소련에 의한 공통의 위협이 감소함에 따라 캄보디아문제, 핵확산문제, 그리고 중동에 대한 중국의 무기판매문제 등과 같은 지구적이고 지역적인 쟁점들에 대한 베이찡과 워싱턴의 시각차이가 양국간의 전략적 관계에서 보다 큰 비중을 차지하게 되었다.

중국과 미국 간에 급속하게 확대되기 시작한 문화·경제적 유대관계에서도 양국간에 새로운 문제와 모순점들이 생겨났다. 일례로 미·중 관계는 중국 경제개혁의 불충분한 성격 때문에 갈등을 겪기 시작하였다. 중국의 경제는 대미 수출의 급속한 신장을 가져 올 정도로는 개혁되고 있었지만, 중국 국내시장에 대한 접근이나 외국인투자를 위한 보다 우호적인 환경을 원하는 미국의 요구를 충족시킬 정도는 아니었기 때문이다. 중국의 교육, 과학제도들도 상당수 중국 학생들과 학자들의 미국유학이나 고등연구(advanced research)를 허용할 정도로는 개혁되어 있었지만, 그들이 그 과정을 이수한 후 다시 고국으로 돌아오도록 고무할 정도는 아니었다.

중국 정치개혁의 일면성 또한 미·중 관계를 악화시키기 시작했다. 역설적인 것은 중국이 조금씩 자유화를 추진함에 따라 당시 여전히 존재하고 있던 인권침해 문제가 외국 관찰자들의 눈에 보다 명백하게 인지되기 시작했다는 점이다. 동시에 언론과 학문활동에 대한 통제가 완화됨에 따라 중국 최초의 정치적 반체제집단이 출현하게 되었으며, 중국 정부의 부패와 경직성을 비판하면서 보다 적극적인 정치개혁을 요구하기 시작하였다. 이들 미국 인권운동가들과 중국 반체제인사들은 서로 결합하여 중국 정치의 여러 가지 문제점들을 고발하였다. 그 결과, 미국과 중국이 관계정상화를 이룬 이후 처음으로 인권문제가 양국관계의 중요한 쟁점으로 부각되었다.

이런 연유로 1988년 말경에는 미·중 관계의 전망이 불투명하게 되었다. 일부 분석가들은 양국관계를 여전히 낙관적으로 바라보았다. 그들은 1980년대 중반에 이루어진 경제, 문화, 군사적 유대의 강화를 통하여 양국은 훨씬 더 폭넓고, 제도화되고, 안정된 관계를 유지하게 되었다고 주장하였다. 물론 광범한 문제들에 대해서 베이찡과 워싱턴 간에 이견이 없을 수는 없겠지만, 타이완 문제를 양국이 성공적으로 처리했던 것처럼 여타 문제들 또한 조용하고 실용적인 방식으로 다룰 수 있으리라는 믿음이 존재하였다.

그러나 중국과 미국의 다른 분석가들은 미·중 관계의 안정성에 대해 그다지 확신하지 않았다. 미·중 관계의 버팀목 가운데 하나였던 반소 명분이 급격하게 퇴색하고 있었기 때문이다. 아울러 양국간의 통상적, 학문적 유대관계 또한 점점 더 갈등적인 양상으로 변하고 있었다. 이제 미·중 관계는 중국 개혁의 향배에 상당 부분 의존하게 되었지만, 그 과정 또한 점점 더 어려움을 겪고 있었다. 그 결과 1988년 말 양국이 미·중 관계 정상화 10돌을 자축하고 있던 바로 그 무렵, 다른 한편에서는 지평선 너머로부터 몰려오고 있는 먹구름에 대한 심각한 우려가 존재하고 있었다.

1. 반소 명분의 퇴색

1960년대의 중·소 간 적대관계는 미·중 간의 화해 및 외교적 유대관계의 완전한 정상화를 위한 커다란 계기를 제공하였다. 중국에 대한 소련의 공격위협은 이미 1968년의 브레즈네프 독트린으로 암시되었고, 마침내 1969년의 중·소 국경충돌로 표출되었다. 이에 따라 중국과 미국 간에 최초의 접촉이 이루어졌고 1972년 닉슨의 중국방문이 가능하게 되었다. 소련은 1970년대 중반경에 이르면 그 영향력을 아프리카, 중동, 동남아시아에까지 확대하게 되는데, 이러한 소련 팽창주의에 대한 공동의 인식에 근거하여 1978년의 미·중 외교관계 정상화가 이루어지게 되었다. 아울러 베트남의 캄보디아 침공에 대한 소련의 지원과 아프가니스탄에 대한 크렘린의 직접개입은 1980년대에 이루어진 미·중 간 전략적 관계의 확대를 위한 중요한 명분이 되었다.

그러나 최소한 1970년대 중반 이래 중국 지도자들은 소련의 보다 유화적인 정책 가능성을 타진하는 데 대해 항상 관심을 가지고 있었다. 이미 앞에서 지적했듯이 중국 관리들은 1977년과 1978년(소련과의 고위급 외교접촉 회복), 1979년(중·소 관계개선에 관한 협상재개), 그리고 다시 1982년(자주적 외교정책 천명 및 미국과의 동맹관계 중단 선언)에 크렘린에 신호를 보낸 바 있었다. 그러나 이 각각의 경우에 브레즈네프와 그의 후임자들은 중요한 쟁점들에서 대해서 별다른 양보를 하지 않음으로써 번번히 베이찡을 실망시키곤 하였다. 이러한 실패와 더불어 아시아, 아프리카, 중동에서 나타난 소련의 팽창주의 때문에 중·소 관계는 어떠한 중요한 진전도 이루어지지 않았다.

그러나 중국은 포기하지 않았다. 베이찡은 고르바초프가 1985년 최고 지도자의 위치에 오르기 전에도 소련의 보다 우호적인 정책을 유도하기 위해 모스크바를 상대로 또 다른 일련의 유화적 제스처를 취했다. 1982년 이래 중국은 아프가니스탄에서 소련군의 철수, 캄보디아에 대한 베트남의 개입 종식, 중·소 국경을 따라 배치된 소련 군사력의 축소 등 이른바 중·소 관계정상화를 위한 세 가지 조건을 제시하고 있었다. 그런데, 1983년과 1984년에 들어서면서 중국 관리들은 이러한 조건들을 포기하지 않으면서도 "정상화"란 말을 이전보다 좀더 제한적으로 정의하기 시작했다. 이제 정상화란 말이 당대당(party-to-party) 및 군대군(military-to-military) 관계의 회복, 두 나라 외무장관의 회동, 국제문제에 대한 협력, 소련과 중국 최고지도자들간의 정상회담 등을 의미한다고 지적하였다. 바꾸어 말하면 어떠한 정치적 조건도 없이 소련과 문화, 과학, 경제적 관계를 재개할 준비가 되어 있었던 것이다. 1)

이런 토대 위에서 중·소 관계는 1983년과 1985년 사이에 현저하게 개선되었다. 2) 양국간의 무역은 비록 낮은 수준에서 시작되었지만 1980년

---

1) 이것은 안드로포프 시기에 처음으로 분명하게 나타났다. 다음을 참조. Nayan Chanda, "A Thaw in Siberia," *Far Estern Economic Review*, Beijing Review, April 28, 1983, pp. 26~27. 세 가지 장애물이 "어떤 다른 분야의 유대관계 개선과 발전"을 방해해서는 안 된다는 요지의 덩 샤오핑의 분명한 언급에 대해서는 다음을 참조. *Beijing Review*, March 5, 1984, p. 6.

2) 1983년부터 1989년에 걸친 미·중 관계의 발전에 대한 이하의 논의는 부분적으로 다음을 참조. Herbert J. Ellison, "Changing Sino-Soviet Relations," *Problems of Communism*, vol. 36 (May~June 1987), pp. 17~29 ; John W. Garver, "The 'New Type' of Sino-Soviet Relations," *Asian Survey*, vol. 29 (December 1989), pp. 1136~1152; Steven M. Goldstein, "Diplomacy amid Protest: The Sino-Soviet Summit," *Problems of Communism*, vol. 38 (September~October 1989), pp. 49~71; William deB. Mills, "Baiting the Chinese Dragon: Sino-Soviet Relations after Vladivostok," *Journal of Northeast Asian Studies*, vol. 6 (Fall 1987), pp. 3~30.

대 중반에는 급속하게 증가하였다. 아울러 중국은 과거 1950년대에 소련이 그 건설을 도와 준 바 있었던 중국 내 몇몇 공장들의 현대화를 위한 소련측 제안을 수용하기도 하였다. 여행객, 언론인, 학자, 그리고 심지어는 인민대표위원들의 교류도 점차 재개되었다. 비록 중국과 소련 관리들간의 접촉은 여전히 제한되었지만 중국은 경제관계의 회복을 명분으로 하여 고위급 접촉을 재개하는 방법을 찾아냈다. 경제 및 과학협력에 관한 공동위원회의 구성을 계기로 1984년 말 소련 부수상 이반 아르키포프가 중국을 방문하였고 그 다음해 중국 부주석 야오 이린(姚依林)이 소련을 답례방문하였다. 이 모든 사태진전은 자국의 내적인 발전과 개혁을 촉진하기 위해 대외 경제관계를 확대하려는 중국의 보다 큰 목적과 연결되어 있는 것처럼 보였다.

더구나 베이찡은 이전에 규정하였던 세 가지 장애물 모두를 완전히 제거하지 않고서도 모스크바와 정치적으로 관계를 정상화할 수 있다고 암시하기 시작하였다. 1985년 초 중국 관리들은 만약 소련이 베이찡의 세 가지 조건 가운데 한 가지만 수용하더라도 자신들은 이에 긍정적으로 답할 준비가 되어 있다고 말하였다. 어떤 장애물이 중국의 최대 관심사인지에 대해서는 한동안 약간의 혼란이 있었다. 일부 지도자들은 중·소 국경에 배치된 소련 군사력의 증강을 언급하였으며, 다른 이들은 베트남의 캄보디아 침공에 대한 소련의 지원이 베이찡을 가장 당황스럽게 한다는 암시를 하기도 하였다.[3] 그러나 덩 샤오핑은 인도차이나 문제가 가장 결정적인 문제라고 지적하면서 소련이 양보한다면 중국은 대가를 지불할 준비가 되어 있다고 말하기도 하였다. 1985년 4월 그는 만약 캄보디아 문제가 해결된다면 베트남에 있는 소련 기지를 인정할 수 있다고 말했고, 9월에는 만약 캄보디아 문제에 대한 중국의 요구조건이 충족된다면 모스크바에서 열리는 정상회담에 참석할 용의가 있다는 개인적인 메시지를 루마니아를 통해 전달하기도 하였다.[4]

---

3) 외교부장 우 슈에치안의 코멘트를 참조. Xinhua, April 5, 1984, in FBIS, *China*, April 5, 1984, p. G1.

이러한 중국의 정책은 1985년 미하일 고르바초프의 등장으로 곧 호응을 얻게 되었다. 전략적인 면에서, 고르바초프는 '방어적 충분성'(sufficient defense)과 순수한 '방어적 방어'(defensive defense)를 언급하기 시작하였는데, 이는 어느 정도 소련의 군사적 적대자들과 무기통제에 합의할 수 있으며 소련 군사력 배치를 일방적으로 축소할 수 있다는 새로운 용의를 내비치는 것이었다. 경제적인 면에서, 고르바초프는 소련 국내경제의 ·개혁(perestroika)을 호소했을 뿐만 아니라 소련 대외경제관계의 확대, 세계와 소련의 보다 긴밀한 결합을 제안하였다. 이념적 면에서, 고르바초프와 그의 참모들은 소련 대외정책의 지도적 원칙이었던 프롤레타리아 국제주의를 비판하고 향후의 정책결정은 다른 사회들의 "계급적 성격"과는 무관하게 이루어질 것이라고 선언하였다. 대외정책의 이러한 새로운 측면들은 소련과 다른 주요 강대국들의 관계에서 나타나는 긴장을 크게 줄이고 크렘린이 간여해 온 지역분쟁들을 해결하기 위한 협력의 장을 열었다. 5)

이러한 일반적 노선을 견지하면서 1986년 7월 고르바초프는 마침내 소련의 대중국 정책을 중국측이 제시하는 전제조건에 어느 정도 부합하는 방식으로 조정하기 시작했다. 블라디보스톡 연설을 통해 그는 양국간의 유대관계를 확대하기 위한 전임자들의 제안을 반복하였는데, 여기에는

---

4) 캄보디아 문제의 중요성에 관한 덩 샤오핑의 언급은 다음을 참조. *Wen Wei Po*, april 25, 1985, in FBIS, *China*, April 25, 1985, pp. W1~W2. 차우세스쿠를 통해 전달된 개인적인 메세지는 다음 글에서 처음으로 밝혀졌다. *Ta Kung Pao*, September 9, 1986, p. 2, in FBIS, *China*, September 9, 1986, pp. C3~C4. 베트남에 있는 소련 기지의 존속에 관해서는 다음을 참조. Beijing Domestic Television Service, April 17, 1985, in FBIS, *China*, April 18, 1985, p. G1. 일단 캄보디아 분쟁이 해결되고 나면 베트남은 소련 군대의 자국 주둔을 더 이상 원치 않을 것이라고 여겼다.

5) 이러한 변화들에 대한 최상의 요약 중 하나로는 다음을 참조. Robert Legvold, "The Revolution in Soviet Foreign Policy," *Foreign Affairs*, vol. 68, special issue(1988/89), pp. 82~98.

아무르 강변의 국경선에 대한 중국측 주장을 수용한다는 내용이 포함되어 있었다.[6] 그러나 여기에서 더 나아가 고르바초프는 브레즈네프나 안드로포프, 체르넨코와는 달리 중·소 관계개선의 세 가지 장애물 중 두 가지를 부분적으로 제거할 수 있는 조치를 취하겠다고 약속하였다. 첫째, 아프가니스탄으로부터 소련군 6개 연대를 철수한다고 발표했다. 비록 이 결정은 중국보다는 소련 국내 여론과 미국을 겨냥한 것이기는 했지만, 그것은 베이찡이 중·소 유대관계를 가로막고 있다고 지적해 온 세 가지 문제 가운데 하나와 관련된 것이었다. 고르바초프는 또한 몽고에 주둔한 소련 군사력의 많은 부분을 이후 75퍼센트에 이를 때까지 일방적으로 축소할 것과 중·소 국경에 배치된 군사력의 상호 균형감축을 위한 협상을 제의함으로써 두 번째 장애물을 완화하겠다고 약속했다. 일반적으로 말하자면, 고르바초프는 블라디보스톡 연설에서 중국측의 자존심을 세워 주었다고 할 수 있다. 이러한 소련의 수사적 입장표명은 아시아 정책에 관한 공식논의에서 중국보다는 일본을 중시하는 미국의 경향과는 대비되는 것이었다.

중국 지도자들은 고르바초프의 블라디보스톡 연설에 대해 조심스러운 반응을 보였다. 그들은 상당 부분 소련 지도자의 제의를 환영하면서도, 역시 그의 약속이 구체적인 행동으로 실행되는지 지켜보아야 한다고 주의를 환기시켰다. 베이찡은 아프가니스탄에서 철수한다고 약속한 소련 군대의 규모가 보잘것없고 몽고로부터 철수하는 소련 군대 또한 손쉽고 재빠르게 재배치될 수 있다는 점을 지적하면서 고르바초프의 몇몇 양보안이 갖는 실효성에 대해 의문을 제기하였다. 중국의 관리들은 또한 고르바초프가 어떠한 양보도 하지 않고 있는 하나의 장애물, 즉 캄보디아 문제가 여전히 베이찡의 최대 관심사 중 하나로 남아 있다는 점을 명확히 밝혔다. 뿐만 아니라, 중국은 고르바초프의 블라디보스톡 연설이 있은 지 단 두 달 만인 1986년 10월 캐스퍼 와인버그 미 국방장관의 베이

6) Moscow Television, July 28, 1986, in FBIS, *Daily Report: Soviet Union*, July 29, 1986, pp. R1~R20.

찡 방문을 수락함으로써 소련과의 화해를 목적으로 미국과의 전략적 관계를 희생시키지는 않을 것임을 분명히 하였다.

따라서 고르바초프는 베이찡의 이해관계를 수용하는 보다 진보된 선제조치를 취하기 전까지는 중·소 관계에서 어떠한 진전도 이루어낼 수가 없었다. 1988년 4월 소련은 제네바 협정을 통하여 아프가니스탄으로부터 자국 군사력을 완전히 철수한다는 데 동의하였다. 그리고 마침내 1988년 가을 고르바초프는 캄보디아로부터 베트남의 완전하고 무조건적인 철수를 위해 모스크바가 압력을 행사해야 한다는 중국측 요구를 수용하였다. 그러면서 이번에는 역으로, 베이찡이 정치적 타결과정에서 크메르 루즈의 역할을 기꺼이 견제해 주어야 한다고 요구하기 시작했다.[7] 크렘린의 이러한 입장 변화는 그 해 12월 모스크바에서 중국과 소련 외무장관들의 회동을 가능하게 했다. 1988년 겨울 고르바초프는 유엔 연설을 통해 소련 군사력의 일방적 감축을 선언하면서, 극동에서 20만 명의 군대를 철수하고 추가로 중앙아시아에서 6만 명을 더 감축할 것이라고 발표하였다.[8] 한 달 후, 베트남은 1989년 9월까지 캄보디아로부터 자국의 군사력을 철수할 것이라고 발표하였다. 이러한 조치로 1989년 2월 베이찡에서 외무장관들의 후속적인 회동이 가능하게 되었으며, 거기에서 고르바초프가 5월에 중국을 방문한다는 사실이 발표되었다.

미국은 처음부터 이러한 사태전개에 대해 지속적으로 관심을 가지고 지켜보았다. 1986년 초 미국의 분석가들은 중·소 관계개선에 주목하면서 과연 중국 외교정책이 변한 것인지, 그리고 그것이 미국에 대해 갖는 함의는 무엇인지에 대해 논쟁을 벌였다.[9] 혹자는 중국과 소련의 긴장완

---

7) *Far Eastern Economic Review*, September 15, 1988, pp. 17~18.

8) Michael MccGwire, *Perestroika and Soviet National Security* (Brookings, 1991), p. 324.

9) 예를 들어 다음을 참조. Frederick Kempe, "As Sino-Soviet Relations Warm, When Should the U. S. Worry?" in *Wall Street Journal*, March 24, 1986, p. 24.

화는 아시아의 몇몇 지역분쟁 해결에 도움이 되며, 또 미·중 관계는 이
제 안정된 정치, 경제, 제도적 기초에 의존하고 있다는 근거를 들어 낙
관하였다. 그러나 다른 사람들은 중·소 간 군사적 유대관계의 재개 가
능성 및 중요한 국제적 쟁점에 대한 양국간 정책협력의 전망에 관심을
가졌다. 또 다른 이들은 중·소 관계의 개선 — 비록 공공연하게 반미적
인 함의를 갖지는 않을지라도 — 이 미·중 관계의 지정학적 명분을 퇴색
시킴으로써 양국관계를 약화시킬 것이라고 우려하였다.

　중요한 것은 중국이 이러한 미국의 반응을 알고 있었고 또 그것에 관
심을 가지고 있었다는 사실이다. 1985년 후반과 1986년 초반에 걸쳐 중
국의 분석가들과 외교관들은 중·소 간의 유대관계 진전에 대한 미국측
반응을 면밀히 검토하면서 베이찡과 모스크바의 지나치게 급속한 화해는
미·중 관계를 훼손시킬 수도 있다는 점에 대해 명백한 우려를 표명하였
다. 따라서, 베이찡은 중·소 관계에서 최종적인 정상화가 이루어지고
있을 때에도 소련과 미국의 여론을 상대로 모스크바와 자신들의 새로운
관계가 갖는 어떤 한계를 강조하는 수고를 마다하지 않았다. 심지어 중
국 지도자들은 고르바초프와의 정상회담을 준비하는 와중에도 중·소 관
계에는 여전히 거리가 존재하며 미·중 관계는 손상되지 않을 것이라는
점을 강조하였다. 중국 지도자들은 미국 지도자들 — 1989년 2월 베이찡
을 순방중이었던 조지 부시 대통령을 포함하여 — 에게 비록 중·소 관계
의 완전 정상화가 이루어지더라도 이것이 양국간 동맹관계의 회복이나
국제공산주의 운동에서 소련의 지도력을 인정한다는 것은 아니라는 점을
반복해서 강조하였다.[10) 비록 모스크바가 양국의 입장이 일치하는 문제
들이 열거된 기다란 목록을 주기적으로 제시했지만, 중국은 국제문제에
대해서 중국과 소련 사이에 공통의 이해관계가 존재한다는 사실을 수용
하려 하지 않았다.

　따라서 중·소 정상회담 — 티엔안먼 광장의 대규모 학생시위로 빛이

---

10) *Washington Post*, April 2, 1989, p. A36.

매우 바래버린 ― 도 결과적으로 미국의 이익에는 아무런 손상을 입히지 못하였다. 베이찡은 소련과 당대당의 유대관계 회복에는 동의했지만 군대군의 관계를 격상시키지는 않았다. 중국은 유엔의 역할이나 국제경제질서의 개혁 필요성과 같은 몇 가지 부차적인 국제적 쟁점들에 대해서는 소련과의 공통적인 입장을 인정하였지만, 아시아 태평양지역에 대한 소련의 무기통제 제안이나 한반도문제에 대한 대등한 위치, 또는 어떤 중요한 지역적, 지구적 활동에서 고르바초프와 연합하는 것 등에 대해서는 거부하였다. 그 결과, 미국은 중·소 유대관계의 정상화에 대하여 보다 완화된 입장을 취할 수 있었다. 예를 들어, 중·소 정상회담이 진행되는 동안 미 국무성 대변인은 "갈등을 감소시키는 어떠한 진전도 환영하며 이번 회담이 그것에 기여할 것으로 생각한다"고 논평하였다. 11)

마찬가지로 중요한 것은 중국과 소련의 화해가 소련과 미국의 관계도 역시 개선되고 있을 때 일어났다는 점이다. 고르바초프가 중국을 향해서 내보인 많은 제스처들 ― 아프가니스탄에서의 철수와 캄보디아에서의 협상을 통한 사태해결의 진전과 같은 ― 은 워싱턴과 모스크바의 관계증진에도 역시 도움을 주었다. 게다가, 소련은 한국과 앙골라를 포함하여 미국이 이해를 가진 다른 지역분쟁에 대해서도 보다 협조적인 접근법을 채택하고 있었다. 그리고, 1987년 12월 중거리핵무기(INF)에 관한 협정의 결실과 훨씬 잦은 고위급 군사사절의 교환, 유럽에서 소련 군대의 일방적인 철수, 그리고 유럽 통상무기(CFE) 수준에 관한 협상의 개시 등에서 확인되었듯이 미·소의 무기통제 협상 진전의 전망이 밝아지고 있었다. 이와 같이 고르바초프의 외교정책이 중국뿐만 아니라 미국과의 긴장완화를 또한 모색하고 있다는 점이 분명했기 때문에 베이찡의 의도에 대한 미국측의 의구심은 많이 누그러질 수 있었던 것이다.

따라서 고르바초프가 주도한 소련 외교정책의 변화는 미·중 관계를 직접적으로 약화시키지는 못하였다. "전략적 삼각축"에 속하는 어느 누구

11) *New York Times*, May 17, 1989, p. A8.

도 다른 이들을 무시하면서 전술적 이득을 추구하려고 하는 것처럼 보이
지는 않았다. 중국은 워싱턴이 경계심을 가지고 바라볼지도 모르는 소련
과의 어떠한 협조적 관계 — 군사관계의 확대든 외교적 선제조치의 조율
이든 — 도 회피하였다. 워싱턴은 비록 그것이 소련과의 새로운 데탕트에
역행한다 하더라도 중국과의 우호적 관계를 유지하고자 애썼다. 그리고
고르바초프는 과잉팽창된 소련제국의 공약을 모든 면에서 축소 조정하기
를 원했다. 전략적 관점에서 볼 때, 워싱턴, 모스크바, 베이찡 간의 관
계는 각자가 나머지 다른 둘과의 안정적이고 협력적인 관계를 추구하는
소위 삼각관계(ménage à trois)로 발전하고 있는 것처럼 보였다. 이러한
상황은 워싱턴과 모스크바의 데탕트가 베이찡에는 위협으로 보였던 1970
년대나 중·소 화해의 전망이 미국의 근심거리로 여겨지던 1980년대 초
의 상황과는 극단적으로 대비되는 것이었다.

2. 전략적 쟁점에 대한 의견차이의 심화

소련 외교정책의 변화가 비록 미·중 관계에 직접적 영향을 주었던 것
은 아니지만, 미·중 화해의 기본적인 전략적 명분을 상당 부분 퇴색시
킴으로써 과거 양국관계의 중요한 안정화 요인을 약화시켰다. 소련으로
부터 위협이 감소함에 따라 미국 외교정책에서 차지하는 중국의 위상은
브레즈네프 시기 소련 팽창주의가 절정에 달했던 때에 비해 그 중요성이
줄어들게 되었다. 이제 미국으로서는 해외에서 소련의 모험을 봉쇄하고
억제하는 데 있어서 중국의 협력을 보장받기 위해 타이완 문제나 기술이
전문제 같은 다른 쟁점들에 대해 양보하는 것이 덜 필요하게 되었다. 동
시에, 1980년대 중반 소련의 위협이 감소되자 다른 지역적, 지구적 쟁점
들에 대해 베이찡과 워싱턴의 시각차이도 드러나게 되었다. 양국을 결속
시켜 줄 수 있는 공통의 위협이 부재한 가운데 양국의 외교정책은 점점

더 차이를 보이기 시작하였다.

이러한 차이들 가운데 어떤 것은 이전부터 있어 온 것이었다. 중국은 계속해서 중동과 남아프리카에 대한 미국의 정책을 비난하였으며 남한으로부터의 미군의 철수도 의례적으로 요구하였다. 그러나 중국측이 언급하는 다른 테마들은 변화하는 미국 정책에 대응하는 성격을 띠고 있었다. 비록 일부 중국 분석가들이 개인적으로 호기심을 가지고 있었음에도 불구하고, 베이찡은 공식적으로는 미국의 전략방위구상(Strategic Defense Initiative)을 반대하였다. 12) 중국은 핵무장 및 원자력 선박의 자국 입항을 금지하는 뉴질랜드의 정책을 지지했으며, 일본으로 하여금 방위비 지출을 증액하도록 하거나 자위를 위해 보다 더 큰 책임을 지도록 하려는 미국의 압력을 문제시하였다. 베이찡은 또한 1983년 그라나다에 대한 미국의 침공과 1986년 리비아에 대한 폭격, 그리고 제3세계에 대한 그 외의 미국 정책들에 대해서도 비난을 퍼부었다. 게다가, 중국은 미국 주도의 정책에 공식적으로 협조하기를 점점 더 꺼리는 것처럼 보였고, 심지어는 당시 양국이 추진중이던 포괄적인 안보관계에 대해서조차 그다지 긍정적으로 평가하는 것 같지 않았다.

그럼에도 불구하고 이러한 영역들에서의 의견불일치는 미·중 관계에 대해 어떤 심각한 어려움을 제기하지는 않았다. 그러나 다른 세 가지 쟁점, 즉 캄보디아 내 크메르 루즈에 대한 중국의 지원, 핵확산금지에 대한 중국의 정책, 그리고 무엇보다도 중동에 대한 베이찡의 무기거래 계획 등은 보다 심각한 논쟁을 불러 일으켰고 미·중 유대관계에 더 큰 손상을 입혔다.

1980년대에 걸쳐, 캄보디아에 대한 중국과 미국의 정책은 상당 부분 수렴되고 있었다. 양국 모두 1978년의 캄보디아에 대한 하노이의 개입에 대해, 그것이 인도차이나 전역에 걸쳐 베트남의 헤게모니를 확립시켜 줄

---

12) Bonnie S. Glaser and Banning N. Garrett, "Chinese Perspectives on the Strategic Defense Initiative," *Problems of Communism*, vol. 35 (March~April 1986), pp. 28~44.

우려가 있다는 이유에서 반대하였다. 따라서 중국과 미국은 베트남이 프놈펜에 수립한 정권을 인정하지 않았으며, 대신에 민주캄푸치아연립정부 (Coalition Government of Democratic Kampuchea: CGDK)로 알려진, 시아누크공이 이끄는 저항정부를 지지하였다. 동남아시아국가연합(ASEAN)의 회원국들과 마찬가지로 베이찡과 워싱턴도 CGDK에 대해 물질적 원조를 제공하였으며 CGDK가 유엔에서 캄보디아를 대표한다고 보증하였다. 아울러 베트남의 철수, 캄보디아 4개 정파 모두가 참여하는 임시연립정부 수립, 프놈펜에 새로운 중립적인 민족정부를 건설하기 위한 자유선거 등을 요구하는 CGDK의 주장을 지지하였다. 그러나 그 외의 문제들에 있어서 중국과 미국의 캄보디아정책은 서로 달랐다. 1979년 1월 워싱턴을 방문한 중국 지도자 덩 샤오핑이 베트남에 대한 응징공격이라는 아이디어를 제시했지만 지미 카터는 이를 지지하지 않았다. 더욱이 중국과 미국은 캄보디아 저항운동 내의 다른 정파들을 지원하고 있었다. 워싱턴은 시하누크와 손 산이 지도하는 두 개의 반공산주의 정파와만 연결되어 있었다. 베이찡은 한편으로는 CGDK의 세 정파 모두에게 원조를 제공하였지만, 폴 포트와 키우 삼판이 이끄는 크메르 루즈와 보다 밀접하게 결합되어 있었다.

크메르 루즈에 대한 중국의 지원은 많은 미국인들을 당황스럽게 하였다. 크메르 루즈는 1975년에서 1978년 사이 캄보디아를 통치하는 동안, 사실상 중국 문화대혁명기 때의 살벌한 풍경을 연상케 하는 국내정책을 시행한 바 있었다. 당시 도시 상공인들과 지식인 엘리트들은 살해되거나 지방으로 분산 수용되었다. 거의 모든 사적인 생산수단들이 대부분 국유화되었고 자유시장은 폐쇄되었다. 그러한 정책에 따라 1975년 캄보디아 전체 인구의 7~14퍼센트에 이르는 약 70만~100만 명이 살해되었다. 13)

---

13) 이러한 평가들은 다음에 근거하고 있다. Kimmo Kiljunen, ed., *Kampuchea Decade of the Genocide: Report of a Finnish Inquiry Commission* (London: Zed Books, 1984), p. 33. 크메르 루즈 체제가 야기한 인간적 비용에 대해서는 어떠한 평가도 권위 있는 것으로 고려될 수 없다는 요지에 대해서는 다음을

1980년대의 상당기간 동안, 미국은 크메르 루즈에 대한 중국의 계속적인 지원을 감내하는 것처럼 보였다. 그 전력이야 어쨌건 크메르 루즈는 캄보디아 저항 분파내에서 가장 큰 군대를 보유하고 있었다. 베트남을 캄보디아에서 몰아내고 프놈펜의 헹 삼린 정권을 약화시키기 위한 게릴라전의 수행에서 크메르 루즈의 군사력은 결코 무시할 수 없는 요소였다. 더욱이 미국에게는 크메르 루즈에 대한 외부의 지원을 반대하는 것이 중국뿐만 아니라 ASEAN 핵심 회원국들, 특히 태국과 싱가포르와 대립하는 것을 의미하였다. 왜냐하면, ASEAN 회원국들은 하노이와 그 프놈펜 괴뢰정권에 대해 가능한 한 최대의 군사적 압력을 지속하기를 원하고 있었기 때문이다.

그러나 1988년에 접어들면서 베트남의 완전철수를 포함하여 캄보디아 분쟁의 협상타결 가능성이 엿보이기 시작하였다. 1987년 12월 시하누크와 프놈펜 정부의 수상인 헹 삼린 간에 대화가 시작되었고, 이어 1988년 7월에는 인도네시아에서 캄보디아의 4개 정파 모두가 참여한 국제회의가 개최되었다. 이러한 사태진전에 따라 크메르 루즈에 대한 국제적 지원을 평가하는 맥락이 크게 변화하게 되었다. 이제 크메르 루즈와의 제휴를 정당화하기 위해 베트남의 패권주의를 들먹이는 것이 매우 어렵게 되었던 것이다. 쟁점이 베트남의 철수문제에서 협상타결의 구도문제로 바뀌면서, 차기 캄보디아 정부에서 크메르 루즈의 지배적 역할을 막기 위해 크메르 루즈를 강화시킬 것이 아니라 약화시켜야 한다는 강력한 주장이 제기되었다.

크메르 루즈의 엄청난 인권침해에 분노한 미 의원들의 압력 때문에 레이건 행정부는 중국에게 캄보디아에 대한 입장을 바꾸라고 요구하기 시작했다. 1988년 7월 베이찡을 방문한 조지 슐츠는 기자회견에서 중국지도자들이 크메르 루즈에 대한 지원을 줄여야 할 것이라고 주장했다. [14] 9

참조. Craig Etcheson, *The Rise and Demise of Democratic Kampuchea* (Westview Press, 1984), pp. 147~149.

14) *Wall Street Journal*, July 14, 1988, p. 23.

월에 미국은 베트남의 철수와 함께 "누구에게나 비난받을 만한 과거 정책들"—분명히 크메르 루즈를 언급하고 있는—의 포기를 요구하는 ASEAN의 대 유엔결의안을 지지하였다. 미 하원은 미 정부가 크메르 루즈를 지원하는 국가들에게 압력을 가하여 그러한 지원을 중단시켜야 한다는 결의안을 통과시켰다. 15)

크메르 루즈에 대한 국제적 지지가 감소함에 따라 중국은 캄보디아사태 해결에 대한 새로운 입장을 채택하였다. 베이찡은 비록 크메르 루즈가 캄보디아의 차기 정부에 참여할 수는 있을지라도 그것을 굳이 다 장악할 필요는 없을 것이라고 말했다. 베이찡은 또한 차기 정부에 참여하는 각 정파의 대표들은 다른 정파들이 인정하는 사람이어야 한다고 천명함으로써 크메르 루즈 지도층 내부의 중요한 변화—속된 말로 '모가지 자르기'로 알려져 있는 과정—를 수용할 뜻을 내비쳤다. 그러나, 중국은 근본적 쟁점들에 대해서는 양보하지 않았다. 중국은 캄보디아로부터 베트남의 명백한 철수와 모든 대립 정파들에 대한 외국 지원의 중단을 포함하는 포괄적 타결책이 만들어지기 전까지는 크메르 루즈에 대한 지원을 중단할 수 없다고 주장하였다.

캄보디아 문제를 둘러 싼 중국과 미국의 논란이 양국간에 위기를 가져오지는 않았지만, 그럼에도 불구하고 그것은 매우 중요하였다. 첫째, 가장 기본적으로 미국과 중국의 아시아 정책이 비록 많은 부분에서 유사할지라도 반드시 일치하지는 않는다는 것을 보여주었다. 양국은 여전히 한반도의 평화와 심지어 미·일 간 군사동맹이 바람직하다는 점에 대해서는 동의할 수 있었지만, 크메르 루즈의 수용문제에서는 달랐다. 더구나, 캄보디아에 대한 베트남 통치의 강화라는 위협이 사라져 가는 것처럼 보임에 따라 베이찡과 워싱턴 간의 공통성도 덜 중요해지게 되었고 크메르 루즈에 대한 의견차이가 훨씬 더 두드러지게 되었다. 소련 위협의 감소가 미·중의 전략적 협조에 대한 지구적 명분을 약화시켰듯이 인

---

15) *Congressional Record*, daily ed., August 8, 1988, pp. H6574~6577.

도지나에서 베트남 권력의 쇠퇴는 베이찡과 워싱턴 간의 지정학적 동맹을 위한 일정한 지역적 기초를 제거하였다.

더구나 대캄보디아 정책을 둘러 싸고 미국 내 논쟁이 증가함에 따라 미·중 관계에 대한 미 의회의 지지가 축소되기 시작하였다. 몇몇 의원들은 캄보디아에 대한 미국의 입장—크메르 루즈에 대한 물질적 지원을 제공하지는 않지만, 그렇다고 협상타결로부터 그들을 배제해야 한다고 주장하지도 않는—이 중국의 이익에 대한 과도한 배려에 따라 결정되는 것은 아닌가 하는 의문을 제기하기 시작했다. 실상 미국의 입장은 최소한 ASEAN의 주요 회원국들, 특히 태국과 싱가포르가 선호하는 것과 동일한 맥락으로서, 만약 크메르 루즈가 배제되면 어떠한 협상타결도 성공할 수 없을 것으로 믿고 있었다. 그러나 미국의 대캄보디아 정책이 베이찡에 의해 결정되어 대량학살 전력을 가진 야만적인 공산주의 정파에 대한 미국의 묵시적 지원을 낳고 있다는 인식이 확산되고 있었다.

미·중 간 전략적 관계를 얽히게 만든 두 번째 쟁점은 핵확산금지에 대한 중국의 입장이었다. 쟁점은 민간 차원의 핵협력에 관한 합의를 끌어내는 과정에서 발생하게 되었는데, 합의에 따라 미국이 원자력 발전설비를 중국측에 수출하는 것을 허용되게 되었다.[16] 중국은 그런 설비를

---

16) 핵협력 협정에 관해서는 다음을 참조. Michael Brenner, "The US/China Nuclear Bilateral Accord," Case Studies in International Negotiation, no. 4 (University of Pittsburgh Graduate School of Public and International Affairs, 1986); Daniel Horner and Paul Leventhal, "The U.S.-China Nuclear Agreement: A Failure of Executive Policymaking and Congressional Oversight," Fletcher Forum, vol. 11 (Winter 1987), pp. 105~22; Qingshan Tan, "U.S.-China Nuclear Cooperation agreement: Chins's Nonproliferation Policy," Asian Survey, vol. 29 (September 1989), pp. 870~82; Hongqian Zhu, Congress and American Nomal Bilateral Foreign Policy: A Study of Congressional Opposition in the Making of U.S. China Policy during the 1980s, Ph.D. diss., University of Michigan, Department of Political Science, 1991, chap. V.

자국의 경제에서 가장 중요한 장애물의 하나인 전력생산 능력을 강화하는 방법으로서 희망하였다. 그리고 1979년 쓰리마일 아일랜드의 원자력 공장에서 있었던 사고 이후로 국내시장의 위축에 직면해 있던 미국 기업들도 잠재적 거대한 중국 시장에 진출하기를 열망하고 있었다. 더구나 많은 미국 관리들이 보기에 핵협력 협정은 미국 정부의 다양한 대표자들과 중국의 상대자들을 연결시켜 주는 일련의 쌍무적 의정서의 하나이자, 중국으로 하여금 핵무기의 확산을 제한하는 국제체제에 결합하도록 고무하는 한 방법으로 여겨졌다.

미·중 핵협력 협정을 협상하는 과정은 1981년 레이건 행정부 출범 때부터 시작되었는데 두 가지 고려 때문에 복잡해졌다. 첫째는, 실제적인 정치적 문제로서 워싱턴이 핵확산금지 원칙에 대한 중국의 공약이 없는 마당에 핵협력 협정에 대한 미 의회의 지지를 끌어내기가 어려울 것이라는 점이었다. 베이찡은 1968년의 핵무기 확산금지 조약이 초강대국들의 핵무기 독점을 유지하기 위한 시도라고 비난하면서 그것에 서명하기를 거부해 왔다. 게다가 1970년대 말과 1980년대 초 아르헨티나, 남아프리카공화국, 인도에 대한 중수(重水) 판매와 남아프리카공화국에 대한 저농축 우라늄의 제공을 포함하여 다른 나라들의 핵무기 프로그램에 대한 중국의 협력을 입증하는 보고서가 지속적으로 있어 왔다. 17) 그 중에서도 가장 문제가 되었던 것은 중국이 파키스탄에 대해 원자폭탄의 설계에 관한 정보를 제공하고 안전이 확보되지 않은 우라늄 처리공장의 건설을 지원함으로써 핵무기 개발능력을 돕고 있다는 매우 우려스러운 보고들이었다. 18) 따라서 확산금지 규범에 대한 중국의 분명한 수용과 해외에서 문제가 되고 있는 활동의 중단을 보장하는 것이 핵협력 협정의 성공적 마무리를 위한 결정적인 전제조건이 되었다.

---

17) *Washington Post*, July 23, 1981, p. B11; *New York Times*, September 19, 1982, p. 11.

18) *Washington Post*, June 21, 1984, p. A17; *New York Times*, June 22, 1984, pp. A1, A23 ; *New York Times*, June 22, 1984, p. 3.

두번째의 쟁점들은 1978년 미국의 핵확산금지법의 시행에서 비롯되었
는데, 그것은 해외로의 핵설비 및 핵물질의 이전을 통제하는 것이었다.
비록 그 법이 이미 핵무기를 개발한 나라들에 적용될 때는 약간 애매모
호한 점이 있었지만, 어쨌건 그 법령은 중국에 대한 미국의 어떠한 원자
력 수출도 국제적 안전조치에 따라야 한다는 것을 요구하는 듯하였다.
그러한 안전조치에는 미국이 제공한 원자재 및 설비에 대한 현지조사뿐
만 아니라, 사용 후 핵연료의 재처리 및 이전에 대해서도 미국의 동의가
필요하다는 내용이 포함되어 있었다. 전통적으로 외국의 간섭에 반대하
면서 주권수호에 집착해 온 중국 같은 국가에게 이러한 미국의 요구는
중국의 내정에 대한 일종의 강요로 비쳐질 수 있었다. 더욱이, 중국이
이미 핵무기를 보유하고 있었기 때문에 미국이 제공한 물질과 설비에 대
한 안전조치만으로 장차 중국의 핵능력 개발과 다른 나라들에 대한 지원
을 방지한다는 것은 불가능한 일이었다. 그럼에도 불구하고 미국은 그러
한 안전조치를 요구할 수밖에 없었다. 그것은 핵확산금지법의 조항 때문
만이 아니라, 만약 그러지 못한다면 "전체 확산금지 규범에 대해 정치적
타격을 주어 다른 국가들이 미국 공약의 약화를 추론하게 될 수도 있었
기"19) 때문이었다.

이와 관련, 1983년 11월 윌리암 프락스마이어 상원의원을 비롯하여 확
산금지에 관심을 가진 몇몇 의원들은 당시 중국과 협상이 진행중이던 핵
협력 협정에 관하여 조지 슐츠 국무장관에게 서한을 보냈다. 그들은 미
국이 베이찡에 대해 확산금지 원칙에 관한 분명한 공약과 함께 모든 새
로운 핵수출을 국제원자력기구(IAEA)에 의해 집행되는 감시하에 둘 것이
라는 서약을 요구해야 한다고 주장했다. 또한 비확산 조약에 서명한 이
후 미국이 취해 온 것과 마찬가지로 중국측도 민간 원자력 시설에 대한
IAEA의 감시를 수용해야 한다고 강조하였다.

핵협력 협정과 관련된 이러한 두 가지 장애물을 극복하는 것은 쉽지

---

19) Alan T. Crane and Richard P. Suttmeier, "Nuclear Trade with China,"
    Columbia Journal of World Business, vol. 21 (Spring 1986), p. 39.

않다는 것이 드러났다. 베이찡은 IAEA에 참여하는 것에 동의하였는데, 그것은 국제 확산금지 규범의 다른 요소들 또한 수용한다는 것을 의미했다. 그래서 그들은 IAEA에 대해 핵무기 미보유 국가들로의 수출도 감독하라고 요구하기 시작했다. 게다가 중국 정부는 비확산원칙을 지지하는 공식적 발언을 하기 시작했는데, 하나는 1984년 워싱턴 방문시 자오 즈양의 백악관 만찬사에서 나왔고, 다른 하나는 그 몇 달 후 중국 인민대표자대회의 보고서에서 나타났다. 사적으로 베이찡은 워싱턴에 대해 자신들은 파키스탄의 핵무기 개발을 지원하지 않을 것이라는 구두 확인을 하였다. 미 국무성는 비확산에 관한 중국측의 보다 진전된 입장을 바라보는 자신들의 견해를 요약한 비공개 비망록을 기안하였다. 그것에 따르면, 베이찡은 비확산조약에 서명하기를 거절하고 있지만 그렇다고 그 조약을 완전히 부정하는 것은 아니라는 것이었다. 그러나 여전히 중국은 비확산 조약의 기원과 동기에 대한 지난날의 반대를 반복하면서 그것에 서명하기를 거부하고 있었다.

중국은 (그것이 IAEA에 의해 수행되든 미국에 의해 수행되든) 미국측이 제공한 물질이나 설비에 대한 직접적인 감독을 수용하거나 미국에게 사용 후 핵연료의 재처리를 감시할 애매모호한 권리를 인정하는 데 동의하지 않았다.[20] 대신에 베이찡은 핵협력협정 초안에 매우 애매하고 난삽한 두 가지 문항을 삽입하려고만 하였다. 그 하나는 미국으로부터 수입한 설비와 물질에 관한 정보의 교환과 시찰을 제의하는 것이었고, 다른 하나는 미국이 "그런 활동들을 호의적으로 고려"[21]한다는 조건하에서 사용 후 연료의 재처리과정을 양자간 논의의 대상으로 삼을 수 있다는 것이었

---

20) 그러나 중국은 '사용 후 연료'의 제 3자에 대한 이전과 관련하여 미국의 동의권을 인정하는 표준 언어(standard language)에는 동의하였다.

21) *Nuclear Energy Cooperation with China*, Hearings before the Special Subcommittee on U. S. -Pacific Rim Trade of the House Committee on Energy and Commerce, 99 Cong. 1 sess. (Washington: Government Printing Office, 1986), p. 3.

308

다. 이런 양보를 얻어낸 후 레이건 행정부는 1985년 7월 핵협력협정에
서명하고 그것을 의회에 제출하였다.

레이건 행정부는 핵협력협정의 내용이 원자력에너지법의 법적 필요요
건과 국제적 확산금지체제를 유지해야 하는 정치적 당위성을 만족시킨다
고 주장했다. 백악관은 만약 미국과 협정을 맺지 않으면 중국은 다른 국
가들로부터 핵 물질과 설비를 훨씬 더 수월하게 획득할 수 있을 것이라
고 말했다. 그러나 상원의 윌리엄 프락스마이어와 존 글렌, 그리고 하원
의 에드워드 마키 같은 의원들은 그러한 주장을 그다지 신뢰하지 않았
다. 그들은 미국의 잠재적인 상업적 이득 때문에 확산금지의 감독을 위
한 미국의 공약을 약화시키는 것은 정당하지 못하다고 주장했다. 또한
의회에 제출된 핵협력협정이 중국에 제공된 미국 설비와 물질에 대한 안
전조치를 요구하지도 않으며, 비확산 원칙에 대한 중국의 성문화된 공약
을 포함하지도 않을 뿐더러, '사용 후 연료'의 재처리를 미국이 승인하도
록 얽어매는 것처럼 보인다고 우려했다. 22)

그러나 크메르 루즈에 대한 중국의 지원을 둘러싼 논쟁에서와 마찬가
지로 핵협력협정을 둘러싼 논란도 다소 온건하였다. 의사당에서 이루어
진 신랄한 비난에도 불구하고 의회는 협정안 전부를 거부하려고 하지는
않았다. 23) 그 대신 의회는 수출면장이 발부되기 전인 1985년 12월 중순

22) 관련 청문회에 관해서는 다음을 참조. *Nuclear Energy Cooperation with China*
및 *United States-People's Republic of China Nuclear Agreement*, Hearings
before the Senate Committee on Foreign Relations, 99 Cong. 1 sess.
(GPO, 1986).

23) 현행법하에서 이것은 두 가지 방식으로 가능할 수 있었을 것이다. 만약 하원 외
교위원회나 상원 외교위원회가 그 협정이 확산금지법의 요구조건을 위반하고 있
다는 것을 발견하였더라면, 의회는 그 협정이 효력을 발휘하기 전에 정식으로
비준해야 한다고 주장할 수 있었을 것이다. 만약, 두 위원회가 제출된 협정이
확산금지 활동과 부합된다고 결정하였더라도, 의회는 여전히 거부결의안을 통과
시키고, 그래서 대통령의 비토를 뒤집을 수 있었을 것이다. 두 위원회는 그 협
정이 확산금지 활동과 위배된다고 보지는 않았다. 그리고 심지어 그 협정의 적

께, 대통령이 다음과 같은 조건을 보증해야 한다는 결의안을 채택했다.
즉, 대통령은 중국측으로부터 비확산 정책에 대한 추가정보를 얻어낸다;
중국은 핵무기를 보유하지 않은 국가들의 핵폭탄 개발에 대한 지원을 중
단한다; 미국에 의해 제공된 기술은 오직 평화적 목적에만 전용된다; 미
국은 핵물질의 재처리와 운반에 대한 통제를 유지한다.[24] 그러나 대통령
이 결코 그러한 보증을 할 수 없었기 때문에 핵협력협정은 비록 미국에
의해 형식적으로 비준은 받았지만 결코 효력을 발휘할 수는 없었다.

핵협력을 둘러싼 논쟁은 미·중 관계의 기반에 심각한 문제를 불러일
으켰다. 캄보디아 문제에서 처럼 중국은 중요한 국제적 쟁점에 대해 미
국측 시각을 완전히 공유하려 하지 않는 것처럼 보였고, 비록 타협할 준
비는 되어 있었지만 미국의 이익을 완전히 수용하는 것은 꺼려했다.

세번째로 당시 미국과 중국 사이에 가장 논쟁적이었던 지정학적 쟁점
은 중동에 대한 중국의 무기판매였다. 해외 우방국에 대해 종종 매우 호
의적인 조건으로 무기를 공급해 온 것은 오랜 기간 중국 외교정책의 특
징이었다. 예를 들어, 1975년까지 중국은 아시아, 아프리카, 중동의 최
소 22개국에 중무기를 수출했고, 다른 많은 정부와 반란군에게 경무기를
공급하고 있었다. 그 후 중국의 무기수출은 크게 증가했는데, 그것은 베
이찡이 1970년대 후반에는 경제원조에서 군사원조협정으로, 그리고 1980

대자들조차도 그것을 완전히 거부하기보다는 그 시행에 어떤 조건을 부과하고자
하였다.

24) *Washington Post*, November 14, 1985, pp. A1, A35; *Far Eastern Economic
Review*, November 28, 1985, p. 23; *Washington Post*, December 17, 1985,
p. A27. 의회 결의안에 대한 최상의 요약으로는 다음을 참조. Robert G.
Sutter, "China's Nuclear Weapons and Arms Control Policies: Implications
for the United States," Report 88-374F (Washington: Library of Congress,
Congressional Research Service, May 1988). 상원의원 글렌과 하원의원 페이
간에 의해 제기된 훨씬 완고한 제안은 미국의 대중국 핵수출에 대한 IAEA의 안
전조치 부과와 확산금지 정책에 대한 베이찡의 명백한 서명을 요구하였다. 이
법안은 상원을 통과하였지만 최종 입법에는 포함되지 않았다.

년대 초에는 다시 군사원조협정에서 상업적인 군사판매로 정책수단을 변화시켰기 때문이었다. 1980년대에는 중국의 무기판매가 아시아의 두 나라(태국과 파키스탄)와 중동의 다섯 나라(이집트, 시리아, 리비아, 이란, 이라크)에 집중되었다. 중국은 초정밀 무기체계의 판매를 통해 매우 중요한 아시아 파트너들과의 관계를 굳건히 하고 중동에서의 정치적 영향력을 확보하려고 하였는데, 이를 위해 중앙정부가 그것을 직접 관리하는 것 같았다. 그러나 일부 미사일시스템을 포함하여 보다 덜 발달된 무기의 판매는 군부와 그에 부속된 특정 무역회사들이 관리하여, 그들의 주요한 관심사는 중국의 군사력을 강화하기 위해 외국 기술과 무기체제를 구매하는 데 필요한 경화를 벌어들이는 것이었다.

이란·이라크 전쟁은 중국이 중동에 대한 무기판매를 증대시키는 데에 이상적 기회를 제공하였다. 중국은 양편 모두에게 무기를 판매하는 데 대해 주저하지 않았는데, 이란과 30억 달러짜리, 그리고 이라크와 총 51억 달러짜리 계약에 서명했다. 25) 워싱턴은 처음에는 이러한 사태발전에 별다른 주의를 기울이지 않았다. 그러나 1987년경 미국이 다시 나서서 페르시아만에서 쿠웨이트 탱크들을 호위하기로 합의함에 따라, 이라크에 대한 중국의 실크웜 대함정 미사일의 판매는 미국의 관심을 끌게 되었다. 그 해 3월 베이찡을 방문한 슐츠는 이란에 대한 중국의 무기판매 문제(그러나 표면적으로 이라크에 대한 무기 판매문제는 제기하지 않았다)를 제기하였는데, 테헤란에 대한 모든 무기, 특히 실크웜 미사일의 이전을 중단하라고 분명하게 요구하였다. 26)

중국은 처음에는 미국의 정찰사진을 보고서도 실크웜의 대이란 판매를 인정하려고 하지 않았다. 27) 그래서 1987년 10월 미국은 중국에 대한 첨

---

25) Eden Y. Woon, "Chinese Arms Sales and U.S.-China Military Relations," *Asian Survey*, vol. 29 (June 1989), p. 604.

26) *Washington Times*, June 9, 1987, pp. A1, A8; *Washington Post*, June 11, 1987, p. A29.

27) 이것은 중국이 이전에 이란이나 이라크에 대한 무기판매를 부정한 데 따른 것이

단기술 수출통제의 자유화를 일시 중단하였다. 28) 이런 미국의 정책전환
에 직면하여 베이찡은 국제 무기시장을 통해 이란에 실크웜 미사일을 판
매하던 관행을 중단하기 위한 조치를 취할 것이라고 밝혔다. 중국이 사
실상 이란에 대한 실크웜 미사일의 공급을 중단했다는 것을 확인하고 난
후에야 워싱턴은 1988년 3월 수출통제 자유화에 대한 금지를 풀 것이라
고 밝혔다. 이어 그해 8월 워싱턴은 그 논란이 시작된 이래 첫번째로 기
술이전의 제한 완화를 발표했다. 29)

그러나 이러한 진전들도 중국의 대중동 무기판매를 둘러 싼 논란을 종
식시키지는 못했다. 비록 실크웜 쟁점은 해소되었지만, 워싱턴은 중국이
사우디아라비아에 대해 30억 달러에 이르는 C-SS-2 중거리 탄도미사일
을 판매하려 한다는 보고서를 접수했다. 비록 이란과는 달리 사우디아라
비아는 미국의 긴밀한 우방이었지만, 핵탄두를 운반할 수 있고 이스라엘
에까지 닿을 수 있는 새로운 종류의 미사일 공급은 골치아픈 사태진전이
었다. 베이찡은 다시 워싱턴을 안심시키기 위해 C-SS-2의 이전에 일정
한 조건을 부가하려고 하였다. 즉 그것은 핵폭탄을 운반하지 못한다, 선
제 공격용으로 사용되지 않는다, 오직 방어용으로만 쓰인다, 제3국으로
이전되지 않는다는 등의 내용이었다. 그러나 일부 몇 가지 발달된 무기
시스템을 미국이 계속 팔지 않는 데 대해 불만을 가지고 있던 사우디 정
부가 미사일탄두에 대한 국제적인 조사를 허용하지 않을 것이라고 발표
함에 따라 미사일 탄두의 확인은 사실상 어려워지게 되었다. 30)

었다. 예를 들어 다음을 참조. Xinhua, February 22, 1984, in FBIS, *China,*
February 22, 1984, p. A1.

28) *New York Times,* October 23, 1987, pp. A1, A9.

29) *New York Times,* March 10, 1988, pp. A1, A11. ; *Washington Post,* March
10, 1988, p. A41; *Asian Wall Street Journal,* August 8, 1988, p. 19.

30) Beijing Television, April 6, 1988, in FBIS, *China,* April 6, 1988, p. 18. 중
국과 사우디의 상호교류에 대한 상세한 분석에 대해서는 다음을 참조. Yitzhak
Shichor, *East Wind over Arabia: Origins and Implications of the Sino-Saudi
Missile Deal,* China Reaserch Monograph, no. 35 (Berkeley: University of

수개월 후, 중국이 시리아 및 필시 이란, 리비아, 파키스탄 등과도 M-9중거리 미사일의 판매를 협상하고 있다는 보고가 들어왔다.[31] 1988년 7월 중국방문 기간 중에 국무성장관 슐츠는 베이찡에 이와 관련된 항의를 전달하면서 중국 관리들에게 해외에서 탄도미사일의 확산을 방지하기 위해 미국과 깊이 있는 협의를 시작하자고 요구하였다. 중국 관리들은 처음에는 자신들이 판매용으로 M-9를 제공하고 있다는 사실조차 인정하기를 거부했다. 중국이 국제 무기시장을 교란시키고 있다는 내용의 미사일판매 팜플릿을 제시하자 중국 관리들은 그 미사일은 아직 생산도 되지 않은, 그래서 판매될 수도 없는 "단지 하나의 개념"에 불과하다고 응수하였다. 중국은 또한 미국이나 소련보다 훨씬 적은 양의 무기를 해외에 팔고 있다는 이유를 들어 미국이 요구하는 것과 같은 미사일판매에 관한 어떠한 광범한 논의에도 참가하기를 거부했다.[32]

그러나 결국 확고하고 명백한 공약을 하지는 않았지만 중국 지도자들은 미 국방부의 프랭크 칼루치에게 1988년 11월 그의 베이찡 방문 기간 중에 자신들은 중동에 더 이상의 미사일을 판매하지는 않을 것이라는 암시를 주었다. 그들은 해외 무기판매를 통제하는 원칙을 선언함으로써 이러한 개인적인 보증을 뒷받침했다. 무기판매는 "관련 국가들의 정당한 자기방어 능력을 강화하고" "문제지역에서의 안전조치를 돕고, 평화, 안전, 안정을 증진시켜야 한다."[33] 칼루치는 중국이 "철저히 책임 있는 방식으로" 행동할 것이라는 데 대해 "크게 만족한다"고 말했다.[34] 동시에 미국

California, Institute of East Asian Studies, 1989).

31) *New York Times*, June 22, 1988, p. A6; *Washington Post*, June 23, 1988, p. A33; *Washington Post*, July 14, 1988, p. A22.

32) 슐츠 방문에 대해서는 다음을 참조. *Washington Post*, July 15, 1988, pp. A15, A18; *Far Eastern Economic Review*, September 8, 1988, p. 24.

33) 세 번째 원칙은 그들이 수령인의 내정에 간섭할 수 없다는 것이었다. 다음을 참조. Xinhua, September 8, 1988, in FBIS, *China*, September 8, 1988, p. 1.

34) *Washington Post*, September 8, 1988, pp. A31, A35. 이러한 확인은 1989년 2월 부시의 방문기간 중에 반복되었는데, 그때 중국은 다시 "책임 있게 행동할

은 일정한 경제적, 기술적 안전조치와 아울러 미국 내에서 제조된 우주위성의 발사를 위해 중국 로켓의 사용을 허용할 수 있다고 발표했다. 비록 양국 정부는 그 두 가지 쟁점의 연결을 공식적으로 부인했지만, 워싱턴의 일부 사람들은 이러한 양보가 중국의 대중동 미사일 판매와 관련한 중국측 보증에 대한 보상물일 것이라고 의심하였다. 35) 캄보디아 및 비확산을 둘러싼 이전의 논쟁에서처럼, 중동에 대한 중국의 무기판매를 둘러싼 논쟁도 미·중 간 전략적 이익과 시각의 분화를 보여 주었다. 그리고 미국과의 협상에서 나타난 중국의 행위는 다른 두 가지 쟁점에서보다 베이찡의 진실성과 신뢰성에 대해 좀더 근본적인 의문을 갖도록 만들었다. 이란에 대한 실크웜의 판매나 국제시장에서 M-9를 판매용으로 제공하고 있다는 사실 등을 부인함으로써 중국 관리들은 대화 상대인 미국측을 의도적으로 속이고 있다는 인상을 심어 주었다. 따라서 중국측이 무기판매가 외교부의 승인 없이 군부가 관할하는 무역회사들에 의해서 이루어지고 있다고 해명하였지만, 그것은 단지 중국 외교정책이 더 이상 단일한 중앙권위에 의해 통제, 조정되지 않는다는 새로운 평가만을 유발하였을 뿐 미국측의 불신을 해소하지는 못하였다.

요약하면, 중국과 미국에 대한 소련의 위협이 쇠퇴하는 것처럼 보임에 따라, 그리고 캄보디아와 중동과 같은 쟁점들이 부각됨에 따라 미·중 관계의 전략적 기반이 점차 흔들리게 되었다는 것이다. 이미 1985년 5월에 미국 대사 윈스턴 로드는 비록 아시아에서 양국의 지정학적 이익이 여전히 수렴되고 있을지라도 "전세계적 문제들에 대해 양국이 합의할 수 있는 범위는 줄어들고 있다"는 사실을 인정한 바 있었다. 36)

것"을 약속하였다. *Washington Post*, February 27, 1989, pp. A1, A11.

35) 그 연계는 다음의 칼럼에서 보도되었다. Rowland Evans and Robert Novak, *Washington Post*, October 12, 1988, p. A19. 그 거부에 대해서는 다음을 참조. *Wall Street Journal*, December 20, 1988, p. B3.

36) Winston Lord, "Sino-American Relations: No Time for Complacency," address on National Council on U.S.-China Trade, Washington, D.C., May

3. 경제적·문화적 문제들

중국과 미국의 많은 관측통들은 미·중 관계의 지정학적 기저가 점차 약화됨에 따라 상업적 유대관계와, 그보다는 정도가 덜하겠지만, 문화적 교류가 양국간의 관계에 새롭고 안정된 기초를 제공할 것이라고 내다보았다. 위에서도 지적했듯이 1980년대 후반에는 미·중 관계의 이런 측면들에서 사실상 극적인 진전이 이루어지고 있었다. 1983년과 1988년 사이에 쌍무적 교역은 200퍼센트 이상 증가했고, 미국에 입국한 중국 학생과 학자의 수는 약 225퍼센트 가량 증가하였으며, 중국을 방문한 미국인의 숫자도 80퍼센트 가량 증가하였다. 같은 기간 동안 중국에 대한 미국의 총투자는 1,800만 달러에서 2억 4,400만 달러로 증가하였다. 그러나 이러한 인상적인 진전에도 불구하고 양국간의 경제적, 문화적 관계는 그들의 지정학적 유대관계와 마찬가지로 점점 더 꼬여가기 시작했다. 세 가지 쟁점들, 즉 미국 내 보호주의, 미국의 무역과 투자에 대한 중국 내부의 장벽들, 중국 학생과 학자의 점증하는 대미 두뇌유출 등이 미·중 관계를 불편하게 만들었다.

1980년대를 통틀어 미국은 80년대 초의 260억 달러에서 1988년의 1,260억 달러로 증가한 유례없는 무역적자와 씨름하고 있었다.[37] 그 적자는 1985년까지 지속된 미국통화의 강세, 높은 이자율, 낮은 저축율, 정체된 산업생산성, 미국 수출품에 대한 해외의 장벽 등과 같은 많은 요인들의 산물이었다. 그 결과 미국과 상대국 간 무역수지 균형의 중요성이 커지게 되었고 외국의 경쟁력으로 인하여 위협받는 국내 산업의 보호를 요구하는 미국 내 여론이 대두하게 되었다.

중국은 1980년대 중후반까지만 해도 미국에게 그다지 중요한 무역 상

28, 1986, pp. 17, 21~24.

37) International Monetary Fund, *International Financial Statistics Yearbook 1989* (Washington, 1989), p. 140.

대국이 아니었으며, 미국의 전체 무역적자에 대해서 특별히 커다란 책임이 있었던 것도 아니었다. 그럼에도 불구하고 중국 역시 그런 경향에서 완전히 예외였던 것은 아니었다. 미국의 무역 통계자료 — 여기에는 홍콩을 경유해 미국으로 수입된 중국 상품의 물량까지 포함되어 있었다 — 에 따르면 미국은 1970년대 말과 1980년대 초까지는 중국에 대해 소규모의 무역흑자를 누렸다. 이는 마오시대가 끝난 직후부터 추진된 베이찡의 야심찬 근대화계획으로 말미암아 미국으로부터 기술도입이 증가했고 농산물의 부족으로 미국 면화와 밀의 수입이 필요했기 때문이었다. 그러나 1980년대 중반경에는 두 나라의 무역이 기본적으로 균형을 이루었다. 중국이 농촌개혁의 성과를 누리게 됨에 따라 미국으로부터의 농산물 수입은 감소한 반면, 미국이 1980년대 초반의 불경기에서 회복됨에 따라 미국의 수입은 그만큼 더 늘어났기 때문이었다. 그리고 1986년부터는 중국이 미국과의 관계에서 지속적인 흑자를 기록하게 되었는데, 섬유, 가전 소비제품, 그 외 다른 상품들의 수출이 급격하고 꾸준하게 증가하였다 (표 A-2, A-3). 중국의 대미 무역흑자는 1986년의 17억 달러에서 1987년의 28억 달러, 그리고 1988년의 35억 달러로 증가하였다.

중국의 대미 수출이 증가함에 따라 위협을 느낀 미국 내 해당 산업부문의 생산업자들이 중국과의 경쟁에서 좀더 확대된 보호를 요구하게 되었다. 그 중 가장 핵심적인 부문은 역시 섬유산업으로, 오래 전부터 값싼 아시아 생산품의 수입에 반대하여 왔다. 1980년대 중반에 그들은 이미 14억 달러 이상의 중국산 섬유, 옷감, 완제품의 수입에 직면하고 있었다. 국내의 압력에 대응해 미국 정부는 1984년에 수입 의류의 원산지를 재규정하는 새로운 규제안을 채택하였다. 이전에는 중국에서 제조되었더라도 홍콩에서 약간만 손질을 가한 의류는 홍콩의 섬유 쿼터로 산정되어 미국으로 보내질 수 있었다. 이에 따라 중국은 사실상 자국에 할당된 쿼터량 이상의 섬유제품을 미국에 수출할 수 있었던 것이다. 그러나 1984년 7월에 잠정 채택되어 그 다음해 결정된 새로운 조항 아래에서는, 홍콩에서 선적된 의류라 할지라도 홍콩에서 "실제로 만들어진" 것이 아니라면 그것은 중국이 원산지인 상품으로 간주되어 홍콩이 아닌 중국 쿼터로 산정되게 되었다.

더욱이 1980년대 중반에는 중국 섬유의 대미 유입을 제한하려는 또 다른 시도들이 이루어졌다. 1985년 미 의회는 하원의 에드 젠킨스(민주당, 조지아주)와 상원의 스트롬 써몬드(공화당, 사우스캐롤라이나주)가 제출한 법안을 심의하였는데, 그것은 12개 주요 외국 생산업자들로부터 들여오는 당시의 섬유 수입할당량을 크게 줄이고 이후로도 매년 1984년도 수준보다 1퍼센트씩 더 높여 수입을 억제한다는 내용을 담고 있었다. 중국측의 평가에 따르면 젠킨스 법안은 1985년 한 해에만 중국이 약 5억 달러의 수출감소를 감수해야 한다는 것을 의미하였다. 그러나 그 법안의 내용은 의회를 통과하면서 현저히 약화되었다. 최종안은 섬유 쿼터량의 심각한 삭감 대상국에서 중국을 면제해 주었다. 게다가 그 법안은 자유무역 원칙에 위배된다는 이유에서 레이건 행정부에 의해 거부되었다. 결국, 외국 섬유수출업자들의 불공정 무역관행을 다루기 위해 백악관이 다른 행정적 수단들을 사용한다는 약속을 하고 난 후에 그 거부권이 관철되었다.[38] 그러나 중국의 섬유수출이 이제는 미국 내에서 덜 호의적인 환경에 놓이게 되었다는 점이 분명해졌다.

또한 중국은 1983년 미국과 맺은 쌍무적 섬유협정이 1987년 말에 그 시효가 다함에 따라 그것을 갱신해야 하는 문제에도 직면하게 되었다. 이전과 마찬가지로 새로운 조화를 이루기 위해서는 양국간의 힘든 협상이 요구되었다. 미국이 점증하는 보호주의적 압력에도 불구하고 중국에 대해 일방적으로 쿼터량을 부과하지는 않았기 때문에 협상은 대체로 성공적으로 종결되었다. 1987년의 섬유협정도 이전과 마찬가지로 1988년부터 1991년까지 4년간 적용되었으며, 중국의 대미 수출은 매년 4퍼센트씩의 성장이 허용되었다. 그러나 한편으로 그 협정은 적용되는 상품의 범

---

38) Jerome Turtola, "Textile Trade Tensions," *China Business Review*, vol. 13 (September~October 1986), pp. 26~31.; Zhu, "Congress and American Normal Bilateral Foreign Policy," chap. Ⅵ.

위를 확대하였는데, 이에 따라 비단과 모시 같은 천연섬유가 처음으로 쿼터량에 포함되었다. 39)

그 외의 다른 분야에서도 중국과의 경제적 쟁점에 대해 미국의 태도는 별로 호의적이지 않았다. 일례로 1983년에 시효만료된 해운협정을 대체하기 위해 1988년 12월에 새로운 협정이 서명되었는데, 그것은 미국의 선박회사들이 중국에 사무소를 개설하고 홍콩에서 중국 항구로의 지선 (枝線) 서어비스(feeder service)를 제공할 수 있도록 허용하는 내용을 담고 있었다. 결국 미국이 훨씬 더 많은 화물수송을 따낼 수 있게 하려는 것이었다. 다른 한편 미국은 중국이 미국의 우주위성을 발사할 수 있도록 허용하였지만, 그것을 중국이 국제시세대로 구입할 것과 발사 횟수를 제한하도록 요구하였는데, 이는 미국과 유럽회사들을 중국과의 경쟁으로부터 보호하기 위해 고안된 조건들이었다. 40) 이 외에도 미국 회사들로부터 중국에 판매되는 제품들에 대해서는 대대적인 행정적 조사가 이루어졌는데, 그 중 한 거래—중국이 미국의 상업 항공기용 강철부품을 제조하는 회사로부터 구매하기로 예정되었던—는 1990년 초 워싱턴에 의해 거부되기도 하였다. 41)

중국의 대미 무역흑자의 급격한 증가는 미국의 대중 수출장애에 대한 비난을 부채질하였다. 미국 무역대표부는 1987년 그 문제에 관한 연례 보고서를 쟁점화시키기 시작했다. 그 보고서는 중국의 고관세, 수입규제 관세, 엄격한 외환통제, 제한적인 쿼터와 신용장, 특히 미국의 지적 재산권에 대한 부적절한 보호조치를 비난하는 내용을 담고 있었다. 1987년 미국 무역대표부는 미국 수출에 대한 그런 장벽들의 영향력이 "잠재적으로 너무 엄청나서 양으로 따지기 불가능하다"고 불평하였다. 미국의 대중 무역적자 문제가 처음으로 양자협상의 주요 쟁점이 되어 1987년 상업 및 무역관련 합동위원회 회의와 뒤이은 미국 무역대표부의 중국 방문에서

---

39) *Asian Wall Street Journal Weekly*, December 28, 1987, p. 14.

40) *Wall Street Journal*, December 20, 1988, p. B3.

41) *New York Times*, February 3, 1990, pp. 1, 9.

주요한 의제로 상정되었다. 42)

한편 미국내에서는 대중 투자의 장애물들에 관해서 훨씬 더 많은 관심들이 표명되고 있었다. 43) 매우 많은 수의 미국 기업들이 점점 더 많은 자본을 중국에 투자하게 되면서 그곳의 투자환경의 불완전성에 대해서 불평하기 시작했다. 가장 중요한 결함의 하나는 토지, 노동, 현지자금 융자, 원자재, 부품, 에너지 등을 포함한 제조과정의 다양한 투입물들의 고비용, 저품질 및 불확실한 이용가능성 등이었다. 이와 관련된 문제로는 불완전한 법체계, 뒤얽힌 관료구조, 복잡한 행정규칙 및 규제 등이 있었다. 결국 베이찡이 특별히 선호하는 프로젝트와 같은 몇몇 예외를 제외하고는 중국 내 외국기업들이 이윤을 획득하여 그것을 본국으로 송금하기란 어려운 일이었다.

이러한 대중국 무역 및 투자에 대한 만성적인 제한은 1986년 베이찡이 무역적자를 관리하기 위해 채택한 경제 긴축정책으로 인해 더욱 가중되었다. 외환지출에 대한 엄격한 행정적 통제로 중국 기업들이 해외에서 상품을 수입하는 것이 더욱 어렵게 되었고 외국의 설비, 부품, 원자재를 입수하려는 중국주재 외국기업들의 시도 또한 어렵게 되었다. 1986년 7월에 발표된 인민화폐의 평가절하로 수입상품의 중국 내 유통가격이 인상되었고 결국 수입이 방해받게 되었다. 그리고 보다 일반적으로는, 중국 국내 경제성장률의 점차적인 하락으로 해외 수출업자들이나 중국 주재 외국기업들이 중국 현지시장에서 상품을 팔기가 훨씬 더 어렵게 되었다.

이러한 사태진전으로 미국 기업들은 중국이 애초에 생각한 것보다 훨씬 덜 매력적인 상대라는 인상을 가지게 되었다. 1986년 4월 《뉴욕 타임스》지와 《워싱턴포스트》지는 아메리카자동차회사(AMC)가 베이찡지프회

---

42) *Financial Times*, April 23, 1987, p. 4; *Asian Wall Street Journal Weekly*, February 1, 1988, p. 3; "USTR Report-Trade Barriers in China," in *AmCham Outlook*, vol. 20 (April 1988), p. 58.

43) 이하의 논의는 다음에 의거한다. Harry Harding, "The Investment Climate in China," *Brookings Review*, vol. 5 (Spring 1987), pp. 37~42.

사에 대한 투자에서 직면했던 어려움들을 장기간 연재하였는데, 이는 많은 사람들에게 중국에서 사업할 때 발생할 수 있는 문제점들을 잘 보여주는 것이었다. 44) AMC는 수입부품과 베이찡 현지에서 생산된 부품을 이용하여 지프 체로키를 조립할 계획이었다. 그러나 기술적 문제로 현지 부품을 이용하는 것이 어렵게 되었고 원화의 평가절하로 미국에서 들여오는 부품가격도 인상되었다. 그 결과 그 지프는 매우 비싼 가격으로 중국 시장에 출하될 수밖에 없었는데, 당시는 많은 중국 바이어들이 비록 중국에서 합작기업에 의해 제조되었더라도 그 상품을 사기 위해 부족한 외화의 사용을 꺼리고 있던 바로 그러한 때였다. 45) 7월에 《월 스트리트 저널》지의 1면 기사는 거기서 사업하는 데 따르는 많은 "비용들과 어려움들"을 자세히 알림으로써 중국에 대한 새로운 실망을 요약해 보여주었다. 46)

서방언론들이 베이찡지프회사의 어려움을 보도하고 있던 그 때를 전후하여, 중국 내 미국 기업과 정부대표들은 그들의 실망을 공개적으로 표출하기 시작했다. 1986년 3월 워싱턴에서 회동한 미국 투자가와 수출업자들은 중국의 투자 환경개선을 위해 베이찡에 보다 공개적으로 압력을 가하기 위하여 사적인 미·중 합동경제협의회 구성 가능성을 모색하였다. 47) 4월에 베이찡의 국제상공인협회는 조지 부시 부통령에게 서한을 보내 만약 투자환경이 개선되지 않으면 미국 기업들은 중국에서 철수를 시작할 것이라고 경고하였다. 베이찡주재 미 대사관의 통상담당부서는

---

44) *New York Times*, April 11, 1986, pp. D1, D4; *Washington Post*, Apil 11, 1986, pp. B1, B10.

45) 베이찡 지프에 대한 보다 충분한 설명은 다음을 참조. Jim Mann, *Beijing Jeep: The Short, Unhappy Romance of American Business in China* (Simon and Schuster, 1989).

46) *Wall Street Journal*, July 17, 1986, p. 1. 역시 다음을 참조. John F. Burns, "Why Investors Are Sour on China," *New York Times*, June 8, 1986, pp. A1, A3.

47) 결국 이 조직이 만들어지지는 않았다.

"시범합작사업"을 제시하면서, 미국인들이 대중국 투자를 매력적인 것으로 여기게 하는 데 필수적인 하부구조와 시장접근, 생활조건, 법적인 틀의 변화를 제시하였다. 그리고 윈스턴 로드 미 대사는 5월에 워싱턴에서 행한 연설에서 "미국 기업가들이 고비용, 가격 속임수, 엄격한 외환통제, 중국 시장에의 제한된 접근, 관료적 병폐, 자격을 갖춘 지방요원들의 결여, 예측불가성으로 고통받고 있다"고 주장했다. 48)

이에 대응해 중국 정부는 1986년 10월 외국기업을 위한 환경을 개선할 의도에서 외국인 투자에 관한 일련의 법규들을 채택하였다. 49) 중국 정부는 이러한 법규들이 세금, 임금, 임대료, 에너지 가격, 운송, 통신비의 감소를 통해 중국에서 사업할 때 드는 비용을 줄일 수 있을 것이라고 설명하였다. 새로운 법규들은 중국 통화의 대출을 용이하게 하고 물, 전기, 원자재를 포함하여 계획기구에 의해 통제되는 중요한 투입요소들에 대한 접근을 보다 향상시킬 것을 약속하였다. 그리고 생산계획, 수입과 수출, 임금과 보너스, 노동자의 고용과 해고에 대해 외국기업들의 보다 많은 자율성을 약속하였다.

그럼에도 불구하고 새 법규는 외국투자자들이 직면한 문제들 가운데 몇몇 단편들만을 다루고 있었다. 더욱이 그것은 많은 미국 기업들에 대해 중국 투자환경의 매력을 제한하는 어떤 우선 조치들을 담고 있었다. 모든 외국기업들이 몇몇 조항에서 이익을 얻을 수 있었음에도 불구하고, 그 규칙안은 보다 유리한 대우를 받을 수 있는 외국기업의 범주를 두 가지로 설정하고 있었다. 이런 범주에는 외환계정에서 흑자를 발생시킬 수 있는 수출기업들과 과거에는 수입할 수밖에 없었던 제품을 생산해내는 기술적으로 앞선 기업들이 포함되었다. 비록 이런 편향이 중국 입장에서는 이해될 수 있는 것일지라도 그것은 많은 미국 기업가들의 욕구를 충족시키지 못했는데, 그들은 중국 시장에 팔 수 있는 제품을 생산하고,

---

48) Lord, "No Time for Complacency," p. 10.
49) *Beijing Review*, October 27, 1986, pp. 26~28.

단순한 기술을 이용하여 제조하며, 중국에 수출서비스를 수출할 수 있게 되기를 원하였기 때문이다.

그 결과, 중국의 투자 유인책에 대한 미국의 반응은 잘해야 회의적이거나 최악의 경우에는 아예 무시하는 것으로 나타났다. 미국 대사관 관리들은 대중 투자환경 개선을 위한 보다 포괄적인 조치를 기대하며, 새 법규에 대해서는 "실망하고 있다"고 말했다. 미·중 무역연방위원회의 베이찡 사무소 소장은 새로운 조항들이 거의 선대(sundae: 초콜릿·과일·시럽 등을 얹은 아이스크림의 일종)에 가깝다고 묘사했다. 비록 좋은 체리와 거품 크림이 얹혀 있기는 하지만 진짜 아이스크림은 아니라는 것이었다. 일·중 경제법률센터의 책임자도 새로운 법규가 외국 기업들 — 특히 기술적으로 앞선 기업들 — 의 매력을 끌려고 하지만, 중국의 빈약한 하부구조를 고려할 때 외국기업들이 잡을 수 있는 성공의 기회는 매우 낮다고 지적하면서 일본인에 대해서뿐만 아니라 많은 외국인들에 대해서도 주의를 환기시켰다.[50]

결국 1986년의 침체를 겪은 후 미국의 대중 투자는 1987년과 1988년 소규모의 증가를 기록했는데, 그것은 주로 제조 프로젝트에 대한 투자의 증가가 호텔, 부동산에 대한 투자의 쇠퇴를 앞질렀기 때문이었다. 그러나 이러한 성장의 재개에도 불구하고 중국에 대한 투자열병은 끝난 것처럼 보였다.[51] 중국은 더 이상 무제한의 기회와 잠재력의 땅으로 여겨지지 않았고, 차라리 사업하기 힘든 곳, 이윤 프로젝트가 시도될 수 없는 그런 곳으로 인식되게 되었다. 1988년 후반과 1989년 초반에 중국 경제에 불어닥친 긴축의 재개는 수입허가에 대한 엄격한 제한과 국내신용의 제한으로 이어져, 중국은 애초 순진하게 여겨지던 것보다 훨씬 더 사업하기 어려운 시장이라는 인상을 강화시켰다. 이에 대해 미국의 한 실무

---

50) *New York Times*, November 17, 1986, p. D10. ; *Japan Times Weekly*, November 29, 1986, p. 5.

51) 다음을 참조. Louis Kraar, "The China Bubble Burst," *Fortune*, July 6, 1987, pp. 86~89.

자는 "2 + 2 = 1/2"이라는 정식을 고안하였다: "중국은 다른 곳에서 사업하는 것에 비해 기간과 비용은 2배 걸리지만, 돌아오는 것은 다른 곳에서 얻을 수 있는 것의 절반에 불과하다"는 것이었다. 52)

이처럼 중국과 미국의 경제관계에는 점증하는 미국의 보호주의 및 무역적자의 누증, 그리고 비우호적인 중국의 투자환경을 둘러싼 긴장이 존재하였던 것이다. 한편 문화적 관계 또한 난관에 직면하고 있었는데, 주로 미국에서 공부하는 중국 학생들과 학자들이 자신들의 모국으로 돌아가는 비율이 낮은 것과 관련되어 있었다. 1986년 후반경 중국 관리들은 미국이 재능 있는 중국 지식인들의 '두뇌유출'을 조장하고 있다고 불평하면서, 귀환 비율을 높일 수 있는 조치를 취할 것을 요구하였다.

몇몇 통계자료들에 의하면 중국의 우려는 일정한 근거를 가지고 있었다. 1989년 여름에 나온 한 평가에 따르면, 1978년 이래 총 8만 명의 중국인들—4만 7천 명의 학생들과 3만 3천 명의 방문학자들—이 미국에서 공부하기 위해 비자를 발급받은 것으로 나타났다. 이 사람들 중 약 4만 3천 명(54%)은 아직 학위과정을 이수하고 있거나 연수중인 것으로 나타났다. 그리고 1만 1천 명(14%)은 미국에 머물기 위해 합법적이거나 불법적으로 그들의 신분을 바꾼 상태였다. 단지 2만 6천 명(32%)만이 연구를 끝내고 중국으로 귀환하였다. 귀국하지 않은 사람들 중 일부는, 특히 1987년의 '부르주아적 자유화'에 반대하는 캠페인이 중국에서 시작된 이후 정치적 망명을 신청하거나 출발을 미루고 있던 사람들이었다. 그러나 대다수 학생들은 단지 자신들의 연구완성을 연기하거나 비자의 지위를 변경하거나 또는 미기록 체류자로서 은신함으로써 남아 있는 사람들이었다. 53)

---

52) Kraar, "The China Bubble Bursts," p. 89.

53) Leo A. Orleans, "Chines in America: The Numbers Game," *China Exchange News*, vol. 17 (September 1989), p. 10. 이전의 평가에 대해서는 다음을 참조. Orleans, *Chinese Students in America: Policies, Issues, and Numbers* (National Academy Press, 1988), p. 112.

그러나 이러한 현상적인 낮은 귀환 비율은 두 가지 점에서 재고될 필요가 있다. 첫째, 학생 혹은 학자로서 비자를 받은 총 5만 6천 명의 중국인 가운데 약 3만 명 이상은 1986년과 1988년 사이에 비자를 받은 사람들이라는 것이다. 대부분의 미국 석사학위 과정은 그 기간이 2년이며 박사의 연구코스는 훨씬 더 길다는 것을 고려하면, 1989년의 총 1/3의 귀환 비율은 그다지 낮은 것이라고 할 수 없는 것이다. 둘째, 다른 나라에서 온 학생들은 훨씬 적은 수가 자신들의 고국으로 귀환했다는 점이다. 예를 들어, 1960년대의 대부분 기간 동안 타이완에서 온 학생들의 귀환 비율은 10퍼센트 미만이었다. 그러나 1980년대 후반 미국 과학협회 회원들이 대학원의 과학과 공학과정에 미국인들의 등록 비율이 낮은 것을 우려하면서 학업을 마친 후 미국에 남아있는 외국 학생들에 대한 자신들의 이해를 공개적으로 표명하기 시작한 것도 사실이었다. 말하자면, 이것은 중국관리들로 하여금 두뇌유출이 미국의 의도적 정책이라는 것을 의심하게 할 수도 있는 것이었다.[54]

아울러 중국 정부가 우려한 것은 미국에 있는 많은 중국 학생들과 학자들의 점증하는 자율성과 서구의 정치적 가치와 제도에 대한 점증하는 관심이었다. 이미 1982년 캐나다에서 공부하던 중국 학생 왕 빙쟝은 미국으로 와서 반체제 잡지인 《중국의 봄》을 만든 바 있었다.[55] 이 잡지 및 그것과 연결된 조직은 고국의 정치적 상황에 불만을 가지고 있던 중국 지식인들이 정치개혁을 위한 압력을 표명하는 포럼으로 쓰여지고 있다. 한편 일부 중국 학생들은 중국의 인권침해를 비난하기 위해 또 다른 방법을 이용했는데, 중국 지도부에 공개서한을 보내거나 미국 정부가 중국의 정치시민권을 위해 보다 적극적으로 압력을 가할 것을 호소하기 위

---

54) *Washington Post*, November 15, 1987, pp. C1, C2.; *Washington Post*, September 26, 1988, pp. A1, A8.

55) 중국의 봄 (China Spring)의 기원에 대해서는 다음을 참조. Mary Lee, "The Mouse That Roared," *Far Eastern Economic Review*, March 10, 1983, pp. 28 ~29.

324

해 미국 신문에 기명칼럼을 쓰는 식이었다. 56) 1986년 중국 관리들은 미국이 일부 중국 학생들을 미국에 머물도록 조장하는 것은 곧 다른 학생들에 대해서도 '부르조아 자유주의' 관념을 중국에 도입하는 '전복적' 세력이 되도록 고무하는 것이라고 불평하기 시작했다.

한편 역사학, 경제학, 정치학, 국제연구, 경영학 등을 공부하는 일단의 중국 학생들은 미국에서 연합회를 조직하였다. 이런 학생들의 대부분은 정치적 성향으로 볼 때 반체제조직에서 활동하는 이들에 비해 덜 급진적이었다. 학생들의 회비 혹은 미국 재단의 후원하에 설립된 학생단체는 중국 정부와 중국 공산당으로부터 독립된 잠재적인 정치세력들을 대변하였다. 더욱이 몇몇 학생들은 영어로 논문을 집필하여 미국의 학술회의나 학술잡지에 발표하기 시작했다. 이런 글들에 나타난 중국 국내사태와 중국 외교정책에 관한 견해는 중국 정부의 공식적 입장과 항상 일치하는 것은 아니었지만, 미국 전문가들이 종종 특별한 권위를 부여하기도 하였다. 중국의 시각에서 볼 때 이것은 대외 선전에 관한 정부의 독점권을 허무는 것이었고, 제반 쟁점에 관해서 미국인들에게 중국측의 단일하고 일관된 노선을 제시하기보다는 과잉된 견해들을 제시함으로써 '혼란을 야기하는 것'으로 비치었다.

56) 예를 들어, 미국에 있던 1천 명의 중국 학생들은 민주주의 요구 시위에 대한 진압과 총서기 후 야오방의 사임에 대한 우려를 표하면서 중국 지도자에게 공개서한을 보냈다. 그 내용의 일부는 다음을 참조. *Wall Street Journal*, January 23, 1987, p. 22. 비슷한 탄원서가, 미국에서 공부한 후 1986년 12월 반정부 시위에 참여한 혐의로 체포된 양 웨이의 처리에 대해 항의하기 위해 1987년 12월에 보내졌다. 다음을 참조. *New York Times*, December 21, 1987, p. A5. 다른 공개 편지는 1988년 5월에 국가교육위원회 의장인 리 펑에게 보내졌는데, 그것은 이후 이 책에서 논의되는, 미국으로의 학생 유입을 제한하려는 결정에 대해 항의하는 내용을 담고 있었다. 다음을 참조. *China Times* (Taipei), March 30, 1988, p. 2, in *Inside China Mainland*, May 1988, p. 25. 첫 번째 기명 에세이 중의 하나는 하버드 대학원생 페이에 의해 씌어졌다. *Washington Post*, February 10, 1987, p. A21.

1987년, 중국 정부는 미국으로 가는 학생과 학자들의 흐름을 최소한 정치적으로 매우 민감한 분야에서만 제한하고, 미국에서 공부하도록 허용된 사람들의 귀환을 확인하려고 시도하였다. 그 해, 베이찡은 국가의 후원을 받는 학생 및 학자로서 J-1비자를 받았던 사람들은 미국에서 학업을 마친 후 최소한 2년 안에 고국으로 다시 돌아가야 한다는 조건을 워싱턴이 보다 엄격하게 적용할 것을 요구하였다. 보도에 의하면 중국 정부는 또한 연구과정이 끝나서 고국으로 돌아와야만 하는 중국 국적소지자들 명단을 미국 정부에 건네 주었다고도 한다. 워싱턴은 방문학자들이 정식 학위과정에 들어감으로써 귀환연기를 위한 J-1비자 취득을 방지하겠다고 동의했다. [57)

또한 1987년에도 베이찡은 외국유학에 대한 새로운 규제안를 발표하였다. 그것은 외국유학을 신청하기 전에 학생들은 중국 대학에서 전 과정을 이수해야 한다는 것과 대학졸업자는 외국으로 나가기 전에 당분간 중국에서 일할 것을 요구하는 것이었다. 그 규제는 학사와 석사급 지원자들의 용기를 꺾고, 학생과 학자들에 대한 연령상한을 부가함으로써 미국에서 공부하려는 적합한 사람들의 숫자를 제한하려는 것이었다. 또한 재정적 후원의 성격과는 무관하게 F-1비자(개인적으로 후원받는 학생에 대한 것) 대신에 J-1 비자(국가에 의해 후원받는 학생에 대한 것)를 적용할 것을 요구함으로써, 유학생들이 미국에서 연구과정을 마치고 2년 안에는 고국으로 돌아가야 한다는 미국의 조건에 따르도록 만들었다.

뿐만 아니라, 그 규제안은 미국에 가는 중국 학생들과 학자들이 해외에서 연구를 마친 후 귀국한다는 내용으로 고국의 기관들과 계약서를 작성하도록 하였는데, 이것은 매우 심각한 논란을 불러 일으켰다. 몇몇 사례를 보면 이런 동의서는 만약 계약기간이 위반될 때엔 중국 기관에 금전적 배상을 한다는 규정을 명기하고 있었다. [58) 그 규제안은 항상 엄격

57) *Asian Wall Street Journal Weekly*, October 19, 1987, p. 20.

58) *Asian Wall Street Journal Weekly*, October 19, 1987, p. 20 ; Linda A. Reed, *Education in the People's Republic of China and U.S.-China Educational*

하게 시행된 것은 아니지만, 많은 미국인들에게는 중국이 미국과의 학문 교류 프로그램을 확대하는 것이 아니라 축소하려 하고 있다는 인상을 주는 것이었다.

미국은 또한 1988년 초에 중국 정부가 1년에 8천 명에서 약 3천 명 선으로, 심지어 6백 명 선으로 미국에 나가는 학생과 학자의 출국비자 수를 줄이려고 결정했다는 보고서들로 말미암아 골치를 썩이게 되었다.[59] 사실상, 그 규칙들은 정부가 후원하는 학생들과 학자에게만 적용되었지 사적으로 후원받는 개인들에게는 영향을 미치지 못했다. 더구나 만약 그 새 규제안이 미국에서 공부하는 중국인들의 숫자를 제한하려는 시도였다면 — 여전히 논쟁적인 쟁점이지만 — 그 규제는 시행과정에서 수정되거나 위반되었다고 할 수 있는데, 1988년에 미국 비자를 받은 중국 학생들의 수는 그 전해보다 오히려 증가했기 때문이었다. 그러나 이러한 보고들은 비록 과장되거나 왜곡되었더라도, 많은 미국인들에게는 중국 정부가 미국의 관념, 가치, 제도에의 노출이 가져오는 오염적 영향을 두려워하기 때문에 학문교류를 제한하고 있는 것으로 비쳐졌다.

4. 인 권

미·중 정치사회체제의 엄청난 차이에도 불구하고 인권은 1980년대 중반까지 미·중 관계에서 주요한 쟁점이 아니었다. 1969~1970년에 베이찡과 워싱턴 간에 화해가 시작되었을 때 중국은 문화대혁명 — 수십만의 중국인들이 목숨을 잃고 수천만의 사람들이 박해를 받은 폭압적이고 광폭한 시기 — 의 최절정기에 달해 있었다. 그러나 이런 사실들이 닉슨 행

Exchanges (Wasshington: National Association for Foreign Student Affairs, 1988), pp. 91~92.

59) *New York Times*, March 24, 1988, pp. A1, A5.; *New York Times*, April 4, 1988, A5.

정부가 베이찡과 관계개선을 추구하는 것이나 미국이 대중국 정책에서 인권은 중요한 고려사항이 아니라고 말하는 것을 가로막지는 못했다. 닉슨이 마오에게 말했듯이, "중요한 것은 한 민족의 내적인 정치철학이 아니라 세계의 다른 부분과 우리에 대한 그들의 정책"이었던 것이다.[60] 베이찡은 이러한 말— 미국은 상하이 공동성명에서 중국의 내적 문제에 대한 불간섭원칙을 기꺼이 포함시켰다 — 을 미국이 중국의 인권문제에 대한 공식적인 비난을 삼가할 것이라는 무언의 약속으로 여겼다.

마오 이후 시기의 초기에도 중국은 단지 제한적인 정치자유화와 개혁과정을 시작했을 뿐 기본적인 인권의 침해는 여전히 광범위하게 남아 있었다. 그러나 인권증진을 외교정책의 한 초석으로 여긴 카터 행정부조차도 중국과의 관계에서 인권을 강조하지는 않았다. 물론 카터는 1979년 1월 덩 샤오핑과의 회담에서 그 문제를 제기하려고 하였다. 그러나 그는 과거 중국의 인권침해가 어떠했든 이제는 상황이 훨씬 나아지고 있다는 덩 샤오핑의 답변을 수용하였다.[61] 비록 미 국무성은 1979~1980년 민주주의 벽 운동의 활동가였던 웨이 징셴의 구금에 대해서 중국측에 온건한 비난을 가하였으나,[62] 연례 인권보고서에서는 중국을 꼬집어 비난하지 않았다. 나아가 1979년 달라이 라마의 미국 방문중에 그가 공식적 회합에 참가하지 못하도록 저지하기도 하였다.[63] 카터행정부는 중국측이 이민의 자유를 계속적으로 제한했음에도 불구하고 1980년 쌍무무역협정의 일부로서 중국에 대한 최혜국지위(most-favored-nation status, MFN)의 연장을 제안하였고, 의회는 이를 승인하였다.

그렇다고 미국의 개별적인 시민들과 조직들이 미국 정부에 비해 중국

---

60) Richard Nixon, *RN: The Memories of Richard Nixon* (Grosset and Dunlap, 1978), p. 562.
61) Jimmy Carter, *Keeping Faith: Memories of a President* (Bantam Books, 1982), pp. 203, 207.
62) *New York Times*, October 18, 1979, p. A3.
63) *Washington Post*, September 12, 1979, p. D8.

의 인권문제에 대해 보다 많은 주의를 기울인 것도 아니었다. 학자들이
쓴 인권관련 서적과 논문들이 몇 편 있었으나 이런 것들은 주로 서술적
이고 분석적이었다. 그 어느 것에도 중국의 자유화를 증진하기 위한 미
국의 적극적인 행동을 호소한 것은 없었다.[64] 예를 들어 이 주제를 다룬
한 논문은 이런 고백으로 결론을 맺고 있었다. "우리가 도와주기를 원하
는 사람들에게 해를 끼치지 않고 지원할 수 있도록 우리의 관심을 표명
해야 할 적절한 시간과 가장 효과적인 방법을 아는 것은 쉽지 않다."[65]
미국의 주요한 인권조직 중 어느 것도 중국을 자기 활동의 주요한 표적
으로 삼지는 않았다.

　1980년대 중반까지 인권은 몇 가지 이유에서 미국의 대중 관계에서 큰
역할을 하지 못하였다. 1960년대 말과 1970년대 초 문화대혁명의 10년
동안에는 중국의 인권남용이 효과적 억압과 이상적 선전의 조합을 통해
감춰질 수 있었다. 게다가, 그 당시 많은 미국인들은 미국의 베트남 참
전에 대해 걱정을 하고 있었고 미국 국내문제에 마음이 더 팔려 있었기
때문에 인권침해에 대해 다른 국가들, 특히 과거 서구 제국주의의 희생
자였다고 주장하는 그런 국가들을 비난하는 것이 별로 내키지 않았다.

　1970년대 말과 1980년대 초에는 문화대혁명의 비극이 해외에 보다 더
잘 알려지게 되었는데, 그것은 단지 중국 지도자들이 마오주의 시대 말
기가 그들에게는 큰 재앙이었다는 것을 인정하였기 때문이었다. 그러나
이제 중국은 때때로 멈추기는 하지만 경제 및 정치자유화를 향하여 점진
적으로 움직이는 것처럼 보였다. 사회에 대한 국가의 장악력이 이완되고
언론과 학문활동이 보다 자유로와지고 있었으며, 정치적인 언로가 개방

---

64) 다음을 참조. Peter R. Moody, *Opposition and Dissent in Contemporary China*
　　(Stanford: Hoover Institution Press, 1977); Merle Goldman, "Human Rights
　　in the People's Republic of China," *Daedalus*, vol. 112 (Fall 1983), pp. 111~
　　138; Susan L. Shirk, "Human Rights: What about China?" *Foreign Policy*,
　　no. 29 (Winter 1977~78), pp. 109~127.

65) Goldman, "Human Rights," p. 137.

되고 법체계도 덜 자의적이고 보다 예측가능하게 되고 있었다. 이러한 조건에서는 고발하기보다는 격려하는 것이 더 필요한 것처럼 보였다.

더욱이, 당시 중국 문제에 관한 미국의 많은 전문가들과 미국의 대중 정책을 책임지고 있던 많은 미국 관리들은 인권문제에 관한 미국의 대중 압력은 비생산적인 것이라고 판단하고 있었다. 그들은 중국 지도자들이 인권상황 개선을 위한 미국의 요구를 중국의 내정에 대한 부당한 간섭으로 여길지도 모르고, 그래서 미국과의 안정적 관계를 반대하는 보수파의 세력을 강화시킬지도 모른다는 사실을 우려하였다. 또한 중국의 특수한 개인이나 집단들과 미국 정부가 어떤 공식적인 연결을 맺는 것이 그들을 보호하기보다는 불이익을 줄지도 모른다는 우려도 존재하였다. 1984년 초 레이건 행정부의 전직관리가 말했듯이, "우방국과 그런 종류의 문제를 다루는 방법은 개인적 외교와 사적 논의를 통해야지 공식적 회담을 통해서는 안 된다"는 것이었다. 66)

마지막으로 가장 중요하게도 인권에 대한 관심은 미국의 대중 정책에서 단지 한 요소로만, 그것도 부차적 요소로만 여겨졌다. 1970년대 초에는 중국과의 화해가 동아시아에서 미국의 전략적 부담을 줄이고 베트남 분쟁으로부터 미국을 구해내며 소련과의 데탕트를 증진시키는 하나의 방법으로 여겨졌다. 분명한 것은 중국의 인권상황에 대한 혐오가 인권개선을 목적으로 한 개입까지 허용하는 것은 아니라는 점이었다. 1970년대 말과 1980년대 초에 중국과의 지속적인 전략적 동맹은 팽창주의적 소련을 견제하기 위한 것으로 여겨졌다. 이러한 전략 속에서, 그리고 특히 중국의 정치적 환경이 개선되고 있는 것처럼 보이는 상황 속에서 인권에 대한 고려는 부차적 지위만을 차지하였던 것이다.

그러나 1980년대 중반에 이르면서 예전에 카터 행정부에서 인권을 책임지고 있던 관리들이 "국제적 책임으로부터 중국의 면제"라고 묘사했던

---

66) "Background Briefing by Senior Administration Official on the President's Visit to China," White House, Office of the Press Secretary, March 21, 1984, p. 17.

몇몇 조건들이 변화되기 시작하였다. 67) 국내외의 중국 지식인들은 자유와 민주주의의 이름으로 더욱 진전된 정치개혁을 강력하게 요구하기 시작하였다. 그들은 단순히 문화대혁명 기간 중에 자행된 인권침해만이 문제가 아니라 마오 쩌뚱 사후 10년 동안 지속되어 온 중국 정치체제의 부적절성이 문제라고 주장했다. 비록 이런 지식인들은 1986~1987년 이전에는 중국 밖에서 잘 알려져 있지 않았지만, 그들의 항의는 국제적 관심과 지지를 끌어내었고, 그들에 대한 처리는 중국 정부의 정치개혁 공약에 대한 중요한 시험대가 되었다. 중국 내부에서의 저항은 미국에 있는 중국 학생들과 학자들의 활동에 의해 반향되었는데, 그들은 중국 정부에게 억압의 종식과 보다 급속한 정치적 자유화를 요구하는 공개서한을 발송하였다.

더구나 세계와의 보다 많은 접촉을 위해 중국이 문호를 개방함에 따라 그 외의 인권문제들도 더 많이 알려지게 되고 외국의 보다 광범위한 감시 아래 놓이게 되었다. 미국의 많은 관찰자들은 특히 베이찡의 대티벳 정책과 가족계획정책에 대해서 관심을 표명하였다. 오래 전부터 일부 미국인들은 1950년에 발생한 중국의 티벳에 대한 강제 점령과 1959년의 반란에 대한 강제 진압, 티벳에서 불교의 자유로운 관행을 금지하는 것 등에 대해 분개하고 있었다. 비록 1976년 마오 사후에 티벳의 상황이 많이 개선되었지만 그곳의 티벳 거주자들과 달라이 라마가 이끄는 외국 망명자들, 그리고 미국 내 그들의 지지자들을 만족시킬 정도는 아니었다. 아울러 중국의 출산통제 프로그램의 강제적 측면에 대한 비난도 점증하였는데, 그것은 지방정부가 지정한 출산 허용치를 어기는 부부에게 경제적인 제재와 아울러 심지어는 낙태와 불임까지 강제하는 것이었다.

중국 국내상황에 대해 1984년과 1985년의 미국측 인식을 특징지은 다소 순진한 만족감 역시 점차 사라졌다. 비록 언론은 여전히 중국의 경제개혁 프로그램에 대해 열광적이었지만 정치적 자유화의 과정이 후퇴하고

---

67) Roberta Cohen, "People's Repblic of China: The Human Rights exception," *Human Rights Quarterly*, vol. 9 (november 1987), pp. 447~549.

있다는 인식 또한 증가하였다. 특히 1986년과 1987년에 발생한 학생소요 —1978~1979년의 민주주의 벽 운동 이래 최초의 심각한 저항이었던— 는 중국의 인권상황이 기대했던 것만큼 빨리 개선되고 있지 않다는 경각심을 불러 일으켰다. 언론기사들도 정치개혁 없는 경제개혁의 위험성을 경고하기 시작하였다. 1984년 베이찡의 개혁프로그램이 가진 무한한 잠재성을 찬양한 바 있었던 《월 스트리트 저널》은 중국이 이제는 공산주의와 민주적 시장경제 사이의 "담장 위에 앉아 있다"는 식으로 초라하게 묘사하였다. 68)

마지막으로 국제환경의 변화도 중국의 인권상황에 대한 비판을 보다 용이하게 만들었다. 명백하게 미국은 소련에서 자행된 인권의 남용에 대해서는 공격하면서도 중국에서 발생한 유사한 사태에 대해서는 비난을 삼가하는 이중적 잣대를 채택하고 있었다. 그러나 점차로 그런 이중 기준에 대한 정당화가 사라지고 있었다. 미·소 관계의 개선으로 모스크바를 의식한 중국 카드의 효용성이 감소하였고 베이찡과의 전략적 관계를 유지하기 위해 중국 내부의 억압에 대해 비판하지 않고 침묵하는 것이 더 이상 필요하지 않게 되었다. 미하일 고르바초프가 소련에서 시작한 자유화 정책이 부분적으로는 서방의 압력에 대한 반응의 성격을 띠고 있었기 때문에 중국에 대한 비슷한 압력이 여전히 비생산적이라거나 부적절하다고 주장하는 것이 더 이상 타당하지 않게 되었다. 뿐만 아니라, 세계 도처에서 전개된 정치적 자유화의 물결—특히 남한, 타이완, 칠레, 그리고 아르헨티나—은 중국에 여전히 남아 있던 인권침해를 보다 부정적으로 평가하도록 만들었다.

1980년대 후반 미국의 대중 정책에서 인권에 대한 관심은 특히 세 가지 영역, 즉 가족계획, 티벳, 중국 지식인들의 처리문제 등에서 현저하게 나타났다. 1983년과 1985년 사이에 미국 언론들은 중국의 산아제한 프로그램의 강압적 측면들에 대한 몇 가지 보고서를 출간하였다. 이에

---

68) *Wall Street Journal*, October 2, 1986, p. 30; *New York Times*, December 24, 986, p. A14.

따르면, 중국은 산아제한을 강제하기 위해 경제적, 심리적 인센티브를 사용할 뿐만 아니라, 강제적 낙태와 불임수술까지 요구하는 것으로 나타났다. 69) 한편 중국 정부가 한 명의 자녀만 갖도록 강요함으로써 여아살해의 관행이 확산되었는데, 이에 대한 관심도 꾸준히 증가하였다. 당시 중국의 가족계획 정책에는 유엔인구활동기금(United Nations Fund for Population Activities, UNFPA)도 일정하게 관여하고 있었는데, 그 기금이 사실상 그곳의 강제적인 출산통제 프로그램을 지원하고 있다는 비난이 제기되었다. 물론 UNFPA가 중국의 강제적 출산통제 정책에 직접적으로 관련되었는지, 혹은 강압적 낙태와 불임수술이 중앙정부의 의도적 정책인지 아니면 지방관리들에 의한 왜곡인지 등에 관한 의문들이 없었던 것은 아니었다. 그러나 이러한 의문들은 만기 낙태와 의무적 불임수술에 관한 보고서들에 밀려 관심 밖으로 밀려났다. 70)

레이건 행정부는 낙태를 출산통제의 수단으로 이용하는 데 대해 반대하였기 때문에 낙태나 강제적 인구조절 프로그램을 지원하는 어떠한 외국정부나 국제조직에 대해서도 경제원조를 거부하기로 이미 결정한 바 있었다. 그러한 결정에 기초하여 백악관은 중국의 인구조절 프로그램에 대한 유엔기금의 관여 여부를 조사하던 1984년과 1985년 사이에 일시적으로 UNFPA에 대한 미국 부담금의 50퍼센트에 해당하는 금액의 기부를 유보하기도 하였다. 결국 미국 국제개발기구의 자세한 조사를 통해서도

---

69) 이런 보고들은 다음을 참조. Michael Weisskopf, *Washington Post*, January 6, 985, pp. A1, A30; January 7, 1985, pp. A1, A20; January 8, 1985, pp. A1, A10.; Steven W. Mosher, *Broken Earth: The Rural Chines* (Free Press, 1983); *Wall Street Journal*, July 25, 1983, p. 11; *Wall Street Journal*, May 13, 1985, p. 23.; *Washington Post*, April 10, 1988, pp. B1, B4.

70) 출산통제 문제는 다음에서 분석되고 있다. Zhu, *Congress and American Normal Bilateral Foreign Policy*, chap. 7; Barbara B. Crane and Jason L. Finkle, "The United States, China, and the United Nations Population Fund: Dynamics of US Policymaking," *Population and Development Review*, vol. 15 (March 1989), pp. 23~59.

UNFPA와 중국의 강제적 낙태 간의 연계를 알 수 있는 맹백한 증거는 발견되지 않았다. 따라서 1984년에 일시적으로 보류되었던 기부금은 중국에서 사용되지 않는다는 조건으로 UNFPA로 이관되었다. 그러나 레이건 행정부가 중국의 가족계획 관행에 대해 계속 관심을 가지고 있었기 때문에 미국 국제개발기구는 1985년 3월에도 여전히 1,000만 달러 — 중국에 대한 UNFPA의 전체 프로그램 액수와 같고 미국 기부금의 약 20퍼센트에 해당하는 금액 — 에 이르는 기부금의 지출을 보류하였다.

그러나 뉴 저지주의 공화당 상원의원인 크리스토프 스미스가 이끄는 낙태반대 의원들은 행정부의 접근방식에 대해 여전히 불만이었다. 그들은 UNFPA에 대한 미국의 지원을 완전히 금지하도록 요구하기 위하여 중국의 가족계획 관행에 대한 논쟁을 활용하기로 마음먹었다. 스미스의 제안은 먼저 중국에서 시행중인 모든 인구 프로그램에 대한 미국의 원조를 중지시킴으로써 두 가지 쟁점을 연결시키려는 것이었다. 많은 논쟁을 거친 후 1985년 8월 하원의 잭 켐프(공화당, 뉴욕주), 상원의 다니엘 이노우에(민주당, 하와이주), 상원의 제시 헬름스(공화당, 노스캐롤라이나주)에 의하여 공동 발의된 다소 느슨한 수정안이 채택되었다. 그것은 이미 대통령도 결정하였던 것처럼 "강제적 낙태나 의무적 임신중절 프로그램의 운영을 지원하거나 참여하는" 어떤 조직에 대해서도 기금을 출연하지 못하도록 금지하는 내용을 담고 있었다.[71] 한편 헬름스 등은 중국의 인구조절 문제에 관한 이러한 논란이 진행되고 있던 5주 동안 윈스톤 로드를 중국 대사로 비준하는 것을 연기시킬 수 있었다. 이러한 의회의 압력을 받고 레이건 행정부는 마침내 1986년 UNFPA에 대한 모든 기금의 출연을 중단할 것을 결정하였고 1987년과 1988년에도 그것을 시행하였다.[72]

중국의 출산 통제 프로그램을 둘러싼 논쟁은 중국과 미국의 양자관계

---

71) *Congressional Quarterly Almanac*, vol. 41 (1985), p. 112.

72) UNFPA에 대한 미국 기부금의 보류 정책은 부시 행정부에 의해서도 유지되었다.

334

에 직접적이고도 즉각적인 효과를 미치지는 않았다. 중국의 강제적 인구 정책을 비난한 미 의회 의원들의 직접적 관심사는 베이찡에 대한 제재에 있었다기보다는 주로 중국의 인권남용을 이용하여 국제 인구통제조직에 대한 미국의 지원을 줄이고 미국에서 낙태에 대한 반대여론을 불러일으 키는 데 있었다. 백악관과 국무성 또한 UNFPA에 대한 미국의 모든 기 금을 삭감했을 때조차도 중국을 따로 비난하거나 그 결정의 배경으로 중 국을 거론하지 않기 위하여 주의하였다. 그러나 중국의 인권문제가 미국 의 정치적 논쟁에서 처음으로 중요한 쟁점이 되었다는 것은 확실히 의미 심장한 일이었다. 1980년대 초반에 자행된 중국의 인권남용을 인식한 사 람들은 이후 이 문제를 다시 제기하게 된다. 73)

가족계획 문제에 비해 티벳문제는 몇 년이 더 지나고 나서야 미국의 대중국 정책에서 고려사항이 되었다. 1987년 9월과 10월에 중국 군대와 경찰은 1959년의 티벳반란 이래 가장 큰 저항운동이었던 라사의 세 차례 시위를 진압하였다. 그 당시 달라이 라마는 워싱턴을 방문하여 미 국회 의사당의 비공식회의에서 중국 군대가 철수하고 상당 정도의 정치적, 문 화적 자율성이 주어지면 티벳은 그 대가로 중국의 주권을 인정할 수 있 다는 플랜을 제시하였다. 74) 이와 관련 뉴욕 타임스는 미 국무성이 "티벳 에서 체면을 유지하라"고 주장하는 사설을 게재하기도 하였다. 75) 그리고

73) 강제적으로 낙태를 받게 된 중국 인민들이 미국에서 정치적 망명자의 자격을 부 여받을 수 있는지, 그들이 미국에 들어올 수 있는지에 대한 논쟁이 있었다. 법 무장관 에드윈 미즈는 1988년 8월 이 문제에 대해 긍정적으로 답변하였다. 그 러나 이민 및 귀화국(Immigration and Naturalization Service)은 망명이 인종, 종교, 민족, 사회집단, 또는 정치적 견해를 이유로 박해받는 사람들에게만 적용 된다는 근거에서 반대하였다. 그 쟁점은 티엔안먼 사건 이후 부시 행정부에 의 해 타결되었는데, 거기에서는 미즈의 해석이 수용되었다. 다음을 참조. *Washington Post*, August 6, 1988, p. A14; *Washington Post*, February 5, 1989, p. A16; *New York Times*, April 3, 1989, p. A13.
74) *New York Times*, October 7, 1987, pp. A1, A9.
75) *New York Times*, October 8, 1987, p. A38.

미 의회는 티벳의 상황에 대해 관심을 표명하면서 몇 가지 연관된 결의안을 통과시켰다. 거기에는 백악관이 티벳 인민들에 대한 대우문제를 중국과 관계된 활동에서 "중요한 요소"로 삼을 것을 주장하는 1987년 12월의 국무성 승인법의 수정과 티벳에 대한 중국의 정책을 비난하는 1988년 4월의 독자적인 상원 결의안 등이 포함되어 있었다. 76)

레이건 행정부는 처음에는 중국의 대티벳 정책을 비난하려 하지 않았을 뿐만 아니라 사실상 그런 비난으로부터 베이찡을 옹호하려고 노력하였다. 그것은 상원의 결의안과는 대립되는 것이었다. 국무성의 한 관리는 티벳의 상황에 대한 정보들이 대부분 "부정확하고 불완전하며 오류"라고 묘사하기도 하였다. 77) 그러나 비등하는 여론을 의식할 수밖에 없었기 때문에 1988년에는 몇몇 고위급 미국 관리들이 티벳을 방문하여 그 지역의 인권남용, 특히 수감된 시위자들에 대한 학대에 유감을 표시하였다. 먼저 4월에 국무성의 부차관보 스태플튼 로이가 방문하였고, 그 다음 8월에는 윈스톤 로드 대사가, 그리고 9월에는 패트릭 리하이(민주당, 버몬트주)를 단장으로 하는 3인의 하원대표들이 방문하였다.

마지막으로 미국은 중국 지식인들에 대한 베이찡의 탄압에 대해 보다 큰 관심을 나타내기 시작했다. 여기에서는 1986년과 1987년 초 중국을 휩쓴 학생시위의 물결이 자극제가 되었다. 그 시위는 이후 후 야오방 당 총서기의 해임과 공산당으로부터 몇몇 뛰어난 지식인들의 출당조치, 그리고 "부르조아적 자유화" — 다원적 정치제도의 주창을 의미 — 에 반대하는 정치적 캠페인이 재개되게 하는 결과를 초래하였다. 이에 대해 미국

---

76) 1987년의 결의안에 대해서는 다음을 참조. *New York Times*, October 7, 1987, pp. A1, A9. 1989년 결의안은 최소한 12명이 죽고 100명 이상이 부상당했으며, 최소한 300명 이상이 체포된, 라사에서 재개된 독립요구 시위에 대한 진압과 뒤이은 티벳에 대한 전쟁법의 적용에 대한 반발이었다. *Far Eastern Economic Review*, March 16, 1989, pp. 10~11; *New York Times*, March 20, 1989, p. A8 ; *Washington Post*, April 1, 1989, p. A17.

77) *New York Times*, October 7, 1989, pp. A1, A9.

학자 160인이 중국 대사 한 슈에게 서한을 보내 반대자들에 대한 탄압의
중단을 호소했으며, 상원의원 헬름스는 반부르주아자유화 캠페인을 비난
하는 결의안을 제출하였다. 78) 상원의원 헬름스와 데니스 데콘시니(민주
당, 아리조나주)는 미국에서 유학한 후 상하이로 귀환한 지식인 양 웨이
가 반정부 시위에 가담했다는 이유로 2년형을 선고받자 2번째 결의안을
제출하였다. 그것은 양 웨이의 석방을 호소하는 한편, 고국으로 돌아가
면 "분명히 박해를 받으리라는 공포"에 떨고 있는 중국 유학생들과 학자
들의 정치망명 신청을 받기 위해 관련부서가 보다 동정적인 고려를 해
줄 것을 요청하는 것이었다. 이 결의안은 이후 대외관계승인법령에 추가
되었다. 79)

티벳문제에서와 마찬가지로 이러한 의회의 압력에 대해 백악관은 반응
을 보여야만 했다. 1989년 2월 중국주재 미국 대사관은 중국의 가장 유
명한 반체제 인사인 팡 리지를 그 달 말 부시의 베이찡 방문시 예정된 대
통령 만찬에 초청하도록 제안하였으며 워싱턴의 중국정책 책임자는 이를
승인하였다. 흐페이에 있는 중국 과학기술대학의 부총장이었던 천체물리
학자 팡 리지는 정치개혁의 공공연한 주창자였고 그의 학교에서 시작되
었던 1986년과 1987년 학생시위의 지지자이기도 하였다. 그 때문에 그는
1987년 초 대학에서 교수직위와 당원자격을 박탈당하였지만, 중국 과학
원의 연구원 자격으로 베이찡으로 옮기는 것이 허용되었다. 부시 행정부
의 일부 관리들은 그토록 논란적인 인물을 대통령 만찬에 초대하는 것에
대해 선뜻 수긍하지 않았다. 그러나 그들도 만약 이번에 부시가 팡 리지
를 만나지 않는다면 인권에 대한 이중적 기준 때문에 비난받을 것이라는
점을 분명히 인식하고 있었다. 왜냐하면 1988년 5월 모스크바 정상회담

---

78) 서한에 대해서는 다음을 참조. *New York Times*, February 24, 1987, p. A7.
   결의안에 대해서는 다음을 참조. Robert Delfs, "Sino-US Links Are Solid
   Despite Occasional Storms," *Far Eastern Economic Review*, March 19, 1987,
   pp. 65~68.

79) *Far Eastern Economic Review*, January , 1988, pp. 14, 15.

기간 중에 레이건 당시 대통령이 소련주재 미 대사관에서 소련의 반체제 인사를 만난 적이 있었기 때문이다. 그리고 중국 관리들도 참석하는 대규모 만찬장소에 팡 리지를 초대하는 것은 대통령과 중국 반체제 인사의 사적인 회동을 계획하는 것보다는 중국 정부를 덜 자극할 것이라는 믿음이 있었다.

당연히 중국 관리들은 미국의 팡 리지 초청에 대해 격렬하게 항의하면서 만약 그것이 철회되지 않으면 중국의 최고위급 지도자는 그 만찬에 불참할 것이라고 경고하였다. 실무자 수준에서 힘든 협상을 거친 후 미국관리들은 팡 리지를 대통령 만찬에 초청은 하되 부시나 중국 고위지도자들과 인사하는 것은 허용하지 않는다는 선에서 중국측의 양해를 구할 수 있었다. 그러나 그러한 양해가 중국측 실무자들의 고위급에까지도 수용된 것은 아니었다. 중국은 사복형사의 공공연한 미행을 통해 팡 리지와 그의 미국인 경호요원이 만찬이 열리고 있는 호텔에 도착하지 못하도록 방해하였다. 이에 대해 총서기 자오 즈양은 부시에게 미국이 다당제 정치나 의회제체제를 주창하는 그런 중국인들과 연결되지 않는 것이 오히려 낫다고 하였다. 왜냐하면 그렇게 하는 것은 단지 "개혁을 되돌리고 사회 불안을 야기하는 것에 대한 핑계"를 제공하는 것으로 보았기 때문이다. [80] 정치개혁을 약속한 다른 중국인들도 사적으로 자오 즈양의 그러한 의견에 동의하였다.

결국 양측은 팡 리지를 둘러싼 대립에서 한 발짝씩 물러섰다. 백악관은 윈스톤 로드와 베이찡주재 미 대사관 직원들에게 책임을 돌리면서 팡 리지 초청을 취소하였다. [81] 부시 행정부는 또 그 문제를 대통령이 직접 야기한 것이 아니라 제임스 베이커 국무장관이 제기한 것이라고 발뺌했다. 그러면서 그 문제를 대통령의 의제에 포함시키기를 원하는 인권주창

---

80) *Renmin Ribao*, February 27, 1989, p. 1, in FBIS, *China*, February 27, 1989, pp. 22~23.

81) *Washington Post*, March 3, 1989, p. A9; *New York Times*, March 3, 1989, p. A3.

자들의 압력에도 불구하고 인권쟁점을 평가절하하였다. [82] 중국 정부는
미국의 팡 리지 초청을 "일방의 의지를 다른 이에게 강요하려는 작태"이
자 "주재 국가에 대한 무례"라고 비난하였지만, 이후 그 사건에 대해서는
더 이상 별다른 말을 하지 않았다. [83]

대립을 완화하려는 이러한 노력에도 불구하고 팡 리지를 둘러 싼 홍분
은 제법 장기간에 걸쳐 효과를 나타내었다. 이제 미국인들은 중국의 인
권문제에 대해 이전과는 달리 개인적으로 적용하게 되었다. 인권감시기
구 사무총장인 아리에 나이어가 말한 것처럼, 팡리지는 "중국의 인권문제
를 상징하는 인격체로서 등장한 그야말로 최초의 인물"이었다. [84] 그것은
비록 일시적일지라도 인권문제가 타이완 문제를 제치고 미·중 관계에서
가장 논쟁적이고 감정적인 문제로 대두하였다는 것을 보여주었다. 그러
나 중국 지도자들에게는 비록 워싱턴이 베이찡에 대해 인권문제를 제기
하더라도, 만약 중국이 그에 대해 앙갚음을 하면 백악관은 후퇴한다는
것을 보여주는 것이기도 했다.

5. 불길한 조짐들

1980년대 말에 접어들면서 양국관계의 기초가 변화하고 있다는 인식이
중국과 미국에서 공히 증대되었다. 고르바초프가 이끄는 소련 외교정책
의 온건화, 결과적인 중·소, 소·미 관계의 개선으로 미·중 관계의 전
략적 추동력이 부분적으로 제거되어 버렸다. 그렇다고 중·미 관계의 전
략적 요소가 완전히 사라졌다는 말은 아니다. 양국의 일부 분석가들, 특
히 중국과 미국의 군부 기성세대들은 여전히 소련의 잠재적 위협을 미·
중 관계의 지속적 기반으로 여겼다. 다른 이들은 한반도의 평화유지, 캄

82) *Washington Post*, February 27, 1989, pp. A1, A11.

83) Xinhua, March 1, 1989, in FBIS, *China*, March 1, 1989, p. 1.

84) *Asian Wall Street Journal Weekly*, March 27, 1989, p. 11.

보디아로부터 베트남 철수의 보증, 여타 지역적 쟁점들, 특히 아시아지역의 쟁점들을 다루는 데서 미·중 간의 지속적 협력관계가 중요하다고 지적하였다. 한편 다른 이들은 주요한 지역적 행위자이자 잠재적인 지구적 강대국으로서 중국의 지위와 초강대국으로서 미국의 입장에 비추어 볼 때 양국간의 전략적 관계는 두 나라 모두의 국가이익이라고 주장하였다.[85] 그러나 거의 모든 분석가들은 미·중 간의 전략적 명분이 1970년대에 비해 상대적으로 많이 약화되었다는 데 동의하고 있었다.

대신에 경제적 유대관계가 미·중 관계에 새로운 기초를 제공할 것이라는 합의가 대두되었다. 이미 리차드 닉슨은 1984년 레이건의 중국 방문을 앞두고 집필한 논문에서, "비록 소련의 공격위협 때문에 우리가 뭉쳤지만, 우리는 양국의 경제적 진보를 향한 열망을 통해 계속 뭉칠 수 있을 것"이라고 지적한 바 있다.[86] 대서양위원회도 역시 같은 해에 간행된 정책논문에서, 미·중 관계의 기초는 안보적 고려에서 경제적 이해로 이동하고 있으며, 따라서 특성상 삼각적이기보다는 쌍무적으로 될 것이라고 예상하였다.[87] 중국의 전문가들도 1988년 12월에 열린 미국문제에 관한 회의에서 이런 평가에 동의하였다. 그들은 앞으로 10년 동안 미·중 관계는 안보적 요소보다는 "경제적 관계, 무역, 과학과 기술협력"에

---

85) 예를 들어 다음을 참조. Huan Guocang and Corinna-Barbara Francis, "Sino-American Ties and Asian Security," *Millennium*, vol. 14 (Winter 1985), pp. 272~291; Zhang Jingyi, "The Security Factor in Sino-American Relations: Review and Outlook," Institute of American Studies of the Chinese Academy of Social Sciences and Chinese Association for American Studies *Ten Years of Sino-U.S. Relations* (Nanjing: Yilin Press, 1990), pp. 65~89.

86) Richard Nixon, "The New China Card," *Newsweek*, April 30, 1984, pp. 32~33.

87) U. Alexis Johnson, George R. Packard, and Alfred D. Wilhelm, Jr., eds., *China Policy for the Next Decade* (Boston: Oelgeschlager, Gunn and Hain, 1984), pp. 5~6.

더 의존하게 될 것이라고 예상하였다. 88)

중국과 미국의 분석가들은 미·중 관계의 기초 변화가 그 관계의 안정성에 영향을 미칠 것인지에 대해서 논의하였다. 일부는 좀더 복합적인 양자적 유대관계의 조합이 주로 지정학에 의거하던 것보다는 더 안정적일 것이라고 생각하였다. 예를 들어 1984년 5월 폴 월포위츠 국무성 동아시아태평양담당 부차관보는 양국이 "순전히 경제적인 것도 아니고 전략적인 관계만도 아닌, 차라리 어떤 복합적인 관계, 각 요소가 다른 요소를 강화하는 그런 관계"89)를 창출하고 있다고 하면서, 그러한 변화는 미·중 관계를 이전보다 더 내구적으로 만들 것이라고 지적하였다. 4년 후 앞서 언급한 바 있는 중국 학술회의 참석자들은 만약 미·중 관계가 "제3자로부터의 위협에 대처하는 것" 이상의 어떤 것에 기초하게 된다면 훨씬 더 바람직할 것이라는 결론에 도달하였다. 그들은 "미·중 관계의 기반"이 "보다 확대되고 다양해짐"에 따라 양국간의 유대관계는 "견고하고 성숙해질" 것이며, "단기적인 현상에 의해 쉽게 영향받지 않을 것"이라고 주장하였다. 90)

사실, 어떤 면에서 보면 중국과 미국의 관계는 6~7년 전보다 다양해지고 제도화되고 광범위한 기반을 다지면서 성숙해지는 것 같았다. 양국간의 경제, 문화, 전략적 유대관계의 급속한 성장은 상대방과의 안정적 관계를 바라는 각 사회부문의 이해를 증대시켰다. 즉 그러한 유대는 태

---

88) *Renmin Ribao*, December 21, 1988, p. 7, in FBIS, *China*, December 28, 1988, p. 5. 이와 관련된 요점은 그 회의에 제출된 한 논문에 잘 나타나 있다. 다음을 참조. Li Guoyou, "The Next Dimension in Sino-U. S. Relations," *Ten Years of Sino-U.S. Relations*, pp. 269~302.

89) Paul D. Wolfowitz, "The U. S. -China Trade Relationship," Address before the National Council for United States-China Trade, May 31, 1984, *Department of State Bulletin*, September 1984, p. 26.

90) Zi Zhongyun, "Convergence of Interest: Basis for Relations among Nations," in *Ten Years of Sino-U.S. Relations*, p. 39; *Renmin Ribao*, December 21, 1988, p. 7, in FBIS, *China*, December 28, 1988, p. 5.

평양을 사이에 두고 점점 더 많은 기관과 조직들이 맡고 있었는데, 다원주의적 미국과 자유화되고 있는 중국이 초기 정상화시기보다 더 광범위한 조직들이 양국관계를 맡아서 수행하도록 허용했기 때문이었다. 중국에서는 다양한 성(省)들과, 지방, 관료기구, 기업체, 대학, 연구소, 직업협회들이 미국과의 관계에서 직접적 이익을 챙기려고 하였다. 마찬가지로 점점 더 많은 수의 미국 기업들과 정부대행자, 고등교육기관, 문화조직들이 중국과 교류하거나 인민공화국에서 사업을 하고자 하였다.

미·중 관계의 제도화는 최고위급 정부관리들의 정기적 교환방문에서도 확인되었다. 1980년대 중반 미국 행정부 각료들의 중국여행, 혹은 중국 정부 각료들의 미국방문은 완전히 일상적인 일이 되었다. 세 개의 합동위원회—과학과 기술, 금융 문제, 그리고 상업과 무역 문제에 관한 것—는 양국의 각료들이 각기 그 장(長)을 맡고 있었는데, 그 관계의 기본적 요소들을 검토하기 위해 연례적으로 개최되었다. 미 국무장관과 중국 외교부장은 1년에 최소한 두 차례, 한 번은 유엔총회의 가을회기에, 그리고 또 한 번은 베이찡이나 워싱턴에서 만나는 것으로 예정되어 있었다. 심지어는 정상회담까지도 평범한 것으로 여겨지게 되었다. 중국 주석 리 시엔니엔(李 先念)의 1985년 워싱턴 방문과 1985년에는 부통령으로서, 그리고 1989년에는 대통령으로서의 조지 부시의 베이찡 방문은 이전에 있었던 다른 정상급 방문들과 비교하여 미국 언론들의 주목을 훨씬 적게 받았다.

양국간에 이러한 제도적 유대관계가 증대됨에 따라 미·중 관계는 보다 안정되는 것처럼 보였다. 양국의 분석가들은 상대방에 대해 점점 더 충분하고 상세한 이해에 도달할 수 있게 되었다. 중국의 미국전문가들은 백악관과 의회 간, 그리고 연방과 지방정부 간의 권력 분산에 대해 점점 더 익숙해지게 되었다. 따라서 그들은 중국의 이익을 침해하는 것 같은 미의회의 조치나 지방정부의 결정들에 대해서도 예전보다 훨씬 덜 과민한 반응을 보이게 되었다. 91) 미국의 중국전문가들도 중국 정치의 역동성에 대해 더 이해하게 되었고, 1980년대 중국을 특징지은 경제개혁과 침

체, 그리고 정치적 이완과 수축의 순환에 대해서 과장되게 이해하지는
않게 되었다. 양국이 1980년대 초 그들 사이의 위기를 성공적으로 극복
해낸 사실도 미·중의 유대관계가 이제는 내구적이고 강력하다는 느낌을
갖도록 만들었다.

태평양의 양쪽 모두에서 미·중 관계에 대한 보다 큰 정치적 합의가
존재하는 것처럼 보였다. 미국에서는 중국과의 지속적이고 안정적인 관
계가 바람직하다는 데 대해 미국 사회의 거대 집단들이 더 이상 반발하
지 않게 되었다. 공공여론조사는 중국과의 우호적 유대관계에 대한 광범
위한 지지를 보여 주었다. 1986년에 실시된 조사에서 미국 시민의 60퍼
센트와 미국 여론지도층의 거의 89퍼센트가 미국은 중국에 대해 엄청난
이해관계가 있다고 대답하였다. [92] 1985년에는 1972년의 23퍼센트와 비
교되는 71퍼센트의 시민이 인민공화국에 대해 호의적인 견해를 가지고
있는 것으로 나타났다(표A-I). 2차 세계대전 이래 처음으로 1984년이나
1988년의 대통령 선거운동에서 대중국 정책이 그다지 중요한 쟁점이 되
지 않았다.

중국에서도 역시 미국과의 협력적 관계를 유지하는 데 대한 대체적인
합의가 존재하는 것처럼 보였다. 중국은 1970년대 후반과 1980년대 초반
에 이미 추방, 교체, 해임 등을 통해 대미 개방에 반대하는 인사들의 대
부분을 제거하였고, 미국과 경제적이고 과학적인, 그리고 심지어는 제한
적이지만 전략적인 유대관계를 맺는 것이 중국에게 분명한 이익이라고
믿는 사람들을 기용하였다. 물론 일부 보수적인 중국 지도자들은 미국이
중국의 현대화를 위해 진정으로 성실한 조력을 제공할 의사가 있는지에
대해 여전히 유보적인 입장을 표시하였고, 다른 이들은 미국의 관념과
가치가 중국 사회에 미치는 부식적이고 불안정한 영향을 우려하기도 하

---

91) 예를 들어 다음을 참조. Xinhua, December 6, 1983, in FBIS, *China*,
    December 6, 1983, pp. B1~B2.
92) John E. Rielly, ed., *American Public Opinion and U.S. Foreign Policy*
    (Chicago Council on Foreign Relations, 1991), p. 19.

였다. 그러나 1980년대 중반에 이르면 이러한 비판자들은 노쇠하고 심지어는 적절하지 못한 지도자 집단으로 인식되었다. 그들의 관점은 분명 소수를 대변하는 것이었으며, 그들의 정치적 권력은 분명히 쇠퇴하고 있었다. 더욱이 베이찡 밖에서도 지방지도자들이 미국과의 보다 확장된 접촉을 가지기 위해서 대단한 열성을 보이고 있었다. 그들은 베이찡에 있는 지도자들을 괴롭혔던 정치적이고 이념적인 제약 조건에서 훨씬 더 자유로울 수 있었다.

이러한 강력한 정치적·제도적 기초 위에서 당시 많은 사람들이 이전보다 더 안정되고 유연한 것으로 인식하던 관계가 설정되고 있었다. 1986년 12월 개스턴 시거 국무성 동아시아태평양담당 차관보는 미·중 관계가 "안정적이고 지속적인 과정에 확고히" 서 있다고 선언하였다. 그는 그 이유를 이제 양국이 전체적인 관계를 불안정하게 만들지 않으면서 그들 사이의 차이를 "실용적이고, 비극단적이며, 사례별로" 논의할 수 있게 되었기 때문이라고 주장하였다. 93) 1987년 4월 베이찡의 미국 외교관들은, 한 보고서가 요약했듯이, 미·중 유대관계가 "인상적인 깊이, 연대성, 완강성"으로 특징되는 것으로 묘사하였다. 94) 그리고 1988년 6월 국무성 차관 마이클 아마코스트는 "우리들이 협력을 유지하면서 전체적인 관계를 발전시키는 한편, 매우 어려운 문제들을 극단적인 대립을 겪지 않고 논의할 수 있게 되었다는 것은 양국 관계의 성숙성에 대한 증거"라고 주장했다. 95)

그러나 중국 관리들은 양국 관계를 성숙한 것으로 묘사하는 데 대해 약간 부정적이었다. 그들은 대개 그 용어를 충분히 성장했거나 충분히

---

93) Gaston J. Sigur, Jr., "China Policy Today: Consensus, Consistence, Stability," *Current Policy*, no. 901 (Department of State, December 1986), pp. 1, 3.

94) *Far Eastern Economic Review*, March 19, 1987, pp. 65~67.

95) Michael H. Armacost, "China and the U.S.: Present and Future," *Current Policy*, no. 1079 (Department of State, June 1988)

발달했다는 식의 생물학적 의미로 사용하면서, 성장을 위한 많은 잠재력이 여전히 실현되지 않고 있다고 믿었다. 그러나 그들도 미국인들과 마찬가지로 심리적이고 행태적인 패턴들을 인정하였다. 1984년 11월 중국대사 장 원진은 양국 정부가 "이제 상호관계의 중요성에 대해 훌륭히 이해하고 있고… 또한 어려움과 차이가 어디에서 연유하는지 더 잘 이해하게 되었으며… 그 차이들이 제어할 수 없게 되지 않도록 어떻게 그것들을 다룰 것인지 이해하고 있다"고 말하였다. 96) 1년 후 홍콩의 대표적인 공산계 신문인《文匯報》는 이제 양국의 차이가 "안전하고 서두르지 않는 방법"을 통해 해결될 수 있다고 지적하였다. 97)

그러나 다른 전문가들은 그다지 확신하지 않았다. 1986년 5월 미국 대사 윈스톤 로드는 "자족할 시간이 없다"라는 부제의 연설에서 "미래에도 훌륭한 관계가 반드시 유지되는 것은 아니다"라고 경고하였다. 그는 캄보디아와 중동과 같은 국제문제에 대한 중국의 입장이 미국의 입장과 분화되기 시작하면서 양국간의 전략적 동맹이 점차 약화되고 있다고 지적하였다. 그는 또한 중국과 미국은 "두 개의 완전히 상이한 사회"로서 그들의 경제·문화적 교류는 상호이익뿐만 아니라 모순도 창출한다고 말하였다. 98) 1988년 1월 중국 국무원 국제문제연구센터 총간사 후안 시앙(宦鄕)은 인권이나 중동에 대한 무기판매 프로그램을 둘러싸고 점증하고 있는 양국간의 의견차이는 미·중 관계를 "전진시키기보다는 후퇴시킬 것"이라고 경고하였다. 99) 그리고 로저 술리반 미·중 연방무역협의회 회장은 미·중 관계가 "궤도를 벗어나고 있으며" 그것의 미래는 불투명하다고 주의를 환기시켰다. 100)

---

96) *Washington Post*, November 9, 1984, pp. A37, A38.
97) *Wen Wei Po*, September 6, 1985, p. 2, in FBIS, *China*, September 9, 1985, pp. W2~W3.
98) Lord, "No Time for Complacency," pp. 2, 17, 9.
99) *Liaowang* (overseas edition) no. 2 (January 11, 1988), pp. 22~23, in FBIS, *China*, January 15, 1988, pp. 2~5.

사실상 겉으로 드러난 성숙성과 안정성에도 불구하고 1980년대 후반의 미·중 관계는 깨어지기 쉬운 새로운 몇 가지 변화를 경험하고 있었다. 미국에서는 중국과의 안정적 관계에 대한 합의가 약화되고 있었다. 이미 1986년 1월 아시아문제 책임자들은 미·중 유대관계의 전략적 명분이 퇴색함에 따라 미·중 관계에 대한 의회의 지지가 쇠퇴하고 있다는 것을 인식하고 있었다. 제시 헬름스 같은 의회의 보수파 의원들은 오랫동안 타이완의 강력한 지지자이면서 동시에 베이찡과의 긴밀한 유대관계에 대한 비판자였다. 그러나 이제 이들 베테랑 반공주의자들은 특수한 쟁점들에 대해 보다 자유주의적인 성향의 의원들과 결합하고 있었다. 즉 핵확산금지에 관해서는 상원의 글렌과 프락스마이어와, 타이완의 미래에 관해서는 상원의 크레이본 펠(민주당, 로드 아일랜드 주) 및 하원의 스티븐 솔라즈(공화당, 뉴욕 주)와, 그리고 인권에 대해서는 하원의 솔라즈 등과 결합하였다. 이들은 공히 중국의 외교정책 및 국내정책에 대한 비난을 통해 이익을 보는 사람들이었다.

반대로 이제 미·중 관계의 유지를 위해 애쓰는 의원들의 수는 더욱 줄어 들었다. 상원의원 칙 헥트(공화당, 네바다 주) 같은 소수만이 중국과의 상업관계를 증진시키기 위해 미국 무역정책을 보다 자유화시키는 데 관심을 가지고 있을 뿐이었다. 그러나 의회지도부는 더 이상 1970년대 상원의원 헨리 잭슨(민주당, 워싱턴 주), 휴 스코트(공화당, 펜실바니아 주), 쟈콥 쟈비트(공화당, 뉴욕 주) 등이 그랬던 것처럼 미·중 유대관계를 위해 힘쓰지는 않았다. 1988년 12월에 발표된 논문에서, 미국문제에 관한 재능 있는 한 중국인 전문가가 결론을 내렸듯이, "중국은 미국 의회 내에서 진정 의존할 만한 친구를 거의 갖고 있지 못하였다."[101]

---

100) Roger W. Sullivan, "China, the United States, and the World: Beyond Normalization," *China Business Review*, vol. 15 (May~June 1988), p. 20. 또한 다음에 실린 조심스런 논문을 참조. *Far Eastern Economic Review*, September 8, 1988, p. 24; *Business Week*, January 30, 1989, p. 47.
101) Zhang Yi, "U.S. Congress and Sino-U.S. Relations in the Last Decade,"

미국 내 이익집단들의 상황도 대개 비슷하였다. 오늘날에는 미·중 상 공협의회라고 불리는 미·중 연방무역협의회는 미국의 대중국 통상관계 를 증진시키고자 하였다. 국무장관을 역임한 헨리 키신저는 다른 전임 국무장관들 및 전임 대통령들과 함께 그 관계의 보다 확실한 정치적 기 초를 창출하기 위한 노력의 일환으로 미·중 협회를 설립하기도 하였다. 그러나 미국의 대중 관계가 보다 다양해짐에 따라 이전에는 그것을 무시 하던 몇몇 이익집단들이 미국의 대중 정책에 대해 비판적 주의를 기울이 게 되었다. 미국 섬유산업계는 중국으로부터의 섬유수입을 반대하였다. 미국 인권단체들도 중국의 정치적, 시민적 권리들의 상황에 관심을 가졌 다. 낙태를 반대하는 사람들은 베이찡의 강제적 가족계획에서 나타나는 낙태남용의 극적인 사례들에 주목하였다. 핵확산금지를 주장하는 사람들 은 대중 핵협력과 관련된 논의에 개입하였다. 그리고 일부 타이완계 미 국인들이(포모산 공공문제협의회를 통해)타이완의 자결을 내세우고, 일부 중국계 미국인들(미국 시민이 아닌 중국 학생들과 학자들을 포함하여)은 중 국 본토의 인권문제를 제기함에 따라 미국의 대중국 정책은 어느정도 인 종정치의 대상이 되기도 하였다.

심지어 행정부처 내에서도 미·중 관계의 정치적 기반이 분명하게 약 화되고 있었다. 이전의 정상화 이후 시기에는 베이찡과의 군사적 유대관 계 강화를 둘러싼 격렬한 논쟁을 제외하고는 관료들간에 중국과의 밀접 하고 확장된 관계의 발전을 긍정하는 매우 광범위한 합의가 존재하는 것 같았다. 그러나, 1980년대 후반에 이르러 부처간에 틈새가 벌어지기 시 작했다. 비록 국무성의 동아시아태평양 담당부서는 국내의 정치적 압력 으로부터 미·중 관계를 방어하려 하였지만, 인권문제를 둘러싸고 인권 및 인도적 문제를 담당하는 부서와 싸움을 벌여야 했고, 동아시아 부서 가 때때로 패배하기도 하였다. 중국과의 경제관계 증진을 책임진 상무성 은 수출통제의 완화를 지지하였다. 그러나 그들의 이런 활동은, 특히 중

---

in *Ten Years of Sino-U.S. Relations*, p. 185.

국 실크웜의 대이란 판매를 둘러싼 논쟁 후에 국방성의 일부 관료들의 저항에 직면하였다. 102) 경제자문위원회는 중국의 상품수입을 제한하려는 보호주의적 흐름들에 대항해 싸웠지만, 미국 무역대표부의 저항에 직면하였고, 중국 미사일을 이용해 미국 위성을 궤도에 쏘아 올리는 것을 허용하자는 제안도 교통부의 격렬한 반대에 부딪쳤다. 103)

아마 가장 중요한 것은 1980년대 후반에는 많은 미국 관리들이 10년 전보다 훨씬 약화된 신뢰와 존중으로 중국을 대하게 되었다는 점이다. 1976년 대통령으로 선출된 지미 카터가 중국 지도자들을 과연 믿을 수 있는가 하는 질문을 하자, 키신저는 다음과 같이 대답하였다. "그들은 협정의 문구와 정신 모두를 세세하게 이행할 것이다."104) 그러나 1989년 중반경에 이르러 베이징이 1983년과 1984년 미국과의 쌍무적인 곡물협정을 준수하지 않고, 1987년과 1988년 중동에 대한 무기판매를 부인한 결과 그러한 신뢰감은 대부분 사라지고 말았다. 105) 마찬가지로, 닉슨과 키신저는 중국을 국제정치질서에서 가장 중요한 5대 권력 중심의 하나로 보았지만, 레이건과 슐츠는 베이징을 먼 미래에나 지구적 성장이 가능한 하나의 지역적 행위자로만 여겼다.

이러한 사태 전개의 결과로 미국의 대중국정책에 있어서 논조의 변화가 나타났다. 1980년대 중반경 그런 논의에서 다루어진 주요한 문제는 본질상 "미·중 관계를 증진시키기 위해 미국이 할 수 있는 것이 무엇인가?" 하는 것이었다. 그러나 1980년대 후반에 이르러 이런 종류의 논의는 미국의 대중 정책이 과도하게 수용적이며 미국 이익을 충분하게 고려하지 못하고 있다는 불평에 의하여 반격을 받게 되었다. 일부 분석가들은 캄보디아에 대한 중국의 입장에 대해 미국이 너무 비굴하게 군다고

---

102) *Far Eastern Economic Review*, March 24, 1988, p. 19.
103) *Washington Post*, October 12, 1988, p. A19.
104) Carter, *Keeping Faith*, p. 188.
105) 곡물협정의 위반이 중국의 신뢰성에 미친 효과에 대해서는 다음을 참조.
   Washington Post, September 28, 1984, p. A27.

주장하였다. 다른 이들은 인권에 관한 중국의 민감한 반응에 대해 워싱턴이 너무 고분고분하게 대응한다고 주장하였다. 그리고 또 한편 다른 이들은 중국에서의 미국의 통상이익을 증진시키기 위해 백악관이 충분히 노력하지 않는다고 주장하였다. 이런 다양한 주장들의 공통된 내용은 미국이 더 이상 중국을 위해서 무엇을 할 것인가를 묻지 말고, 차라리 중국이 미국을 위해서 무엇을 할 수 있는가 물어야 한다는 것이었다.

미국에서 이러한 사태진전이 이루어지고 있던 바로 그 시간, 미국에 대한 중국의 태도에서도 어떤 변화들이 발생하고 있었다. 정상화 이후 첫 5년 동안 중국은 미국과의 관계 발전에서 타이완을 중요한 장애물로 여겼다. 그러나 이제는 1988년 이래 중요성에서 타이완 문제를 앞지르기 시작한 두번째 장애물을 자주 인용하기 시작했다. 다양한 중국인들이 서로 다르게 그 문제를 정의하였다. 어떤 이들은 그것을 문화적 제국주의로 묘사했고, 다른 이들은 문화적 침략이라고 불렀다. 한편 다른 이들은 중국의 내정에 대한 간섭으로 여겼다. 그러나 이런 상이한 용어들은 동일한 두 가지 현상을 언급하는 것이었다. 첫째, 그것들은 1980년대에 나타난 양국간의 보다 깊고 넓어진 관계를 통해 미국이 중국 인민들, 특히 도시지역 젊은이들의 정치적 가치와 태도에 영향—종종 의식적이고, 때때로 무의식적인 —을 미치고 있다는 것을 암시하였다. 106) 둘째로, 그것들은 백악관과 미 의회가—미국 기업을 위한 보다 우호적인 투자환경, 인권에 대한 보다 큰 존중, 티벳에 대한 보다 확대된 자율성, 보다 자유로운 수입체제를 요구함으로써 — 중국 정부의 경제운영 방식과 인민통치 방식의 기본적 변화를 요구하고 있는 데 대한 불평을 담고 있었다. 107)

---

106) *Ming Pao* (Hong Kong), April 15, 1987, in FBIS, *China*, April 15, 1987, p. B1.

107) 이 기간 동안 중국의 대미 비난에 대한 연구로는 다음을 참조. James L. Huskey, "America as Scapegoat: Chines Media Anti-Liberalization Campaign Focuses on U.S.," Research Memorendum (Washington: U.S. Information Agency, Office of Research, March 4, 1987).

1988년 3월에 이르러 이러한 비난은 호기심과 불안을 자극하는 새로운 형태로 표현되었다. 미국인 방문객들은 중국인들로부터 소련이 중국에 대해 외적 도전을 가하는 반면 미국은 내적 위협을 가한다는 말을 듣게 되었다. 중·소 국경에 대한 소련 군대의 배치, 소련의 아프카니스탄 침공, 베트남의 캄보디아 침공에 대한 소련의 지원, 북한과 모스크바의 군사관계의 개선 등은 중국 지도자들이 보기에는 그들의 국가안보에 대한 전통적인 위협으로 비쳤다. 이에 반해 미국의 중국 반체제운동에 대한 지지, 경제·정치개혁에 대한 압력, 점증하는 중국 지식인들과의 접촉 등은 중국 정치질서의 안정성과 중국 공산당의 정통성을 훼손하는 위협으로 여겨졌다.

중국은 역사적으로 항상 외적 위협보다 내적 위협을 더 심각한 것으로 받아들였다. 중국 통치자들은 전통적으로 중국 국경근처에 배치된 외국 군사력보다는 중국 사회 심장부로 파고드는 외국의 침투, 특히 중국 내 외국인들의 활동이 중국 인민들의 사상에 영향을 미치는 것에 대해 더 우려하였다. 존 윌스가 정확하게 지적한 것처럼, 중국 지배자들에게 있어서 진정한 위협은 외국의 침략이 아니라 중국인의 반란이었던 것이다.[108] 1930년대 초 북쪽으로부터는 일본의 침략에, 그리고 남쪽으로부터는 공산군의 반란에 동시적으로 직면하게 된 장 제스는 전자가 "피부의 질병"임에 반해 후자는 "심장의 질환"이라고 단호하게 결론지었다. 이를 1980년대 후반의 상황에 비유하면, 미국에 의해 대변되는 내부의 이념적 도전이 소련에 의해 제기되는 외부의 군사적 위협보다 더 심각하다는 것이었다.

어떤 중국인들은 이런 식의 비난으로부터 미국을 방어하고자 하였다. 어느 유능하고 사려 깊은 중국인 미국전문가는 1988년 12월 미국과의 경제·문화교류는 비록 침투적인 것 같아도 중국의 현대화를 증진시키려는

---

108) John E. Wills, Jr., "Chines and Maritime Europeans in the Late Ming and Early Qing" in Harry Harding, ed., *China's Cooperative Relationship: Partnerships and Alignments in Chinese Foreign Policy*(근간).

공통적 이해에 기초하고 있기 때문에 중국이 그 결과들을 두려워해서는 안 된다고 주장하였다. 불가피하게 일부 젊은 중국인들은 미국에 대해 "무조건적 숭배"를 했고, 일부 나이든 지식인들은 "중국의 민족적 정체성 상실"을 우려했으며, 일부 지도자들은 "대미 문화교류의 대가에 대한 우려와 의구심"을 나타내었다. 그러나 이런 문제들은 미국의 대중국 침투의 결과라기보다는 "현재 중국이 문화적으로나 경제적으로 미국에 너무 뒤쳐져 있다"는 사실을 보여주는 것이었다. 따라서 해결책은 미국의 영향으로부터 중국을 절연시키는 데 있는 것이 아니라 "전체 국민의 교육, 문화 수준을 끌어 올리고 국가의 신뢰를 다시 쌓는 데" 있었다. 109) 그러나 이러한 목소리들은 미국이 중국에 침투하여 중국을 전복하고 통제하려고 한다는 미국에 대한 비난의 목소리들과 경합해야만 했다.

미·중 관계의 미래에 관한 이러한 두 가지 전망 — 하나는 낙관적이고, 하나는 보다 조심스러운 것 — 은 1989년 말의 일련의 사태들을 통해서 예증되었다. 12월 중순 양국은 외교관계 정상화 10주년을 맞았다. 양국정부는 그것을 공동으로 기념하기 위해 축하전문을 교환하였다. 양국의 대통령은 각기 상대방 대사들을 만났다. 로널드 레이건은 한 슈를, 양 샹쿤(揚尙昆)은 윈스턴 로드를 만났다. 양국의 외무장관은 그 관계를 자축하는 화려한 리셉션을 개최하였으며 과거 10년간의 성취를 치하하고 미래의 전망을 위해서 건배하였다. 그로부터 며칠 후 미 대통령 당선자 조지 부시와 그의 부인은 크리스마스 인사를 주고받기 위해 워싱턴에 있는 한 슈의 숙소를 방문하여 영어와 중국어로 크리스마스 캐롤을 불렀다. 110) 이러한 일들은 공적, 사적 수준에서 양국간의 안정적이고 우호적인 관계를 상징하는 것처럼 보였다.

그러나 중국과 미국의 지도자들이 자신들의 성취에 대해서 서로 치하하고 있었지만, 다른 일련의 사건들은 그들이 서로를 여전히 불신하고

---

109) Zi Zhongyun, "Convergence of Interests", pp. 55~57.
110) *Washington Post*, June 28, 1989, p. A23.

있다는 것을 보여주었다. 1988년 12월 미국 정부는 중국주재 미국 외교 관들이 미국주재 중국 외교관들이 누리는 것과 동등한 여행의 자유를 누 리지 못한다고 불평하였다. 베이찡이 미국의 항의에 대해 아무런 조치를 취하지 않자 워싱턴은 시카고주재 중국 영사관 직원들의 여행을 제한하 는 보복조치를 취하였다. 이에 대해 중국은 션양과 상하이의 미국 영사 관에 대해 엄격한 제재를 가하였다. 111) 이 사건을 둘러싸고 오간 상호비 난은, 비록 우의와 성숙성이 최상의 수준에 이르렀다고 아무리 강조하 더라도 미·중 관계에는 여전히 허약성과 불신이 남아 있다는 것을 확인 시켜 주었다. 이에 대해 베이찡의 한 미국 외교관은 다음과 같이 말하였 다. "이번 갈등은 쌍방이 상호관계를 어떻게 보고 있는가에 대해 의문을 갖게 만든다. 우리는 서로를 친구로 대하길 원하는가, 아니면… 여전히 의구심을 갖고 대하길 원하는가?"112)

---

111) *Washington Post*, December 29, 1988, p. A17.
112) *Wall Street Journal*, December 28, 1988, p. A4.

제 7 장

위 기

1980년대 중반 미·중 협력의 전략적 필요성이 쇠퇴함에 따라 양국관계를 유지시킬 새로운 명분이 대두되었다. 중국인들과 미국인들은 쌍무관계의 대안적 기초로서 상호간의 경제적 이익을 지적했다. 세계 최대의 선진국과 세계 최대 개발도상국 사이에는 자연적인 상호보완성이 존재한다는 것이었다. 미국인들은 자국의 수출품을 위한 더 넓은 해외시장, 해외투자 장소, 그리고 더 값싼 소비재를 필요로 했는데, 그 모든 것들을 중국에서 찾을 수 있었다. 중국은 방대한 미국 시장에 대한 접근, 발달한 미국의 기술, 미국의 금융 및 투자자본 등을 필요로 하였다. 이런 것들은 문화, 과학, 학문 교류의 확장에 대한 두 사회의 공통적 바램과 더불어, 소련의 위협 없이도 중·미 관계를 지속시킬 수 있었다.

더욱이, 많은 미국인들과 심지어 몇몇 중국인들은 미국을 중국이 추구해야 할 모델로 보았다. 중국 경제와 정치의 빠른 변화 속도에 관심을 갖고 있던 미국인들은 중국의 레닌주의적이고 마오주의적인 제도가 바뀌어 중국이 미국처럼, 자유, 다원주의, 사적 소유권, 그리고 자유시장의 땅이 되기를 희망했다. 몇몇 중국인들, 특히 젊은 지식인들 또한 미국적인 가치와 제도—법의 지배, 복수 정당제, 경쟁선거, 그리고 언론자유를 포함하는—가 중국이 부와 권력을 얻을 수 있는 열쇠라고 보았다.

그러나 이러한 희망의 실현여부는 중국 개혁의 미래에 달려 있었다. 지난 십여 년 간 인상적인 변화가 있었음에도 불구하고, 1980년대 말 중국의 정치, 경제체제는 미국의 그것과는 너무나 달랐다. 만약 미국인들이 중국의 자본주의화와 민주화에 대한 증거를 요구한다면, 더 많은 경제 및 정치적 자유화가 필요한 형편이었다. 미국이 바라는 경제적 목적 중 몇 가지를 달성하기 위해서도 중국은 좀 더 변화해야 했다. 투자환경의 개선, 외국 수입품에 대한 중국 시장개방, 그리고 학문 및 문화교류의 극대화를 위해선 중국 사회에 가해지고 있던 행정적, 이데올로기적인 통제가 광범위하게 해제될 필요가 있었다.

타이완 문제를 조정하는 두 국가의 능력도 본토에서 벌어지는 개혁의 향배에 달려 있었다. 본질적으로, 타이완 해협을 오가는 경제적, 문화적 관계는 베이찡의 지도자들이 타이완 안보에 대한 미국의 공약을 눈감아 줄 수 있을 만큼 성장하였다. 무역, 투자, 그리고 관광의 폭발적 성장은 타이완을 좀더 긴밀하게 본토와 연결시켰으며, 점진적 통일과정이 반드시 불가능한 것만은 아니라는 추측을 불러일으키고 있었다. 그러나 이러한 진전은 본토의 경제적, 정치적 자유화정책에 그 뿌리를 두고 있었다. 다른 나라의 기업가들처럼 타이완의 기업계도 보다 시장지향적인 경제가 중국 본토에 보다 우호적인 투자환경을 만들어 낼 것으로 기대하였다. 그리고 타이완 국민들도, 만약 타이완 해협의 건너 편에서 진행중인 성공적 개혁이 두 사회의 정치, 경제, 사회적인 간격을 좁히기만 한다면, 통일이 가능할 수도 있을 것이라고 생각하였다.

이런 모든 이유들 때문에, 중국의 개혁이 순조롭게만 진행된다면, 비록 미·중 관계를 복잡하게 만들고 있는 경제적, 전략적 문제를 다룰 방법을 찾아야 하겠지만, 양국관계에 대한 전망은 당연히 좋을 것 같았다. 그러나, 개혁이 심각하게 후퇴한다면, 중국과 미국의 쌍무적 유대의 새로운 기초는 심하게 훼손될 것이었다. 중국의 퇴보는 중·미 간 경제적,

문화적 관계를 덜 매력적으로 만들고, 인권에 대한 시각차이를 더욱 악화시키며, 또한 타이완 문제의 해결 전망을 까다롭게 할 수도 있었다.

1. 티엔안먼 위기

1980년대를 거치면서 덩 샤오핑이 추진한 개혁 프로그램은 대부분의 중국 인민들에게 큰 이익을 가져다 주었다. 처음에는 농업분야에서, 그리고 이후에는 산업분야에서 경제성장률이 증가하였다. 이러한 성공은 1979년과 1986년 사이에, 노동자들의 명목임금은 두 배로, 농민들의 현금소득은 세 배로 되게 하는 등 소득의 커다란 증가를 가져 왔다. 더 쉽게 소비재를 구할 수 있게 됨으로써, 과거의 배급체제는 이완되었으며, 일반인들은 높은 소득으로 향상된 생활수준을 누릴 수 있게 되었다. 새 주택 건설 ― 도시에서는 국가가 후원하고, 지방에서는 개인소유로 된 ― 붐으로 노동자와 농민들이 새로운 가구, 라디오, 텔리비전, 카세트 레코드를 들여 놓을 수 있는 보다 넓은 공간을 제공할 수 있게 되었다. 비록, 많은 국영기업소의 만성적자와 에너지 수급 및 교통의 병목현상 등에서 드러났듯이, 여전히 심각한 비효율성이 그대로 남아 있었지만 중국 경제는 1949년 이래 최대의 활기를 맞고 있었다.

정치개혁에 한계가 있었지만 대부분 중국인들의 삶은 정치영역에서도 향상되었다. 일반적인 중국인들은 친구, 취미, 옷, 그리고 심지어 정치적 의견을 선택할 때조차 과거 마오 쩌뚱 시절보다는 훨씬 제한을 덜 받았다. 지식인들은 더욱 완화된 환경에서 학문연구나 예술활동을 할 수 있었다. 공개적인 정치적 반대나 비정통적인 문학적 표현은 여전히 규제되었지만, 그에 대한 처벌은 마오 쩌뚱 시절보다 경감되었고 자의적으로 행해지지는 않았다. 이러한 진전은 문화대혁명 시기에 많은 중국인들이 상실해 버렸던, 공산당에 대한 믿음을 다시 불러일으키는 데 도움을 주었다. 1984년에 티엔안먼 광장에서 거행된, 중화인민공화국 창건 35주년 기념식에서는 어느 정도 진심어리고 자발적인 것으로 보이는, 지도부에 대한 대중적 지지가 나타났다. 일단의 학생들이 "샤오핑, 안녕"(小平, 你好)이라는 정겨운 구호가 적힌 깃발을 들고 등장했던 것이다.[1)]

그러나, 그 십 년이 끝나갈 즈음 그리 바람직하지 못한 결과들이 확연히 드러나기 시작했다. 부패의 만연, 불평등의 확대, 급속한 인플레이션, 그리고 많은 도시인들 사이에서 부활된 정부에 대한 소외감이 그것이었다. 이런 많은 문제들은 중앙계획경제에서 시장지향경제로, 그리고 전체주의적 정치질서에서 권위주의적 체제로 이전할 때 발생하는 필연적인 결과였다. 그러나 그 결과들은 또한 중국 지도자들이 매우 중요하지만 여전히 불완전한 조치들을 통해 조심스럽고 점진적으로 개혁을 추진해 왔기 때문에 발생한 것이기도 하였다.

첫째, 마오 쩌뚱 사후 사회에 대한 정치적 통제가 느슨해지면서, 강간에서 살인, 좀도둑에 이르는 각종 범죄가 증가하였다. 정치적 관점에서 보면, 가장 위험한 것은 부패의 증가였다. 크게 보아 이러한 문제들이 갑자기 늘어난 것은 계획경제와 시장경제의 불안정한 혼합의 결과였다. 개인 기업가들은 뇌물제공 여부에 따라 공무원들로부터 호의나 혹은 제약을 받게 되었다. 똑같은 상품이 국가계획에 의해서는 낮은 가격으로 팔리면서 동시에 공개시장에서는 비싼 가격으로 팔리는 이중 가격체제하에서, 관료들은 국가로부터 싸게 사서 시장에서 비싸게 팔고자 하는 유혹을 견딜 수 없었다. 고위 관료들의 친척들은 국가 배급통로를 통해서 더 싼 물건을 입수할 수 있으며, 또 이런 관행에 깊이 관련되어 있다는 사실은 중국 사회 구석구석의 분노를 유발시켰다.

둘째, 공산당 지배하에서 30여 년 이상을 평등주의에 익숙해 왔던 사회에서는 불평등이 또한 문제가 되었다. 개혁의 초기에는, 도시 지역의 소득 불평등 정도가 감소하였지만, 1989년 초에는 다시 개혁 이전 수준보다 훨씬 심화되었다. 시골에서는 1980년대 초 이래, 농업의 탈집단화

---

1) Xinhua, October 1, 1984. in FBIS, *China*, October 1, 1984, p. K10.

와 지방기업이 설립된 결과로 소득수준의 격차가 계속 심해지고 있었다. 지역적 격차 또한 커졌는데, 그것은 중국 남동 해안지역이 해안에서 멀리 떨어진 지역보다 새로운 해외무역과 투자기회를 훨씬 용이하게 이용할 수 있기 때문이었다.[2]

본질적으로, 경제개혁은 중국의 사회구조를 뒤바꾸었다. 개인 기업가들은 이전에는 정치적으로 하류층이었지만, 이제는 경제개혁을 통해 개인적으로 가장 많은 이익을 얻는 계층이 되었다. 역으로, 비록 지식인들은 정치개혁의 최대수혜자이긴 했지만, 이전에는 중국 경제의 엘리트였던 정부고용인들과 지식인들이 새로운 경제정책하에서는 가장 적은 이익을 얻었다. 이러한 돌발적 사태는 중국 대학 캠퍼스의 분위기에도 영향을 미쳤다. 학생들은 적어도 상대적 조건에서 이전보다 현재에 더 낮은 보수를 받은 직업을 선택할 경우에 있어서의 장기적인 금전적 결과에 대해 우려하게 되었다. 역시 이전에 특권을 누렸던 또 다른 집단인 국영기업 노동자들은 여전히 보너스와 임금인상의 혜택을 받았고, 이를 통해 사무직 노동자들보다 더 빨리 소득을 증가시킬 수 있었다. 그러나 이제는 비효율적 국영기업이 더 엄격한 예산억제와 시장규칙 아래 놓이게 됨으로써, 그들도 이론적으로나마 해고와 파산의 가능성에 대해서 걱정을 해야만 했다.

세번째 문제인 인플레이션은 그 동안 주요 상품(식량, 주택, 공익사업, 운송)의 가격이 행정지도를 통해 인위적으로 낮게 책정되어 있었던 만큼, 가격개혁의 불가피한 결과였다. 그러나 1988년, 중국의 불완전한 개혁이 낳은 여러 가지 특성들 때문에, 인플레이션의 압력은 더욱 악화되었다. 기업들의 예산에 대해 엄격한 억제가 이루어지지 않는 가운데 산업임금과 보너스가 노동생산성의 증가를 상회하고 있었다. 국가 조세수입이 지

---

2) 중국 내의 불평등 심화에 관한 최근의 설명은 다음을 참조. *Guangming Ribao*, March 3, 1989, p. 3, in FBIS, *China*, March 17, 1989, pp. 36~39 ; Liaowang(해외판), no. 9(February 27, 1989), pp. 5~7, in FBIS, China, 1989, pp. 37~43.

방정부 및 개인기업에 더 많이 할당되면서 중앙수준에서는 만성적 예산 적자가 발생하고 있었다. 각 성의 지도자들은 늘어난 신용대부 및 정부 보조금을 통해 지역투자를 증대시키기 위한 재정·금융적인 자율성의 이점을 충분히 이용하였지만, 재무·경제적 수익에 대해서는 별다른 고려를 하지 못하였다. 더욱이 자오 즈양과 그의 몇몇 측근들은 개혁이 빠른 경제 성장률에 의해 촉진될 것이며, 인플레이션의 대가는 그다지 크지 않을 것이라는 안이한 가정을 하고 있는 듯했다.

이 세 가지 문제들로 인해 어쨌든 중앙정부에 대한 정치적 압력이 점증하게 되었다. 1980년대 말 중국에서는 더디게 진행되는 정치적 재구조화가 정치적 소외를 더욱 악화시키고 있었다. 더 합리적이고 제도화된 정치체제를 향한 움직임이 주춤거리면서, 중국 정부가 개혁문제를 다루기에는 너무 무능력하다는 인식이 생겨났다. 문화대혁명이 만든 낡은 교조적 전제에 대한 불신, 이를 대신할 새롭고도 설득력 있는 통치 이데올로기를 고안하지 못하는 당의 무능, 그리고 해외로부터 문제 있는 사상들의 유입 등으로 인해 정치체제의 정당성은 지속적으로 약화되었다. 국가고용인들에 대한 당의 정치적, 이데올로기적 통제의 약화, 국영부문 이외의 개인 및 집단기업들의 출현 등을 통해, 국가로부터 독립적이면서 정부에 대해서 요구할 수 있고 또 하려고 하는 시민사회의 맹아가 형성되었다. 불행하게도 그런 요구들을 경청하고 실행할 만한 새로운 메카니즘이 만들어지지 못했기 때문에, 대중들의 불만은 제도적 통로를 벗어나서 표출될 수밖에 없었다. 3)

개혁의 부정적 결과에 대한 대중들의 커져가는 불만이 한동안 분명하게 나타난 적이 있었다. 1980년대에는 간헐적 시위가 있었다. 경제문제

---

3) 중국 내의 경제개혁, 시민사회의 생성, 정치적 위기출현 사이의 관계에 대한 뛰어난 논의로는 다음을 참조. Yanqi Tong, "Economic Reform and Political Change in Reforming Socialist Societies: The Cases of China and Hungary," Ph. D. diss., Johns Hopkins University, Department of Political Science, 1991.

를 둘러싼 파업과 태업, 일본 상품의 수입에 반대하는 데모, 티벳과 같은 소수 민족지역에서 발생한 저항, 그리고 특히 1986년과 1987년 그리고 1988년 중반 학생들이 더 많은 민주주의를 요구하면서 일으킨 시위 등이 그것이었다. 그러나 이런 저항들은 중앙정부에 대한 심각한 도전이 될 정도의 폭과 깊이를 지니지는 못했다. 티벳에서 일어난 시위들은 무력으로 진압될 수밖에 없었지만, 중국 본토에서 발생한 시위들은 별다른 극단적인 조치 없이 쉽게 진압되었다.

그러나 1989년 봄에는 더 큰 저항이 발생할 수 있는 조건이 무르익고 있었다. 사회·경제적 불만뿐만 아니라 중앙 지도부의 내부 분열징후도 중국의 정치적 혼란을 조장하고 있었다. 1989년 초에는, 개혁의 속도와 내용을 둘러싸고 고위급 지도자들 사이에 논쟁이 있었다는 보도가 널리 퍼졌다. 총서기 자오 즈양이 이끌고 덩 샤오핑이 지지하는 한 그룹은 보다 완전한 시장경제화, 중앙계획의 과감한 축소, 주식 소유제도를 통한 국영기업의 민영화 등을 골자로 하는 더 급진적인 경제개혁을 추진하였다. 이 그룹은 또한 더 대담한 정치개혁을 수용하고자 하였다. 완전한 정치적 다원주의를 추진하는 것은 아니지만, 당의 역할을 제한하고, 더 생생하고 공개적인 언론활동을 촉진하며, 국가 및 지방 입법기관의 권력을 증대시키고자 하였던 것이다. 리 펑(李鵬) 총리와 원로 경제정책입안자인 천 윈(陳雲)이 이끄는 두 번째 그룹은 계획경제체제의 유지를 선호하면서, 산업의 폭넓은 민영화를 반대하고 "사회주의 정신 문명"을 진흥시키기 위한 정기적인 선전 캠페인을 제안하였다.

중국의 경제상황도 악화되었다. 주요 도시의 물가가 연간 30~40퍼센트까지 상승하였는데, 이는 다른 제 3세계 국가들의 수준에서 보면 그리 높은 것이 아니었지만, 중국에서는 지난 1940년대의 초인플레이션 이래 최고의 수준이었다. 경기의 과열은 에너지 및 원자재의 심각한 부족상태를 초래하였다. 1989년 3월, 국무원 총리 리 펑은 전국인민대표자대회에서 중국은 "몇 년간 힘든 삶을 살아갈" 준비를 해야 한다고 말했다. 국가투자에 대하여 새롭게 제한이 가해짐에 따라 고물가로 인한 저성장, 느

린 임금증가, 그리고 새로운 고용기회의 감소 등을 동반할 가능성이 생겼다. 4)

이러한 경제적 문제로, 정치 지도부 내의 균형이 자오 즈양과 같은 급진적 개혁가로부터 리 펑과 같은 조심스러운 지도자에게로 이동하기 시작했다. 이미 1988년 가을, 자오 즈양은 경제정책에 대한 통제력을 상실하였음을 인정했으며, 이듬해 봄에는 그가 당 총서기직을 사퇴할 수밖에 없을 것이라는 소문이 나돌았다. 5) 리 펑의 경제긴축 계획은 그 동안 논란이 되어 온 경제개혁의 몇몇 분야들, 특히 가격개혁과 기업 소유권 분야의 후퇴를 수반할 것이라는 추측을 불러일으켰다. 3월의 전국인민대표대회 연차모임은 그 전 해보다 분명히 덜 개방적이고 덜 민주주의적이라는 점에서 두드러졌고, 리 펑은 성 및 자치시 수준에서 더 이상의 정치적 재편은 연기될 것이라고 공표하였다. 6)

이러한 상황전개 속에서, 학생들은 1919년의 5·4운동 70주년 기념식과 그 며칠 후 베이찡에서 열리는 미하일 고르바초프와의 정상회담에 맞추어 새로운 시위를 벌일 계획을 세웠다. 그러나 우연한 사건이 이 시위의 시간표를 앞당겼다. 7) 4월 15일, 사흘 전 정치국회의에서 심장마비를

---

4) 리 펑의 보고는 1989년 3월 20일 라디오로 방송되었다. FBIS, *China*, March 20, 1989, pp. 11~31. 인용문은 p. 14에서.

5) 자오 즈양의 경제정책 통제 상실에 관해서는, Xinhua, September 6, 1988, in FBIS, *China*, September 6, 1988, pp. 35~36. 지도체제의 변화 임박에 관해서는 특히 다음을 참조. *Cheng Ming*(홍콩), no. 38 (April 1, 1989), pp. 6~8, in FBIS, *China*, April 3, 1989, pp. 39~41; *South China Morning Post* (홍콩), April 12, 1989, pp. 1, 10, in FBIS, *China*, April 12, 1989, pp. 11~12.

6) 국가인민회의의 동향에 관해서는, Xinhua, March 28, 1988, in FBIS, *China*, March 29, 1989, pp. 19~20; Xinhua, March 30, 1989, in FBIS, *China*, 1989, March 30, 1989, pp. 27~28. 정치개혁의 연기에 관해서는 '주 4'에 인용된, 리 펑이 회의에 낸 정치 보고 참조.

7) 티엔안먼 사태에 관한 설명은 다음 저자들의 분석을 참조. Robin Munro, "Who Died in Beijing, and Why, " *The Nation*, 1990. 6. 11, pp. 811~822; Nicholas D. Kristof, " China Update: How the Hardliners Won, " *New York Times*

일으켰던 전 총서기 후 야오방이 베이찡에서 사망하였던 것이다. 1987년 1월, 민주주의를 요구하는 시위에 너무 관대했다는 이유로 공직에서 강제 사임되었던 그는 이미 많은 중국 학생들의 눈에 호의적인 인물로 비치고 있었다. 그런 그가 그 회의에서 보수파의 도전에 저항하여 경제개혁을 옹호하던 중 심장마비를 일으켰다는 소문이 퍼지자 정치·경제적 자유화를 부르짖은, 박해받는 투사로서의 이미지는 더욱 강화되었다.

갑자기, 개혁의 명분이라는 제단에 순교자가 바쳐진 것이다. 몇 시간 만에 몇몇 대학 교정과 티엔안먼 광장의 혁명 순교자 기념탑에 추도 화환이 놓여졌다. 며칠 만에 학생시위대가 베이찡 심장부에서 매일같이 시위를 벌이기 시작했다. 어떤 때는 중난하이(中南海)에 있는 당과 정부 청사의 정문 앞에서 정치적 개혁을 요구하는 연좌시위가 벌어졌다. 또 어떤 때는 소수의 학생 지도자들이 인민대회당의 계단에 무릎을 꿇고 앉아 머리 위로 탄원서를 들고 닫힌 창문 너머로 자신들을 바라보고 있는 관료들에게 대화를 하자고 요청하기도 하였다.

광범위한 정치·경제적 문제들을 둘러싸고 이미 깊이 분열되어 있던

Magazine, 1989. 11. 12, pp. 38~41, 66~69, 71; *People's Republic of China*: *Preliminary Findings on Killings of Unarmed Civilians, Arbitrary Arrests and Summary Executions since June 3, 1989* (New York: Amnesty International USA, August, 1989); International League for Human Rights and the Ad Hoc Study Group on Human Rights in China, *Massacre in Beijing*: *The Events of 3-4 June 1989 and Their Aftermath* (New York: International League for Human Rights, n. d.); Lowell Dittmer, "The Tiananmem Massacre," *Problems of Communism*, vol. 38, (9월~10월, 1989), pp. 16~29; Andrew J. Nathan, "Chinese Democracy in 1989: Continuity and Change," 위의 책, pp. 16~29; Andrew G. Walder, "The Political Sociology of the Beijing Upheaval of 1989," *Problems of Communism*, pp. 30~40; Yi Mu and Mark V. Thompson, *Crisis at Tiananmen*: *Reform and reality in Modern China* (San Francisco: China Books and Periodicals, 1989); Chu-Yuan Cheng, *Behind the Tiananmen Massacre*: *Social Political, and Economic Ferment in China* (Westview Press, 1990).

중국의 중앙지도부는 이제 이러한 새로운 시위에 대한 가장 적절한 대응
방안을 둘러싸고 또다시 갈라지게 되었다. 자오 즈양이 이끄는 한 그룹
은 학생들과 대화를 하고자 하였으며, 마치 덩 샤오핑이 1978년말 민주
주의 벽 시위를 그 해 12월의 3중전회에서 개혁을 착수하는 데 이용했던
것처럼, 이 시위를 경제·정치적 재구조화의 재개를 위해 활용하려고 하
는 것 같았다. 리 펑 총리와 베이찡의 지방지도자들로 이루어진 상대편
그룹은 그 시위를 반혁명적인 것으로 규정하면서 진압할 것을 주장하였
다. 그들은 이 시위가, 자오 즈양이 이데올로기 교육에 충분한 주의를
기울이지 않고 중국 청년들 속으로 파괴적인 사상이 확산되도록 방치한
결과라고 간주하고 있었다.

이렇게 지도부가 분열된 상황 속에서는 대화나 진압, 어느 것도 일관
적이고 성공적으로 추진될 수 없었다. 4월 26일자의 《런민르바오》 사설
은 학생들이 혼란을 조장하고 정부를 전복하려 한다고 비난하였다. 그러
나 그 사설의 내용은 학생들에게 겁을 준 것이 아니라 오히려 흥분시켰
으며, 이 사설 이후 시위대에 대한 효과적인 경찰행동도 뒤따르지 않았
다. 이 사설이 나왔을 때 외유중이던 자오 즈양은 베이찡에 돌아오자마
자 학생들의 합리적 요구는 받아들여져야 한다고 말하면서, 사회 전 영
역과의 폭넓은 대화 및 자문을 촉구하였다. 그러나 당관료들과 학생대
표들 사이에 이루어진 잇따른 회담에서는 정치적 개혁에 대한 어떠한 토
의도 없었으며, 단지 당지도자들만이 학생들의 시위를 중단해야 한다고
오만하게 주장했을 뿐이었다.

중앙 지도부가 분열되어 있기 때문에 학생들과 대결이 아닌 대화로 나
아갈 수밖에 없다는 인식이 학생들 사이에 퍼짐에 따라 시위는 더욱 활
기를 띠었다. 더 많은 지지를 확보하기 위해, 5월 13일 일부 학생들은
정치적 개혁에 대한 그들의 요구를 강조하면서 단식투쟁을 감행하였다.
당 지도부의 무감각과 첨예하게 대비되는 학생들의 성실성은 폭넓은 대
중들의 지지를 이끌어 내었다. 시위의 최절정기에 시위대는 거의 백만
명에 달하는 각계 각층의 사람들을 매일 베이찡의 심장부로 끌어 모았는

데, 여기에는 산업노동자, 언론인, 그리고 심지어는 당간부, 공무원, 경찰 등도 포함되어 있었다. 문화대혁명 때처럼, 다른 도시의 중국인들도 이 시위에 참가하기 위해 수도로 몰려들었다. 베이찡 밖의 다른 많은 지역에서도 조금 작은 규모의 시위가 일어났는데, 여기에는 거의 모든 성의 성도(省都)가 포함되어 있었다.

이러한 규모의 시위에는 명확한 세부계획이 세우져 있지 않기 마련이었다. 어떤 참가자는 호기심에서, 또 다른 사람들은 의무감에서 참가하였다. 어떤 이들은 불평등과 부패에 대해 저항한 반면, 다른 사람들은 더 많은 자유와 민주주의를 요구하였다. 어떤 사람들은 중국이 필요로 하는 정치체제에 대해 확실하게 알지 못했던 데 반해서, 어떤 이들은 열정적으로 언론의 자유, 결사와 집회의 자유, 그리고 국가 입법기관의 자유선거를 요구하였다.[8] 여전히 공산당의 개혁을 지지하는 사람이 있었던 반면에, 당이 전복되어야 한다고 믿는 사람들의 수도 늘어났다. 그러나 이 모든 인민들은 한목소리로 변화를 요구했고 그 변화를 수행할 수 없는 것처럼 보이는 정부에 대해 저항하였다.

5월 19일 고르바초프가 무사히 중국을 떠나고 난 후, 엘리트들 내부에서 지속되고 있던 교착상태가 마침내 깨어졌다. 공직에서 물러난 것으로 추정되던 대부분의 원로 지도자그룹이 시위를 힘으로 종결시키라고 요구하였다. 그들에게는 베이찡의 심장부에서 벌어지고 있는 시위가 전국을 혼란으로 빠뜨리려는 위협으로 보였다. 특히 많은 산업 노동자의 참여와 독립적인 노동조합의 설립은 크게 우려할 만한 사항이었다. 각각 자율적 조직을 갖고 있는 노동자와 학생들의 동맹은 1980년 폴란드에서 발생했던 것과 비슷한 대중적 봉기의 망령을 이들에게 연상시켰던 것이다. 그리고 폴란드 공산당 지도자들과 마찬가지로 중국의 원로 정치지도자들은 유일한 해결방법은 계엄령뿐이라고 믿었다. 덩 샤오핑도 개인적으로 이

[8] 자주 인용되는 지난 4월의 발언 가운데에서, 한 학생은 민주주의가 정확히 무엇을 의미하는지는 모르지만 중국은 그 이상이 필요하다고 주장했다. *New York Times*, April 28, 1989, p. A6.

제안을 지지했으며, 그 제안을 수행하는 데 필요한 군사력을 동원하는
데에 자신의 위세를 이용할 수 있게끔 하였다.

그러나 중앙정부의 권위가 너무 약화되어 예전 같으면 공포와 복종을
불러일으켰을 이러한 조치가 이제는 공개적인 비판과 거부를 불러일으켰
다. 5월 20일 계엄령이 선포된 직후 수천 명의 시민들이 베이찡의 거리
로 몰려나와 아직 무력사용 명령을 받지 못한 육군 호위대가 도심으로
진입하는 것을 막았다. 군 지휘관들, 대학생들 그리고 성의 지도자들이
홀로 또는 공동으로 중앙정부에 대해 자제를 호소하며, 시위대에게 무력
을 사용하지 말 것을 요구하는 청원서를 보냈다. 자오 즈양은 계엄령 선
포를 묵시적으로라도 지지하기를 거부하며, 당 총서기 자리를 사임했다.
언론들은 당 지도부를 비난하기 시작했다. 한 영자신문은 덩 샤오핑을
가리켜 "비틀거리는 중국의 지도자"라고 표현했으며, 다른 언론들도 계엄
령에 대해 "수도의 거의 모든 인민들이 저항하고 있다"고 보도하면서, 인
터뷰를 한 거의 모든 시민들이 "계엄령은 필요하지도 않고 정당하지도 않
다"고 말한 것으로 전했다. 9)

이러한 시점에서 몇몇 학생 지도자들은 더 이상의 시위는 당국으로부
터 피를 부르고 역효과만 내는 유혈충돌을 유발할 수 있을 것으로 보고
시위정지를 제안하였다. 그러나 시위학생들은 이에 대해 동의하지 않았
고 시위는 계속되었다. 사실, 계엄령 발효로 시위대가 동요할 위험이 있
다고 인식한 중앙예술학원의 학생들은 5월 29일 티엔안먼 광장에 "자유
와 민주주의의 상"을 세워서 저항의 강력한 상징을 창조해 내었다. 이 행
위는 시위에 대한 대중적 지지의 새로운 흐름을 만들었다.

마침내 6월 3일과 4일 밤, 계엄령 선포 정확히 2주일 후, 시위대를 최
종 진압하기에 충분한 병력이 베이찡 주변에 모여 들었다. 그러나 문제
의 병사들은 정규군에서 차출되어, 물대포와 최루탄 대신에 탱크와 자동
화기를 소지하고 있었으며, 도시 시위를 진압하는 데 기술적으로 대처할

9) *Beijing Review*, vol. 32 (May 29~Juhn 4, 1989), pp. 7, 10.

줄도 몰랐고 또 충분히 훈련을 받지도 못한 상태였다. 아마도 군중들, 특히 노동자나 실직 청년들에 의해 야기된 산발적 폭력에 자극을 받았을 그들은 베이찡의 중심부로 이동중인 시위대에 대해 무차별 발포를 개시 하면서 티엔안먼 광장을 장악하기 위해 전진했고, 도시 구석구석에서 시 위자들을 소탕했다. 정확한 사상자 숫자는 아직까지도 불확실하지만, 그 야만적인 학살의 밤에 아마도 약 천 명의 사망자와 수천 명의 부상자가 발생하였을 것으로 추정되고 있다. 이후 정치적 탄압의 물결이 전국으로 서서히 퍼지기 시작했다. 10) 공식적으로 티엔안먼 광장의 시위는 반정부 음모에서 나온 반혁명적 폭동으로 규정되었다. 경찰은 시위 지도자들을 찾기 위해 전국을 샅샅이 뒤졌는데, 이 지도자들 중 상당수는 해외 도피 를 모색하고 있었다. 10월에는, 적어도 12명에서 아마도 100명에 이르는 시위 가담자들이 처형되었다. 4천 5백 명에서 만 명에 이르는 시위자들 이 체포되었고, 알려지지는 않았지만 이보다 훨씬 많은 사람들이 다양한 행정적 제재조치를 받았다.

티엔안먼 사건의 반향은 고위 지도자들에게까지 번졌다. 6월 24일, 제 4차 당 중앙위원회 총회는 자오 즈양을 당직에서 숙청하고 그의 측근 11 명을 정치국과 비서국에서 해임하기로 했다고 발표하였다. 11) 남은 중앙 지도자들은 때때로 시위대에게 동정적이었다고 믿어지던 성의 지도자, 중앙공무원, 그리고 군지휘관들을 개편하기 시작했다. 이 희생자 명단에 는 문화부장, 하이난성장, 그리고 베이찡대학 총장도 포함되어 있었다.

그 뒤 여러 달 동안, 탄압은 종난하이의 중앙지도부로부터 나머지 도 시 대부분으로 퍼져 나갔다. 대학교와 연구기관, 그리고 정부당국에서 정치교육이 강화되거나 다시 시작되었다. 몇몇 중앙 대중매체는 군부의

---

10) 가장 객관적인 설명으로는, Asia Watch의 보고서 *Punishment Season*: *Human Rights in China After Martial Law* (New York: Asia Watch, March 1990) 참 조.

11) 총회의 공식 성명에 관해서는, *Radio Beijing*, June 24, 1989, in FBIS, *China*, June 26, 1989, pp. 15~16 참조.

작전팀에 의해 재조직되었다. 몇몇 큰 도시에서 당원의 재등록이 이루어
졌다. 중국에서 가장 유명한 몇몇 대학의 신입생들은 수업을 받기 전에
거의 일년간 군사교육을 받아야만 했다. 이전에 해체되었던 당세포들이
정부의 각 기관에 다시 설치되었으며, 지역감시의 수단으로 주민위원회
가 부활되었다. 정치적, 경제적 개혁이 유망하던 시기가 이제 갑작스럽
고 비극적인 종말을 맞게 되었다.

2. 부시 행정부의 대응

4월말과 5월초를 거치면서 베이찡의 시위가 확대되자, 부시 행정부는
적절한 대응책을 찾고자 노력했다. 첫번째 태도는 언론자유, 평화집회,
비폭력적 저항의 권리를 지지하면서, 중국 정부와 시위대에게 자제를 촉
구하는 것이었다. 5월 4일 의회 증언에서, 국무성 동아시아태평양담당
차관보 직무 대리인 리챠드 윌리암스는 미국 정부가 "기본적 인권이 더욱
많이 존중되고 개방추세가 더욱 계속될 것"을 희망한다고 덧붙였다. 그는
또한 만약 중국 정부가 시위를 힘으로 진압한다면 미국은 대중국 정책을
재평가할 수밖에 없다고 경고했다.[12] 그 달 말, 계엄령이 발효되자 부시
행정부는 중국의 상황이 잘 해결될 것을 기대한다고 언급하면서 위의 말
을 되풀이 했다. 국무장관 제임스 베이커는 사견으로 중국의 개혁은 돌
이킬 수 없다고 말했고, 익명의 한 정부관리는 "군 내부와 사회 각 부문
에서 학생들에 대해 대단히 광범위한 지지를 보내고 있기 때문에, 아마
도 탄압이 제대로 진행되지 못할 것"이라고 말했다.[13]

---

12) *The Wave of Protest in the People's Republic of China*, Hearing before the
   Subcommittee on Asian and Pacific Affairs of the House Committee on
   Foreign Affairs, 101 Cong. 1 sess. (Washington: Governmernt Printing
   Office, 1990), pp. 11, 15~16.
13) *Washington Post*, May 21, 1989. p. A32.

이렇듯 매우 조심스러운 발언들은 미국의 과민반응이 역효과를 낼 지도 모른다는 행정부의 우려를 반영하는 것이었다. 백악관은, 시위대에 대한 미국의 과도한 지지가 베이찡의 상황을 더욱 흥분시킬 수 있으며, 어쩌면 이것은 중국의 지속적인 정치적 불안정을 야기하거나 또는 정치적 개혁의 명분을 심각하게 후퇴시킬 수 있는 탄압을 불러올 수도 있다는 점을 우려하였다. 몇몇 미국 관리들은 개인적으로, 부시 행정부가 1989년의 중국을 1965년의 헝가리와 유사한 것으로 보고 있으며, 공산주의 통치에 대해 미국이 지지하기 곤란한 정도의 저항을 조장하는 것과 같은 이전의 실수를 되풀이하지 않기로 결정했다고 말했다. 따라서, 그 시위가 절정에 달했을 때 베이커가 말한 것처럼, 미국이 "폭동을 조장하는 것처럼 보이지" 않게 하는 것이 중요하였다. 14)

그러나 6월 4일 동트기 전의 탄압으로 미 행정부로서는 더 대담한 조치를 취하게 되었다. 백악관은 대통령이 "평화로운 시위대에 대해 무력을 사용하기로 한 결정을 매우 개탄하고 있다"는 성명을 발표하였다. 15) 다음 날 부시 행정부는 중국에 대해 처음으로 일련의 제재를 가하였는데, 여기에는 미국인의 중국여행에 대한 경고, 베이찡에 대한 군수품 수출연기, 그리고 모든 고위급 군사교류의 연기 등이 포함되었다. 백악관은 베이찡의 탄압도중 부상당한 사람들에 대해 적십자를 통해서 도움을 제공하고 있다고 발표했다. 또한 미국에 체류중인 중국인 학생 및 학자들 중 귀국을 연기하고자 하는 사람들의 요구를 동정적으로 재검토할 것이라고 말했다. 부시 대통령은 중국 학생들과 회합을 갖고 그들 국가의 상황에 대해 깊은 관심을 표명했다. 16) 그리고 국무장관 베이커는, 과거 베이찡의 대통령 만찬에 참석이 금지된 바 있었던 반체제 물리학자 팡 리즈에게 베이찡의 미 대사관을 당분간 도피처로 제공하기로 결정하였다. 17)

---

14) *Washington Post*, May 21, 1989, p. A32.
15) *Washington Post*, June 5, 1989, p. A24.
16) *New York Times*, June 6, 1989, pp. A1, A15; *Washington Post*, June 6, 1989, pp. A1, A18.

이러한 조치 속에서도, 미 행정부는 처음의 보고만큼 상황이 나쁘지 않기를 바라면서, 중국의 상황이 전개되는 것을 지켜보고 있었다. 덩 샤오핑이 6월 4일과 5일의 학살에 자신이 관련되어 있지 않다고 말하거나 또는 티엔안먼 광장의 학살이 시위에 참가했던 사람들에 대한 어떠한 탄압으로도 이어지지 않을 가능성은 여전히 남아 있었다. 그러나 며칠 안에, 중국의 상황이 초기에 진정될 것이라는 희망은 실현되기 어렵다는 것이 확실해졌다. 6월 9일 대중 앞에 다시 등장한 덩 샤오핑은, 베이찡의 계엄군 지휘관들과 만나 그들의 행위를 지지하고, 시위대들을 "서구화된 예속적 부르조아 공화국"으로 사회주의 체제를 대체하려 했다고 비난했던 것이다.[18] 6월 15일 상하이에서, 세 명의 노동자에게 철도방화 혐의로 사형이 선고되었다. 사흘 후, 베이찡에서는 여덟 명의 시위가담자에게, 이제는 공식적으로 반혁명적 폭동으로 규정되는 사건에 관련된 혐의로 역시 사형이 선고되었다.

이러한 중국의 상황악화에 대응하여, 부시 행정부는 6월 20일 두번째 일련의 제재조치를 발표하였다. 국무장관 베이커는 의회 청문회에서 그가 대통령에게 두 가지 권고를 했다고 밝혔다. 하나는 미국이 국제 금융기관에 중국에 대한 앞으로의 모든 대부를 연기해 달라고 요구하는 것이고, 다른 하나는 백악관이 중국과 차관급 이상의 모든 공식교류를 연기한다는 것이었다. 대통령은 이 두 권고를 모두 받아들여서 그 해 말에 예정되어 있던 상무장관 로버트 모스바허와 재무장관 니콜라스 브래디의 방문을 취소하였으나, 두번째 제안의 내용을 각료 수준의 의례적 교류만 제외하는 것으로 재규정하였다.[19] 이와 비슷한 시기에 행정부가 공개적으로 발표하지 않은 다른 제재를 가했다는 사실이 나중에 밝혀졌는데, 여기에는 해외민간투자법인의 투자 보증연기 및 무역개발 프로그램의 융

---

17) *New York Times*, June 13, 1989, pp. A1, A10.

18) Radio Beijing, June 27, 1989, in FBIS, *China*, June 27, 1989, pp. 8~10.

19) *New York Times*, June 21, 1989, pp. A1, A8.

자연기, 중국에서 발사하려던 미국 인공위성에 대한 수출허가장 발급연기, 그리고 1985년 중국과 맺은 핵협력 협정의 이행연기 등이 포함되어 있었다. [20]

부시 행정부는 미국 단독으로 가하는 제재보다는 서구 유럽 국가들이 연합해서 가하는 제재가 훨씬 더 효과적이라고 판단했다. 그래서 미 행정부는 연합국들도 나름대로 미국과 비견될 만한 조처를 취하도록 적극 권고하였다. 6월말 유럽 공동체 정상회의는 중국에 대한 경제원조를 연기했고, 베이찡과의 고위급 관료 접촉을 연기했으며 앞으로 중국에 대한 다자적 대부를 하지 않을 것이라고 발표하였다. 이런 대응은 영국, 프랑스, 독일 같은 유럽 국가들이 이미 단독적으로 취했던 결정들을 단지 성문화한 것에 불과하였다. 이들 국가들은 또한 군사적 접촉을 연기했고, 군수품 판매를 중지했으며, 귀국을 원치 않는 중국 국민들에게 피난처를 제공하였다. 이어 7월 파리에서 열린 선진 7개국 회담에서도 이와 비슷한 결정이 내려졌다. 단지 베이찡에 대한 경제원조를 연기하는 국가의 명단에 일본이 추가되었을 뿐이다. 선진국들이 베이찡에 대한 다자적 원조를 더 이상 제공하지 않을 것이 분명해지자, 아시아개발은행과 세계은행도 중국에 대한 새로운 대부를 중지했다. [21]

그러나 베이찡에 대한 제재를 가하고 있던 바로 그 시간에도, 부시 행정부는 이 위기에 대한 미국의 지나친 반응이 중국 내정은 물론 미·중 관계에 심각한 결과를 가져올 수도 있다는 점을 깊이 우려하고 있었다. 6월 초, 몇몇 개별적 성명에서 대통령은 시위진압에 대한 "감정적 대응"을 경고했는데, 그것은 과도한 제재가 "이 관계의 완전한 단절"을 가져올 수 있거나 심지어 중국 인민들에게 "고난"을 가져올 수도 있다는 이유에

---

20) 이러한 심화된 제재들은 6월 29일 제출된 의회 제재 입법의 본문에 명시되어 있다. *Congressional Record*, daily ed., June 29, 1989, pp. H3455~3456.

21) 6월 4일 사건 이후 서방에 의해 가해진 제재들에 대한 유용한 요약은, *Business As Usual …? The International Response to Human Rights Violations in Beijing* (New York: International League for Human Rights, 1991).

서였다.22) 몇 주 후, 대통령은 일단의 상원의원들에게, 자신도 베이찡에
서 전개되는 상황에 대해서 그들과 마찬가지로 혐오감을 가지고 있으나,
공개적 비판이나 고립정책을 통해 중국에 영향을 미치려는 시도는 잘 해
봐야 무익하고 잘못되면 역효과만 낳을 것으로 생각한다고 설명하였다.
대통령과 그의 자문위원들은 또한 미·중 관계의 전략적 중요성에 높은
우선권을 부여하면서, 충동적 조치가 "중국을 다시 소련의 손아귀에 던지
는" 결과를 낳을지도 모른다고 우려하였다.23) 사실, 그 당시 미 행정부
는 아직까지 유효한 미·중 간 전략적 협력에 관한 가장 포괄적인 논의
를 《워싱턴포스트》에 흘린 적이 있었는데, 그것은 미국의 전체 외교정책
에서 중국이 갖는 중요성을 강조하기 위한 하나의 수단이었던 것이다.24)

그래서 중국에 대해 제재를 가하면서도, 부시 행정부는 가능한 한 기
존의 관계를 유지하기 위해 미·중 관계에서 나타나고 있는 위기를 해소
하고자 시도하였다. 하나의 접근 방법은 베이찡과 통신라인을 재개하는
것이었다. 특별히, 대통령은 6월 8일 덩 샤오핑에게 사적인 전화를 걸어
중국 지도자와 직접 접촉을 시도했다. 중국 소식통에 따르면, 부시는 전
화를 건 시간이 적절치 않으며(베이찡은 이른 아침이었다), 중국 지도자와
외국 지도자 간의 직통전화 접촉은 관례가 아니라는 말을 들었다고 한
다. 전하는 바에 의하면, 부시는 덩 샤오핑으로부터 전화가 오기를 기다
렸으나, 결코 오지 않았다고 한다.25)

대통령의 직접적인 이니셔티브가 무산되자, 미국은 다른 통로를 이용
하여 중국 지도자들과 접촉하려고 시도하였다. 국무장관 베이커는 팡 리
즈 문제를 해결하려는 목적에서 중국 대사인 한 슈와 일련의 회합을 가
졌다. 이 회합에서 베이커는 팡 리즈 부부가 베이찡의 미 대사관에서 제

---

22) *New York Times*, June 6, 1989, pp. A1, A15; *New York Times*, June 9,
1989, p. A22.

23) *Washington Post*, June 25, 1989, p. A25

24) *Washington Post*, June 25, 1989, pp. A1, A24.

25) *New York Times*, June 7, 1989, p. A22.

3국의 피신처로 안전하게 이동할 수 있는 길을 보장해 달라고 제안하였다. 베이커는 또한 그의 중국측 상대자인 외교부장 치엔 치치엔(錢其琛)을 7월 말 캄보디아 사태에 관한 파리회담과 9월 유엔 총회에서 잇따라 만났다. 미 행정부는 베이커와 치엔 치치엔의 만남이 일시 중지된 바 있는 그런 종류의 의례적 교류가 아니고 오히려 제3국이나 국제기구에서 벌어지는 실무 회담이라고 설명하였다.

베이커가 한 슈 및 치엔 치치엔과 공개적으로 만나고 있던 그 시간에, 백악관은 중국과 비밀 외교를 수행하고 있었다. 이것은 행정부의 몇몇 관리들에게만 알려진 조치였다. 7월에 부시 대통령은 국가안보보좌관 브렌트 스코우크로프트와 국무차관 로렌스 이글버거를 베이찡에 보내 덩 샤오핑을 비롯한 중국의 고위 지도자들을 만나게 하였다. 그들이 가지고 간 메시지는 두 가지였다. 하나는 6월 4일 이후 중국의 인권탄압에 대한 미국의 우려를 전달하는 것이었고, 다른 하나는 미·중 관계가 무너지지 않기를 바라는 대통령의 희망을 표현하는 것이었다.

대통령과 그의 자문위원들은 이러한 방문이 6월 4일 사태 이후 너무 빨리 이루어지는 것이기 때문에, 이 사실이 공개된다면 매우 부정적인 평을 얻을 것이라는 사실을 알고 있었다. 이것은 중국과 미국의 고위관리들의 교류를 금지하는 미 행정부의 규정을 어기는 것이었기 때문이다. 그러나 중국 최고위급 지도자들과 직접적이면서도 비공개적인 접촉이 필요하다는 점은 인식되고 있었다. 이글버거가 나중에 설명한 것처럼, "최고 지도자들보다 아래 수준의 사람들에게 전달되는 메시지는 명령계통의 상층부로 올라갈수록 그 내용이 부드러워지고 변하기 마련이다." 반면에 공개적인 성명은 "대중을 의식하는 태도를 취하게 하는데, 여기에서는 문제에 대한 명확한 고려보다는 체면을 유지하는 것이 더 중요하게 된다." 이글버거는 자신과 스코우크로프트 장군이 "대통령이 중국 지도부에게 보내는, 티엔안먼 사태에 대해 미국이 전율하고 있다는 요지의 메시지를 흠없이 전달했다"고 주장했으며, 이 방문을 "편하지도 즐겁지도 않았다"고 묘사했다.[26]

372

부시 행정부는 또한 미국의 제재조치의 영향이 축소되고 온건해지는 방향으로 규정하는 방법을 찾아냈다. 예를 들어, 7월 초에 행정부는 보잉757 상업용 비행기 4대를 중국에 수출하도록 허용하였다. 애초의 제재에 따르면, 이 비행기의 수출은 기술적으로 금지되어 있었다. 왜냐하면, 이러한 첨단 항공공학 시스템은 군수품 통제목록에 올라 있는 겸용 - 목적 테크놀로지의 한 유형이었기 때문이다. 그러나 백악관은 그 제재가 중국과의 민간교역까지 제한하려는 의도는 결코 없었으며, 따라서 수출 허가장이 발부될 수 있다고 주장하였다. 10월에 부시 행정부는, 미국의 기술자들과 중국군 장교들이 평화진주계획(Peace Pearl Program) 하에서 중국의 F-8 전투기에 설치할 항공전자공학 패키지를 설계하기 위해 미국에서 계속 작업하는 것은 허용한다 — 비록 중국에 대해 군수품 판매를 금지하는 규정이 계속 효력을 발휘하는 한 그 장치의 실제 이송은 허락되지 않지만 — 고 발표하였다. 이 결정은 보잉757기에 대한 수출허가장의 발급보다 더 논쟁의 여지를 안고 있었는데, 왜냐하면 이것은 두 국가 간의 군사 관계 금지에 대한 중대한 예외처럼 보였기 때문이다. 27)

간단히 말하자면, 부시 행정부는 1989년 여름 바람직한 방향으로 대중국 정책을 결정하고 있었다. 한편으로, 미 행정부는 6월 4일 사태에 대한 대응으로 중국에 강력한 제재를 가하라는 엄청난 대중의 압력을 크게 받고 있었다. 그러나 다른 한편으로, 그들은 중국 정부와 의사소통 채널을 유지함으로써 베이찡과 실질적 관계를 유지하려고 노력하였다. 이러한 제한적 제재, 약화된 수사, 중국 지도자들과의 지속적인 의사소통과 같은 정책은 부시 행정부 내에서 쟁점이 되었다. 이런 접근방법은 스코우크로프트와 주중 미국 대사인 제임스 릴리가 적극 주장하였는데, 이들

26) "Statement of The Honorable Lawrence S. Eagleburger, Deputy Secretary of State, before the senate Committee on Foreign Relations," February 7, 1990.
27) 보잉 757기의 판매에 관해서는, *New York Times*, July 8, 1989, pp. 1, 32; '평화 진주' 계획에 관하여는, *Washington Post*, October 29, 1989, p. A7.

은 미·중 관계가 유지될 만한 가치가 있으며, 따라서 더 심한 제재는 이 관계를 위험에 빠뜨릴 것이라고 믿었다. 이에 반해, 전하는 바에 의하면, 국무장관 베이커는 그런 정책들이 더 엄한 조치를 요구하는 의회와 대중들을 만족시키지 못하기 때문에 미국 내에서 격렬한 항의를 야기할 것이라고 우려하였다고 한다.[28]

그러나, 결국 대중국 정책은 바로 대통령 자신의 선택에 의해 결정될 수밖에 없었다. 부시는 오래 전부터, 1970년대 중반 미국 대사로 베이찡에 갔을 때 얻은 경험을 통해, 중국전문가의 큰 도움 없이도 중국정책 문제를 다루는 데 필요한 예비지식을 보유하게 되었다고 확신하고 있는 듯했다. 1980년, 타이완과 공식 관계를 재개하겠다는 로널드 레이건 대통령 선거 유세중 발언을 해명하기 위해 중국을 방문하기에 앞서 부시는 국무성으로부터 중국에 대하여 간략히 보고하겠다는 제의를 받았다. 그러나 부시는 "나는 이 사람들을 잘 안다"라고 말하면서 그 제의를 거절했다.[29] 9년이 지난 후, 다시 부시는 자기 스스로에게 중국에 대한 자문을 구함으로써 중국문제에 대한 정부의 실무담당자라는 평을 들었다. 더구나 외국 지도자와의 개인적인 접촉을 강조하는 것이나, 베이찡의 학살에 대한 감정적 수사를 자제하는 것, 그리고 인권보다는 전략적 관심사를 강조하는 것 등은 모두 외교정책 수행에서 부시 대통령이 일반적으로 접근하는 전형적인 방법이었다.

---

28) *Washington Post*, June 25, 1989, p. A11.
29) Philip Geyelin, "Reagan's China Syndrome," *Washington Post*, August 25, 1980, p. A19.

3. 미 의회의 대응

중국에서 위기가 시작되었을 때부터, 부시 행정부의 자제하는 듯한 접근방법은 베이찡의 사태에 대해 더 강력하게 대응할 것을 주장하는 대다수 여론 및 의회의 의견과 매우 다른 것이었다. 5월, 티엔안먼 광장의 시위가 그 절정에 이르렀을 때, 《뉴욕 타임스》는 중국에 대한 부시의 "극도의 조심스러움"과 노리에가 정부를 전복하라고 파나마 국민을 고무하는 부시의 모습을 서로 대조하는 분석을 실었다. 30) 애플과 로우랜드 에반스그리고 로버트 노박 등의 칼럼니스트들은 백악관이 안목이 짧고 수사가 빈곤하다고 비판했다. 31) 하원의 아시아・태평양 소위원회 위원장인 스티븐 솔라즈는 5월 21일, 대통령이 미국 내의 중국인 학자와 학생들을 만나는 방식 등을 통해 "공개적이고 가시적으로 대통령 스스로가 중국의 시위대라고 생각해 볼 것"을 촉구하였다. 32)

미국 정부의 무감각한 어법과 미국 국민들의 고조된 감정의 격차로 인하여 서로 매우 다른 정견을 가지고 있는 사람들은 6월 4일의 학살에 대해 더욱 강경히 대응할 것을 정부에 요구하였다. 인권감시기구는 즉시 대통령에게 공개 서한을 보내 중국에 대해 보다 포괄적인 제재를 가할 것을 촉구하였다. 여기에는 미국 대사 소환, 베이찡의 최혜국대우 지위 철회, 무역발전계획 및 해외민간투자법인의 상업적 인센티브 일시중지, 모든 군수품 판매동결, 향후 중국에 대한 기술이전 금지, 그리고 국제적 대부에 대한 반대 등이 들어 있었다. TV프로인 "Face the Nation"에 공동으로 참여한 제시 헬름스 상원의원과 스티븐 솔라즈 하원의원은, 통상

30) *New York Times*, May 22, 1989, p. A11.
31) R. W. Apple, Jr., "The Capital," *New York Times*, May 24, 1989, p. B6; Rowland Evans and Robert Novak, "Bush's Beijing Caution," *Washington Post*, May 24, 1989, p. A25.
32) *New York Times*, May 22, 1989, p. A11.

적으로는 정치적 스펙트럼의 양극단에 위치하고 있었는데, 이번에는 6월 4일 사태에 대해 미국이 더 강력하게 대응해야 한다는 데 목소리를 같이 했다. 그리고 솔라즈는 "이점과 관련해 대통령이 솔선해서 미국의 정책을 바꾸지 않는다면 의회가 대신 할 것이다"라고 경고했다. 33)

처음에는 행정부의 대응이 이러한 요구들을 만족시키는 것 같았다. 물론 인권감시기구가 추천한 정책에는 훨씬 미치지 못하였지만, 부시 행정부가 6월 5일에 취한 첫번째 일단의 제재들에 대하여 대부분의 미국인들은 호의적인 평가를 내렸다. 《워싱턴 포스트》는 이러한 정책들이 "균형 잡힌 것"으로 단순히 "겉만 번지르르한 것"이 아니라 "멋진 것"이라고 칭찬했다. 마찬가지로 그 달 말에 발표된 두번째 제재에 대해서도 《뉴욕 타임스》는, 대통령이 "그의 비판자들이 제안하는, 단순히 화만 내는 메시지들보다 훨씬 건설적이며" 굳건하고 분별력 있는 방법으로 나아가고 있다고 말했다. 34) 여론도 이런 평가에 동의하고 있는 듯했다. 6월 중순, 두 차례 별개의 여론조사에서 응답자의 대다수가 대통령이 중국에 대해 올바른 접근을 취하고 있다고 인정했다. 게다가, 두번째로 많은 응답자들은 백악관이 대중국 정책을 결정해야 하며, 의회는 이보다 하위의 역할을 맡아야 한다는 데 동의했다. 35)

이 시점에서, 의회는 대통령에게 도전하려고 하지는 않았다. 많은 의원들이 백악관에 6월 4일 사태에 대해 더 강력하게 대응하라고 압력을

---

33) *Washington Post*, June 5, 1989, p. A24.

34) *Washington Post*, June 11, 1989, p. C6; *New York Times*, June 22, 1989, p. A22.

35) 갤럽 여론 조사에서 77퍼센트, 그리고 ABC뉴스와 《워싱턴 포스트》의 공동 여론 조사에서 54퍼센트의 사람들이 부시가 중국의 사태를 다루는 방법에 동의했다. *New York Times*, June 14, 1989, p. A17; Roper Center for Public Opinion Research, University of Connecticut(6월 15일에서 19일 사이에 조사). 한편 《로스엔젤레스 타임스》 여론 조사에서는 51퍼센트의 사람들이 더 이상의 의회조치를 반대한 반면, 33퍼센트의 사람들은 의회가 추가제재를 입법화하는 데 앞장서야 한다고 주장했다.

넣기는 했지만, 행정부의 조치는 발표되자마자 광범위한 지지를 얻었다. 하원과 상원은 6월 5일, 대통령이 발표한 제재를 지지하는 결의를 만장일치로 채택했다. 상원의원 앨런 크랜스턴이 A⁺를 주는 등 각양각색의 정치적 성향을 지닌 의원들은 부시의 대중국 정책에 대한 개인적인 지지를 표명했다.[36]

그러나 이러한 현상의 이면에는 잠재적으로 행정부에게 위험한 기운이 흐르고 있었다. 비록 대통령이 지금까지 해 온 것에 대해 지지를 표명하고 있었지만, 만약 행정부의 더욱 조심스러운 접근이 빠르고 결정적인 결과를 가져오지 못한다면, 의회와 대중들은 중국에 대해 더 강력한 제재를 요구할 준비가 되어있는 듯했다. 예를 들자면, 6월 4일 사태 직후, 솔라즈 하원의원과 헬름스, 샘 넌, 그리고 클래본 펠 상원의원은 중국의 상황이 계속 악화된다면 더 강한 제재가 필요할 것이라고 경고했다.[37] 6월말에 두번째 일단의 제재가 발표되자, 상원의 민주당, 공화당 지도자인 조지 미첼과 로버트 돌은 다함께 중국의 정치상황이 개선되지 않는다면 의회는 더 강력한 조치를 요구할 것이라고 말했다.[38] 마찬가지로, 이후 7월에 실시한 여론조사에 따르면 미국인들은 특히 중국의 탄압이 계속된다면 베이찡에 더 강력한 조치를 취할 용의가 있다고 답했다.[39]

그리고 날이 갈수록 중국의 정치상황이 호전되지 않고 악화되고 있다는 사실이 분명해졌다. 의회 및 언론계의 많은 사람들이 보기에, 온건한 제재, 조심스러운 수사, 그리고 조용한 외교를 통해 사태를 신속하게 바로잡을 수 있다는 부시의 약속이 제대로 이행되지 못하고 있었다. 결과

36) *Washington Post*, June 6, 1989, pp. A1, A 18.

37) *Washington Post*, June 6, 1989, pp. A1, A18.

38) *Washington Post*, June 22, 1989, pp. A1, A32.

39) 1989년 8월 갤럽이 발표한 언론 자료, "Americans' View of China Shifts in Wake of Beijing Crackdown," 참조. 만약 탄압이 계속된다면, 62퍼센트의 사람들은 중국과의 교역 전면 중지를 찬성하였으며, 59퍼센트는 미국 대사의 소환에 찬성했다.

적으로 의회와 백악관의 차이, 그리고 백악관과 언론의 틈새가 벌어지기 시작했다. 상원의 지도자인 미첼은, 중국에서 벌어진 처형에 "분노하고 경악하고 있는 압도적 다수 미국민의 감정을 대통령이 표명할 것"을 요구 했다. [40] 부시의 접근방법을 모두 지지했던 《뉴욕 타임스》도 이제 유보를 표명하기 시작했다. 6월 27일자에 경고하기를, "만약 대통령이 그렇게 유화적으로 말하는 것을 멈추지 않는다면, 그는 큰 영향력을 잃게 되는 위험을 맞게 될 것이다. … 3주 전의 기자회견 이래로 대통령은 결코 여론 분위기를 대변하려 하지 않았다. … 그 말들은 옳다. 그 정책은 논리적으로 타당하다. 단지 문제가 있다면 먹혀들지 않는다는 것이다"라고 경고하였다. [41]

그러나 이번에는 행정부가 이 압력에 굴복하지 않았다. 부통령 댄 퀘일은 대통령이 "중국을 잘 아는 전문가"라고 강조하면서 부시는 "대통령직을 그만두고 나서 후회할 일을 밀려서 억지로 하지는" 않을 것이라고 말했다. 백악관 대변인인 말린 피츠워터는 행정부는 이미 거리낌없이 다 말했으며, 똑같은 의미를 나타내기 위해 "매일 다른 말을 할 필요는 없다"고 말했다. [42]

행정부가 아무런 행동도 취하지 않는 것을 보고, 이전에는 백악관의 정책을 지지했던 의회는 이제 자기 나름의 제재를 추진하기 시작했다. 보수적 공화당의원들과 진보적인 민주당원들은 각각 별도로 새로운 제재나 혹은 서면상 존재하던 제재를 추가한 법안을 제출하였다. 중국에서 처형이 있기 전에도 상원의원 헬름스와 하원의원 벤자민 길만(공화당, 뉴욕주)은 다른 무엇보다도 중국에 대한 선진 기술의 이전금지, 정부 대 정부의 과학교류 계획 일시중지, 미국 정부의 금융지원 및 투자보증에 대한 중국의 접근동결, 미·중 군사협력의 일시중지, 그리고 중국의 최혜

40) *Washington Post*, June 23, 1989, pp. A1, A30.

41) *New York Times*, June 27, 1989, p. A22.

42) *Washington Post*, June 23, 1989, pp. A1, A30.

국대우 지위철회 등을 골자로 하는 법안을 제안한 바 있었다. 43) 6월이
끝날 무렵엔 하원의 다른 의원들이 격년제 외국원조승인법안에 대한 더
구체적인 수정안을 제안한 바 있는데, 이것은 군수품 판매, 해외민간투
자법인에 의한 투자보증, 위성발사, 중국의 최혜국대우 지위 등을 표적
으로 삼고 있었다. 44)

이러한 접근들은 곧 포괄적인 제재 수정안에 흡수되었다. 이 수정안은
6월 말에 418 대 0으로 하원을 통과했고, 7월 중순경엔 81 대 10으로 상
원을 통과했으며, 궁극적으로 대외관계승인법 (공법 101-246)에 첨부되었
다. 45) 최종 형태에서, 수정안은 6월 초에 백악관이 발표한 바 있던 대부
분의 조치들을 성문화하였다. 여기에는 해외민간투자법인의 투자보증,
무역 발전계획, 군수품 수출면허, 수출통제의 자율화, 위성 수출허가,
그리고 핵협력협정의 수행 등을 모두 일시 중지한다는 내용이 들어 있었
다. 이 수정안은 또한 국제금융기구들이 앞으로 중국에 대해 융자하는
것에 대해 미국이 반대한다는 점을 확인했다. 더욱이, 이 법안은 대통령
이 이미 가한 제재를 넘어서 몇 가지 부가적인 제재를 추가하였다. 경찰

---

43) *Congressional Record*, daily ed., June 8, 1989, pp. S6409-11; *New York Times*, June 23, 1989, p. A5.

44) 하원의원 Mel Levine(민주당, 캘리포니아)은 6개월 동안, 모든 선진기술 수출
의 연기를 제안; Benjamin A. Gilman은 군수품 통제 명단에 있는 모든 품목의
수출금지 제안; Theodore S. Weiss(민주당, 뉴욕)은 OPIC 투자보증의 금지를
제안; Gerald B. H. Solomon(공화당, 뉴욕)은 중국 발사대에서 발사 예정인
미국 위성에 대한 수출면허를 중지할 것을 제안; Tom Lantos(민주당, 캘리포니
아)는 중국의 최혜국 지위를 철회할 것을 제안. 상원에서는, Daniel P.
Moynihan(민주당, 뉴욕), Dennis DeConcini(민주당, 아리조나), 그리고
Alan Cranton 등이 각각 중국의 최혜국 지위를 철회할 것을 골자로 하는 법안을
내놓았다. Thomas L. Friedman, "Congress, Angry at China, Moves to
Impose Sanctions", New York Times, June 23, 1989, p. A5; Congress
Record, June 22, 1989, p. 57250, June 23, 1989, p. 57504.

45) United States Code Service, Lawyers Edition, no. 3(March, 1990) pp. 296~
301.

장비에 대한 수출허가 발급을 일시 중지할 것을 요구했으며, 미국 수출입 은행의 중국에 대한 대부를 더 제공하는 것을 연기하라고 제의하였다. 그러나 중요한 것은 이 법안이 중국의 최혜국대우 지위철회를 요구하지는 않았다는 사실이다. 이런 조항은 독립 위원회의 부가적인 청문회를 필요로 했을 것이었는데, 의회 지도부에서는 이 조항의 부가가 많은 시간을 필요로 할 것이며 심지어는 심각한 반대를 불러 일으킬 지도 모른다고 우려했던 것이다.

이 의회 입법은 이러한 제재 중 그 어떤 것이라도 철회하려면, 중국의 "정치적 개혁 작업이 진전을 이루었다"는 것을 대통령이 증명하거나, 제재를 완화하는 것이 미국의 이익을 위해서임을 역시 증명해야 한다고 규정하였다. 이것은 "정치적 개혁작업"이 다음과 같은 내용을 포함해야 한다고 규정하였다. 계엄령 철회, 처형 및 특정 비폭력 시위가담자에 대한 보복중지, 정치범 석방, 인권에 대한 존중, 미국의 소리 방송에 대한 전파 방해중지, 외국신문, 잡지 등을 더 많이 접할 수 있는 기회부여 등이 그것이었다. 이것은 또한 정치적 개혁이 "티벳을 포함한 전국에서" 일어나야 한다고 말했다. 게다가, 중국의 억압이 심해지면 대통령이 다음과 같은 제재를 더 가해야 한다―그러나 반드시 따라야 할 의무는 없었다―고 권했다. 수출통제 강화, GATT에서 중국이 갖고 있는 옵저버 자격 철회, GATT에서 중국의 정회원 자격 반대, 최혜국대우 지위 및 다른 쌍무적 무역협약 철회, 그리고 핵협력 및 위성발사에 대한 미·중 협약철회 등이 그것이었다.

중국에 대해 보다 강력한 접근법이 필요하며 부시의 조심스러운 정책은 실패했다고 결론을 내린 그룹들로 구성된 새로운 연합세력은 이 입법을 강력히 지지하였다. 이 새로운 연합은 인권기구들, 대부분의 언론, 그리고 미국에 체류하는 중국인 학자 및 학생들의 공동체로 이루어져 있었다. 특히 이 중국인 학자 및 학생공동체는 미국의 정책에 영향을 미치기 위해서 빠르게 조직적으로 단결하고 있었다. 처음에 부시 행정부는 대중국 정책은 의회의 권한이 아닌 백악관의 특권이라고 분명하게 표명하면서 이 입법을 강력하게 반대하였다. 46) 부시 대통령은 하원에서 이 제재 법안을 표결하기 바로 직전《뉴욕 타임스》와 가진 인터뷰에서, "정당하고 최선의 방책이라고 생각되는 바를 결정하는 것은 미국의 대통령이다. … 대통령의 직책을 맡은 사람은 내가 의원이었을 때 생각할 필요도 없었던 수많은 일들을 고려해야 한다"라고 말했다. 47) 그러나, 국익에 대한 판단에 따라 대통령이 제재를 보류할 수 있도록 하는 방향으로 의회지도자들이 법안을 수정하자 백악관은 마침내 이 법안을 지지하기로 동의하였다. 48)

그러나 백악관은 미국에 체류중인 중국인 학생 및 학자들에 관한 내용을 담은 하원의원 낸시 펠로시(민주당, 캘리포니아 주)가 제출한 두 번째 입법안에 대해서는 양보하지 않았다. 위에서 말한 것처럼, 미국에 체류하는 중국인들이, 특히 미국에서 반정부 시위에 참가한 중국인의 경우에는 비자기간이 다한 후에 중국으로 강제로 귀환되는 것을 금지하자는 의견이 광범위하게 존재하였다. 미행정부는 6월 4일 직후 중국인 학생과 학자가 비자기간을 1년 연장하여 신청할 수 있도록 하는 정책을 채택하였다. 그러나 이 정책은 비자 연장을 신청한 중국인들이 스스로 죄가 있음을 시인하는 것으로 베이찡 정부가 간주할 수 있는 여지를 주었다. 중국인 학생조직의 강력한 지지를 받은 펠로시 법안은 이보다 관대한 접근법을 채택하였는데, 중국인들이 이민지위나 고용비자를 신청할 수 있도록 4년의 유예기간을 부여함으로써 그 기간 동안 국외추방 대상에서 제외시켜 일을 할 수 있도록 허용한다는 것을 주요 내용으로 하고 있었다. 49)

---

46) *Washington Post*, June 27, 1989, p. A18.

47) *New York Times*, June 27, 1989, p. A21.

48) 하원의 수정조항은 대통령이 국가안보, 이익에 준하는 상황일 때에만 제재를 완화하거나 금지할 수 있다고 제안했다. 상원의 조항은 미국의 국가이익에 관하여 덜 제한적으로 언급했고, 백악관은 이를 수용할 수 있었다. 제재 수정조항에 대한 세부사항은, *Congressional Quarterly*, November 11, 1989, pp. 3083~3084.

백악관은 앞서 포괄적인 제재 법안에 대해서 반대하던 것과 똑같은 이유로 펠로시 법안을 거부했다. 이 법안이 외교정책을 수행하는 대통령을 구속하고 있다는 것이었다. 더욱이, 몇몇 행정부의 대변인들은 미국 내 모든 중국인들에게 현재의 이민 및 비자의 요구조건에 대해서 일괄면제를 해 주는 것은 바람직하지 못한 선례를 남길 수 있으며, 이미 미국으로 고급두뇌가 유출되는 현상을 불평해 왔던 중국으로 하여금 문화적, 학술적인 모든 교류계획에 대해 보복하게 만들 것이라고 경고했다.50) 그러나 의회가 압도적 표차로 이 법안을 통과시키자, 백악관은 이와 비교될 만한 행정조치를 취함으로써 구속력 있는 법안에 앞서 손을 쓸 수밖에 없음을 인정하였다. 백악관은 이 법안에 대해 거부권을 행사했으나, 11월 30일 비슷한 조항을 가진 행정명령을 내린다고 발표했다.51)

대통령의 조치는 포괄적 제재 입법에 관한 논쟁을 통해 이미 팽팽한 긴장 상태에 있던 백악관과 의회의 관계를 더욱 첨예하게 만들었다. 행정명령을 내리기로 약속함으로써, 대통령은 펠로시 법안의 내용에 대해서 반대하지는 않으며 자신의 원래 정책을 이 법안의 조항에 맞추어 수정할 준비가 되어 있다는 신호를 보냈다. 그러나 이렇게 하면서 동시에 백악관은 펠로시 법안을 거부한 이유는 그것이 행정부의 유연성을 축소시키는 의회의 행동이었기 때문이라고 지적하였다. 이러한 언급에 중국인 학생과 학자들은 다시 걱정하였는데, 그들은 여기에서의 유연성이라는 말이 멀지 않은 장래에 완화된 이민절차를 폐지하고 자신들의 의지와는 반대로 중국으로 되돌려 보낼 수도 있는 대통령의 능력을 의미한다고

---

49) 지위를 변화시킬 권리는 매우 중요하다. 기존의 이민법은 J-1 비자를 가지고 있는, 공식적으로 인증받은 학생들과 학자들은 그들의 공부나 연구를 마친 후 2년 안에 중국으로 돌아가야 할 것을 명시하고 있다. 그리고 그것을 마치기 전에 덜 구속적인 지위로 변경하지 못하게 하고 있다.

50) 이 점에 대해 행정부는 국제교육연구소와 외국학생 문제를 위한 국가연합회의의 도움을 받고 있다.

51) *Washington Post*, November 1, 1989, p. A45.

추정했기 때문이었다. 52) 펠로시 법안을 거부함으로써 대통령은 중국과의
우호관계를 유지했을지는 모르나, 동시에 자국에서는 많은 정치적 자원
을 잃어버렸다.

4. 중국의 대응

6월 4일 사태에 대한 미국의 엄격한 반응 및 특히 미국 정부가 가한
제재들에 대한 대응방안을 놓고 베이찡에서는 짧지만 격렬한 논쟁이 벌
어졌다. 53) 한 지도자 그룹은 워싱턴에 대한 보복을 요구했다. 다른 노선
의 견해는, 이전의 외교정책을 유지해야 하며, 국내의 정치적 안정을 회
복하면서 미국 및 그 연합국들이 중국에 대한 제재를 철회하기를 기다려
야 한다고 주장하였다. 결국 문화 및 학술분야에서 미국에게 보복성 조
치가 취해지긴 했지만 후자의 노선이 우세하였다.

중국에 대한 미국의 의도를 오랫동안 의심해 온 보수파 지도자들은 티
엔안먼 사태와 그 이후 상황을 통해 볼 때, 미국이 중국의 공산주의 지
배를 전복시키려는 희망을 결코 버리지 않았다는 것이 입증되었다고 주
장하였다. 1950년대와 1960년대에 워싱턴은 외교적 고립과 군사적 봉쇄

---

52) 이러한 감정은 몇 달 후, 백악관이 이전에 약속했던 격식을 갖춘 대통령령을 공
　　포하지 않고, 대신 법무부의 행정명령에 의존했음이 밝혀졌을 때, 더욱 커졌다.
　　행정부는, 대통령령이란 여러 부처와 연관이 되는 주제에 관해서만 요구되고,
　　이민정책은 법무부의 단독 사법권한에 속하는 것이라고 설명했다. 그러나 이는
　　전반적으로 백악관의 중국정책에 대한 이중성의 또 다른 예로 간주된다.
　　Washington Post, April 6, 1990, p. A26; *New York Times*, April 7, 1990, p.
　　A3; *Washington Post*, April 12, 1990, p. A34.
53) 이 부분의 출처는, Harry Harding, "The Impact of Tiananmen on Chinese
　　Foreign Policy," in National Bureau of Asian and Soviet Research, *China's
　　Foreign Relations after Tiananmen: Challenges for the U.S.*, no. 3 (Seattle,
　　1990, 12), pp. 5~17.

를 통하여 이 목적을 추구했는데, 이 정책이 실패하자 단순히 전술을 바
꾸었다는 것이다. "부드러운 공격"(soft offensive), "평화적 이행"(peaceful
evolution) 등으로 다양하게 불려지는 이 새로운 접근법을 그들은 정치 ·
경제개혁이라는 이름하에 중국이 사회주의에서 자본주의로 점진적으로
변화해 가도록 고무하는 것이라고 보았다. 이 전략은 존 포스터 덜레스
와, 미국은 중국의 공산주의 체제가 "종식되기를 촉진시켜야" 한다는 그
의 개념에까지 거슬러 올라간다고 하였다. 그러나 이전까지만 해도 중국
에 우호적이라고 간주되던 리차드 닉슨이나 브레진스키 같은 지도자들도
또한 화평연변(和平演變) 전략을 계속해 온 것으로 간주되었다. 54)

　이러한 보수적 인사들은 미국의 기관들이 정치적 소요에 직접적이고도
깊이 관여해 와서 티엔안먼 사태까지 이르렀다고 주장했다. 어떤 설명에
따르면, 그들은 미국의 소리방송에서 조지 소로즈 중국재단에 이르기까
지, 그리고 난징의 존스 홉킨스 센터에서 대중국 학술교류위원회에 이르
기까지, 중국에서 활동하고 있는 모든 미국 기관의 명단을 작성하였고,
이들이 중국의 반체제인사들과 활동가들에게 재정적 지원 및 이데올로기
적 영감을 주입했다고 비난하였다고 한다. 그들은 또한 미국과 과도하게
밀접한 유대관계를 맺어 온 중국인 지도자 및 지식인들을 식별하려고 시
도하면서, 그들을 미국 전략의 예비적 성공의 사례로서 묘사하였다.

　보수파의 관점에서 보면, 6월 4일 공산당이 "반혁명적 반란"을 진압한
것은 미국의 부드러운 공격을 성공적으로 무력화시킨 것이었다. 보수파
들은 워싱턴의 외교, 군사, 경제적 제재를 중국의 내정에 대한 간섭일
뿐만 아니라 중국 정부를 붕괴시키려는 미국의 최신 술책이라고 해석했

---

54) 두 가지 간행물, Xin Can, ed., *Xifang Zhengjie Yaoren Tan Heping Yanbian*
　　('평화이행'을 주장하는 서방의 정치적 주요인물)과 Qi Fang, ed., *"Heping*
　　Yanbian" Zhanluede Chansheng ji gi Fazhan('평화이행' 전략의 근원과 전
　　개) (Beijing: Oriental Publishing House, 1990)은 덜레스, 케네디, 닉슨, 레이
　　건, 부시, 키신저와 브레진스키 등의 미국 정치가들의 발언에 대한 유용한 요약
　　을 수록하고 있다.

다. 그들에게는 미국이 공산주의 체제의 안전에 대해 계속해서 위협을 가하고 있는 것으로 보였다.

1989년 여름 기간 동안 이 보수파 지도자들은 중국 외교정책의 방향을 서구 중심에서 중국 정부에 우호적인 국가들을 중시하는 방향으로 전환해야 한다고 요구하였다. 지앙 저민(江澤民)은 그의 선임자인 자오 즈양이, 국제조류가 경제적 경쟁과 정치적 데땅뜨로 변하고 있다고 지나치게 과장했으며, 정치와 투쟁의 중요성을 간과했다고 비난했다.55) 다른 사람들은 서구와의 문화·경제적 접촉이야말로 미국이 그들의 평화로운 이행 전략을 수행하기 위해 사용하는 도구라고 주장했으며, 또한 외국의 사상 및 가치에 오염되는 것을 막으려면 그러한 연결관계를 더욱 제한하여야 한다고 주장했다. 이러한 추론에 따르면, 중국은 루마니아나 북한 같은 강경 공산주의 국가들과의 유대를 다시 강화해야 하며, 또한 서구와의 연계관계를 대신하는 외교적·경제적 대안으로 제3세계와의 관계를 발전시켜야 한다는 것이다.

이와는 대조적으로 관료 및 전문분석가들로 이루어진 두번째 그룹은, 티엔안먼 위기 이후 서구 국가들이 비록 제재를 가했지만, 중국의 외교정책은 계속해서 연속성을 유지해야 한다고 요구하였다. 그들의 분석에 따르면, 전체적인 국제적 상황은 크게 변하지 않았다. 미국과 소련의 상대적인 힘이 쇠퇴하면서 국제적 긴장의 완화가 촉진되었다. 일본, 독일, 그리고 아시아의 신흥공업경제체들을 포함한 경제력에서의 새로운 중심이 발생하게 되어 국제적인 경제적·기술적 경쟁관계를 보다 심화된 단계로 몰아가고 있다. 따라서 "포괄적 국가 경쟁력"을 향한 전세계적인 경쟁은 약화되지 않고 계속 진행되고 있다는 것이다.

이 두번째 주장에 따르면, 중국의 외교정책은 이렇게 변화하는 국제 환경에 적응하도록 잘 계획되어 있었다. 베이찡은 두 강대국의 데땅뜨를

---

55) *Liaowang*(해외판), no. 31, (July 31, 1989), pp. 6~8, in FBIS, *China*, August 8, 1989, pp. 1~4.

이용하여 많은 국가들, 특히 아시아에서 베트남, 인도, 인도네시아 그리고 소련 등과 폭넓은 관계를 향상시키고 있었다. 이 평화와 발전정책은 중국이 군사비 지출을 줄일 수 있도록 했을 뿐만 아니라, 가능한 많은 외국 파트너에게서 자본, 기술, 시장 등을 구할 수 있게 했다. 미국 및 그 연합국들과 대결을 시작함으로써 이제 이 정책을 바꾸는 것은 매우 위험할 것이었다. 제 3 세계나 동구, 특히 소련도 미국, 유럽, 일본과 맺는 지속적인 상호작용에 대한 가능한 대안이 될 수는 없을 것이었다. 대신, 이익을 주는 경제적 관계에서 고립됨으로써, 중국은 "포괄적인 국가 경쟁력"을 향한 강도 높은 경쟁에서 다른 국가들에게 뒤쳐지는 위험을 맞게 될 것이었다.

이 두번째 주장은 미국의 정책과 의도에 대한 보수파들의 해석보다 관대한 해석에 연결되어 있었다. 보수파들이 미국의 장기적 전략을, 중국을 전복시키는 것으로 보았을 때, 이 개혁지향적인 지도자들은 미국의 조치가 성급하고 근시안적인 것이라고 보았다. 보수파들이 제재를 베이찡에 대한 워싱턴의 적대적 의도를 반영하는 것이라고 보았을 때, 개혁파들은 그것을 중국 및 그 인민에 대한 미국의 장기적인 공감이 오도되어 반영된 것으로 보았다.[56] 이런 관점에서 본다면, 최선의 권고는 중국은 보복을 피하고 인내와 관용을 보여야 한다는 것이었다. 점차 중국의 상황이 안정되고 미국의 감정이 진정되면, 미국은 중국의 중요성을 다시 평가하게 될 것이며 베이찡에 대한 제재를 철회하고 미·중 관계는 다시 정상으로 돌아온다는 것이었다.

이 논쟁의 결과는 타협이었다. 그러나 그것은 보수파들이 제안한 보복적 조치들보다 기존의 정책을 지속시키는 요소가 훨씬 두드러진 타협이었다. 일반적으로 중국의 외교정책은 미국과 서구를 조금도 외면하지 않았다. 확실히 베이찡은 자국 인민들과 나머지 세계에 대해서 서구의 제

---

56) 주미 중국대사 한 슈의 이임사, *Beijing Review*, vol. 32(September 18~24, 1989), pp. 30~33.

재가 중국을 고립시켰던 적이 없음을 과시하려고 하였다. 결국, 중국은 1989년과 1990년에 싱가포르, 사우디아라비아, 인도네시아와 성공적으로 외교관계를 체결하거나 갱신하였고, 제3세계 전반에 걸쳐 고위 사절단을 보냈다. 그러나 개발도상국들과의 관계를 확장하면서도, 베이찡은 서구에 대해 적대적인 접근법을 취하지는 않았다. 중국은 제3세계에 대한 미국의 정책을 비난하지도 않았으며, 전세계적인 경제문제에 대해 제3세계의 단결을 촉구하지도 않았다. 개발도상국에 대한 중국의 정책은 서구에 대한 대결로서가 아니라 중국이 그렇게 호락호락 고립될 수 없다는 것을 보여주기 위해 계획된 것이었다.

나머지 공산주의 세계에 대한 중국의 정책은 좀더 복잡했다. 6월 4일 사태 직후 베이찡은 다른 강경 공산주의 국가들, 특히 북한, 루마니아, 불가리아, 쿠바, 그리고 심지어 베트남과 접촉을 시도하려고 하였는데, 그것은 보수 사회주의 정부들의 연합이 재작동할 수 있다는 것을 암시하려는 의도 같았다. 그러나 1989년 가을, 동유럽에서 공산주의 통치가 몰락하면서, 이런 식으로 중국 외교정책을 다시 정립하려는 의도는 이루어질 수 없었다. 사실, 그 해 말 중국 보수파 지도자들이 직면했던 문제는 미국에 대항해서 동유럽과 연합할 것이냐가 아니라, 레닌을 포기하고 수정주의를 받아들인 동유럽의 새 정부를 비판하느냐 하는 것이었다.

소련과의 화해는 중국 자체의 문제점들을 드러내었다. 1989년 봄, 인권을 둘러싸고 워싱턴과 베이찡의 긴장이 심화되었을 때, 부총리 야오이린은 서구와의 유대관계 약화를 상쇄하기 위해 소련과의 경제관계 확대를 제의하였다고 한다.[57] 그리고 베이찡에서의 5월 정상회담을 통해 중·소 관계는 완전 정상화되었고, 크렘린과의 정치·군사적 유대관계가 열리게 되었다. 그러나 잇따른 상황전개로 인해 중국 보수파들은 모스크바를 덜 매력적인 동반자로 보게 되었다. 티엔안먼 광장의 시위학생들에 대한 고르바초프의 지지성명, 동유럽 공산주의 정부의 몰락에 대한 그의

---

57) *Wen Wei Po*, May 28, 1989, in FBIS, *China*, May 31, 1989, pp. 2~3.

침묵, 그리고 소련에서의 더욱 급진적인 정치적 개혁의 시작 등은 베이찡의 강경파들로 하여금, 미국과 마찬가지로 소련도 중국의 국내 질서에 대한 심각한 위협이 된다고 믿게 하였다. 사실, 어떤 이들은 미국의 평화이행 전략뿐만 아니라, 소련에 대해서도 수정주의적이고 퇴영적이라고 공개적으로 비판할 것을 요구하기도 하였다.

베이찡은 특히 미국에 대해 문화적, 학술적 영역에서 몇 가지 제재를 가했다. 그들은 시위진압에 관해 잘못 보도하고 중국의 혼란을 조장했다는 이유를 들어 베이찡에 주재한 미국의 소리 방송 통신원 두 명을 추방하였다. 그들은 또 미국의 소리 중국어 방송 주파수에 대해서는 전파방해를 했는데, 중국의 지식인 및 관료들이 국제 및 국내 뉴스를 듣는 데 의지하던 영어 방송에 대해서는 전파방해를 하지 않았다. 그들은 풀브라이트 교류 프로그램을 일시 보류시켰고, 미국 평화봉사단을 통해 미국인 영어교사를 받으려던 계획을 중지시켰다. 다소 비공식적으로, 다른 교류활동을 방해하기 위한 몇 가지 조치를 취했는데, 여기에는 미국 공보처가 재정을 지원하는 국제 초청인 프로그램에 중국인의 참석을 막는 것과, 사회과학 분야의 몇 가지 연구협력 프로그램을 중지시킨 것 등이 있었다.

아울러 베이찡은 점차적으로, 미국에서 공부하고자 하는 중국인들에게 더 엄격한 제한을 가하기 시작했다. 1990년 초, 중국 정부는 미국에서 학위를 받으려는 후보자들을 더 이상 후원하지 않을 것이며, 다만 35세 이상의 단기방문 학자들만 후원할 것이라고 분명히 밝혔다. 사적으로 후원을 받는 학생과 학자들에게는 이 제한들이 영향을 미치지 못했지만, 이들은 다른 제한을 극복해야만 했다. 이들이 외국 대학에서 요구하는 영어시험에 응시하기 위해서는 그들 직장 단위의 허락이 필요했는데, 만약 그들이 대학 졸업 후 5년 이상 일을 하지 않으려면, 그들은 교육비를 국가에 반납해야만 했다. 58)

---

58) *Washington Post*, February 7, 1990, pp. A1, A20. 해외에 친척이 있는 학생들에게는 예외가 있었다.

처음에는 중국의 지방 당국이 미국 수출업자와 투자가들에게 티엔안먼 위기 이전보다 대우가 좋지 않은 몇 가지 징후가 있었고, 베이찡이 미국의 통상이익에 대한 보복을 결정했을지도 모른다는 우려가 있었다. 그러나, 이런 어려움들은 중앙의 명령에 대한 일치된 반응이 아니라, 보다 큰 정치적 불확실성의 시기에 지방이 보일 수 있는 이해할 만한 조심스러운 태도임이 명백해졌다. 사실 미·중 경제관계는 중국의 위기로 방해를 받았다. 그러나 이런 결과는 중국 정부의 공식적 조치 때문이 아니라, 그보다는 중국의 사업환경에 대해 미국이 느끼는 불확실성 때문에 발생하였다.

문화 및 학술교류에 대한 몇 가지 제한을 제외하고, 1989년 베이찡의 미국에 대한 전반적인 정책은 미·중 관계의 위기가 호전될 때까지 기다리자는 것이었다. 풀브라이트 및 평화봉사단 프로그램의 일시중지와 학술 및 문화교류에 대한 다른 제한들은 미국제재의 완화에 대한 어떠한 교섭에서든 협상도구가 되었다. 동시에, 장기 학위 프로그램에 참여하기 위해 젊은 중국 학생들을 미국에 보내는 것에 대한 비판은, 미국의 평화이행 전략에 대항하기 위한 결정적 조치를 요구하는 보수파 지도자들을 만족시키는 데 도움을 주었다. 그러나 일반적으로, 중국의 정책은 시간이 지나면서 미국이 6월에 중국에 가한 제재를 점차 철회하여, 미·중 관계가 거의 손상되지 않기를 바라는 것이었다.

5. 상호 환멸

티엔안먼 위기는 중국 및 미·중 관계에 대한 미국의 태도에 깊은, 그리고 아마도 오래 지속될 만한 영향을 끼쳤다. 미국 언론은 티엔안먼 광장의 대대적 시위와 중국군에 의한 진압을 광범위하게 보도했다. 중·소 정상회담 취재를 위해 기자와 제작 요원들을 증파하여 베이찡 지국을 강화했던 주요 텔레비전 방송사들은 이 시위를 취재하기 위해 더 많은 스탭진들을 중국에 보냈다. 전자 미디어에 유용한 새로운 기술들, 특히 미니카메라와 위성을 이용한 직접중계 기술 등은 시위 및 그 진압장면을 미국으로 생방송할 수 있게 하였던 것이다.

중국에서 발생한 시위는 곧 미국 언론매체들의 커다란 주목을 끌었고, 매우 많은 시간과 지면이 할애되었다. 이 시위는 매일 수십 개 기사의 주제가 되었으며, 《워싱턴 포스트》와 《뉴욕 타임스》 같은 주요 일간 신문의 거의 전면을 차지하였다. 3대 상업방송의 심야 뉴스 프로그램은 1989년 첫 여섯 달 동안 중국에 관해 거의 600여 회나 보도했는데, 이는 1988년 전체 보도 횟수가 50회도 안 되었던 것과 비교할 만하였다. 59) 이 보도가 절정을 이루었던 4월 중순에서 6월 중순 사이에, 3대 방송사의 저녁 뉴스 프로그램이 보도한 기사들 중, 중국이 주제가 된 것이 거의 25퍼센트였고, 방송의 50퍼센트 이상에서 머릿기사로 보도되었다. 60) 때때로 CNN은 거의 모든 방송을 중국에서 벌어지는 이 극적인 사건으로 채우기도 하였다. 한 연구는 이 보도량을 미국 전당대회, NASA의 달 탐험 우주선 발사, 또는 미 · 소 정상회담을 다룬 보도량과 비교하기도 하였다. 61)

어떤 사람들은 중국보도에 소비되는 시간이 너무 과도하다고 불평했지만, 62) 대부분의 미국인들은 전개되는 그 내용에 매료된 듯했다. 시위의

---

59) *Media Monitor*, vol. 3 (Washington: Center for Media and Public Affairs, September 1989).

60) Suzanne Huffman, Tai-en Yang, Liqun Yan, Keith P. Sanders, "Genie Out of the Bottle: Three U. S. Networks Report Tiananmen Square," unpublished papers, University of Missouri School of Journalism, August 1990.

61) Michael Berlin, Ross Terrill, Akira Iriye, *Tiananmen Two Years Later-How Did the Media Perform: A Study of American Media Coverage of the Beijing Spring of 1989* (Harvard University, Barone Center on the Press. Politics and Public policy, May 20, 1991. 초고), 벌린의 연구는 주 59, 60에 인용된 항목들의 출처이다.

62) 캘리포니아 주 팔로 알토에 사는 어느 노부부는 앤 랜더스에게, 정규뉴스 시간

엄청난 규모, 학생들의 진지함, '자유와 민주주의 여신상'의 제막식, 진압의 야만성, 그리고 특히 장안대로에서 육군 탱크를 맨몸으로 막는 용기를 보여준 한 시위가담자의 모습 등은 시청자들에게 강력하면서도 오래 지속되는 이미지를 남겼다. 3대 방송사의 저녁 뉴스를 시청한 사람들의 수는 6월 5일에서 9일 사이에 평균 14퍼센트가 증가하였다. 그리고 뒤이은 여론 조사에서는 미국인의 75퍼센트 이상이 그 내용을 매우 주의 깊게 지켜보고 있음이 드러났다.[63]

중국에 있던 미국 보도진들은 통찰력과 때로는 큰 용기를 가지고 복잡하고 감정적인 내용을 취재했다. 그러나 그들의 작업에서는 몇 가지 잘못된 점을 찾아낼 수 있었다.[64] 첫째, 뉴스 보도들은 반정부 시위대들을 이상화하는 경향이 있었으며, 그들이 중국에 미국의 제도를 수용하고 싶어한다는 것을 암시하는 경향이 있었다. 사실, 많은 시위자들은 정치보다 경제적 동기에서 시위에 참여하였으며, 상대적으로 매우 적은 수의 사람들만이 다원주의적 정치제도 창출을 요구하고 있었을 뿐이었다. 그러나 미국 언론들은 거의 대부분 이 시위들을 민주주의를 요구하는 정치적 운동으로만 묘사하였다. 더우기, '자유와 민주주의의 여신상'은 종종 미국 보도진에 의해 '자유의 여신상'으로 바뀌어 불렸는데, 사실 그것은 거의 사회주의적 사실주의의 전례를 따랐을 뿐 뉴욕항에 있는 상과는 조금도 비슷하지 않았다.

반대로 시위대에 동감하기 쉽지 않은 측면들 중에는 미국 보도진들이 몰랐거나, 인정하기 싫거나, 알아도 고의로 무시한 점들이 있었다. 시위

에 보아도 좋았을 '중국에 관한 진부한 뉴스'가 그들이 즐겨 보는 드라마를 중단시켰음을 불평하는 편지를 보냈다. *Washington Post*, August 15, 1989, p. E2.

63) 네트워크 뉴스 프로그램의 시청률에 대하여는, *New York Times*, June 19, 1989, p. D6 참조. 여론조사 자료에 대해서는, "Americans' View of China Shifts" 참조.

64) 미국 언론의 티엔안먼 사태에 대한 보도를 평가하는 매우 사려깊고 치밀하며 균형잡힌 노력을 기울인 벌린 등의 논문이 나온 것은 티엔안먼 사태 2년 후이다.

는 거의 변함없이 비폭력적인 것으로 묘사되었으나, 몇몇 시위대는 6월 4일 티엔안먼 광장으로 군대가 밀려올 때, 폭력을 쓰기도 했다. 학생지도자들은 보다 개방적이고 민주주의적인 정부를 요구했으나, 그들의 운동은 종종 분파주의와 위계성을 띠고 있었으며, 또 그들은 노동자가 시위에 참여할 가능성을 상당히 냉소적으로 보았다. 아마도 가장 가관이었던 것은, 몇몇 학생 지도자들이 그들의 단식투쟁 규정을 어긴 것이었다. 이 사실은 몇몇 미국 보도진들에게 알려졌으나, 그 사실은 언론이 전하려는 대중시위의 좋은 이미지를 거스르는 것이었기 때문에 보도되지 않았다.

마지막으로, 6월 3~4일 밤의 시위진압에 대한 미국의 보도는 종종 과장되었다. 당시 극적인 보도가 있었지만, 그 중 몇 가지는 학생 지도자들이 의도적으로 퍼뜨린 것이었고, 티엔안먼 광장 내부에서 죽은 사람이 있긴 했어도 그것은 매우 적은 수였다. 대신 가장 야만적인 폭력은 광장 진입로에서 발생했는데, 특히 장안대로에서 서쪽으로 가는 길을 따라 더욱 극심했다. 사망자나 부상자 또는 체포된 사람 숫자의 통계도 또한 과장되었다. 중국군 내부의 분열이 심하고, 내전 발발이 임박했으며, 그리고 중국 지도자에 대한 암살 기도가 있다는 소문들이 마치 사실처럼 보도되었으나 그것들은 모두 오보였음이 드러났다.

그러나 과장이나 왜곡이 없었다 할지라도, 중국의 상황은 어쨌든 미국 시청자들의 감정을 고조시키는 방향으로 전개되었을 것이다. 시위의 규모, 열기, 그리고 지속기간은 시위의 중요성을 단적으로 증명하였다. 중국 정부가 시위에 대한 대응조치를 지연한 것은 중국 고위 지도층이 분열되고 있다는 소식과 결부되어 이 정치적 위기가 탄압이 아니라 화해를 통해 해결될 수 있을 것이라는 희망을 주었다. 계엄령의 선포가 이런 기대를 일순간 무산시켰으나, 군부가 심하게 분열되었다는 보도와 함께 비무장 군인들이 티엔안먼 광장에 진입할 수 없었다는 연이은 보도는 중국 정부가 무력에 의존할 수 없거나 하지 않을 것이라는 새로운 희망을 주었다. 시간이 지나면서 티엔안먼 광장의 대중운동은 억누를 수 없는 듯이 보였고 무력사용이 불가능하거나 또는 무력을 사용할 것 같지 않은 것으로 인식되었다. 6월 4일의 야만적 학살은 이러한 기대를 무너뜨렸고 기대했던 만큼 이에 상응하는 엄청난 충격을 주었다.

더욱이 텔레비전·라디오·신문을 통해 보고 들은 사실에 대해 공포와 분노를 느꼈던 미국인들은 공개적 시위와 대중매체 출현을 통해 티엔안 먼 사태에 대한 분노를 격정적으로 표출하였던 미국 내 중국인 학생 및 학자들로 인하여 더욱 감정이 고조되었다. 미국 내 중국인들의 비난은 중국의 지도부가 자국 시민들의 거대한 저항에 응하기를 거부하는 난폭하고 전제적인 정부가 되었다는 판단을 굳게 만들었다.

미국의 여론에 미친 영향은 날카롭고도 즉각적으로 나타났다. 몇 주 안에 — 여론을 측정하는 더 정확한 방법이 있었다면, 몇 시간 안에 — 중국에 대한 미국인의 이미지는 부정적으로 되었다(그림 A-1). 1989년 2월, 시위가 시작되기 전에는 미국인의 75퍼센트가 중국에 대해 거의 호의적이거나, 매우 호의적인 인상을 가지고 있었는데, 이는 미·중 관계의 정상화와 1970년대 말 시작한 중국의 정치·경제개혁 이래 시작된, 중국에 대한 미국인의 점진적인 이미지 향상이 절정에 오른 것이었다. 그러나 6월 4일의 사건은 이 10년간의 점진적 변화를 극적으로 바꿔 놓았다. 7월에 행한 여론조사는 단지 1/3의 미국인들만이 중국에 대해 호의적 인상을 갖고 있는 반면, 58퍼센트는 비호의적인 이미지를 갖고 있다는 것을 보여 주었다(표 A-1).[65]

여론의 분위기 변화는 중국을 이야기할 때 미국인들이 쓰는 어휘의 변화에서도 반영되었다. 시사 주간지 《타임》이 경제 및 정치개혁에 대한 공헌을 기려 10년 동안에 두 번씩이나(1978년과 1985년) "올해의 인물"로

---

65) 어떤 여론 조사에서는, 상당히 소수의 사람들이 그 시위를 판단할 충분한 정보가 없다고 말했지만 63퍼센트는 시위를 지지한다고 했고, 79퍼센트는 정부의 무력 진압을 반대한다고 말했다. ABC 뉴스와 《워싱턴 포스트》 공동 여론조사, June 15~19, 1989, Roper Center for Public Opinion Research 보고, University of Connecticut.

선정했던 덩 샤오핑은 이제 "베이찡의 도살자들"이라고 불리워진 원로 정치인들 중의 한 사람으로 묘사되었다. '인민 공화국'이라는 중국 정부의 공식 명칭을 부르기 싫어했던 몇몇 미국인들은 이제 '중국당국'이나 '중국 정권'이라고 말해도 무방하였다. 한때 중국 정부가 정치·경제 개혁을 얼마나 빨리, 어느 정도까지 수행할 것인가가 관심거리가 되었던 적이 있었으나, 티엔안먼 위기 이후에는 중국이 얼마나 경제적으로 퇴보할 것인가 그리고 얼마나 정치적으로 탄압할 것이고 어느 기간까지 얼마나 탄압할 것인가가 문제시되었다.

중국에 대한 대중적 인식이 극적으로 변화한 후 거의 필연적으로 미국의 중국정책에 대한 미국인들의 태도도 큰 변화를 겪게 되었다. 미·중관계에 대한 여론의 평가가 중국에 대한 대중의 판단에 언제나 뒤떨어져 왔다는 것은 되짚어 볼 만하다. 예를 들어, 1988년 5월엔 약 25퍼센트의 미국인들이 중국을 미국의 가까운 우방이나 동맹국으로 보았고, 이보다 세 배 많은 사람들은 중국에 대해 호의적인 인상을 갖고 있었다. 그러나 이제 중국에 대한 미국인의 이미지가 악화되면서, 미·중 관계에 대한 여론의 평가도 나빠졌다. 중국을 미국의 우방이나 동맹국으로 인식하는 비율은 1989년 7월에 16퍼센트로 떨어졌는데, 이는 소련에 대한 비율과 거의 같은 수치였다. 반대로, 베이찡을 비우호적이거나 적으로 보는 비율이 1988년 5월에는 19퍼센트였던 것이 39퍼센트로 올라갔는데, 이는 소련의 경우에 비해 단지 9퍼센트 뒤지는 수치였다(표 A-1).[66]

그러나, 이러한 미국 내 분위기의 변화가 중국정책에 관하여 새로운 합의를 만들어낸 것은 아니었다. 오히려 이것은 1960년대 중국정책에 관한 대논쟁 이래 유례가 없었던 분열을 가져왔다. 중국과 실제적인 관계를 유지할 것인가, 아니면 인권을 증진시키는 한 방법으로 베이찡에 대한 제재를 계속할 것인가를 놓고 미국인들은 거의 반반으로 나뉘었다. 예를 들어, 1990년 1월에 중국의 인권탄압을 비판하는 데 우선권을 둘

---

66) *Roper Report* 90-10(New York: Roper Organization, January 1991).

것인가 아니면 베이찡과 우호적인 관계를 유지하기 위해 중국 내 인권문 제에 대한 비판을 회피할 것인가라는 질문에 대해 미국 일반 대중들은 의견이 거의 반반씩 갈렸다. 응답한 미국인의 42퍼센트가 인권을 강조하 는 것에 찬성했고, 46퍼센트는 중국과의 우호적인 관계유지를 옹호했으 며, 3퍼센트는 두 질문에 대해 동일한 관심을 표명했던 것이다. 67)

이러한 분열은 미국의 중국정책에 대한 언론의 논평에서도 반영되었 다. 많은 사설의 논조는 베이찡에 대해 더 엄격한 자세를 요구하였다. 이 관점은 반드시 기존의 제재조치보다 가혹한 제재조치를 주장하는 것 은 아니었다. 이는 기존의 제재조치를 유지하면서 중국의 인권침해에 대 해 수사적인 차원에서 반대할 것을 요구하는 것이며, 단지 중국의 정치 상황이 더 악화될 경우에 강도 높은 제재를 가한다는 의지를 보이라는 것이었다. 이와는 반대로, 리처드 닉슨 및 헨리 키신저 등 몇몇 유명한 전직 정치인들은 두 국가간의 대립이 계속될 경우 양국에 부정적인 결과 가 올 것이라고 경고하면서, 중국과 정상적인 관계를 재개할 것을 요구 하였다. 68)

중국의 위기는 미·중 관계를 담당해 온 단체들의 태도도 변화시키게 하였다. 티엔안먼 사태 이전에는 미·중 관계에서의 더 큰 진전을 요구 해 오던 미국의 단체들이 이제 대부분 침묵하였고, 몇몇 단체들은 베이 찡의 시위진압에 대해서 중국 정부를 비난하기도 하였다. 반대로, 이전 에는 중국의 상황을 거의 무시했던 인권단체들은 중국에서 전개되는 상 황을 주의 깊게 관찰하며, 전국을 휩쓰는 탄압의 물결에 관한 상세한 보

---

67) 1990년 1월 13~15일 행해진 CBS와 《뉴욕 타임스》 공동 여론조사를 보도한, 기 일이 표시되지 않은 보도자료.

68) Henry Kissinger, "The Drama in Beijing," *Washington Post*, June 11, 1989, p. C7; Richard M. Nixon, "China Policy: Revulsion Real, Reprisal Wrong," *Los Angeles Times*, June 25, 1989, pp. 1, 2; Henry Kissinger, "The Carica-ture of Deng as a Tyrant Is Unfair," *Washington Post*, August 1, 1989, p. 24.

고서를 펴내고, 인권상황이 개선될 때까지 중국에 대해 더 강한 제재를 가할 것을 요구하면서, 지속적으로 이 문제를 다루기 시작했다. 미국에 체류중인 중국 학생 및 학자들은 통과가 임박한 중국 관련 의회입법에 대해 정보를 지속적으로 얻기 위해 컴퓨터 통신망을 이용하였고, 제재 수정안 및 펠로시 법안을 지지하는 로비를 열심히 벌이는 등 미국의 정책에 영향을 주기 위해 조직적으로 단결하기 시작했다.

마지막으로, 중국정책을 둘러싸고 백악관과 의회 사이에 심각한 분열이 발생했다. 이러한 균열은 부분적으로 파당정치를 반영하는 것으로, 민주당측은 중국문제를 공화당 출신의 인기 있는 대통령인 부시 대통령이 약점을 드러낼 수 있는 몇 안되는 외교정책 문제의 하나라고 보았던 것이다. 다른 한편, 백악관과 의회 간의 의견 차이는 양측이 미국의 여러 상충하는 이익들에 우선권을 부여해야 할 때의 비중의 차이를 반영하는 것이기도 하였다. 1979년, 의회와 행정부는 타이완에 관해 서로 의견을 달리하였는데, 카터 행정부는 중국과 형식적인 외교 관계를 설립하는 것이 바람직하다고 강조했고, 의회는 타이완의 안전에 대해서 어떤 형태든 미국이 명확하게 공약을 유지해야 한다고 강조했다. 이제, 정부의 두 기관은 중국의 인권에 대해 서로 다른 생각을 가지고 있었는데, 부시 행정부는 중국과의 정상적인 실제 관계를 유지하는 것이 중요함을 강조했으며, 의회는 인권이 침해받는 어느 곳에서든 인권을 증진시켜야 할 미국의 임무를 강조했던 것이다.

동시에 중국정책은 외교정책 수행에 영향력을 발휘하는 주요 기관인 백악관과 의회 간의 상대적인 힘의 차이를 불러일으켰다. 의회의 제재 및 펠로시 법안을 둘러싼 논쟁들은 단지 정책의 실질적 내용만을 다루었다. 앞서 언급했듯이, 중국에 대한 의회의 제재 법안에는 부시 행정부가 채택하지 않았던 조치들은 대부분 수용되어 있지 않았다. 그리고 펠로시 법안이 중국인 학생 및 학자에 대해 백악관이 원래 취했던 접근법과는 약간 다른 접근을 하긴 했지만, 대통령은 재빨리 의회가 제의한 것에 그의 입장을 일치시키는 데에 동의하였다. 대신에 각 경우에 있어서 쟁점이 되었던 것은 만약 외교정책이 구속력 있는 법안으로 구체화되었을 때 미국의 이익이 확보되겠느냐는 것이었다. 백악관은 법안이 허용하는 것보다 더 큰 유연성이 필요하다고 주장했으나, 의회는 그러한 주장을 중국에 대한 정책결정에서 의회를 제외하려는 노력의 일환으로 보았다. 이러한 의회와 백악관 간의 의견 불일치로 인해 이 문제는 미국 정치과정에서 가장 감정적이고 해결하기 곤란한 문제인 제도적 특권의 문제로 변질되었다.

티엔안먼 사태 이후 중국이 미국에 대해 어떠한 태도를 가지고 있었는가에 대해 확실하게 말하기는 어려운 것이 사실이다. 대미 정책에 관해 중국 지도부 내에 명확한 의견 불일치가 있었다는 것은 이미 지적한 바 있다. 보수적 지도자들에게 티엔안먼 사태는 외부세계, 특히 미국과의 폭넓은 협력관계가 가져올 정치적 결과에 대한 뿌리깊은 두려움을 불러 일으키는 것이었다. 어떤 이들은 이런 위협을 문화적 침투, 이데올로기적 전복, 경제적 통제 등을 통해 미국이 중국을 혼란시키려는 의도적인 전략으로 간주했다. 다른 보수파들은 이 위협을 미국의 의도적인 화평연변 전략의 결과로만 보지 않고, 오히려 매우 다른 가치와 제도를 가진 국가와 폭넓은 상호작용을 한 무의식적인 결과라고 보다 미묘하게 설명하였다. 각각의 해석에서 미·중 관계의 위기는 거대한 자본주의 국가와 접촉하면서 자연발생적으로 나타나는 위험으로 간주되었다.

이러한 관점은 미국이 중국의 내정 문제에 대해 지속적으로 간섭하고 있다는 이전의 우려를 강화시켰고, 뿐만 아니라 새로이 더욱 혼란스럽게 만드는 요소들을 더하기도 했다. 과거 미국의 간섭은 중국 주변지역에 초점을 맞추었다. 가령, 티벳의 반란을 지지하거나 타이완의 국민당 정부를 지지했던 것이다. 중국의 통일성을 저해하고 공산주의 지배하의 중국 통일을 막으려는 미국의 이러한 간섭은 결코 중국 심장부를 향한 적이 없었다. 그러나 이제, 미국의 간섭은 새롭고 더 위험한 형태로 나타났다. 중국의 많은 보수적 지도자들이 보기에, 미국은 수천 명의 젊은 중국 청년들의 가치와 믿음에 강력한 영향력을 행사하고 있고 이제 미국

의 영향을 받은 청년들이 반대로 그들 정부의 비효율성과 무감각에 저항
하고 있는 것으로 보였다. 이러한 현실은 단지 중국의 통일성뿐만 아니
라 중국 중앙정부의 생존과 안정에 외적 위협을 가할 정도에 이르렀다.

더욱이 많은 중국 지도자들은 미국의 정책에 대해 미국인들이 중국에
대해 느끼는 실망감과 거의 대등한 정도의 배신감을 느꼈을 것이다. 중
국 지도자들은 미국 지도자들이 상하이공동성명에서 양국 체제의 차이가
안정적이고 지속적인 양국관계에 더 이상 장애가 되지 않는다는 점에 동
의하였다는 가정하에 미국과의 관계를 진전시켜 왔다. 닉슨과 레이건 대
통령도 중국 지도자들에게 이데올로기의 차이가 경제 및 전략 영역에서
우호적이고 협력적인 관계의 성립을 방해하지 않을 것이라고 개인적으로
보증한 바 있었다. 이제 티엔안먼 위기는 미국 정부가 이 약속을 이행할
수 없도록 만들었다. 대신에, 티엔안먼 사태는 중국에 대한 미국의 정책
이 인권문제로 인해 바뀔 수 있다는 점을 보여 주었다.

비록 중국의 보수적 지도자들이 미국의 제재를 계속되는 미국의 오만,
패권, 그리고 심지어 제국주의의 반영이라고 보긴 했으나, 개혁적 사고
방식을 갖고 있던 지식인들의 미국에 대한 태도는 매우 달랐다. 티엔안
먼 광장의 시위대들은 정치 및 경제 변화에 관한 사상뿐만 아니라 실질
적인 도움을 미국에 의지하기도 했다. 영어로 씌어진 표어나 에이브러험
링컨과 토마스 페인의 말을 인용한 것 등은 미국 제도에 대한 경의와 도
덕적·정치적 지원에 대한 기대를 반영하는 것이었다. 시위에 관한 미국
신문의 기사들이 팩스나 우편을 통해 베이찡에 보내져서 대학의 게시판
에 붙여지곤 했는데, 그것은 중국 언론의 보도 내용보다 많은 정보를 알
기 위한 수단이었을 뿐만 아니라, 세계의 다른 사람들이 그들의 행동에
관심을 갖고 있으며 지지하고 있다는 것을 학생들에게 알리는 수단이기
도 했다.

탄압이 시작되고 나서 미국이 분노를 표하자, 이는 학생 및 기성 지식
인들을 포함한 많은 도시 중국인들의 환영을 받았다. 한 중년 학자는,
"이전에는 중국에 대한 미국의 압력을 달갑지 않게 여겼으나, 지금은 그

런 압력이 더 많아지기를 바라고 있다"고 조심스럽게 말했다. 그러나, 여전히 베이찡 정부에 대한 미국의 외교적·경제적 제재가 어느 정도까지 가해져야 하는가에 대해서는 의견이 엇갈리고 있었다. 아마도 젊은 중국 학생들은 미국의 강력한 대응을 옹호하고 미국이 베이찡 정부에 대한 제재를 완화하려는 움직임에 대해 강하게 반발하는 듯했다. 나이가 지긋한 지식인들을 포함하여 다른 사람들은 중국에 대한 과도한 제재가 미국의 친구들 및 동료 학자들과 접촉하는 것을 단절시킬 뿐만 아니라 중국에서 정치 통제를 심화시키는 결과를 초래하는 것에 대해 우려했다. 미국인들이 중국에 대한 최혜국대우 지위박탈이 중국의 인권증대를 초래할 것인지 아니면 저해할 것인지를 놓고 씨름하고 있을 때, 중국에서 나타난 이러한 전망의 차이는 미국 내에서 벌어지고 있는 정책논쟁에 곧 영향을 미칠 수도 있었던 것이다.

제 8 장
교착 상태

1989년 말 중국과 미국은 상호관계 '재정상화' 문제에 직면하게 되었다. 10년 전인 1970년대 말에 이루어진 정상화는 미국과 중화인민공화국 사이에 외교관계를 확립한다는 의미를 띠고 있었다. 이제 1990년과 1991년에 미·중 관계를 재정상화한다는 것은 양국이 1989년 티엔안먼 위기 이후 서로 상대방에게 가했던 외교적·군사적·경제적 제재를 해소한다는 것을 의미하였다.

1970년대 후반에 이루어진 미·중 관계의 정상화와 마찬가지로 1990년대 초반 미·중 관계의 재정상화 역시 양국 내부에서 많은 논쟁을 일으켰다. 미국 내에서 대중국 정책은 공화당 출신 대통령이 이끄는 백악관과 민주당이 지배하는 의회 사이에 당파적, 제도적 투쟁의 핵심 사안이 되었다. 부시 행정부는 중국과의 관계가 안정되어야 미국의 전략적·상업적 이해가 유지된다는 점을 강조하면서 가능한 한 조속한 시일 내에 베이찡과의 공식관계 회복을 희망해왔다. 미 대통령의 이러한 전략은 1989년 초반부터 1990년 후반 사이에 취해졌던 중국에 대한 몇 가지 조치들에 반영되었다. 이러한 주도적 조치에는 1989년 미국이 중국에 가했던 제재조치 일부를 완화하거나 해제하는 것뿐만 아니라 12월에 브렌트 스코우크로프트와 로렌스 이글버거가 중국을 재차 방문한 것도 포함된다. 미 대통령은 1969년과 1970년 닉슨 행정부의 베이찡에 대한 일방적 제안들이 결과적으로 1971년과 1972년의 화해를 이룰 수 있었던 것처럼, 이러한 양보조치들을 통해 중국 지도자들이 유화적 제스처를 취할 것으로 기대하였다.

이와 대조적으로 의회의 다수 의원들은 좀더 호전적인 접근방법을 선호하였다. 이들은 중국에 대한 대통령의 일방적 제안들이 베이찡의 독재적인 지도자들에게 보기 싫을 정도로 굽신거리는 것이라고 생각하였으며 중국 관리들이 이러한 미국의 시도에 대해 적절한 양보조치를 제시하지도 않았다고 대통령을 비판하기에 이르렀다. 이들은 중국 내 정치적 억압의 지속, 미국의 대중 무역적자의 계속적인 증가, 그리고 중동에 대한 중국의 지속적인 무기판매 등을 지적하며 분개하였다. 미국 내 다수의 중국인 학생 및 학자들뿐만 아니라 미국 인권위원회의 지지를 받았던 이들은 중국의 정치적 자유화, 경제개방 확대, 그리고 대외 활동의 책임성 강화 등을 조건부로 베이찡의 최혜국 대우를 갱신해주어야 한다고 주장하였다.

중국 정부 내에서는 이러한 미국의 시도들—중국에 대한 유화적인 조치들과 좀더 위협적인 조치들—에 대해 어떻게 대응할 것인가를 놓고 새로운 논쟁이 제기되었다. 보수적인 중국 지도자들은 6월 4일 사태와 여기에 자신들이 개입되었다는 사실에 대한 비판이 다시 제기될 것을 우려하여 미국이 요구하는 정치적 완화조치를 취하려 하지 않았다. 더욱이 그들은 대부분 미국을 이단적 사상과 가치들의 근원지로 간주하였고, 일부 미국인들이 계획적으로 유럽과 아시아의 공산주의 체제를 전복하고 붕괴시키려고 획책하고 있다고 생각하였다. 따라서, 그들은 미 의회가 공식적인 미·중 관계를 위해 요청하였던 대가를 지불할 의사가 없다고 인식하였을 뿐만 아니라 이러한 미국과의 관계확대가 중국측에 이익이 된다는 사실에 대해서도 회의적이었다.

이와 반대로 좀더 온건한 중국 지도자들은 대미 관계를 안정적으로 확대하는 데 관심을 보였다. 그들은 역동적이고 경쟁적인 세계추세 속에서 중국의 경제적 현대화에 가장 우선적인 중요성을 부여하고 있었다. 이러한 맥락에서 이들은 중국이 여타 서방 국가들로부터 첨단장비를 도입하고 주요 국제금융기구로부터 차관을 들여올 때 미국이 이를 지연시키거나 촉진시키는 데 영향력을 지닌 국가일뿐만 아니라 시장·기술·자본의 핵심적인 원천이라고 생각하였다. 이런 까닭에서 이들은 자신들이 외부의 압력에 굴복했다거나 혹은 중국의 내정에 미국의 개입을 허용했다는 비난을 무릅쓰면서까지 미·중 관계의 정상화에 도움을 주기 위해서는 양보조처를 취할 준비가 되어 있었다.

1970년대 후반에 조성된 국제환경 — 특히 소련에 의한 공동의 위협 — 으로 인해 중국과 미국은 양국의 외교관계를 정상화하기 위해 필요한 화해를 이루고자 하였다. 그렇지만 1990년대 초반에는 국제환경이 티엔안먼 위기 이후 긴장된 양국의 관계를 재정상화하는 데 그다지 유리하게 조성되지 못했다. 미국은 소련, 동유럽, 그리고 페르시아만에서 전개된 상황을 통해서 예상했던 것만큼 중국이 그렇게 진보적이지 못하고, 이전에 생각했던 것만큼 베이찡정부가 미국의 이해에 전략적으로 중요하지 않으며, 중국 지도자들이 자국의 국내정치적·국제정치적 이해관계를 규정하는 방식이 미국과 상당히 다르다는 사실을 인식하게 되었다.

베를린 장벽의 붕괴, 폴란드와 헝가리에서 비공산주의 정부로의 권력이양, 루마니아에서 차우세스쿠의 처형 등으로 상징되는 1989~1990년 동안에 일어난 동유럽에서의 공산주의 체제 몰락은, 중·미 양국이 상대방을 바라보는 방식에 커다란 영향을 미쳤다. 미국인들은 예전에는 중국이 개혁의 최전방에서 빠르게 진보하고 있다고 생각하였지만 이제는 중국이 공산주의 세계의 잔재 뒤에서 꾸물거리면서 뒷걸음치고 있다고 여기게 되었다. 반면에 다수의 중국 지도자들, 특히 보수파에 속하는 인물들은, 유럽에서의 공산주의 몰락이야말로 정치적 자유화에 내포된 위험을 드러내는 명확한 증거라고 생각하였다. 더욱이 그들은 공산주의 국가

의 화평연변을 촉진하고자 하는 미국 전략의 핵심대상이 현존하는 최대
의 사회주의 국가인 중국일 것이라고 결론을 내렸다.

소련의 국내적 어려움과 더불어 외교정책의 변화 역시 미·중 관계에
커다란 영향을 미쳤다. 미국과 소련 사이에 냉전이 종식 ─ 정례화된 양
국 정상회담, 유럽에서 재래식 군사력 감축에 대한 합의, 1990년~1991
년 전략무기감축협정(START)에 대한 교섭강화, 그리고 1991년 런던에서
열린 G-7 연례 정상회담에 고르바초프 참석 등으로 표면화되었듯이 ─
됨에 따라 미국은 소련을 견제하는 전략적 균형자로서의 중국을 더 이상
필요로 하지 않게 되었다. 마찬가지로 1990년 리 펑이 모스크바를 방문
하고 이어서 1991년에 지앙 저민이 소련을 순방한 예처럼 중·소 관계가
진전됨에 따라 중국 역시 북방의 적대적인 인접국(즉, 소련)을 견제하기
위한 균형자로서 미국의 지원을 필요로 했던 동기적 요인이 점차 사라지
게 되었다.

중국과 미국 사이의 전략적 협조와 관련하여 양국이 양자택일을 할 수
밖에 없게 된 최초의 사건이 바로 페르시아만 위기였다. 늦여름부터 가
을까지 베이찡과 워싱턴은 유엔 안전보장이사회에서 이라크의 쿠웨이트
침공을 비난하는 동시에 바그다드에 대하여 엄격한 경제적 제재를 가하
였다. 그러나 미국이 쿠웨이트의 해방을 위해 군사력을 사용하려 했을
때, 양국간 시각의 차이가 점점 분명해지기 시작했다. 전통적으로 지역
분쟁에 대한 강대국의 개입을 우려해왔던 중국으로서는 이 전쟁을 단지
다국적국이 침략국을 응징하는 것으로 여기기보다는 오히려 바그다드의
'작은 패권주의자'와 워싱턴의 거대한 패권주의자 사이의 갈등으로 인식
하기 시작하였다. 더욱이 소련의 전략적 위상이 점차적으로 약화되고 있
는 상황하에서 미국이 페르시아만에서 손쉽게 승리를 거둠에 따라, 중국
은 미국이 워싱턴을 중심으로 한 단극체제를 창출하려고 기도하고 있다
는 의심을 품게 되었다.

반대로 미국인들 역시 탈냉전의 세계에서 중국이 담당하게 될 역할에
대해 우려하기 시작하였다. 안전보장이사회의 상임이사국 중 중국만이

유일하게 이라크에 대한 무력제재를 정당화하는 유엔의 중요 결정에 찬성표를 던지지 않았고, 또한 다른 중요한 투표에서도 기권하였다. 이러한 중국의 행동은 다자간 집단안보를 위한 노력에 베이찡이 협력할 의지가 있는지에 대해 의구심을 가지게 하였다. 또한 워싱턴의 전략 입안자들이 소련과의 세계적인 전쟁보다 지역적인 갈등에 더 많은 관심을 기울이던 시점에서 중국이 중동에 무기를 판매하고 군사기술을 이전한다는 보도는 미국에 경각심을 불러일으켰다. 다수의 미국인들은 베이찡이 지역분쟁을 완화시키는 데 도움이 되기보다는 무책임한 행동을 함으로써 지역분쟁을 오히려 격화시키고 있다고 믿게 되었다.

1990년과 1991년에 중국의 최혜국 대우를 갱신하는 문제가 미·중 관계에 관련된 양국 내 논쟁과 양국간 협상의 주요 사안으로 부각되었다. 결국 양국 정부는 중국의 무역상 특혜지위를 유지하도록 정책을 조정할 수밖에 없었다. 매년 베이찡은 정치범들을 석방했고, 계엄령을 해제했으며, 미국 상품의 수입을 확대하는 등 인권문제와 경제적 쟁점들과 관련하여 다수의 양보조치들을 취해 왔다. 결국 1991년에 부시 행정부는 베이찡과 물물교환 방식으로 양보조치를 서로 주고 받는 기존의 정책을 포기하고 중국의 행동에 영향을 미치기 위해서 당근과 채찍을 동시에 사용한다는 새로운 전략을 표명하였다.

하지만 이러한 조정을 통해서 미·중 관계가 심각하게 악화되지는 않았다 할지라도, 양국관계는 여전히 막다른 벽에 부딪혀 있었고, 양국 내부의 회의적 입장들과 복합적이고 논쟁적 요소를 지닌 벅찬 의제들에 볼모로 잡혀 있었다. 중국과 미국은 닉슨의 중국 방문 및 상하이공동성명 발표 이후 20주년에 이르렀지만, 티엔안먼 광장 위기 이후 아직도 예전의 관계를 회복하지 못하였다.

1. 워싱턴의 연말 제안

1989년 말엽, 부시 행정부는 미국과 중국의 관계를 안정시키기 위해 새로운 주도적인 조치를 취하기 시작하였다. 이러한 결정은 그 해 가을 헨리 키신저와 리차드 닉슨의 중국 방문에 자극을 받아 이루어졌음에 틀림없다. 이 두 사람은 "매듭을 묶은 사람만이 그것을 풀 수 있다"고 중국 지도자들이 주장했다고 전하였다. 베이찡에서는 6월 4일이나 혹은 그 이후로도 미국의 이해에 해를 끼치는 어떠한 조치도 중국이 취하지 않았지만 미국은 여전히 중국에 대해 비합리적인 경제적·외교적 제재를 가했다고 생각하고 있었다. 따라서 미·중 관계를 손상시켰던 요인을 해소하는 조치를 취해야 하는 것은 워싱턴이라는 것이다. 또한 중국 지도자들은 만일 미국이 중국에 화해 제스처를 취한다면 자신들도 동일한 방식으로 대응하겠다고 키신저와 닉슨에게 말하였다.

양당의 의회 지도자 그룹에게 방중결과를 보고하면서 닉슨은 중국과 협력적인 관계를 유지하는 것이 미국의 이해에 부합된다고 명시적으로 말하였다. 그는 중국이 "아시아에서 일본과 소련이라는 (양대) 대국들과 힘의 균형을 유지하기 위한 핵심"이라고 주장하였다. 닉슨에 따르면 중국은 첨단재래식 무기의 유출을 통제하고, 핵확산을 억지하며, 환경문제를 제안하고, 지역분쟁을 관리하는 데 있어서 필수불가결한 역할을 담당하게 된다는 것이다. 또한 언젠가 중국은 반드시 경제적·군사적 강대국이 될 가능성이 있다는 것이다. 닉슨은 워싱턴이 "다음 세기에 중국의 동맹국이 아니라 적대국이 되는 위험을 무릅쓰는" 것은 말할 것도 없고, 중국이라는 거대한 잠재적인 시장에서 미국이 스스로를 배제시키는 것은 매우 무모한 짓이라고 결론지었다.[1]

---

[1] 1989년 11월 로이드 벤젠(민주당, 텍사스), 로버트 버드(민주당, 웨스트버지니아), 로버트 돌(공화당, 캔사스), 알랜 심슨(공화당, 워밍) 상원의원과 윌리암 브룸필드(공화당, 미시간), 단테 파스켈(공화당, 플로리다) 하원의원에게 제출

분명히, 7월에 있었던 스코우크로프트-이글버거의 비밀 방문을 알지 못했던 닉슨은 베이찡과 고위급 관료접촉을 재개해야 한다고 제안하였다. 그는 좀더 정상적인 관계를 회복하기 위해서 양국이 다단계 조치들을 취해야 한다는 점을 인정하였다. 우선 중국은 인권을 개선하고, 외국인 투자를 위한 조건을 향상시켜야 하며, 팡 리지에 관한 논쟁을 해결하고, 티엔안먼 사태 이후 중단되었던 문화적·학술적 교류 프로그램을 다시 회복해야 한다는 것이다. 이에 대해 미국은 중국에 대한 경제적 제재를 해제하고, 세계은행이나 여타 국제금융기구가 대중국 차관공여를 재개하도록 허용해야 한다는 것이다. 그러나 닉슨 대통령은 첫 단계로서 중국과의 고위급 대화가 재개되어야 한다고 제안하였다. 그의 주장에 따르자면, "중국의 현재와 미래의 지도부를 고립상태에 빠뜨리는 것, 그들이 부당하다고 간주하는 반중국적 행동들로 인해서 미국에 대한 반감을 키우고 심지어 미국을 증오하도록 부추기는 것은 아무 의미도 없고 생산적이지 못한 것이다."

미국 내 다른 중국 전문가들과 외교정책 전문가들도 이와 유사한 내용의 제안을 제시하였다. 존스 홉킨스대학의 외교정책연구소는 10월에 포드, 카터, 레이건 행정부의 전임 각료들이 배서한 정책조사보고서라는 것을 발간했는데, 이 보고서 역시 "미국의 전략적·정치적·경제적 이해에 대한 장기적인 미·중 협력의 중요성"을 강조하고 있다.[2] 동 보고서는 미·중 관계의 완전한 정상화가 중국 내부에서 억압의 종식과 정치적 자유화의 회복에 달려있다는 점을 강조하면서도, 미·중 협력관계를 위한 하부체계가 가능한 한 많이 유지되어야 한다고 지적하였다. 또한 베이찡과의 고위급 접촉의 재개를 명확하게 주장하고 있지는 않았지만,

---

된 Richard Nixon, "The Crisis in Sino-American Relations," in *Time*, November 20, 1989, pp. 44~49.

2) "U. S. China Relations," Policy Consensus Report (Washington: Johns Hopkins Foreign policy Institute, Paul H. Nitze School of Advanced International Studies, October 1989).

이러한 조치는 보고서의 결론과 완전히 부합되는 것이었다.

이렇게 대중 관계개선을 지원하는 흐름 속에서 부시 행정부는 1989년 말 중국에 대한 새로운 주도권 발휘에 나섰다. 가장 논쟁적 요소는 미·중 관계를 개선할 가능성이 있는지 탐색하기 위해서 스코우크로프트-이글버거를 두 번째로 베이찡에 파견한 일이었다. 이 두 사람은 사적인 언급과 공개적인 축배의 말을 통해서, 부시 대통령이 덩 샤오핑을 자신의 개인적 친구로 여기고 있으며, 또한 미국은 중국을 협력관계가 필요한 중요 국가로 인식하고 있다는 메시지를 전달하였다. 실제로 중국 보도에 따르면, 스코우크로프트는 덩 샤오핑에게 현재 중국은 그 어느 때보다 미국에 중요한 존재라고 말하였다고 한다.

그러나 두 명의 미국인 밀사들은 또한 중국측이 미 대통령의 선의의 제스처에 대해 호의로 답례할 준비가 되어 있다는 점을 표시하기 위해서는 전세계적 문제, 양국간의 문제, 혹은 국내적 문제 등과 관련해서 약간의 조치가 필요하다는 점을 전달하였다. 미 행정부에서는 중국이 조만간 유화적 반응을 보일 것이라고 매우 낙관했던 것 같다. 뒤이어 닉슨이 방문했던 가을에 중국 관료들은 미국만이 아니라 양쪽에서 관계를 개선하기 위한 조치들이 동시에 취해져야 한다는 점을 인정하기 시작하였다. 후에 이글버거는 의회에서 중국측 발언에서 나타나고 있던 새로운 어조가 중국 재방문이 가능할 수 있었던 "쉽게 드러나지 않지만 명확한 신호"였다고 증언하였다.[3]

베이찡으로부터 긍정적 반응을 얻어내려고 노력한 부시 행정부가 중국에 대해 일방적 조치를 추가로 취할 준비가 되어 있다는 정보를 스코우크로프트나 이글버거가 중국에 전달했는지 여부는 알려지지 않았다. 그러나 그 다음 주부터 백악관은 티엔안먼 사태가 발생한 다음달에 중국에 부과했던 제재조치 중 세 가지를 잇달아 해제하거나 완화하였다. 우선

---

3) "Statement of The Honorable Lawrence S. Eagleburger, Deputy Secretary of State, before the Senate Committee on Foreign Relations," February 7, 1990, p. 16.

12월 19일에는 중국 발사대에서 발사될 예정으로 있던 세 개의 미국 통신위성에 대한 수출면허장을 허가했는데, 이는 당시 미 의회에 상정된 포괄적인 제재법안에 들어 있던 제재조치 중 한 가지를 해제하는 것이었다. 또한 같은 날 백악관은 중국에 대한 수출입은행의 차관을 재개한다고 밝혔는데, 이에 따라 미 의회가 재청했으나 법안 심리에는 위임되지 않았던 제재조치 중 한 가지가 소멸되었다. 세번째로 1월 10일 미행정부는 세계은행측이 중국에 대해 차관을 제공하는 것에 대해 더 이상 반대하지 않으며, 단지 이러한 차관제공 계획안이 중국 인민들의 기본적 요구에 부합되는지만 각 사안별로 검토할 것이라고 말하였다.

한편, 베이찡에서는 이러한 미국의 선제조치에 대해 어떻게 대응할 것인가를 놓고 일대 논쟁이 벌어졌다.[4] 중국 내 다수의 미국전문가를 포함하여 일부 분석가들은 매우 분명하게 베이찡의 지도자들이 가능한 한 유연하고 전향적인 자세로 대응해야 한다고 강력하게 주장하였다. 이들은 국제적 상황이 중국에 특별히 유리하지 않다고 주장하였다. 경제적·기술적 국제경쟁이 격화되고 있는 현시대에 만일 중국이 미국과 협력관계를 유지하지 않는다면 중국은 곧 주변국가들보다 뒤쳐질 것이고, 더욱이 동유럽에서 공산주의가 몰락하고 미·소 관계가 급속도로 개선됨에 따라 미국은 베이찡과 밀접한 관계를 유지하기 위해 더 이상의 희생을 치루려 하지 않을 것이라는 점을 지적하였다. 또한, 이들은 중국이 미국과 관계회복을 희망한다면 워싱턴에 호응하는 몇 가지 제스처가 필요하다고 주장하였다. 이 분석가들은 계엄령 해제, 일부 정치범들의 석방, 팡 리지의 망명허용 등과 같은 조치들을 제안하였는데, 이러한 조치들은 모두 인권문제에 지대한 관심을 가지고 있는 미국인들에게 중국의 정치적 상황이 점차 완화되고 있음을 알려주는 표시가 될 것이라고 생각하였다.

다른 분석가들은 중국이 미국의 압력에 따라 국내정책을 수립할 수도

---

4) 이 구절은 Harry Harding, "The Impact of Tiananmen on China's Foreign Policy," *China's Foreign Relations after Tiananmen: Challenges for the U.S.*, no. 3(Seattle, December 1990), pp. 5~17에서 인용.

없고 수립해서도 안되며, 또한 정치적 통제를 완화할 만큼 시기가 성숙되지도 않았다고 대응하였다. 더욱이 그들은 국제환경이 중국에 전적으로 위협적이지는 않다고 주장하였다. 비록 미국과 소련 사이에 전례 없는 데땅트가 이루어졌다고 할지라도, 두 강대국 사이의 국제적 경쟁이 완전히 사라지지 않았고 워싱턴은 아직도 여전히 장기적인 차원에서 소련의 의도와 능력을 완전히 확신하고 있는 것은 아니라는 것이다. 게다가 미국은 새로운 경제대국들이 부상하고 있는 국제정치현실에 직면해 있는데, 특히 독일과 일본이라는 두 경제대국은 국제경제차원에서 미국과 치열하게 경쟁하고 있다. 미국이 소련, 일본, 통합유럽 등을 견제할 균형자를 필요로 하고 있다는 사실은 중국이 이로 인해 상당한 전략적 영향력을 행사할 수 있음을 의미한다. 실제로 이 분석가들은 스코우크로프트-이글버거의 중국 방문을 지적하면서, 이것이야말로 워싱턴이 중국과의 관계개선에 얼마나 열심인지를 보여주는 일이고, 베이찡이 여전히 전략적 영향력을 행사할 수 있는 여지를 가지고 있으며 미국의 선제조치에 대해 최소한도의 대응만이 필요하다는 것을 보여주는 일이라고 주장하였다.

이러한 논쟁의 결과 중국이 미국에게 일정한 유화 제스처를 취하는 동시에 워싱턴측이 중요시하는 다른 영역에서는 중국이 정책을 수정하는 것에 거부한다는 내용의 타협이 이루어졌다. 12월 스코우크로프트의 방문 직후, 중국 외교부장은, 원래 1988년 프랭크 칼루치에게 사적으로 언급한 것이지만, 중국이 시리아에 M-9 미사일을 판매할 것이라는 보도는 "전혀 근거 없다"고 부인함으로써 공식적으로는 최초로 중국이 "중동의 어떤 국가에도 중거리 미사일을 판매한 사실이 없으며 또한 앞으로 판매할 계획도 없다"고 확실하게 밝혔다.[5] 베이찡은 또한 티엔안먼 사태 이후 취했던 미·중 간 학술 문화 교류에 대한 제재조치를 해제하기 시작하였다. 6월에, 미국의 소리 방송이 파견한 두 명의 특파원을 추방했었

---

5) Xinhua, December 11, 1989, in FBIS, *Daily Report: China*, December 11, 1989, p. 11.

던 베이찡이 이제는 특파원 한 명이 주재하는 것을 허용하였다. 그리고 풀브라이트의 학술교류 프로그램을 이행하지 못하게 금지했던 베이찡당 국은 여전히 자국민의 미국 유학을 허용하지는 않았지만, 교수와 학자들 이 중국을 방문하는 프로그램을 재개하는 데에는 동의하였다. 이러한 중 국의 조치들로 이전 상태가 완전히 회복된 것은 아니었지만, 그러한 방 향으로 한걸음 내딛을 수 있게 되었다.

중국 지도자들은 또한, 특히 베이찡에서, 정치적 분위기를 완화시키는 가장 온건한 방법을 채택하였다. 1월 10일에 이르러 전년도 5월 20일부 터 발효되었던 수도의 계엄령을 해제하였다. 그후 1주일이 지나자 티엔 안먼 시위 이후 체포되었던 약 600여 명을 석방한다고 발표하였다. 그리 고 비슷한 시점에서 베이찡의 미국 대사관 주위에 설치하였던 중무장 경 비를 철수하고, 미국 외교관들이 보다 자유롭게 중국 관료들과 접촉할 수 있도록 허용하였다. 확실히 이러한 조치들은 신년 휴일이 다가오는 시점에 이루어졌다는 점에서 국내적인 이유로 인해 취해진 것일 수도 있 다. 그러나 미국인 방문객들의 입장에서 보면 명백하게 미·중 관계를 개선하는 데 도움을 주는 조치들로 받아들여졌고, 베이찡 역시 외교정책 적 고려를 바탕으로 이러한 정책을 채택하였음이 거의 틀림없었다.

그렇지만 12월 스코우크로프트 사절에 대한 중국측의 답변 리스트에는 베이찡주재 미국 대사관에 피신해있던 팡 리지를 방면하는 문제가 빠져 있었다. 6월 4일 사태의 여파로 자유를 박탈당한 수천 명 중에서 오직 두 사람—한 남자와 그의 아내—에 관련된 문제이지만, 팡 리지의 경 우는 티엔안먼 사건 이후의 미·중 관계 상황전개의 길잡이가 되어 있었 다. 이 문제가 해결되지 않음으로써 베이찡의 외교행위는 매우 복잡해지 고 있었다. 팡 리지가 계속해서 미국 대사관에 남아 있는 한, 중국인들 은 두 곳에서 정상적 업무를 수행할 수 없었다. 더욱이 팡 리지는 미국 에 가장 널리 알려진 중국의 인권운동가이기 때문에, 다소 잘못 판단될 지라도, 그의 운명은 이제 중국의 정치적 상황이 개선되는지 악화되는지 여부를 알려주는 알기 쉬운 척도로 작용하고 있었다. 이와 반대로, 중국 저항집단의 지도급 인물들이 미국 대사관에 피신하기 시작한 이후, 보수적인 중국인들은 팡 리지 문제를 미국이 자국의 내정에 개입하는 표상으로 간주하였다.

7장에서 언급했듯이, 제임스 베이커 국무장관과 한 슈 중국 대사는 팡 리지가 미국 대사관에 피신한 이후 워싱턴에서 며칠 동안 이 문제를 논의하였다. 해결책은 처음부터 명료하였는데, 팡 리지가 중국을 떠날 수 있도록 허용하되, 단 그는 곧바로 미국으로 가기보다는 우선 제3국으로 간다는 것이었다. 비록 베이커와 한의 협상은 최종적인 합의를 도출하지는 못했지만, 스코우크로프트-이글버거 사절이 이 문제를 해결할 수 있을 것이라는 희망을 갖게 되었다.

그렇지만 결국 어떤 합의도 끌어내지 못하였다. 미국 관료들에 의하면, 베이찡측이 팡 리지가 중국을 떠날 수 있도록 허용하려 했지만 국제적 사건이 개입되어 최종 결정이 무산되었다. 12월 루마니아에서 차우세스쿠 정권이 몰락하고 그 충격의 물결이 자금성으로 흘러들었기 때문에, 국내 및 해외의 반정부 운동에 새로운 계기를 부여할지도 모르는 인물을 방면하기가 매우 어렵게 되었다는 것이다. 이와 동일한 시기에, 파나마에 대한 미국의 개입 역시 워싱턴측에 대한 양보조치를 주창하던 온건한 지도자들의 입지를 일시적으로 약화시켰고, 미국이 여전히 제국주의 강대국으로 남아있는 한 타협이란 바람직하지 않다고 주장하는 보수파들의 입지가 강화되었다. 이렇게 해서 중국은 팡 리지 문제를 해결할 만큼 아직 시기가 성숙되지 않았다는 분명한 결론을 내렸고, 팡 리지가 조국을 떠나도록 허락받기 이전에 먼저 "진정 올바른 참회의 자세를 보여야만 한다"고 주장하기 시작하였다.[6] 그들의 관점에서 보면, 당분간은 이럭저럭 현상태를 유지하는 데 아무 비용도 들지 않을 듯하였다. 말하자면 팡 리지는 중국 내의 상황을 자극할 수 없는 곳에 효과적으로 감금된 것과 마

---

6) 지앙 저민의 주장의 출처는 *Wen Wei Po*, December 22, 1989, p.3, in FBIS, *China*, January 19, 1990, pp.1~2. 또한 Xinhua, January 11, 1990, in FBIS, *China*, January 11, 1990, p.1 참조.

찬가지이고, 그의 건강과 안전 역시 중국이 책임지는 것이 아니라 미국이 책임지고 있기 때문이었다.

부시 행정부의 연말제의에 대한 중국의 대응을 통해서 우리는 중국 지도자들이, 워싱턴을 향해 몇 가지 유화 제스처를 보이면서도, 미국과의 최종 담판에서 자신들이 상대적으로 강력한 수단을 보유하고 있다는 판단을 견지하고 있는 것을 알 수 있다. 스코우크로프트가 중국을 방문하여 중국은 미국에 있어 전략적으로 상당히 중요한 존재라고 강조함으로써 의도하지는 않았다고 할지라도 마침 이 문제를 놓고 격렬하게 논쟁하고 있던 베이찡내부에서 미·중 관계의 회복을 위해 그다지 많은 일을 할 필요가 없다고 주장했던 중국 분석가들의 위상을 강화시켜주는 결과를 가져왔다. 동유럽 사태의 전개가 국내정치를 완화할 경우 심각한 위험이 초래된다는 것을 보여주던 시기에, 중국 지도자들은 미국이 다양한 제스처를 사용하며 제안하는 데 대해 반드시 대응할 필요가 없다고 결론을 내렸다. 실제로 일부 중국인들은 스코우크로프트 사절단을 맞이하고 미국의 각료 이하의 관리가 덩 샤오핑과 접견할 수 있도록 허용한 것으로 미국에 대하여 크게 양보하였다고 생각하였다.

이러한 유화적 제스처의 교환에 대하여 부시 행정부의 제의가 과연 현명한 것이었는지 미국 내부에서 격렬한 논쟁이 벌어졌다. 우선 미국 내 가장 저명한 중국전문가들을 포함하여 미 대통령의 입장을 옹호하는 사람들이 있었다. 스코우크로프트가 베이찡에서 돌아오자 마자, 마이클 옥센버그는 《뉴욕 타임》지의 평론에서 사절단에 대하여 "용감한 지도력을 발휘하였다"고 묘사하면서 중국이 대통령의 제안에 호응하는 데 기여하였다고 썼다.[7] 도크 바네트 역시 이와 비슷한 입장에서 중국 지도자들과 대화를 재개한 대통령의 결정을 지지한다고 밝혔고, 또한 중국의 최초 반응이 고무적이었다고 말하였다.[8] 미국 내의 중국인 학자들 역시 이러

---

7) *New York Times*, december 13, 1989, p. A31.

8) *New York Times*, January 21, 1990, p. E21.

한 화해 제스처에 찬성했는데, 그들은 고위급 접촉을 중단시킨 애초의 결정이 오류였으며 베이찡을 외교적으로 고립시키는 것은 단지 중국 내 보수파들의 입지만을 강화시킬 것이라고 말하였다. 9)

그렇지만 이런 반응들은 미국 내에서 제기된 의견 중 소수를 점하고 있었다. 주요 일간지나 의회 의원 대다수는 마치 뇌졸증과 같은 충격을 받았다는 표현만이 어울릴 정도로 비판적인 반응을 보였다. 《워싱턴 포스트》는 스코우크로프트 사절단에 대해 "억압적이고 피로 얼룩진 중국 정부를 회유하려는 조치"라고 기술했고, 《뉴욕 타임》지는 "베이찡의 도살자들을 칭송한 꼴"이라고 기술하였다. 10) 《월 스트리트 저널》은 한 사설에서 티엔안먼 사건 이후 6개월이라는 시간은 베이찡과 공식접촉의 재개를 위해 필요한 "충분한 간격"을 제공하지도 못했으며, 스코우크로프트 사절단은 "우리 시대의 거대한 음치단련단의 하나로 기록되어야 한다"고 말하였다. 11) 상원 다수파의 지도자 조지 미첼(민주당, 메인주)은 이 사절단이 중국 정부에 대해 "쩔쩔 매면서 머리를 조아린다"고 묘사하였다. 12)

이러한 비판의 핵심은 스코우크로프트와 이글버거의 베이찡파견시 백악관이 기만적으로 행동하였고, 너무 많은 것을 주었음에도 불구하고 돌려받은 것이 너무 적다는 점이었다. 중국측 주장대로 스코우크로프트와 이글버거가 베이찡에 도착했을 때 비로소 사절단 파견이 공식적으로 발표되었는데, 그때는 워싱턴 시각으로 한밤중이었다. 처음에 부시 행정부는 이 여행의 근본적 목적이 소련과 미국의 몰타 정상회담의 결과를 중국 지도자들에게 브리핑함으로써 베이찡당국이 오직 러시아 밀사로부터만 그 결과를 보고받는 일이 발생하지 않도록 하기 위한 것이었다고 주장하였다. 백악관은 점차로 이 사절단이 미·중 관계 전반에 걸쳐 포괄

---

9) *Los Angeles Times*, January 15, 1990, p. B7.
10) *Washington Post*, December 11, 1989, p. A14, *New York Times*, December 12, 1989, p. A24.
11) *Wall Street Journal*, December 12, 1989, p. A20.
12) *Washington Post*, December 12, 1989, p. A22.

적인 재평가의 책임을 맡고 있었다는 점을 인정하였다. 또한 부시 행정
부는 계속해서 스코우크로프트의 방문이 미국과 중국 관료의 정례적 상
호방문이 아니기 때문에 고위급 외교교류 금지조항을 위반한 것이 아니
라고 주장하였다. 이러한 것들로 인하여 사절단은 처음부터 행정부가 극
복하기 어려운 표리부동의 냄새를 풍기게 되었다.

또한 비판가들은 방문중에 있었던, 어쩌면 피할 수도 있었을, 몇 가지
유감스러운 상징적 의미를 강조하였다. 스코우크로프트는 자신을 위해
베풀어진 연회장에서 샴페인 잔을 들어 올려 중국인 주최자를 위해 건배
하는 모습을 사진찍도록 허락하였다. 그는 또한 중국어를 사용하여 자신
을 만나기 위해 시간을 내준 덩 샤오핑에게 고마움을 표시했고, 부시가
"덩 샤오핑을 여전히 영원한 친구로 생각한다"13) 는 말을 전할 때에도 중
국어를 사용하였다. 그리고 그의 발언 중에서 가장 논란을 일으킨 것은,
두 사회에서 "반대세력들이 우리들의 협력을 되돌려 놓거나 혹은 방해하
려 한다"는 발언이었다. 이 발언은 중국의 인권침해에 대한 미국의 비판
가들과 비무장 시위대에 대해 무력사용을 명령한 베이찡의 보수적인 원
로들을 동일하게 간주하는 것으로 의미가 확대 해석되었다. 14)

또한 행정부를 비판하는 사람들은 미국이 고위급 외교접촉 금지조항
을 완화한 대가로 돌려받은 것이 없다고 주장하였다. 그들은 중동에 중
거리 미사일을 판매할 계획이 없다는 중국의 모호한 발언은 그 전 해에
미국에 비공식적으로 전달했던 모호한 보증을 단지 공식적으로 반복한
것에 불과하다고 재빠르게 지적하였다. 또한 베이찡당국이 중거리 미사

---

13) Xinhua, December 10, 1989, in FBIS, *China*, December 11, 1989, pp. 1~
4. 덩 샤오핑은 스코우크로프트를 파견한 사람이 누군지 혼동한 것 같다. 그는
"카터 대통령이 당신을 보내 주어서 기쁘다"라는 말로 회의를 시작했다. *New
York Times*, December 11, 1989, p. A9.

14) 《워싱턴 포스트》 사설은 다음과 같이 묻고 있다. "학생들을 대량 학살한 중국이
나 제재를 가한 미국 정부 모두가 분쟁을 일으키고자 하는 악의와 오해에 희생
되었다는 것인가?" *Washington Post*, December 11, 1989, p. A14.

414

일을 서방과는 다르게 정의하고 있으며, 사실 미국이 가장 큰 관심을 기울이는 M-9 미사일이 중국의 이번 보증 속에 반드시 포함되지는 않는다고 지적하였다. 15) 더욱이, 중국 지도자들이 스코우크로프트에게 어떤 말을 했을지라도 중국의 무기상들은 여전히 중동의 유력한 고객들과 협상하고 있었다는 보도로 인하여, 이런 제스처를 통해서 얻었다고 할 수 있는 어떠한 선의도 상쇄되고 말았다. 16)

또한 중국측으로부터 만족할 만한 양보조치도 없었다. 중국주재 평화봉사단에 관한 새로운 협상, 중국주재 미국의 소리 방송의 특파원 허용, 미국 대사관 주변의 중국 경비병 수의 감소, 풀브라이트 프로그램의 부분적 재개 등은 미·중 관계의 핵심 문제를 피해 가려는 겉치레로 여겨졌다. 팡 리지와 그의 부인이 미국 대사관 밖으로의 자유로운 통행을 허가받지 못할 것이라는 사실이 점차 분명해지자, 부시 행정부를 비판하는 사람들은 미국이 최악의 대우를 받았다고 따지기 시작하였다. 《뉴욕 타임》지는 "배당금이 너무 적어서 부시의 정책을 웃음거리로 만들 뿐이었다"17)라고 논평하였다.

부시의 중국정책에 대한 마지막 비판은 중국의 국내 정치적 상황이 완화되었다는 흔적을 어디에서도 찾아볼 수 없다는 점이었다. 인권단체들은 계엄령이 정치활동에 대한 엄격한 사회적 제한으로 대체되었고, 베이징에 주둔하던 군부대는 여전히 조직적으로 군과 연계된 대규모 정·사복 경찰파견단으로 바뀌었으며, 수천 명에 달하는 중국인 시위대가 여전히 구금되어 있다는 점을 지적하였다. 2월에 제출된 국무성의 연례 인권

---

15) M-9 미사일은 사정거리 600킬로미터 내지 375마일인 미사일로, 미국에서는 사정거리 160마일 이상인 중거리 유도탄에 해당된다. 그러나 중국에서는 사정거리 1,000킬로미터에서 3,000킬로미터가 중거리 유도탄으로 규정된다. John W. Lewis, Hua Di, and Xue Litai, "Beijing's Defense Establishment : Solving the Arms- Export Enigma," *International Security*, vol. 15 (Spring 1991), pp. 86~109 참조.
16) *New york Times*, March 30, 1990, p. A7.
17) *New York Times*, January 11, 1990, p. A22.

보고서는 "강경조치가 여전히 지속되고 있으며, 이 보고서에서 논의하는
국제적으로 공인된 인권사항들이 버젓이 제한당하고 있으며 그중 다수의
인권침해는 심각한 상태"라고 시인하였다. 결과적으로 국무성은 인권이
라는 핵심 영역에서 백악관의 대중국 정책이 아직 아무런 결실을 맺지
못했음을 인정하게 되었다. 18)

　12월 스코우크로프트-이글버거 사절단의 중국 방문 몇 주일 후 바로
이 두 사람이 7월에도 베이찡을 방문했다는 중국측 자료가 해외 뉴스 네
트워크에 폭로되자, 부시 행정부의 발의에 대한 비판이 더욱 격렬해졌
다. 이 사실이 폭로되자 부시 행정부가 중국에 취한 제스처에 상응하는
반응을 얻어내지 못했다는 초기의 비판이 다시 강경해졌다. 비판가들은
부시 행정부가 의회와 미국 국민들을 호도하는 방식으로 베이찡에 대한
제재조치를 훼손시켰다고 불평하였다. 심지어 미·중 관계의 안정과 베
이찡과의 정상적 업무관계의 유지를 지지해왔던 사람들조차도 행정부의
전략이 현명한 정책에 오점을 남기게 되었다고 걱정하였다.

　중국에 대한 대통령의 주도적 행위에 대한 실망감이 확산되면서 1월에
는 의회에서 비자가 만료된 이후에도 중국인 학생과 학자들의 미국 체류
를 허용하는 펠로시 법안에 대한 대통령의 거부권 행사를 저지하고자 하
였다. 대통령에 대한 비판이 팽배해 있던 하원에서는 390 대 25의 표결
로 대통령이 거부한 법안을 재가결하였다. 그러나 백악관의 강력한 로비
결과 상원에서는 필요득표수 67표 중 62표밖에 얻지 못하였다. 좁은 의
미에서 볼 때 행정부는 중요한 승리를 기록하게 되었다. 그러나 더 넓은
관점에서 볼 때, 대통령은 심각한 패배를 당한 셈이었다. 결과적으로 펠
로시 법안에 대한 투표는 행정부의 중국정책에 대한 의회의 불신임 투표
라고 할 수 있다. 의회의 12퍼센트 — 하원에서 25표, 상원에서 37표 —
만이 대통령을 지지한 투표결과는 대통령의 베이찡 전략에 대한 강도 높

18) 국무성이 상원 외교위원회와 하원 외교위원회에 제출한 문건, *Country Reports on Human Rights Practices for 1989*, 101 Cong. 2 sess (Washington: Government Printing Office, 1990), pp. 802~825.

은 힐책을 의미하는 것이었다. 1970년대 초반에 닉슨과 키신저가 중국과 비밀접촉을 시작했을 때에는 중대한 외교적 돌파구를 마련할 수 있을 만큼 베이찡으로부터 충분한 호응 제스처를 이끌어 냈다. 부시가 이와 유사한 전략을 시도했지만, 중국에서는 부시의 도박을 옹호할 수 있을 정도로 충분한 반응을 보이지 않았다.

1990년 2월 무렵, 부시 행정부의 연말 제안들은 워싱턴과 베이찡에 실망과 환멸의 분위기만을 자아냈다. 워싱턴에서 백악관측은 다시 수세적 입장에 처하게 되었다. 중국의 양보조치들은 모두 합쳐서도 미국의 대중 제재완화, 두 차례에 걸친 스코우크로프트-이글버거 사절단의 파견, 베이찡과의 협력에 관한 미국의 미사여구 등을 정당화시켜주지 못하였다. 그 결과 대부분의 민주당 의원들이 대통령을 맹렬하게 공격하고 공화당 의원 누구도 그를 지지할 준비가 되어 있지 않아, 법적 규제와 펠로시 법안을 둘러싼 논쟁으로 시발된 백악관과 의회 간의 분열은 더욱 악화되었다. 대통령은 중국에 대하여 실망감을 드러내기 시작하였다. 행정부의 일부 관료들은 베이찡이 미국의 제안에 아무런 호응도 보이지 않았기 때문에 배신감을 느낀다고 말했으며, 주도적 행동을 보여줄 필요가 없다고 주장하였다. 19)

역설적이지만, 중국 관리들과 분석가들 역시 이와 유사한 견해를 피력하였다. 2월에 이들은 미국인 방문객들에게 미국이 보다 빠르게 더 많은 제재조치를 해제하기를 기대한다고 말하였다. 그들은 또한 연례 인권보고서에서 중국에 대한 국무성의 거친 어조에 자신들이 놀랐으며 고통을 당하였다고 말하였다. 이들은 중국이 1989년 여름 언론에 게재하였던 미국에 대한 비판을 지속적으로 완화시켜 왔다고 주장하였다. 그러나 미국 정부는 이에 호응하기는 커녕 연례 인권보고서를 통해서 중국을 비난하고 있다는 것이다. 이에 대응하여 중국 지도자들은 팡 리지가 자신의 잘못을 인정하는 것뿐만 아니라 중국에 대한 세계은행의 차관공여와 미국

---

19) *Washington Post*, March 7, 1990, p. A30; *New York Times*, March 11, 1990, pp. A1, A16.

이 기술이전에 부과한 규제를 철폐할 것을 요구하는 등 광 리지 방면 조건을 보다 강화시켰다. [20)

간략히 말해서 미·중 관계의 난국을 해결하려던 제의가 일부 측면에서 오히려 교착상태를 심화시켰다. 양국은 미·중 관계가 더 악화될 수 있다고 경고하기 시작하였다. 그러나 양국은 또한 자신들은 가능한 모든 조치를 이미 취했으며, 이제 주도권과 책임은 서로 상대방에 달려 있다고 주장하였다.

2. 중국의 최혜국 대우를 둘러싼 1차 논쟁

워싱턴이 환상에서 깨어났다는 표시는 1989년 6월 이후 부시 행정부가 중국에 대한 제재를 완화하기보다는 오히려 강화할 것을 고려하고 있다는 데에서 최초로 나타났다. 백악관은 공교롭게도 1989년 베이찡 대학살 1주년 하루 전이라는, 상징적으로 의미심장한 날짜인 6월 3일자로 만기가 되는 중국의 최혜국 대우의 연장여부를 대통령이 아직까지 결정하지 않았다는 것을 암시하기 시작하였다.

법률상 대통령은 매년 중국을 비롯한 여타 비시장경제 국가들에 부여한 최혜국 대우의 갱신여부를 결정할 권한을 갖는다. 잭슨-배닉 수정안은 대통령이 해당 국가 시민들이 어느 정도 이민의 자유를 향유하는지 고려하도록 명시하고 있다. 수정안의 조항에 따르면, 대통령은 해당국 정부가 시민들의 자유로운 이민허용을 입증할 수 있을 경우에 한해서, 혹은 갱신을 통해서 이민의 자유가 실질적으로 촉진될 수 있다고 확신할 수 있을 때에만 비시장 경제국가에 대한 최혜국 대우의 갱신을 승인할 수 있게 되어 있다. 다음으로 의회는 대통령의 결정을 재고하여 반대결의안을 채택할 수 있다. 그렇지만 이를 위해서는 대통령의 거부권을 반

---

20) *New York Times*, April 4, 1990, p. A12.

대할 수 있을 정도로 결의안이 지지를 받아야 한다. 1990년 이전까지 중국의 최혜국 대우의 갱신은 의례적으로 처리되었다. 대통령이 대개 갱신 결정을 통고하면, 의회는 반대결의안을 제정하지도 못하고(심지어 그것을 고려조차 하지 못하고) 대통령의 행위에 동의했던 것이다. 1980년 특혜 관세 대우가 중국에 허용된 이래 처음으로, 중국이 최혜국 대우의 지위를 상실할 가능성이 있는 것처럼 보였다.[21]

중국에 대한 전반적 무역금지조치로 작용하는 것은 분명히 아니지만, 베이찡에 대한 최혜국 대우가 거부된다면 미·중 통상관계는 심각한 타격을 받을 것이었다. 미국에 들어오는 중국 상품들은 일반 관세보다 훨씬 더 높은 세금을 물게 되는데, 그중 25개의 가장 중요한 상품들의 경우 평균 8.8퍼센트의 관세율이 50.5퍼센트로 대폭 상승될 것이었다.[22] 미·중 상공회의소는 이러한 변화가 일어난다면 중국의 대미 수출의 50퍼센트, 거의 60억 달러의 수출이 감소될 것이라고 평가하였다.[23] 베이찡은 중국에 대한 미국의 수출을 중도 파기하거나, 심지어 중국에 대한 미국의 모든 투자를 차별대우하고, 광범위한 학술과 문화교류 프로그램을 중단시키며, 나아가 미국과의 전략적·외교적 협조를 단절하거나 축소하는 방식으로 대응할 수도 있었다.

---

21) Vladimir N. Pregeli, "Most-Favored-Nation Status of the People's Republic of China," Issue Brief IB-89119(Washington: Library of Congress, Congressional Research Service, March 1991) 참조. 프레질리는 1982년과 1983년 국회에서 중국의 최혜국 지위를 회복시키려는 노력을 거부하는 결의안이 재회부되었으나 두 결의안 모두 거부되고 발언권도 얻지 못하였다고 지적한다.

22) "Testimony of Joseph A. Massey, Assistant U.S. Trade Representative for Japan and China, before the Subcommittee on Trade of the House Ways and Means Committee, 1990. 6. 21," United States-People's Republic of China (PRC) Trade Relations, Including Most-Favored-Nation Trade Status for the PRC, Hearings before the Subcommittee on Trade of the House Committee on Ways and Means, 101 Cong. 2 sess. (GPO, 1990), pp. 369~72.

23) 예산은 10억 달러에서 20억 달러에 이른다. Los Angeles Times, May 22, 1990, pp. A1, A12; Christian Science Monitor, May 21, 1990, pp. 1~2 참조.

티엔안먼 사태에 대한 감정이 가장 고조되었을 때에도 미국은 중국의 최혜국 대우의 철회를 고려하지 않았다. 확실히 일부 인권단체들은 베이 찡에 대하여 그러한 제재조치를 취하도록 부시 행정부에 요청하였고, 일부 의원들은 1989년 6월 중국에 대한 최혜국 대우를 철회하자고 제안한 적이 있었다. 그러나 백악관은 대통령이 6월에 공표한 두 가지 제재조치에 이 사항을 포함시키지 않았다. 양당으로부터 폭넓은 지지를 받고 양원에서 신속하게 통과될 수 있는 제재법안을 만들고자 했던 의회 지도자들도 7월에 상정된 포괄적 제재법안 속에 이 조항을 첨부시키지 못하였다. 티엔안먼 사태 이후 6개월 이상이 지난 현재 중국에 대하여 이 제재조치를 취할 가능성이 갑자기 높아졌다.

중국이 최혜국 대우의 지위를 상실할 가능성이 높아짐에 따라 베이찡에서는 몇 개월 전 부시 행정부의 연말 제의시 발생했던 논쟁보다 훨씬 더 격렬하게 또 다른 논쟁이 야기되었다.[24] 미국은 중국의 최대 무역 상대국 중의 하나이므로, 중국 상품에 대한 미국 관세가 증가하면 중국, 특히 미국 시장의 판매에 전적으로 의존해오던 산업부문(섬유부문)과 지역(남동부의 연안지역)이 심각한 경제적 타격을 받게 될 것이었다. 더욱이 서방측이 이미 부과하던 경제적 제재들 — 특히 국제 금융기구로부터의 차관 중단과 상업차관의 삭감 — 로 인해 베이찡은 외채상환 능력에 대하여 경각심을 갖게 되었다. 만일 중국의 대미 수출이 감소한다면, 동일한 상품을 수출할 대체시장을 찾거나 그에 상응하는 양만큼 수입을 감축해야 할 것이었다. 대외무역을 책임지고 있는 중국 관리들은 최혜국 대우의 상실이 가져올 충격과 문제의 심각성을 충분히 인식하고 있었다. 실제로 중국의 대외경제관계 및 무역부 부장은 연간 수출 손실액이 대부분의 미국측 예견들보다 훨씬 더 높은 100억 달러에 이를 것이라고 평가하

---

24) *Cheng Ming*, no. 152(June 1, 1990), pp. 18~20, in FBIS, *China*, June 4, 1990, pp. 34~35, 38~39; *Cheng Ming*, no. 153(July 1, 1990), pp. 12~13, in FBIS, *China*, July 3, 1990, pp. 19~20; *Ching Pao*, July 10, 1990, pp. 36 ~37, in FBIS, *China*, July 9, 1990, pp. 21~22 참조.

였다. [25]

더욱이 중국 사회의 다른 많은 부문들도 미국과의 새로운 대립으로 인해 곤란을 겪게 될 것이었다. 미국으로부터 기술과 투자를 모색했던 지방, 자치단체, 기업들이 중국과 미국 사이의 무역분쟁으로 심각한 타격을 받게될 것이었다. 미국과의 학술교류에 참가하기를 희망하는 중국 학자들은 기회가 현저하게 감소되었다는 것을 깨닫게 될 것이었다. 일반적으로 중국 지식인들은 베이찡과 워싱턴이 긴장국면에 접어들었을 때 전통적으로 정부로부터 거친 대우를 받아왔으며, 해외에서 연구할 기회가 거의 없었던 지식인들조차 미·중 관계악화가 초래할 결과에 대하여 염려하였다.

최혜국 대우의 상실로 인해 입게될 경제적 타격을 알고 있는 중국 지도자들은 미국과의 대립을 피하라는 밑으로부터의 거대한 압력을 받으면서 외교정책 관련 기관으로부터 어떻게 대응해야 할 것인지에 대하여 체계적인 조언을 구하였다. 이들의 요청에 따라 베이찡과 상하이의 연구기관들은 팡 리지가 제3국에 망명하기 위해 중국을 떠나는 것을 허용할 것, 미국과의 상호 호혜적인 통상관계 유지를 원하는 중국의 의지를 보여주기 위해 미국으로부터 수입을 증가시킬 것, 6월 4일 사태 이후 구금된 시위자들을 더 많이 석방할 것, 중국 신문에서 반미 선전을 줄일 것, 베이찡이 미국과의 안정된 관계에 관심을 갖고 있다는 것을 재천명할 것 등 미·중 관계를 안정시킬 방안에 관한 권고안을 제출하였다. [26]

이 권고안들은 1990년 봄 베이찡에서 열린 일련의 고위급 회의에서 논의되었는데, 여기에는 국가교육위원회가 주최하고 외교부, 국방부, 공안부, 국가보위부의 대표들이 참석한 3월의 부처간 회의도 포함된다. 이 회의에서는 중국이 미국과 협상할 때 문화적·학술적 교류 프로그램을 담보로 하는 것 이외에 상대적으로 사용할 만한 카드가 없다는 회의적

---

25) *Journal of Commerce*, May 16, 1990, p. 4A.
26) 중국의 학자들은 이 보고서가 중국 사회과학원의 미국 연구소와 상하이 국제연구소가 제출한 것이라고 주장했다.

결론에 도달하였다. 참석자들은 또한 중국이 대베이찡 정책을 둘러싼 백악관과 의회 사이의 실질적 의견차이를 기대할 수 없으며, 미국이 소련과의 전략적 경쟁에서 지속적 우위를 확보한다면 미국의 자세가 더욱 강경해질 것이라고 경고하였다. 이들은 더 많은 정치범들을 석방하는 것이 워싱턴과의 관계안정을 위해 중국이 취할 수 있는 몇 가지 조치 중 하나라고 분명하게 권고하였다. 27)

공산당 총서기 지앙 저민은 7월에 또다른 회의를 직접 주재하였다. 하나는 수도에 주재하는 고위 중국 외교관들이 참석한 것이었고, 다른 하나는 베이찡과 상하이에 있는 외교정책 관련 연구소들의 주요 연구원들이 함께 참석한 것이었다. 일부 참석자들은 중·미 관계를 소원하게 만들 수도 있는 "전방위" 외교정책을 채택하자고 제안하였다고 한다. 그러나 여타 참석자들은 미·중 관계를 안정시킬 수 있는 더욱 유연한 접근방법을 제안하였다.

심사숙고한 결과, 베이찡측은 미국을 상대하기 위해서 다면적 전략을 채택하였다. 첫째, 중국에 더 이상의 제재를 부과하는 조치를 금지하고, 베이찡과 보다 정상적인 관계를 회복하도록 미국의 동맹국들로 하여금 워싱턴에 압력을 넣도록 하였다. 둘째, 중국 지도자들은 티엔안먼 위기에 대한 근본적인 재평가와 국내 정치상황의 부단한 완화조치 등 전에는 전혀 수행하지 않았던, 양국 사이의 두드러진 현안에 대하여 미국측에 몇 가지 양보조치를 취하였다. 마지막으로, 중국이 미국에 전략적으로 계속하여 중요한 존재라는 점을 미국측에 보여줄 수 있는 방식들을 모색하였다.

중국 지도자들이 예상했던 대로, 일본은 서방의 통일전선에서 가장 약한 고리였다. 1989년 9월초 덩 샤오핑은 전 일본 외무장관 마사요시 이토에게 일본과 미국 사이에 "약간의 차별성"이 있다는 사실에 주목하고 있다고 말한 적이 있었다. 28) 일본 역시 티엔안먼 위기 직후 중국에게 독

---

27) *New York Times*, May 11, 1990, p. A6; *Tangtai*, no. 24 (May 12, 1990), pp. 7~9, in FBIS, *China*, May 23, 1990, p. 6.

자적으로 제재조치를 취했지만, 일본 지도자들은 그런 조치를 가장 현명한 행위로 인식하지는 않았다. 그들은 베이찡에 경제적·외교적 제재를 가함으로써 중국을 고립시키려는 시도는 대단히 잘못된 것이라고 믿었다. 대신에 그들은 더욱 교묘한 접근방법을 선호하였다. 대중국 관계를 책임지고 있는 한 일본 관리가 개인적으로 설명했듯이, 일본은 6월 4일 사태가 어떻게 일어날 수 있었는지에 관해 "이해할 수 없다"는 표현을 보다 선호했고, 일본 경영자협회로 하여금 불확실성에 대응하기 위하여 중국 투자를 줄이도록 했으며, 그리고 나서는 중국 정부의 해명과 유감 표명을 기다렸다.

그렇지만 경제적 문제를 둘러싸고 워싱턴과 일본 사이에 알력이 지속되던 시기에도, 대미 관계를 책임지고 있는 일본 외무성 관리들은 특히 미국에서 격한 감정을 불러일으키고 있는 이 문제를 쌍무적 의제에 덧붙여진 부차적 성격을 갖고 있는 것으로 보지는 않았다. 그렇기 때문에 티엔안먼 위기 직후 일본은 중국과의 고위관리 접촉을 중단하였을 뿐만 아니라 1985년에서 1989년 사이의 24억 달러 규모의 차관의 공여, 그리고 1990년에서 1994년 사이의 55억 달러 규모의 신규 차관에 대한 고려 등 베이찡에 대한 금융지원 역시 연기한다고 선언하였다. 일본이 다른 어느 나라보다도 중국에게 많은 개발지원금을 보낸 나라이므로, 이런 결정은 실로 심각한 제재라고 할 수 있었다. [29]

그러나 대중국 제재에 대한 일본의 지지는 1989년 말부터 흔들리기 시작하였다. 일본은 스코우크로프트의 두 번에 걸친 베이찡 방문에 분개하면서, 미국이 동맹국들에게는 중국과의 고위급 접촉을 억제하기를 원하면서 자신은 외교적 대화를 진행할 권리가 있다고 주장하는 것으로 생각

---

28) Xinhua, September 19, 1989, in FBIS, *China*, September 19, 1989, p. 8.

29) 처음 인용은 Allen S. Whiting, *China Eyes Japan* (University of California Press, 1989), pp. 121~26 참조. 두 번째 인용은 Lowell Dittmer, "China in 1989: The crisis of Incomplete Reform," *Asian Survey*, vol. 30 (January 1990), p. 37 참조.

하게 되었다. 이에 반발하여 일본은 즉시 국가계획위원회 위원장인 조우 지아화(鄒家華)와 국가교육위원회 위원장인 리 티에잉(李鐵映) 두 중국 관리가 1990년 초반기에 일본을 방문하도록 초청하였다. 일본은 또한 4월에 차관급 수준에서 해외공관 접촉을 재개하였다.

더욱이 일본은 중국에 대한 서방측의 제재를 더욱 완화하자고 주장하였다. 7월에 휴스턴에서 열린 G-7 연례 정상회담에서 일본은 참석자들로 부터 조용히 호응받을 수 있었던 정책을 명시적으로 제시하였다. 한 일본 외무성 관리는 "우리는 중국을 고립시키는 것만이 올바른 것이 아니라는 점을 국제공동체에 호소해야 한다"고 설명하였다. 대신, 일본의 정책은 "중국을 국제공동체에 다시 통합시키거나 혹은 국제공동체와의 정상적 관계를 회복시키는 것"이었다. 일본 정부는 "민주주의와 같이 서구화된 관념을" 중국에 빠른 속도로 도입한다는 것이 "얼마나 어려운 일인지" 깨닫고 있었다. 유일한 희망은 중국의 생활수준의 향상을 돕기 위한 경제지원계획을 통해서 점진적으로 정치적 개혁을 촉진하는 것이었다.[30]

일본의 이런 주장에 호응해서 G-7 정상들은 경제개혁을 촉진하거나 환경문제를 처리할 수도 있는 세계은행의 계획에 대한 심사숙고, 일본의 쌍무 원조계획의 점진적 재개, 중국과 서방국가들의 공식접촉의 회복 등 중국에 대한 제재를 부분적으로 완화하는 데 동의하였다. 몇 개월 사이 이런 결정에 따른 결과가 뚜렷하게 나타났다. 영국, 독일, 스페인이 중국에 고위 사절을 파견하였고, 중국의 외교부 부부장이 오스트레일리아와 뉴질랜드를 방문하였다. 그리고 일본은 이전의 차관들을 다시 지급하기 시작했고, 중국에 대한 세 번째 원조안을 논의하기 시작하였다.[31] 이

---

30) *Washington Post*, July 6, 1990, p. A25.

31) 중국은 1988년의 17억 달러와 1989년의 13억 달러와 비교할 때, 회계연도 1990년에는 세계은행으로부터 5억 9천만 달러만을 받았다. 티엔안먼 사건이 일어나지 않았더라면 세계은행은 1990년에 25억 달러의 차관을 허용했을 것으로 추정된다. *Far Eastern Economic Review*, June 7, 1990, pp. 56~57; *World Bank Report* 1989, p. 158 참고.

러한 맥락에서 미국이 대중국 최혜국 대우의 철회를 결정한다면 미국과 가장 가까운 동맹국들 사이의 정책들간에 커다란 불일치가 초래될 가능성이 있었다.

중국 지도자들은 일본과 G-7의 나머지 국가들의 압력을 통하여 미국이 최혜국 대우를 갱신하고 기타 중국에 대한 제재조치를 완화하게 되기를 기대하면서도 또한, 워싱턴과 직접적인 접촉을 시도하였다. 5월 초 베이찡측은 211명의 시위자들을 석방한다고 발표하면서, 이를 통해 중국의 정치상황이 정상을 회복하고 있음을 보여주고자 하였다. 이러한 제스처는 부시 대통령을 크게 고무시켜 베이찡에 대한 최혜국 대우를 1년 연장하는 결정을 내리도록 하였다. 32)

그 다음주에 중국은 워싱턴측에 훨씬 더 유화적인 제안을 보냈다. 6월 초에 재차 시위자 97명이 석방되었다. 베이찡은 앞으로 수년 동안 그에 상당하는 양을 구매한다는 옵션과 함께 20억 달러에 달하는 보잉 제트기를 구입하겠다고 발표했으며, 그해 말에 고위급 구매 사절단을 미국으로 파견하였다. 33) 지앙 저민은 직접 개인 외교에 나섰는데, 5월 초에는 바바라 월터즈와 텔레비전 인터뷰를 하였고, 일단의 미국 대학생들에게 중국의 국내상황을 설명하고 미·중 관계의 정상화를 희망한다는 내용의 장문의 편지를 보냈다. 34)

---

32) 백악관은 이 조치를 국민들이 쉽게 수용하도록 일괄처리안 중 일부로 처리하는 동시에 1주년을 맞이한 6·4 사태나 퀘일 부통령과 중국 학생대표 차이 링 간의 한 시간에 걸친 긴 회의에 대해서 언급을 삼가하였다. *Los Angeles Times*, June 5, 1990, pp. A16, A17; *Washington Post*, June 5, 1990, p. A21; *Washington Post*, June 8, 1990, p. A14 참조. 로드 전임 중국 대사는 5월 초에 중국의 최혜국 지위를 회복시키려는 안을 일괄적으로 처리할 것을 제안하였다. 그러나 최종적으로 부시 행정부가 제출한 일괄처리안에는 로드의 제안이 전혀 반영되지 않았다. *New York Times*, May 9, 1990, p. A31.

33) *Los Angeles Times*, June 1, 1990, pp. A1, A18; *Wall Street Journal*, June 1, 1990, p. A16.

34) 바바라 월터와의 인터뷰 내용은 *Beijing Review*, July 4~10, 1990, pp. 16~18

6월말 마침내 중국은 팡 리지가 미국 대사관을 떠나 영국으로 여행하도록 허용하는 데 동의하였다.[35] 베이찡은 원래 팡 리지가 자신의 잘못을 인정하고 양심의 가책을 밝히는 성명을 발표해야 한다고 주장했지만, 마침내 결과는 팡 리지가 중국 헌법에 명시된 당의 통치에 반대했다는 것을 인정하고, 조국을 떠난 이후 중국을 직접적으로 반대하는 행위에 참여하지 않겠다고 약속하는 정도로 마무리되었다. 중국은 팡 리지가 미국 대사관 안에 머무는 동안 건강문제로 고생했다는 점에 착안하여 의학치료를 받기 위해 해외에 나가도록 허용했다고 주장함으로써 체면치레의 수단으로 사용할 수 있었다.

비록 베이찡이 부시를 설득하여 중국의 최혜국 대우를 갱신하였지만, 무역상의 특혜적 지위의 연장여부에 대한 미국 내의 논쟁까지 종식시킬 만큼 충분한 양보조치를 취할 수는 없었다. 심지어 팡 리지의 석방조차도 대통령의 결정이 의회와 여론의 강력한 압력에 의해 영향을 받게 된 상황을 막을 수는 없었다. 중국에 대한 최혜국 대우의 갱신을 반대하는 사람들은 1989년 6월 이후 끊임없이 부시 행정부를 비판하여 왔는데, 백악관이 중국측에 너무 많은 유화 제스처를 취했고, 중국 내부의 인권상황이 여전히 근본적으로 변화되지 않고 있으며, 따라서 한층 강화된 경제적 제재가 요청된다는 것이었다. 다른 한편에서는 중국의 최혜국 대우의 철회가 경제적 · 정치적 개혁을 촉진하기보다는 오히려 후퇴시킬 것이라는 가정하에 중국과의 정상적인 경제관계유지를 옹호하는 강력한 집단이 있었다.

을, 캘리포니아 종합기술학교 대학생들에게 보낸 편지 내용은 Xinhua, June 18, 1990, in FBIS, *China*, June 18, 1990, pp. 8~11를 참조.

35) *Wall Street Journal*, June 26, 1990; *Washington Post*, June 26, 1990, p. A18. 팡의 석방에 대한 중국 지도자들간의 논쟁은 *Kuang Chiao Ching*, no. 214 (July 16, 1990), pp. 6~11, in FBIS, *China*, July 25, 1990, pp. 1~5. *Cheng Ming*, no. 153 (July 1, 1990. 7. 1), pp. 6~7, in FBIS, *China*, July 3, 1990, pp. 16~18 참조.

다수의 논설위원들, 의회의원들, 인권운동가들, 재미 중국 유학생과 학자들의 대표 등을 포괄하는 비판가들은 대략 800여 명의 구속자들의 석방에도 불구하고 중국의 정치적 상황은 여전히 매우 억압적이라고 주장하였다. 지도적인 두 인권기구인 국제사면위원회와 아시아워치의 보고서는 수천 명의 반대자들이 여전히 감금되어 육체적·정신적 고문과 자의적인 사법절차에 의해 희생되는 등 중국의 전반적인 정치상황은 개선되기보다는 오히려 악화되었다고 결론을 내리고 있다. 36) 언론매체, 주요 대학들, 문학단체, 사회과학 연구기관 등에 대해서도 엄격한 정치적 통제가 지속되고 있었다. 베이찡에 주재하는 미국 언론인에 대한 물리적 공격이나 기타 다양한 형태의 핍박뿐 아니라 미국 주재 중국대 사관 관리들이 중국인 학생들을 협박하는 일 등이 신문에 보도되었다. 37) 또한 상황이 곧 호전될 것이라는 증거도 없었다. 6월 4일 사태는 하나의 비극으로 간주할 수 있다는 바바라 월터즈의 견해를 지앙 저민이 부인했던 것이나 이 사태에 대한 해외에서의 반발을 공연한 소동이라고 표현하고 있는 점으로 미루어 중국 지도자들은 여전히 중국 사회의 화합에 착수할 마음이 없어 보였다.

설상가상으로, 중국이 해외에서 제멋대로 무책임하게 행동하고 있다고 꼬집는 신문보도가 계속되었다. 중국이 중동에 미사일을 팔기 위해 노력하고 있고, 크메르 루즈에게 무기공급을 계속하고 있으며, 리비아에는 화학무기를 제조할 수 있는 예비 합성물들을 공급하고 있다는 비난이 계속되었다. 물론 이런 보도 중 일부는 완전히 계약을 체결했다기보다 아직 협상이 진행중인 것들도 있었지만, 이러한 보도들로 인해서 중국은

---

36) Amnesty International, *Amnesty International Report* 1990 (New York: Amnesty International Publications, 1990) ; Asia Watch, *Punishment Season: Human Rights in China after Martial Law* (New York: Asia Watch, March 1990).

37) *Washington Post*, May 11, 1990, pp. A1, A34; *Los Angeles Times*, June 5, 1990, pp. A16, A17.

미국의 이해와 상치되는, 때로는 이전에 워싱턴과 체결했던 협정을 정면으로 위배하는 외교정책을 펴고 있다는 인상을 주게 되었다. 38)

다른 한편으로 중국에 대한 최혜국 대우를 옹호하는 강력한 동맹자들이 출현하였다. 처음에 옹호자들은 자신들이 중국측을 변호해주고 티엔안먼 사태에 대한 중국측의 해명을 수용한다고 인식되는 것을 두려워하여 언행을 조심하였다. 그러나 점차 이 동맹의 다양한 구성인자들은 자신들이 혼자가 아니며 자신들의 입장이 상당히 호응을 받고 있다는 것을 깨닫게 되자, 이들의 견해는 목소리를 내고 힘을 얻게 되었다.

기본적으로 이 동맹은 중국의 최혜국 지위를 지속시키기 위해 세 가지 주장을 펼쳤다. 첫째, 최혜국 대우가 철회되면 중국과의 무역분쟁이 촉발됨으로써 미국의 수출이 감소될 것이고, 외국 경쟁자들에게 미국의 중국시장 점유율이 넘어가게 될 것이며, 중국 내 미국 투자 자본금들이 위협당하게 될 것이며, 미국 소비자들이 구입하는 중국 수입품의 가격이 인상되리라는 것이다. 중국의 대미 수출품의 대다수가 저렴한 가격의 속옷과 의류이므로, 미국 내 저소득층의 부담이 불균등하게 가중될 것이라는 주장이다. 39)

두번째, 중국의 대미 수출의 대부분이 홍콩을 경유한다는 점을 지적하였다. 따라서 미·중 간 무역이 감소한다면, 1997년 중국으로의 통치이양에 반대하고 있는 시장경제 우방이 심각한 타격을 받게될 것이다. 홍콩 정부와 홍콩주재 미국 상공회의소는 중국에 대한 최혜국 대우가 폐지된 후 1년 만에 이 지역은 70억 달러에서 100억 달러 사이의 무역 손실

---

38) 중국은 무기 생산체계를 갖추지 못했으므로, 미사일 판매가능성 여부는 아직 판단하기 어렵다. *New York Times*, March 30, 1990, p. A7 참고. 크메르 루즈에 무기를, 리비아에 화학무기 부품을 판매할 가능성에 대한 연구가 더 믿을 만하다. *New York Times*, May 1, 1990, p. A13; *Washington Post*, June 7, 1990, p. A34; *New York Times*, June 7, 1990, p. A15.

39) "Statement of Roger W. Sullivan President, United States-China Business Council," in *United States-People's Republic of China(PRC) Trade Relations*, pp. 43~49 참고.

과 대략 2만여 명이 직장을 상실하게 될 것이라고 평가하였다. 40) 중국에 주권을 반환하기로 한 시점인 1997년이 다가옴에 따라 홍콩의 경제적 생존과 정치적 안정에 대한 불확실성이 증가하던 차에, 홍콩은 2퍼센트에서 3퍼센트 정도의 성장율 감소라는 뼈아픈 결과를 겪게될 것이라는 주장이다.

세번째가 가장 중요한데 중국에 대한 최혜국 대우의 철회는 아마도 미국의 도움을 기대하고 있는 중국의 국민들에게 커다란 상처를 주게 될 것이라는 점이다. 41) 고율의 관세로 중국 수입품을 제한한다면, 주로 국내시장을 겨냥하고 생산하는 대규모 국영산업체는 충격이 덜하겠지만 연안지방―중국 경제개혁의 핵심―의 소규모 사영기업체와 집단기업체는 손실을 입게 될 것이다. 베이찡에 추가적인 경제제재를 가한다면 거의 틀림없이 중국이 정치적 통제를 더욱 강화시킬 것으로 예상되는데, 이 경우 미국과 관련을 맺고 있거나 혹은 미국에 우호적인 사람들이 통제의 주요 대상이 될 것이다. 베이찡의 최혜국 대우의 갱신을 지지하는 사람들, 즉 미국에 망명해 있는 중국 학생들이나 학자들과는 대조적으로 중국에 살고 있는 중국 지식인 대다수로, 이들은 적어도 중국의 인권상황이 더 악화되지 않는 이상 미국의 또 다른 경제제재에 반대한다고 주장하였다. 42)

이러한 주장을 중심으로 결집된 동맹의 구성원들은 가지각색이었다.

---

40) *Washington Post*, May 12, 1990, p. A17; "Statement of John T. Kamm, President, American Chamber of Commerce in Hong Kong," in *United States-People's Republic of China(PRC) Trade Relations*, pp. 50~102. 1991년에는 홍콩에 대한 적자가 훨씬 더 많았다. 홍콩 정부는 중국의 최혜국 대우가 철회되지 않으면, 무역적자가 12억 달러, 실직이 4만 3천여 명에 이를 것이라고 추정했다. Xinhua, July 10, 1991, FBIS, *China*, July 11, 1991, p. 6 참고.

41) *New York Times*, April 27, 1990, p. A34, "Don't Punish the Wrong China"라는 제목의 사설 참조.

42) *Wall Street Journal*, March 1, 1990, p. A13; *New York Times*, May 13, 1990, p. A16.

여기에는 미국 경영자협회 — 투자가, 수입상, 수출상 — 의 대표가 포함
되어 있었다. 홍콩의 미국 상공회의소와 워싱턴에 있는 영국 대사관에
배치된 홍콩 정부의 대표들은 홍콩의 경제적 이해를 옹호하기 위해서 효
과적으로 로비활동을 하였다. 일부 중국문제 전문가들도 중국과 정상적
인 경제관계를 유지하는 데 찬성하는 발언을 하였다. 아마도 중국 학생
과 학자공동체가 티엔안먼 사태 이후 최혜국 대우문제를 둘러싸고 최초
로 양분되었다. 이 단체의 가장 활동적인 구성원들은 인권의 견지에서
최혜국 대우를 철회해야 한다고 주장했지만, 다른 구성원들 역시 이에
필적할만한 열정과 실행력을 가지고 그러한 조치가 역작용만 초래할 가
능성이 있다고 주장하였다. 43)

　논쟁이 진행되면서 점차 하나의 타협이 이루어졌다. 비록 의회의 일부
의원들은 중국에 대한 최혜국 대우를 즉각 철회하라고 주장했지만, 여타
의원들은 조건부 연장의 가능성을 탐색하기 시작하였다. 말하자면 1991
년에 더욱 엄격한 기준을 제시한다는 조건으로 일년간 최혜국 대우를 갱
신한다는 것이다. 44) 그렇지만 이런 접근에는 두 가지 다른 입장이 존재

---

43) 중국 교수학생 자주연합(The Independent Federation of Chinese Students and
　　Scholars)은 1990년에 최혜국 대우를 폐지할 것을, 1991년에는 단서조항을 부가
　　할 것을 요구하였다. "Statement of Yang Ye, Ph. D., Adviser to the
　　President, Independent Federation of Chinese Students and Scholars, and
　　Assistant Professor, Bates College, Lewiston, ME," in *United States-People's
　　Republic of China (PRC) Trade Relations*, pp. 131~157. 그리고 자오 하이칭 박
　　사가 미 하원 외교위원회의 아시아 태평양 소위원회, 인권과 국제기구 소위원
　　회, 국제경제정책과 무역 소위원회에 제출했던 "Statement of the Indepen-
　　dent Federation of the Chinese Students and Scholars on Conditioning
　　Most-Favored-Nation Status for China," May 29, 1990, p. B7 참고. 이에 반
　　대되는 견해는 *Los Angeles Times*, January 15, 1990, p. B7. 그리고 1990년 6
　　월 공 샤오샤, 리 시앙루, 리 시지앙, 린 유 등의 국회 보고, in *United
　　States-People's Republic of China (PRC) Trade Relations*. pp. 158~161, 173~
　　179, 314~319, 338~343 참조. 1991년 중국에 대한 최혜국 대우에 관한 두 번
　　째 논쟁에서 위와 유사한 발언이 있었다.

하였다. 하나는 강경한 입장이고 다른 하나는 좀더 온건한 입장이었다.

돈 피스 하원의원(민주당, 오하이오주)이 지지하는 좀더 온건한 입장은 1991년에 중국에 대한 최혜국 대우를 다시 1년간 갱신할지 여부를 결정할 때 추가기준을 제시한다는 것이었다. 피스의 기본제안에 따라 이민의 자유와 관련된 잭슨·배닉의 개정안은 중국에서의 계엄령 종식, 크메르루즈에 대한 중국의 지원중단, 가장 중요한 내용인 "국제적으로 공인된 인권 침해유형을 반전시킬 실질적이고 가시적인 진전" 등과 같은 조항이 포함되는 방향으로 수정될 것이었다.45) 얼마 후 이 안에는 비폭력 시위로 체포된 사람들의 석방, 언론자유의 확대, 미국의 소리 방송에 대한 전파방해의 중단, 미국에 체재하는 중국 시민들에 대한 "협박과 위협행위"의 근절, 해외여행과 유학에 대한 제재의 완화 등 훨씬 더 많은 목표들이 포함되었다. 또한 대통령에게 중국의 홍콩정책과 더불어 타이완의 GATT 가입에 대한 중국측의 입장을 검토해야 한다고 요청했다. 원래의 잭슨·배닉 수정안이 주장하는 것과는 달리, 대통령은 최혜국 대우의 갱신을 권고하기 이전에 이런 조항들이 반드시 실현되어야 한다고 선언할 필요는 없을 것이다. 그러나 그는 결과적으로 최혜국 대우를 철회하는 것보다 연장함으로써 이러한 목표들이 더욱 효과적으로 달성될 수 있다는 것을 입증해야만 하였다.

낸시 펠로시가 하원에서 발의한 보다 엄격한 접근안도 이와 유사한 조건들을 내세웠다. 중국에 대한 최혜국 대우를 1991년에 갱신하기 위해서는 대통령은 중국이 이 조항들의 일부를 완전하게 실현했으며 나머지 것들에 대해서도 '의미 있는 진전'을 이루고 있다는 점을 입증해 보여야만 할 것이었다. 피스 법안과 대조적으로, 그는 최혜국 대우를 철회하는 것

---

44) 제랄드 솔로몬(공화당, 뉴욕) 하원의원과 란토스(민주당, 캘리포니아) 하원의원, 미첼 상원의원이 이 결의안을 제안했다. 조지 미첼 법안은 중국의 최혜국 지위를 회복시키기 이전에 중국이 기본적 인권을 준수하겠다는 확답을 받을 것을 요구하였다.

45) H.R. 4939, 101 Cong. 2 sess. (GPO, 1990).

보다 연장하는 것이 중국의 인권을 향상시키는 데 수월하다는 평가를 단순히 제시하는 것만은 아니었다. 논쟁이 계속되는 동안에 "종교적 박해를 근절하는 방향으로 중대한 진전을 이루어야 하며," 홍콩의 장래에 관하여 중국과 영국이 체결한 협정을 베이찡이 준수해야 한다는 또 다른 목표가 펠로시 법안에 추가되었다.

결국 10월 18일 하원에서 세 가지 접근안들 — 최혜국 대우의 즉각적 철회, 엄격한 조건하에서의 갱신, 보다 완화된 조건에서의 연장 — 에 대하여 투표가 실시되었다. 부시 행정부는 세 가지 제안 모두를 반대했고, 하원의 예산심의위원회는 오직 피스 법안에만 찬성하였다. 그러나 백악관과 의회 지도자들이 하원에서 승리를 거두었다. 최혜국 대우의 갱신을 승인하지 않는 단순한 결의안이나 모든 사항에 대한 가장 강력한 제재결의안이 247 대 174의 표차로 통과되기는 했지만, 이 정도의 찬성표는 대통령의 거부권을 뒤집을 만큼 충분하지 못하였다. 예산재정상임위원회와 하원의 지도자들이 지지하는 피스 법안은 더 강경한 펠로시 법안을 지지하는 의원들에 의해서 거부당하였다. 이어서 이 법안은 384 대 30이라는 압도적 표차로 통과되어 쉽사리 거부권을 막아낼 수 있을 정도로 다수표를 확보할 수 있게 되었다.[46]

그렇지만 12월로 의회의 회기가 끝나게 됨에 따라 중국에 대한 최혜국 대우라는 의제는 상원에서 표결에 부쳐지지 못했고, 일시적이나마 세 가지 법안 모두 사멸되었다. 그러나 중국에 대한 정상적인 관세조치를 철회하자는 주장과 혹은 적어도 갱신시 강력한 조건을 추가하자는 주장에 찬성한 표의 규모로 볼 때, 다음 해에도 문제는 다시 제기될 것이었다. 1980년대 후반부터 대중국 통상관계에서 의례적으로 취급되었던 최혜국 대우가 이제부터는 훨씬 더 불확실하게 되었다.

---

46) *New York Times*, October 19, 1990, pp. A1, A8.

3. 페르시아만 위기

워싱턴과의 관계안정을 위한 세번째 노력으로 중국 지도자들은 미·중 관계의 전략적 기반을 다시 회복하려고 시도하였다. 그들은 1960년대 말과 1970년대 초 중국과 미국이 관계회복을 도모하게 된 기초가 서로간의 지정학적 이해였으며, 당시 중국이 문화대혁명의 마지막 격동에 처해있던 시기임에도 불구하고 소련 봉쇄에 대한 공통의 관심으로 양국은 인권에 대한 잠재적인 차이를 제쳐둘 수 있었다는 사실을 정확하게 알고 있었다. 최근 소련의 외교정책이 온건해지고 소련의 심각한 국내적 문제들이 산적해짐에 따라, 1990년 초반에 이르러 소련의 헤게모니에 대항하는 협조가 더이상 미·중 관계를 유지하는 긴급하고 필수적인 근거가 될 수는 없었다. 그러나 중국 지도자들과 외교정책 분석가들은 다른 국제적 문제들이 미·중 관계에 새로운 전략적 기초를 제공하고, 다시 한번 중국과의 이데올로기적 차이를 묻어둘 수 있도록 미국인들을 설득할 수 있게 되기를 희망하였다.

1990년 말엽, 다수의 중국인들은 소련이 그러한 기능을 맡아주기를 희망하였다. 신문논평, 미국방문, 그리고 미국인 방문객들과의 회의석상에서 중국의 분석가들은 소련과 미국 간에 지속되고 있는 경쟁과 갈등의 증거라고 생각하는 점들을 지적했고, 또한 고르바초프 이후 크렘린의 지도자는 팽창주의적이며 덜 화합적인 외교정책을 부활시킬 가능성이 있다고 경고하였다. 중국의 군사 평론가들은 극동아시아에서의 소련 병력감축에도 불구하고 여전히 무기의 질을 개선하고 있으며 본질적으로 공격적인 배치를 유지하고 있다고 밝혔다. 이들은 또한 소련 연방의 해체가 갖는 함의에 대하여 미국인에게 경고하기 시작했는데, 소련 제국의 쇠퇴에 따른 혼란으로 인하여 아시아·태평양 지역의 안정이 침해되는 것을 방지하는 데 중국과 미국은 공통의 이해를 갖고 있다고 제안하였다. 47)

중국 관리들 역시 중국이 국제문제에서 여전히 중요한 행위자이며 미

국과 기꺼이 공통의 기반을 모색하고자 한다는 사실에 대해 회의적인 태
도를 갖고 있는 미국인들에게 확인시켜줄 수 있는 전세계 차원의 문제들
과 지역차원의 문제들을 찾으려고 노력하였다. 헨리 키신저, 리차드 닉
슨, 조지 부시의 논평들에 상응하는 맥락에서, 일부에서는 매우 독단적
이고 강력한 일본의 힘을 상쇄하는 데—비록 도쿄를 상대하기 위해 어
떠한 구체적인 방법을 채택해야할지 세분하지는 않았지만—양국이 서로
의 관심을 공유할 수 있다는 점을 제기하기 시작하였다. [48] 고르바초프의
일본 방문에 대한 전망과 양국 사이의 영토분쟁이 해결되리라는 소문이
돌면서, 몇몇 중국인들은 소련과 일본의 동맹 가능성에 대해 미국인들에
게 경고하기 시작했고, 새로워진 미·중 협조야말로 이에 대한 가장 합
당한 방어라고 주장하였다.

　소련과 일본의 정책진전 가능성에 대해 경고하는 한편, 중국은 또한
긴박한 지역적, 전세계적 문제에 대해 더욱 융통성 있는 입장을 취하였
다. 1989년 말부터 중국은 협상을 통한 캄보디아 사태 해결을 위한 포괄

47) 이런 식의 주장은 다음의 예들에서 찾아볼 수 있다. *Shijie Zhishi*, no. 24
(1989. 12. 16), pp. 2~3, in FBIS, *China*, January 26, 1990, pp. 1~2;
Jiefangjun Bao, 1990. 3. 23, p. 3, in FBIS, *China*, April 18, 1990, pp. 8~9;
Liaowang (해외 출판) no. 16 (April 16, 1990), pp. 4~6, in FBIS, *China*,
May 1, 1990, pp. 1~5; *Liaowang* (해외 출판) no. 39 (1990. 9. 24), p. 28, in
FBIS, *China*, September 27, 1990, pp. 8~9.

48) 베이찡이 일본으로부터의 위협에 대해 제기했던 것에 대해서는 *Christian Science
Monitor*, February 15, 1990, p. 19 참조. 이 문제에 관한 키신저의 생각은 6월
초 발표된 인터뷰에 가장 분명히 나타나 있다. 거기서 그는 미국이 중국과 "특
별한 관계"를 유지하는 데 실패한 것은 미국이 일본과의 관계에서 가진 이점 가
운데 하나를 상실한 것이라고 주장했다(*Los Angeles Times*, June 3, 1990, pp.
M2, M8). 닉슨의 생각은 그가 의회에 제출한 보고 "The Crisis in Sino-
American Relations," *Time*, November 20, 1989, pp. 44~49에 나타나 있다.
부시는 1월의 기자회견에서 중국과 공조체제를 유지하는 것이 일본에 대한 미국
의 우위를 유지하는 방법이라고 암시했다. *New York Times*, January 25,
1990, p. B8 참조.

적 계획을 수립하는 데 다른 유엔 안전보장이사회 상임이사국들과 보조를 맞추기 시작하였다. 1990년 베이찡은 남한과의 관계를 격상시켜 무역사무소를 교환하기로 합의했으며, 한반도에서의 새로운 대화를 촉구하였다. 중국 지도자들은 남지나해 천연자원의 공동탐사를 주제로 국제회의를 열자고 제안했는데, 이 지역의 섬들과 해역에 대해 주권을 소유한 국가들 사이의 논쟁을 완화시키려는 의도였다. 중국은 또한 국제 환경문제나 마약밀매 문제를 해결하는 데 협조하겠다고 약속하는 한편, 중국에서 혼란이 일어나면 여러 주변국가들로 대량의 피난민 유입이 발생할 것이라고 경고하면서, 부상하고 있는 국제적 문제에 대한 중국의 상관성을 강조하기 시작하였다. [49] 비록 이런 제안들 전부가 미국과 직접 연관된 것은 아니었지만, 이를 통해 중국의 유연성과 중요성을 미국인들에게 심어주고자 하였다.

8월초 쿠웨이트에 대한 이라크의 침공으로 인해 갑자기 터져 나온 페르시아만의 위기는 베이찡에게 절호의 돌파구를 제공하였다. 중국은 팔레스타인 해방기구 및 다양한 아랍국가들과 오랫동안 일정한 관계를 유지했고, 이란과 이라크에 다방면으로 무기를 팔아왔으며, 사우디아라비아와 외교적 관계를 유지해온 결과, 이 지역에서 광범위한 외교적·정치적·군사적 관계를 맺고 있었다. 이런 사실들을 발판으로 중국은 이 위기를 해결하기 위한 국제협상에 참여하겠다고 주장할 수 있었다. 더욱 중요한 점은 베이찡이 안전보장이사회의 상임이사국으로서 유엔에서 이루어질 어떠한 협의에서나 자동적으로 핵심적 역할을 맡게 된다는 것이다. 부시 행정부가 새로운 세계질서를 수립하려는 노력의 일환으로 이라

---

49) 지구적 문제의 해결에 협력하려는 중국의 의지에 대해서는 1990년 9월의 유엔총회에서 행한 치엔 치치엔의 연설, *Renmin Ribao*(해외판), September 20, 1990, p. 4, in FBIS, *China*, October 1, 1990, pp. 1~4 참조. 중국으로부터의 이민이 다른 지역에 '큰 문제'가 될 수도 있다는 경고들은 덩 샤오핑에 의해 개인적으로 행해졌다. Wen Wei Po, June 16, 1990, p. 1, in FBIS, *China*, June 18, 1990, pp. 29~30 참조.

크에 대한 유엔의 제재를 요청할 것이라고 선언했을 때, 안전보장이사회에서 중국의 거부권으로 베이찡은 일약 미국전략상 주요한 고려대상이 되었다. 워싱턴은 즉시 리차드 솔로몬 국무성 차관보를 베이찡에 급파하여 페르시아 위기를 협의하도록 했는데, 그는 전년도 12월 스코우크로프트-이글버거의 두 번째 방문 이후 중국을 방문한 최고위급 미국 방문객이었다. 50)

그렇지만 페르시아만 위기에 대한 중국의 반응은 처음부터 상당히 모호하였다. 한편으로 쿠웨이트 및 사우디아라비아와의 유대, 서방에 대한 자국의 전략적 중요성을 내보이려는 열망, 국제 헤게모니주의에 지속적으로 반대해온 국가라는 평판을 유지하고자 하는 열망으로 이라크의 침공에 강력히 반대한다는 입장을 취하였다. 오랫동안 지역분쟁에 대한 강대국의 개입을 반대해온 베이찡의 입장에서는 이라크에 대한 보복공습의 개시는 말할 것도 없고, 페르시아만에 미국의 군사력이 진주하는 것도 반대해야 했다. 일부 중국인들은 또한 페르시아만 전쟁이 결국 이 지역에서 지속되던 불안정을 증폭시킬 것이라고 결론지었다.

진퇴양난에 처한 중국은 페르시아만 위기 내내 유엔에서 이중성을 그대로 표출하였다. 8월과 9월, 중국은 이라크를 비난하고 쿠웨이트로부터 즉시 철수할 것을 요구하며, 쿠웨이트 정부의 원상회복을 지지하고, 바그다드에 경제적 제재를 가한다는 안전보장이사회의 모든 결정에 찬성표를 던졌다. 그러나 중국은 소련과 함께 바그다드에 대한 군사보복 반대 표명의 방편으로 이라크에 대한 금수조치가 포함된 결의안에서 군사력 사용 관련 부분을 삭제하고자 노력하였다. 51)

11월이 되자 부시 행정부는 경제적 제재만으로는 효과를 제때에 볼 수 없다고 결론내리고, 쿠웨이트로부터 이라크를 강제로 몰아내기 위하여 군사력을 사용할 수 있도록 안전보장이사회의 위임을 구하기로 결정하였

---

50) *Los Angeles Times*, August 5, 1990, p. A8.
51) *New York Times*, August 30, 1990, p. A15.

다. 이 시점에서 베이찡의 가장 그럴듯한 선택은 그러한 결의에 대한 투표에서 기권하는 것이었다. 중국이 이라크에 대한 군사력 사용에 유보적 입장을 취하고 있고, 또한 한국전쟁 기간에 중국을 대상으로 행해졌던 유엔 결정의 선례를 회상한다면, 미국이 지지하는 해결안에 베이찡이 찬성한다는 것은 어려운 일이었다. 또한 중국이 안전보장이사회의 상임이사국 중에서 반대하는 유일한 나라가 된다면, 반대하는 것 역시 마찬가지로 어려운 일이었다. 거부권을 행사한다면, 그것은 세계여론에 도전하는 것이고 미국을 분노하게 만들 것이다. 일단 소련이 이라크에 대한 군사력 사용에 찬성하는 표를 던지겠다고 밝힌 이상, 중국의 기권은 사실상 확정되었다.52)

그러나 중국은 안전보장이사회에서 투표권을 이용하면 미국에 대해 영향력을 행사할 수 있을 것이라고 생각했다. 1차는 카이로에서 그리고 그 뒤 뉴욕에서 열린 국무장관 베이커와의 회담에서 중국 외교부장 치엔 치치엔은 중국의 투표가 불확실하다고 뚜렷하게 밝히면서, 만일 워싱턴측에서 충분한 동인을 제시한다면 찬성하는 투표가 여전히 가능하다고 암시했는데, 만일 미국이 중국에게 충분한 보상을 제공하지 않는다면 거부권도 생각할 수 있다는 점을 암시하는 것이나 마찬가지였다. 베이커는 카이로 회담에서 치엔 치치엔에게 페르시아만의 미국 정책에 대한 중국의 지지를 "결코 잊지 않을 것이다"라고 약속하였다.53) 베이찡이 유엔 결의안에 거부하지 않는다는 확답을 받기 위해 부시 행정부는 안전보장이사회의 회의가 끝나자 마자 치엔 치치엔과 워싱턴에서 회담하기로 하였다. 이 회담은 티엔안먼 사태 이후 최고위급 미·중 접촉이 될 것이며, 미국은 중국과의 장관급 외국방문을 실현하는 두 번째 서방국가가 될 것이었다.54) 일설에 의하면, 베이커는 또한 중국이 유엔 결의안에 찬성하

---

52) 세바르드나제 외무장관은 11월 중국을 방문한 기간 중에 소련의 생각을 논의했다. Xinhua, November 23, 1990, in FBIS, *China*, November 26, 1990, p. 13; *Washington Post*, December 2, 1990, pp. A1, A33 참조.

53) *New York Times*, November 28, 1990, p. A8.

기로 결정한다면 치엔 치치엔이 워싱턴 방문기간 동안에 부시 대통령을 접견할 수 있을 것이라고 약속하였다.[55]

유엔에서 최종 투표가 진행될 때 중국은 기권을 선택하였다. 중국과의 합의에 따라, 치엔 치치엔은 그의 워싱턴 방문기간에 국무장관 베이커와 그외 각료급 관리들만 만나는 것으로 보도되었다. 그러나 마지막 순간에 부시 대통령은 중국이 합의를 지키지 않는다 할지라도 자신은 여전히 치엔 치치엔을 접견하겠다고 결정하였다. 치엔 치치엔이 국무성을 떠날 때에도 관리들은 여전히 대통령과의 접견계획은 없었으며, 대신 상무장관과 오찬을 하기로 되어 있었다고 주장하였다. 그렇지만 치엔 치치엔이 탄 차량행렬은 연방 삼각청사를 향하지 않고 백악관을 향해 달렸다.[56]

대통령과의 회담에서 중국 외교부장은 미국에 대하여 베이찡과의 외교 접촉을 격상시키라고 요구하였다. 이에 대해 부시는 양국간의 문제 및 전세계적 문제에 대하여 미·중 간 공식대화를 확대하는 데 동의하는 한편, 중국은 미국이 중시하는 인권문제와 핵무기 및 재래식 무기의 확산 문제를 우선 처리해야 한다고 주장하였다. 1991년 중에 중국을 방문해 달라는 중국의 제안에 대해 베이커 국무장관은 슬쩍 얼버무렸다. 치엔 치치엔은 또한 세계은행의 중국 차관에 대해서 미국이 좀더 우호적인 입장을 취해줄 것을 요청하였다. 이에 대해 부시 행정부는 오직 기본적 인간욕구를 충족시키기 위한 목적을 가진 계획에 대해서만 찬성할 수 있는 까닭에 이를 반대하기보다는 다른 차관을 금지함으로써 세계은행의 차관이 승인받도록 할 수 있다고 곧 분명하게 답변하였다.[57]

---

54) 최초로 방문한 사람은 스페인의 외무장관인데, 그는 지난 11월에 중국을 방문했다.

55) *Washington Post*, December 1, 1990, p. A14.

56) 마지막 순간에 치엔 치치엔의 스케줄이 바뀐 것과 국무성을 출발하던 당시의 혼란에 관해서는 *Washington Post*, December 1, 1990, p. A14.

57) *Far Eastern Economic Review*, December 13, 1990, pp. 10~11. 미국의 이러한 정책수정은 세계은행이 중국에 대출해 주는 것을 막을 만한 힘을 미국이 상실했음을 반영한다.

곧이어 부시 행정부는 부시와 치엔 치치엔의 회담에서 대중 관계에 대한 미국의 입장을 매우 단호하게 전달하면서 중국 외교부장을 접견키로 한 대통령의 결단을 지지하였다. 부시는 중국의 시위자처리를 강력한 어조로 비판했고, 인권문제가 미·중 관계의 개선에 장애라는 사실을 강조하였다. 그럼에도 불구하고 뒤돌아보면 중국측이야말로 협상에서 최상의 결론에 도달했다는 점이 분명해졌다. 그들은 어떤 중대한 양보조치도 취하지 않은 채 베이찡에 대한 미국의 제재를 완화하겠다는 보장을 받았다. 중국 신문들은 부시와 치엔 치치엔의 회담을 통해서 "미국은 부시가 매우 중요한 나라로 묘사한 중국을 고립시킬 수 없다는 사실이 드러났다"고 주장하게 되었다. 58) 이와 대조적으로, 부시 행정부 — 몇몇 보도에 따르자면 특히 베이커 국무장관 — 는 막판에 가서 베이찡과 양보조치를 교환한다는 전략이 과연 의도한 대로 결과를 성취하였는지에 대하여 의문을 갖기 시작하였다.

안전보장이사회의 최종 투표에서 기권한다는 베이찡의 결정에 실망했다면, 부시 행정부는 전쟁기간 중에 중국이 발표한 전쟁결과 분석에 대해 훨씬 더 불쾌하게 생각했을 것이다. 59) 중국 분석가들은 미국의 군사력 사용이 불필요하고 현명하지 못하다는 점을 부각시키려는 의도로 전쟁의 결과에 관해 계속해서 그릇되게 예측하였다. 그들은 첫 번째로 국제적 중재노력이 행해진다면 이라크에 대한 공격의 필요성이 없어질 것이라고 예측하였다. 그후 전쟁이 터졌을 때, 중국은 미국이 장기전 끝에 1950년대 초 한반도전쟁에서의 사상자에 필적하는 사상자를 내면서 곤경에 처할 것이라고 예측하였다. 더욱이 그들은 워싱턴의 서방 동맹국들이 전쟁비용의 분담에 반대하고 이스라엘을 전쟁에 끌어들여 아랍 참가국들

---

58) Beijing International, December 4, 1990, in FBIS, *China*, December 7, 1990, pp. 7~8.

59) 걸프전 시기와 이후의 미국에 대한 중국의 태도는 Harry Harding, "China's American Dilemma," *The Annals of the American Academy of Political and Social Science*, vol. 519 (January 1992), pp. 13~26에서 인용.

이 불참하게 됨으로써 바그다드에 대항하는 다국적 동맹군이 급속하게 분열될 것이라고 예견하였다. 60)

결과적으로 중국의 선전은 전쟁이 격화될수록 점차 반미적인 어조를 띠게 되었다. 중국 매체들은 미국의 공습으로 이라크 군대와 시민들이 당한 과도한 손실에 대하여 비판했을 뿐만 아니라, 중국 대변인들은 두 개의 주교전당사자인 이라크와 미국을 똑같이 비난받아 마땅한 전쟁도당이라고 매도하기 시작하였다. 이러한 묘사는 공개적으로 표명되지는 않았지만 전쟁에 대한 중국 내부의 평가를 반영하는 것이었다. 보수파 지도자들로부터 빠른 속도로 총애를 받게 된 젊은 중국 지식인 허 신(何新)은 미국이 전쟁을 이용하여 세계 에너지 자원에 대한 통제권을 얻으려 한다고 썼으며, 또한 미국이 만일 전쟁에서 승리한다면 "세계지배라는 미국의 목표에 마지막 장애"가 될 중국을 "무력하게 만들려고" 시도하게 될 것이라고 경고하였다. 61) 당시 덩 샤오핑은 이 전쟁을 침략에 대항하는 정의로운 전쟁이 아니라 거대 패권주의 세력과 작은 패권주의 세력 사이의 투쟁으로 묘사했다고 전해지고 있다. 62)

걸프전에서 미국의 신속한 승리로 전쟁의 긴박한 추이에 관한 중국의 예측들은 뒤죽박죽이 되었지만, 그 함의에 대한 베이찡의 관심은 크게 높아지게 되었다. 소련의 전략적 중요성 쇠퇴와는 대조적으로 미국 군사력의 놀랄만한 성공으로, 중국 분석가들이 단언했던 것처럼 세계는 다극체제가 아니라 미국을 중심으로 한 일극체제가 될 가능성이 높아졌다. 냉전시대의 양극체제를 대신할 신세계질서에 대한 부시 행정부의 주장이 이러한 우려를 증폭시키고 있었다. 중국의 분석가들은 이러한 신세계질

60) *Ta Kung Pao*, January 16, 1991, p. 3, in FBIS, *China*, January 16, 1991, pp. 3~4; *Ta Kung Pao*, February 1, 1991, p. 2, in FBIS, *China*, February 1, 1991, pp. 2~3.

61) *South China Morning Post*, February 27, 1991, p. 15, in FBIS, *China*, February 27, 1991, pp. 5~7.

62) *New York Times*, February 20, 1991, p. A14.

440

서가 몇몇의 핵심적 동맹국가들을 대동하는 미국에 의해서 지배되지 않을까 두려워하였다. 또한 인권개선이 신세계질서의 핵심적 주제가 되고, 중국은 그러한 미국의 노력의 주요 대상이 될 수 있다고 우려하였다. 들리는 바에 따르면, 중국의 최고령 지도자중의 한 사람인 보 이보(蒲一波)는 4월 전국인민대표회의의 한 회의석상에서 신세계질서에 대한 미국의 제안이란 단지 "세계지배"를 획책하는 것일 뿐이며 사회주의에서 자본주의로 중국의 "화평연변"을 부추기려는 것에 지나지 않는다고 말하였다. 63)

미국의 능력과 의도에 대한 이처럼 비관적인 분석이 그렇게 오래 가지는 못하였다. 몇 개월이 지나면서 페르시아만에서 거둔 군사적 승리에도 불구하고 미국은 사담 후세인을 제거하지도 못했고 또한 이 지역의 모든 문제들을 해결하지도 못했음이 분명해지자, 중국 분석가들은 국제정세에 대해 보다 이완된 견해를 갖기 시작하였다. 점차 이들은 걸프전이 원래부터 두려워했던 그런 분수령은 아니라는 사실을 깨닫게 되었다. 이들은 미국의 상대적 쇠퇴, 일본과 독일의 부상, 인도나 중국 같이 새로운 지역 세력의 출현 등 국제적인 다극체제를 촉진하는 여러 경향들이 지속되고 있다고 결론지었다. 그들은 일극체제를 지향하는 어떠한 움직임도 덧없이 지나갈 것이라고 판단하게 되었다. 대신, 이처럼 매우 낙관적인 분석에서처럼 미국은 "분에 넘치는 야욕"을 실현할 능력이 없으며, "미국이 지배하는 일극체제"는 가능성이 없어 보였다. 64)

패권을 잡은 미국 중심의 일극체제로 세계가 재편될 것이라고 중국이 인식했다면 중국은 1970년대 소련에 대항할 때나 1950년대 미국에 대항

63) *South China Morning Post*, April 4, 1991, p. 11, in FBIS, *China*, April 4, 1991, p. 3.
64) 각각 *Liaowang*(해외 출판), no. 19(May 13, 1991), pp. 9~10, in FBIS, China, May 21, 1991, pp. 3~6; *Liaowang*(해외 출판), no. 14(April 8, 1991), pp. 26~28, in FBIS, *China*, April 17, 1991, pp. 7~9에서 인용. 몇몇 중국 분석가들은 미국이 점차로 국내문제에 전념하게 되었다는 사실에 주목하면서 워싱턴이 "세계 지배"를 추구한다는 주장을 무시했다.

할 때 했던 것처럼 일종의 반미통일전선을 형성할 필요가 있을 것이었다. 그러나 국제체제의 다극화 경향이 계속되자 다른 전략이 필요하게 되었다. 중국 지도자들은 미국과 대립하기보다는 시의적절하지만 제한된 양보조치, 국제적인 문제에 대한 협력, 중국의 외교적 지렛대와 기동성의 극대화 등을 통해 미·중 관계의 점진적 정상화를 추구해온 이전의 정책을 유지하는 것이 바람직하다는 조언을 받아들이기로 결정하였다.

그러나 동유럽과 페르시아만에서의 사태진전에 따라 베이찡은 일반적인 접근방법에서 한 가지 조정을 하게 되었다. 1989년에 시도했던 것처럼 공산주의 국가들이나 제3세계 국가들과 긴밀한 관계를 유지하는 데 초점을 맞추기보다는, 중국은 이제 아시아 주변국들과 관계를 개선하는 데 중점을 두었다. 중국은 고르바초프의 경제개혁과 정치개혁에 대한 비판을 중단하고 모스크바와의 외교적·경제적·군사적 관계를 지속적으로 확대하였다. 베이찡은 도쿄가 페르시아만에 소해정 함대를 파견했을 때 조차도 일본의 방위정책에 대한 비판을 자제했으며, 아키히토 천황이 국빈 자격으로 중국을 방문하도록 초청하였다. 또한 서울과의 공식외교관계 수립은 여전히 회피하면서도 베이찡은 북한의 반대를 무릅쓰고 남북한의 유엔 동시가입을 지지하였다. 그리고 캄보디아 협상이 성공적으로 마무리되기 이전부터 중국이 베트남과의 관계를 계속해서 개선하고 있다는 징후들이 나타났다. 이 모든 조치들을 통해서 볼 때, 베이찡은 가능한 한 유리한 입장에서 미국을 상대로 외교적 영향력을 행사하기 위해 아시아 주변국들과의 긴장을 완화시키려고 노력했음을 알 수 있다.

4. 중국의 최혜국 대우를 둘러싼 2차 논쟁

1990년에 중국에 대한 최혜국 대우를 수정하지 못했던 의회의 무능력이나 걸프전 기간 중의 베이찡과 미국의 제한된 협력이나 그 어느 것도 1991년 중반 재갱신의 시간이 다가왔을 때 중국의 무역지위를 둘러싼 논쟁을 막지는 못하였다. 실제로 논쟁이 전년보다 신랄하지는 않았다 할지라도 양국간의 쌍무적 문제들이 그 어느 해보다도 많았기 때문에 전년도만큼 격렬하였다.

다수의 미국인들에게 중국의 국내상황은 가장 핵심적 관심사로 남아있었다. 1991년 중반이 되었을 때, 중국이 가격조정, 수출보조금의 단계적 철회, 인민폐의 평가절하, 주식시장과 주택매매의 실험적 실시 등의 방법을 통해서 경제개혁을 재개했다는 것을 보여주는 증거들이 속속 드러났다.[65] 명백히 티엔안먼 사태 이후 다수의 중국 지도자들은 시장경제화나 사유화의 실시에 회의적인 입장을 견지하였다. 따라서 경제개혁은 1980년대 후반보다 훨씬 더 느린 속도로 진행되었으며, 그 수사적 표현 역시 매우 신중해졌다. 그러나 베이찡의 보수파들조차 중앙예산으로 비효율적인 국영기업체를 계속해서 지원해 줄 수는 없으며 식량이나 주택의 가격을 더 이상 인위적으로 낮출 수 없다는 점을 인정했으며, 따라서 기업과 가격의 개혁이 필요하다고 인정하게 되었다.

그러나 정치개혁을 재개하고 있다는 아무런 증거도 없었다. 대학, 연구기관, 언론매체 등이 불규칙한 리더십의 변화에 종속되고 주기적인 정치적 교조주의 운동에 동원되는 등 중국의 도시는 여전히 억압적이었다.

---

65) 중국이 경제개혁을 재개한 사례에 대해서는 Nicholas R. Lardy, *Redefining U.S.-China Economic Relations*, NBR Analysis, no. 5 (Seattle: National Bureau of Asian and Soviet Research, 1991) 참조. 더 회의적인 견해는 "The Chinese Economy in 1990 and 1991: Uncertain Recovery," EA 91-10022 (Washington: Central Intelligence Agency, July 1991) 참조.

몇몇 일류 대학의 학생들은 1학년 과정을 시작하기도 전에 12개월 동안 군사훈련을 받았다. 신문은 사회주의의 우월성을 주장하고 화평연변의 위험성을 경고하는 사설을 정기적으로 게재하였다. 중국 지도자들은 다당제, 독자적인 정치조직, 혹은 어떠한 형태의 정치적 다원주의도 결코 인정하지 않겠다는 입장을 계속 반복하였다. 6월 4일 사태 이후 체포되었던 시위자들은 중국의 사법체계에 따라 천천히 처리되었다. 1991년 1월에는 66명이 추가로 석방되었지만, 나머지 사람들은 자의적인 사법절차에 따라 13년형을 선고받았다. 티엔안먼 위기 이후 2년이 지났지만, 중국의 정치상황은 여전히 근본적으로 완화되지는 않고 있었다. 66)

미국인들은 또한 중국이 전운이 높은 지역, 특히 중동에 첨단군사기술을 팔고 있다고 우려하였다. 개발중에 있던 중거리 미사일 M-9 미사일과 M-11 미사일이 이제 생산과정에 들어갔다. 부인하는 성명에도 불구하고, 중국이 시리아에 M-9 미사일을 팔려고 한다는 새로운 보도들이 나왔다. M-11 미사일 발사대가 파키스탄에서 발견되었는데, 중국은 M-11의 유효사정거리가 중거리 미사일의 기준에 훨씬 못 미치는 몇 킬로미터에 불과하기 때문에 중동에 중거리 미사일을 팔지 않겠다는 약속에 위배되지 않는다고 주장하였다. 67) 부시 행정부를 비판하는 사람들은 중국이 크메르 루즈에 무기를 공급하고 있으며 신경가스, 미사일 연료, 핵무기 등의 생산에 사용되는 화학물질을 이라크에 제공하고 있다고 고발하였다. 68)

경악스럽게도 중국이 국제 안전협정을 무시한 채 알제리의 원자로 건

---

66) 유사한 결론은 Asia Watch, *Two Years after Tiananmen Political Prisoners in China, Cumulative Data* (New York: Asia Watch, May 1991) 참조.

67) *Wall Street Journal*, April 5, 1991, p. A16; *Washington Post*, April 6, 1991, p. A15; *New York Times*, June 10, 1991, pp. A1, 18 참조.

68) 이러한 비난의 개요는 "China: Weapons Proliferation and the Question of Continued Unconditional MFN Status," DPC Special Report, SR-19-Foreign Policy (Washington: Democratic Policy Committee, June 1991) 참조.

설을 돕고 있다는 사실이 폭로되었다. 거대한 규모로 보아 이 원자로는 연구용 목적으로 사용될 수 없는 것이며, 또한 그 나라의 국력 규모에 어울리지도 않는 것이었다. 이 원자로의 규모와 대공포대로 둘러싸여 있었다는 점을 고려할 때, 이는 무기용 핵분열 물질의 처리를 위해 사용될 것이라는 점을 알 수 있었다. [69] 이러한 사실이 발각됨으로써 1980년대 중반 미국에게 한 약속과 달리 중국은 여전히 제3세계 국가들이 핵무기를 개발할 수 있도록 돕고 있다는 오랜 의구심이 다시 고개를 들었다. [70]

또한 미국의 대중국 무역적자가 1989년 62억 달러에서 1990년 104억 달러로 급상승하였다. 이런 무역유형의 추이는 대부분 거시경제적 능력, 특히 중국의 경기후퇴에 원인이 있었다. 그러나 다수의 미국 분석가들은 무역 불균형의 책임을 베이찡의 행정 결정의 탓으로 돌렸다. 1991년 3월 말에 제출된 미국 무역대표부의 연례보고서에 따르면, 중국 정부는 무역수지 흑자폭의 확대를 위한 노력의 일환으로 다수의 수입품에 대해 관세를 인상하였고, 수입허가서에 대한 절차를 강화했으며, 수출부문에 대한 금융대부와 천연자원 배당액을 높여 놓았다. 이런 분석들은 지적 소유권에 대한 부당한 처리 및 해외 서비스 산업에 대한 제한으로 인하여 중국에 대한 미국 상품과 서비스의 판매기회가 감소되고 있다고 미국인들이 오래 전부터 제기해온 주장을 보완해주는 것이었다. [71]

중국의 국제 통상행위의 다른 측면들은 훨씬 더 변명의 여지가 없는 것이었다. 중국의 섬유업체들이 중국 수입품에 대한 미국의 쿼터제를 피하기 위해 제3세계에서 상표를 부착하고 있으며, 더욱이 중국 정부가 이러한 행위를 묵인해주고 있다는 많은 증거가 포착되었다. [72] 또한 중국이

---

69) *Los Angeles times*, April 12, 1991, pp. A1, A18; *Washington Post*, April 20, 1991, p. A17.

70) 이를 뒷받침하는 증거는 *Washington Post*, May 12, 1991, pp. C1, C4에 게재된 기사 참조.

71) Office of the United States Trade Representative, *1991 National Trade Estimate Report on Foreign Trade Barriers* (GPO, 1991), pp. 43~52.

미국에 판매할 상품— 차에서 섬유류와 와인류에 이르기까지 — 기결수의 노동력을 사용하여 생산한다는 사실에 대한 우려의 소리가 높아지고 있었다. 비록 중국의 전체 수출품 중 매우 적은 부분에 불과하지만, 이러한 행위로 말미암아 중국의 무역흑자와 인권유린은 정치적으로 강력하게 연계되어 버렸다.73)

인권, 군사기술 이전, 중국의 대미 무역흑자 등 논쟁적 사안이 쌓여감에 따라, 베이찡에 대한 불만을 표현하는 방편으로 중국에 대한 최혜국 대우 연장여부를 놓고 연례적인 논쟁에 휩싸이는 것은 불가피한 일이었다. 비록 하원과 상원의 일부 의원들이 중국의 특혜적인 무역지위를 철회하자고 다시 제안하기도 했지만, 의회 내에서 보다 일반적인 접근안은 1991년도 최혜국 대우의 갱신을 승인하되 다음해의 갱신을 위해 조건들을 추가하자는 것이었다. 이러한 접근안은 1990년 도날드 피스와 낸시 펠로시의 제안과 유사하였다. 그러나 이번의 법안은 추가사항 목록을 모두 장황하게 제시했고, 더욱 엄격한 조건을 첨부했으며, 하원만이 아니라 상하원 양원에서 동시에 제안되었다.

펠로시 하원의원이 다시 제출한 하원의 조치는 1992년에는 중국이 티엔안먼 위기 동안 "정치적 신념을 비폭력적으로 표출했다"는 이유로 체포하거나 구금한 사람들의 수와 석방인원 제출, 교도소의 노동력으로 만든 상품의 대미 수출금지 조치의 실행, 강제낙태와 무분별한 불임조치의 중단, 또한 핵무기와 탄도미사일의 비확산에 대한 명시적인 확약 등에 대하여 대통령이 검증할 필요가 있다는 것이다. 중국은 또한 홍콩의 미래

---

72) *Wall Street Journal*, November 23, 1990, p. A5b; *New York Times*, August 23, 1990, p. D15; *Washington Post*, July 23, 1991, pp. A1, A5.

73) 중국에서 죄수들이 만든 생산품을 수출한다는 문제가 1980년대 말 제기되어 1989년에는 노동조합과 의회의 관심을 끌기 시작했다. 헬름스 상원의원의 요청에 따라 일반회계사무소가 1990년 7월 이 주제에 대해 보고하였다. 아시아 워치는 1991년 4월에 연구결과를 발표했다. *Washington Post*, April 19, 1991, pp. A14, A18 참조.

에 대한 영국과 중국 사이의 공동선언을 준수해야 하며, 타이완의 GATT 회원 가입에 대한 반대입장을 수정해야 한다는 것이었다. 마지막으로 펠로시 법안은 중국이 고문과 비인간적인 구금으로부터의 자유, 종교의 자유, 언론의 자유, 평화적 집회와 시위의 자유 등을 포함하는 여러 가지 인권 문제에서 "의미 있는 전반적 진전"을 이루었는지를 대통령이 보고해야 한다고 요구하였다. 74)

여당 총무 조지 미첼에 의해서 제안된 이와 유사한 상원의 법안은 중국이 시리아, 이란, 파키스탄에게 M-9 미사일이나 M-11 미사일, 혹은 미사일 발사대를 양도하지 않았음을 대통령이 즉시 검증해야 하며, 만일 그러한 양도가 발생했다고 밝혀진다면 그 순간 대통령은 중국에 대한 최혜국 대우를 철회해야 한다고 주장하였다. 또한 미첼 법안은 대통령이 1992년에 베이찡의 무역상 특혜조치의 갱신을 승인하려면, 중국이 6월 4일 사태로 체포되어 유죄를 선고받았던 평화적 시위자들을 석방했고, 강제노동으로 생산한 상품의 미국 수출을 중지했으며, 크메르 루즈에게 제공하던 무기공급을 중단했고, 홍콩의 미래에 대한 중국과 영국 간의 협정을 준수했다는 것을 대통령이 보고해야 한다는 사실을 명기하였다. 미첼 법안은 또한 중국이 인권을 보호하고, 불공정 무역행위를 시정하며, 핵무기·화학무기·세균무기의 확산을 금지하는 데서 의미 있는 진전을 보여주어야 한다고 요구하였다. 75)

이러한 법안이 의회에서 논의되고 있을 때, 자금성의 지도자들과 백악관의 지도자들은 어떻게 대응할 것인지 결정해야 하였다. 일부 중국 지도자들은 미국측에 더 많은 양보조치를 취하려 들지는 않았는데, 그렇게

---

74) 이 법안은 예산재정상임위원회의 검토를 거친 후 수정된 안으로서 펠로시 법안 (H. R. 2212) 이다. *Additional Objectives Which The People's Republic of China Must Meet in Order to Qualify for Nondiscrimination Treatment in 1992*, H. Rept. 102~141, 102 Cong. 1 sess. (GPO, 1991).

75) 이 법안은 미첼 상원의원이 6월에 제출한 두 번째 법안(S. 1367) 이었다. 이것은 그가 5월에 제출한 것(S. 1084)과 비교할 때 다소 완화되어 있었다.

하면 미국인들이 중국에게 앞으로 더 많은 것들을 "강제로 요구할 것"이라고 생각했기 때문이었다. [76] 이런 까닭으로 의회에서 논쟁이 진행되는 동안 중국 관리들은 무역상 특혜조치와 관련하여 어떤 조건도 수용하지 않을 것이라고 말하기 시작했으며, 만약 펠로시 법안이나 미첼 법안이 통과된다면 무역상 특혜조치를 포기하겠다고 제안하기도 하였다. [77]

그러나 덩 샤오핑은 중국이 최혜국 지위의 상실에 대해 스스로 대비해야 하지만 그것을 유지하기 위하여 워싱턴측에 새로운 양보조치를 취해야 한다고 다시 한번 결정하였다. [78] 이에 따라 1991년 봄, 베이찡으로부터 일련의 화해 제스처들이 흘러 나왔다. 중국은 강제노동력에 의해 생산된 상품의 수출을 금지하고, 제3국을 통한 섬유류의 불법적인 미국 수출을 중단하겠다고 약속하였다. 중국은 미국의 지적 소유권의 보호를 위해 더욱 노력하겠다고 약속하였다. 중국은 미국과의 무역흑자에 대해 조목조목 설명하고 미국 상품을 더 많이 구입하겠다고 약속했다. [79] 의문시되던 알제리의 원자로에 대해서는 국제원자력기구의 안전협정을 받아들이겠다고 선언했다. 중국은 또한 중동에 대한 무기판매 제한문제를 논의할 때 안전보장이사회의 다른 상임이사국들과 보조를 맞추기로 약속했으며, 핵확산 금지조약에 서명하는 문제 및 미사일기술 통제체제에 참여하는 문제를 고려 중이라고 밝혔다. [80] 6월 말 리 펑 총리는 중국이 미국에

---

76) *Wen Wei Po*, May 11, 1991, p. 1, in FBIS, *China*, May 13, 1991, pp. 10~11.

77) *South China Morning Post*, April 6, 1991, p. 6, in FBIS, *China*, April 8, 1991, pp. 7~8.

78) 덩 샤오핑의 역할에 대해서는 *Cheng Ming*, no. 163 (May 1, 1991), pp. 14~15, in FBIS, *China*, April 30, 1991, pp. 6~7 참조.

79) 대외경제무역부 부장이 준비한 설명은 Xinhua, May 9, 1991, in FBIS, *China*, May 10, 1991, pp. 10~14에서 인용. 인권에 관한 유사한 주장이 그 해 말에 출간되었다. Information Office of the State Council, "Human Rights in China," *Beijing Review*, vol. 34 (November 4~10, 1991), pp. 8~45.

80) 이와 같은 제안은 최혜국 대우에 대한 논쟁이 한창일 때에 워싱턴주재 중국 대

448

게 더 이상 양보할 것이 없지만, 베이찡으로서는 최혜국 지위를 유지하기 위해서 "수많은 노력"을 기울였다고 밝혔다. 81)

부시 행정부 역시 펠로시 법안과 미첼 법안을 막기 위하여 열심히 노력하였다. 대통령은 전몰장병 추모의 날에 행한 예일대학교 연설에서 중국의 무역상 특혜조치의 갱신을 승인한다고 공식적으로 밝혔고 의회의 반대자들이 "독선적 고립" 정책을 채택하려 한다고 비판했다. 그는 "포괄적인 조건들로 중국의 최혜국 지위를 위험에 빠뜨리는 것"은 곧 중국을 고립시키는 것과 마찬가지이며, 중국을 고립시키는 것은 곧 아시아에서 평화와 안정을 촉진하고 중국에서 자유와 민주주의를 양성하려는 미국의 역량을 감소시키는 것이라고 주장하였다. 82) 대통령이 완화된 조건들을 받아들일 것이라는 일부의 관측에도 불구하고, 백악관측은 의회의 비판가들과 타협할 생각이 전혀 없는 듯이 행동하였다.

그러나 중국이 취한 양보조치들이나 대통령이 밝힌 주장 어느 것도 하원을 설득하지 못했다. 중국의 최혜국 대우와 관련해서 행정부의 입장을 지지하는 사람들은 전년도에 했던 주장을 그대로 반복하였다. 말하자면, 중국에 대한 더 이상의 경제적 제재는 홍콩의 미래를 위협할 것이고, 미국인 소비자와 수출업자들에게 손실을 입힐 것이며, 중국 경제에 대한 베이찡의 행정통제를 더욱 강화시킬 것이고, 중국의 가장 개혁지향적인 지방 성들의 활력을 잠식할 것이며, 보수파 지도자들이 서구 지향적 지식인들에 대한 억압을 강화할 근거를 제공할 것이라고 주장했다. 그러나

사관이 "Facts about Some China-Related Issues of Concern to the American Public"(Washington: Embassy of the People's Republic of China, May 1991) 이라는 이상한 제목으로 발행한 소책자에 요약되어 있다.
81) *South China Morning Post*, June 26, 1991, p. 10, in FBIS, *China*, June 26, 1991, pp. 3~4.
82) "Remarks by the President in Commencement Adress to Yale University," Office of the Press Secretary, White House, May 27, 1991. 대통령은 2주 전에 중국에 대한 최혜국 대우를 갱신한다는 그의 결정을 상원의원들에게 공표하면서 이와 유사한 발언을 했다.

이런 주장의 어느 하나도 새로운 것이 아니었고, 이런 주장의 어느 하나
도 큰 무게를 갖지 못했다. 불공정 무역행위, 지속되는 인권 침해, 중동
에 대한 무책임 무기 판매의 지속 등에 대한 증거들이 더 늘어난 점이
1991년의 새로운 현상일 뿐이었다.

결국 7월 10일 하원에서 펠로시 법안이 표결에 부쳐졌을 때, 부시 행
정부의 대중국 정책은 또 다른 좌절의 고통을 겪게 되었다. 비록 대통령
은 1991년 표결에서 1990년에 비해 80표를 더 얻었지만, 전체 표결(313
표 대 112표)에서 대행정부 비판세력은 대통령의 거부권을 이겨내기 위해
필요한 의석수 이상을 확보하였다. 백악관측의 관점에서 볼 때, 상원에
서의 전망은 다소 유리하지만 그러나 여전히 확실하지는 않았다. 상원에
서의 표결이 2주일 남았을 무렵, 백악관은 대통령의 입장이 더 우세하다
는 것을 확신시킬 수 있는 새로운 전략을 고안해야만 했다

5. 부시의 두 번째 전략

사실 백악관은 베이찡측에 일방적인 양보조치를 취하고 나서 이에 상
응하는 중국의 반응을 기대했던 이전의 전략에 점차 실망하고 있었다.
일반적으로 의회와 다수의 미국 언론들이 이 전략에 부정적으로 반응할
정도로, 부시 행정부가 얻었던 성과들은 국내의 정치적 비용에 상응할
만한 가치가 없었다. 1990년 5월 초, 대통령은 한 신문과의 회견에서 자
신의 발의에 대한 중국측의 반응에 "전체적으로 실망했다"고 말하는 등
베이찡측에 대한 자신의 불만을 표현하기 시작하였다. 83) 11월《로스앤
젤레스 타임스》의 보도에 따르면, 부시 행정부의 구성원들은 "부시의 제
안에 대한 중국 지도자들의 반응을 실패라고 간주하는 것에 대해 발끈했
다"고 한다. 84) 페르시아만 위기의 처음 몇 달 동안 미국에 협조하려는

---

83) *Washington Post*, May 4, 1990, p. A22.

베이찡측의 의지에 따라 중국은 백악관으로부터 어느 정도 호의를 얻었지만 중국이 11월 말 핵심적인 유엔 결의안에 찬성투표를 하지 않고, 또한 뒤이어 미국의 전쟁행위를 비판함으로써 갈수록 커지고 있던 중국과의 불행이 가중되었던 것이다.

먼저 부시 행정부는 베이찡에 대한 그 어떤 다른 전략도 수립할 수 없는 것처럼 보였다. 1990년 5월 기자회견에서 "실망을 표현하는 것 이외에 일을 진척시킬 다른 복안을 가지고 있는가"라고 질문 받았을 때, 대통령은 단지 "우리는 다른 복안을 갖고 있다"고 말할 수밖에 없었다. 《로스엔젤레스 타임스》는 11월의 보도에서 백악관은 "한때 평온했던 미·중 관계를 다시 수습해보려는 [자신의] 일련의 노력들을 미루어 왔지만", 다시 중국에 대한 대안적인 정책을 정립할 수는 없었다고 기술하였다.

그렇지만 1991년 봄 동안 베이찡에 대한 전략에서 새로운 내용들이 등장하기 시작했다. 유화 제스처는 더 이상 취하지 않았다. 대신에 백악관은 베이찡에 대하여 다소 강경한 조치들—일부는 공식적 제재, 다른 것들은 상징적 제스처들—도 함께 추진하였다. 4월 중순 대통령은 달라이 라마를 만난 자리에서 티벳의 인권문제에 대하여 관심을 표명했는데, 티벳 지도자와 미국 대통령의 회담은 처음 있는 일이었다.[85] 그리고 일주일 후, 부시 행정부는 1988년의 무역법령 301조를 동원하여 중국이 미국의 지적 소유권 보호를 거부하고 있다고 비판하였다. 이러한 지적은 미 행정부가 중국 정부와 협상을 진행해 나가게 될 것이며 이 문제가 6개월 이내에 해결되지 않는다면 미국이 중국 수입품에 대해서 보복관세를 부과하거나 다른 제재조치를 부과할 수 있다는 것을 내포하였다.[86] 베이찡 최혜국 지위의 갱신을 대통령이 권고하던 5월 말 중국이 중동에 무기를 수출한다는 보도가 계속되고 있었으므로 백악관은 몇몇 첨단 기술의 대 중국 수출 허가장을 불허하겠다고 밝혔다.[87]

---

84) *Los Angeles Times*, November 19, 1990, pp. A1, A18.

85) *Washington Post*, April 17, 1991, p. A3.

86) *New York Times*, April 26, 1991, pp. D1, D6.

이러한 제재조치들이 공표되던 시기에, 미국은 미·중 관계에서 가장 논란을 불러일으키고 있던 세 가지 쟁점에 대해 적극적으로 베이찡과 공식적인 대화를 갖기 시작하였다. 1990년 12월, 국무성의 인권문제 담당 차관보 리차드 쉬프터는 중국의 인권상황을 논의하고 티엔안먼 위기 이후 체포된 것으로 알려진 150여 명의 시위자들에 대한 자료를 요청하기 위해서 베이찡을 방문하였다. 1991년 2월 말, 미국 무역대표부의 중국담당관 조세프 매시는 중국의 대미 무역혹자, 지적 소유권의 보호, 교도소의 노동력으로 생산한 상품의 대미 수출문제 등 무역상의 쟁점을 협의하기 위해서 베이찡을 방문하였다. 6월 중순에는 국무성의 국제안보문제 담당 차관인 리지날드 바르쏠로뮤가 군비통제와 관련하여 중국과 회담을 가졌다. 특정 쟁점에 관련된 세 번의 방문은 5월 초 국무성의 정무담당 차관인 로버트 키미트가 진행한 포괄적 논의로 보완되었는데, 그는 양국 간에 영향을 미칠 수 있는 쌍무적인 문제와 다국적인 문제 등 광범위하게 논의를 진행하였다. 88)

상원에서 미첼 법안에 대한 표결이 있기 하루 전, 백악관의 신전략을 상세하게 적은 편지가 대통령으로부터 상원 재정위원회 국제무역소위원회 의장 막스 보커스상원의원에게 전달되었다. 중국 무역상의 대우문제

---

87) 행정부 차원에서 몇 가지 컴퓨터 기종에 특허권 부여를 유예하고, 중국이 미국산 위성을 발사시킬 수 없도록 하며, 중국 기업에 미사일 기술과 장비를 판매하는 것을 금지하는 조처를 취하였다. *New York Times*, May 28, 1991, pp. A1, A8. 행정부는 이전에도 비슷한 이유로 중국에 미국산 부품 수출을 금지한 적이 있다. *New York Times*, May 1, 1991, p. A15.

88) 쉬프터의 방문은 *Washington Post*, 1990. 12. 20, pp. A25, A36. 매시의 방문은 *Los Angeles Times*, June 19, 1991, p. A11. 키미트의 방문은 *New York Times*, May 8, 1991, p. A7 참조. 지난 5월 "우리는 너무 많은 교류를 시도하였지만 결과는 미미하다"라는 도날드 피스 하원의원의 불평에도 불구하고, 이전의 스코우크로프트-이글버거의 방문과 치엔 치치엔의 백악관 회담과는 달리 이들의 방문은 대중의 관심을 끌지 못했다. *New York Times*, May 16, 1991, pp. A1, A10.

를 둘러싼 논쟁에서 보커스는 중국의 인권상황과 국제무역행위를 우려하
고 있었지만 중국의 최혜국 대우를 철회하는 것이 "자칫 우리 발등에 우
리가 총을 쏘는 것"일 수 있다고 생각하고 있었다. 89) 6월 중순 보커스
와 그의 지지자들은 백악관에 보낸 편지에서 대통령이 무역 불균형, 인
권, 중국의 군사기술 이전문제 등에 대해서 제안했던 구체적인 조치들을
명시할 수 있는지를 질의하였다. 중국의 최혜국 대우에 대한 상원표결
예정일이 얼마 남지 않은 7월 19일에야 부시는 보커스에게 회신을 보냈
다. 90)

부시는 보커스에게 보낸 답장에서 새로운 중국정책을 조목조목 열거하
였다. 봄 내내 백악관이 제의한 발의 중 몇 가지에 이미 함축돼 있던 것
이지만, 새로운 전략은 국무장관 베이커가 대통령에게 제출한 장문의 비
망록에 의한 것일 뿐만 아니라 티엔안먼 위기 이후 처음 개최되었던 미
국의 중국정책에 대한 부처간의 포괄적인 재평가의 결과이기도 했다. 91)
부시 행정부는 미·중 관계에서의 여러 가지 문제들을 겨냥해서 취하게
될 조치들인 긴 목록을 확인하였다. 편지에서 인권문제와 관련하여 1989
년 6월에 취해진 경제적·군사적 제재조치가 여전히 유효한 상태이며,
이 문제에 대해서 중국 정부와 지속적으로 대화하는 것이 중요하다는 점
을 강조하고 있다. 백악관은 핵무기 및 재래식 무기의 확산과 관련하여
중국이 다자간 군비통제 협상에 참여할 것을 요청하였으며 중국이 비협
조적일 경우에 강력한 기술이전 제재조치를 취하겠다고 위협하였다. 쌍
무적 무역문제와 관련하여 부시 행정부는 지적 소유권을 보호하기 위해
중국에 대하여 무역법령 301조를 발동하겠다고 밝혔다. 또한 제3국을 통

89) "Statement of Senator Max Baucus, MFN for China, May 21, 1991."

90) *Congressional Record*, daily ed., July 22, 1991, p. S10519, vol. 37, no. 112.
보커스 상원의원에게 보낸 세 통의 긴 편지는 *Congressional Record*에 포함되어
있지 않다.

91) On the Baker memorandum, *New York Times*, May 28, 1991, pp. A1, A8
참조.

해서 비합법적으로 반입되고 있는 상품을 상쇄하기 위해 중국에 대한 연간 섬유류 쿼터를 1억 달러 이상 감축하기로 했고, 또한 교도소 수감자들이 생산하고 있다고 판단되는 상품에 대해 일시적으로 금수조치를 취할 것이며, 중국 시장에 대한 접근을 막는 어떤 장애에 대해서도 301조를 발동하겠다고 밝혔다.

더욱이 부시는 보커스에게 보낸 편지에서 미국의 타이완 정책에도 중대한 변화가 생겼다고 말했다. 과거에는 베이찡의 입장을 고려했기 때문에 행정부가 중국과 타이완의 GATT 동시가입을 찬성했었다. 그러나 백악관은 중국의 가입신청 역시 신속하게 처리될 수 있도록 베이찡측이 충분한 무역개선조치를 취하기를 희망한다고 말하면서도, 이제는 타이완이 GATT에 먼저 가입하는 것을 용인할 수 있다고 공표하였다. 1982년 이래 처음으로 대만과 무기판매협정을 체결하면서, 미국 대통령은 베이찡 위주의 입장에서 단호하게 벗어나 기꺼이 타이완의 편에 서고자했다.

보커스에게 보낸 대통령의 편지에 상세하게 적혀있던 정책들은 미첼 법안이나 펠로시 법안에 실린 전략이나 1989년과 1990년 부시 행정부가 추진하던 전략과는 크게 다른 것이었다. 의회의 비판가들과 달리 대통령은 중국에 대한 최혜국 대우가 중단되는 것을 원하지 않았을 뿐만 아니라, 갱신을 위해 다른 조건들을 추가하는 것이 "미국의 이해에 심각한 손실을 초래할 것"이라는 생각에서 그러한 조치도 원하지 않았다. 그러나 이전의 정책과 비교할 때, 백악관은 중국으로부터 긍정적인 반응을 기대하면서 중국에 유화적인 제스처를 더 이상 보이지 않았다. 대신에 백악관은 전반적인 현안문제에 대해 매우 상세하게 고위급 협상을 개최하자고 베이찡에 제안했으며, 만일 문제가 해결되지 않을 경우에는 중국에 보다 강력한 제재를 가하겠다고 위협하면서 만일 중국의 행위가 개선된다면 보다 유화적인 조치를 취하겠다고 약속하였다. 92)

---

92) 이와 같은 유화적 조처는 대통령이 보커스에게 보낸 편지의 몇 구절에서 암시되었다. 예를 들어 "중국에서 좀 더 인권보장이 이루어진다면" 약간의 제재가 철회될 수도 있다고 했을 때, "상황에 따라 제재와 협력을 하는 우리의 정책"은 중국

이렇게 새로운 중국정책을 발표함으로써 부시 행정부는 7월 23일 상원에서의 미첼 법안 심의시 중대한 승리를 거둘 수 있었다. 백악관은 다수표를 획득하지는 못했지만 44표를 획득하였다. 이는 대통령의 거부권을 유지하기 위해서 필요한 표보다 10표가 많은 득표이고, 1990년 1월 중국인 학생과 학자의 비자문제에 관한 상원의 최종 표결에서의 득표보다 7표가 많은 수치이다. 상원의 표결결과에 따라 대통령은 유인책과 억제책을 신중하게 적용하는 자신의 새로운 전략이 효과적이리라는 것을 보여줄 수 있는 시간을 벌게 되었다. 그러나 이것으로 미국의 중국정책에 대한 논쟁이 마무리된 것은 아니었다.

6. 전반적 관계

1991년 중반에 이르자 티엔안먼 사태로 야기된 미·중 관계의 위기가 양국의 전반적 관계에 공식적·비공식적으로 미친 영향을 평가할 수 있게 되었다. 개략적으로 양국간의 경제적·문화적·전략적 유대관계가 눈에 띄게 감소하면서 양국관계는 몹시 악화되었다. 그런데 양국관계가 타격을 받게된 가운데서도 상대적으로 영향을 받지 않고 지속되었던 "활동영역" — 때로는 놀랄만한 것 — 이 존재하였다. 더욱이 중국에 관한 불확실성이 상존하고 있었음에도 불구하고, 티엔안먼 위기 이후 2년이 지나자 양국관계가 다시 회복될 것이라는 전망과 함께 양국관계를 후퇴시켰던 많은 요인들이 일시적인 현상으로 끝났다.

양국간 쌍무적 무역유형이야말로 가장 극적인 변화를 보여주었다. 총무역량은 1988년 135억 달러에서 1990년 200억 달러로 증가하였다(표 A-2). 중국의 대미 수출액은 1988년 85억 달러에서 1989년 120억 달러

의 군사 기술이 어떤 형태로 제3세계에 이전되느냐에 따라 좌우된다고 했을 때, 그리고 앞으로 중국 무역의 개혁은 베이찡의 GATT 가입을 가속화할 수 있을 것이라고 말했을 때 등이다.

로, 1990년에는 152억 달러로 급속하게 증가하였다(표 A-3). 반대로 미국의 대중국 수출액은 1988년 50억 달러에서 1989년 58억 달러로 증가했다가 1990년에 48억 달러로 다시 감소했는데(표A-4), 비록 적은 수치이지만 중요한 의미를 함축하고 있다. 첫번째 결과로 각국의 총 무역량에서 양국간 무역이 차지하는 비중이 증가하게 되었다. 미국의 총 무역규모에서 중국과의 무역이 차지하는 비중이 처음으로 2퍼센트를 초과했고, 또한 중국의 총 무역규모에서 미국과의 무역이 차지하는 비중이 처음으로 15퍼센트를 넘어섰다. 그러나 두 번째 결과는 훨씬 불안한 것이었다. 앞서 지적했듯이, 양국 사이의 무역 불균형이 1988년 35억 달러에서 1990년 104억 달러로 치솟아 중국의 대미 무역흑자 규모는 일본에 이어 두 번째가 되었다(표 A-2).

중국의 대미 수출액이 2년 사이에 80퍼센트 가까이 증가하자, 중국 내 정치적 불안정과 양국간 외교적 갈등으로 미국 수입상들이 중국에 등을 돌리고 신뢰할 수 있는 다른 수입선을 찾게될 것이라는 예측은 완전히 빗나가게 되었다. 노사관계의 불안으로 인해 수출기일을 맞출 수 없는 국가, 혹은 수출품에 대해 미국이 고율의 관세를 부과하는 국가가 미국 수입상들, 특히 적시공급이 요체인 패션산업이나 인형사업 분야의 업자들에게 매력적인 수입선일 수는 없었다. 결과적으로 소수의 미국 회사만이 수입선을 변경하였다. 실제로 2년 사이에 가장 빠르게 성장한 무역부문은 기성복으로 1988년에서 1990년 사이 두 배 이상의 수출신장을 기록하였다.

중국의 대미 수출 급성장은 몇 가지 요인들의 결과였다. 1988년과 1990년 사이에 인민폐가 40퍼센트까지 평가절하됨으로써 중국 상품들은 미국 시장에서 더욱 높은 경쟁력을 갖게 되었다. 더욱이 중국 정부는 수출업자들에게 금융 보조금, 특별 신용, 저렴한 가격의 천연자원 등을 제공하여 중국 상품들은 외국 시장에 싼 가격으로 공급될 수 있었다. 마지막으로 타이완과의 관계개선에 따라 타이완의 기업들이 타이완(노동비용이 상승하던 곳)에서 본토(노동비용이 비교적 낮은 상태로 유지되던 곳)로 생산공장을 이전하게 되었다. 이와 유사한 현상은 홍콩에서도 일어났는데, 홍콩의 기업가들이 국경 너머 광동성에 그들의 공장을 세웠다. 이런 유형에서 알 수 있듯이 예전에 홍콩이나 타이완에서 미국으로 수출하던 상품들을 이제 중국에서 수출하게 되었다. 이에 따라 무역흑자의 정치적 책임은 타이베이에서 베이찡으로 이전되었다.

1990년에 미국의 대중국 수출이 17퍼센트 하락한 것 역시 몇 가지 요인이 있다. 중국 관리들은 미국의 제재, 특히 수출 신용장에 대한 제재와 기술이전에 대한 통제강화로 인하여 이러한 결과가 발생하였다고 주장하였다. 그러나 실제로 이런 설명은 전혀 설득력이 없었다. 미국 수출입 은행의 차관중단이라는 제재조치는 부시 행정부가 가장 먼저 완화하였으며 연기상태에 있던 차관 계획들(예컨대 무역발전계획)은 여지껏 많은 양의 자금을 제공한 적이 없는 것들 뿐이었다. 미국 수출통제의 자유화가 중단된 상태라 할지라도 그 기준은 강화되지 않았으며, 수출통제조정위원회가 관장하는 다국간 통제 역시 실질적으로 완화되었다.[93] 미국의 대중국 수출감소는 미국 전자부품들의 대중국 판매감소에 일정한 원인이 있고, 미국의 화학생산물 및 농업생산물 — 수출통제에 들어있지 않았던 부문 — 판매감소가 가장 큰 원인이라고 할 수 있다.

따라서 1989년과 1990년 사이 미국의 대중국 수출감소의 원인을 올바르게 설명하기 위해서는 다른 문제에서 찾아보아야 한다. 티엔안먼 위기 이후 인플레이션을 통제하려는 중국 지도자들의 경제긴축정책에서 어느 정도 원인을 찾을 수 있었다. 해외로부터의 기계류 수입이나 원자재 수입감소의 원인은 부분적으로 산업성장률의 둔화에서 찾을 수 있다. 동시에 1990년의 대풍작으로 인해 베이찡은 외국산 농산물 수입을 감축할 수 있었다. 이에 따라 1989년에 급격하게 상승했던 미국의 대중국 농산물 수출이 1990년에는 약 50퍼센트 가량 하락하였다.

여기에 덧붙여, 서방측 제재의 결과로서 중국 지도자들이 이제 국제금

---

93) *New York Times*, June 8, 1990, p. 6.

융에 접근할 수 있는 기회가 줄어들게 되었으며 채무상환의 부담이 이 시기에 가장 절정에 달했다. 이로 인해 중국은 외환보유고를 유지하기 위해서 수입을 강제로 줄이고 수출을 늘리게 되었다. 화폐의 평가절하, 국내수요의 감축, 그리고 1990년 수입을 10퍼센트 감축시키기 위해 베이 찡이 관장하는 외국무역에 대하여 취해진 행정통제의 강화조치 등이 어우러져 다른 선진국가들의 수출업자들과 마찬가지로 미국 수출업자들 역시 고통을 겪게 되었다. 94)

티엔안먼 사태로 인해 중·미 간 경제관계의 다른 측면들도 영향을 받 았다. 미국인들은 텔레비전을 통해 목격한 중국 내 폭력을 두려워하여 중국에서의 개인적 안위를 우려했기 때문에, 미국인의 중국관광이 급속 하게 줄어들었다. 예를 들어서 최적 관광철인 1989년 10월에 중국을 방 문한 미국인 여행객 수는 전년도의 55퍼센트에 불과하였다. 그러나 관광 여행은 오히려 빠르게 되살아났다. 또 다른 최적 관광철인 1990년 5월, 중국을 여행한 미국인의 수가 전년 동기의 2/3에 달하였다. 1990년 말까 지 대략 23만여 명의 미국인들이 중국을 방문했는데, 1988년의 30만 명 에 비해 겨우 23퍼센트 모자란 수치였다. 95)

미국의 대중국 투자 역시 이와 유사한 유형 — 급격하게 떨어졌다가 서 서히 회복되는 것 — 을 보였다. 티엔안먼 위기의 영향으로 중국 내 대리 점을 폐쇄한 미국 기업들은 오직 소수에 불과했고, 대다수의 기업들은 미·중 관계의 불확실성이 증가하고 중국으로부터의 수입이 감소함에 따 라 그들의 직원수를 감축하였다. 특히 중국에 소비재와 군수장비를 판매 하던 미국의 기업은 이러한 긴축의 영향을 가장 크게 받았다. 96) 1990년

---

94) The Annual Report of the State Statistical Bureau, Xinhua, February 21, 1991, in FBIS, *China*, February 27, 1991, pp. 45~52 참조.

95) 연간 총액은 표 A-6에서 인용. 1988년과 1989년 10월의 월간 총액은 *China Statistics Monthly*, no. 9 (December, 1990), p. 57에서, 1989년과 1990년 5월 총액은 *China Statistics Monthly*, no. 4 (July, 1990), p. 59에서 인용.

96) "Testimony of Joseph A. Massey"; *Los Angeles Times*, April 24, 1990,

458

1/4분기에 미국의 신규 투자계약은 1989년 동기보다 거의 75퍼센트 가량 떨어졌지만, 2/4분기가 되자 곧 회복되기 시작하였다. 연간총액 약 4억 달러는 1989년에 비해서 거의 40퍼센트가 감소한 것이지만, 1988년의 계약액과 거의 동등한 수준이었다. 97)

문화영역에서 미·중 관계는 1991년 말까지 타격과 만회가 어우러져 나타났다. 베이찡은 미국과의 공식적인 문화교류를 부분적으로 회복하였다. 미국의 소리 방송의 중국어방송에 대한 전파방해는 계속되었지만, 영어방송은 방해받지 않았다. 중국인 대학원생의 미국파견과 교수의 교류 등은 이전보다 감소했지만, 풀브라이트 프로그램이 재개되었다. 98) 미국 정보기관의 후원을 받는 국제방문 프로그램에 중국인들이 참여할 수 있도록 다시 허용되었으며, 중국주재 미국 영사관들이 주관하는 미국 공보처 프로그램에 중국 관리들이나 지식인들이 참여할 수 있도록 허용되었다. 미국과의 공식적인 학술·문화 교류에 참가한 중국인의 수는 1990년에 크게 감소되었다가 1991년에 다소 회복되기 시작하였다. 99)

미국의 연방학술원이나 연방과학재단은 1989년 6월 이후 1년 동안 중국 내에서의 모든 활동을 중단하였다. 대중국학술교류위원회(CSCPRC)가 주도하는 공식적 학술교류 프로그램에서 학술원이 공동 후원자 중 하나라는 점을 고려할 때 1989학년도와 1990학년도에 자연과학뿐 아니라

---

p. H2.

97) *New York Times*, June 4, 1990, pp. D1, D6; *Los Angeles Times*, December 1, 1990, pp. D1, D2.

98) *Washington Post*, April 7, 1990, pp. A10, A14.

99) 국무성 비자관리국의 자료는 J-1비자를 발급받으려는 중국인의 숫자가 1988 회계년도의 8,684명에서 1990 회계년도의 5,161명으로 줄었음을 보여준다. 중국과의 정상적인 교류관계에 대한 미국 대학들의 조사에 따르면 그러한 프로그램에 참가한 중국인의 숫자가 1989년과 1990년 사이에 19퍼센트 감소되었음을 알 수 있다. Carol Strevy, "Current Status of Academic and Cultural Exchanges Between US and PRC Institutions A Year After Tiananmen"(New York, Institute of International Education, January 1990), p. iii 참조.

사회과학과 인문과학의 모든 영역에서 공식적 학술교류는 모두 취소될 수밖에 없었다. 그러나 1990년 가을이 되자 학술원과 재단이 중국 프로그램을 다시 재개하였고, CSCPRC의 베이찡 사무실이 다시 개설되었으며, 이들의 후원을 받는 중국과 미국 학자들의 교류가 재개되었다. 100) 또한 지적 소유권 보호에 대한 논쟁이 해결되지 않았음에도 불구하고, 미국과 중국은 양국의 과학 및 기술 협력에 관한 쌍무협정을 갱신했고, 20여 개 남짓한 부처간 과학교류 프로그램을 지속하기로 하였다. 101)

공식적인 정부 대 정부 교류 프로그램은 언제나 양국 사이의 전체적인 문화적·학술적 관계 중 작은 부분에 불과하였다. 티엔안먼 사태가 비공식적 교류에 미친 영향은 공식적 교류에 미쳤던 영향보다 훨씬 더 제한되었다. 공식적인 교환 프로그램에 참여한 중국 학생들과 학자들의 수는 뚝 떨어졌지만, 사적인 후원하에 미국에 온 중국인들의 수는 거의 동일한 수준으로 기록되었다(표 A-5). 결과적으로 미국 대학교를 찾는 중국인 학생들의 행렬이 늘어났는데, 1989학년도와 1990학년도에 3만 3천 명 이상이 등록하였다. 티엔안먼 위기에도 불구하고 중국인들은 미국 내 외국인 학생 중에서 여전히 가장 큰 몫을 차지하고 있었다. 102)

실제로 중국에 들어가는 미국인의 수는 중국인들의 미국 유입에 비해서 훨씬 더 급격하게 떨어졌다. 다수의 촉망받는 학생들은 일신상의 안전이나 6월 4일 사태의 폭력에 대한 반감 때문에 중국으로 가는 것을 꺼렸다. 미국인 교수들과 연구자들은 자신들의 작업을 효과적으로 추진할 수 없을 것이라고 우려했으며, 자신들의 존재 자체가 중국 지도자들의 리더십을 찬동하는 것으로 해석될까 우려하였다. 예일, 프린스턴, 스탠

---

100) *Chronicle of Higher Education*, September 12, 1990, p. A37.

101) Mary Brown Bullock, "The Effects of Tiananmen on China's International Scientific and Educational Cooperation," *China Exchange News*, vol. 19 (Spring, 1991), pp. 3~7.

102) Strevy, "Current Status of Academic and Cultural Exchanges," p. iii; *Chronicle of Higher Education*, November 28, 1990, pp. A1, A36.

포드 등 일부 미국 대학교들은 중국 내에서의 활동을 중단하거나 그 규모를 축소하였다. 103)

이런 결정들이 비공식적 교환 프로그램에 따라 중국을 방문하는 미국인들의 수에 심각한 영향을 미쳤다. 미국 대학교들의 조사에 따르면, 공식적 교환 프로그램에 따라 미국을 방문한 중국인들의 수가 단지 19퍼센트 정도 감소한 반면에 이러한 프로그램에 따라 중국을 방문한 미국인 학생이나 교수의 수는 거의 57퍼센트 가까이 감소했다고 한다. 104) 훨씬 더 포괄적인 또 다른 평가에서도 1989학년도와 1990학년도에 중국에 갔던 미국인 학생들이 1987학년도와 1988학년도의 수보다 56퍼센트 가량 줄어들었다는 유사한 결과가 나타났다(표 A-6). 그러나 기대수준보다 낮았지만, 1990년 말부터는 이들 프로그램 전부가 다시 재개되었다. 실제로 조지 소로스 중국기금을 제외하면, 중국에 사무실을 열고 활동하던 다른 주요 미국 교육기관들과 문화기구들은 1991년 중반에 모두 활동을 재개하였다.

아마도 보다 감내해야 했던 문제는 미국의 대중국 교환 프로그램을 지원할 만한 재정자원의 감소였다. 미국 교육단체들은 티엔안먼 위기 이전부터 중국과의 관계지속에 대해 회의를 가지고 있던 미국 내 주요 기부자들과 재단들이 소련이나 동유럽으로 기부금을 전환할지도 모른다고 우려하고 있었다. 이 문제에 대한 자료는 여전히 드물지만, 하나의 사건에서 그들의 우려가 가능성이 있음을 잘 알 수 있다. 1991년 중반 상무성은 1984년부터 달리안에서 시행되고 있던 경제관리 훈련 프로그램에 대한 재정지원을 중단하기로 결정했는데, 그 이유는 이와 유사한 프로그램을 동유럽에서 실시하기 위해 기금을 전환하겠다는 것이었다. 105)

---

103) 존스 홉킨스 대학은 이러한 경향의 예외에 속한다. 이 대학은 난징에서 1989년과 1990년 프로그램을 예정대로 진행하였다.

104) Strevy, "Current Status of Academic and Cultural Exchanges," p. iii. 미국의 교수들이 중국에 가기 싫어하는 이유는 *Washington Post*, March 10, 1990, p. A10 참조.

학술교류는 양적인 제재만이 아니라 질적인 제재로도 영향을 받았다. 중국 정부가 미국의 학자에게 보내는 자료, 특히 조사연구에 의한 자료의 유출을 엄격히 제한하기 시작함으로써 사회과학 분야의 몇몇 공동연구계획이 무산되었다.[106] 이제는 정치적으로 민감한 주제를 중국인 동료들과 깊이 있게 연구하거나 대화하는 것도 훨씬 어려워졌다. 그런데 1990년 말부터는 중국의 재능 있는 지식인들이 티엔안먼 사태 이전에 가능했던 활동들 대부분을 재개할 수 있도록 부분적인 자율성 — 공식적으로 지원받는 다수의 학위 후보자들을 미국 기관에 파견하는 것은 제외 — 을 얻어낸 듯하였다. 또한 다수의 미국인 학자들이 중국인 상대와 더불어 유용한 공동연구를, 특히 베이찡의 주요 기관들 외부에서도, 다시 수행할 수 있는 것처럼 보였다.

중국과 미국의 전략적·군사적 관계는 1989년에 미국이 취한 제재로 인해 가장 심도 있는 제한을 받아왔다. 공식 통로를 통한 미국 무기의 이전은 완전히 중단되었으며, 상업통로를 통한 무기이전 역시 거의 제로 상태에 가깝게 떨어졌다(표 A-11). 중국은 F-8 전투기용 첨단 항공장비를 설계하고 생산하려던 계획을 철회한다고 밝혔는데, 부분적으로는 이 계획에 충당할 비용이 지나치게 과다한 까닭도 있었지만 핵심 기술이 미국에서 중국으로 이전될 수 있을지 더 이상 보장받을 수 없었기 때문이다.[107] 양국의 군사기관 사이의 고위급 통신이 금지됨으로써 미국과 중국의 군책임자나 국방관리들의 방문교류가 중단되었다. 이와 유사한 제재들로 하위급 접촉조차 크게 제한받았지만, 완전히 금지되지는 않았다. 즉 군사 사절단의 공식적 교환은 중단되었지만, 일부 국방정보들이 다른 기관의 지원하에 양국에서 교환되었다. 더욱이 몇몇 발간자료에 의하면, 양국은 1980년대에 중국에 배치되었던 장비를 이용하여 소련의 핵폭발이

---

105) *New York Times*, July 27, 1991, p. 33. 이 조치는 전년도를 고려한 것으로 보인다. *New York Times*, February 21, 1990, p. B8 참조.

106) *Washington Post*, May 18, 1991, p. A16.

107) *Los Angeles Times*, May 15, 1990, pp. A1, A7.

나 미사일 실험을 감시하는 공조체제를 지속하고 있었다. 108)

마지막으로 정치 영역에서 6월 4일 사태 직후에 중단되었던 일부 공식 접촉들이 부활되기 시작하였다. 1991년 중반, 고위급 공식접촉에 대한 부시 행정부의 금지조치가 장관급 교류에 대해서는 유효했지만, 국무장관은 여러 차례에 걸쳐 중국측 상대방을 만났고, 관계를 재개하기 위해 해결해야 할 구체적 쟁점들을 논의하기 위한 실무급 관리들의 교환방문이 있었다. 티엔안먼 위기 이후 거의 18개월 동안 의회의 어느 한 사람도 중국을 방문한 적이 없었지만, 결국 1990년 11월 1차 의회사절단이 베이찡에 다녀왔다. 109) 1989년에 중화인민공화국과 공동으로 수행하기로 되어있던 활동의 대부분을 연기했던 미·중 관계 연방위원회는 1990년 초부터 베이찡측과 고위급 쌍무협의를 재개하였고, 1991년 여름에는 미국에서 다른 회의를 열었다.

그러자, 1991년 가을경에는 미·중 관계가 상당 부분 회복되었다. 무역부문은 비록 중국에 유리한 방향으로 불균형이 심화되었지만, 내내 높은 수준을 유지하였다. 비록 1985년과 1989년 사이의 절정기에는 비할 수 없지만, 신규투자 역시 증가하였다. 비록 정식 학위과정이 드물고 대부분이 사적인 후원을 받고 있었지만 미국에 오는 중국인 학생과 학자들의 수는 꾸준히 유지되었다. 1989년 말에서 1990년 초까지 급격하게 감소하였던 미국인의 중국관광 역시 완전히 활기를 찾았다. 고위급 공식접촉의 중단이 선언된 상태였지만, 양국의 폭넓은 외교정책 관련 기관들 사이에서 법률적 교환과 대화를 갖기 위한 실무급 회담이 재개되었다. 오직 양국 사이의 군사관계만이 티엔안먼 위기에 따라 분명하고도 지속적인 영향을 받고 있는 것 같았다.

다른 한편 양적인 지표만으로는 1980년대 중반 미·중 관계의 성장을 올바르게 평가할 수 없기 때문에, 양국은 6월 4일 사태 이후 상호관계의

---

108) *Washington Post*, June 25, 1989, pp. A1, A24.
109) *Washington Post*, November 15, 1990, p. A26.

전환을 완벽하게 조망할 수는 없었다. 비록 양국간 통상 및 문화관계가
1990년과 1991년에도 지속되었고, 때로는 오히려 가파르게 성장하기도
했지만, 다양한 경로를 통해서 그들은 훨씬 더 거칠고도 격한 어조를 띠
고 있었다. 외교정책상의 쟁점에 대한 미·중 간의 대화는 온통 중국의
무역흑자, 베이찡의 무기판매, 인권 등에 대한 논쟁으로 얼룩졌고, 두
번의 의회 사절단은 선의보다는 신랄함을 표출했을 뿐이었다. 110) 중국과
미국 학자간의 협력은 베이찡이 민감한 사회적 쟁점에 관련된 자료의 유
출을 꺼림으로써, 그리고 학술교류야말로 미국의 화평연변정책의 주요
수단이라고 비난함으로써 매우 어려워졌다. 양국의 통상관계는 항상 중
국이 최혜국 지위를 상실할지도 모른다는 공포 속에서 진행되었으며, 여
기에다 중국 시장의 장벽에 대한 논쟁이 첨가되었다.

　요약하자면, 미·중 관계의 세 번째 시기는 앞선 두 시기와는 매우 다
른 양상을 나타내고 있었다. 1970년대는 매우 선의의 관계로 보였으나,
아직 정상화되기 이전이라 통상, 문화, 학술 등의 교류가 엄격히 제한받
고 있었다. 양국 사이의 좋은 감정은 1980년대에 걸쳐 전반적으로 유지
되었으며, 베이찡과 워싱턴 간 외교관계가 수립됨으로써 경제적·문화적
관계가 급속하게 확산되었다. 이러한 교류의 대부분이 1990년대에도 지
속되고 있지만, 그 어느 때보다도 훨씬 강도가 높은 갈등이 함께 전개되
고 있다.

---

110) *Los Angeles Times*, September 5, 1991, p. A16; *Washington Post*, April 23,
1991, pp. D1, D8.

7. 분위기 동향

6월 4일 사태가 2주년째 접어들었지만, 중국과 미국은 1970년대 소련에 대하여 최고조 공조전선을 펼쳤을 때나 1980년대 개혁의 절정기 때만큼 서로에 대하여 열정을 보이지 않았다. 양국 모두 국내에서 정치 엘리트와 일반 시민들 간의 심각한 분열이 나타났다. 흥미롭게도 미국이나 중국의 대부분의 일반 대중들이 정치적 인사들보다 더 적극적으로 양국의 정상적 관계를 옹호하는 모습을 보였다.

미국의 경우 대부분의 정치 엘리트들은 과거 어느 때보다 중국의 중요성이 감소하였으며, 중국이 중요하지도 않고 협조에 인색하다고 생각하게 되었다. 미·소 관계가 개선되고 냉전이 종식됨에 따라 중국은 이전까지 소련 팽창주의에 대항하는 데 유용했던 평형추의 역할을 상실했던 것이다. 비록 소수의 전직 정치가들, 특히 1970년대 초반에 일찌기 중국과 관계를 수립하는 데 역할을 담당했던 사람들은 중국이 여전히 상당한 전략적 중요성을 갖고 있다고 역설했지만, 대부분의 미국 분석가들은 미국 외교정책에서 중국의 중요성을 높이 평가하지 않았다. 1990년 중국에 대한 최혜국 대우에 대한 청문회에서 바니 프랭크(민주당, 메사추세츠주) 하원의원이 말하였듯이, "오늘날 (중국은) 인권문제에 대한 우리들의 공약을 희석시키기에 충분할 만큼 우리들의 국가안보에 중대한 위협이 되지 않는다." 또한 그의 동료 의원인 에드워드 마키(메민주당, 사추세츠주)의 말을 옮기자면, "냉전이 끝난… 지금… 우리는 중국 카드를 뒤집어 보아야 하는데, 그것은 하나의 재수 없는 패(a deuce)였다."[111]

---

111) "Statement of Hon. Barney Frank, A Representative in Congress from the State of Massachusetts," in United States-Prople's Republic of China (PRC) Trade Relations, p. 9; *Los Angeles Times*, October 19, 1990, p. A1. Nicholas D. Kristof, "Suddenly, China Looks Smaller in the World," *New York Times*, March 27, 1990, p. A15.

1990년대 초반 중국을 바라보는 미국인들의 안경은 1980년대 후반의 시각과 매우 달랐다. 초기의 프리즘은 레닌주의적 경제제도와 정치제도의 존재를 하찮게 보면서 자유화 경향을 찬미했는데《뉴욕 타임스》가 "꼭 껴안고 싶은 공산주의"라고 불렀던 그런 이미지를 만들어냈다.[112] 티엔안먼 위기의 상처를 겪으며 만들어진 새로운 프리즘은 경제개혁의 불확실한 미래, 경제에 대한 행정적 통제의 부활경향, 중국 내 반대세력과 지식인들에 대한 박해, 중국의 대학들과 언론매체에 대한 정치적 제재 부과경향 등에 집중적으로 관심을 갖게 되었다.

이러한 인식틀의 변화는 곧 동일한 현상을 이전과 매우 다른 관점에서 보게 된다는 것을 의미한다. 1980년대 중반 이래 결국 자본주의로 나아간다고 묘사되었던 중국 경제가 연안지방의 몇몇 중심지역을 제외하면 "엄격하게 중앙집중화된" 전형적인 실례로서 묘사되었다.[113] 의회의 의원들은 마오 이후 중국의 인권상황이 1949년 이후 그 어느 때보다 개선되었지만, 중국은 "지구상에서 가장 억압적인 국가"라고 비판하였다.[114] 중국 수출의 극적인 성장은 일시적으로 사기업과 집체기업이 확산되는 증거로 간주되기도 했지만, 이제는 가혹하고 효율성만 추구하는 교도소와 같은 공장 덕택이라고 여겨졌다. 정치상황의 개선이나 경제개혁의 재개 역시 실용주의적인 중앙 지도자들의 주도권에 의한 것이라기보다 중간 관리들의 압력이나 지방정부의 눈속임에 따른 것으로 이해되었다.

더욱이 1989년에서 1990년 동유럽에서 발생한 사태 및 1990년에서 1991년 소련에서 전개된 사태로 뒷걸음치는 중국이라는 인식이 더욱 강

---

112) *New York Times*, April 27, 1990, p. A15.
113) *Washington Post*, May 30, 1991, p. A19.
114) 첫번째는 거스 야트론(민주당, 펜실베니아) 하원의원의 논평(*Congressional Record*, May 7, 1986, p. E1559)이었다. 두번째는 스테니 호이어(민주당, 메릴랜드) 하원의원의 논평이었다(*Washington Post*, July 11, 1991, p. A6). 이 과격한 발언은 *Congressional Record*, daily ed., July 10, 1991, vol. 137, no. 105, pp. H5348~5349에는 생략되었다.

화되었다. 이전에는 개혁의 최전선으로 행진하고 있는 것으로 간주되었던 중국이 이제는 경제적·정치적 자유화를 추진하는 잔존 공산주의 세계의 뒷꽁무니에 처져 있는 모습으로 비쳐졌다. 1990년 초에 댄 버튼(공화당, 인디애나주) 하원의원은 "동독과 루마니아조차 민주적인 변화를 이루고 있는데, 중국은 왜 그러지 못하는가?"라고 말하였다. 115)

마지막으로 중국의 외교정책상의 이해가 과연 어느 정도까지 미국과 공조할 수 있는가에 대해서 미국 지도자들은 점점 더 회의적인 입장이 되었다. 베이찡이 크메르 루즈에 무기를 공급하고, 중동에 미사일을 판매하며, 파키스탄이나 알제리 등이 핵무기를 개발하도록 돕고 있고, 이란과 리비아에 화학무기용 합성물을 공급하며, 불공정 무역행위를 통해서 미국을 상대로 거대한 무역흑자를 기록하고 있다는 보도 등은 중국이 여타 국제문제에서 미국과 협력할 준비되어 있지 않다는 증거로 활용되었다. 중국 정치가들과 긴밀한 관계에 있는 사람들의 말에 의하면, 페르시아만 전쟁에서 미국의 개입문제를 처리할 때 베이찡과 워싱턴의 견해가 서로 다르다는 것이 확연히 드러났다.

미국의 기성 정치인들도 중국의 미몽으로부터 새롭게 깨어났다. 1978년 미·중 관계의 정상화 작업에서 일익을 담당했고 베이찡과의 긴밀한 전략적 유대를 원칙적으로 옹호했던 브레진스키 역시 1990년 4월 중국에 대한 최혜국 대우의 즉각적 철회를 지지한다고 밝혔다. 116) 의회에서 중국과의 정상적인 관계를 찬성한다고 공개적으로 발언할 사람들은 몇 명 되지 않았다. 심지어 중국과의 정상적인 관계를 강하게 주장했던 기업계의 인물들조차 흔들리기 시작하였다. "중국은 곧 세계의 남아프리카가 될 것이다"라고 경고하던 사람들조차 여론의 비판을 두려워하여 공개적으로 중국에 대한 최혜국 대우를 옹호할 수 없었다. 117) 어떤 사람들은 중국과

---

115) *New York Times*, January 12, 1990, pp. A1, A3.

116) *Washington Times*, April 23, 1990, p. A8.

117) William Abnett, executive director of the Washington State China Relations Council, *Washington Post*, April 18, 1990, p. 32에서 인용.

의 통상관계가 이로운지에 대한 자신들의 부정적인 견해를 표현하기 시작하였다. 한 미국인 실무자는 이렇게 물었다. "우리는 언제까지 중국에게 얼간이 노릇을 하려는가? 우리는 언제까지 그들이 존중하지도 않는 계약에 서명하려 하는가? 우리는 언제까지 그들이 우리의 기술을 훔쳐가도록 내버려 둘 것인가?"[118]

어떤 점에서 미국의 대중국 견해는 미국의 기성 정치인들이 대변하는 여론과 유사하였다. 일반 대중들의 대중국 인식은 1989년에 비해 훨씬 비우호적이었는데, 티엔안먼 위기 이후 발생했던 급격한 변화는 일시적 현상이라기보다 지속적 현상이라고 생각하고 있었다. 더욱이 1990년 중국에 대해 좋은 인상을 갖는 미국인의 비율(대략 1/3)은 1977년(대략 1/4)에 비해 약간 높아졌을 뿐인데, 중국이 10년간 추진한 개혁과 10여년 동안의 미·중 관계 정상화로 촉진된 호의가 6월 4일 사태와 그 이후의 사태로 인해 대부분 사라져 버렸다는 것을 의미하였다(표 A-1, 그림 A-1). 다수의 논설위원들이나 의원들과 마찬가지로, 일반 대중들 역시 중국보다는 소련의 사태전개를 훨씬 호의적으로 받아들이고 있었다. 1991년의 러시아 혁명 발생 이전인 1990년 7월의 한 여론조사에서, 응답자의 49퍼센트가 중국보다는 소련에 더 유리한 무역상의 특혜를 부여해야 한다고 밝혔으며 모스크바보다 베이찡을 더 선호한다고 밝힌 사람은 단지 16퍼센트에 불과하였다. [119]

미국의 엘리트들과 마찬가지로 일반 대중들 역시 중국이 과거 어느 때보다 미국에게 훨씬 덜 중요한 존재가 되었다고 생각하였다. 1982년에는 엘리트의 87퍼센트와 일반 대중의 64퍼센트가 중국이 "미국의 정치, 경제, 안보에서 중요한" 존재라고 인식했는데, 이와 대조적으로 1990년에는 그 비율이 73퍼센트와 47퍼센트로 눈에 띄게 떨어졌다. (표 A-1) [120]

---

118) *Wall Street Journal*, May 3, 1991, p. A8.

119) *New York Times*, June 12, 1990, p. A12.

120) John E. Rielly, ed., American Public Opinion and U.S. Foreign Policy, 1991(Chicago Council on Foreign Relations, 1991), p. 19; John E. Rielly,

또한 미국 지도자들과 마찬가지로 미국의 대중들 역시 중국이 미국과
공통의 국제적인 이해를 더 이상 공유하고 있지 않다고 생각하였다. 중
국을 비우호적이거나 적대적이라고 인식했던 미국인의 수는 1989년 7월
의 39퍼센트에서 1990년 10월에는 30퍼센트로 떨어졌는데, 이는 티엔안
먼 위기가 미친 영향이 어느 정도 일시적이었음을 보여주는 것이다. 그
러나 중국을 미국의 동맹국 혹은 가까운 친구라고 보는 비율은 두번의
여론조사에서 모두 16퍼센트에 머물러 여전히 회복되지 않았다(표 A-1).
1990년 10월의 여론조사에서 중국이 소련과 마찬가지로 미국에 우호국이
거나 동맹국일 수 있다고 보는 미국인의 수는 절반에 불과하였다. 121) 더
욱이 미국인들은 미래를 고려하면서 미·중 관계의 전망에 지속적인 관
심을 보였다. 그 당시에 실시되었던 또 다른 여론조사에서 거의 40퍼센
트의 미국 시민들은 중국이 미국의 사활적인 이해에 중대한 위험이 될
만큼 장차 세계의 강대국으로 발전할 것이라고 인식하고 있었다. 122)

그렇지만 다른 측면에서 볼 때, 미국의 대중들은 중국에 대해서 매우
다른 인식을 보여주었는데, 베이찡과 정상적인 관계를 회복하는 것에 대
해서 미국의 기성 정치인들보다 이들이 더욱 열의가 있었다는 것이다.
예컨대 1990년 1월의 여론조사에서 일반 대중들은 중국의 인권개선 촉구
를 더 중요시하는가(42%) 아니면 베이찡과의 우호적인 관계 유지를 중
요시하는가(46%)라는 문제를 놓고 양분되었다. 마찬가지로 의회와 비교
해서, 일반 대중들은 브렌트 스코우크로프트와 로렌스 이글버거를 두번
에 걸쳐 베이찡에 파견했던 부시의 결정에 훨씬 더 동정적이었다. 이 여
론조사에 따르면, 사절단 파견의 시기문제를 둘러싸고 일반 대중들이 거

ed., "American Public Opinion and U.S. Foreign Policy, 1987," Chicago
Council on Foreign Relations, 1987, p. 17.

121) *Roper Reports*, no. 90~10(New York : Roper Organization, Mid-January
1991), pp. 38~39, 106.

122) 엘리트 중 단지 16퍼센트만이 인식을 같이 했다. Rielly, *American Public
Opinion*, 1991, p. 20

의 같은 비율로 양분되었는데, 47퍼센트는 중국과 접촉을 재개하기 전에 백악관이 더 기다렸어야 한다고 믿었으며 40퍼센트는 시기적절한 행동이 었다고 믿었다. 행정부가 비밀외교를 구사한 문제에 대해서 일반 대중들 간의 견해는 비율면에서 더욱 근소한 차이를 보였는데, 40퍼센트는 부시가 "중국을 상대하는데 지나치게 비밀스럽다"고 말했고 42퍼센트는 그 반대로 말하였다. 비록 대통령의 중국정책이 드러내놓고 지지를 받은 것은 아니지만, 이런 수치를 볼 때 의회보다는 일반 대중들이 부시를 훨씬 강력하게 지지했음을 알 수 있었다. 123)

미국이 중국에 대한 최혜국 대우를 둘러싸고 두 번째 논쟁을 벌이기 시작했던 그 다음해에도 이와 매우 유사한 상황이 발생하였다. 하원의 펠로시 법안과 상원의 미첼 법안에 대한 투표 모두에서 대통령은 156명 의원으로부터, 대략 전체에서 30퍼센트의 지지를 얻을 수 있었다. 이와 대조적으로, 한 여론조사에서는 지도자들이나 일반 대중의 거의 60퍼센트가 중국과의 정상적인 경제관계 회복을 지지한다고 밝혔으며, 다른 여론조사에서는 거의 50퍼센트가 중국에 대한 최혜국 대우의 연장을 지지한다고 밝혔다. 124)

한편 태평양 건너편의 다수의 중국 지도자들과 소수의 지식인들은 미국을 적대시하지는 않더라도 회의적인 시각으로 보고 있었다. 티엔안먼 위기 이후 항상 그랬던 것처럼, 당 지도자들은 미국이 제재와 압력의 정책을 실시하면서 중국의 내정에 간섭하려 시도하고 있고, 중국 정부에 반대하는 자들을 보호하려 하며, 정치적·경제적 자유화를 위해 중국이 사회주의를 포기하도록 획책하고 있다고 생각하였다. 공영 언론은 미국의 경제적·정치적 체제에 대해 비판하고 그것을 중국에 적용할 수 없다고 주장하는 글을 계속해서 게재하였다. 또한 이들은 미국의 화평연변정

---

123) 두 여론조사는 각각 *Wall Street Journal*, January 19, 1990, p. 1 및 CBS News - *New York Times Poll conducted*, January 13~15, 1990, p. 10에 보도됨.

124) Rielly, *American Public Opinion*, 1991, p. 24; *New York Times*, June 11, 1991, p. A16.

책을 비판하는 글을 정례적으로 발표했으며, 중국에 대한 미국의 제재는 중국 내정에 대해 부당하게 개입하는 것이라고 강조하였다. 소련에서 공산주의가 붕괴됨에 따라 중국 지도자들은 그러한 정책의 창끝이 이제 자신들에게 향해질 것이라는 더 강한 확신을 갖게 되었다. 보도에 의하면 1991년 7월의 홍수로 인한 재난 이후 중국에 대한 미국의 재해지원금이 상대적으로 적었던 것을 놓고 중국 관리들은 홍수로 인해서 "사회적 불안정", "경제적 위기", "심각한 혼란"이 발생하여 "중국에서 평화적 이행이 일어날 수 있는 좋은 기회가 되기"를 미국이 기대하고 있다고 믿었다.[125]

페르시아만 위기와 미·소 관계의 개선으로 중국에서는 1980년대 초반 이래 잠복해 있던 다른 사상적 흐름이 되살아났다. 즉, 미국 외교정책의 팽창주의적 경향에 대해 우려하기 시작하였던 것이다. 이라크에 대항하는 국제동맹에서의 미국의 명백한 지도력, 바그다드에 대해서 군사력을 사용하려는 미국의 의지, 미국 후원하에 새로운 세계질서를 수립하자는 주장, 워싱턴과 모스크바 사이에 점차 증대하는 협력의 징표 등을 통해서 이들은 미국을 중심으로 하는 단극화된 세계가 형성되는 것을 일시적이나마 더욱 두려워하였다. 주로 보 위보나 덩 샤오핑 등 보수적인 중국 지도자들이 이러한 우려를 매우 빈번하게 표현하였지만, 걸프전에서 손쉽게 승리를 거두고 또한 크렘린과 우호적인 관계를 확보한 이후 미국이 거만해지지 않도록 미국측 동료들에게 경고했던 일부 원로 중국 지식인들 역시 이런 우려를 표명하고 있었다.

그러나 이런 문제에 대한 중국 인민들의 인식은 중국 지도자들의 생각과 크게 달랐다. 중국을 방문했던 사람들에 따르면, 일부는 미국측의 제재 때문에 반미감정을 표출하기도 했지만,[126] 다수는 6월 4일 사태 동안에 중국 지도자들의 행위에 대해서 미국이 비난한 사실을 이해하고 고마워했다. 비록 도시의 중국인들이 미국측에게 제재의 완화를 요구하는 데

125) Zhongguo Tongxunshe(China News Service), July 31, 1991, in FBIS, *China*, August 1, 1991, pp. 13~14.
126) Ming Pao, August 5, 1991, p. 7, in FBIS, *China*, August 7, 1991, p. 6.

제 8 장 교착 상태 / 471

에서는 정부와 입장을 같이 하고 있지만, 그 이유는 자기 나라의 내부 문제에 개입하는 것이라는 생각보다는 미국과 정상적인 문화적, 정치적, 경제적 관계의 회복을 바랐기 때문이었다. 더욱이 훨씬 더 많은 수의 중국인들은 최혜국 대우가 철회되면 정치개혁과 경제개혁의 근거가 커다란 손실을 입을 것이라고 생각했기 때문에 최혜국 대우를 유지하는 데 워싱턴과 입장을 같이 했다. 127)

티엔안먼 위기 이후 중국의 어떠한 공식적 선전도 미국 사회에 대한 다수 중국인들의 선망을 감소시킬 수 없었다. 실제로 6월 4일 사태에 이어졌던 정치적 억압과 경제적 후퇴로 인해서 중국인 다수가 미국에 이민 가기를 원하는 욕구만 커졌는데, 미국으로 건너가기 위해서 위조 서류와 허가증을 받기로 했던 남부의 어떤 사람들은 중국인 강도들에게 수만 달러의 빚을 진 일도 일어났다. 128) 한 미국인 특파원은 1991년 중반에 도시 지식인들의 분위기를 이렇게 요약하였다. "[이들은] 처음에는 자신들의 지도자들을 얼마나 혐오하는지 믿음직한 미국인 친구들에게 털어놓는다. 그다음에 미국에 대한 동경을 표현하면서 비자를 얻을 수 있는 방법을 묻는다."129)

마지막으로 다수의 평범한 중국 도시인들은 페르시아만 전쟁에 대해서 지도자들과 날카롭게 대립되는 입장을 취했는데, 한 기자는 이를 "열렬한 친미"라고 묘사하였다. 중국의 어린이들은 스커드 미사일에 맞서 패트리어트 미사일을 사용하는 경찰과 강도라는 최신 놀이를 개발하였다. 일부 중국인들은 대이라크전에 참전하겠다고 자원했으며, 심지어 전쟁 봉사를

---

127) *New York Times*, March 1, 1990, p. A13; *New York Times*, March 1, 1990, p. A16; *New York Times*, May 15, 1991, p. A10; *Washington Post*, May 29, 1991, p. A21, A23.

128) *New York Times*, September 12, 1990, p. A12; January 3, 1991, pp. B1, B2.

129) *New York Times*, May 15, 1991, p. A10. 그는 다음과 같이 부언한다. "그들은 미국의 혹독한 제재가 중국의 지도자들보다는 중국 국민들에게 영향을 미칠 것을 걱정했다."

472

지원하기 위해서 재정 기부금을 내기도 하였다. 미국 대사관에 보낸 한 편지에서 미국이 "악에 맞서 싸운다"고 칭찬하였고, "세계의 독재자들로 부터 민주주의, 자유, 인권을 수호한다"고 칭송하였다. 130) 보도에 의하면, 심지어 중국 군대도 미국의 걸프전 수행에 깊은 인상을 받았는데, 어떤 장교 한 사람은 "미국 군대는 매우 강하고 능력이 뛰어나 우리는 그들과 맞설 수 없다"고 말했다고 한다. 131)

페르시아만 전쟁에서의 미국의 행위에 대한 중국인들의 인식은 어느정도 나이와 관련되어 있다. 나이가 많은 중국인들, 특히 도시 지식인들은 손쉬운 미국의 승리로 인해서 워싱턴을 중심으로 하는 단극체제가 수립될 것이며 이로 인해 중국과 같은 국가들은 전략적으로 하찮은 지위로 떨어질 것이라는 지도자들의 우려에 공감을 표시하였다. 이와 비교해서 젊은 중국인들은 미국의 승리가 갖고 있는 지정학적 의미에 대해서 그다지 우려하지 않는 듯하였다. 1991년 4월 베이찡을 방문한 미국인들의 연회장에서 한 저명한 중국 학자는 전쟁이 끝나면 미국이 중국이나 다른 개발도상국가들과의 관계에서 "오만함"을 보이기 시작할 것이라는 자신의 염려를 표명하였다. 그러나 잠시 후 자신보다 젊은 동료들은 다르게 생각할 수도 있다는 사실을 깨닫고, 자신의 제자 중 한 명에게 그의 의견을 물었다. "자네나 자네의 친구들은 전쟁 동안 미국을 지지했는가?" 젊은이는 딱 잘라서 "우리들은 물론 그렇습니다."라고 대답했는데, 그의 이런 말투를 통해서 볼 때 대답이 너무 뻔하기 때문에 그런 질문은 물어볼 가치도 없는 것이었다.

이런 사실들을 고려하면, 양국에는 모두 미·중 관계의 안정 및 개선을 정치적으로 지지하는 그룹이 잠재하고 있었으며, 특히 중국측의 지도자 변화나 정책변화가 일어났다면 더욱 많았을 것이다. 그렇지만 이 동안에도 관계는 여전히 매우 취약한 상태였다. 부시 행정부의 두 번째 대

---

130) *Los Angeles Times*, February 19, 1991, pp. A1, A16~A17.

131) *Cheng Ming*, no. 166(August 1, 1991), pp. 14~15, in FBIS, *China*, August 5, 1991, pp. 46~48.

중국 정책 역시 중국에서 억압하는 새로운 분위기가 되거나 중국이 비협조적인 국제행위를 했다는 증거가 나온다면 국내에서 매우 비판받기 쉬운 것이었다. 반대로 페르시아만의 전쟁이나 소련에서 공산주의의 붕괴 등으로 인해 중국 지도자들은 미국의 의도를 더욱 의심스럽게 바라보았다. 티엔안먼 위기 이후 2년 이상이 지났건만, 미·중 관계는 여전히 막다른 골목에 처해 있었다.

제 9 장
전 망

　미국과 중국 간의 관계는 1949년 중화인민공화국 수립 이래로 4단계 국면을 거치면서 전개되어 왔다. 처음 20여 년 동안 미국과 중국은 양국 지도자들간의 이념적 차이로 인해 본질적으로는 서로 적대적이었다. 이러한 초기 시기에 양국간에는 간헐적인 군사적 대립, 경제적·문화적 유대관계의 결여, 외교적 접촉의 제한 등과 같은 양상이 특징적으로 나타났다. 시간이 지나면서 양국이 상대방의 관심과 성취능력을 파악할 수 있게 됨에 따라 상호관계는 안정되어 갔다. 그러나, 아직도 소모적인 분쟁거리는 남아있었다. 양국은 정상화된 경제적·문화적 관계들을 유지함으로써 얻을 수 있는 이익을 버리고 상대방에 대한 전쟁을 수행할 수 있는 군사력을 유지해야만 했던 것이다. 결국, 미국과 중국은 서로 대립적인 관계에 있었기 때문에 양국 모두 소련과의 관계에서 불리한 위치에 놓이게 되었다.

　1969년부터 1980년대 초반까지 미국과 중국은 소련에 대항하여 전략적 제휴관계를 유지하였다. 1972년 닉슨의 중국 방문, 1978년 미·중 국교 정상화 등을 통해 묵시적으로 이루어진 양국간 동맹관계는 미국과 중국에서 모두, 특히 미국에서, 흥분을 불러일으켰고 우호 분위기를 조성하였다. 그러나, 두 번째 시기 대부분의 기간 동안 미·중 관계는 열정적인 연애관계라기보다는 편의상 어쩔 수 없이 결혼한 경우라고 할 수 있다. 소련에 대항하기 위한 양국간 연합전선은 이러한 관계에서 흔히 나타나는 바와 같이 쌍방간에 서로 상대방이 쳐놓은 함정에 빠질지도 모른다는 의구심과 상대방이 쉽게 연합전선을 포기할지도 모른다는 우려를 불러일으켰다.[1] 미국과 중국 모두 상대방에 대해서 과도하게 의존하거나 혹은 상대방과 소련간의 대립관계에 개입되는 것을 바라지 않았다. 이와 동시에, 양국은 각각 상대방이 비밀스럽게 소련과 화해하는 것을 두려워하였다. 따라서, 중국은 미국이 닉슨, 포드, 카터 대통령 시기에 소련과 데탕트를 추구하는 것을 우려했을 뿐만 아니라 이와 동시에 레이건 대통령 집권 초기에 미·소 관계가 긴장국면에 들어갔을 때에도 이러한 사태전개를 우려했다. 마찬가지로 워싱턴의 분석가들도 중국이 소련과 산발적으로 외교적인 대화를 재개할 때마다 이를 우려하였다.

미·중 관계의 두 번째 국면에서 이루어진 쌍무적 유대관계는 매우 제한적이었다. 중국은 마오시대 후반부에서 특징적으로 나타났던 바와 같이 경제적·문화적 대외접촉을 제한하는 정책을 계속 유지하여 상업차관을 거부하였고, 외국투자를 막았으며, 장기적인 문화교류에 참여하기를 꺼렸다. 더구나, 중국 정부는 미국과 완전한 외교적 유대관계를 수립하기 전까지는 미국과의 관계를 제한하였다. 비록 무역상의 교역증대, 군사적 관계의 개시, 초보적인 학술 교류 등이 있었지만, 이러한 미·중 유대관계의 여러 측면들은 양국 관계의 잠재력에 비해 그 정도가 매우 낮은 것이었다.

그리고, 양국간에는 여전히 미국의 타이완 문제 개입에 관한 오래된 논쟁을 처리해야 하는 어려움이 남아 있었다. 타이완에 대한 미국의 안

---

1) 이에 대해서는 다음을 참조. Charles Lipson, "International Cooperation in Economic and Security Affairs," *World Politics*, vol. 37 (October 1984), pp. 1~23.

보 개입을 재규정하는 것은 미군의 타이완 주둔과 공식적인 미국·타이완 간 상호방위조약이라는 기존 정책을 대신하여 지속적인 무기판매와 미국의 대타이완 지원의 일방적 서약이라는 정책으로 대체함을 의미하는데, 이 문제는 쌍방간에 지난한 협상을 필요로 하였다. 마찬가지로 미국이 타이완과 외교관계를 단절하고 비공식적 대표사무소로 대체하는 것역시 매우 힘든 협상과정을 거쳐야만 했다. '교착 시기'(1975~1977)와 '위기 시기'(1981~1982)를 걸쳐 이러한 문제들을 해결하기 위한 협상이 계속되었다. 그러나, 지루한 협상과정을 통해 만들어진 타협안은 양국 어느 편에서도 완전히 그리고 기꺼이 받아들여지지 않았다.

1980년대 중반에는 미·중 관계가 세 번째 국면으로 접어드는데, 이 시기는 아마도 미국이 중국의 현대화와 개혁에 협조하였던 시기라고 할 수 있을 것이다. 전략적 제휴관계로부터 경제적 제휴관계로 이행하는 과정은 오랜 기간을 필요로 하였는데, 그럼에도 불구하고 이러한 이행과정이 가능하였던 것은 브레즈네프의 지도 아래에서 소련이 가장 강성하였다는 것, 고프바쵸프의 지도 아래에서 소련의 대외 정책이 재조정되었다는 것, 덩 샤오핑의 지도 아래에서 중국이 국내적인 정치·경제개혁을 시도하였다는 것 등과 같은 요인들의 영향을 받았기 때문이다. 이 시기 동안 미·중 관계가 전환하는 과정중에는 여러 중요한 계기들이 있었지만, 1950년 한국전쟁 발발이나 1972년 닉슨의 중국 방문과 비교할 수 있을 정도로 중대한 역사적 전환점이 있었던 것은 아니다.

따라서, 이러한 새로운 미·중 관계의 전개가 과거 소련에 대항하여 연합전선을 구축한 것보다 극적이지는 못했으나, 전략적 화해 시기보다는 양국간의 제휴관계가 광범위하고 적극적이었다. 전략적 제휴관계를 통해 얻어지는 이익들, 즉 소련의 침공을 물리치고 전세계 차원에서 소련의 패권수립을 막는다는 목표는 어떤 의미에서 수동적인 성격을 띤 것이었다. 반면에, 경제적 제휴관계로부터 얻어지는 이익들, 즉 미국이 중국 시장에 접근하고 중국이 미국의 기술과 자본에 접근하였을 때 양국이 얻을 수 있는 이익은 능동적인 성격을 띠고 있다. 경제적 제휴관계를 통해 중국은 미국으로부터 국부와 국력을 추구하는 데 필요한 물질적 지원과 기술적 조언을 받을 수 있었다. 반면에, 경제적 제휴관계를 통해 미국은 중국이 미국의 가치와 제도를 수용, 이러한 가치와 제도로 전환하고자하는 열렬한 학생으로 보았다. 중국이 미국의 도움을 받아 체제를 재구성할 수 있다는 생각은 양국관계에 기왕의 전략적 제휴관계에서 기대할 수 없었던 강렬한 흥분과 충격을 주었다.

이러한 경제적 제휴관계로 성립된 적극적인 관계 모색을 통해 1970년대의 양국 관계를 훨씬 뛰어넘는 관계 발전이 가능하였다. 무역, 투자, 학술교류, 문화교류 등이 괄목할 정도로 증대하였던 것이다. 중국에 대한 소련의 직접적 위협이 줄어들었음에도 불구하고, 미국과 중국의 군사전략관계는 1980년대 초반에 구축된 미·중 연합전선보다 높은 수준에 도달하였다. 상호이해 개선, 상호타협의 메카니즘 확대, 상대방의 의도에 대한 신뢰 등을 통해 타이완 문제와 같이 의견이 첨예하게 대립되었던 쟁점들도 다루어질 수 있었다.

그러나, 1980년대 말에 이르러 이러한 미·중 관계의 세 번째 국면은 이미 잠식되기 시작하였다. 쌍무적 유대관계가 확대됨에 따라 양국간에 이익과 손실을 어떻게 할당할 것인가를 놓고 불만이 증대되었던 것이다. 미국은 중국의 무역여건과 투자여건을 비판하였는데, 중국의 덤핑수출, 수입제한, 해외직접투자 여건미비 등을 비난하였다. 반면에, 중국은 나름대로 미국 시장 접근을 방해하는 장애물, 미국의 기술수출에 대한 통제, 유능한 학생과 교수의 유출 등에 대한 불만을 거론하면서 이에 응수하였다. 소련의 위협이 감소하면서 양국은 무기수출, 핵확산, 캄보디아 문제 등과 같은 국제적 쟁점들에 대해서도 의견 차이를 보이기 시작하였다.

더욱 중요한 것은, 양국 사회의 상호침투가 점차 증대하면서 잠시 덮어두었던 이데올로기 문제가 다시 제기되었다는 점이다. 많은 보수적 중국인들은 미국과의 경제적 제휴관계를 통해 미국의 기술뿐만 아니라 미국의 가치들이 유입되는 것을 우려하였다. 한편, 미국인들은 중국의 개혁정책에도 불구하고 중국 내에서 아직도 인권침해가 존재하고 있다는 점을 인식하게 되었다. 이러한 양국의 차이점들이 부각되면서 양국은 점차 공동 목적을 규정하는 방식이 서로 다르다는 것을 알게 되었다. 중국의 지도자들은 미국이 중국의 사회주의 현대화와 개혁을 지원할 것이라고 생각하였다. 그러나, 미국인들은 중국이 레닌주의에 기반한 공산주의 정치·경제 제도들을 광범위하게 개편하는 경우에만 이를 지원할 것이라고 전제하였다.

1989년 티엔안먼 사태는 미·중 관계의 세 번째 국면을 종결시키고 미국과 중국을 불신의 새로운 시기로 몰아넣은 단 하나의 극적인 사건이었다. 이제 양국 정부는 상대방을 의심하게 되었다. 베이찡은 미국이 교묘하게 중국의 공산주의 통치를 전복하려는 정책을 수행하여 왔다고 결론지었고, 워싱턴은 중국이 더 이상 쌍무적 쟁점과 국제적 쟁점에 있어서 미국의 이해를 수용하지 않을 것이라고 보았다. 많은 미국인들이 중국 정부가 인권, 무역, 해외무기판매 등에 대한 정책을 바꾸도록 중국에 대한 제재를 강화할 것을 주장함에 따라, 양국관계를 지지하는 정치적 토대가 크게 약화되었다. 결국 1989년 6월 4일 티엔안먼 사태 이후로 양국 정부가 상대방에 대해 공식적인 제재를 가했기 때문에, 그리고 중국에서 일어난 사건에 대해 미국 사회에서 일어난 (중국에 대한 비판적인) 반응으로 인해, 양국간의 문화적·경제적·군사적 유대관계는 심각하게 약화되었다.

미·중 관계를 구성하고 있는 주요 조건들이 유동적이기 때문에 양국 관계의 미래를 예견하기는 어려운 실정이다. 우선, 국제전략 환경이 매우 불안정하다는 점을 들 수 있다. 소련이 현재 겪고 있는 심각한 내부 진통과 동유럽에서 소련의 몰락이 양극 시대의 종결을 표시하는 징표라는 점에 대해서는 일반적으로 합의가 이루어졌지만, 탈냉전시기의 세계가 몇몇 주요 강대국을 중심으로 움직여 나갈 것인가 아니면 미국이 유일한 초강대국으로 남아 이를 중심으로 움직여 나갈 것인가에 대해서는 아직 합치된 의견이 있지 않다. 물론 탈냉전 이후 전세계적 차원의 전쟁이 일어날 가능성은 줄어들었지만, 양극체제의 쇠퇴와 더불어 지역분쟁이 분출할 가능성이 새롭게 증가하고 있다. 페르시아만 전쟁이 협력안보 메카니즘의 제도화를 촉진할 것인가, 아니면 각 국가들이 자국의 방위를 보장하기 위해 일방적인 또는 집단적인 행동에 의존할 것인가도 분명하지 않은 상태이다.

또한, 국제경제의 미래 역시 불투명한 상태이다. 어떤 사람들은 전세계 차원의 자유무역을 보장하는 전후 국제제도들이, 특히 관세와 무역에 대한 일반 협정은 경제적 상호의존이 심화되는 현실에 적용될 수 있을 것이라고 믿고 있다. 다른 사람들은 자유무역 원칙들이 잠식당하고 경제 민족주의와 과학기술 민족주의가 나타나고 있으며 세계 각국들이 점차 신중상주의적이고 보호주의적인 전략을 채택하면서 보다 경쟁적이고 파편화된 세계경제가 등장하게 될 것이라고 예견하기도 한다. 심지어는 유럽뿐만 아니라 미주지역과 태평양지역에서 강력한 무역블럭이 등장할 것이라고 예견하는 사람들도 있지만, 이러한 무역블럭들이 국제무역과 투자를 보다 자유화할 것인지 아니면 보다 통제할 것인지에 대한 예측은 고사하고 이 무역블럭들이 최종적으로 어떻게 구성될 것인가에 대해서조차도 합의가 없는 상태이다.

세계전략환경과 세계경제환경의 불확실성은 아시아·태평양 지역에서도 반영되고 있다. 과거 10년간 동아시아의 여러 경제체제들 사이에서 전개된 상호의존과 상호경쟁의 심화는 국제적 긴장완화와 지역경제기구 등장을 촉진시켰다. 그러나, 아시아 국가들간에 화해가 지속될 것인지, 그리고 아시아 지역에서 경제협력이 어느 정도 가능할지가 의문시되고 있다. 이 지역에 아직 해결되지 않은 영토분쟁들, 중첩된 지정학적 팽창 의도, 역사적으로 형성된 적대감, 인종분규 등이 존속되고 있는데, 이러한 요소들은 지역내 군비경쟁을 불러일으키거나 또는 무력갈등을 초래할 수도 있다. 그리고, 지역내 경제협력이 아시아 무역블럭으로 발전할 것인가, 아시아 무역블럭이 형성된다고 하더라도 얼마나 많은 국가들이 참여할 것인가, 이러한 무역블럭이 블럭 밖의 국가들에게 얼마나 폐쇄적일 것인가, 역내 통상에 얼마나 개방적일 것인가 등이 아직 분명하지 않은 상태이다.

더구나, 미국과 중국은 각각 해결해야 할 국내문제들이 산적해 있는 실정이다. 물론 중국이 당면하고 있는 국내문제들이 더 심각한 것으로 보인다. 현재 중국에서 권력은 적어도 세 가지 차원에서, 즉 구세대로부터 젊은 세대로, 국가로부터 사회로, 중앙으로부터 지방으로 이전되고 있다. 따라서, 정치권위가 재분배되고 행사되는 메커니즘이 매우 불안정한 상태이다. 이와 동시에 중국의 지도자들은 정치적 정당성의 위기, 심각한 환경문제, 높은 인구 증가율, 계획경제에서 시장경제로 전환하는 과정에서 나타나는 경제적 불안정 등을 포함한 매우 위협적인 국내문제들과 씨름해야 하는 처지이다. 이러한 사항들을 고려할 때, 1990년대에 중국이 어떠한 길로 나아갈 것인가에 대해 여러 가지로 생각해 볼 수 있을 것이다. 개혁을 심화시키는 방향, 국내적 탄압을 강화하는 방향, 정치적으로 쇠잔해져 해체되는 방향 등 여러 가지 시나리오를 생각해 볼 수 있는데, 이 중에서 그 어떤 방향으로 나아가든지 미·중 관계에 심대한 영향을 미칠 것이다.

한편, 미국에서는 현재 탈냉전시기에 미국이 추구해야 할 국가목표의 우선순위 설정과정책 설정을 놓고 내부논쟁이 벌어지고 있다. 지금 미국은 경제·교육 하부구조의 점진적 붕괴에 직면하고 있으며, 시간이 갈수록 만성적 무역적자와 예산적자로 인해 제약을 받고 있다. 정치체제면에서도 다른 정당들이 백악관과 의회를 장악하는 경향 때문에 미국은 난국에 봉착해 있다. 게다가, 미국은 국제정치면에서는 냉전시대와는 다른 탈냉전화된 세계의 구조를 파악하고 이를 형성하려고 노력하고 있다. 탈냉전화된 세계에 접하여 미국의 외교정책에 있어서 고립정책과 참여정책, 일방주의와 다자주의, 실용주의와 이상주의, 자유무역주의와 보호무역주의 사이에서 가장 적절한 균형점이 무엇인가를 놓고 의견들이 엇갈리고 있다.

끝으로, 타이완 문제에 대한 불확실성이 아직 남아 있다는 점을 지적할 수 있는데, 타이완 문제는 미·중 관계의 미래를 결정하는 데 있어 매우 중요하다. 타이완은 현재 헌법의 개정과 입법기관의 재편을 포함하여 가장 민감한 정치개혁 국면에 돌입해 있다. 타이완은 정치체제의 자유민주화를 통해 벌써부터 보다 확고한 외교정책을 수행할 것과 국제기구에서 보다 능동적이고 존중받는 역할을 할 것을 강하게 주장하고 있다. 이와 같은 과정들이 점차 진행되면서 독립을 보다 강력하게 요구할 수도 있고, 정치·사회적 불안정이 초래될 수도 있다. 이러한 전개과정들은 중국의 성난 반응을 촉발시킬 것이며, 중국은 타이완이 중국 본토로부터 영구적으로 분리되거나 공식적인 독립으로 필연적으로 나아갈 것이라는 두려움을 가지게 될 것이다.

이렇게 급변하는 상황 변화들은 20세기의 남은 기간 동안 미·중 관계를 둘러싼 주변상황을 매우 불안정하게 만들 수 있는데, 이를 통해 미·중 관계의 미래에 대한 몇 가지 가능성들을 가늠해 볼 수 있다. 제 9 장에서는 미·중 관계를 규정하는 요소들을 하나씩 검토하기보다는 다섯 가지의 가능한 시나리오들에 대해 일어날 수 있는 가능성이 대략 높아가는 순서대로 살펴보고자 한다. 이러한 시나리오에는 공동의 적에 대항하기 위해 미국과 중국 간에 전략적 제휴관계가 부활한다는 시나리오, 중국이 분열된 이후 중국의 각 지방들과 미국 간에 다각적인 관계가 형성된다는 시나리오, 중국의 개혁과 현대화를 지원하기 위해 미국이 새로운 경제적 제휴관계를 형성한다는 시나리오, 미국과 중국 간에 제 2 의 외교적 대립관계가 형성된다는 시나리오, 미국과 중국 간에 긴장관계가 확대된다는 시나리오 등이 있다.

모든 시나리오들과 마찬가지로 이러한 다섯 가지 시나리오들은 미·중 관계의 미래에 대해 간략하게 개괄하고 있다. 이러한 개관을 통해 앞으로 남은 10여 년 간의 양국관계에 대해 상세하게 설명하고자 하는 것이 아니라 현재의 미·중 관계 내에서 서로 경합하고 있는 상이한 경향들과 향후 양국관계의 기본틀을 형성할 수 있는 여러 가지 개연성들을 제시하고자 한다. 그런데, 각각의 시나리오들이 상호배타적이라고 보아서는 안

될 것이다. 미래의 미·중 관계는 제 9 장에서 개관한 시나리오들 중 하나의 시나리오대로 전개되는 것이 아니라 여러 가지 가능성들이 서로 혼합되거나 서로 순환하여 나타나는 보다 복잡한 양상으로 전개될 것이다.

1. 전략적 제휴관계의 부활

가장 가능성이 없는 시나리오 중의 하나가 바로 미·중 간에 공동 적에 대항하여 전략적 제휴관계가 다시 부활한다는 것이다. 중국은 티엔안먼 사태 이래로 미국과의 전략적 제휴관계를 재수립하기를 희망하여 왔다. 중국정부는 소련의 팽창주의에 대한 양국간의 공동대처를 계기로 현재보다 중국 내부상황이 억압적이고 불안정하였으며 중·미 간에 경제적 유대관계나 문화적 교류관계가 거의 없었던 1970년대에 미·중 관계가 정상화되었다는 점을 분명하게 인식하고 있다. 그들이 인식하고 있는 바와 같이, 또다른 공동의 적을 접하게 된다면 미국과 중국은 인권·무역과잉·무기수출·다른 논쟁적인 쌍무적 쟁점들 등에 대한 상이한 견해를 접어두고, 보다 안정적인 미·중 관계를 부활시킬 것이다. 뿐만 아니라 공동의 적이 나타난다면, 1970년대와 1980년대에 형성되었고 1989년에 일시 단절된 양국간의 군사관계를 재개, 확대하기 위한 기초가 마련될 것이다.

그러나, 가까운 장래에 공동의 적이 발생하여 미국과 중국 간에 새로운 전략적 제휴관계가 형성되기는 어려울 것이다. 중국의 분석가들은 소련의 부활이나 러시아를 가능한 목표대상으로 꼽고 있다. 소련 공산당이 붕괴되고 소련이 해체되었다고 하더라도 그 계승자인 모스크바의 민족주의적이고 공화주의적인 정부가 막강한 재래식 무기와 핵무기를 물려받았다는 사실을 간과할 수 없다는 것이다. 그러나, 러시아의 수도나 또는 소련 연방의 수도로서 모스크바가 새롭게 중국이나 미국과 대립한다는 의지를 표명하고 이러한 자원들을 동원한다는 것은 상당히 어려운 일이다. 그보다는 모스크바가 미국과 중국 양국 모두와 선린관계를 유지할 것으로 보인다. 설령 크렘린이 보다 강경한 외교정책노선으로 돌아선다고 하더라도, 미국과 중국 모두와 소원한 관계를 유지하기보다는 중국과 공조하는 가운데 강경노선을 수행할 가능성이 크다. 이러한 상황전개로 인해 미국과 중국 간에 새로운 전략적 협력을 위한 기반이 형성되지는 않을 것으로 보인다.

소련의 상황변화로 인해 미국과 중국에 안보위협이 초래된다면, 그것은 소련이 강력해졌기 때문이 아니라 소련이 약화되었기 때문일 것이다. 소련의 약화로 인해 발생할 수 있는 문제들에는 소련이 보유한 핵무기의 배치와 통제, 많은 피난민들을 만들어내는 소련 경제의 붕괴, 국제적 경계를 넘어 파급효과를 미치는 종족분규의 발생 등이 있다. 이러한 문제들보다 더욱 위협적인 요소는 소련의 군사적 위협이 부활하거나 공격적인 러시아 민족주의가 발흥하는 것과 같은 문제들이다. 이러한 위협에 직면하게 된다면 중국과 미국은 정책협의를 위한 기초를 마련하고 정책조정을 꾀할 것이다. 그러나, 이로 인해 미국과 중국이 새로운 제휴관계를 형성하게 될 것 같지는 않다.

새로운 미·중 제휴관계를 불러일으킬 가능성이 있는 또 다른 국가가 바로 일본이다. 중국의 일부 분석가들은 일본이 기존의 미국과의 관계에서 떨어져 나와 제2차 세계대전 시기에 시도하였던 아시아 패권수립을 다시 시도할 가능성에 대해 문제를 제기하여 왔다. 만약 이러한 상황이 전개된다면, 중국 정부는 미국이 일본을 견제하도록 요청할 것이고 미국도 역사적으로 아시아에 패권국이 성립되는 것을 반대해 왔기 때문에 이 제안을 기꺼이 수용할 것이다. 최근에 미국의 일부 분석가들이 제시하는 바와 같이, 가까운 장래에 일본과 전쟁을 하게 될 경우―그것이 무역전쟁이든 아니면 지정학적인 대립이든―미국은 중국과 협조하는 가운데 일본과의 전쟁을 치루고자 할 것이다.[2)]

이러한 시나리오는 이론상 가능할지 모르지만, 현실적으로는 가능성이 없어 보인다. 현재 미·일 관계가 심각하게 긴장되어 있는 것이 사실이다. 양국간의 경제관계가 더욱 경쟁적으로 되어 가고 무역정책에 있어서도 서로 대립하고 있다. 군사적 측면에서 미·일 군사동맹에는 변동이 없지만 미국은 일본이 기존의 방위뿐만 아니라 해외에서 집단안전보장을 위해 보다 많은 책임을 져야 한다고 주장하고 있다. 그리고, 아시아에서 냉전이 종결된 것과 러시아와 일본 간의 첨예한 영토분쟁이 해결된 것은 이전에 미·일 관계를 친밀하게 만든 전략적인 동기를 상당 부분 상쇄시킬 것이다.

그러나, 그렇다고 해서 도쿄와 워싱턴 간의 경제적·전략적 결속이 완전히 붕괴될 것 같지는 않은데, 왜냐하면 양국이 치러야 하는 비용이 엄청나게 클 것이기 때문이다. 양국간의 경제적 상호의존 관계를 고려해볼 때, 미국이나 일본 모두 즉각적인 무역전쟁을 치룰 수는 없을 것으로 보인다. 미·일 동맹의 붕괴는 아시아 다른 지역에까지 군비경쟁을 촉발시킬 것이며 도쿄와 워싱턴 양측에 고통을 주게 될 것이다. 따라서 미·일 관계는 사랑이 사라진 결혼관계와 비슷하지만, 그렇다고 해서 양국이 완전히 결별할 수 있는 것은 아니다. 3)

소련의 경우와 마찬가지로 미국과 중국은 이미 일본에 관한 공동이해 기반을 가지고 있기 때문에 여기에서 예기치 못한 일이 일어날 가능성은 적다. 중국과 미국은 일본이 재무장함으로써 아시아에서 긴장과 불안정이 고조되는 것을 방지하고자 할 것이다. 그리고 양국은 모두 일본이 다른 국가가 생산한 제조품에 대한 시장을 좀더 개방할 것을 요구하고 있다. 양국은 모두 중국이 일본의 자본이나 기술에 지나치게 의존하게 되는 것을 원하지 않는다. 양국은 모두 아시아에서의 다자간 안보 또는 경

---

2) George Friedman and Meredith LeBard, *The Coming War with Japan* (St. Martin's Press, 1991).

3) 이러한 비유는 다음에서 원용한 것이다. Ellen L. Frost, *For Richer, For Poorer: The New U.S.-Japan Relationship* (New York: Council on Foreign Relations, 1987), p. 163.

제 협력체 형성에서 제외되기를 원하지 않고 있고 앞으로 다가올 태평양 공동체에서 일본이 패권국화하는 것을 바라지 않는다. 그러나 장차 소련에 의해 야기될 수 있는 미래의 도전적 경우와 마찬가지로, 일본과 관련된 이러한 고려들이 미국과 중국 간에 새로운 전략적 제휴관계를 위한 토대로 작용하기보다는 상호협의와 협력을 위한 기초로 작용할 것이다.

2. 중국의 분열 후 다원적 관계 형성

최근 소련에서 진행되고 있는 상황전개를 고려한다면, 중국에 대한 시나리오에 대해 또 다른 시사점을 얻을 수 있을 것이다. 소련 공산당의 권위가 붕괴된 후, 소련은 몇 개의 후계국가로 분할되는 지경에 이르렀다. 에스토니아, 라트비아, 리투아니아는 모스크바로부터 공식적인 독립을 쟁취하였고 국제연합의 회원국 지위를 획득하였다. 다른 소련 구성공화국들도 각각 독립을 선언하였고 그들의 지위를 국제적으로 승인받기 위해 발틱해 3국(에스토니아·라트비아·리투아니아)이 밟았던 길을 뒤따르고 있다. 아직 구성공화국들의 일부가 러시아의 지도하에서 정치·경제적 연방을 형성하고 있지만, 소련의 지정학적 지위는 근본적으로 변화하였다.

이와 유사한 시나리오가 중국에서 현실적으로 가능할 것 같지는 않지만, 고려해 볼만한 가치는 있을 것이다. 중국이 경제개혁과 외부세계에 대한 개방을 시행한 지 10년이 지난 후 나타난 결과 중의 하나는 중앙정부로부터 지방으로 권력이 재분배되어 왔다는 점이다. 지방정부는 해외투자유치, 대외무역 수행, 국영기업의 이윤보유 등에 대한 권한을 획득하여 왔다. 중앙정부의 정당성이 점차 잠식되어가면서 도시 노동자들과 지식인들의 태도와 행동이 변화해 온 것과 마찬가지로 지방관료들의 태도와 행동도 그 영향을 받게 되었다. 중국의 중앙정부는 이전에 비해 중앙에서 내린 결정을 지방정부가 따르도록 강제할 수 있는 능력을 현저하게 상실하였고 반면에 지방은 국가 정책형성에 있어 강력한 압력단체로 등장하게 되었다. 그렇지만, 아직까지는 지방정부가 중앙정부에 대해 공공연하게 반발한 경우는 거의 없었다. 그러나 중앙정부의 권위가 계속해서 약화된다면, 지방정부가 조용히 책임을 회피하는 자세로 임하던 과거와는 달리 중앙정부에 반발하는 경우가 자주 나타날 수도 있을 것이다.

중국의 많은 변방지역에서는 자치 강화와 심지어는 공식적 독립을 점점 강력하게 요구하고 있다. 달라이 라마는 중국의 중앙정부가 정치·경제·문화 문제에 대한 티벳의 자치를 인정하지 않음에도 불구하고 계속해서 티벳의 독립을 요구하여 왔다. 신장성의 독립요구는 이미 오래 전부터 제기되었는데, 만약 투르키스탄과 같은 소련의 이슬람권 공화국들이 소련의 중앙정부로부터 보다 많은 자율성을 획득한다면, 신장성의 독립을 요구하는 목소리는 더욱 커질 것이다. 몽고인민공화국에서 민주주의, 경제개혁, 민족주의가 갑자기 분출함에 따라 중국의 내몽고지역에서도 이와 비슷한 요구들이 제기되고 있다. 이러한 민족주의 운동들이 아직까지는 중앙정부에 대한 심각한 도전을 불러일으키지는 못하고 있지만, 중국의 군사분석가들은 이미 이를 국가안보를 해치는 가장 주요한 위협 중의 하나로 간주하고 있다.

중국이 덩 샤오핑 이후 시대로 전환되어감에 따라 중국이 분열될 것이라는 전망도 커져가고 있다. 베이찡에서 벌어지는 장기간의 무제한적 권력투쟁, 공산당의 붕괴, 강력한 리더십의 부재, 또는 권력기반이 약하고 정당성이 취약한 지도자의 선출 등과 같은 사태가 전개된다면, 지방정부가 보다 많은 자율성을 강력하게 요구할 것이다. 마치 1910년대와 1920년대에 청 왕조가 무너지자 군벌들이 할거했던 것과 마찬가지로, 공산당의 몰락으로 인해 1990년대에 자율적인 지방정부들이 등장하는 상황을 생각해 볼 수 있을 것이다. 어떤 지역들은, 특히 중국의 변방지역에서는, 중앙정부로부터 독립을 선언할 것이다. 중국의 내륙에 있는 다른 지역들도 명목적으로는 권력기반이 약화된 중앙정부를 인정하지만 실제적으로는 중앙정부가 내린 결정을 별로 의식하지 않은 채 행동할 것이다.

앞으로 중국에서 이러한 상황들이 어떻게 전개될 것인가에 대한 상세한 지식이 없는 상태에서 이러한 상황 전개가 미·중 관계의 미래에 미칠 영향을 고찰한다는 것은 매우 어려운 일이다. 그러나 최소한 단일한 미·중 관계가 아닐 것이라는 사실만은 내포되어 있다. 미국은 베이찡에 있는 중앙정부와 외교적 유대관계를 계속 유지할 것이다. 현재 소련과의 관계에서와 마찬가지로, 미국은 특히 중국의 중앙정부가 핵무기에 대한 통제를 계속 유지하는 것을 보장하는 데 신경을 많이 쓸 것이다. 그러나 미국은 이와 함께 중국의 지방정부와 각 지역들이 공식적인 독립을 획득하거나 사실상의 자치를 획득함에 따라 이들과의 공식적인 관계를 폭넓게 형성할 것이다.

이러한 관계들은 크게 두 가지 범주로 구분할 수 있다. 미국은 정치·경제적 개혁을 수행하고자 하고 미국과 광범위한 유대관계를 형성하고자 하는 중국의 지방정부들과 가장 우호적이고 폭넓은 관계를 수립하고자 할 것이다. 이러한 지역들에는 광동으로부터 상하이에 이르는 중국의 남동부 연안지역들이 해당되는데, 현재 중국에 대한 미국의 투자가 대부분 이 지역에 집중되어 있다. 이와는 대조적으로, 중국의 다른 지역들과 미국간의 관계는 이보다는 냉랭하고, 그리 광범위하게 형성되지는 않을 것이다. 이러한 지역들에는 미국과의 접촉이 준비되어 있지 않거나 혹은 정치·경제적 개혁을 과감하게 추진하지 못하는 중국의 내륙지역들이 해당된다. 또한 미국 이외의 국가들과 경제적으로 유대관계를 맺고자 하는 지역들도 이에 해당된다. 가령 북동부 지역은 한국·일본과 접촉하고자 하고 북서부 지역은 러시아와 접촉하고자 하는데, 이러한 지역들은 다른 국가들과 연계관계를 가지고 있기 때문에 미국과 폭넓은 관계를 수립하지는 못할 것이다.

그렇다면, 미국은 중국이 분열된 후 각 지역들 중에서 어떤 지역과 적대적인 관계가 될 가능성이 있는가? 만약 그 지역 내에서 인권침해가 심각하게 자행되거나 미국과의 경제적·외교적 관계를 맺는 것에 그 지역

정부가 개입하여 이를 금한다면, 확실히 심각한 긴장관계가 형성될 것이다. 1990년대 유고슬라비아와 1920년대 중국에서 발생한 것처럼, 중국의 붕괴는 각 지역간의 공공연한 내전으로 치달을 수도 있다. 만약 그러한 사태가 발생한다면, 미국은 그 동안 미국과 가장 친밀한 관계를 수립하여 왔던 중국의 연안지역에 외교적·물질적 지원을 제공할 것이다. 그러나, 미국이 중국의 지역 정부와 군사적 대립을 벌인다거나 또는 중국에서 벌어진 내전에 군사적 개입을 수행한다는 것은 거의 불가능한 일로 보인다.

3. 중국의 개혁에 대한 새로운 제휴관계 형성

미·중 관계의 미래에 관한 시나리오 가운데에서 보다 가능성이 있는 것은 1980년대 중반에 나타난 양국간의 경제적 제휴관계가 부활될 것이라는 시나리오이다. 이러한 관계가 형성되기 위한 전제조건은 중국이 경제개혁과 정치적 자유화를 재개하는 것인데, 이는 중국 정부가 티엔안먼 사태에 대해 보다 긍정적으로 재평가하는 문제와 결부되어 있다. 이러한 전제조건들이 이루어진다면, 티엔안먼 사태 이후 중국에 가해진 미국의 제재조치들이 철회될 것이다. 이에 따라 미국 정부는 중국에 대한 첨단기술 수출통제를 완화하고 적절한 경제적·기술적 지원 프로그램을 확대함으로써 중국의 국내개발 프로그램들에 대한 심정적·물질적 지원을 확대할 것이다. 미국 기업계에서는 중국에 대한 투자를 증대할 것이고 무역도 성장할 것이며 양국간의 학술 및 문화교류도 활발해질 것이다. 중국측에서도 역시 미국의 자본과 기술뿐만 아니라 서구의 가치체계들과 제도들에 대해 새로운 관심을 보이게 될 것이다. 그리고, 미국과 중국이 비록 전략적 제휴관계를 형성할 수는 없다고 하더라도 여러 세계적·지역적 쟁점들에 대해 보다 긴밀한 협력관계를 가질 수 있을 것이다.

　많은 미국인들은 1989년 티엔안먼 사태 이래로 이러한 시나리오와 같은 미래상을 원해 왔다. 이들은 티엔안먼 광장에서의 시위에 대한 탄압을 중국의 원로 독재자들이 정치 자유화와 경제개혁이라는 피할 수 없는 흐름을 막기 위해 자행한 부질없는 노력이라고 본다. 덩 샤오핑과 같은 원로 지도자들이 살아남아 있는 한, 이들은 군에 대한 통제권을 유지할 것이고, 당·정 관료들도 이에 순응할 것이며, 정부비판세력들은 탄압받을 것이다. 그러나 80대 고령의 원로 지도자들이 사망하여 전면에서 사라지기 시작하면, 중국 정국의 안정은 급속하게 흔들릴 것이다. 단기간 내에 나머지 보수파들이 축출되고 보다 젊고 자유주의적인 지도자들이 권력을 장악할 것이며 중국은 급진적인 개혁 프로그램들을 1980년대에 시도되었던 개혁조치들보다 의욕적으로 그리고 성공적으로 수행할 것이다. 이러한 기초 위에서 양국관계를 둘러싼 티엔안먼 사태라는 장막은 걷혀지고 양국은 친밀하고 광범위한 관계를 재개할 것이다.

　이러한 설명의 각 요소들은 매우 그럴 듯해 보인다. 티엔안먼 사태 이래로 시행된 중국의 경제정책을 보면, 중국 경제가 대외무역 촉진과 해외투자 유치에 관심이 없는 중앙통제 계획경제로 복귀하고 집단적 농업과 국영산업에 의해 지배된다는 것은 거의 상상할 수 없다는 점을 알 수 있다. 이제 중국 경제는 너무도 복잡해져서 더 이상 중앙행정조치들을 통해 완전히 통제하기에는 불가능하다. 대부분의 중국 농촌지역에서도 집단적 농업으로 복귀하는 것을 더 이상 환영하지 않을 것이며, 중앙 정부는 이미 이러한 체제를 대중들에게 강제할 수 있는 정치적 자원들을 상실하였다. 노동력 증가와 더불어 가중되고 있는 실업과 불완전고용의 위험성도 또한 심각해서 정부가 민영기업과 집단기업 창설에 엄격한 제한을 가하기는 어려운 실정이다. 만약 중국이 보다 자급자족적인 정책을 시행한다면, 이는 해외시장을 목표로 생산하고 있는 산업들과 지역들에게 엄청난 곤란을 줄 것이고, 따라서 전체 중국 경제를 아시아에서 영원히 낙후된 경제로 떨어뜨릴지도 모른다.

　더구나, 경제개혁을 확대시킬 것을 강력하게 요구하는 압력들이 존재하고 있다. 기왕에 중국에서 시장가격과 정부책정가격 간의 격차가 계속 부정부패를 만들어내는 원인으로 작용하여 왔다. 중국 경제의 복합성을 고려할 때, 시장가격과 정부책정가격 간의 격차를 없앨 수 있는 유일한 합리적 방안은 몇몇 중요한 물품들의 가격을 계속 규제하는 한편 나머지 모든 가격들은 자유화하는 것이다. 국영기업들에게 엄격한 독립채산제와 회계책임제를 실행하지 못하여 엄청난 정부재정적자를 초래하였고, 이로 인해 끊임없이 인플레이션의 위험에 처하게 되었다. 기업들에 대한 재정적 제한을 강화하기 위해서는 개인기업가들에게 팔거나, 기업 관리운영자들에게 빌려주거나, 또는 주식 지분을 개인주주와 기관주주들에게 배분함으로써 소유권을 근본적으로 변화시키는 것을 필요로 한다. 고도로 정치화되어 있는 은행의 여신체제도 역시 연줄이 있는 사업이나 기업들에게는 쉽게 대출해 줌으로써 인플레이션을 조장하고 있는데, 이 문제는 중국 재정체제의 완전한 개혁에 의해서만 해결되어질 수 있는 문제이다. 경제적 재구조화가 더 이상 진척되지 않고 있음에도 불구하고, 사적 분야와 집단적 분야가 활성화됨에 따라 전체 경제에 대한 중앙계획체제와 국영기업의 지배가 점차 잠식당하게 될 것이다.

중국의 현 지도부의 일부 원로들이 이러한 경제적 개혁조치에 대해서 반대하고 있지만, 대부분의 중국 관료들은 이보다는 훨씬 계몽되어 있다. 1980년대 행정개혁을 통해 마오시대의 정치색이 강한 비전문 관료들이 전문기술 관료집단으로 대체되었다. 보다 젊고, 교육을 많이 받았으며, 이곳저곳 여행한 경험이 풍부하고, 세계 각처에서 진행되고 있는 사건들에 대해 잘 알고 있는 새로운 세대의 관료들은 정치적 조건이 허락하기만 한다면 경제개혁을 강력하게 추진하고자 한다. 중국 연안지방들, 새로운 개인기업가 계급, 대부분의 도시지식인 계층들은 보다 급진적인 개혁을 지지하는 강력한 후원세력들이다. 대부분의 군대도 역시 번영하는 조국과 선진적인 기술·산업 기초를 창출할 수 있는 경제개혁 프로그램을 선호할 것으로 보인다.

한편, 새로운 세대의 지도자들은 사회적 화해 분위기를 조성하고, 문화대혁명에 의해 형성되어 티엔안먼 사태에 의해 악화된 신뢰성 실추 위기를 극복하기 위해 정치개혁 재개를 선택할지도 모른다. 이러한 계획에는 최소한 티엔안먼 사태에 대한 우호적인 재평가, 독단적인 정책결정과정의 탈피, 법적 체계 정비, 행정기구 개혁 등이 포함될 것이다. 그리고 1970년대 타이완에서와 마찬가지로, 중국 본토에서도 다원주의가 확대될 것 같은 징후들이 점차 나타나고 있다. 예를 들자면, 독립적인 사회·경제적 조직체들의 등장, 보다 자율적인 신문, 복수후보가 경합하는 선거, 공산당에 대한 저항의 가능성 등이 바로 그것이다. 사실 1991년 소련에서 일어난 경우와 유사하게, 중국에서 개혁의 재개가 현 정부기구를 통해 진행되면서 중국 공산당의 붕괴를 초래하고 비공산당측의 집권하에서 수행될 수도 있다.

중국에서 정치·경제적 개혁이 실행된다면, 이는 미·중 관계를 극적으로 개선시키는 계기가 될 것이다. 중국 경제의 보다 광범위한 재구조화가 진행되면 미국은 무역과 투자의 기회를 보다 많이 보장받게 될 것이다. 중국에서 6월 4일 사건에 대한 판결이 번복되고 정치자유화가 진척된다면, 중국의 인권문제에 대한 미국의 비판이 감소하고 학술·문화교류를 진작시킬 수 있는 계기가 만들어질 것이다. 중국 본토에서 개혁이 재개되면서, 홍콩이 원만하게 중국에 반환될 가능성과 중국과 타이완이 화해할 가능성도 현저하게 제고될 것으로 보인다. 중국에서 보다 실용주의적인 정권이 들어선다면, 미국과 주요한 지역적·전세계적 안보 쟁점들에 대해 공통 이해를 가지게 될 가능성이 커지고 닥쳐올 국제적인 경제·군사·환경·사회 문제들을 다루는 데 있어서 공조관계를 형성할 수 있는 가능성이 확대될 것이다.

이러한 낙관적인 시나리오가 현실에서 일어날 가능성이 높지 않다고 말하는 이유는 무엇인가? 그 이유 중의 하나는 미국과 중국 간에 적극적인 제휴관계를 재건하기 위한 주요 전제조건으로 제시되고 있는 동시적인 정치·경제개혁 재개만이 덩 샤오핑 사후 중국이 취할 수 있는 유일한 길이 아니라는 점이다. 앞에서 이미 기술하였듯이, 중국의 중앙정부가 정치·경제적 재건을 위한 프로그램 조정을 지도할 능력을 잃어감에 따라 중국이 지리적으로 분열될 가능성이 존재한다. 이와는 달리, 개혁 정책을 통해 소련과 동유럽에서는 경제적 혼란과 정치적 소요가 초래되었던 반면에 중국에서는 일정 정도의 경제성장을 달성했음에도 불구하고, 덩 샤오핑 사후에 이러한 정치·경제개혁의 속도가 둔화될 가능성이 있다. 또는, 미래의 중국 지도자들이 경제개혁은 가속화하는 반면 정치적 자유화는 보다 신중하게 추진하는 길을 선택할 수도 있다. 따라서, 정치·경제영역에서 급진적 개혁을 부활시키는 것은 덩 샤오핑 이후 일어날 수 있는 여러 가능성 중의 하나이지 유일한 대안은 아니다.

더구나, 설사 그러한 상황이 벌어지더라도, 정치·경제개혁의 재개가 반드시 1980년대 중반에 잠시 존재하였던 것과 비교할 수 있는 미국과 중국 간의 밀월관계를 다시 재현할 수 있게 만드는 것은 아니다. 예를 들자면, 양국간의 경제적·문화적 유대관계가 재건될 수 있는가는 중국이 다른 국제적 사안들과 비교하여 이 문제가 차지하는 중요성을 어떻게 인식하고 있는가에 따라 영향을 받는다. 벌써부터 중국에 집중되었던 미국 기업들과 미국 재단들의 관심은 소련과 동유럽으로 돌려지고 있다. 또한 미국과 베트남 간의 국교정상화는 미국이 베트남에 경제적·문화적으로 이해와 관심을 두기 시작했음을 의미한다. 다시 말하자면, 중국에서 개혁이 다시 시작되더라도 중국은 미국의 자본투자와 지원을 얻기 위해서 개혁을 추진하고 있는 다른 구사회주의권 국가들과 경쟁해야 하는 것이다.

미국이 중국에게 부여할 수 있는 자원들은 미국의 경제상태에 따라 결정될 것이고, 특히 미국 경제외교정책의 성격에 따라 결정될 것이다. 만약 미국 경제가 저축증가·생산성 증대·무역적자와 재정적자 감소 등을 통해 다시 활성화된다면, 미국은 중국의 개혁과 발전을 위해 보다 많이 지원할 수 있을 것이다. 미국 경제의 재활성화는 또한 중국의 대미 수출시장을 확대시키고 미국의 보호주의 압력을 감소시킬 것이다. 미국의 연방 적자가 보다 균형점을 찾는다면, 그리고 '평화 배당금'을 다른 목적을 위해 사용할 수 있게 된다면, 미국 정부는 중국과 같은 국가들에 대한 원조 프로그램에 보다 많은 기금을 투여할 수 있게 된다. 미국 경제가 번영하면서 보다 많은 투자자본, 자선단체에 대한 기부, 재단 기증금을 확보할 수 있고, 이를 통해 중국에 대한 미국의 원조와 투자를 보다 많이 확보할 수 있는 기초가 형성될 수 있을 것이다.

역으로, 미국 경제가 구조적인 문제들을 극복하지 못한다면, 미국과 중국 간의 경제관계는 마찰을 일으킬 것이 틀림없다. 미국 경제의 성장 둔화는 중국의 대미 수출시장을 축소시키고 중국상품 수입을 감소시킬 것이다. 그리고, 이로 인해 중국에 대한 차관이나 투자를 위한 재정적인 기반을 확보하기가 어렵게 되고 미국 정부는 보다 강력한 보호주의 조치들을 취하게 될 것이다. 또한, 미국은 중국의 대미 수출에 대해 보다 엄격하게 규제할 뿐만 아니라 첨단기술이 잠재적 무역경쟁국으로 이전되는 것을 막기 위해 미국 기업들이 노력함에 따라 중국에 대한 기술이전에 대해 보다 강력하게 규제할 것이다. 바꾸어 말하자면, 중국에서 개혁이 재개된다고 하더라도, 미·중 관계가 얼마만큼 회복될 것인가는 미국 경제가 얼마나 활성화될 것인가에 달려 있다고 해도 과언이 아니다.

역설적으로, 중국에서 경제개혁을 성공적으로 수행한다고 해도 최근 미국과 중국 사이의 무역문제들이 해결되는 것이 아니라 오히려 악화될 수가 있다. 덩 샤오핑 이후 중국에서의 경제 재구조화는 미국인에게 친숙한 자유방임주의나 자유무역주의 원칙을 채택하여 이루어지는 것이 아니라 오히려 강력한 신중상주의적 색채를 띨 것으로 보인다. 대부분의 동아시아 국가들과 마찬가지로 중국은 수출지향적 발전전략을 채택할 것으로 보이는데, 실제 가격보다 낮게 평가된 통화, 수출 보조금, 해외수입에 대한 여러 보호조치들 등과 같은 정부 정책수단을 시행함으로써 이를 추진할 것이다. 이와 동시에, 중국 내에서 시장지향적인 정책과 기업개혁을 실행함으로써 수출산업을 보다 효율적이고 유연하게 만들고 미국 시장에서 경쟁력을 제고시킬 것이다. 따라서, 중국의 강력한 경제개혁 실시는 결국 중국의 대미 무역흑자를 감소시키는 것이 아니라 오히려 증대시키는 결과를 초래할지도 모른다. 비록 중국이 더 이상 리비아나 남 아프리카공화국과 같은 정치적 후진국가로 간주될 수는 없지만, 당연히 일본이나 타이완 다음가는 경제적 경쟁국으로 인식될 수 있을 것이다. 따라서, 미국이 자국의 시장을 보호하고 상대방의 시장개방을 요구하는 대상으로 중국을 꼽게 될 수도 있을 것이다. 이러한 시나리오에서 미·중 관계는 상당히 악화될 것이다.

끝으로, 중국에서 개혁이 재개된다고 하더라도, 이러한 개혁정책이 원만하게 그리고 성공적으로 진행되지 않을 수도 있다. 부분적으로, 1989년 중국의 국내적 위기는 중앙정부의 지도부가 전략적으로 실수를 범했기 때문에 발생한 것이었다. 즉, 중국의 지도부는 부정부패와 불평등에 민감하지 못했고, 인플레이션을 통제하는 데 무능력했으며, 정치적 저항을 사전봉쇄할 수 있는 정치개혁을 수행할 의사가 없었고, 정치적 항거가 시작된 이후에 불만을 가진 시민들과 성의 있게 대화하기를 거부하였던 것이다. 한편, 이러한 위기는 공산주의 국가가 아직 완전히 해결하지 못한 개혁상의 딜레마를 반영한다. 어떻게 하면 인플레이션을 유발하지 않으면서 가격제도가 개혁될 수 있는가? 어떻게 하면 불평등을 초래하지 않으면서 물질적 유인물을 증대시킬 수 있는가? 어떻게 하면 부정부패를 조장하지 않으면서 시장력을 강화시킬 수 있는가? 어떻게 하면 실업을 증가시키지 않고 비효율적인 국영산업들을 합리화할 수 있을 것인가? 어떻게 하면 정치적 불안정을 초래하지 않으면서 정치제도들을 민주화할 수 있는가?

확실히, 중국에서 보다 급진적인 개혁이 재개된다면 1980년대 온건한 형태의 개혁보다는 성공할 가능성이 클 것이다. 우선 새로운 세대의 중국 지도자들은 구세대 지도자들보다는 더욱 실용주의적일 것이다. 그리고, 그들은 덩 샤오핑과 자오 즈양에 의해서 추진된 도시개혁에 내포된 오류들을 보다 확실하게 인식하고 있을 것이다. 그들은 풍부한 지식을 가진 경제학자들의 조언을 구할 수도 있는데, 이러한 경제학자들은 대부분 해외에서 교육을 받았으며 보다 효과적인 경제개혁전략을 모색하여 왔다. 그리고, 중국은 개혁을 가속화할 때 더 이상 방향 감각을 잃고 헤맬 것으로 보이지는 않는다. 중국의 지도자들은 정치·경제 재구조화를 추진하기 위한 대안전략을 실험하고자 할 때, 이전의 동유럽 공산주의 국가들과 소련의 경우로부터 얻은 교훈들에 의지할 수 있기 때문이다.

그럼에도 불구하고, 중국의 두 번째 개혁 시도는 여전히 1980년대에 개혁정책을 추진할 때 부딪친 것과 비슷한 장애물들에 직면하게 될 것이다. 사실, 중국이 처한 많은 문제점들은 티엔안먼 사태 이후 장기간에 걸친 정책부재와 진퇴양난의 곤경으로 인해서 가중되고 있다. 정부의 신뢰성 위기가 증폭되고 있고, 지방정부에 대한 중앙정부의 통제가 약화되고 있으며, 정부예산 적자가 극에 달하고 있고, 환경오염과 인구문제가 악화되고 있는 실정이다. 새로운 개혁지향적 정부가 덩 샤오핑이 1970년대 말 중국의 두 번째 혁명을 처음으로 시작하였을 때보다 오류를 범할 여지는 적다고도 볼 수 있다.

따라서, 두 번째 개혁 시도 역시 어려운 난관에 봉착할 수 있을 것이다. 국내 경제활동과 해외무역을 보다 강력하게 통제하고 정치적 저항세력을 탄압함으로써 1989~1991년 시기 이후 경험하였던 것처럼 긴축하고 퇴보하는 것이 하나의 가능성으로 남아 있을 수 있다. 이와는 달리, 덩 샤오핑 이후 정부가 경제적으로는 개혁을 추진하면서 이와 동시에 경제개혁이 초래할 수 있는 사회경제적 불만을 강력하게 억압함으로써 정치적 자유화를 희생시킬 수도 있다. 중국의 개혁재개가 1980년대 개혁정책이 그러했던 것처럼 미국에서 중국에 대한 과도한 낙관적 기대를 불러일으킨다면, 새로운 미·중 관계의 위기국면이 시작될 수 있을 것이다. 그렇게 된다면, 이러한 세 번째 시나리오는 가장 낙관적으로 보임에도 불구하고 가장 비관적인 네 번째 시나리오로 바뀌게 될 것이다.

4. 제2의 대립관계 형성

앞으로 미국이 중국의 분열 이후 각 지방들과 차별적인 관계를 가지거나 또는 통합된 중국과 새로운 전략적 제휴관계를 맺는 것보다는 서로 갈등하는 미·중 관계가 형성될 가능성이 높다. 적어도 단기적으로 보면, 불행히도 이러한 전망은 중국의 개혁재개를 위해 미국이 중국과 제휴할 것이라는 시나리오보다도 실현가능성이 높다. 새로운 미·중 간의 갈등관계가 비록 양국이 1950년대에 경험하였던 것과 같이 공공연하게 적대시하던 갈등관계로까지 치닫지는 않더라도, 문화적 유대관계의 단절, 경제관계의 약화, 외교노선의 대립으로 재개될 가능성이 있다.

미·중 간의 대립관계는 다음과 같은 양국관계의 전개와 맞물려 나타날 것이다. 단기적인 안목에서 보면, 가장 중요한 위험은 중국의 대내·대외정책 변화가 미국이 계획하던 방향으로 이루어지지 않는 것에 대해 미국이 불만을 터뜨리는 경우이다. 앞에서 언급한 바와 같이, 1991년 중반 부시 행정부는 중국에 대한 전략을 발표하였는데, 이 전략은 미국이 인정할 수 없는 중국의 정책에 대하여 여러 유인조치와 불이익조치를 다양하게 적용할 것이라고 천명하였다. 이 신전략 덕분으로 부시 행정부는 잠시 숨돌릴 틈을 얻게 되었고 의회가 중국의 최혜국 지위를 철회하거나 아니면 제한하는 결정을 내리는 것을 유보시킬 수 있었다.

그러나 미국의 이러한 대유화적인 중국정책 기조는 오래지 않아 탈색되어 갔다. 중국 정부가 해외무기판매, 인권, 대미 무역관행 등에 대한 자국의 정책을 수정할 의사가 없다는 것이 판명되었기 때문이다. 물론 중국 정부도 미·중 관계를 악화시키는 몇몇 쟁점들을 해결하려고 노력하였지만, 미국이 정한 수입할당량을 벗어나기 위해 애쓰는 국내 직물산업이나 해외 무기수출에 열을 올리고 있는 기존의 군부나 또는 죄수들이 만든 생산품을 수출함으로써 외화를 벌어들이고 있는 공안당국 등을 설득할 수가 없었다. 중국이 내부에서의 유혈 정치탄압이나 무책임한 해

외 무기판매와 같은 문제들은 고사하고 미국과의 쌍무적 관계에서 나타
나는 문제들을 해결하는 데 실패한다면, 미 의회와 미국 국민들은 중국
의 최혜국지위 박탈을 강력하게 촉구하게 될 것이고 백악관도 이를 거부
할 수 없게 되는 지경에 도달할 수 있다.

이러한 상황이 전개되는 시점에서 미·중 관계가 대립으로 치달을 것
인가는 중국 정부의 대응에 달려 있다. 중국의 온건한 지도자들이 최혜
국지위 박탈에 대한 보복제재를 가하지 않고 중국의 최혜국지위 박탈을
용납함으로써 미·중 관계에 미치는 피해를 줄이려고 노력할 가능성이
있다. 그러나 중국의 지도자들은 미국의 중국에 대한 최혜국지위 박탈
조치에 대해 대미 무역관계를 제한하고, 학술적·경제적·외교적·정치
적 교류를 삭감하며, 국제적 쟁점들에 대해 비협조적 태도를 보이는 것
과 같은 방식으로 대응할 것으로 보인다. 그들은 또한 최혜국지위 박탈
로 인해 발생하는 국내적 정당성 침해와 경제적 악영향에 대응하기 위해
국내통제를 보다 강력하게 수행할 가능성이 높다. 이러한 정치탄압은 중
국 내 인권상황에 대한 미국의 비판을 보다 강화시킬 것이다.

장기적 안목에서 보자면, 다른 돌발 사태들이 미·중 관계의 악화를
초래할 수 있는데, 특히 덩 샤오핑 사후에 그런 상황이 벌어질 가능성이
크다. 하나의 가능성은 덩 샤오핑 사후 억압적인 정부가 나타나 지속적
으로 심각한 인권침해를 자행하는 경우이다. 물론 현재 중국에서 전체주
의적 정치질서가 등장할 가능성은 별로 많지 않다. 국가로서의 중국은
이미 사회영역을 철저하고도 광범위하게 통제하기에는 너무 취약해져 있
고, 인민들은 공산주의 원리원칙을 그대로 따르고자 하지 않는다. 그러
나 공산당이나 또는 군부에 의해 조작되는 비공산 정권이 중국에서 "강
성" 권위주의 체제를 유지할 가능성을 배제할 수 없는데, 이러한 강경한
권위주의 정권은 경제 현대화를 계속 추진하는 한편 잠재적인 정치적 저
항세력을 강력하게 탄압하고자 할 것이다. 4) 사실, 몇몇 중국의 지식인

---

4) 강성 권위주의(hard authoritarianism)와 연성 권위주의(soft authoritarianism)
간의 구별에 대해서는 다음을 참조. Edwin A. Winckler, "Institutionalization

들은 이미 중국에서 그들이 신권위주의적 체제라고 부르는 체제수립을 촉구한 적이 있는데, 이러한 체제는 1960년대 한국과 타이완 사례를 성공적인 모델케이스로 하여 정치적으로는 엄격한 통제를 가하는 반면에 경제발전을 모색하는 것이다.

이러한 중국의 상황전개가 미·중 관계에 어떠한 영향을 미칠 것인가는 미국이 어떻게 인식할 것인가에 따라 다르게 나타날 수 있다. 아마도 미국은 그때까지 인권문제에 큰 비중을 두지 않는 매우 실용적인 외교정책을 채택할지도 모른다. 더구나, 현재 소련과 동유럽에서 민주화로 나아가던 노선이 전복된다면, 그리고 이들 사회가 정치적 탄압을 받거나 정치적 몰락의 곤경에 처하게 된다면, 중국에서 강성 권위주의 체제가 유지된다고 하더라도 그렇게 심한 비난을 제기하지 않을 수도 있다. 그러나 미국은 국제적으로 민주화와 인권이 신장되는 방향으로 정책을 추구할 가능성이 크다. 그럴 경우에 미국은 중국에서 또다시 대중 저항에 대한 탄압이 재개되거나 지식인들에 대한 통제가 강화되는 것을 용납하지 않을 것이다. 다른 지역에서 정치·경제적 자유화가 성공적으로 진행되는 반면 중국에서만 정치·경제적 자유화를 늦추거나 퇴보시키는 상황이 벌어진다면, 중국의 인권침해 문제는 보다 심각한 비난의 대상이 될 것이다. 이러한 상황이 전개된다면, 미국 정부는 중국의 최혜국지위 박탈을 포함하여 중국에 대한 보다 강력한 경제적·외교적 제재를 요구하는 정치적 압력을 받게 될 것이다.

한편, 중국 외교정책의 새로운 변화로 인해 미·중 관계가 악화될 가능성도 존재한다. 장기간에 걸쳐, 중국은 마오 사후에 나타났던 것보다

---

and Participation on Taiwan: From Hard to Soft Authoritarianism?," *China Quarterly*, no. 99(September 1984), pp. 481~499; Robert A. Scalapino "The United States and the Security of Asia," in Robert A. Scalapino, Seizaburo Sato, Jusuf Wanandi, eds., *Internal and External Security Issues in Asia*, Research Papers and Policy Studies, no. 16 (Berkeley: University of California, Institute of East Asian Studies, 1986), p. 76.

훨씬 더 자기주장만을 내세우고 분열을 조장하는 국제행위를 취할 수도
있을 것이다. 물론, 덩 샤오핑 사후 중국에서 보다 억압적인 정부가 들
어선다고 하더라도, 이 정부는 우선 국내문제 해결에 전념할 것이고, 따
라서 미국과 대립하는 외교정책노선을 취할 것 같지는 않다. 그러나, 퇴
행적인 중국 체제가 자국의 이해와 미국·서구의 이해가 서로 상충된다
고 규정하면서 보다 공격적인 외교정책을 채택할 가능성도 부인할 수 없
다. 이러한 강경 노선의 중국 정부는 1960년대와 마찬가지로 동남아시아
와 제3세계에서 급진적인 반란세력을 배후에서 지원하고자 할 것이다.
아니면 1970년대에 시도한 바와 같이, 국제 경제적 사안들, 지역분쟁,
인권 등에 대한 미국의 입장에 반대하기 위해 제3세계 국가들간의 동맹
을 추진할 수도 있을 것이다.

또한 위에서 언급한 경우와 다른 상황전개로 인해, 비록 중국의 전반
적인 대외정책노선을 재규정할 필요가 없다고 하더라도, 미·중 간에 적
대적인 관계가 형성될 수도 있다. 종족분규, 영토분쟁, 또는 중국과 주
변국가들간의 군비경쟁 등이 전개되고 중국이 이러한 문제를 군사력을
이용하여 해결하려고 한다면, 이는 무력갈등으로 비화될 것이다. 북한의
핵개발 프로그램을 제재하기 위해 미국이 무력을 사용하는 경우도 중국
과의 대립관계를 불러일으킬 것이다. 중국은 과거 북한 정부의 붕괴를
막기 위해서, 베트남의 인도차이나 반도 장악을 막기 위해서, 인도와의
국경분쟁을 해결하기 위해서, 남지나해 영토를 확보하기 위해서 군사력
을 동원한 것과 마찬가지로 이와 유사한 경우가 발생한다면 기꺼이 무력
을 사용할 것이다. 중국은 또한 중국 내 분리주의 운동을 진압하기 위해
서 투르키스탄이나 몽고와 같은 주변국가에 대해 간섭할 것이다. 이러한
중국의 움직임에 대해 미국이 군사력을 동원하여 대응할 수는 없다고 하
더라도, 이러한 상황은 미·중 간에 강도 높은 외교적 대립상태를 촉발
시킬 것이다.

끝으로, 홍콩과 타이완의 사태전개가 미·중 관계의 위기를 촉발시킬
수 있다. 앞에서 언급한 바와 같이, 타이완에서 보다 민주적인 정치체제

가 수립된다면, 중국 본토로부터의 공식적인 독립선포를 주장하는 여론이 확대될 것이다. 더구나, 소련의 붕괴로 인해 발틱해 연안 공화국들이 독립한 것은 타이완의 적극적인 독립론자들이 중국 본토에서 분리된 타이완 공화국을 국제적으로 승인받도록 강력하게 요구하는 계기로 작용할수가 있다. 이와는 달리, 타이완의 민주화 과정은 극도의 사회적 동요와 정치적 불안정과 더불어 심각한 장애물에 부딪힐 수도 있다. 이러한 상황전개 중 그 어느 것에 대해서도 중국은 중국 본토로부터 타이완이 영구히 분리, 독립하는 것을 막기 위해 강제력을 동원하는 행동을 취할 것이다.

이러한 중국의 결정은 미·중 관계에 직접적이고 즉각적인 영향을 미칠 것이 거의 확실하다. 중국은 타이완에 대해 압력을 가할 수 있는 방법으로 미국이 타이완에 대한 무기판매를 줄일 것, 방위와 관련된 기술이전을 자제할 것, 타이완의 국제기구 가입에 반대할 것 등을 요구할 수있는데, 이는 모두 타이완의 독립을 막기 위해서이다. 1970년대에서 나타났던 바와 같이, 중국은 타이완과 거래하는 미국 기업에 대해 경제제재를 가할 수도 있다. 그리고 타이완 상품수출을 삭감하거나 또는 중국 본토에 투여된 타이완의 투자를 강제적으로 몰수함으로써 타이완에 대해 직접적인 경제압력을 행사할 수도 있다. 심지어는 타이완에 대한 해상봉쇄를 단행하거나 또는 연안 섬들을 공격하거나 혹은 타이완에 대한 직접적인 공중공격과 해상공격을 가함으로써 타이완에 대한 무력사용을 감행할 수도 있다. 중국이 타이완에 대해 이러한 경제적·군사적 압력을 가한다면, 미국은 1979년 타이완관계법에 근거하여 타이완의 안전보장을 위해 지원하게 될 것이다.

미국이 타이완에 대한 중국의 압력을 묵과한다는 것은 상상하기 어렵다. 미국의 여론은 항상 타이완의 안전보장에 대한 지원을 선호하였으며, 발틱해 연안 소련 공화국들의 독립투쟁은 이러한 미국 내 여론 감정을 더욱 고양시켰다. 소련이 붕괴되면서, 중국이 무력을 사용하여 타이완을 통제하려는 그 어떤 시도도 미국의 동정을 받기 힘들어졌다. 더구나, (소련의 붕괴로) 중국의 전략적 가치가 하락하고 (중국의 국내적 탄압으로 인해) 중국에 대한 평판이 좋지 않게 되자 미국 내에서 강제적 수단을 통해 타이완 문제를 해결하려는 중국의 그 어떤 시도에 대해서도 강력하게 반발하려는 분위기가 강화되고 있다. 이러한 분위기에서, 미·중 간의 직접적인 군사대립은 피할 수 있을지 모르겠지만, 양국간의 정치관계는 어쩔 수 없이 악화될 것이다. 미국은 중국의 최혜국 지위를 박탈할 것이고 이는 양국간의 경제관계 악화를 초래할 것이기 때문이다.

1997년 홍콩이 중국에 반환됨에 따라 앞으로 점차 홍콩 문제가 논쟁적인 쟁점으로 부각될 것이다. 1984년 중국과 영국 간의 협상이 종결된 이래로 중국의 (홍콩에 대한) 주권과 홍콩의 (중국에 대한) 자율성 간의 미묘한 균형이 전자의 입장을 중시하는 쪽으로 변해가고 있다. 1997년 이후 홍콩을 통치할 기본법을 기초하면서, 중국은 홍콩의 영토에 대한 공적 권위를 행사할 수 있도록 법망을 빠져나갈 수 있는 여지를 만들어 두었다. 중국은 홍콩의 반환을 전후하여 홍콩에서 민주적인 제도를 발전시키는 것을 일관되게 반대하여 왔는데, 이는 정치 자유화로 인해 홍콩에서 불안정이 초래되고 중국의 통제가 쉽사리 수용되지 않는 것을 우려했기 때문이다. 그리고 1991년에는 홍콩에서 신공항 건설을 위한 논쟁을 일으킴으로써 홍콩에서 중요 사안에 대한 결정이 중국의 동의 없이는 이루어질 수 없다는 원칙을 수립하고자 하였다. 이러한 상황들을 종합하여 고려해 보건대, 1997년을 전후하여 중국은 홍콩에서 공공정책에 대한 포괄적인 지도를 행사할 뿐만 아니라 중국이 승인하지 않는 결정들에 대해서는 거부권을 행사할 것임을 알 수 있다.

홍콩의 자율권이 제한받게 될 것이며 지역(즉, 홍콩) 민주주의 실시가 제한받게 될 것이라는 사실을 인식하게 됨에 따라, 특히 젊은 전문가들·경영인들·지식인들을 중심으로 홍콩의 장래가 우려된다는 의문이 제기되어 왔다. 홍콩에서 인적 자본과 재정자원들이 빠른 속도로 빠져나가고 있다는 사실은 홍콩의 장래에 대한 불확실성을 반증하고 있다. 더구나, 1997년 시한이 임박함에 따라, 홍콩은 힘겨운 곤경을 겪을 것으로 보인

다. 우선 두뇌집단의 유출과 자본유출이 증가할 것이다. 공무원의 사기
는 저하될 것이고, 특히 경찰과 같은 (정치적으로) 민감한 영역의 사기 저
하는 더욱 심할 것으로 보이며, 부정부패와 영향력 행사를 통한 사적 이
익 챙기기가 증가할 것이다. 막대한 노동력과 자본유출은 인플레이션을
불러일으킬 것이고, 이 인플레이션의 영향으로 임금과 이자율이 급등한
다면 성장율은 둔화될 것이다. 이렇게 정치·경제적 상황이 악화된다면,
영국인들이 홍콩으로부터 철수하는 시점을 전후하여 심각한 사회 불안이
조성될 것이다. 이러한 불안이 가중된다면, 어떤 시점에 이르러 중국이
홍콩에 무력적으로 개입할 가능성을 배제할 수 없다.

1989년 이전에는 홍콩 문제가 미·중 간에 심각한 쟁점으로 부각되지
않았다. 미국은 타이완 문제를 둘러싸고 중국과의 대립으로부터 벗어나
려고 무척 애를 썼기 때문에 중국의 홍콩 반환과 같은 문제에 말려들기
를 원하지 않았던 것이다. 그러나, 홍콩의 장래가 불투명해지고 홍콩에
서 활동하는 미국 기업들이 영향을 받게 됨에 따라 홍콩문제는 점차 미
국의 주의를 끌게 되었다. 홍콩의 많은 시민들이 거리로 나와 1989년 6
월 베이찡에서의 학살사건에 항의하였을 때, 홍콩에 대한 미국인들의 동
정심이 깊어졌다. 1990년과 1991년 중국의 최혜국지위 박탈 문제를 둘러
싸고 설전이 벌어진 동안, 홍콩의 번영과 안정유지가 최초로 미국의 중
국정책 결정에 있어서 중요한 고려사항으로 등장하였다.

그러므로, 홍콩문제의 악화는 아마도 중국 본토와 타이완 간의 대립
문제만큼이나 미·중 관계에 치명적인 영향을 줄 것이다. 홍콩에 대한
중국의 그 어떠한 무력 사용도, 비록 사회 불안정을 진정시키기 위해 무
력을 사용한 경우라도, 홍콩에서 인권을 유린한 것으로 간주될 것이고
중국에 대한 미국의 또다른 경제적·외교적 제재들을 촉발시킬 것이다.
중국이 별로 심각하지 않는 행동을 취한다 하더라도, 이러한 중국의 행
동들이 1984년 영·중 협정을 위반하는 것으로 간주된다면, 미국에서 중
국의 최혜국 지위를 철회하기 위한 압력을 불러일으키게 될 것이다. 현
재와 같은 미묘한 시기에서 미국의 이러한 제재조치는 강경한 중국의 대

응조치를 초래할 것이고, 미·중 간에 심각한 대립상황이 형성될 가능성이 농후하다.

앞에서 기술한 가장 비관적인 시나리오에서도 미·중 간에 극단적인 적대관계가 형성될 가능성이, 비록 생각해 볼 수 있는 여지가 없는 것은 아니지만, 적은 것으로 보인다. 양국은 모두 군사적 적대관계가 막대한 경제적·외교적·인적 비용을 초래한다는 것을 잘 인식하고 있기 때문에 직접적인 군사적 대립관계를 피하려고 노력할 것이다. 미국과의 전쟁을 피하기 위해서 중국은 군사력을 사용하여 타이완을 공격하거나 봉쇄하는 것을 자제할 것이고 타이완에 대해 외교적·경제적 압력을 가하는 것에 신중을 기할 것이다. 같은 이유에서 미국도 군사력을 통한 직접적인 개입보다는 외교적 조치·경제제재·타이완에 대한 무기판매 증대 등과 같은 간접적인 조치를 통해 타이완을 보호할 것이다. 양국 모두 외교관계를 단절한다든지 아니면 쌍무적인 경제관계를 금지함으로써 1950년대와 같은 고립상태로 돌아가는 것을 원하지 않기 때문이다.

그러나, 양측은 쌍방간에 완화된 형태의 대립관계에 놓이게 될 수도 있다. 이런 경우 미국인은 중국을 과거 남아프리카공화국이나 현재 리비아와 비슷한 방식으로 다루어야 할 '천민 국가'로 간주할 것이며, 따라서 중국에 대한 경제제재가 강화될 것이고 중국과의 공식적 접촉이 급격하게 감소될 것이다. 중국도 비록 미국과의 모든 경제적·외교적 유대관계를 단절하지는 않겠지만, 미국 기업을 우선적인 협력대상으로 생각하지 않을 것이고, 중국에 투자한 미국의 투자가들의 자본을 강제로 몰수하거나 괴롭힐 것이며, 미국과의 문화적·학술적 교류관계를 급격하게 줄일 것으로 보인다. 결과적으로, 양국간의 상업적·문화적·외교적 관계는 심각하게 약화될 것이다.

또한 미국과 중국은 전세계적 쟁점들과 지역적 쟁점들에 대해 상호 협력하지 않을 것이다. 중국이 미국의 '제국주의'나 '패권주의'를 반대하는 자국의 대외정책 노선을 재조정하든 하지 않든, 군비통제, 환경관리, 지역분쟁 해결, 세계경제 구조 등과 같은 많은 국제적 사안들에 대해 미국의 주도권에 반대할 것이 거의 확실하다. 미국은 아시아에서 중국의 영향력이 확장되는 것을 저지하려고 노력할 것이고 이를 위해 중국 정부에 대한 제재에 동맹국들이 동참하도록 유도할 것이다.

5. 긴장 관계

이러한 형태의 대립관계가 형성될 가능성을 무시할 수는 없지만, 중단기적인 장래에 미·중 관계의 미래는 양국간에 갈등, 경쟁, 협력 등이 복합적으로 작동하는 긴장국면으로 접어들 것으로 보인다. 1980년대 중반의 미·중 관계와는 대조적으로, 앞으로 공동 적에 대항하여 전략적 제휴관계가 이루어지든지 또는 중국의 개혁노선을 지원하기 위해 협조관계가 형성된다 하더라도, 양국간에 공동 목적에 대한 지나친 기대는 없어질 것이다. 그러나, 양국간에 긴장국면이 형성될 경우에는 직접적 대립관계가 형성된 경우보다 군사적 갈등이 촉발될 가능성이 적을 뿐만 아니라 경제적 상호관계가 강화되고 전세계적 쟁점들과 지역적 쟁점들에 대해 외교적 협력관계가 보다 빈번해질 것이다.

양국간에 대립관계를 일으킬 수 있는 요인들 중 많은 요인들이 역시 긴장관계를 형성하는 데 기여할 수 있는데, 특히 이들 요인들이 보다 완화되고 격렬하지 않은 형태를 띤다면 미·중 간에 대립을 일으킬 수 있는 요인들이 긴장관계를 형성하는 계기로 작동할 것이다. 국내적으로는, 덩 샤오핑 사후 중국이 급격하게 퇴보하기보다는 장기간에 걸친 정치적 정체국면으로 접어들 것으로 보이는데, 중앙정부는 지방에 대한 통제권을 계속 유지할 것이고 개혁파나 보수파 어느 한 쪽에서도 확실하게 권력을 장악하지 못할 것으로 보인다. 경제적으로는, 부분적인 경제개혁으로 인해 초래된 모순들을 해결하기 위해서 경제구조 변화가 진행될 것인데, 시장경제화나 소유권 개혁의 방향으로 근본적인 전환을 추구하지 않고 온건한 구조 변화가 진행될 것이다. 많은 문제들이 존재함에도 불구하고, 연안지방을 따라 시장지향적인 경제가 지속적으로 작동함에 따라 적정한 경제성장율이 지속되면서 중국 경제가 그런대로 원만하게 유지될 것이다. 정치적으로는, 현상유지 상태가 지속될 것으로 보이는데, 소외된 지역 인민들에 대한 정치교화 활동, 지식인과 언론인 사회에 대한 강력한 통제, 정치적 저항에 대한 간헐적인 탄압 등이 지속될 것이다. 인플레이션과 실업이 억제된다면, 1989년 6월 4일 사태와 같이 미·중 간에 공공연한 대립관계를 촉발시킬 수 있는 극적인 사태가 일어나기는 어려울 것이다.

이러한 상황에서 인권문제는 양국간에 만성적인 그러나 그렇게 자극적이지 않은 문제가 될 것으로 보인다. 미국의 사설기관들은 시민적인 권리와 정치적 권리에 대한 침해 사항을 감시하고 때로는 매우 격렬한 어조로 이를 비난할 수도 있다. 미 의회도 중국의 인권상황을 비난하는 결정을 통과시킬 수 있고 백악관도 저명한 정치범들을 석방하도록 압력을 가할 수 있다. 미국 정부는 중국에서 정치자유화를 촉진시키기 위해 중국 본토를 겨냥한 새로운 라디오 방송국을 건립하거나, 중국에 투자한 미국 투자가들에게 중국인 고용에 있어 인권을 존중하도록 요구한다든지, 아니면 죄수들이 만든 생산품들에 대하여 강력하게 수입을 금지시키는 것과 같은 새로운 조치들을 취할 수 있다. 그러나, 이러한 시나리오에서 미국은 중국의 최혜국 지위를 철회하지 않을 것이고 양국간의 광범위한 쌍무적 관계는 대립으로 치닫지 않을 것으로 보인다.

중국의 최혜국 지위가 계속 효력을 발휘하는 한, 중국과 미국 간의 무역관계는 증대할 것이다. 그러나 1980년대 중반 이래로 계속 그러했듯이, 양국간의 무역관계는 끊임없는 논쟁을 불러일으킬 것으로 보인다. 미국의 수출업자들은 중국 시장 접근을 저해하는 무역장벽으로 인해, 그리고 미국의 투자가들은 중국의 투자환경 미비로 인해 곤란을 겪을 것이다. 현재가격보다 높게 평가된 화폐와 수출 보조금과 같은 행정조치들은 중국의 대미 수출을 촉진시키는 역할을 하지만, 반면에 많은 미국인들은 이러한 중국의 행정조치들을 불공정 무역관행이라고 간주하고 있다. 이에 대해 미국에서 어떠한 대응이 나타날 것인가는 미국 경제상태와 전체 미국 무역수지균형 간의 함수관계에 달려 있다. 그러나, 쌍무적 무역협 정을 체결하거나 중국의 불공정한 무역관행들에 대한 보복조치로서 다양 한 관세와 수입할당량을 부과함으로써 섬유를 중심으로 중국 수입상품을 제한하려는 노력을 간헐적으로 보일 것이다.

외교정책에 있어서, 중국은 전세계적 쟁점들과 지역적 쟁점들을 다른 그 어떤 것보다도 건설적으로 다룰 것이다. 특히, 중국 정부는 아시아에 서 평화 분위기를 조성·유지하여 아시아의 자본과 시장에 대한 접근을 극대화하고 자원과 국력을 국내문제에 집중시키는 것에 우선적인 관심을 두고 있다. 한반도 문제에 대해서, 중국은 북한으로 하여금 정치·경제 적 개혁을 시도하고, 외부세계에 대해 경제를 개방하며, 남한에 대해 군 사행동을 자제하도록 하고, 핵무기개발 프로그램을 중지하도록 하며, 남 한 정부와의 긴장관계를 해소하도록 종용할 수 있다. 그리고, 중국은 베 트남과의 관계정상화를 유지하기 위해서 크메르 루즈군이 선거에서 정권 을 획득하지 못했더라도 1991년에 합의된 캄보디아 분쟁조정안을 지지할 것이다. 중국은 평화적 수단을 통해 인도와의 국경분쟁과 남지나해 영토 분쟁을 다룸으로써 미국과의 심각한 의견차이를 피하고자 할 것이다.

그러나 다른 쟁점들에 대해서는 중국과 미국은 보다 힘겨운 협상과정 을 겪게 될 것이다. 중국은 미국이 고성능 전투기의 이전에 대한 유사한 제한을 수용하지 않는 한 중동에 대한 미사일 판매를 제한하지 않을 것 이다. 그리고 중국은 대량파괴 무기들의 확산을 통제하는 효과적인 국제 제도 수립이 중국의 주권을 침해하는 것이라면, 이에 찬성하지 않을 것 으로 보인다. 중국은 환경을 보호하기 위한 다자간 협정이 제 3 세계에 대한 보상을 포함해야 한다고 요구할 것이며, 새로운 지역적 경제조정과 전세계적 경제조정이 개발도상국들에게 특혜를 주어야 한다고 주장할 것 이다. 이러한 분쟁 소지로 인해 미국은 중국의 해외 무기수출에 대한 보 복 조치로서 기술이전을 제한하는 것과 같은 대중국 경제제재를 가할 수 도 있다. 그러나, 이러한 구도하에서는 제재와 보복의 순환이 곧 미·중

간에 대립관계를 불러 일으킨다기보다는 좀더 긴밀하고 조화로운 미·중 관계 발전을 방해하는 것이라고 보아야 한다.

끝으로, 이 시나리오가 타이완이나 또는 홍콩문제로 인해 미·중 간에 위기가 형성될 것이라는 내용을 담고 있지는 않지만, 타이완과 홍콩문제를 놓고 간헐적 긴장관계가 미·중 관계에 악영향을 미칠 가능성을 배제할 수는 없다. 예를 들자면, 타이완이 각종 국제경제기구의 회원가입신청을 하고 선진국과의 비공식적 관계를 향상시키려고 노력하며 약소 개발도상국들로부터 공식적인 외교적 승인을 얻으려고 함에 따라, 이러한 타이완의 유연한 외교정책을 놓고 논란이 일어날 수 있다. 특히 타이완이 국제연합과 같은 국제기구에 회원가입을 신청할 수 있는데, 국제연합에 회원으로 가입한다는 것은 주권국가로서 인정받는다는 것을 의미하므로 타이완이 주권국가인가가 쟁점으로 부각될 것이다. 또한 타이완은 이미 여러 유럽국가들로부터의 무기구입 가능성을 타진하고 있는데, 국제사회에서 차지하고 있는 중국의 정치적 입지가 약화되면서 타이완이 유럽으로부터 무기를 구입하려는 노력이 성공할 가능성이 높아지고 있다. 이러한 타이완의 노력들에 대해 중국은 반대하고 미국은 지지한다면, 타이 문제는 다시 미·중 관계에 있어서 핵심적 쟁점으로 부각될 것이다. 물론 미·중 간에 군사적 대립이 일어날 가능성은 매우 적다. 그러나 미국과 중국이 뜻밖의 정치적 사건에 휘말리게 됨으로써, 쌍방간에 외교적 또는 경제적 제재를 가하는 사태가 발생할 수도 있다.

홍콩과의 관계도 타이완의 경우와 비슷한 양상을 띠게 될 것이다. 1997년 홍콩반환 시한이 임박함에 따라, 홍콩에서 민주주의를 추진하려는 행동가들은 기본법이나 1984년 영·중 협정의 변화를 강력하게 요구할 것이다. 그들은 중국의 간섭을 받지 않는 홍콩의 자율성 보장을 주장하고, 1997년 이후 중국군이 홍콩에 주둔할 수 있는 권리를 포기할 것을 요구하며, 또는 직접선거를 통한 의회구성과 대중선거에 주요행정기관장 선출을 빠른 시일 내에 성취하고자 요구할 것이다. 만약 중국 본토의 정치적 상황이 악화된다면, 홍콩의 의지에 반하여 홍콩을 강제적으로 중국의 주권하에 귀속시킬 수 없다는 근거를 들어 1984년 협정실행을 무기한 연기할 것을 요구할지도 모른다.

1984년 협정이 국제협정으로 유효하다는 것을 감안한다면, 미국 정부나 영국 정부가 1984년 협정을 백지화하는 제안을 제출할 것 같지는 않다. 그러나 여론과 의회의 압력으로 인해 백악관은 중국이 홍콩의 민주화 과정을 보다 가속화하거나 또는 기본법에 명시된 것보다 많은 자율권을 홍콩에 인정하는 것과 같은 다소 완화된 형태의 요구를 중국에 제기할 수 있다. 만약 이러한 요구들이 수용되지 않는다면, 미 의회에서 중국에 대해 경제제재를 부과할 가능성도 있다. 물론 이러한 요구들은 홍콩이 중국의 주권하에 있지 않다고 주장하는 것은 아니지만, 중국 정부는 틀림없이 이러한 요구들을 중국의 내정에 대한 참을 수 없는 간섭행위로 간주할 것이고 미·중 간에 새로운 긴장관계가 조성되는 계기로 생각할 것이다.

6. 결 론

이상과 같은 다섯 가지 시나리오들 가운데에서 어떠한 시나리오가 현실에서 일어날 가능성이 높은가는 시간에 따라 변화할 것이다. 단기적 안목에서 보자면, 마지막 두 시나리오―현재의 긴장관계가 계속 유지된다는 시나리오나 또는 양국관계가 악화되어 대립관계로 발전된다는 시나리오―가 가장 실현가능성이 있는 것으로 보인다. 이 두 시나리오 중에서 어떤 시나리오가 현실에서 일어날 것인가는 주로 중국 내 상황전개에 달려 있다. 중국 내 정치상황이 정치적 항거와 이에 대한 탄압 없이 안정된다면, 인권을 둘러싼 양국간의 논전이 악화되지는 않을 것이다. 그리고 중국 정부가 해외 무기판매를 통제하는 효과적 조치들을 취하고, 불공정하고 비합법적인 무역관행들을 중지하며, 미국과의 교역에서 발생하는 무역흑자를 감소시킨다면, 미·중 간에 대립관계가 형성되지는 않을 것이다. 반면에, 인권상황이 악화되거나 또는 다른 쌍무적인 쟁점들이 악화된다면, 미국 정부는 중국에 대한 각종 제재조치를 가할 것이고 중국은 이에 대해 보복조치로 응수할 것이다.

장기적 안목에서 보면, 중국의 개혁재개를 지지하기 위한 미국의 지원이 증대될 가능성이 있다. 중국의 원로지도자들과 원로관료들이 사망한 이후에도 중국의 정치적·경제적 개혁노력이 계속된다면, 그 가능성은 더욱 높아질 것이다. 그러나, 미국은 이러한 장래에 대해 지나칠 정도로 낙관하고 있는 것은 아니다. 중국의 개혁재개는 덩 샤오핑과 그의 동료들의 사망 이후 전개될 수 있는 여러 시나리오들 중의 하나일 따름이다. 개혁이 재개된다고 하더라도, 수년 후에 다시 주저앉을 수도 있다. 그리고, 가장 중요한 것은 중국이 경제개혁을 다시 재개한다고 하더라도, 양국간의 무역관계가 협조적이기보다는 경쟁적인 모습을 띨 가능성이 높고, 특히 중국이 미국과의 교역에서 막대한 무역흑자를 계속해서 올린다면 양국간의 무역관계가 더욱 경쟁적인 관계로 치닫게 될 것이라는 점이다. 더구나, 개발도상국인 중국은 당면한 전세계적인 쟁점들에 대해 선진국인 미국과는 다른 시각을 가지고 있다.

이러한 모든 예상들과 더불어, 극단적인 시나리오들이 현실에서 일어날 가능성은 시간의 경과에 따라 변화할 것으로 보인다. 물론 극단적인 시나리오들이 현실에서 일어날 가능성은 매우 낮다. 1980년대 초반 소련에 대항한 미·중 전략적 제휴관계와 유사하게 새로운 연합전선이 형성될 정도로 강력한 새로운 공동의 적대국가가 나타날 것 같지는 않다. 그리고, 현 중앙정부의 붕괴 후 중국이 분열될 가능성도 전혀 없다고는 할 수 없지만 그 가능성은 매우 희박하다. 중국의 붕괴는 중국의 단일민족성, 중국의 효과적인 경제관리, 정치적 혼돈과 국가분열의 결과에 대한 공포 등 여러 사항을 감안할 때 소련의 붕괴와는 전혀 다를 것이다.

그러므로, 장기적으로 가장 실현가능성이 있는 장래의 미·중 관계는 전적으로 협조관계로 이루어진다든지 또는 대립관계로만 이루진다기보다는 협력관계, 경쟁관계, 갈등관계가 혼합되어 이루어지는 복합적인 양상을 띨 것으로 보인다. 덩 샤오핑 사망 이후, 미·중 관계에서 1970년대의 전략적 제휴관계는 논외로 하더라도 1980년대와 같은 경제적 제휴관계가 재건될 것이라고 가정한다면 비현실적인 생각이다. 양측의 자제력과 현명함을 감안한다면, 양국은 1950년대와 1960년대와 같은 군사적 대립과 외교적 고립으로 돌아가는 우를 범하지도 않을 것이다. 가장 가능해 보이는 중·미 관계의 미래는 복잡다단한 관계일 것이다. 여기서 중국은 국제무대에서 우방도 적대국도 아니고, 국내정치에서는 다원주의적이지도 전체주의적이지도 않으며, 자본주의나 자유방임적 경제를 완전히 수용하지 않으면서도 괄목할 만한 경제개혁을 추진하는 모습을 띨 것이다. 이러한 복합적이고 모호한 전망하에서 1990년대 미국의 중국정책이 전개되어야만 할 것이다.

제 10 장

미국의 대중국 정책 재구상

미국의 대중국 정책은 현재 혼돈상태에 빠져 있다. 지난 20년 동안 미국 정책의 기반이었던 두 개의 개념틀이 모두 흔들리고 있다. 첫 번째 기본 개념은 아시아와 그 밖의 지역에서 소련의 팽창주의를 저지하기 위한 중국과의 묵시적 제휴였는데, 이는 미하일 고르바초프 지도하의 소련 대외정책의 변화로 손상되었고, 동유럽 공산주의의 붕괴와 뒤이은 소련 연방의 해체로 완전히 붕괴되었다. 두 번째 개념틀은 미국의 중국 경제 개발에 대한 참여 및 경제와 정치개혁에 대한 지지였는데, 이것도 쌍무 교역과 투자문제에 관한 분쟁으로 말미암아 약화되었고, 나아가 중국의 인권과 무기판매에 대한 전력으로 침식되었으며, 마침내 1989년의 티엔안먼 위기로 인하여 완전히 무너지고 말았다. 만약 6월 4일 사건 이전에 조차 미국의 중국정책이 '궤도를 벗어나는' 것처럼 보였다면, 이제는 궤도 자체가 미·중 관계의 윤곽을 묘사하는 데 있어서 시대에 뒤떨어진 것처럼 보이게 되었다. [1]

---

1) Roger W. Sullivan, "China, the United States, and the World Beyond

더군다나 1960년대 후반에서 1980년대 후반에 걸쳐 미·중 관계를 지탱하여 온 중국에 대한 미국 내의 합의도 깨어지고 있다. 미국의 여론은 베이찡에 대한 최선의 접근방법을 둘러싸고 첨예하고도 거의 대등하게 나누어진다. 한편에서는, 많은 미국인들이 1970년대 초반 미·중 간의 적대감 소멸이 전후의 가장 유익한 발전 중의 하나였다고 인식하며 베이찡과의 대결관계로 다시 돌아가지 않기를 바라고 있다. 다른 한편에서는, 많은 미국인들이 중국의 인권침해에 대해 우려하고, 약속된 경제·정치개혁 프로그램을 지속시키지 못한 중국 지도자들의 실패에 대해 실망하고 있다. 더욱이 공산주의가 붕괴되고 미국의 힘이 상승세에 있는 것처럼 보이는 상황에서, 이 두 번째 집단은 인권을 위해서 중국과의 관계를 악화시킬 각오도 하고 있다. 미국 사회의 이러한 분열은 최근의 여론조사에서도 쉽게 나타난다. 이 조사에 따르면, 대중의 거의 절반은 미국의 대중국 정책이 원칙적으로 인권개선을 바탕으로 추동력을 얻어야 한다고 믿고 있으며, 나머지 반은 미국의 주요한 목적이 베이찡과의 안정된 관계를 유지하는 것이어야 한다고 믿고 있다.

중국에 대한 미국 여론의 분열은 미국 내 다양한 이익집단들 사이에 패인 깊은 골에서도 표출된다. 인권조직들, 미국 산업계와 노동계의 보호주의 진영, 비확산 로비단체들, 보수적인 반공산주의 집단 및 미국 내의 중국 학생들을 대표하는 조직들 등이 중국에 대해 더욱 강력한 제제조치를 취하라고 압력을 가하고 있다. 반대로 많은 미국의 기업체, 특히 중국과 홍콩에서 투자 및 무역에 종사하는 사람들은 중국과의 정상적 상업관계 유지를 선호하고 있다. 많은 미국 외교정책의 전문가들, 특히 현실정치의 전통과 관련된 사람들은 중국의 인권개선을 위해 베이찡과의 지정학적 관계를 희생하는 것은 근시안적이라고 주장하여 왔다. 개별적인 중국 학생들과 중국을 연구하는 미국의 많은 학술단체들은 중국과의 경제적·문화적 관계의 약화가 경제·정치개혁을 촉진시킬 수 있는 압력으로부터 중국을 분리시킬 것이라고 경고하여 왔다.

　중국정책에 대한 일반적인 논쟁은 백악관과 의회 사이의 심각한 이견에도 반영되어 왔다. 미·중 관계는 1940년대 후반과 1950년대에 공화당과 민주당 사이의 가장 논쟁적인 문제들 중의 하나였는데, 베이찡과의 보다 나은 협력관계를 위해 점차적으로 양당이 합의하게 되었다. 1972년, 리차드 닉슨의 중국방문은 공화당이 베이찡과의 화해를 위해 과거의 반공산주의 정책에 대한 포기를 상징적으로 드러내었다. 마찬가지로 1982년 로날드 레이건이 타이완에 대한 무기판매에 대해 공동성명을 발표한 것도 공화당이 미국·타이완 관계의 약화를 최종적으로 받아들였다는 것을 상징하였다. 그리고 계속된 그의 1984년도 중국방문은 심지어 보수 공화당원들까지도 중국과의 안정적이고 광범위한 관계를 승인하도록 설득당했다는 것을 보여주었다.

　티엔안먼 위기는 그러한 미국 내의 합의를 깨뜨렸다. 많은 민주당의원들은 대통령이 중국의 정치적 억압을 비난하는 데 조심한 것이 부시 행정부의 비판받을 만한 몇 안되는 대외정책 중의 하나라고 결론을 내렸다. 흥미 있는 역사적 아이러니는, 중국에 대해 '너무 연약하고' 전체주의에 '중국을 내버리고' 있다고 비난하고 있는 쪽이 현재는 민주당이 아니라 공화당이라는 점이다. 그러나 비록 많은 논쟁들이 격렬하게 당파적 색조를 띠었지만, 부시 행정부에 대한 일부 비판은 당파적 차원을 넘어서는 것이었다. 많은 공화당의원들은 백악관이 중국의 발전에 대한 미국의 대응을 결정하는 데 의회의 참여를 꺼려하고 있다고 분개하면서 민주당의원들과 결합하였다.

　결국, 미국의 대중국 정책을 둘러싼 혼란과 논쟁은 미국의 대외정책이 점점 심각한 혼란상태에 빠져들고 있다는 사실을 반영한다. 냉전의 종식이 미국의 전세계적 전략에 대한 지배적인 개념틀(소련 침략의 억제와 공산주의 팽창의 봉쇄)을 붕괴시켰던 것처럼, 미·중 관계에 대한 지배적인 패러다임(중국의 근대화와 개혁을 돕는 것)은 티엔안먼 광장 사건으로 흔들렸다. 어떤 대안도 아직 정책부재의 빈 공간을 채우지 못하고 있다. 일부는 국내문제를 위해 국제적 행동을 삼가하는 것을 옹호한다. 일부는 아직도 전체주의와 중앙계획에 의해 지배되고 있는 국가들에 민주주의와 시장을 안겨다 줄 성전을 지지한다. 다른 사람들은 새로운 세계질서를 제안하는데, 그 안에서 미국은 다자적 제도들을 수립하여 침략을 억제하고, 환경을 보호하며, 지구의 번영을 유지하게 된다. 또 일부는 미국의 대외정책이 번영을 증진시키고 미국 경제의 경쟁력을 보장하도록 구상된 신중상주의 전략을 주장한다. 냉전 이후 시기의 새로운 국가전략에 대한 합의가 이루어지지 않는다면, 미국의 새로운 대중국 정책 여건도 불확실하게 남아 있을 것이다.

일부 분석가들은, 1979년 양국 사이의 공식적 외교관계의 설립보다 더 중요하다는 의미에서, 이러한 사태진전이 미·중 관계의 진정한 정상화를 나타낸다고 주장하여 왔다. 그들이 주장하는 것처럼, 미국 대외관계의 일관되지 못한 정책틀, 일반 대중의 이중적 태도, 경쟁적 이익집단들 사이의 논쟁, 그리고 백악관과 의회의 주기적 대결 등이 개념적 명확성과 국내합의에 뿌리를 둔 대외관계보다 미국의 대외관계에서 더 정상적인 조건들이라고 할 수 있다.

그러나 비록 혼란과 갈등이 미국 대외정책에 있어서 통상적인 것이라할지라도, 바람직한 것은 아니다. 비전이 없으면 정책은 목적과 일관성을 결여한다. 중요한 기회들이 간과되고, 잠재적 도전들이 무시되고, 행위가 근시안적이며 심지어 비생산적인 것으로 판명될지도 모른다. 마찬가지로 합의가 없으면 대외정책은 일관성과 연속성을 결여한다. 행정부의 프로그램들은 의회에 의해 압도당하고 의회의 주도권은 백악관에 의해 거부된다. 경쟁적인 이해관계와 조직들 사이의 소용돌이에 빠져서, 정책은 교착상태에 빠지거나 유동적으로 된다. 그리고 미국의 공약에 대한 신뢰성은 우방국과 적국 모두가 의심하게 된다. 따라서 티엔안먼 위기로 인해 초래된 정책의 교착상태는 깨야 할 필요가 있다. 중국의 현실에 적실성이 있으며 국내의 지지를 획득할 수 있고, 탈냉전세계에서 광범위한 미국의 목적과도 일치될 수 있는 방식으로 미국의 중국정책이 재구성되어야 한다.

그런 정책의 보다 전문적인 차원을 살피기 전에, 우리는 먼저 정책의 지침이 되는 기본적 원칙들을 고려해야 한다. 아마도 그 가운데 가장 자명한 것은 중국이 과도기에 있다는 사실일 것이다. 다가올 10년의 어느 시점에, 중국의 최고 엘리트들은 정치무대로부터 떨어져 나갈 것이고 새로운 지도자 세대가 그들을 대신할 것이다. 미국의 정책은 그러한 권력 승계를 고려해야 한다. 미국이 현재 베이찡에서 권력을 쥐고 있는 지도층과 긴밀한 유대를 가져야만 하는 이유는 없다. 또한 어떤 도덕성이나 실용주의도, 티엔안먼 광장의 비극을 망각하고 그 사건에 대한 책임자들을 용서하는 정책을 뒷받침하지는 않는다.

그러나 그러한 논지가 함축하는 바에 보다 주의를 기울일 필요가 있다. 비록 미국이 중국의 경제적 부흥과 정치적 자유화를 강력하게 바라긴 하지만, 그러한 희망들이 급속하게 실현될 수 있다는 가정에 정책의 기반을 둘 수는 없다. 연로한 중국 지도자들의 죽음이나 은퇴가 수반할 권력투쟁에서 개혁가들이 반드시 승리하는 것은 아니다. 설령 그렇게 된다 할지라도 개혁의 과정은 장기적이고 왜곡되기 쉬울 것이다. 또한 부활된 자유화의 시기 이후에 개혁이 붕괴되거나, 향후 보다 더 억압적인 정권이 대두하거나, 정치적 교착상태와 마비가 지속되거나, 심지어 중국이 분열되거나 할 가능성을 완전히 배제할 수는 없다.

더욱이 개혁이 되살아나고 성공한다 할지라도, 그것이 반드시 미국과 중국의 이해를 조화시키지는 않을 것이다. 양국의 이데올로기적 차이가 사라질지 모르지만, 상이한 문화적 관념, 역사적 배경, 지리적 위치, 그리고 발전수준에서 기인한 차이들은 남아 있을 것이다. 그리고 경험에 비추어 볼 때 우려되는 점은, 성장하는 외국경제가 미국 시장의 더 큰 부문을 차지할 때 발생하는 양국간의 긴장을 중국의 성공적 경제개혁이 심화시킬지도 모른다는 것이다. 따라서 개혁의 부흥은 단지 시간문제일 뿐이며 개혁이 중국과 미국의 조화로운 관계를 회복할 것이라는 기대에 정책의 기반을 두는 것은 어리석은 일이다.

마찬가지로 비위에 거슬리는 정권에 대해서는 "선의의 무관심"(benign neglect) 정책이 타당하다는 가정하에 과도기의 중국을 방관하는 것은 현명한 정책이라고 할 수 없었다. 중국은 1970년대에 그랬던 것처럼, 미국 대외정책에 있어서 중심적인 위치를 차지하는 것은 아니었다. 그 당시에는 중국이 베트남 전쟁을 종결짓고 소련과의 경쟁에서 승리하기 위한 열쇠인 것처럼 여겨졌다. 또한 중국은 아시아에서의 미국 정책의 주춧돌― 모든 다른 국가와의 쌍무적인 관계를 종속시키거나, 그 이해관계가 미국의 정책결정에서 가장 큰 비중을 차지하는 국가―도 아니다. 그러나 중국은 미국의 당면 이해관계, 즉 한반도의 평화보존, 서태평양의 세력균형 유지, 국제환경 보호, 세계경제 관리, 대량살상무기의 확산금지, 그리고 전세계적이고 지역적인 안보를 유지할 새로운 기구의 설립 등과 같은 많은 중요한 문제와 관련되어 있다. 이 모든 분야에서, 중국은 문제를 현저하게 호전시키거나 실질적으로 악화시킬 능력을 가지고 있다. 우리가 중국의 정치체제에 대해서 어떻게 생각을 하든, 중국을 무시하는 것은 어리석은 행동일 것이다.

결국, 미국이 중국과의 대결을 피하는 것은 매우 바람직하다. 그러한 적대관계에 드는 비용은 엄청날 것이다. 중국을 잠재적인 군사적 적국으로 간주하게 되면 미국이 현재 탈냉전세계에서 구상하고 있는 것보다 훨씬 더 많은 군사력을 서태평양에 배치해야 할 것이다. 베이찡이 반드시 중요한 역할을 담당할 전략적, 경제적, 그리고 환경적 문제들을 다루는 미국의 능력을 약화시킬 것이라는 점에서, 심지어는 중국과의 외교적 대결조차도 많은 비용이 요구될 것이다. 중국에 대한 적대정책은 또한 광범위한 아시아정책을 혼란으로 몰아갈 것이다. 왜냐하면 이 경우, 아시아 지역 내 미국의 우방이나 동맹국들이 베이찡정부와 적대관계에 있는 미국과 함께 하기를 원치 않을 것이기 때문이다.

더욱이 중국을 비우호적 국가로 간주하는 것은 근거가 없다. 한때, 중국이 정치적 자유로부터 멀어지고 미국이 민주적 가치들을 향상시키고자 다시 개입하려 했을 때는 분명히 양국 사이에 이데올로기나 가치에 있어서 심각한 차이가 드러났다. 그러나 티엔안먼 위기 이후에도 중국에 얼마나 많은 경제개혁조치들이 그대로 남아 있으며, 중국이 과거의 교조주의와 전체주의로부터 얼마나 멀어졌는지 평가할 필요가 있다. 그리고 중국의 지도자들이 명백히 적대적인 미국의 정책에 대해 중국 사회에 대한 통제를 느슨하게 하기보다 강화시키는 대응을 할 가능성이 높다고 인식하는 것 또한 중요하다. 인권침해는 즉각적인 비난의 근거는 되지만, 곧바로 적대감을 정당화하지는 않는다.

중국에 대한 적대정책은 중국이 미국에 대해서 유사한 정책을 채택한다면 정당화될지도 모른다. 그러나 중국은 아직까지 그러한 정책을 취하지 않았다. 양국이 무기판매에서부터 환경보호에 이르기까지 몇몇 국제적인 문제에 대해서 서로 다른 관점들을 가지고 있다는 것은 사실이다. 그러나 베이찡 또한 미국과의 많은 공통된 이해, 특히 지역안보와 경제문제를 인정한다. 중국은 미국과 유익한 경제적·문화적 관계를 유지하려 한다. 그리고 중국은 미국이 워싱턴 중심의 단극적인 세계를 건설하려는 데 대해 우려하고 있음에도 불구하고, 미국 패권주의 봉쇄를 둘러싼 대외정책들을 재정립하지는 않았다. 중국으로 하여금 그러한 입장을 취하도록 하는 것이 미국의 이익에 부합되는 것은 아닐 것이다.

그러므로 필요한 것은 현실적이고 조심스러운 대중적 정책이다. 미국은 중국을 미국 외교의 중심이거나 혹은 무관한 것으로 간주해서는 안되며, 다극적이고 상호의존적인 세계의 매우 중요한 행위자로 간주해야 한다. 왜냐하면 모든 영역에서 중국의 정책들과 미국의 중요한 문제들은 충돌할 것이기 때문이다. 미국 정책은 양국의 이해가 완전히 일치하지도 않고 완전히 갈등적이지도 않으며, 대신 부분적으로 공통되면서도 부분적으로 경쟁적이라는 인식에 기반을 두어야 한다. 중국은 동맹국도 적국도 아니지만, 미국의 공통된 관심사에 대해 계속해서 대화하고 어려운 협상을 해나가야 할 국가이다.

다음으로 베이찡과의 협상에 있어서, 미국은 보상과 보복, 당근과 채찍을 함께 구사할 필요가 있다. 워싱턴은 중국의 행위가 미국의 이해와 일치할 때는 보상하고, 미국의 목적과 대립할 때는 적극적으로 보복을 해야 한다. 그러한 유인책과 억제책은 비슷한 환경에 처한 다른 국가들에 사용하는 것과 대등해야 한다. 실제로 미국의 대중국 정책을 결정하는 데 있어서 하나의 유용한 지침은 그 정책이 다른 나라에 대한 접근과 유사한가 하는 점이다. 인권을 침해하고 미국에 대해 무역흑자를 누리는 다른 나라들도 최혜국 대우가 철회되었는가? 비슷한 인권상황과 유사한 대외정책을 가진 다른 나라들에 대한 것과 마찬가지로 중국에 대해서도 첨단기술과 개발지원이 제공되었는가? 미국이 다른 국가들을 대하는 것과 동일한 방식으로 중국을 대하게 되면, 베이찡과의 관계가 정상적으로 전개될 것이다.

중국과 그러한 관계를 갖기 위해 미국은 얼마나 많은 수단을 사용할 것인가? 미국은 현재 분명히 유리한 입장에서 베이찡과 대면하고 있다. 냉전의 종식으로, 미국은 소련에 대한 세력균형을 유지하기 위해 더 이상 중국의 도움을 필요로 하지 않는다. 경제적으로 볼 때에도, 미국이 중국에 의존하는 것보다 중국이 미국의 시장과 자본에 더 의존하고 있다. 미국이 중국 전체 대외무역의 거의 20퍼센트를 차지하는 반면, 중국은 미국 대외무역의 2퍼센트를 조금 더 차지할 뿐이다(표 A-2). 비록 양국이 학술적, 과학적 교류로 이익을 얻는다 할지라도, 새로운 지식의 흐름은 중국에서 미국으로 이루어지기보다는 미국에서 중국으로 불균등하게 이루어지고 있다.

더구나 이러한 미·중 관계의 불균형이 나쁜 결과로 이어질 수도 있다. 예를 들면, 중국은 거의 모든 해외자본을 유치하기 위해 전방위외교정책을 계속해서 펼치는 동시에, 미국에 대한 경제적, 과학적 의존을 대체할 방안을 창출하려 한다. 더욱이 미국은 일본, 한국, 타이완, 홍콩, 동남 아시아, 유럽공동체, 그리고 구소련과 함께 중국에 대해 자본, 시장, 그리고 기술을 공급하는 여러 국가들 중의 하나가 되고 있다. 그리고 미국은 중국이 외교정책과 대외경제정책마저도 다양하게 미국의 이해에 부합되도록 수정하게 할 수 있을지라도, 완고한 중국의 지도자들, 특히 중국 사회에 대한 통제완화로 인하여 정치적 생존이 위협받는 것을 두려워하는 사람들에게 개혁을 강요할 수 있는 수단을 가지고 있는 것은 아니다.

이러한 기본원칙들을 염두에 두면서, 미국의 대중국 정책구상을 위한 다음 단계로서 정책형성과 관련된 이해관계를 살펴보고자 한다. 이를 통해 미국의 이해가 중국의 이해와 어느 정도 일치하는지 혹은 대립하는지 알 수 있으며, 1990년대 미국의 대중국 정책을 위한 적절한 지침을 얻을 수 있을 것이다.

1. 안 보

중국은 이미 아시아의 강대국이다. 중국의 광활한 영토, 거대한 인구, 풍부한 천연자원, 광대한 산업기반, 그리고 전략적 위치는 전통적으로 국력이 형성될 수 있는 천혜의 자원을 제공한다. 중국에는 핵무기로 무장한 대규모의 상비군이 있는데, 이들의 군사적 추진력은 아마 앞으로 몇 년간 계속 증가할 것이다. 중국은 북한과 공식적인 군사동맹관계를, 태국 및 파키스탄과는 묵시적인 안보협력관계를 맺고 있다. 중국은 동남아시아에 분포되어 있는 화교공동체들과도 잠재적인 관계를 맺고 있는데, 이 지역의 많은 정부들은 이들이 다시 국가전복의 통로로 전환될까 우려하고 있다.

더욱이 중국은 전세계적 초강대국은 아닐지라도, 아시아 외부에 대해서도 큰 영향력을 갖고 있다. 기본적으로 베이찡은 국제 무기시장에 참여함으로써, 중동에 대한 외교적 수단을 발전시켜 올 수 있었다. 중국은 미국과 밀접히 연결되지 않은 거대한 개발도상국으로서, 제3세계의 많은 국가들과 공통된 정체성을 주장할 수도 있다. 그리고 베이찡은 유엔 안전보장이사회의 상임이사국으로서, 주요 국제문제들에 대해서 심의할 자격이 있으며, 심지어 이사회의 결정에 대해 거부권을 행사할 수도 있다.

분명히 미국은 중국이 그러한 영향력을 미국이나 미국 동맹국들의 이해와 반하는 데 사용하지 않도록 유도하려고 한다. 미국은 중국이 미국에 우호적인 정부들에 대항하는 폭동을 지지하거나, 영토나 안보이해를 무력으로 추구하거나, 지역균형을 파괴할 무기를 판매하거나, 여러 가지 방식으로 아시아의 세력균형을 깨뜨릴 군사력 증강에 몰두함으로써, 세계의 특정 지역에서 파괴적인 영향력을 행사하지 않기를 바란다. 반대로 중국이 그 영향력을 아시아·태평양 지역과 세계의 다른 지역의 평화와 안정을 증진시키는 데 사용하는 것이 미국의 이해에 부합된다. 중국의 협조는 국제적 긴장을 완화시키고, 지역분쟁의 해결에 기여하고, 분쟁지역의 안정을 보장할 미국의 군사적 전개와 외교적 주도권을 지지하며, 협력안보를 강화하기 위해 형성된 신국제체계에도 건설적으로 참여할 수 있을 것이다.

마오 쩌뚱 사후 줄곧, 중국의 대외정책은 대체로 이러한 목적들에 부합되어 왔다. 베이찡은 계급에 기반한 혁명전략을 국내외적으로 포기하여 왔다. 현재 중국은 내부의 근대화와 개혁문제에 몰두해 있으며, 안정적 국제환경이 그러한 목적들을 추구하는 데 도움이 된다는 것을 이해하고 있다. 이제 중국은 소련과 베트남을 포함하여 모든 주변국들과 긴장을 완화시키고자 한다. 이것은 더 평화로운 환경을 획득하기 위해서뿐만 아니라, 해외시장, 기술, 그리고 자본에의 접근을 극대화시키기 위해서이다. 중국은 아시아 지역분쟁의 해결에 대해 책임 있는 자세를 취하면서 해외 공산주의 운동과의 관계를 약화시켜 왔으며, 서태평양의 미군배치에 대해서도 지지하고 있다.

그러나 일부 지역문제에 대해서 중국의 관점은 미국의 관점과 다르다. 비록 베이찡은 한반도의 평화를 바라고 서울의 상업적·정치적 관계의 확대를 원하지만, 북한정권과의 유일한 군사동맹을 여전히 유지하고 있다. 한국의 재통일이 비공산적인 정부를 통해 이루어진다면, 미국은 이를 환영하겠지만, 동북아에서 중국의 안보이해가 존중되리라는 믿을 만

한 보장이 없으면 베이찡은 이에 대해 우려할 것이다. 비록 중국이 1991
년 캄보디아문제의 협상타결을 촉진시켰지만, 그 합의의 이행과 관련해
서는, 특히 잔존 크메르 루즈와 중국의 유대에 관해서는 미국과 입장이
매우 다를 수 있다. 베이찡과 워싱턴은 전세계적, 지역적 안보에 있어서
일본의 보다 더 큰 역할이 바람직한지에 대해 약간의 이견을 가지고 있
으며, 1990~1991년의 페르시아만 위기와 같은 지역 분쟁들에 대한 미국
의 직접적 개입의 타당성에 대해서도 잠재적으로 매우 큰 차이를 보이고
있다. 중동에 대한 중국의 무기판매 또한 고질적으로 미·중 관계를 자
극하는 요인으로 증명되고 있다.

더욱이, 중국의 정책들은 장기간에 걸쳐 미국의 이익에 도전하는 방식
으로 전개될 수도 있다. 앞에서 언급한 것처럼, 더욱 보수적인 베이찡의
정부는 지역적이면서 지구적인 안보문제에 대해 미국의 주도권을 인정하
지 않는 공격적인 대외정책으로 회귀할 수 있다. 장차 중국 정부는 무력
을 사용하여 영토문제를 해결하려 하거나 중국 주변에서 영향력을 확대
하려는 국가들을 응징하려고 할지 모른다. 심지어는 베이찡의 어떤 극적
인 변화 없이도, 현재 중국의 군사 현대화 프로그램을 인접국가들이 잘
이해하고 받아들이지 않는다면, 이는 아시아·태평양 지역의 불안정 요
인이 될 수 있다.

이러한 점들을 고려해 보면, 미국의 대외정책에 대한 몇 가지 지침을
발견할 수 있다. 가장 기본적인 것은 중국을 미국의 잠재적인 동맹국이
나, 제3국에 대한 묵시적인 동맹 파트너나, 또는 어떤 지구적 전략경쟁
에서 활용하기 위한 카드로 간주해서는 안 된다는 것이다. 그 대신 미·
중 관계의 전략적 요소를 설정하는 데 있어서, 미국은 중국을 복잡한 세
력균형에서의 독자적 상대로 간주해야 한다. 미국은 중국과 종종 공통된
이해를 나눌 수 있지만, 그들의 관점은 때때로 다를 수도 있는 것이다.

따라서 미국은 중국과의 어떠한 군사적 협력 프로그램에 있어서도 대
단히 신중을 기해야 한다. 중국에 대한 소련의 위협이 쇠퇴하고, 중·소
관계 및 미·중 관계가 개선됨에 따라, 미국 무기체제를 중국으로 이전

해야 하는 근거가 상당 부분 감소하고 있다. 소련과 관련된 중국의 안보는 더 이상 미국의 발달된 무기구입에 의존하지 않는다. 실제로 이러한 새로운 조건하에서, 베이찡에 대한 미국 무기의 대량 이전은 중국의 인접국들이 위협으로 간주할 수 있으며, 중국 주변에서 이에 상응하는 일련의 군사력 배치를 야기할 수 있다. 그것은 또한 타이완 해협의 세력균형을 파괴시킬 수 있다. 일단 인권이나 국제적 무기이전과 관련한 중국의 태도가 개선되고, 장비가 방어적 목적으로 제대로 쓰인다면, 여전히 베이찡에 소량의 무기를 판매할 여지는 남아 있다. 그러나 탈냉전 시대에, 미·중 간 전략적 관계의 강조점은 치명적인 군사 장비의 이전이 아니라, 정책의 조화에 두어져야 한다.

이러한 측면은 전세계적이고 지역적인 안보문제에 대해 중국과 지속적이고 광범위한 대화를 갖는 것이 바람직하다는 점을 암시한다. 대화는 여러 분야에 걸쳐 포괄적이어야 한다. 즉, 양국의 외교와 군사조직의 대표들을 포함해야 하고, 공식적·비공식적 통로를 통해서 이루어져야 하고, 실무수준의 관료들뿐만 아니라 고위 지도자들까지 포함해야 하며, 모든 범위의 국제안보문제를 다루어야 한다. 이러한 상호작용을 위한 훌륭한 기초가 1980년대 중반에 확립되었으나, 티엔안먼 위기 이후에 많은 부분이 의문시되었다. 이제는 국방부와 국무부의 각료급 수준의 교류를 포함하여 그러한 대화를 다시 시작해야 할 시기이다. 앞으로 중국에 대한 제재수단으로 이러한 대화를 중지하는 것은, 순전히 의례적인 접촉을 일시 중단하는 것을 제외하고는 현명한 일이 못될 것이다.

그러한 대화의 기본 목적은 미국의 정책과 목적을 설명하고, 중국의 목표와 전략을 보다 잘 이해하며, 지구적이며 지역적인 안보문제를 처리할 때 중국의 협력을 확보하는 것이다. 한반도의 안정유지와 캄보디아문제에 관한 파리협정의 이행보장, 인도와 파키스탄의 갈등방지, 중동의 평화추구 등에 특별한 강조점이 두어져야 한다. 이러한 결과는 미국의 지시로 수행될 수 없으며, 다양한 쌍무적 문제들을 둘러싼 타협과 연계를 수반하는 상호조정 과정을 통해서 성취될 수 있다. 특히 국제안보문제에 대한 베이찡의 접근법에 따라 양국의 군사협력의 수준과 대중국 선진기술 수출에 대한 통제의 유연성이 결정될 것이다.

미·중 대화의 보다 궁극적인 목적은 중국 안보정책의 투명성을 증대시키는 것이어야 한다. 아시아·태평양 지역에서는 세력균형의 복잡성 때문에, 아마 한반도의 경우를 제외하고는 공식적인 무기통제 메커니즘이 발달되기 어려울지 모른다. 보다 유력한 접근은 상호 일방적인 감축을 계속함으로써, 각 열강이 타방이 취한 것과 비슷한 수준에서 군사력 전개를 제한하거나 감소하는 것이다. 만약 이 지역의 모든 강국들이 서로 장기적인 전략계획을 공유하기만 한다면, 그러한 과정은 효과적인 것이 될 수가 있다. 따라서 중국은 미국을 포함한 상대방에게 중국의 위협 정도, 군사력 전개, 그리고 전략적 목적에 대해 솔직하고 포괄적인 이해를 구하는 것이 필요하다.

결국, 비록 미국이 서태평양에서 보다 큰 경제적 이익을 획득하기 위해 계속해서 군사적 부담을 조정하더라도, 중국의 불안한 대응을 불러일으키지 않는 방식으로 진행되어야 한다. 미국은 일본―또는 다른 지역 강국들―이 군사력을 증강하도록 압력을 가하는 것을 피해야 한다. 왜냐하면 중국이 이를 위협으로 간주하여, 군사적 대비를 가속화할 우려가 있기 때문이다. 또한 워싱턴은 군사력 배치의 감축을 점진적으로 실시해야 하며, 다른 강국들이 지역위협의 약화로 인한 안보공백상태를 이용하지 못하도록 명확한 대응을 해야 한다. 다행히 아시아지역에 대한 소련 위협의 감소로 인해, 미국이 이 지역의 세력균형을 깨뜨리지 않고도 적절하게 군사적 개입의 규모를 감소시킬 수 있게 되었다.

2. 교 역

티엔안먼 광장의 비극에도 불구하고, 1980년대 중국에서 발생한 가장 중요한 발전은 덩 샤오핑의 지도 아래 취해진 경제개혁 및 국제적 참여 프로그램이었다. 이러한 노력들은, 만약 중국이 고도의 통제경제를 유지하고, 산업과 상업의 국가소유를 고집하며, 외국의 투자와 무역을 억제시킨 채, 아시아·태평양 지역의 나머지 국가들을 따라잡지 못한다면, 중국은 현대적이고 강력한 국가가 될 수 없을 것이라는 인식에 기인한 것이었다. 비록 결코 완전하지는 않지만, 개혁은 중국 경제의 구조를 근본적으로 변화시켰다. 점차적으로 많은 기업들이 생산품을 곧바로 수출할 수 있게 되었다. 외국의 직접투자를 받아들이기 위해 점점 더 많은 수단들이 동원되고 있다. 현재 비국영 기업이 도시 노동력의 30퍼센트, 산업생산의 1/3, 그리고 소매상의 60퍼센트를 차지하고 있다. 모든 상품 가격의 거의 절반이 시장가격으로 결정되고, 1/4이 정부가 결정한 한계 내에서 시장조건에 따라 변동될 수 있다.[2] 비록 티엔안먼 위기 이후, 일부 보수주의자들이 비판할지라도 중국의 경제개혁 프로그램은 대부분 그대로이고, 앞으로도 계속 발전해 나갈 것이다.

개혁의 결과, 중국의 경제성장률은 1980년대 내내 평균 9~10퍼센트였는데, 이는 1970년대의 8퍼센트와 비교된다. 동시에 중국의 국제적 경제관계에의 참여도 급격히 증가하였다. 상호무역이 1978년의 206억 달러에서 1990년 1,150억 달러로 급증하였는데, 이는 연평균 15퍼센트의 성장률을 나타내는 것이다.[3] 무역이 국민총생산보다 훨씬 급속히 성장함

---

2) Nicholas R. Lardy, "Redefining U. S-China Economic Relations," NBR Analysis, no. 5 (Seattle: National Bureau of Asian and Soviet Research, June 1991), p. 8.

3) 1978년 자료는 다음을 참조. Harry Harding, *China's Second Revolution: Reform after Mao* (Brookings, 1987), p. 139, table 6-1. 1990년 자료는 다음을

에 따라 중국의 대외무역 의존도, 즉 국내 생산량에 대한 상호무역의 비율이 1978년 약 10퍼센트에서 1990년 30퍼센트로 급격히 증가하였다. 중국에 대한 해외투자의 누적 총계는 1978년에는 전무했으나 1990년에는 200억 달러로 증가하였다.

같은 기간, 중국은 국제경제의 기초를 형성하는 주요 기구들에 대해서도 더욱 활동적으로 참여하게 되었다. 베이찡은 1980년 세계은행과 국제통화기금에 가입하고, 1980년대 후반에는 아시아개발은행(ADB)과 태평양경제협력회의(PECC)에 가입하였으며, 1991년에는 아시아태평양경제협력체(APEC)의 가입국이 되었다. 중국은 또한 1986년 관세와 무역에 관한 일반협정(GATT)에 대해서도 가입신청을 하였으나, 티엔안먼 위기 이후 중국의 경제개혁 프로그램을 둘러싼 불확실성 때문에 가입절차가 연기되었다.

이러한 진전은 여러 모로 미국에 유익한 것이었다. 미국은 중국이 개방적이고 효율적이며 번영하는 국가로서, 국제경제체제에서 활동하는 것에 대해 관심을 가져왔다. 번영하고 효율적인 중국은 경제가 혼란하거나 자원을 낭비하는 국가들에 비해 미국의 기본적 요구를 더 잘 충족시킬 수 있다. 상호 유익한 대외 경제관계에 참여한 결과로 경제번영을 이루고 성공적으로 발전한 중국은 가난한 국가나, 국제적 통합에 의해서가 아니라 자급자족에 의해 성과를 이룬 국가들에 비해 더욱 만족스러운 국가가 될 가능성이 더 크다. 개방적이며 활력 있는 중국 경제는 해외 파트너와 유익한 상업적 관계를 맺는 데 있어서, 나태하고 정체되며 행정통제를 심하게 받는 경제보다 더 호의적일 것이다. 그리고 중요한 것은, 외부세계에 대해 역동적이고 개방적인 경제는 그렇지 않은 나라에 비해, 장기적으로 정치적 자유화에 대한 국내적 압력이 발생하기 쉬울 것이라는 점이다.

더욱이 미국은 중국과 폭넓은 경제적 관계를 발전시킴으로써 이익을

참조할 것. The annual communiqué of the State Statistical Bureau, Xinhua, February 21, 1991, in FBIS, *China*, February 27, 1991, pp. 45~52.

얻을 수 있다. 중국은 희귀한 금속과 광물로부터 싼 소비재에 이르기까지 미국 수입의 중요한 공급원이 될 수 있다. 나아가 더욱 경쟁적인 국제적 환경 속에서 미국은 수출과 직접투자를 통해 중국 시장에 접근하는 방법을 이해하고 있다. 미국이 경쟁자에게 양보한 일부 중국 시장을 다시 확보하기란 쉽지 않을 것이기 때문에, 경제의 어느 분야든—농업, 산업, 혹은 서비스—중국 시장을 다른 국가에게 포기하는 것은 어리석은 일이 될 것이다.

중국의 경제적 이해는 상당 정도 미국의 경제적 이해와 일치한다. 모든 중국의 지도자들은 번영하는 국가가 바람직하다는 점에 대해 동의할 것이다. 즉, 부와 권력에 대한 추구는 19세기 후반 이래 중국 정부가 공유해 온 하나의 목표였다. 또한 중국에서는 국제적 교역에 더 적극적으로 참가해야 할 필요성에 대한 합의가 증가하고 있다. 마오시기로부터 배운 훌륭한 교훈 중의 하나는, 중국이 외국인 투자와 해외무역을 제한하는 자력갱생적인 길을 걸으면, 포괄적인 국력향상을 위한 경쟁에서 아시아의 나머지 국가들보다 더욱 뒤쳐지게 될 것이라는 점이다.

중국의 많은 경제학자들은 미국을 경제발전의 자연스런 파트너로 간주한다. 미국 시장은 광활하고 상대적으로 개방적이다. 그리고 미국의 기술은 세계에서 가장 발달된 것 중의 하나이며, 미국의 회사들은 외국의 파트너와 기꺼이 기술을 공유하고자 할 것이다. 중국도 분명히 일본과 광범위한 경제적 관계를 발전시키는 것에 대해 관심을 가지고 있다. 그러나 세계의 나머지 국가들처럼 베이찡도 일본 시장을 상대적으로 폐쇄적인 것으로 간주하고 있으며, 일본 기업들이 기술의 해외이전을 달가워하지 않는다는 것을 알고 있다. 확실히 중국은 시장, 금융, 외국기술을 지나치게 일본에 의존하는 것을 원하지 않는다. 결국, 베이찡은 배타적인 지역 무역블럭의 형성에 대해 거의 열정을 보이지 않고 있다. 왜냐하면 아시아에 그러한 블럭이 탄생하게 되면, 미국 시장과 기술에 대한 중국의 접근은 감소되는 반면, 일본에 대한 경제적 의존은 증가할 것이기 때문이다.

비록 미국과 이러한 이해관계를 공유할지라도 중국은 다른 방면에서 미국을 실망시킬 수 있다. 중국의 경제발전 전략은 이데올로기적이며 실천적인 측면에 비추어 볼 때 상당한 정도의 국가개입으로 특징지어질 것이다. 머지않은 장래에도 일부 가격은 행정적으로 결정될 것이고, 재정신용과 투자자본은 관료적으로 할당될 것이며, 수출과 수입은 정부의 통제에 종속되고, 외국인 투자계획은 해당 관리의 세밀한 감독을 받게 될 것이다. 이런 면에서, 미국의 기업계는 자신들이 선호하는 것보다 중국 경제가 시장의 기능에 덜 지배되며 외국인 투자에 대해서도 덜 개방적이라는 점을 발견하게 될 것이다.

베이찡은 또한 동아시아의 다른 신흥공업경제체들의 신중상주의 전략을 모방하고 있다. 즉, 자국의 경제를 해외경쟁으로부터 보호할 여러 가지 장치들을 이용하면서 동시에 미국 시장에 대한 수출을 증대시키기 위해 유리한 환율과 정부 보조금을 사용하고 있는 것이다. 이러한 정책들로 인해 미·중 경제관계에서 별로 바람직하지 않은 모습들이 나타나게 되었다. 즉, 중국의 거대한 무역흑자가 누적되었고, 이는 1986년에서 1990년 사이에 245억 달러에 달했다. 경제개혁이 계속되더라도, 이러한 신중상주의적 요소들이 지속되면서 중국과 미국의 교역관계는 복잡해질 것이다.

이와 관련, 국제경제 문제에서 중국의 위치는 개발도상국의 지위를 반영한다고 할 수 있다. 1970년대 이래, 중국은 줄곧 신국제경제질서를 요구해 왔는데, 이 질서에서는 상품가격, 자본흐름, 그리고 기술이전의 시기가 제3세계의 이익에 맞게 조정되어야 한다는 것이다. 처음에 베이찡은, 신국제경제체제의 창설은 서구 중심의 현존 자본주의 경제를 철저히 재편하는 것을 의미한다고 강조하면서, 그러한 문제들에 대해 상당히 과격한 입장을 취하였다. 시간이 경과하면서, 중국은 세계의 나머지 다른 국가들과 광범위한 교역관계를 통해 이익을 얻는 방법을 알게 되었고 이에 따라 그러한 자세를 완화하였다. 최근 수년간, 베이찡은 현존하는 국제제도와의 대결보다는 제도 내의 협상을 통해서 보다 쉽게 더 공정한 경제질서가 확보될 수 있다는 것을 인정하게 되었다. 그러나 개발도상국으로서 중국의 국제경제 문제에 대한 관점은, 여전히 미국의 관점과 일시적으로 대립하고 때로는 갈등을 겪을 것이다.

한편, 일부 중국 수출품이 불법적인 통로를 통해서 미국으로 들어온다는 증거가 늘어나고 있다. 중앙정부의 금지에도 불구하고, 중국의 교도소에 의해 운영되는 공장의 생산품들이 미국 시장에 유입되고 있다. 중국의 섬유업자들은 그러한 상품에 위조상표를 붙임으로써 미국의 할당량을 잠식하고 있고, 제3국을 경유해서 운송하고 있다. 비록 소량일지라도 확실히 강제노동에 의한 생산품인 까닭에 이러한 수출품들은 미국의 법률을 위반하는 것이므로 그대로 방치할 수는 없다.

총체적으로 고려해 볼 때, 미국은 앞으로 중국과 경제관계를 확대해야 하지만, 동시에 그 관계가 상호호혜적인 기반위에 놓여지도록 해야 할 것이다. 워싱턴은 베이찡에 압력을 가해서 수입관세와 수출보조금을 줄이고, 합리적인 환율을 유지하고, 개선된 저작권법과 특허법을 통해 외국의 지적 재산권을 보호하고, 수입에 대한 행정통제를 완화하고, 외국인의 투자를 위한 더 많은 기회를 만들도록 해야 한다. 이러한 기대감은 중국 경제가 더 개방적이고 유연성을 가질 뿐만 아니라, 중국의 법적 절차가 보다 제도화되고 행정규제가 보다 완화되기를 요구한다. 미국은 또한 전세계적, 지역적 차원에서 개방된 국제경제가 유지되는 것을 중국이 지지하도록 설득해야 한다.

이러한 문제들을 토의하기 위한 예비단계로서, 베이찡과 워싱턴은 양국의 교역관계에 대해서 포괄적이고 객관적인 평가를 수행해야 한다. 통계에 나타난 양국의 무역수지는 논쟁적인 쟁점으로 남아 있다. 통상적 국제관행에 따라, 중국은 홍콩을 경유해서 미국으로 가는 생산품들을 미국에 대한 수출이 아니라 홍콩에 대한 수출로 간주한다. 그러나 미국의 통계는 중국에서 생산된 모든 생산품을, 그것의 홍콩 경유 여부에 상관없이, 중국에서 수입된 것으로 여긴다. 반대로 중국에 대한 미국 수출의 경우에는, 미국의 계산보다 중국의 계산이 더 많다. 왜냐하면 중국의 수

치는 홍콩을 경유해서 들어온 것을 포함하는 반면, 미국의 수치는 그렇
지 않기 때문이다. 이러한 통계상의 편차로 인하여, 미국 관리들은 미국
이 해마다 베이찡측이 인정하는 것보다 더욱 큰 무역적자를 보고한다.

마찬가지로 양국은 쌍무교역의 다양한 면들을 보다 잘 이해할 필요가
있다. 중국은 점차 홍콩이나 타이완과 같은 제3국으로부터 부품이나 원
자재를 수입하여 자국의 공장에서 조립, 가공하여 미국으로 다시 수출한
다. 중국은 이러한 거래에서 전체가치의 7~8퍼센트만을 획득한다고 주
장한다.[4] 그러나 미국측에서 보면, 중국은 이러한 과정에서 미국에 대
해 엄청난 상품을 판매하고 있는 반면, 미국은 그에 상응하는 어떠한 수
출도 하지 못하고 있는 것으로 여겨질 수 있다.

미 · 중 무역의 양상을 보다 잘 이해함으로써 워싱턴은 경제적 목적을
추구하기 위한 몇 가지 정책적 수단을 활용할 수 있다. 중국과 교역문제
를 협의하면서 일본이나 타이완의 무역흑자 문제를 다룰 때처럼 최혜국
대우 조항의 철회를 위협하는 것은 적절하지 않다. 미국의 모든 무역 상
대국들에게 자유무역은 상호호혜적 기반 위에서만 창출될 수 있다는 원
칙을 받아들이도록 하기 위해서는 무역법 301조에 명시된 것과 같은 목
표가 분명한 보복조치가 보다 적절한 방법이다. 중국의 수출보조금 지
원, 미국 생산품에 대한 수입장벽, 또는 기타 부당한 무역관행에 대한
보복으로서, 필요하다면 중국 생산품의 일부에 대해 더 높은 쿼터와 관
세가 부과되어야 한다. 또한 미국은 중국으로부터의 수입이 무역법을 위
반하면 그것을 더욱 강력하게 집행해야 한다. 중국 노동수용소의 상품이
나 위조상표가 붙은 상품을 알고서도 구입하는 미국 수입업자들은 기소
되어야 한다. 만약 위조상표 부착을 중지하지 않는다면, 중국 모직물에
대해 보복관세와 쿼터를 부과해야 한다. 만약 중국이 강제노동에 의한
생산품을 미국에 선적하는 것을 중단하지 않는다면, 그러한 생산품이 포
함된 모든 상품에도 보복관세와 쿼터 혹은 금지조치를 취해야 한다.

---

4) FBIS, *China*, May 10, 1991, p. 11에 있는 대외경제관계, 무역부의 미 · 중 간
상업관계에 관한 언급을 참조.

반대로 베이찡이 미국의 이해에 맞게 대외 경제정책을 변화시키게 된다면, 미국은 베이찡에 대해 보상할 방법을 고려해야 한다. 중국 경제의 자유화가 진척된다면, 중국의 GATT 가입을 보장해야 할 것이다. 그리고 그 단계를 거치면, 중국은 다른 개발도상국처럼 미국의 일반특혜관세제도(GSP) 하에서 더 향상된 관세대우를 누릴 수 있는 자격을 가질 수 있을 것이다. 중국에 GSP조치를 부여할 것인지에 대한 미국의 결정은, 해당 시점에서 양국간의 쌍무적 무역 수지균형과 제반 정치적 관계를 고려하면서 취해질 것이다.

만약 중국의 경제개혁이 재개되고 인권상황이 개선된다면, 미국은 다양한 형태의 지원 프로그램을 통해 중국의 발전을 증진시킬 수 있을 것이다. 다른 선진국에서 시행된 유사한 프로그램과 마찬가지로, 미국 수입업자들에게도 상당 기간 동안 신용대부가 지급될 수 있다. 미국은 세계은행과 아시아개발은행, 그리고 다른 국제신용기구들이 중국에 대해 대부를 확대할 수 있도록 보증할 수 있다. 미국은 중국의 경제개혁을 진전시키고 국제경제로의 통합을 촉진시킬 수 있는 계획들을 강조하면서, 중국에 대한 소규모 원조 프로그램을 시작하는 것이 가능할지 모른다. 여기에서는 베이찡에 대한 대규모 차관이 아니라 농업발전, 환경보호, 기업관리, 거시경제 조정, 그리고 중앙 계획경제를 시장경제체제로 전환시킬 때 발생할 수 있는 문제점 등에 대한 기술적인 충고를 제공하는 데 초점이 맞춰져야 한다.

3. 인 권

중국은 전체주의적 유산을 가진 거대하고 복잡한 사회이다. 그리고 중국은 근대화와 자유화라는 격동의 과정을 겪고 있다. 1989년의 티엔안먼 위기는 이 과정이 얼마나 불안정할 수 있는지를 보여주었다. 특히 경제개혁의 비용이 이익을 초과하기 시작할 때, 그리고 경제변화의 국면이 정치제도의 재편을 능가할 때는 매우 불안하다는 것을 보여준다. 1989년 이래 동유럽과 소련에서의 사태진전과 아울러, 위기 이후 중국의 상황은 성공적인 정치개혁의 대안을 예증하고 있다. 향후, 중국은 진척된 자유화와 제도화로 나아가기보다는 더욱 강력하게 통제된 사회로 후퇴하거나 정체, 불안정, 혼돈으로 빠져드는 경험을 할 수도 있다.

미국은 중국이 혼돈에 빠진 상태에서는 어떠한 이익도 얻지 못한다.[5] 불안정은 중국의 대외적인 상업적, 과학적 관계를 더욱 악화시킬 것이고, 결과적으로 미국과의 무역, 투자, 그리고 학문적인 교류를 후퇴시킬 것이다. 혼돈에 빠진 중국은 인민들에게 의식주를 공급할 수 없을 것이고, 주변국가로 대량의 난민이 탈출하게 될 것이다. 불안한 중국은 핵무기와 재래식 무기로 무장한 채 이웃국가들을 위협하거나 외국의 개입을 초래함으로써 아시아·태평양 지역의 세력균형을 파괴시킬 수 있다. 1910~1920년대의 호전주의와 1960~1970년대의 문화대혁명을 포함하여 과거의 불안정한 시기에 목격했듯이, 중국의 불안정은 자국의 인민들뿐만 아니라 다른 지역의 사람들에게까지 재앙을 가져올 수 있다는 것을 경고한다.

또한 중국에 더욱 억압적인 정권이 출현하는 것은 미국의 이익과 부합되지 않는다. 그러한 정부는 분명히 중국 인민의 정치권과 시민권을 침해할 것이다. 더욱 엄격히 규제된 지적 풍토에서는 중국과 미국의 학문적, 문화적 교류가 방해받게 될 것이다. 비록 강경노선의 중국 정부가 미국과 교역관계를 유지하려 할지라도, 미국의 투자가들은 위협적 분위기에서는 중국에 대한 투자가 어렵다는 것을 쉽게 알아차릴 것이다. 게다가 억압적으로 통제하는 정부는 결국 불안정해지기 마련이다. 정당성과 적절한 제도들이 부재한 속에서 억압적인 중국 정부는 아래로부터의 끊임없는 반대와 항의로 인하여 위협을 받게될 것이다.

---

5) 이 부분은 다음 글에 주로 의거한다. Harry Harding, "China in the 1990s: Prospects for Internal Change," NBR Analysis, no. 1 (Seattle: National Bureau of Asian and Soviet Research, September 1990), pp. 20~24.

이것은 중국이 미국과 매우 유사한 정치제도를 즉각 모방해야 한다는 의미는 아니다. 행정부와 입법부 간, 그리고 연방정부와 주정부 간의 복잡한 권한분배, 행정부와 입법부의 행위에 대한 사법부의 평가조항 등은 중국의 상황에 적합하지 않을 것이다. 또한 중국의 정치개혁 과정이 급속하게 일률적으로 전국토에 걸쳐 전개될 수는 없다. 그러나 중국의 정치체제가 꾸준히 효율적인 것으로 변하고, 덜 부패하며, 시민들의 요구에 보다 잘 대응하게 될 것이라고 미국이 희망하는 것은 적절하다. 특히 베이찡의 정부가 자의적인 체포와 장기구금, 물리적·심리적 고문, 그리고 법적 보호조항이 없는 사법적 절차 등을 폐지함으로써 국제적으로 공인된 인권을 인정하고 보호하는 것은 중국과 미국 모두에 이익이 될 것이다. 미국은 또한 다른 모든 지역에서와 마찬가지로 중국에서 언론, 출판, 집회, 결사의 자유와 종교의 자유가 확대되기를 원한다.

미국의 이해는 티벳이나 신장 같은 소수 지역의 독립을 적극적으로 조장하거나 지지하는 데까지 확대되지는 않는다. 만약 미국이 소수민족의 자결원칙을 일관되게 승인하게 되면, 캐나다와 같은 가까운 이웃국가들과 동맹국을 포함한 많은 국가들과의 관계가 복잡해질 수 있다. 미국은 소수민족 지역을 포함한 중국 전역에 걸친 정치개혁과 기본적 인권의 확대를 추구하는 가운데 미국의 이해를 정의하는 것이 보다 바람직할 것이다. 이러한 목적은 경제발전을 위한 노력을 경주할 뿐만 아니라, 정치적 분권화와 문화적 자율성을 위한 조치를 시사한다. 그러나 궁극적인 주권 문제는 미국의 관심사가 아니다.

중국인들은 이러한 미국 이익의 정의에 대해 이중적으로 대응할 것이다. 한편으로 그들은, 미국이 중국의 고질적인 불안정보다는 안정을 선호한다는 주장을 환영할 것이다. 또한 미국이 티벳이나 다른 소수민족 지역의 독립에 대한 지지를 철회한다면 안심할 것이다. 반면에 중국의 지도자들은 인권과 정치개혁에 대한 미국의 옹호를 중국 내부문제에 대한 받아들일 수 없는 간섭으로 간주할 것이다. 특히 중국 정부에 대한 날카로운 비판이나 경제적·외교적 제재를 포함할 때는 더욱 그러할 것이다. 그러므로 중국의 인권개선은 계속해서 미·중 관계에 심각한—아마도 가장 심각한—껄끄러운 문제로 남아 있게 될 것이다.

안정적이고 인도적으로 통치되는 중국에서, 미국은 자국의 이해를 추구하는 데 있어 수단의 한계를 인식해야 한다. 매우 단순하게, 중국의 무질서를 방지한다거나 정치개혁을 강요한다는 것은, 미국이 1940년대 중국 혁명의 결과를 결정할 수 없었던 것과 마찬가지로 미국의 능력을 넘어서는 것이다. 미국은 현대화와 개혁에 착수하려는 중국 정부에 대해 경제적·기술적 원조를 제공할 수 있다. 그러나 중국이 부패, 비효율, 그리고 쇠락의 희생양이 되는 것을 방지할 수는 없다. 미국은 자유화를 독려하고 억압에 제재를 가할 수는 있지만, 보수정부로 하여금 개혁을 이행하도록 강요할 수는 없다. 그러므로 필요한 것은 현명한 인권정책인데, 이를 통해 중국의 정치적 개혁실시로 미국의 이익을 구체화시키고, 동시에 인권개선을 위한 적절한 방법을 발견하며, 미국이 취할 수 있는 수단의 한계를 인정할 수 있어야 한다.

미국은 중국의 인권과 정치개혁에 있어서 여러 가지 방식으로 자국의 이해를 추구할 수 있다. 우선 이런 문제들에 대해서 티엔안먼 위기 이후에 부시 행정부가 시작했고, 다른 서방 정부도 추진해온 것과 같은 종류의 대화를 중국 정부와 계속해야 한다. 물론 토론의 기본 목적은 중국의 인권침해를 비난하고, 개선을 위해 압력을 가하고, 자유화가 시작되면 그것을 촉진시키는 것이다. 이러한 과정은 차례로 공적·사적 조직들이 중국의 인권상황을 더 포괄적이고 객관적으로 감시할 것을 요구한다. 억압이나 자유화의 사례들을 과장하지 않고 장기적으로 감시하는 것이 필수적이다. 인권남용의 예가 발생하면 솔직하고 분명하게 밝혀야 한다. 반대로 상황이 개선되기 시작하면, 과거의 인권침해를 부인하지는 않더라도 그러한 발전은 인정되어야 한다.

그러나 다른 목적들도 베이찡과의 대화를 통해 증진될 수 있다. 중국 지도자들에게 미국이 인권을 통해서 무엇을 말하고자 하는지 명확히 설명하는 것이 중요하다. 미국은 중국 정부의 폭력적인 전복이나 다원적인 정치제도의 즉각적인 채택을 추구하는 것이 아니라, 점진적이고 지속적인 정치개혁 과정을 원한다고 설명할 수 있을 것이다. 또한 중국 지도자들과의 대화는 왜 미국이 인권에 그렇게 관심이 많은지를 설명하는 데에도 이용될 수 있다. 즉 미국은 실용적이며 도덕적인 이유에서 중국의 정치발전에 관심이 많으며, 인권에 대한 관심은 미국 대외정책의 장기적이고 지속적인 요소라고 설명할 수 있다.

또한 중국 지도자들과의 대화는 가능한 한 많은 문제들을 국제화시키는 방식으로 행해져야 한다. 이를 통해 베이찡은 미국이 옹호하는 인권이 미국 단독으로 정의하는 것이 아니라, 현재의 국제법과 관행들에 구체화되어 있는 세계적 규범을 대표하는 것임을 이해하게 될 것이다. 중국 지도자들은 미국뿐만 아니라 다른 정부들도 중국의 인권상황에 관심을 가지고 있으며, 그들이 베이찡에 대한 정책을 결정하는 데 있어서 중국내의 정치적 상황을 고려할 것이라는 사실을 알아야 한다. 한편 국제화는 중국에 적용되는 판단과 제재의 기준이 다른 국가들에 적용되는 것과 동일하다는 것을 의미한다. 이는 베이찡이 유사한 다른 정부들보다 더 거칠거나 관대하게 취급받고 있다는 의심을 불식시키기 위해서 필요하다.

미국은 중국의 장기적인 정치개혁과정을 향상시키기 위해 몇 가지 더 진전된 조치를 취할 수 있다. 국내발전과 국제문제에 관한 객관적인 방송을 더 많이 중국으로 보낼 수 있다. 더욱이 민주주의 정치제도와 정당한 법질서의 근본적인 원칙에 대한 보다 나은 이해를 조장하기 위해 문화적·학술적 교류프로그램이 지속될 필요가 있다. 만약 정치개혁이 재개된다면, 그때 중국 정부와 시민조직들은 민주주의의 절차에 관한 기술적 지원과 미국 국제개발국과 민주주의지원 연방기금이 이미 민주주의를 행하고 있는 다른 국가들에 제공하고 있는 것과 같은 종류의 광범위한 지원을 요구할 수 있을 것이다.

티엔안먼 사건과 같이 중국 정치상황이 심각하게 퇴보할 경우에는, 베이찡에 제재를 가하는 것이 적절할지 모른다. 가장 효과적인 몇몇 행동은 중국의 인권침해에 대한 날카로운 비판과 중국 고위 지도자들과의 의례적인 접촉의 일시중단과 같이 상징적인 것이 될 수가 있다. 전통적으로 외국의 경의표현이 해당정부의 합법성에 대한 중요한 지표가 되는 국제사회에서, 그러한 상징적인 태도는 중요한 영향을 끼칠 수 있다. 다른 제재, 특히 무기와 선진기술의 공급과 같은 경제적·전략적 관계의 중단과 취소는 실질적인 효과를 가져올 수 있다. 그 외의 다른 제재들은 공식적인 정부결정의 결과가 아니라, 중국의 불안정과 억압에 대한 시장영역의 자발적 대응의 결과이다. 즉 개별회사와 시민들이 비우호적으로 보이는 환경에 대해 무역, 투자, 여행, 또는 학술적 교류를 결정하지 않는 것이다.

그러나 이 모든 사례들에서 제재가 효과적이려면 다면적이어야 한다. 고위급 수준의 접촉금지나 중국의 인권상황에 대한 날카로운 비판과 같은 상징적인 효과는, 만약 그러한 수단들이 다른 동맹국들의 지지를 얻지 못하고 미국이 단독적으로 취한다면 매우 약화될 것이다. 일방적 경제제재의 물질적 효과도 만약 중국이 미국 대신 유럽을 공급자로 교체하는 결과가 발생한다면, 중국보다 미국에 더 손해가 될 수도 있다. 따라서 만약 제재가 필요하다면 1989년 서방측이 행한 것처럼 다면적으로 행해져야 할 것이다.

더욱이 제재가 비생산적이지 않기 위해서는 조심스럽게 선택되어야 한다. 정부 연구기관을 포함해서 학술적 교류를 제한하는 것은 정치·경제 개혁에 관한 아이디어가 중국으로 흘러들어가는 중요한 통로를 제한하는 것일 뿐이다. 최혜국대우 철회와 같이 분명한 목표가 설정되지 않은 경제 제재들도, 만약 중국 정부에 대해 사회와 경제에 대한 행정통제를 강화하는 구실을 제공하거나, 아직 경제적 자유화가 시행되고 있는 지역이나 부문에 해를 끼친다면 비생산적인 것으로 될 수 있다. 비록 중국 고위 지도자들과의 의례적인 교류중지는 적절할지라도, 전략, 경제, 환경 문제와 관련하여 베이찡을 상대해야 할 필요성에 비추어 볼 때, 중국정부와 정상적 실무관계를 완전히 단절하는 것은 분명히 현명하지 못한 처

사이다.

한편, 중국의 인권상황이 개선된다면 베이찡은 보상을 받을 수 있을 것이다. 고위수준의 의례적인 방문금지가 부활될 수 있고, 중국 최고 지도자들이 다시 미국에서 환영받을 수 있다. 앞서 언급된, 전략적 관계의 조건으로서 양국의 군사협력이 재개될 수 있다. 미국은 다양한 국제금융기구들의 대중국 대부를 다시 지지할 수 있고, 미국 스스로도 소량의 쌍무적인 지원 프로그램을 고려할 수 있다. 베이찡이 무기와 핵장비의 해외판매와 관련하여 책임있는 정책을 채택한다면, 기술이전 규제도 완화될 수 있다. 요컨대 중국 지도자들은 인권문제가 중국을 처벌하기 위한 구실일 뿐만 아니라, 미국이 더욱 협력적인 행위를 취하기 위한 판단의 근거가 될 수 있다는 점을 재확인할 필요가 있다.

4. 타이완과 홍콩 문제

1949년 중국혁명 이후 40여년 이상, 중국은 베이찡 중앙정부의 통제를 벗어난 홍콩, 타이완(그보다 작은 포르투갈의 영토인 마카오도 마찬가지로)과 분리된 채 지내 왔다. 왕조시기의 선조들처럼, 현재의 중국 공산주의 정부도 자신의 통제하의 국가 재통일을 권력과 합법성의 필수적인 상징으로 간주해 왔다. 베이찡은 이러한 목적을 오랜 기간에 걸쳐 상이한 속도와 상이한 전략으로 추구해 왔다. 1980년대 이전까지는 홍콩이나 마카오에 대한 주권획득에 상대적으로 관심을 덜 가졌으나, 80년대 들어 와서는 이 지역의 중국반환을 협의하기 위한 지속적인 협상에 몰두하였다. 중국은 1950년대에는 타이완 관할의 연안 섬들에 대해서 두 번씩이나 군사력을 사용하였지만, 미국과의 관계 정상화 이후에는 보다 완화된 전략으로 전환하였다. 비록 전술은 변했을지라도, 재통일이라는 목표는 공산주의 전 시기에 걸쳐 중국 외교정책에서 일관된 것이었다.

한편 홍콩과 타이완은 베이찡의 통제 밖에서 번영해 왔다. 타이완의

경제발전은 동아시아 진정한 기적 중의 하나였다. 타이완의 경제는 1960
년대와 1970년대 연평균 약 10퍼센트 정도 성장하였다. 타이완의 일인당
소득은 1970년 387달러에서 1989년 7,510달러로 증가하였고, 1996년에
는 14,000달러에 달할 것으로 예상된다. 동시에 타이완은 놀랄 정도로
평등한 소득분배와, 대체로 낮은 수준의 인플레이션를 유지해 왔다. 홍
콩 또한 놀라운 경제적 성공을 향유하였다. 한때 홍콩은 중국 남부의 조
용한 상업 중심지였는데, 현재는 동아시아의 상업, 운송, 그리고 재정의
중심지가 되었다. 홍콩의 성장률은 1970년대와 1980년대에 연평균 7퍼센
트였고, 일인당 소득은 1970년 900달러에서 1990년 12,000달러로 증가
하였다. 홍콩은 인플레이션과 소득분배 문제에서 타이완처럼 두드러진
성과를 거두지는 못했지만, 전체적인 발전상은 매우 인상적이다. [6]

미국은 타이완과 홍콩에 중요한 경제적·도덕적 이해관계를 가지고 있
다. 1949년 이래 미국의 대중국 정책에 있어서 타이완의 평화로운 미래
는 단 하나 일관되게 유지해온 요소였다. [7] 미국과 타이베이의 관계는
1950~1960년대의 경제적 지원, 1955~1979년의 군사동맹, 1970년대의
인권과 관련된 긴장들, 그리고 1980년대의 경제적 갈등의 증가로 이어져
왔다. 그러나 이 모든 시기를 통하여 미국은 타이완 문제의 평화로운 해
결책을 계속 모색해 왔다. 그러한 모색은 1950년 한국전쟁의 발발 이후
타이완 해협에 제7함대 일부를 배치한 것뿐만 아니라, 1955년의 상호방
위조약에도 구체화되었다. 심지어 워싱턴과 베이찡의 관계개선 이후에

---

6) Council for Economic Planning and Development, *Taiwan Statistical Data
   Book 1985* (Taipei, 1985), p. 2; Asian Development Bank, *Asian Develop-
   ment Outlook 1991* (Manila, 1991), p. 279, and *Asian Development Outlook,
   1990* (Manila, 1990), p. 222; International Bank for Reconstruction and
   Development/World Bank, *World Tables* 1991 (Washington, 1991), p. 300.
7) 이 정책의 기원과 지속에 대해서는 다음을 참조. Harry Harding, "The Legacy
   of the Decade for Later Years : An American Perspective," in Harry Harding
   and Yuan Ming, eds., *Sino-American Relations : A Joint Reassessment of a
   Critical Decade* (Wilmington, Del. : SR Books, 1989), pp. 325~326.

도, 미국은 1972년의 상하이공동성명, 1979년의 타이완관계법은 물론이
고, 1978년과 1982년의 공동성명과 같은 정책선언을 통해 타이완의 평화
로운 미래가 미국의 이익과 일치한다는 점을 반복해서 확인하였다.

지난 20년 동안 타이완의 경제적 성공으로, 미국은 타이완의 운명에
대해 더 큰 이해를 지니게 되었다. 미국과 타이완의 양자무역은 1990년
에 343억 달러에 달했는데, 이는 같은 해 중국과 미국 간의 무역보다 40
퍼센트가 더 많은 것이었다. 이로 인해 타이완은 미국의 여섯 번째 무역
상대국이 되었다. 타이완에 대한 미국의 투자도 급격히 증가하여, 1990
년에는 중국 본토에 대한 미국 투자의 두 배 이상인, 누적 총계 36억 달
러에 달했다. 비록 이러한 경제적 관계의 성장이 미국·타이완 관계에
새로운 긴장―타이완이 1980년대 대부분 기간 동안 누렸던 거대한 무역
흑자의 결과―을 가져왔지만, 분명한 것은 타이완의 번영에 대한 미국
의 이해관계가 강화되었다는 것이다.

앞에서 언급한 대로, 미국은 홍콩의 운명이 영국의 손에 달린 것으로
간주하고 역사적으로 홍콩에 대해서는 큰 관심을 가지지 않았다. 그러나
동아시아의 상업과 재정의 중심지로서, 중국 남부의 상업중심지로서 홍
콩의 이중적인 역할이 확대되자 이곳에 대한 미국의 경제적 진출이 증가
하였다. 미국과 홍콩의 무역(중국 원산의 상품을 제외하고)은 1990년에
163억 달러에 달했다. 홍콩에 대한 미국의 총투자는 현재 누계 60억 달
러에 이른다. 1984년 홍콩의 중국반환 합의 이후 대두된 홍콩에 대한 확
신감이 위기를 맞게 되고 1989년 티엔안먼 광장의 반정부 시위를 지지하
는 대규모의 시위 이후에, 미국은 홍콩 인들의 인권의 미래에 대해 관심
을 가지기 시작했다.

결국 미국은 타이완과 홍콩의 평화롭고 안정된 미래를 원한다. 타이완
에 대한 중국 본토의 어떠한 무력 사용도 미·중 관계 정상화 시기에 미
국이 타이완 국민에게 행한 공약에 직접적으로 도전하는 것이다. 중국의
어떠한 기본법 위반도, 홍콩의 경제·사회체제를 1997년 이후에도 그대
로 유지하려는 미국의 이해에 위배되는 것이다. 두 지역의 정치적 억압

은 자동적으로 인권에 대한 미국의 관심을 자극할 것이다. 그리고 사회 불안이나 경제침체는 두 지역에 대한 미국의 경제적 이익의 증대에 분명히 누를 끼칠 것이다.

동시에 미국은 홍콩이나 타이완이 중국 본토와 궁극적으로 재통일되어야 한다는 일반 원칙에 반대할 이유가 없다. 홍콩을 중국 주권으로 반환한다는 것은 이미 런던과 베이찡이 합의하였으며, 워싱턴은 그것에 대해 분쟁을 일으킬 법적 근거가 없다. 마찬가지로 중국의 궁극적 재통일은 베이찡의 공산주의 정부와 타이베이의 민족주의 정부의 일관된 목표였으며, 재통일이 평화로운 방식으로 양쪽의 상호동의에 따라 이루어지는 한, 미국이 이러한 결과에 대해 반대할 아무런 이유가 없다.

마지막으로, 미국은 홍콩과 타이완이 여러 가지 국제경제 기구들에 더욱 능동적으로 참여하는 것에 대해 관심을 가져 왔다. 이 두 지역 모두 국제교역의 일부를 구성하는 중요한 경제·무역의 주체이다. 또한 두 지역 모두 해외 직접투자, 특히 중국과 동남아시아에 대한 직접투자에서 점점 더 중요한 원천이 되고 있다. 국제경제 체제의 구성과 관련된 문제가 점차적으로 논쟁의 주제로 되고 있는 만큼, 홍콩과 타이완은 주요한 국제 경제조직 내에서 자신들의 세계경제적 위상에 걸맞는 역할을 해야 한다.

홍콩과 타이완에 대한 중국의 이해는 미국의 이해와 때로는 일치하고, 때로는 일치하지 않는다. 베이찡이 평화적 수단에 의한 타이완과 중국 본토의 재통일을 선호한다는 것은 의심의 여지가 없다. 그러나 베이찡은 어떤 환경에서도 무력사용을 포기해야 한다는 무조건적 비판에 대해서는 일관되게 반대해 왔다. 미국처럼 베이찡도 홍콩의 지속적인 번영에 이해 관계를 가지고 있지만, 홍콩이 누리고 있는 자율성과 민주화를 엄격히 규제하기를 원한다. 베이찡은 점차 세계경제에 대한 타이완의 참여를 받아들이고 있지만, 타이베이가 중국의 사전승인 없이 주요 국제기구의 회원이 되거나, 독립된 주권국가로서 참여하는 것에 대해서는 여전히 반대할 것이다. 더욱이 중국은 홍콩이나 타이완에 대한 미국의 이해를 중국 내부문제에 대한 근거 없는 간섭이라고 일관되게 평가하고 있다.

다행히도 미국은 적절하고 지속적인 타이완 정책을 단계적으로 발전시켜 왔다. 베이찡과의 외교관계 수립 이후, 타이베이와 최소한의 제도적 기반만을 유지하였던 많은 다른 서방 국가들과는 달리, 미국은 주타이완 미국 연구소를 통해 타이완 정부와 협의, 조정할 수 있는 매우 역동적인 메커니즘을 갖고 있다. 북미사무협조위원회는 미국 내에서 타이완을 위하여 유사한 역할을 담당한다. 레이건 행정부가 뒤늦게 인식하였던 것처럼, 이런 제도적 장치들의 심각한 변경을 고려할 필요는 없다.

타이완 안보에 대한 미국의 공약 또한 적절하게 진전되고 있다. 비록 미국이 베이찡과의 1982년 협정에 따라, 타이완에 대한 무기판매를 점차적으로 줄일 것을 약속했지만, 계속해서 실질적인 양의 방어무기를 타이완에 팔고 있으며, 구식이 된 이전의 장비들을 대체하여 더 발달된 장비를 제공하고 있다. 워싱턴은 또한 타이완이 방어를 위해 필요한 무기를 자체 생산하는 데 더 큰 책임을 질 수 있도록 타이완에 대한 기술이전 프로그램을 발전시켜 왔다. 무기판매와 기술이전을 결합한 이러한 접근은 계속될 가치가 있다. 아울러 미국은 동맹국들에게 적당량의 방어용 무기를 타이완에 팔도록 조장할 수도 있다. 이는 중국의 전략적 중요성이 감소함에 따라 더욱 많은 서유럽 국가들이 취할 준비가 되어 있는 행동이기도 하다.

장기적으로 미국은 타이완과 본토 사이의 분쟁이 최종적으로 해결되어 냉전 이래 아시아의 안정을 위협해 온 주요 지역갈등 중의 하나가 종결되기를 원할 것이다. 그러나 미국이 어느 한쪽의 협상지위를 지원하거나, 양쪽의 중개자로 활동함으로써 이러한 과정에 밀접히 개입하는 것은 현명하지 못하며, 사실상 그러한 정책이 필요하지도 않을 것이다. 왜냐하면, 타이완 해협을 가로질러 문화적, 경제적, 그리고 정치적 접촉까지도 배가되고 있기 때문에, 미국이 화해의 보편적 추세를 인정하면서 그 과정의 뒤편에 서서 지켜보면 되기 때문이다. 워싱턴은 타이베이와 베이찡이 서로 받아들일 수 있는 노선을 따라 타이완 문제를 평화적으로 해결하는 것을 환영한다고 반복해서 확인할 필요가 있다. 이는 중국이 무력을 사용하거나, 타이완이 독립을 일방적으로 선언함으로써 양쪽이 자신의 의지를 다른 한쪽에 강요하려는 어떠한 시도도 반대한다는 것을 의미한다.

타이완과 본토 사이의 새로운 관계발전으로 인해 미국 정책의 또 다른 요소가 촉진되고 있다. 미국은 타이완이 주권문제를 접어두고 국제경제기구들에 가입하고자 한다면, 타이완이 더 많은 국제경제기구의 회원이 되는 것을 지지할 것이다. 부시 행정부가 1991년에 타이완에게 별도 관세지역의 자격을 부여해 GATT가입을 승인한 것은 옳은 결정이었다. 유사한 방침들이 APEC에 대한 타이완의 자격에도 적용되었는데, 앞으로 경제문화발전기구에서도 적용되어야 할 것이다. 장차 타이완은 세계무역과 투자에서의 주요한 역할을 인정받아 세계은행과 국제통화기금에서도 환영받을 것이다.

미국은 홍콩의 번영과 안정에 이해를 가지고 있으며, 이러한 결과는 중국의 자제와 유연성이 홍콩의 민주주의 및 자율성과 결합함으로써만 보장될 수 있다는 것을 중국측에 대해 명확하게 밝혀야 한다. 1997년을 전후하여 미국 고위 관리들의 홍콩방문 횟수를 증가시킴으로써 이러한 미국의 이해관계를 상징적으로 표현할 수 있을 것이다. 한편, 중국에 대한 경제제재가 필요하다고 생각될 때에도, 홍콩과 홍콩 인민들에 대한 부정적 효과를 최소화하는 방법으로 제재를 구상하는 것이 필수적이다. 이러한 고려는 중국의 최혜국대우 철회에 반대하는 강력한 논거로 이어질 것이다. 왜냐하면 틀림없이 홍콩이 그러한 조치의 주요한 희생자 중의 하나가 될 것이기 때문이다.

또한 미국은 홍콩에 대한 이해관계를 증진시키기 위해 다른 세 가지 단계를 취할 수 있다. 첫째, 1997년 이후 다양한 국제협정과 제도들 내에서 홍콩의 지위를 보장하기 위해 중국, 영국 정부와 함께 협력할 수 있다. 홍콩이 중국 관할로 귀속된 이후에도 홍콩과 미국 간의 모든 협정은 유효하다는 것을 보장할 뿐 아니라, 홍콩이 이민과 수입할당을 위해 독립된 지위를 유지하는 것을 지원하도록 미국의 법을 수정할 필요가 있을 것이다. 둘째, 워싱턴은 홍콩이 중국 관할로 반환된 후에도 홍콩으로 선진기술이 이전되도록 보증하는 방법들을 찾아야 한다. 물론 그러한 선진기술이 인가를 받지 않은 사용자들에게 전용되는 것을 예방하기 위해 충분한 안전장치들이 제공되어야 할 것이다. 서방이 인권, 무기확산, 환경보호에 대한 국제적 규범강화의 일환으로 중국으로의 기술수출에 대한 통제를 강화했을 때, 홍콩이 고통을 받지 않도록 보증하는 것이 중요하다. 그리고 셋째, 미국은 만약 상황이 허락한다면, 홍콩의 이민자 쿼터를 증가할 각오가 되어 있어야 한다. 그리고 중국 통치로의 과도기 동안에 발생할지도 모를 억압, 불안, 경제침체로부터 벗어나기를 원하는 사람들을 위한 피난처를 제공해야 한다.

5. 학술·문화 교류

1978년 이래 외부세계에 대한 중국의 개방모습 중 하나는 중국 학생과 학자의 해외유학의 증가였다. 중국 지도자들과 지식인들은 선진과학과 기술이 현지로부터 멀리 떨어져서는 연구하기 곤란하며, 해외에서의 직접적인 경험을 필요로 한다는 것을 알고 있었다. 따라서 미·중 관계 정상화 이후, 10만 명이나 되는 중국 학생과 학자들이 선진 학문을 배우고 연구하기 위해 미국에 왔다. 유사한 목적으로 중국을 여행하는 미국 인의 수는 훨씬 적다. 그러나 수천 명의 미국인들이 언어연구, 공동과학 프로젝트, 사회과학 자료조사와 현지조사, 그리고 중국의 고등교육기관의 강의에 참여해 왔다.

미국이 중국 학술단체와의 적극적인 공동연구를 지속시키는 것에 관심을 갖는 데에는 적어도 네 가지의 이유가 있다. 첫 번째 이유는 그 나라의 크기와 문화의 연속성에서 기인한다. 인류의 역사적, 철학적, 예술적, 그리고 문학적 유산에 대한 평가는 인류의 가장 훌륭한 문명 중의 하나에 주의를 기울이지 않고서는 불완전할 것이다. 식물학, 동물학, 지질학, 그리고 다른 자연과학의 학자들은 중국의 광활한 대지에서 발견할 수 있는 독특한 특징들에 대한 접근이 필요하다. 정치학, 사회학 또는 경제학에 관한 어떠한 일반화도, 그것이 지구인구의 1/4의 경험에 대해서 실험되지 않는다면, 타당한 것으로 간주될 수 없을 것이다.

게다가 교육과 정치체제의 결점에도 불구하고 중국은 훌륭한 과학적·예술적 재능의 원천이기도 하다. 중국의 과학자와 기술자들은 응용과학과 자연과학의 문제들에 대한 해결책을 발견하는 데 있어서 뛰어난 공헌을 할 수 있다. 중국의 예술가, 작가, 음악가, 그리고 영화 제작자들은 현 시대의 국제문화계를 풍요롭게 할 수 있다. 그리고 중국인들의 이론적 수준과 연구기술이 향상됨에 따라 중국의 사회과학자들은 그들 사회에 대한 이해와 지역적, 전세계적 추세에 대한 국제적 이해를 크게 증진시킬 수 있다.

세 번째로, 학술교류는 두 사회의 관계를 보다 더 안정적인 것으로 향상시킬 수 있다. 중국 사회의 모든 수준에서 미국에 대한 이해가 증진되면, 미국과의 관계 또한 더욱 개선될 수 있다. 마찬가지로, 미국의 현명한 대중국 정책을 위해서도 중국 경제·정치체제의 역동성과 중국의 대외정책에 대한 폭넓은 이해가 필요하다. 미·중 관계의 쌍무적이고 다자적인 문제—전략적이거나, 경제적이거나, 환경적이거나, 또는 인권이거나 간에—에 대한 토론은 정부차원보다 비공식적인 포럼들에서 종종 더 유익하고 솔직하게 행해질 수 있다. 이러한 목적을 위해서 학술교류가 매우 유용하다.

마지막으로, 미국이 중국의 현대화와 개혁의 진전을 원하는 만큼, 거기에 상응하여 학술교류는 또 다른 역할을 할 수 있다. 중국의 과학, 기술의 현대화는 해외의 선진과학과 기술에의 접근에 달려 있다. 중국의 경제개혁 프로그램은 서구의 경제이론과 개혁중인 다른 사회주의 국가의 경험에 대한 연구로부터 도움을 받을 수 있다. 그리고 중국 정치 자유화의 과정은 이미 교육받은 젊은 중국인들을 외국의 다른 정치체제에 노출시킴으로써 진전될 수 있었다. 분명하게 이러한 지식들의 일부는 중국이나 다른 서구국가들에서도 획득되어질 수 있을 것이다. 그러나 중국과 미국 사이의 학술교류는 이 모든 목적들에 기여할 수 있는 중요한 역할을 담당할 수 있다.

많은 중국 지식인들은 미국측 인사들과 이 모든 관심사를 공유한다. 그들은 상상할 수 있는 모든 주제들에 대해 더 많이 배우고, 외국학자들과의 공동연구에 참가하고, 다른 사람들과 중국의 문화와 사회에 대한 자신들의 이해를 나누어 갖기를 갈망하는 것처럼 보인다. 불행히도 그들 중 단지 소수만이 그렇게 할 수 있었다. 중국의 국제 학술교류 프로그램은 미국과의 교류를 포함해서, 몇몇 도시들, 특히 베이찡과 상하이의 몇몇 단체들과 불균등하게 이루어졌다.

중국의 지식인들과 대조적으로, 많은 중국 지도자들은 미국과의 학술교류에 대해 훨씬 더 이중적인 생각을 지니고 있다. 한편에서는 중국이 자연과학과 공학뿐만 아니라 사회과학까지 포함한 많은 분야에서 해외의 이론과 실천을 배울 필요가 있다는 주장을 받아들인다. 그들은 중국의 과학자들과 예술가들이 국제적인 인정을 받기를 원한다. 또한 과학과 문학분야에서 중국인들이 노벨상을 수상하기를 바란다. 그러나 그들은 또한 학술교류 프로그램의 일부 결과에 대해서 우려하기도 한다. 1979년 이래 미·중 교육관계의 발전이 보여주듯이, 그들은 재능 있는 젊은 중국인들의 해외 두뇌유출과 해외에서 공부하다 돌아온 사람들의 비정통적인 정치적·사회적 가치에 대해서 우려하였다. 그리고 미국측과 달리, 대부분의 중국 지도자들은 외국인들이 현재의 중국 상황에 대해 독립적이고 객관적인 지식을 갖도록 장려하는 데 별다른 이해를 갖지 않은 듯하다. 대신 그들은, 중국 정부가 중국 환경에 대해 "올바른 이해"라고 결정한 것을 외국학자들이 그대로 수용하기를 원한다.

미국의 가장 좋은 정책은 중국과 적극적인 문화·학술교류를 지속시키고 중국의 다양한 도시와 연구소의 참여를 보장하기 위해, 가능한 한 교류의 폭을 넓히는 것이다. 그러나 미·중 경제관계에서처럼, 미국은 중국과의 교류 프로그램에서 호혜성을 증진시켜야 한다. 문제는 숫자가 아니다. 중국에서 공부하고 있는 미국인의 수가 미국에서 공부하고 있는 중국인들의 수와 조화를 이룰 것이라는 기대는 쓸모 없는 것이다. 그리고 수적인 형평을 달성하기 위해서 교류 프로그램을 제한하는 것은 현명하지 못한 것이다. 대신에 문제로 남는 것은 자연과학이나 공학뿐만 아니라, 인문학과 사회과학의 전 범위에 걸친 주제들에 관해 중국인 동료들과 공동연구를 할 수 있는 미국인들의 능력이다. 베이찡은 사회과학 공동연구의 제한을 바라지 않으며, 자연과학에서의 조사와 연구를 위한 미국측의 최대한의 협력을 기대한다. 미국 대학들, 과학협회, 그리고 교류조직들은 미국의 목적이 교류 프로그램을 통해서 확보되고 있는지 살펴보고, 그들의 중국측 상대에 대해 그들 자신들뿐만 아니라 미국의 이해에도 적절한 관심을 기울이도록 역설할 필요가 있다.

미국은 또한 자국에서 공부하고 있는 중국 학생들과 학자들의 두뇌유출을 해결하려 애쓸 것이다. 여기서 가장 좋은 접근법은 전세계적 기반 위에서 문제를 해결하는 것이다. 만약 미국이 정부의 후원을 받은 학생들과 학자들이 미국에서 프로그램을 끝마친 후 귀국하여야 한다고 계속해서 요구한다면, 그 정책은 티엔안먼 사건 이후 중국 학생들과 학자들에게 일시적인 예외가 허용되었을지라도, 이제는 중국인들에게도 동등하게 적용되어야 한다. 반대로 만약 다른 나라에서 온 학생들과 학자들을 위해 이민절차가 완화된다면, 분명하게 그것은 중국 학생들에 대해서도 똑같이 적용되어야 한다.

미국은 자국에서 교육받은 중국 학생들과 학자들이 선진학문과 현대적 제도, 그리고 민주적 가치에 대해서 배운 것을 중국으로 그대로 가지고 돌아가도록 하는 것에 이해관계를 가지고 있다. 현재 본토의 정치상황을 고려할 때, 영구귀국할 준비가 되어 있는 사람은 거의 없다. 그러나 많은 사람들은 만약 적절한 조치가 취해진다면, 단기간 동안이라도 돌아가기를 원할 것이다. 이러한 목적을 위해서 미국은 중국 정부와 함께 현재 미국에서 살고 있는 중국 학생들이 강의와 조사를 위해 종종 고국으로 돌아갈 수 있고, 또 그들이 연구를 재개하기 위해 원하는 대로 미국으로 다시 돌아오는 것을 보장하는 프로그램을 개발할 수 있다. 사립재단들이 그러한 프로그램이 실행되는 데 필요한 재정지원을 할 수 있을 것이다.

결국, 미국의 기관들은 중국 학생들과 학자들을 위해 미국의 전통적인 학위과정을 보완하기 위한 다양한 훈련 프로그램 설치를 고려해야 한다. 여기에는 중국에 있는 미국 교수들이 가르치는 강좌, 중국과 미국 대학들의 합동 학위과정, 그리고 미국 내 단기 훈련과정이 포함되어야 한다. 대부분의 경우, 이들 프로그램은 중국인 대학원생들을 위한 장기간의 박사과정과 같은 이전의 프로그램보다 더 많은 수의 중국인들을 포괄적으로 수용하는 것이 더욱 효과적임이 증명될 것이다. 그러나 그러한 프로그램에 참여하는 중국인들의 수준을 일정하게 보장하기 위해서는 적당한 선발절차가 필요할 것이다.

6. 전세계적 차원에서의 의제

새로운 미·중 관계는 거의 모든 국가의 안보, 번영, 그리고 양질의 생활에 직접적인 영향을 미치는 초국가적인 의제들이 증가되는 것에 초점을 맞추어야 한다. 이러한 문제들에 대한 관리는 한 국가의 책임이나 양국간의 협상의 주제로서 간주될 뿐만 아니라, 행위규범을 구체화하고 불복종에 대해 제재를 가할 수 있는 국제제도의 창출이나 확장을 요구하는 문제로도 간주된다.

1990년대에는 그러한 제도들 중 두 가지가 특히 중요해질 것이다. 먼저, 대기오염, 특히 전세계적인 기후 변화를 일으키는 가스들을 통제하기 위해 더욱 엄격한 국제제도를 창설해야 한다는 압력이 증대될 것이다. 그리고 두 번째로 1960년대에 핵무기확산을 방지하기 위해 만들어진 국제제도는 단계적으로 화학무기와 생화학무기, 탄도미사일, 그리고 재래식 대량파괴무기를 포함한 다른 무기체제에까지 확대되어야 할 것이다. 이 두 가지 문제에서, 중국은 문제의 악화나 해결의 모색에서 중요한 역할을 할 것이다. 그러므로 중국이 이러한 새로운 전세계적 의제를 다루는 데 필요한 국제제도의 발전에 능동적이고 건설적으로 참가하는 것이 미국의 이해에 부합된다.

대기오염이 환경에 미치는 영향은 지난 10년 동안 과학자와 국가 지도자들의 새로운 관심사가 되어 왔다. 비록 세밀한 부분과 내용들에서 여전히 많은 논쟁거리가 존재하지만, 이산화탄소, 메탄, 이산화질소, 그리고 염화불소와 같은 가스의 배출 때문에 지구 대기의 구성요소가 변화하고 있다는 것에는 의견이 일치하고 있다. 이러한 대기 변화에 따른 가능성이 있는 결과에는, 점진적인 지구 온난화(이산화탄소의 방출결과), 더 많은 자외선(염화불소의 확산에 의한 오존층 파괴의 결과), 산성비(아황산가스 생산의 증가결과), 그리고 먹이사슬을 통한 다양한 독성화학물질의 축적 등이 포함된다.[8]

탄소성분 에너지의 비효율적 사용, 효과적인 배출통제 기술의 부재, 냉매로서의 염화불소 사용의 증가 때문에, 중국은 대기오염에 커다란 책임을 져야 한다. 예를 들면, 중국은 미국과 소련에 이어 세 번째로 큰 이산화탄소 배출국으로 평가되고 있다. 비록 중국의 1인당 이산화탄소 배출량은 상대적으로 적지만, 거대한 규모의 인구가 내뿜는 총배출량은 미국 배출량의 거의 50퍼세트에 달한다.[9]

중국 지도자들은 이제 전세계적 환경문제의 심각성과, 더 중요하게는, 자국이 환경문제에 미치고 있는 영향의 정도를 이해하는 것 같다. 또한 그들은 환경문제에 대한 협력적인 태도가 1989년 6월 4일 사건에 의해

---

8) Kenneth Bush, "Climate Change, Global Security, and International Governance: A Summary of Proceedings of a Conference on Climate Changes and Global Security," Working Paper 23 (Ottawa: Canadian Institute for International Peace and Security, June 1990).

9) *New York Times*, September 10, 19991, p. C9.

크게 훼손된 자신들의 국제적인 평판을 회복하는 데에도 도움이 될 것이라고 인식하고 있다. 일부 분석가들은 중국 지도자들이 자국 환경문제의 심각성을 강조함으로써, 강제 출산통제 프로그램에 대한 외국의 용인을 얻어내고자 하는 것 같다고 추측하기도 한다. 이런 이유로 1990년 9월과 1991년 9월의 유엔총회 연설에서, 외교부장 치엔 치치엔은 국제 환경문제 해결에 협력할 것을 다짐했다. 10) 계속해서 중국은 관련된 국제조직들에서 보다 적극적으로 활동하였고, 1991년 6월에는 환경과 개발의 관계에 관한 개발도상국 장관회의를 개최하기도 하였다. 11)

그러나 중국은 환경보호 조치의 비용을 걱정하고 있다. 베이찡은 다른 개발도상국들과 연합하여 국제적인 대화에서 환경과 개발문제를 연계시킬 것과 부유한 국가들이 제3세계의 환경보호를 촉진하는 데 재정지원과 기술원조를 제공해야 한다고 주장하고 있다. 따라서 중국은 1990년 대체기술의 채택에 따르는 로얄티와 허가권료를 보조하는 국제기금이 설립된 이후에야 오존파괴에 관한 1987년의 몬트리올 의정서에 서명했다. 12)

1990년 경제원조 기금의 설립으로 몬트리올 의정서가 수정됨에 따라, 워싱턴이 중국과 환경문제를 논하는 전형적 방식이 만들어졌다. 한편으로 미국은 다른 선진국들과 함께 환경보호 조치의 경제적 함의를 신중하게 고려해야 하고, 새롭게 대두하고 있는 국제제도의 짐을 덜어주기 위해 쌍무적이고 다자적인 지원 프로그램을 제공해야 한다. 다른 한편으로

---

10) 1990년 치엔 치치엔의 연설은 다음을 참조. *Renmin Ribao* (overseas edition), September 29, 1990, p. 4, in FBIS, *China*, October 1, pp. 1~4; 1991년 연설은 다음을 참조. *Renmin Ribao* (overseas edition), September 26, 1991, in FBIS, *China*, October 2, 1991, p. 1.

11) 1991년 8월 미국 기업공공정책연구소가 후원한 "중국 환경정책의 대외관계" (Foreign Relations of China's Environmental Policy) 라는 제하에서 이루어진 회의에 제출된 논문인 Yufan Hao, "Environmental Protection and Chinese Foreign Policy"를 참조.

12) Armin Rosencranz and Reina Milligan, "CFC Abatement: The Needs of Developing Countries," *Ambio*, vol. 19 (October 1990), p. 312~316.

미국은 설령 그것이 국가주권 문제와 충돌하더라도, 효과적인 강제장치의 설치를 지원해야 한다. 환경에 유해한 물질의 무역금지 및 의정서의 조항을 준수하지 않는 국가들에 대한 제재조항을 포함하고 있는 몬트리올 의정서는 관련된 환경문제를 관리하는 데 하나의 모델이 되고 있다.

부각되고 있는 전세계적 의제의 두 번째 부분은 선진군사기술, 특히 다양한 대량파괴무기의 확산을 제한하는 것과 관련되어 있다. 이 문제를 해결하기 위한 최초의 국제제도는 핵확산을 방지하기 위해 설립되었는데, 1968년의 핵확산금지조약(NPT)과 그리고 최근의 14개국 핵공급자그룹의 설립으로 구체화되었다. 1991년 전략무기감축협정(START)과 이후 미국의 지상 및 해상발사 전술핵무기의 일방적인 철수와 폐기결정은 핵무기의 수를 줄이려는 두 초강대국의 이해를 반영한다. 탄도미사일의 확산을 제한하기 위한 '12개국 미사일기술통제체제'와 화학무기의 확산을 방지하기 위한 '20개국 오스트레일리아 그룹'을 포함하여, 극히 파괴적인 무기체계의 수출을 통제하기 위한 새로운 메커니즘들이 창출되고 있다.

1990~1991년의 페르시아만 전쟁은 이 모든 분야에 대한 관심을 증대시켰고 새로운 우려를 불러일으켰다. 이라크가 화학무기와 탄도미사일로 무장하고 있으며, 핵무기개발 프로그램에 몰두해 있다는 사실은 이들 세 가지 무기체계의 확산을 방지하기 위한 국제제도의 강화 필요성을 입증하여 주었다. 바그다드가 생학무기 사용능력을 보유하고 있다는 사실은 이를 제한하기 위한 추가적 노력이 필요하다는 점을 보여 주었다. 보다 일반적으로, 중동지역에서 매우 치명적인 재래식 무기가 확산되고 있기 때문에, 1991년 UN 안전보장이사회 상임이사국들의 파리 회의에서도 반영되었듯이, 이 지역에서 재래식 무기 거래에 대한 통제를 더욱 강화하도록 하는 압력이 거세지고 있다.

만약 치명적 무기체계의 확산을 통제하는 효율적 국제제도가 존재하려면, 핵무기 보유국일 뿐만 아니라 가장 큰 국제 무기수출국의 하나인 중국의 협력은 필수적인 것이다. 앞에서 언급했듯이 중국은 파키스탄에 대해 핵무기의 설계와 생산지원을 한 것으로 보인다. 그리고 알제리와 같은 국가들이 핵 원자로를 설계, 건설하는 것을 도와주고, 핵물질을 다른 국가들에 수출한 것처럼 보인다. 중국의 재래식 무기 이전 프로그램은 더 광범위하다. 베이찡은 중거리 탄도미사일을 사우디아라비아에 팔았고 시리아, 파키스탄과 단거리미사일 수출을 협의하고 있다. 그리고 1980년대 방대한 양의 재래식 무기를 이란과 이라크에 공급했으며, 몇몇 다른 제3세계국들에 대해 탱크와 비행기를 제공했다. 이러한 무기판매를 통해 중국은 세계에서 다섯째 안에 드는 무기 공급국의 위치에 올랐다.

군비통제와 무기확산 문제에 대한 중국의 태도는 국제환경 문제에 대한 자세에서처럼 이중적이다. 1980년대부터, 베이찡은 핵확산 문제에 대하여 더 유연하고 책임 있는 입장을 취하기 시작했다. 비록 1963년의 편파적인 핵무기 금지조약에 서명하지는 않았지만, 중국은 1980년 10월 이후 모든 대기권 핵실험을 중지하였다.[13]

80년대 중반에 베이찡은 모든 국가들이 자국의 핵 억지력을 발전시킬 자격이 있다는 이전의 견해를 포기하고, 비확산 일반 원칙에 대한 지지를 표명하기 시작했다. 중국은 국제원자력기구(IAEA)에 가입하고 핵물질과 핵기술의 수출을 위한 IAEA의 안전조항을 받아들였다. 그리고 1991년 여름, 베이찡은 1968년의 핵확산 금지조약에 서명할 의도를 표명하면서 주요한 정책의 전환을 시도하였다.

비록 중국이 점차적으로 핵무기확산을 통제하는 국제제도에 가입하고 있지만, 핵무기통제에 대한 중국의 입장은 여전히 미국의 입장과는 매우 다르다. 비록 지금은 약화되었지만, 핵무기의 완전금지, 핵강대국의 '선제 불사용 서약', 그리고 세계 주변의 비핵지대 인정 등에 대한 베이찡의 오랜 기간에 걸친 요구는 워싱턴의 입장과는 큰 차이를 보이는 것이었다. 최근에는 다른 문제들이 돌출하였다. 즉 중국이 자국의 핵비축 규모에 대한 다자간 협상에 기꺼이 참여하려 한 것이다. 여러 해 동안 베이찡은 먼저 미국과 소련이 핵무기 비축량을 50퍼센트로 줄이는 데 동의하

---

13) John Wilson Lewis and Xue Litai, *China Builds the Bomb* (Stanford University Press, 1988), p. 285, note 48.

면 그러한 토론에 참가할 수 있을 것이라고 선언한 바 있다. START 협상에 대해서도, 중국은 자국의 핵비축문제를 협상에 올리기 전에 초강대국들이 더 많이 감축할 필요가 있다는 입장을 확인하였다.14) 핵무기의 규모를 제한하는 다자간 제도에 중국을 참여시키는 것은 더욱 필요하게 될 것이다. 왜냐하면 초강대국의 핵무기 비축량의 규모가 감소함에 따라 베이찡의 비축량이 어느 시점에서는 미국과 소련의 핵억지력을 결정하는 데 중요한 변수가 될 것이기 때문이다.

중국은 또한 마지못해서이긴 하지만, 다른 종류의 무기확산을 통제하는 국제제도의 창설에도 참가할 의향이 있는 것처럼 보인다. 워싱턴의 압력으로, 중국은 미국과 미사일 기술, 화학무기 및 생화학무기의 확산통제와 관련된 대화를 하고 있다. 중국은 중동에서의 첨단 재래식 무기의 확산을 통제하기 위한 1991년 파리 회의에 참여하였고, 이어서 미사일기술 통제제도의 결정에 따르기로 동의하였다. 그러나 베이찡은 이미 이러한 문제에 대한 관심을 명확히 한 바 있다. 중국 군당국은 외화를 벌기 위해서뿐만 아니라, 외교적인 수단을 획득하기 위해서도 무기수출에 의존한다. 따라서 중국 지도자들은 수지맞는 무기판매 행위를 금하거나 해외에서 자신의 정치적 지위의 희생을 요구하는 국제적 합의에는 참가하기를 원하지 않는다. 더욱이 중국은 무기이전을 제한하는 국제제도가 중국과 제3세계의 무기수출국들에 적용되는 것처럼 미국, 소련, 그리고 다른 주요 서방국들에게도 그대로 적용되는지 주시하려고 한다. 중국은 타국들에게 동등하게 적용되지 않는 무기판매에 관한 규제를 받아들이지 않을 것이다.

미국은 중국이 고도의 살상무기 확산을 통제하는 국제제도의 발전을 위해서 능동적이고 창조적인 역할을 하도록 유도해야 한다. 미국은 중국

---

14) 1991년 START 협상에서 핵탄두수를 당시 수준에서 미국은 15퍼센트, 소련은 32퍼센트를 감축할 것을 합의하였다. 즉, 미국은 12,225개에서 10,360개로, 소련은 10,702개에서 7,310개로 감축한다는 것이다. Arms Control Association, *Fact Sheet* (Washington, September 25, 1991).

이 비확산조약에 서명하고, 이미 비준한 공약을 이행하며, 중국의 핵무기 비축량 규모를 제한하기 위한 다자간 협상에 참여하고, 다른 대량살상무기의 확산을 통제하는 데 협력하도록 압력을 넣어야 한다. 미국은 만약 베이찡이 더욱 책임 있는 무기이전 정책을 채택하고 이 분야에서 대두하고 있는 국제제도에 결속된다면, 그 유인책으로서 선진기술에 대한 중국의 접근을 용이하게 하는 약속을 할 수 있다. 반대로 워싱턴은 베이찡이 진전된 조치를 취할 때까지, 동맹국들과 함께 중국으로의 무기 체제의 이전을 포함하여 이중목적 기술의 이전을 제한할 수 있다. 15)

7. 중국과의 새로운 관계

수십 년 동안 미국은 많은 미국인들이 중국과의 "특별한 관계"라고 묘사해 온 것을 추구해 왔다. 2장에서 언급한 대로 이 특별한 관계는 매우 주기적인 속성을 지니고 있다. 긍정적인 국면에서, 이 관계는 "영향력을 미쳐 향상시키고자 하는" 미국의 바램과 외국의 후원을 통해 부와 권력을 획득하려는 중국의 희망을 결합시켰다. 16) 부정적인 국면에서는, 중국이 미국의 영향력을 파괴적이고 야비한 것으로 거부하는 한편, 미국은 분노와 실망을 가지고 중국으로부터 돌아서곤 했다. 적대가 화해에 길을 내주고, 도취가 환멸에 양보하는 이러한 주기는 지난 20년 동안 미·중 관계에서 여러 번 반복되어 왔다. 17) 그러한 주기는 1972년 이후의 미·중

15) 무기이전체제의 개선을 촉진시키기 위한 기술이전 정책에 대해서는 다음을 참조할 것. John McCain, "Controlling Arms Sales to the Third World," Washington Quarterly, Vol. 14 (Spring 1991), pp. 79~89; National Academy of Sciences, Committee on Science, Engineering, and Public Policy, *Finding Common Ground: U.S Export Controls in a Changed Global Environment* (Washington: National Academy Press, 1991).

16) Michael H. Hunt, *The Making of a Special Relationship: The United States and China to 1914* (Columbia University Press, 1983), p. 304.

관계의 발전에서도 명백하게 나타났다. 그러나 모든 국면에서 공통되었던 것은 고조된 감정, 비현실적인 희망, 과장된 두려움, 그리고 강박관념에 가까운 서로에 대한 선입관들이었다.

이 책의 주요한 주제 중의 하나는 그러한 관계가 미·중 관계를 둘러싼 객관적 환경에는 더 이상 적합하지 않다는 것이다. 9장의 미·중 관계에 대한 전망과 10장의 미국의 이익과 정책에 대한 분석을 고려하면, 1950~1960년대의 적대감, 1970~1980년대의 잘못된 환상, 또는 티엔안먼 시기 이후의 환멸이나 배신감과는 매우 다른 관계를 시사받을 수 있다. 그런 관계는 여러 가지 방식에서 과거와 다를 것이다.

새로운 관계는 세계가 더욱 다양하고 다극적으로 변화한 결과, 미국에게 덜 집중되는 그런 관계일 것이다. 소련제국의 붕괴 및 냉전의 종식과 함께, 중국은 더 이상 전략적 삼각축의 한 기둥으로 간주될 수 없을 것이고, 그러한 양상이 세계의 지정학적 균형을 결정할 것이다. 심지어 아시아에서도 중국은—일본, 한국, 인도, 인도네시아, 태국, 타이완, 그리고 베트남과 함께—미국의 지역정책이 대상으로 삼아야 하는 몇몇 경제력과 군사력 중심지 중의 하나일 뿐이다. 비록 한때 중국은 공산주의 세계에서 개혁의 선봉이었지만, 이제는 중앙계획경제와 전체주의 정치체제의 유산을 처리해야 하는 다수 국가들의 대열에 합류하게 되었다. 중국은 많은 국제문제에 있어서 계속해서 중요한 역할을 할 수 있겠지만, 과거처럼 미국의 관심을 크게 끌지는 못할 것이다.

새로운 미·중 관계는 확실히 더욱 복잡할 것이다. 미국의 대중국 정책은 공산주의에 반대하였다거나, 소련을 봉쇄하였다거나, 경제개혁을 지지하였다거나 민주주의를 향상시켰다거나 하는 하나의 기초에만 더 이

---

17) Harold R. Isaacs, *Scratches on Our Minds : American Views of China and India* (M. E. Sharpe, 1980) p. 71; Warren I. Cohen, "American Perceptions of China," in Michel Oksenberg and Robert B. Oxnam, eds., *Dragon and Eagle : United States-China Relations : Past and Future* (Basic Books, 1978), p. 55에 있는 연표를 참조.

상 의존해서는 안 된다. 대신에 이 장에서 강조되었듯이, 중국과 미국의 관계는 거의 모든 분야에서 협력과 경쟁을 내포할 것이다. 양국은 경제적 상호보완성을 가지고 있고, 아시아의 안정에 대해 공통적인 바램을 가지고 있으며, 동일한 지구환경을 공유하고 있다. 그러나 동시에 서로 다른 이데올로기, 정치체제, 경제체제, 발전수준, 그리고 지정학적 위치를 갖고 있다. 그것은 이들 문제에 대한 관점의 차이를 불가피하게 만든다. 과거에 그랬던 것처럼 미·중 관계를 순수한 수렴이나 완전한 이해의 불일치로 묘사하기보다는 보완적이고 경쟁적인 목적들의 혼합으로 간주하는 것이 더 현명할 것이다. 그러한 관계는 기본적으로 적대나 조화로 특징지울 수 있는 것이 아니고, 문제들의 내부와 문제들의 사이에서 복잡한 거래를 수반하는 힘든 협상으로 특징지어질 것이다.

그 결과 부분적으로, 이 관계 속에서 실현시키려는 이익과 그것을 얻기 위한 전략들에 대해서 다양한 집단들이 논쟁을 벌임에 따라, 미·중 관계는 미국 내에서 과거 적대와 협력의 시기보다 더 논쟁거리가 될지 모른다. 여기에서는, 제시된 정책의 타당성에 대해 미국 내 합의가 존재할지라도, 중국의 인권을 향상시키는 방법, 경제관계에서 이득을 얻는 방법, 그리고 베이찡과 전세계적 문제를 해결하는 방법에 있어서 양국이 다르기 때문에, 세밀한 많은 부분에 대해서는 계속해서 논쟁이 있을 것이다. 유사한 상황이 중국에서도 발생할 것이다. 기술, 자본, 아이디어, 그리고 제도향상을 위해 미국과 교류하기를 원하는 사람들과, 그러한 상호행위의 결과가 경제적 의존, 전략적 종속, 문화적 오염, 정치적 불안정으로 이어지는 것을 두려워하는 사람들 사이의 오랜 기간에 걸친 논쟁을 통해서, 필연적으로 긴장이 발생하게 될 것이다.

미·중 관계는 또한, 다원적인 미국과 더욱 다양해진 중국의 상호행위에 걸맞게 최근보다도 더욱 더 다채로와질 것이다. 앞에서 살펴 보았던 것처럼, 비록 중국이 일시적으로 정치적 통제를 강화할지라도 중국 사회에 대한 국가의 상대적인 약화추세가 완전히 역전될 것 같지는 않다. 지역정부와 개별적 기업체, 그리고 학술단체들이 미국과의 관계를 정의할 수 있는 여지가 이전 시기보다 더 많아질 것이다. 한편, 미국의 조직들과 개인들도 어느 지역, 어느 상대조직과 교류할 것인지 결정할 수 있는 자유를 가지게 될 것이다. 이를 통해 개혁에 있어서 더 적극적인 도시나 성과 더욱 활발한 상업관계를 가지고 정치풍토가 더 완화된 대학이나 연구기관들과 더 풍부한 학술적 교류를 가지는 것이 가능해질 수 있다. 이렇게 되면, 협력적인 활동을 추구하고 있는 중국인과 미국인들은, 항상 베이찡의 중앙정부를 통해서 협력하기보다는 다양한 지방의 중국 기관들과 함께 일하는 것이 가능하고 바람직하다는 것을 발견하게 될지도 모른다.

마지막으로 미·중 관계는 1970년대나 1980년대보다 덜 감정적이고 더 현실적이 되어야 한다. 미국인들은 중국을 공동의 적에 대항하는 동맹국으로 간주하고, 중국 시장의 규모를 과장하거나, 중국이 개혁을 통하여 곧 자유시장경제와 다원주의 정치체제로 진전할 것이라고 가정해서는 안 된다. 과거의 과장된 수사 — 중국을 NATO의 명예 회원국으로 추대하거나, 십억 소비자의 구매력을 찬양하거나, 중국이 맑스를 비판하고 자본주의를 채택했다고 선언하는 것 — 는 더 객관적이고 균형된 묘사로 대체될 필요가 있다. 중국은 미국과의 관계에 있어서 존재하는 한계를 이해할 필요가 있다. 미국이 매우 많은 첨단 군사기술을 중국에 이전하고, 방대한 양의 경제지원을 하고, 중국의 수출에 대해 무제한적인 기회를 제공하며, 중국의 경제문제와 정치문제의 해결책을 고안하거나, 인권침해를 무시할 것이라고 기대해서는 안 된다.

미국의 대중국 정책을 재편하는 데 있어서 미국은 "특별한 관계"를 위해서가 아니라 정상적인 관계를 위해 노력하는 것이 가장 좋을 것이다. 미국의 중국정책은 티엔안먼 사태 이전보다 더 균형적이고 덜 환상적이어야 하며, 티엔안먼 사태 직후보다 더 미묘하고 덜 도덕적이어야 한다. 아울러 미국이 전통적으로 중국을 바라보았던 방식에서의 일정한 변화가 요구된다. 중국과의 특별한 관계를 돈키호테식으로 무모하게 추구하려고 하면서, 미국은 지극히 복잡하고 때로는 알 수 없는 나라에 대해서 지나치게 단순하고 과장된, 감정적인 묘사를 하는 경향이 있었다. 중국에 대한 이같은 묘사—동맹국이나 적국으로서, 혹은 자발적 학생이라거나 이데올로기적 적대자로서—에 집착하면, 미국은 과거 그렇게 비싼 대가를 치룬 도취와 환멸의 주기를 반복하는 운명에 처하게 될 뿐이다.

부 록

1. 표와 도표

2. 상하이 공동성명

3. 미·중 국교정상화 관련문서

4. 미국의 대타이완 무기판매에 관한 문서

부록 1
표와 도표

〈표 A-1〉 중국에 대한 미국의 여론

(백분율)

연도	중국에 대한 전반적인 인식[a]		중국이 미국에 중요하다고 인식하는 미국인[b]		중국의 대미 정책에 대한 인식[c]		
	우호적	비우호적	엘리트	일반대중	친밀한 동맹국 또는 우방	중립적	비우호적 또는 적대국
1972	23	71	...	...	...	...	...
1973	49	43	...	...	...	...	...
1974	...	...	...	...	...	...	...
1975	28	58	...	...	...	...	...
1976	20	73	...	...	...	...	...
1977	26	52	...	...	...	...	...
1978	21	67	93	70	...	...	...
			관계정상화				
1979	65	25	...	...	...	...	...
1980	70	26	...	...	...	...	...
1981	...	...	...	...	...	...	...
1982	...	...	87	64	24	39	23
1983	43	52	...	...	21	37	29
1984	...	...	...	...	29	33	25
1985	71	25	...	...	31	34	19
1986	...	...	89	60	...	...	...
1987	65	28	...	...	26	41	19
1988	...	...	...	...	26	35	19
1989[d]	72	13	...	...	...	...	...
			티엔안먼 사태				
1989[e]	31	58	...	...	16	29	39
1990	39	47	73	47	16	31	30
1991	35	53	...	...	...	...	...

a. Jaw-ling Joanne Chang, *United States–China Normalization: An Evaluation of Foreign Policy Decision Making.* Monograph Series in World Affairs (University of Denver, Graduate School of International Studies, 1986), p. 126; *Gallup Opinion Index* (July 1972, June 1973, November 1976); *Gallup Report.* May 1989, August 1989); *Gallup Poll Monthly* (February 1990); William Watts, "American Views of the Soviet Union" (April 1987); and Roper Center for Public Opinion Research, *Public Opinion Online* (University of Connecticut, October 1991).
b. John E. Rielly, ed., *American Public Opinion and U.S. Foreign Policy* (Chicago Council on Foreign Relations, 1979, 1983, 1987, 1991).
c. *Roper Reports 90-10* (New York: Roper Organization, January 1991).
d. February 1989.
e. July 1989.

562

〈표 A-2〉 미·중 쌍무 무역, 1971~90

(단위: 미국 달러로 백만 달러, 전체 백분율)

연도	미국의 중국 수입	미국의 중국 수출	전체 쌍무 교역량	미국의 무역수지	전체 미국 무역 백분율[a]	전체 중국 무역 백분율[a]
1971	4.7	0.0	4.7	-4.7	0.0	...
1972	32.2	60.2	92.4	28.0	0.1	...
1973	63.5	689.1	752.6	625.6	0.5	...
1974	114.4	806.9	921.2	692.5	0.4	...
1975	157.9	303.6	461.6	145.7	0.2	...
1976	201.5	134.4	335.9	-67.1	0.1	...
1977	200.7	171.3	372.1	-29.4	0.1	2.5
1978	324.0	820.7	1,144.6	496.7	0.3	5.4
1979	592.3	1,724.0	2,316.3	1,131.7	0.6	7.9
1980	1,058.3	3,754.4	4,812.7	2,696.1	1.0	12.7
1981	1,865.3	3,602.7	5,468.0	1,737.4	1.1	12.7
1982	2,283.7	2,912.1	5,195.8	628.4	1.1	12.7
1983	2,244.1	2,176.1	4,420.2	-68.0	0.9	10.2
1984	3,064.8	3,004.0	6,068.8	-60.8	1.1	11.8
1985	3,861.7	3,851.7	7,713.4	-9.9	1.4	10.9
1986	4,770.9	3,105.4	7,876.3	-1,665.5	1.3	10.5
1987	6,293.5	3,488.4	9,781.8	-2,805.1	1.4	11.8
1988	8,512.2	5,022.9	13,535.1	-3,489.3	1.7	13.2
1989	11,988.5	5,807.4	17,795.9	-6,181.1	2.1	16.1
1990	15,223.9	4,807.3	20,031.2	-10,416.6	2.2	17.6

출처: 다른 특별한 기재 사항이 없다면, 각 해당연도의 데이터는 국세조사국의 연 례보고서로부터 추출된 것이다. Bureau of the Census, *U.S. Exports —World Areas, Country, Schedule B Commodity Groupings, and Method of Transportation Report FT 455 and U.S. General Imports — World Areas, Country, Schedule A Commodity Groupings, and Method of Transportation Report FT 155* (Government Printing Office).

a. International Monetary Fund, *International Financial Statistics Yearbook 1982* (Washington, 1982), pp. 67, 71, 149; IMF, *International Financial Statistics Yearbook 1989* (Washington, 1989), pp. 291, 723; and IMF, *International Financial Statistics Yearbook 1989* (Washington, August 1991), pp 72~73, 166~169.

〈표 A-3〉 미국의 중국 수입품 구성

(단위: 미국 달러로 백만 단리, 전체 백분율)

연도	농산품		에너지		화학제품과 원료		섬유 원사와 직물		섬유 완제품		전기제품		다른 제조품		해당연도 총계
1971	3.5	74	0.0	0	0.7	14	0.2	5	0.1	2	0.0	0	0.2	6	4.7
1972	12.4	38	0.0	0	9.5	30	3.3	10	1.6	5	0.0	0	5.4	17	32.2
1973	15.3	24	0.4	1	25.1	39	9.9	16	2.6	4	0.0	0	10.2	16	63.5
1974	26.6	23	0.1	0	38.7	34	28.2	25	6.2	5	0.0	0	14.6	13	114.4
1975	25.7	16	0.0	0	71.5	45	32.8	21	10.2	6	0.0	0	17.7	11	157.9
1976	51.3	25	0.0	0	52.3	26	46.8	23	20.8	10	0.0	0	30.3	15	201.5
1977	57.0	28	0.9	0	47.5	24	35.1	17	30.3	15	0.0	0	29.9	15	200.7
1978	69.1	21	0.0	0	79.3	24	62.8	19	68.3	21	0.2	0	44.3	14	324.0
1979	86.6	15	96.4	16	111.3	19	64.5	11	171.8	29	0.4	0	61.3	10	592.3
1980	115.7	11	134.7	13	248.7	23	141.1	13	283.5	27	2.1	1	132.5	13	1,058.3
1981	331.3	18	263.5	14	311.4	17	243.3	13	485.9	26	6.1	1	223.8	12	1,865.3
1982	168.3	7	597.7	26	310.5	14	231.3	10	703.4	31	10.9	1	261.6	11	2,283.7
1983	159.0	7	429.6	19	267.0	12	240.7	11	851.5	38	13.2	1	283.1	13	2,244.1
1984	189.5	6	608.7	20	325.5	11	369.5	12	1,060.0	35	36.6	1	475.0	16	3,064.8
1985	206.4	5	986.0	26	392.4	10	374.2	10	1,165.3	30	55.1	1	682.3	18	3,861.7
1986	252.6	5	639.6	13	367.4	8	474.9	10	1,978.4	41	106.6	2	951.4	20	4,770.9
1987	351.7	6	476.8	8	521.2	8	521.3	8	2,429.1	39	394.0	6	1,599.4	25	6,293.5
1988	572.2	7	427.9	5	680.4	8	570.2	7	2,819.2	33	978.8	11	2,463.5	29	8,512.2
1989	608.7	5	504.0	4	819.1	7	354.7	3	4,457.1	37	1,638.0	14	3,606.9	30	11,988.5
1990	654.7	4	660.9	4	877.0	6	350.0	2	6,000.1	39	1,926.1	13	4,755.1	31	15,223.9

출처: 각 해당연도의 데이터는 국제조사국의 다음 보고서에서 추출한 것이다. Bureau of the Census, U.S. General Imports — World Areas, Country, Schedule A Commodity Groupings, and Method of Transportation Report FT 155. 백분율 수치를 다 더하더라도 사사오입으로 인해 완전히 100이 되지 않는다.

〈표 A-4〉 미국의 대중국 수출품 구성비

(단위: 미국 달러로 백만 달러, 전체 백분율)

연도	농산품 금액	%	화학제품 금액	%	다른 원료 금액	%	증기계 금액	%	전기제품 금액	%	다른 제조품 금액	%	해당연도 총계
1971	0.0	...	0.0	...	0.0	...	0.0	...	0.0	...	0.0	...	0.0
1972	58.2	97	0.0	0	0.0	0	0.1	0	0.0	0	1.9	3	60.2
1973	474.4	69	7.9	1	137.1	20	63.5	9	0.1	0	6.1	1	689.1
1974	466.7	58	10.2	1	213.4	26	100.2	12	2.2	0	14.2	2	806.9
1975	0.2	0	5.3	2	163.9	54	110.5	36	2.1	1	21.6	7	303.6
1976	0.0	0	10.4	8	50.6	38	61.8	46	1.8	1	9.8	7	134.4
1977	46.5	27	19.6	11	47.7	28	47.9	28	3.7	2	5.9	3	171.3
1978	421.9	51	60.2	7	220.8	27	35.2	4	18.8	2	63.8	8	820.7
1979	638.5	37	125.3	7	647.8	38	86.0	5	78.0	5	148.4	9	1,724.0
1980	1,508.2	40	381.7	10	1,405.4	37	230.7	6	106.6	3	121.8	3	3,754.4
1981	1,493.2	41	405.6	11	1,396.0	39	81.3	2	121.6	3	105.0	3	3,602.7
1982	1,321.2	45	496.7	17	785.2	27	71.2	2	143.0	5	94.8	3	2,912.1
1983	546.7	25	353.4	16	486.6	22	361.3	17	262.0	12	166.1	8	2,176.1
1984	612.3	20	644.3	21	597.9	20	509.9	17	367.0	12	272.6	9	3,004.0
1985	150.7	4	513.7	13	828.2	22	1,088.0	28	622.6	16	648.5	17	3,851.7
1986	70.7	2	441.9	14	515.8	17	811.9	26	710.9	23	554.2	18	3,105.4
1987	370.5	11	810.3	23	544.5	16	829.9	24	535.2	15	398.0	11	3,488.4
1988	736.6	15	1,392.5	28	1,092.6	22	695.2	14	605.3	12	500.7	10	5,022.9
1989	1,210.4	21	928.4	16	1,319.6	23	1,646.7	28	243.9	4	458.4	8	5,807.4
1990	548.4	11	893.4	19	1,082.7	23	1,667.7	35	264.1	5	351.0	7	4,807.3

출처: 각 해당연도의 데이터는 국제조사국의 다음 보고서에서 추출한 것이다. Bureau of the Census, U.S. Exports —World Areas, Country, Schedule B Commodity Groupings, and Method of Transportation Report FT 455. 백분율 수치를 모두 더하더라도 사사오입으로 인해 완전히 100이 되지 않는다.

〈표 A-5〉 중국의 학생과 학자 유입 (미국, 1979~90)

연도	J-1 비자	F-1 비자	합계
CY 1979	807	523	1,330
CY 1980	1,986	2,338	4,324
CY 1981	3,066	2,341	5,407
CY 1982	3,327	1,153	4,480
CY 1983	3,328	1,003	4,331
CY 1984	4,420	1,677	6,097
CY 1985	6,912	3,001	9,913
CY 1986	7,673	5,038	12,711
FY 1987	7,903	4,535	12,438
FY 1988	8,684	5,114	13,798
FY 1989	7,700	6,448	14,148
FY 1990	5,161	8,330	13,491
Total	60,967	41,501	102,468

출처: 1979~86 간의 역년(曆年; calendar years, CYs)에 대한 수치는 다음에서 추출한 것이다. Leo A. Orleans, *Chinese Students in America: Policies, Issues, and Numbers*(Washington: National Academy Press, 1988), p.88. 1987~90간의 회계연도에 대한 최근 자료는 국무성 비자사무국에서 추출한 것이다. 역년으로 1986년과 회계년도 1987년 사이에 3개월간의 공백이 있는데, 이는 통계적으로 중요하지 않은 차이이다.

〈표 A-6〉 중국에 주재하는 미국인들, 1980~90

연도	관광			학술 연구	
	전체 외국 관광객	미국의 관광객	미국 관광객의 백분율	학술 연도	학생
1980	529,100	101,500	19.18	...	...
1981	675,100	130,400	19.32	...	...
1982	764,500	145,200	18.99	...	...
1983	872,500	168,300	19.29	...	...
1984	1,134,300	212,300	18.72	...	...
1985	1,370,500	239,600	17.48	...	...
1986	1,482,300	291,800	19.69	1985–86	ca. 825
1987	1,727,800	315,300	18.25	...	...
1988	1,842,200	300,900	16.33	1987–88	1,300
1989	1,461,200	214,800	14.70	...	...
1990	1,747,000	233,000	13.34	1989–90	566

a. 1980년부터 1987년까지 각 해당년도에 대해서는 다음을 볼 것. State Statistical Bureau, *Statistical Yearbook of China*(Hong Kong: Longman Group, Ltd.); 1988년과 1989년에 대해서는 다음을 볼 것. SSB, *China Statistical Yearbook*(Hong Kong: SSB); 1990년에 대해서는 다음을 볼 것. *China Statistical Monthly*, no.1(April 1991), p.57.

b. 국제교육연구소에서 발간하는 연간조사보고서인 *Open Doors*(New York: IIE) 에 근거하여 당 연구소가 저자에게 데이터를 제공하였다.

⟨표 A-7⟩ 중국에 대한 해외 직접투자, 1978~90

(단위: 미국 달러로 백만 달러, 전체 백분율)

연도	연간 투자[a]			연간 가용도[a]			미국의 해외 직접투자	
	전체 해외투자	미국의 투자액	미국의 전체 백분율	전체 해외투자	미국의 기여	미국의 전체 백분율	전세계[b]	중국에 가용된 백분율
1978–81	4,837	116	2.40	1,121	9	0.80	n.a.	...
1982	700	187	26.71	649	4	0.62	970	0.43
1983	1,917	478	24.94	916	5	0.55	6,700	0.07
1984	2,875	165	5.74	1,419	263	18.53	11,590	2.27
1985	6,333	1,152	18.19	1,956	370	18.92	13,160	2.81
1986	3,330	526	15.79	2,245	326	14.52	18,690	1.75
1987	4,319	360	8.34	2,647	271	10.24	31,040	0.87
1988	6,191	384	6.20	3,740	244	6.52	16,210	1.51
1989	6,294	645	10.25	3,774	288	7.63	31,730	0.91
1990	6,986	400[c]	5.73	3,705	n.a.	n.a.	50,400	n.a.
누적총계	43,782	4,413	10.08	22,172	1,780	8.03	180,490	0.99

n. a. (not available)는 데이터를 구할 수 없음을 의미.

a. 이 수치는 투자하기로 합의한 투자액이 아니라 실제 투자액을 나타낸다. U. S.-China Business Council, *U.S. Investment in China* (Washington: China Business Forum, 1990), pp. 10~11. 1990년도에 대해서는, *Business China* (Hong Kong), May 27, 1991, p. 76. 해외투자 수치는 국제리스, 보상거래, 가공과 조립 등도 포함하는데, 중국 이외의 정부 출간물에 나타난 보고에는 이러한 사항들이 제외되었을 것이다.

b. 1981년에 대해서는, International Monetary Fund, *Balance of Payments Statistics*, vol. 40, pt. 1, *Yearbook* (Washington, 1989), pp. 752~753; 1982~89년에 대해서는, vol. 41, pt. 1, *Yearbook* (1990), pp. 735, 738; 1990에 대해서는, vol. 42, pt. 1, *Yearbook* (1991), p. 14.

c. *Los Angeles Times*, December 1, 1990, pp. D1, D2. 당해년도 전반부에 해당하는 통계에 기초하였다.

〈표 A-8〉 타이완·중국 본토 간의 무역, 1978~1990

(단위: 다른 기재 사항이 없다면, 미국 달러로 백만 달러)

| 연도 | 무역[a] | | | | | 각국 경제의 전체 무역에 대한 지분[b] | | |
	중국본토에 대한 수출	중국본토로부터의 수입	전체 쌍무적인 무역	타이완의 무역수지	타이완의 세계무역	전체 타이완 무역의 백분율	중국의 세계무역	전체 중국무역 백분율
1978	0.1	46.7	46.8	−46.6	23,733	0.20	21,086	0.22
1979	21.3	55.8	77.1	−34.5	30,874	0.25	29,235	0.26
1980	242.2	78.5	320.7	163.7	39,550	0.81	38,041	0.84
1981	390.2	76.3	466.5	313.9	43,655	1.07	43,139	1.08
1982	208.2	89.9	298.1	118.3	40,902	0.73	40,793	0.73
1983	168.6	96.0	264.6	72.6	45,394	0.58	43,539	0.61
1984	425.6	127.7	553.3	297.9	52,441	1.06	51,466	1.08
1985	988.0	116.0	1,104.0	872.0	50,820	2.17	70,450	1.57
1986	811.0	114.2	925.2	696.8	63,984	1.45	74,858	1.24
1987	1,226.8	289.0	1,515.8	937.8	88,622	1.71	82,934	1.83
1988	2,239.3	478.1	2,717.4	1,761.2	110,265	2.46	102,818	2.64
1989	2,896.5	586.9	3,483.4	2,309.6	118,702	2.93	110,295	3.16
1990	3,278.0	765.0	4,043.0	2,513.0	119,417	3.39	113,792	3.55

a. Chung Chin, "Trade Across the Straits," *Free China Review*, vol. 41 (January 1991), pp. 38~45. 홍콩을 통해 조정된 무역만을 포함한다. 1990년에 대해서는, *Far Eastern Economic Review*, June 6, 1991, p. 41.

b. International Monetary Fund, *International Financial Statistics Yearbook 1989* (Washington, IMF 1989), pp. 120~125; IMF, *International Financial Statistics* (Washington, August 1991), pp. 72~73.

〈표 A-9〉 중국 본토에 대한 타이완의 관광과 투자, 1986~1990

(단위: 다른 기재 사항이 없다면, 미국 달러로 백만 달러)

| 연도 | 중국 본토에 대한 방문[a] | 연간 가용도 | | | 타이완의 해외 직접투자 | |
		전체 해외투자[b]	타이완의 기여[c]	타이완의 전체에 대한 백분율	전세계[d]	중국에 가용된 백분율
1986	...	2,245	...	...	n.a.	...
1987	275,000	2,647	100	3.78	704	14.20
1988	450,000	3,740	450	12.03	4,100	10.98
1989	540,000	3,774	550	14.57	6,900	7.97
1990	n.a.	3,705	1,350	36.44	n.a.	n.a.

n. a. 데이터를 구할 수 없다는 것을 의미.

a. 각 해당연도에 대해서는, *Almanac of China's Foreign Economic Relations and Trade* (Hong Kong; China's Resources Advertising Co., Ltd.).

b. 이 수치들은 투자하기로 합의한 투자액이 아니라 실제 투자액을 나타낸다. U. S. -China Business Council, *U.S. Investment in China* (Washington: China Business Forum, 1990), pp. 10~11. 1990년도에 대해서는, *Business China* (Hong Kong), May 27, 1991, p. 76. 해외투자 수치는 국제리스, 보상거래, 가공과 조립 등도 포함하는데, 중국 이외의 정부 출간물에 나타난 보고에는 이러한 사항들이 제외되었을 것이다.

c. 1987년, 1989년, 1990년에 대해서는, 중국과 홍콩의 데이터에 기초한 미국 대사관 보고.

d. 타이완의 타이뻬이에 있는 칭화 경제연구소에서 이 데이터를 저자에게 제공하였음.

⟨표 A-10⟩ 미국의 타이완에 대한 무기판매, 1972~1990

(단위: 미국 달러로 천 달러)

회계연도	대외 무기판매 계약	상업적인 수출에 의한 인도	상업적인 인도 + 대외 무기판매 계약	대외 무기판매에 의한 인도	전체 인도
1972	72,261	5,697	77,958	35,347	41,044
1973	204,241	6,001	210,242	66,264	72,265
1974	72,826	8,086	80,912	92,763	100,849
1975	127,249	44,982	172,231	113,017	157,999
1976	327,353	42,531	369,884	134,269	176,800
1977	143,656	46,140	189,796	139,397	185,537
1978	336,107	73,637	409,744	134,178	207,815
1979	520,632	44,547	565,179	180,752	225,299
1980	455,449	57,770	513,219	209,059	266,829
1981	309,456	66,731	376,187	373,427	440,158
1982	524,155	75,000	599,155	386,343	461,343
1983	698,231	85,000	783,231	388,639	473,639
1984	707,217	70,000	777,217	274,896	344,896
1985	699,786	54,463	754,249	339,413	393,876
1986	510,416	228,400	738,816	247,291	475,691
1987	509,322	210,000	719,322	372,676	582,676
1988	505,062	195,069	700,131	488,068	683,137
1989	526,310	84,753	611,063	349,806	434,559
1990	509,998	149,963	659,961	573,981	723,944

출처: 각 해당연도에 대해서는, Security Assistance Agency, *Foreign Military Sales, Foreign Military Construction Sales and Military Assitance Facts* (Washington: Department of Defense). 각 해당연도의 간행물이 이전 10년간의 최신 자료를 제공하므로, 가장 정확한 수치를 얻기 위해서는 문제가 되는 연도를 포함하고 있는 가장 최근의 연감을 찾아보라.

〈표 A-11〉 미국의 대중국 무기판매, 1972~1990

(단위: 미국 달러로 천 달러)

회계연도	대외 무기판매 계약	상업적인 수출에 의한 인도	상업적인 인도 + 대외 무기판매 계약	대외 무기판매에 의한 인도	전체 인도
1972	...	4	4	...	4
1973	...	0	0	...	0
1974	...	0	0	...	0
1975	...	0	0	...	0
1976	...	0	0	...	0
1977	...	1,023	1,023	...	1,023
1978	...	0	0	...	0
1979	...	0	0	...	0
1980	...	622	622	...	622
1981	...	0	0	...	0
1982	...	1,000	1,000	...	1,000
1983	...	209	209	...	209
1984ᵃ	629	8,037	8,666	6	8,043
1985	421	46,247	46,668	424	46,671
1986	36,069	55,243	91,312	547	55,790
1987	254,289	33,933	288,222	3,881	37,814
1988	14,129	48,891	63,020	39,122	88,013
1989	416	16,415	16,831	89,800	106,215
1990	0	3,615	3,615	0	3,615

출처: 각 해당연도에 대해서는, Security Assistance Agency, *Foreign Military Sales, Foreign Military Construction Sales and Military Assitance Facts* (Washington: Department of Defense). 각 해당연도의 간행물이 이전 10년간의 최신 자료를 제공하므로, 가장 정확한 수치를 얻기 위해서는 문제가 되는 연도를 포함하고 있는 가장 최근의 연감을 찾아보라.

a. 중국은 1984년에 대외 무기판매 프로그램을 통해 무기를 이전받을 수 있는 자격을 부여받았다.

〈도표 A-1〉 중국에 우호적인 견해를 가진 미국인의 백분율

(백분율)

1989년 2월

1989년 7월

출처: Gallop Organization, Inc. 빠진 데이터 포인트는 질문이 행해지
지 않은 연도를 가리킨다.

부록 2
상하이 공동성명(1972. 2. 27)

미합중국과 중화인민공화국 간의 공동성명

미합중국 대통령 닉슨은 중화인민공화국 총리 조우 언라이의 초청을 받고 1972년 2월 21일부터 중화인민공화국(이하 중국으로 명칭)을 방문했다. 닉슨 대통령은 이번 여행에 닉슨 부인, 로저스 국무장관, 키신저 특별보좌관, 기타 수명의 미국 관리들을 대동했다.

닉슨 대통령은 중국 공산당의 마오 쩌뚱 주석과 2월 21일 회담했다. 두 지도자는 미·중 관계와 세계문제에 대해 진지하고 솔직한 견해를 교환했다.

닉슨 대통령은 중국 방문기간 중 조우 언라이 중국 총리와 미·중 양국관계의 정상화 및 기타 쌍방의 관심사에 대해 성의 있고 광범위하며 솔직한 논의를 했다. 이와 동시에 로저스 국무장관과 중국 외교부장 치 펑페이(姫鵬飛)도 같은 요지의 회담을 가졌다.

닉슨 대통령과 일행은 베이찡을 방문하고 문화·산업요지를 시찰했으며, 항조우와 상하이도 방문하여 중국 지도자들과 토의를 계속하면서 역시 관심 있는 곳을 시찰했다.

중국과 미국의 지도자들은 상호접촉 없이 여러 해를 보낸 끝에 서로 만나 여러 가지 문제에 대한 상호 의견을 솔직하게 교환할 수 있었던 이번 기회가 유익한 것임을 알게 되었다. 양국 지도자들은 중요한 변화와 큰 변동이 일어나고 있는 국제정세를 검토하고 서로의 입장과 태도를 개진하였다.

미국측은 다음과 같은 성명을 발표하였다. 아시아와 세계의 평화는 즉각적인 긴장완화와 분쟁의 근본적 요인 제거를 위한 노력을 필요로 한다. 미국은 정당하고 안정된 평화를 위해 노력할 것이다. 왜냐하면, 정의로움은 자유와 진보를 바라는 국민들과 국가들의 염원을 충족시키며, 안전함은 외국으로부터의 침략 위험을 제거하기 때문이다. 미국은 외부의 압력이나 간섭 없이 전세계 국민들이 개인적 자유와 사회적 진보를 누리는 것을 지지한다. 미국은 우발적 사고, 오산 혹은 오해로 인한 대결 위험성을 줄이기 위해 이데올로기가 다른 국가들간의 대화증진이 긴장완화 노력에 도움이 될 것이라고 믿는다. 각국은 상대방을 상호존중으로 대해야 하며, 그 행위에 의해 최종적 판결이 내려지도록 하면서 평화적으로 경쟁할 용의가 있어야 한다. 어떠한 국가도 그들만이 오류가 없었다고 주장해서는 안 되며, 각국은 공동선을 위해 그들의 태도를 재검토할 준비가 되어 있어야 한다. 미국은 인도차이나 국민들이 외부의 간섭 없이 그들의 운명을 결정하도록 허용되어야 한다는 것을 강조했다. 미국의 변함없는 주요 목표는 협상을 통한 해결이었다. 1972년 1월 27일 베트남과 미국이 제의한 8개 항의 제안은 이러한 목적을 달성하기 위한 기초가 되고 있다. 협상에 의한 해결이 없을 경우 미국은 인도차이나 각국의 자결 목적에 따라 이 지역으로부터 모든 미군을 궁극적으로 철수시킬 것을 구상하고 있다. 미국은 대한민국과의 밀접한 유대와 대한민국에 대한 지원을 유지할 것이다. 미국은 한반도에서 긴장해소와 대화의 증대를 모색하는 대한민국 정부의 노력을 지원할 것이다. 미국은 일본과의 우호관계에 최고의 가치를 두며 현재의 밀접한 유대를 계속 발전시켜 나갈 것이다. 미국은 1971년 12월 21일 유엔안보리 결의에 따른 인도·파키스탄의 휴전의 지속을 지지할 것이며 모든 군대를 자국 영토 내로 철수할 것과 또한 자무(Jammu) 지역과 캐시미르(Kashmir) 지역에서 휴전선상의 각자의 위치로 철수할 것을 지지한다. 미국은 남아시아 국민들이 군사적 위협 없이, 그리고 강대국들간 패권다툼의 경쟁대상물이 되지 않고, 그들의 장래를 평화롭게 결정할 수 있는 권리를 지지한다.

중국측은 다음과 같은 성명을 발표하였다. 억압이 있는 곳에 저항이 있다. 국가는 독립을 원하며, 민족은 해방을 원하고, 인민은 혁명을 원한다. 이것은 역사의 저항할 수 없는 조류이다. 모든 국가는 강대국이든 약소국이든 평등해야 하며 대국이 소국을 위협해서는 안 된다. 중국은 결코 초강대국이 되지 않을 것이며 어떤 종류의 패권이나 힘의 정치에도 반대한다. 중국은 모든 피억압인민들과 국가들의 자유와 해방을 확고히 지지하며, 모든 국가의 인민들이 그들 자신의 소망에 따라 사회제도를 선택할 권리와 각국의 주권, 영토를 보전할 권리가 있음을 지지하며, 외국의 침략, 간섭, 지배, 전복에 반대한다. 외국군은 모두 자국으로 철수해야 한다.

중국측은 제각기 그들의 목표에 도달하려고 노력하는 베트남, 라오스, 캄보디아 인민들을 지원할 뜻을 강력하게 표명했다. 중국은 또한 베트남 임시혁명정부가 제안한 7개 항 및 이 제안 중 두 가지 주요과제에 대한 금년 2월의 추가제안, 그리고 인도차이나 정상회담의 공동선언을 굳게 지지한다고 밝혔다. 중국은 북한이 1971년 4월 12일에 제시한 한반도 평화통일 8개 항을 지지하며 유엔 한국통일부흥위원단(UNCURK)의 폐지를 지지한다. 중국은 일본 군국주의의 부활 및 외부팽창을 단호히 반대하며, 독립적·민주적·평화적·중립적인 일본을 건설하려는 일본 국민의 열망을 지지한다. 중국은 인도·파키스탄 문제에 대한 유엔 결의와 보조를 맞추어 인도와 파키스탄 쌍방이 각국의 영토 및 자무와 캐시미르 휴전선으로 전군을 즉각 철수시킬 것을 지지하며, 독립과 주권을 보존하려는 파키스탄 정부와 인민들의 투쟁과 자결권을 위한 자무와 캐시미르 인민들의 투쟁을 굳건히 지지한다.

중국과 미국은 사회체제와 외교정책 면에서 근본적인 상이점들이 있다. 그러나 양측은 모든 나라들이 그들의 사회체제에 상관없이 모든 국가의 주권과 영토권의 존중, 다른 국가들에 대한 불침략, 다른 국가들에 대한 내정불간섭, 평등과 상호이익 및 평화공존의 원칙 위에서 행동해야 된다는 것에 합의했다. 국제분쟁은 이러한 원칙에 기초하여 무력사용이나 무력협박에 의존함이 없이 해결되어야 한다.

미국과 중국은 그들의 상호관계에 이 같은 원칙을 적용할 준비가 되어 있다. 미국과 중국은 이러한 국제관계의 원칙에 유의하여 다음과 같이 천명하였다.

- 중국과 미국의 관계정상화를 위한 정진은 모든 나라에 유익하다.
- 양국은 국제적 군사충돌 등 위험을 제거하고자 한다.
- 어느 측도 아시아·태평양 지역에서 패권을 추구하지 않으며, 다른 국가 또는 국가의 집단들이 이러한 패권을 확립하려는 노력

에 반대한다.
· 어느 측도 제 3 자를 위해 협상하거나 다른 제 3 국을 목표로 하여 다른 나라와 합의와 이해를 가질 용의가 없다.

양국은 어떤 주요국가가 다른 국가들에 대항하여 어떤 국가와 공모하거나 주요 국가들이 세계를 이익권으로 구분하는 것 등이 세계국가들의 이익에 위배된다는 견해를 보였다.

양국은 장기간에 걸친 미국과 중국 간의 심각한 분쟁점을 검토했다. 중국 측은 그들의 입장을 다음과 같이 재확립했다. 타이완 문제는 중국과 미국의 관계정상화를 방해하는 결정적인 문제이다. 중화인민공화국 정부는 전체 중국의 유일한 합법정부이다. 타이완은 오래 전에 모국에 귀속되었던 중국의 한 성(省)이다. 타이완의 해방은 어떠한 간섭도 할 권리가 없는 중국의 내정 문제이다. 그리고 모든 미군과 군사시설은 타이완으로부터 철수해야 한다. 중국 정부는 '하나의 중국, 하나의 타이완' 혹은 '하나의 중국, 두 개의 정부' 혹은 '독립 타이완'을 야기시킬 목적을 가진 어떠한 행위나 "타이완의 지위는 결정되어야 한다"는 주장을 확고히 반대한다.

미국은 타이완 해협 양안의 중국인들이 다같이 오직 하나의 중국이었으며 타이완은 그 일부라는 주장을 인정한다. 미국 정부는 그러한 입장에 도전하지 않는다. 미국은 중국인 자신들에 의한 타이완 문제의 평화적 해결에 관심이 있음을 재확인했다. 이러한 전망에 유의하면서, 미국은 타이완으로부터 전 미군과 군사시설을 철수시키는 것이 종국적 목표임을 확인한다. 미국은 타이완 지역에 긴장이 감소됨에 따라 이 지역 주둔 미군 및 군사시설을 점진적으로 축소할 것이다.

양측은 양국 국민 사이의 이해를 넓히는 것이 바람직하다는 데 합의했다. 이 목적을 위해 양측은 과학·기술·문화·스포츠·언론 등의 분야에서 특정 영역에 관해 토의했다. 이러한 교류에 의한 국민 대 국민의 접촉과 교류는 상호 유익한 것이다. 양측은 이러한 접촉과 교류를 더욱 용이하게 발전시키도록 한다.

양측은 쌍무적 협상이 서로 이익을 볼 수 있는 또 하나의 다른 분야라고 보며 평등과 호혜에 입각한 경제관계가 양국 국민에게 이익이 될 것이라는 데 합의했다. 양측은 그들 양국 사이에 점진적인 통상의 증대를 용이하게 하는 데 합의했다.

양측은 여러 가지 경로를 통해 계속 접촉을 갖고 고위 미국 대표를 수시로 베이찡에 파견하여 양국관계의 정상화를 촉진시키기 위한 구체적인 협의를 갖도록 하고 또한 상호관심사에 대해 의견을 계속 교환하도록 하는 데 합의한다.

양측은 이번 방문으로 이루어진 양국관계의 발전이 양국관계에 새로운 전망을 열어주기를 바라는 희망을 피력했다. 양측은 양국관계의 정상화가 중국 및 미국 국민의 이익이 될 뿐만 아니라 아시아와 세계의 긴장을 완화하는 데 기여한다고 믿는다.

닉슨 대통령 부처와 미국 대표단 일행은 중화인민공화국 정부와 인민이 보여준 정중한 환대에 대해 감사를 표하는 바이다.

부록 3
미·중 국교정상화 관련 문서(1978. 12. 15～16)

미·중 외교관계 수립에 대한 공동성명(1979. 1. 1)

미합중국과 중화인민공화국은 1979년 1월 1일부로 상호 승인하고 외교관계 수립에 합의하였다.

미합중국은 중화인민공화국 정부가 중국의 유일한 합법정부라는 사실을 승인한다. 이러한 맥락에서 미국 국민들은 타이완 국민들과 문화적, 상업적, 다른 비공식적인 관계를 유지할 것이다.

미합중국과 중화인민공화국은 상하이 공동성명에서 양측이 합의한 원칙들을 재확인하고 다음 사항들을 다시 한번 강조한다.

- 양국은 국제적 군사충돌의 위험을 제거하고자 한다.
- 어느 측도 아시아·태평양 지역 또는 전세계 어떤 지역에서도 패권을 추구하지 않으며, 다른 국가 또는 국가의 집단들이 이러한 패권을 확립하려는 노력에 반대한다.
- 어느 측도 제3자를 위해 협상하거나 다른 제3국을 목표로 하여 다른 국가들과 합의와 이해를 가질 용의가 없다.
- 미합중국 정부는 하나의 중국밖에 없으며 타이완은 중국의 일부라고 하는 중국의 입장을 확인한다.
- 양국은 미·중 관계의 정상화가 중국과 미국의 국민들의 이해뿐만 아니라 아시아와 전세계의 평화에 기여한다고 확신한다.

미합중국과 중화인민공화국은 1979년 3월 1일 대사를 교환하고 대사관을 설립할 것이다.

미 · 중 외교관계 수립에 대한 미국의 성명(1978. 12. 15)

1979년 1월 1일부로 미합중국은 중화인민공화국이 중국의 유일한 합법정부임을 승인한다. 동년 동일 중화인민공화국은 미합중국에 대해 같은 사항을 승인함에 합의한다. 따라서 미국은 중화인민공화국과 외교 관계를 수립한다.

동년 동일에 미합중국은 타이완에 외교관계를 단절함과 미국 · 중화민국 간의 상호방위조약이 동조약의 조항 규정에 따라 종결되었음을 통고할 것이다. 또한 미국은 대만으로부터 잔여 주둔 미군을 4개월 안에 철수할 것임을 천명한다.

금후에도 미국의 국민들과 타이완의 국민들은 공식적인 정부대표 파견과 외교관계 없이 상업적 · 문화적 · 기타 다른 관계들을 유지할 것이다.

미 행정부는 미 · 중 관계정상화 이후 존재할 새로운 상황하에서 상업적, 문화적, 기타 비정부 차원의 관계유지를 허용하기 위해 법령과 규칙을 조정할 것이다.

미국은 타이완의 국민들이 평화스럽고 번영하는 미래에 직면해 있다고 확신한다. 미국은 타이완 문제의 평화적 해결에 지속적 관심을 가지고 있고 타이완 문제가 중국인 자신에 의해 평화적으로 해결될 것을 기대한다.

미국은 중화인민공화국과의 외교관계 수립이 미국 국민의 복지에, 미국이 안보와 경제상의 주요 이해를 가지고 있는 아시아의 안정에, 그리고 전세계의 평화에 기여할 것임을 확신한다.

미·중 외교관계 수립에 대한 중국의 성명

1979년 1월 1일부로, 중화인민공화국과 미합중국은 상호승인하고 외교관를 승인함으로써 장기간에 걸친 양국간의 비정상적인 관계를 종결한다. 이는 미·중 관계에서 역사적인 사건이다.

주지하다시피, 중화인민공화국 정부는 중국의 유일한 합법정부이며 타이완은 중국의 일부이다. 타이완 문제는 미·중 관계정상화를 방해한 결정적 논쟁점이었다. 이 문제는 이제 상하이 공동성명의 정신에 입각하여 그리고 공동노력을 통하여 양국간에 해결되었으며, 따라서 양국 국민들이 그렇게 열망하였던 관계정상화가 가능하게 되었다. 타이완의 조국 복귀와 국토 재통일을 달성하는 방법은 완전히 중국의 내정문제이다.

미국 정부의 초청으로 중화인민공화국 국무원 부총리 덩 샤오핑은 양국 국민들간의 우호와 양국간의 친선관계를 증진시키기 위해 1979년 1월 미국을 공식적으로 방문할 것이다.

부록 4

미국의 대타이완 무기판매에 관한 문서(1982. 8. 17)

미국의 대 타이완 무기판매에 관한 미·중 공동성명

1. 미합중국 정부와 중화인민공화국 정부에 의해서 공표된 1979년 1월 1일 외교관계 수립에 관한 공동성명에서 미합중국은 중화인민공화국 정부를 중국의 유일한 합법정부로 승인하였고, 하나의 중국만이 있고 타이완이 중국의 일부라는 중국의 입장을 인정하였다. 이러한 맥락에서, 양측은 미국의 국민들이 타이완 국민들과의 문화적, 상업적, 다른 비공식적 관계를 유지할 것임에 합의하였다. 이러한 기초 위에서 미·중 관계가 정상화되었다.

2. 미국의 타이완에 대한 무기판매 문제는 외교관계 수립에 대한 양국간의 협상과정에서 해결되지 않았다. 양측은 상이한 입장을 주장했고 중국측은 양국관계 정상화 이후에 이 문제를 제기할 것임을 천명하였다. 양측은 이 문제가 미·중 관계발전을 심각하게 저해할 것임을 인정하여 1981년 10월 '로널드 레이건 미 대통령-자오 지양 중국 총리 회담'과 '알렉산더 헤이그 미국무장관-황 화(Huang Hua) 중국 부총리 겸 외교부장 회담'을 통해 그리고 그 이후 이 문제에 대해 협의를 진행하여 왔다.

3. 상대방의 주권과 영토권에 대한 존중, 그리고 상대방의 내정에 대한 불간섭이 미·중 관계를 이끌어 가는 근본원칙들임을 밝힌다. 이러한 원칙들은 1972년 2월 28일 상하이 공동성명에서 확인되었고, 1979년 1월 1일에 발효된 외교관계 수립에 관한 공동성명에서 재확인되었다. 양측은 이러한 원칙들이 모든 양국관계를 계속 규율할 것임을 분명하게 선언한다.

4. 중국 정부는 타이완 문제가 중국의 내정임을 반복하여 천명한다. 1979

년 1월 1일 중국이 공표한 〈타이완 동포에게 고하는 글〉은 조국의 평화적 통
일을 달성하기 위한 기본 정책을 선포하였다. 1981년 9월 30일 중국이 공표
한 9개 항목 방침은 타이완 문제의 평화적 해결을 위해 이러한 기본 정책하
에서 한층 노력을 기울일 것임을 재천명하였다.

5. 미국 정부는 중국과의 관계에 막대한 중요성을 부여하고 중국의 주권
과 영토적 통합을 침범하거나 혹은 중국의 내정에 간섭하거나 또는 '2개의
중국' 내지 '1개의 중국, 1개의 타이완' 정책을 실시할 의사가 없음을 반복하
여 천명한다. 미국 정부는 1979년 1월 1일 공표된 〈타이완 동포에게 고하는
글〉과 1981년 9월 30일 공표된 9개 항목 방침을 타이완 문제의 평화적 해결
을 위한 정책으로서 이해하고 평가한다. 타이완 문제와 관련하여 전개된 새
로운 상황은 미국의 대타이완 무기판매를 둘러싼 미·중 양국의 의견 차이를
해결하는 데에 유리한 조건을 제공하고 있다.

6. 이상 기술한 쌍방의 성명을 고려하여 미국 정부는 타이완에 장기간에
걸쳐 무기를 판매하는 정책을 취할 의사가 없으며, 타이완에 판매할 무기의
성능과 수량이 미·중 국교정상화 이후 수년간의 공급수준을 초과하지 않도
록 하며, 타이완에의 무기판매를 점차 감소시키고 일정한 기간을 경과하여
이 문제를 최종적으로 해결할 것임을 밝힌다. 이와 같이 성명함으로써, 미
국은 이 문제의 완전한 해결에 관한 중국의 일관된 입장을 인정한다.

7. 역사적으로 깊은 뿌리를 두고 있는 미국의 타이완에 대한 무기판매 문
제를 일정한 기간을 경과하여 최종적으로 해결하기 위해서, 양국 정부는 이
문제의 완전한 해결에 기여하는 조치들을 택하고 그러한 상황을 창출하기 위
한 모든 노력을 기울일 것이다.

8. 미·중 관계의 발전은 양국 국민의 이익에 기여할 뿐만 아니라 세계의
평화와 안정에 기여한다. 양측은 평등과 상호이익의 원칙에 기반하여 경제·
문화·교육·과학·기술·여타 영역에서 양국의 유대관계를 강화할 것과 미
국 정부와 국민 그리고 중국 정부와 국민 간의 지속적인 관계발전을 위해 강
력한 공동노력을 기울일 것을 결정했다.

9. 미·중 관계의 건전한 발전을 도모하고 세계평화를 유지하며 침략과
팽창행위를 거부하기 위해, 양국 정부는 상하이 공동성명과 외교관계 수립
에 관한 공동성명에서 양측이 합의한 원칙들을 재확인한다. 양측은 공동이

해가 걸린 쌍무적인 쟁점들과 국제적인 쟁점들에 대해 접촉을 유지할 것이고 적절한 협의를 거칠 것이다.

미국의 대타이완 무기판매에 관한 (레이건 대통령의) 성명

금일 공표된 미·중 공동성명은 미국의 대타이완 무기판매라는 역사적 문제를 다루는 데에서 쌍방이 모두 만족할 만한 방안을 담고 있다. 이 성명은 양측이 원칙들을 유지하도록 하며, 미국과 중국의 정부와 국민 사이의 우호관계 발전을 진작시킬 것이다. 또한 이 성명은 아시아·태평양 지역의 지속적 긴장완화 및 평화유지에 기여할 것이다.

중국과 지속적이고도 강력한 관계를 형성하는 것은 미 행정부 4대에 걸친 중요한 외교 목표였다. 이러한 관계는 우리의 장기적인 국가안보이해에 핵심적이며 동아시아의 안정에 기여한다. 이렇게 중대한 전략적 관계가 진전되는 것은 바로 미국의 국가이익을 위해서이다. 이 공동성명은 이를 가능케 할 것이며, 타이완 국민들에 대한 우리의 의무와 모순되지 않을 것이다.

이러한 성공적 결과를 도출해내는 과정에서 우리는 타이완 국민의 요구와 이익에 특별한 관심을 표명하여 왔다. 본인의 오래된 개인적 친분과 그들의 안녕에 대한 깊은 관심은 꾸준히 유지되고 있다. 본인은 비공식적 관계와 양립가능한 미국 국민과 타이완 국민 간의 모든 접촉 — 문화적, 상업적, 국민 간 개별적 접촉 — 을 유지할 것임을 약속하는 바이다. 이러한 접촉들은 증대되고 번성할 것이며 옛 우방에 적합한 존경과 명예를 표하며 수행될 것이다.

향후 미국의 대타이완 무기판매와 관련하여, 우리의 정책은 공동성명에서 명확하게 개진한 바와 같이 〈타이완 관계법〉과 완전히 일치하고 있다. 〈타이완 관계법〉에 따라, 그리고 중국 정부가 계속해서 타이완 문제의 평화적 해결을 위해서 노력할 것이라는 기대와 더불어 무기판매는 계속될 것이다. 우리는 공동성명에서 중국의 '기본' 정책에 관한 중국의 성명에 중대한 의미를 부여하며, 금후 우리가 이러한 평화적인 정책을 염두에 두고 행동할 것임은 우리의 성명에 분명히 밝힌다. 이러한 점에서 미국 정부의 입장은 항상 명백하고 일관되었다. 타이완 문제는 타이완 해협 양안에 있는 중국 인민들

584

이 해결해야 할 문제이다. 우리는 이러한 문제에 개입하거나 또는 타이완 국민들의 이 문제에 대한 자유로운 선택에 대해 편견을 가지거나 압력을 가하지 않을 것이다. 동시에 우리는 어떠한 해결도 평화적이어야 한다는 점에 언제나 변함없는 관심과 우려를 가지고 있다. 본인은 이러한 근본적인 입장을 결코 포기하지 않을 것이다.

본인은 미국인으로서 지난 30여 년 간 타이완 국민들이 이룩한 커다란 진보와 이러한 과정에 미국이 기여하여 왔음을 자랑스럽게 생각한다. 본인은 이러한 과정이 계속될 것임을 믿어 의심치 않는다. 미 행정부는 여러 적절한 통로를 통해 이러한 발전을 촉진시키고 강건하고 건전한 투자환경 조성에 기여하여 타이완 국민의 복지를 제고시킬 활동을 계속할 것이다.

중국 외교부 대변인의 성명

1. 중화인민공화국 정부와 미합중국 정부는 협의를 거쳐 타이완에 대한 미국의 무기판매 문제에 관한 합의에 도달하였다. 양측은 금일 공동성명을 동시에 발표하였다.

미국의 타이완에 대한 무기판매는 중국의 주권에 영향을 미치는 문제이다. 양국이 외교관계 수립에 관한 협상을 가졌던 1978년을 되돌아 보면, 중국 정부는 명백하게 타이완에 대한 무기판매를 반대하였다. 당시 이 문제가 해결되지 않았기 때문에, 중국측은 양국이 외교관계 수립 이후에 이 문제에 대한 협의를 계속하자고 제안하였다. 이 문제해결에 실패한다면 양국관계가 심각하게 손상될 수밖에 없다는 점은 명백하다.

중국의 주권을 보장하고 양국관계 발전을 방해하는 장애물들을 제거하기 위해서, 자오 지양 총리는 1981년 10월 멕시코의 칸쿤(Cancun) 회동에서 로널드 레이건 대통령과 이 문제에 대한 협의를 가졌다. 이어서 황 화 부총리 겸 외교부장은 워싱턴에서 알렉산더 헤이그 미 국무장관과 협의를 계속하였다. 1981년 12월 이후에는 양측이 북경에서 외교경로를 통해 구체적인 협의를 시작하였다. 이 기간 동안, 미국의 조지 부시 부통령은 레이건 대통령으로부터 위임받아 1982년 5월에 중국을 방문하여 같은 문제를 놓고 중국의 지도자들과 협의를 하였다. 금일 양측에 의해 발표된 공동성명은 과거 10개월 동안 미·중 간에 계속된 협상의 결과이다. 이 공동성명은 미국의 타이완에 대한 무기판매 문제를 해결하기 위한 원칙들과 단계들을 규정하였다.

2. 이 공동성명은 상하이 공동성명과 미·중 외교관계 수립에 관한 공동성명에서 천명한 바와 같이 상대방의 주권과 영토권 통합에 대한 존중, 상대방의 내정에 대한 불간섭이라는 원칙들을 재확인한다. 양측은 또한 이러한 원칙들이 계속해서 모든 양국관계를 규정지을 것임을 진정으로 공감하며 성명에 임한다. 다시 말하자면, 미국의 대타이완 무기판매는 이러한 원칙들에 의거하여 해결되어야 하는 것이다. 말할 것도 없이 양국간의 현 쟁점들이나 또는 새로운 쟁점들을 다룸에 있어 이러한 원칙들을 엄격하게 준수함으로써 양국관계가 건전하게 발전할 수 있을 것이다.

3. 양국관계를 규정짓는 위 원칙들에 순응하여, 미국의 타이완에 대한 무기판매는 오래 전에 종결되었어야 했다. 그러나 이 문제가 역사적으로 남겨진 문제라는 점을 고려할 때, 중국 정부는 상기한 원칙들을 지지하면서 이 문제를 단계적으로 해결할 것임에 합의하였다. 미국측은 이 문제해결을 위한 첫단계로서 타이완에 판매할 무기의 성능과 수량은 중·미 국교정상화 이후 수년간의 공급수준을 넘지 않으며, 타이완에 대한 무기판매를 점차 감소시키고 일정한 기간을 경과하여 이 문제를 최종적으로 해결할 것임을 약속하였다. 여기서 언급한 최종적 해결이라는 것은 미국의 타이완에 대한 무기판매가 일정 기간 후에 완전히 정지된다는 의미이다. 그리고 이 문제에 대한 완전한 해결만이 양국관계 발전을 저해하는 장애물들을 제거할 수 있다.

4. 공동성명에서 중국 정부는 분명한 어조로 "타이완 문제는 중국의 내정문제"라고 반복하여 천명하였다. 미국측도 또한 중국의 주권과 영토적 통합을 침범하거나 혹은 중국의 내정에 간섭하거나 또는 '두 개의 중국' 내지 '한 개의 중국, 한 개의 타이완' 정책을 실시할 의사가 없음을 지적하였다. 중국측은 공동성명에서 타이완 문제에 대한 평화적인 해결을 중국 정부와 인민들이 열망하고 있음을 보다 분명하게 나타내기 위해 조국의 평화적 통일을 달성하기 위한 기본정책에 대해 언명하였다. 순전히 중국의 내정문제인 이 문제와 관련하여 오해나 또는 외교적 간섭이 허용되지 않는다.

5. 현 공동성명이 중·미 외교관계 수립에 관한 공동성명에서 천명된 원

칙과 국제관계를 규정하는 기본 규범들에 근거하고 있는 것이지 미국에 의해서 일방적으로 채택된 〈타이완 관계법〉과는 관련이 없음을 지적해야만 한다.

〈타이완 관계법〉은 양국 외교관계 수립에 관한 공동성명에서 천명된 원칙에 위배되고, 중국 정부는 일관되게 이 법에 반대하여 왔다. 현 공동성명을 〈타이완 관계법〉과 연계시키는 모든 해석들은 이 공동성명의 정신과 취지를 침해하는 것이고 따라서 수용불가능한 것이다.

6. 미국의 타이완에 대한 무기판매에 대해 중국 정부와 미국 정부가 도달한 합의는 단지 이 문제해결을 위한 시작일 따름이다. 중요한 것은 공동성명의 유관 조항들이 성실하게 이행되어 미국의 대타이완 무기판매 문제가 빠른 시일 내에 완전하게 해결되어질 수 있다는 점이다. 이는 중·미 관계의 유지와 발전에 필수불가결하다.

중화민국(타이완) 외무부 대변인의 성명

1982년 8월 17일 미합중국 정부와 중국 공산당정권에 의해 공표된 공동성명에 관하여 중화민국 정부는 중화민국 정부와 국민의 권리와 이익을 포함하여 미국 정부와 중국 공산당정권 간에 결정된 모든 합의를 무효인 것으로 간주할 것이다. 중화민국 정부는 다음과 같이 성명한다.

중화민국의 적절한 방어무기 공급은 미합중국의 기정사실로 인정된 무기판매 정책으로 〈타이완 관계법〉의 규정 내에서 정형화되고 실행되었다.

현재 미국 정부는 중국 공산주의자의 허위적인 '평화적 의도'를 진지하고 의미 있는 것으로 오해하고 있으며, 따라서 중화민국에 판매되는 무기의 수와 양에 대한 상한선을 설정하려는 중국 공산당의 요구를 인정하였다. 이는 〈타이완 관계법〉의 규약과 정신에 어긋나는 것으로, 이에 우리는 깊은 유감을 표현하지 않을 수 없다.

중국 공산주의자들은 항상 그들의 목적을 획득하기 위해 사용한 수단들을 정당화하여 왔다. 평화적인 대화와 군사행동을 번갈아 가면서 적용하는 것은 그들의 전통적이고 상습적인 술책이다. 중국 공산당은 중화민국을 좀더 고립시킬 목적으로 국제연합전선을 형성하기 위한 모든 노력을 기울이고 있다. 그들은 미국의 중화민국에 대한 무기판매를 방해하고 중단시키기 위해 모든 가능한 수단들을 강구하고 있으며, 이는 그들이 중화민국을 군사적으로 침공하기 위한 길을 닦기 위함이다.

미국 정부가 이러한 중국 공산주의자들의 술책과 기만의 본질을 파악하지 못하고 그들과 더불어 앞에서 언급한 성명을 공동으로 공표한 것은 심각한 실책이다.

이른바 공동성명을 논의하는 과정에서, 미국측은 중화민국 정부에 그 논의 과정에 대해 통지하여 왔으며, 이와 동시에 중화민국 정부는 미국측에 이러한 성명서 발표에 반대한다는 일관된 입장을 제시하였다.

1982년 7월 14일 미국측은 적절한 통로를 통해 다음과 같은 사항들을 중화민국측에 통지하였다. 미국측은,

1. 중화민국에 대한 무기판매를 종결하는 정확한 날짜를 결정하는 것에 합의하지 않았다.
2. 중화민국에 대한 무기판매에 관하여 중국 공산주의자들과 가진 이전의 협의를 지지하는 것에 합의하지 않았다.
3. 타이뻬이 정부와 베이찡 정부 간에 그 어떤 중재역할도 하지 않을 것이다.
4. 〈타이완 관계법〉을 수정하는 것에 합의하지 않았다.
5. 타이완과 관련한 주권문제에 대한 입장을 변경하지 않았다.
6. 중화민국이 중국 공산주의자들과 협상할 것을 강제하지 않을 것이다.

우리는 미국 정부가 국토회복의 거점(타이완)을 병합하고 자유세계를 분열시키려는 중국 공산주의자들의 간계에 속지 않고 이를 간파하기를 진심으로 바란다. 또한 우리는 미국이 자유와 정의라는 건국정신을 유지하여 중화민국의 안정과 번영을 유지하고 아시아·태평양 지역의 평화와 안보를 보장하기 위해 방어무기를 계속 공급하기로 한 〈타이완 관계법〉을 완전하고도 능동적으로 실행하기를 바란다.

중국과 미국: 패권의 딜레마

인 쇄 : 2020년 2월 20일
발 행 : 2020년 2월 24일

역   자 : 안인해
펴낸곳 : 주)파니쥬
인쇄·디자인 : 대명피엔피컴
출판등록 : 제2020-000042호
주 소 : 서울시 중구 퇴계로 50길 32
전 화 : 02-2285-2850 FAX : 02-2285-2852
이메일: smin@phanyzoo.com

© 2020. 안인해
ISBN 979-11-969786-1-7

정가 26,000원